Le maquis de Glières

Claude Barbier

Le maquis de Glières

Mythe et réalité

PERRIN
www.editions-perrin.fr

Ouvrage publié sous la direction éditoriale d'Olivier Wieviorka

Cet ouvrage est coédité avec le ministère de la Défense,
secrétariat général pour l'administration, Direction de la mémoire,
du patrimoine et des archives

La Direction de la mémoire, du patrimoine et des archives (DMPA) est une direction du ministère de la Défense, placée sous l'autorité du secrétaire général de ce ministère.
La DMPA a notamment en charge la politique culturelle du ministère au travers des collections de ses musées, de ses services d'archives et de ses bibliothèques. Elle détermine et finance les actions nécessaires à la gestion et à la valorisation de ce riche patrimoine.
C'est dans cette perspective que la DMPA développe également une politique de publication et de soutien aux productions audiovisuelles permettant à un large public de découvrir l'histoire et le patrimoine du ministère de la Défense.

Avec le soutien de La Salévienne,
société d'histoire de Savoie

La Salévienne

Éditions Perrin
12, avenue d'Italie
75013 Paris
Tél. : 01 44 16 09 00
Fax : 01 44 16 09 01
www.editions-perrin.fr

ISBN : 978-2-262-04009-3

« Pour liquider les peuples, disait Hübl,
on commence par leur enlever la mémoire.
On détruit leurs livres, leur culture, leur histoire.
Et quelqu'un d'autre leur écrit d'autres livres,
leur donne une autre culture et leur invente une autre Histoire.
Ensuite, le peuple commence lentement
à oublier ce qu'il est et ce qu'il était.
Le monde autour de lui l'oublie encore plus vite. »

Milan KUNDERA, *Le Livre du rire et de l'oubli.*

« Allobroges vaillants ! Dans vos vertes campagnes,
Accordez-moi toujours asile et sûreté,
Car j'aime à respirer l'air pur de vos montagnes,
Je suis *la Liberté ! La Liberté !* »

Joseph DESSAIX,
La Liberté (1856), devenue *Les Allobroges.*

« Quand la légende dépasse la réalité,
imprimez la légende. »

John FORD dans *L'homme qui tua Liberty Valance* 1962.

À ma maman, Liliane Braillard-Barbier (1943-2013)
À tous les combats qu'elle a menés. Avec courage.

Avertissement

Le lecteur trouvera le nom de Glières utilisé uniquement au singulier, respectant en cela un usage local immémorial, sauf lorsqu'il s'agit d'emprunts à des citations ou de titres. Dans le même ordre d'idées, le lecteur se gardera de prononcer le « z » qui agrémente la dernière syllabe de nombreux toponymes ou patronymes de l'aire franco-provençale (ou arpitane). Ainsi, on ne prononce pas « Amoudruze », mais « Amoudru », pour le patronyme Amoudruz, tout comme on ne dit pas « La Luaze », mais « La Lua », pour le toponyme La Luaz.

Les orthographes ont été maintenues selon l'usage local, au détriment de celles que voudrait imposer l'IGN. Ainsi on préférera Monthiévret à Montiévret.

Selon une pratique imposée par les administrations, l'article défini se trouvant devant les toponymes tend à tomber, ce qui entraîne *ipso facto* la perte de l'élision « au » au profit du « à ». Résistant à cette pratique fâcheuse, on se rendra donc *au* Petit-Bornand (et non *à* Petit-Bornand), commune sur laquelle se trouve le plateau *de* Glières, en passant éventuellement par *Le* Grand-Bornand.

Sigles et abréviations

ACJF	Association catholique de la jeunesse française
ADHG	Archives départementales de la Haute-Garonne (Toulouse)
ADHS	Archives départementales de la Haute-Savoie (Annecy)
ADHV	Archives départementales de la Haute-Vienne (Limoges)
ADIV	Archives départementales d'Ille-et-Vilaine (Rennes)
ADR	Archives départementales du Rhône (Lyon)
ADS	Archives départementales de la Savoie (Chambéry)
AEG	Archives d'État de Genève
AN	Archives nationales (Paris)
AS	Armée secrète
BAVCC	Bureau des archives des victimes des conflits contemporains (Caen)
BBC	British Broadcasting Corporation
BCA	Bataillon de chasseurs alpins
BCRA(M)	Bureau central de renseignement et d'action (militaire)
BDS	Befehlshaber der Sicherheitspolizei und der Sicherheitsdientes (police de sûreté et du service de sécurité allemand en France)
BOEM	Bulletin officiel des armées édition méthodique
CDM	Camouflage du matériel
CIA	Central Intelligence Agency
CNRS	Centre national de la recherche scientifique
Comidac	Comité d'action militaire

CRS	Compagnie républicaine de sécurité
CTE	Compagnie de travailleurs étrangers
DCA	Défense contre avions
DCAJM	Dépôt central des archives de la justice militaire (Le Blanc)
EM	État-major
FARG	Fonds de l'Association des rescapés de Glières, Conseil général de la Haute-Savoie (Annecy)
FFI	Forces françaises de l'intérieur
FFL	Forces françaises libres
FLAK	Fliegerabwehrkanone (canon antiaérien)
FM	Fusil-mitrailleur
FTP(F)	Francs-Tireurs et Partisans (de France)
Gestapo	Geheime Staatspolizei (police secrète d'État)
GMR	Groupe mobile de réserve
GQG	Grand Quartier Général
Greko	Grenz-Kommissariat (commissariat de frontière)
GRM	Garde républicaine mobile
GTE	Groupements de travailleurs étrangers
IHTP	Institut d'histoire du temps présent
INA	Institut national de l'audiovisuel
IS	Intelligence Service
KDS	Kommandos der Sipo-SD
LVF	Légion des volontaires français contre le bolchevisme
MBF	Militärbefehlshaber in Frankreich (commandant militaire allemand en France)
MUR	Mouvements unis de Résistance
NA	National Archives (Londres)
OKW	Oberkommando der Wehrmacht (commandement suprême des forces armées allemandes)
ORA	Organisation de résistance de l'armée
OSS	Office of Strategic Services
PC	Poste de commandement
PC(F)	Parti communiste (français)

PCS	Parti communiste suisse
PPF	Parti populaire français
QG	Quartier général
R1	Région de Lyon (10 départements)
R.1.3	Haute-Savoie
RAF	Royal Air Force
RG	Renseignements généraux
RI	Régiment d'infanterie
RNP	Rassemblement national populaire
SAP	Section des atterrissages et des parachutages
SC	Série continue
SCT	Service du contrôle technique
SDN	Société des Nations
SES	Section d'éclaireurs-skieurs
SHD	Service historique de la Défense (Vincennes)
SHAEF	Supreme Headquarters Allied Expeditionary Force
Sipo-SD	Sicherheitspolizei-Sicherheitsdienst (police de sûreté et des services de sécurité)
SNCF	Société nationale des chemins de fer
SOE	Special Operations Executive
SOL	Service d'ordre légionnaire
SR	Service de renseignement
SRMAN	Service de répression des menées antinationales
SRO	Société des roulements Œrlikon (Annecy)
STO	Service du travail obligatoire
TMP	Tribunal militaire permanent
TPFA	Tribunal permanent des forces armées
URSS	Union des Républiques socialistes soviétiques
WASt (Deutsche Dienstelle)	Wehrmachtsauskunftstelle für Kriegerverluste und Kriegsgefangene (service de renseignement de la Wehrmacht pour les pertes de guerre et les prisonniers)

INTRODUCTION

Lorsque le visiteur allant d'Annecy à Thônes emprunte la route départementale n° 909, il trouve sur sa droite, 3,5 km avant Thônes, à l'endroit le plus étroit de la vallée, une nécropole dominée par une esplanade. Le cimetière est tracé au cordeau et toutes les tombes sont identiques. Elles comportent majoritairement une croix, quelques-unes portent une étoile de David. Nous sommes dans un cimetière militaire. Le drapeau tricolore placé à l'entrée du site nous l'indique. Sur un mur sont gravés de nombreux noms, ainsi que ce qui semble offrir une explication à la présence de ce cimetière au lieu-dit Morette.

Le cimetière et quelques inscriptions figurant sur le monument érigé à proximité rappellent les combats qui se déroulèrent non loin du site ainsi que les victimes qui périrent alors. Hormis les touristes étrangers, la plupart des visiteurs qui se rendent à Morette n'ignorent pas l'épisode « des Glières ». De fait, ce drame constitue un haut fait de l'histoire de la Seconde Guerre mondiale. Les Français en général et les Savoyards en particulier le connaissent, même si leur savoir reste vague. En outre, le site est régulièrement visité par les plus hauts personnages de l'État, signe que d'importants événements s'y sont produits.

Les curieux soucieux de s'informer plus avant trouvent aisément une information abondante : outre des sites Internet consacrés à Glières, bien des ouvrages abordent la question – une vingtaine –, auxquels s'ajoutent une multitude d'articles publiés dans des revues ou des journaux.

À quoi bon, dès lors, proposer une recherche supplémentaire ?

L'origine de ce travail provient de mon passage sous les drapeaux, entre août 1987 et juillet 1988, au 27e bataillon de chasseurs alpins (BCA) à Cran-Gevrier, dans la périphérie d'Annecy. Après les « classes » puis un mois et quelques de claustration à l'armurerie dudit bataillon, Jean-René Bachelet, alors colonel, accepta ma requête – réaliser une enquête historique pendant les mois de service qui me restaient. Cette réponse positive me dégagea de toute astreinte ; il me fut juste demandé de me pencher sur « les Glières ». Ce nom figure sur l'unique drapeau des chasseurs alpins. Il est considéré comme étant un moment crucial dans l'histoire de cette arme et du 27e BCA en particulier[1].

Ma démarche me conduisit immédiatement vers des témoins, pratiquement tous décédés aujourd'hui. La lecture des ouvrages disponibles me permit d'en savoir plus. Surtout, je pus visiter différents dépôts d'archives, à commencer par celui du département de la Haute-Savoie, à Annecy, où quelques cartons étaient ouverts à la consultation. Je pus également procéder à des sondages dans les fonds que conservait le Service historique de l'armée de terre. Grâce au chef de bataillon, lui-même alpin, Benoît Deleuze, je pus parcourir le carnet d'une compagnie allemande présente à Glières au moment de la « bataille ». Cette singulière archive remettait en cause tout ce qui avait alors été publié. À cette première surprise s'en ajouta une deuxième. Grâce à mon ami Paul Abrahams, auteur d'une thèse sur la Haute-Savoie pendant la Seconde Guerre mondiale, je pris connaissance des archives microfilmées de l'OSS, les services secrets états-uniens pendant la guerre, conservées à Cambridge. J'y découvris le rapport rédigé par Jean Rosenthal, agent français des services secrets gaullistes, sur sa mission en Haute-Savoie alors que se déroulaient les événements de Glières. Alors qu'il joua un rôle considérable dans cette affaire, il ne mentionnait pourtant jamais le nom de ce maquis. Mutisme surprenant, d'autant que Maurice Schumann sur les ondes de Radio Londres magnifiait le combat désespéré des maquisards et la mort de leur chef, *Tom* Morel, à la suite d'injonctions télégraphiques de ce même Rosenthal.

La troisième surprise provint d'une rencontre avec un ancien sous-officier de carrière du 27e BCA, Robert Poirson, dit *Roby*. La confiance venant, il me communiqua une partie de ses archives, notamment une liasse d'environ quatre-vingts interrogatoires de maquisards arrêtés après leur participation aux événements de Glières, copies de documents qui provenaient de la « police d'Annecy »... et qu'il n'aurait jamais dû avoir en sa possession. Pour la troisième fois, des pièces dont le contenu contrastait fortement avec un discours convenu tombaient entre mes mains.

Mon temps de service se terminant en juillet 1988, il ne me restait plus qu'à promettre au colonel Bachelet, pour le remercier d'avoir d'effectué un service militaire sortant de l'ordinaire, de mener la recherche à son terme. Mon enquête fut relancée en 2004 à la faveur de la libéralisation de l'accès aux archives. Les pièces consultées confirmèrent mes intuitions. Des éléments, jusqu'alors épars, acquéraient une cohérence d'ensemble.

Entre la découverte des premières archives et la fin de cette recherche s'est écoulé presque un quart de siècle. Pour autant – à quelques exceptions près –, la connaissance historique des événements de Glières a bien peu évolué dans ce temps : la trame légendaire domine, peu d'archives ont été consultées, celles qui l'ont été sont parfois travesties, des faits non vérifiés sont répétés à l'envi.

L'objectif de cette publication[2] vise avant tout à établir l'histoire de Glières sur la base des archives existantes, d'où qu'elles proviennent, pour peu que leur contenu soit crédible (ce qui n'est pas toujours le cas). De façon tristement classique, cette démarche a été critiquée en Haute-Savoie parce que j'ai été amené à utiliser les archives de l'« ennemi », qu'il s'agisse des archives du Reich ou de celles de l'État français. Je ne fais pourtant que me placer dans les traces de glorieux prédécesseurs. Pour réaliser sa monumentale fresque sur la destruction des Juifs d'Europe, Raul Hilberg a exploité les archives allemandes[3]. Robert Paxton a fait de même pour bâtir l'œuvre qui assura sa gloire – *La France de Vichy*[4]. Sans prétendre me comparer à ces historiens de renom, je n'ai fait qu'appliquer, à ma modeste échelle, leurs méthodes.

Oubli et reconstruction aidant, Glières passe pour avoir été le rassemblement de combattants qui gravirent les cimes afin de recevoir des armes nécessaires pour conduire la lutte contre l'occupant. Si ce point est avéré, il n'exclut pas d'autres motifs, la crainte de la répression conduite par le régime vichyste avant tout. Or la répression contre le maquis savoyard, certes renforcée avec la venue de Joseph Darnand au pouvoir en janvier 1944, avait débuté dès l'apparition des maquis, en mars 1943.

Les archives des Renseignements généraux de la Haute-Savoie comme celles de la 19e Brigade de police de sûreté, basée à Annecy, disponibles respectivement depuis 2006 et 2008, les fonds de la gendarmerie conservés à Maisons-Alfort puis à Vincennes comme ceux de la préfecture du Rhône, à Lyon, siège de l'intendance de police, aident à comprendre tant les débuts du maquis en Haute-Savoie que la répression dont il fut la victime : la maturité du maquis – comprise par les Alliés qui lui parachutèrent des armes – comme la répression qu'il subit expliquent aussi la concentration maquisarde de Glières.

Force, donc, est de resituer Glières dans son contexte. Aux abois, le régime de Vichy utilisa des moyens radicaux pour mater la contestation née un an auparavant avec la création du Service du travail obligatoire (STO). Ce fut un échec ; la Luftwaffe et la Wehrmacht se chargèrent alors d'achever le travail entrepris par les forces répressives de l'État français, les policiers de la Sipo-SD organisant la répression en s'appuyant sur la Milice.

Nulle part ailleurs qu'en Haute-Savoie l'opposition à la réquisition des jeunes ne prit un tour aussi radical avec l'ascension, début mars 1943, dans la région de Thonon[5], aux portes de Genève, de plusieurs centaines d'ouvriers et d'agriculteurs vers les chalets d'alpage.

Pourtant, en septembre 1941, le maréchal Pétain avait reçu en terre savoisienne un accueil dont aucun chef d'État n'avait avant lui (ni après) bénéficié. Cette volte-face de la population questionne. De fait, l'hostilité aux réquisitions réveilla un vieux fond antifrançais, né sous la Révolution française, bien éloigné du prétendu patriotisme que l'on prête aux habitants des montagnes… Il fallait donc réinsérer l'histoire récente de la Savoie, devenue française sans l'avoir demandé en 1860, dans un temps long, celui d'un territoire situé aux limites de la France, de l'Italie et de la Suisse, abandonné par un souverain aimé sur l'autel de l'unité italienne, partagé entre son désir de rester uni et son attirance alternative vers la France ou la Suisse. Car la Suisse hante les esprits pendant la guerre, malgré les barbelés posés le long de la frontière. Elle est en paix et donc enviée, plus démocratique que la France et donc fantasmée. Les Savoyards recherchent avidement son point de vue : jamais la presse helvète n'a été aussi lue, jamais sa radio ne fut aussi écoutée. Base arrière pour la Résistance, les membres de l'armée des ombres y trouvèrent des fonds, des appuis, des contacts avec les Alliés. Sa proximité explique également la précocité des troubles que connut la Haute-Savoie sur sa frontière, dès 1937. Les Savoyards résistaient aux mesures liberticides de la République finissante avant même la déclaration de guerre ; ils se préparaient aux luttes à venir, malgré une parenthèse provichyste qui s'explique surtout par la crainte – largement fantasmée – d'une annexion italienne.

Cette recherche consacrée aux événements de Glières (31 janvier-26 mars 1944) embrasse donc une période beaucoup plus longue que les deux mois de leur durée effective. Elle aborde également des problématiques qui dépassent la simple vie d'un maquis. De même, Glières ne s'achève pas avec le repli des maquisards dans les vallées. Une répression sévère s'exerça sur ceux qui avaient participé à cette affaire, les combattants au premier chef, mais encore sur ceux qui les avaient soutenus (résistants, civils, etc.). À la Libération, des « réprimants » du début du printemps 1944 eurent à rendre des comptes pour leur action menée en Haute-Savoie – policiers, gendarmes, miliciens, agents allemands, voire maquisards, retournés ou non. Si les derniers procès datent de la fin des années 1960 encore, cet épisode de l'histoire savoyarde perdure par le truchement des représentations. Car, depuis près de soixante-dix ans, le site a été le théâtre de commémorations, de visites officielles, d'aménagements monumentaux… tout en suscitant une floraison de publications.

Notre ambition vise à sortir Glières de ce que Pierre Nora appelle l'« histoire-mémoire », où se mêlent représentations et reconstitution historique. Pour répondre à cette ambition, il a fallu dépouiller ce drame de sa gangue mémorielle, en privilégiant toujours la rigueur des faits.

La Cour – L'Éluiset, avril 2013

1

De la guerre de Thônes
aux « événements de Haute-Savoie »

Le maquis de Glières s'inscrit, on le sait, dans un environnement spécifique. Mais la géographie de la Haute-Savoie, comme ses traditions politiques et religieuses, formaient-elles un cadre propice au développement du maquis ?

Une terre d'élection ?

Le département de la Haute-Savoie appartient à un ensemble, la Savoie, annexé en 1860 par la France. La Savoie fut démembrée pour former deux départements, la Savoie et la Haute-Savoie, ce dernier correspondant peu ou prou au diocèse d'Annecy, lui-même successeur (pour l'essentiel) de l'antique diocèse de Genève.

Le territoire de la Haute-Savoie est limité au nord par le lac Léman et le canton de Genève, au nord-ouest et à l'ouest par le Rhône, au sud par le département de la Savoie et le massif des Bauges, au sud-est par le massif du mont Blanc qui jouxte le Val d'Aoste. À l'est, les montagnes du Faucigny et du Haut-Chablais le séparent du Valais. Le massif du mont Blanc, à l'est, ne couvre que 10 % de sa superficie, alors qu'à l'ouest et au sud du lac Léman les massifs préalpins couvrent environ 50 % de la superficie du département et sont constitués du Haut-Chablais au sud du lac Léman, du Giffre au nord de Cluses et des Bornes, à l'est d'Annecy. Deux grandes vallées, la vallée de l'Arve, orientée d'est en ouest, de Chamonix à Annemasse, près de la frontière suisse, et la vallée d'Annecy, orientée du nord au sud, structurent le territoire.

Enfin l'ouest du département, la partie la plus fertile, au climat modéré, est constitué de basses terres situées à une altitude moyenne de 500 m qui couvrent environ 40 % de la superficie du département[1]. Toutes les villes de la Haute-Savoie se trouvent dans les cluses ou en plaine, à moins de 600 m d'altitude, hormis Chamonix dont le développement urbain, dû au tourisme, remonte à la fin du XIXe siècle. Annecy, le chef-lieu du département, en était la ville la plus peuplée et ne comptait que 20 965 habitants en 1936. La Haute-Savoie était l'un des départements français les moins urbanisés.

En 1936, l'agriculture, le premier secteur d'activité en Haute-Savoie, employait près de 70 900 personnes, soit 54 % des actifs, contre 36 % en France. Propriétaire de ses terres et s'adonnant à l'élevage et à la production de lait, l'agriculteur était la figure la plus fréquente en Haute-Savoie. La production de céréales se pratiquait dans l'avant-pays, à l'ouest du département, où se concentrent également les terres les plus fertiles. Une des particularités de l'agriculture savoyarde était liée à l'existence des fruitières, ces coopératives de production de fromages, créées et gérées par les producteurs d'un même village ou d'une même commune afin de valoriser leur production et d'en tirer un juste revenu.

En 1936 l'industrie se concentrait dans la vallée de l'Arve, dans la région de Bonneville, à Sallanches, ainsi qu'à Annecy. L'électrification favorisa l'implantation d'industries fortement dépendantes de celle-ci, comme l'électrochimie et l'électrométallurgie. À la veille de la Seconde Guerre mondiale, le décolletage représentait 80 % de l'activité industrielle de la vallée de l'Arve, contre 20 % pour l'horlogerie. Composé essentiellement de petites et moyennes entreprises, le secteur secondaire occupait alors 32 590 personnes (soit près du quart de la population active) dont 20 000 environ dans l'industrie mécanique.

Le tourisme subit dans les années 1930 les aléas de l'économie mondiale. La clientèle fortunée qui avait pris ses habitudes thermales en Haute-Savoie s'en éloigna, alors que le « thermalisme social » débutait. Le ski poursuivit son essor. Le succès des

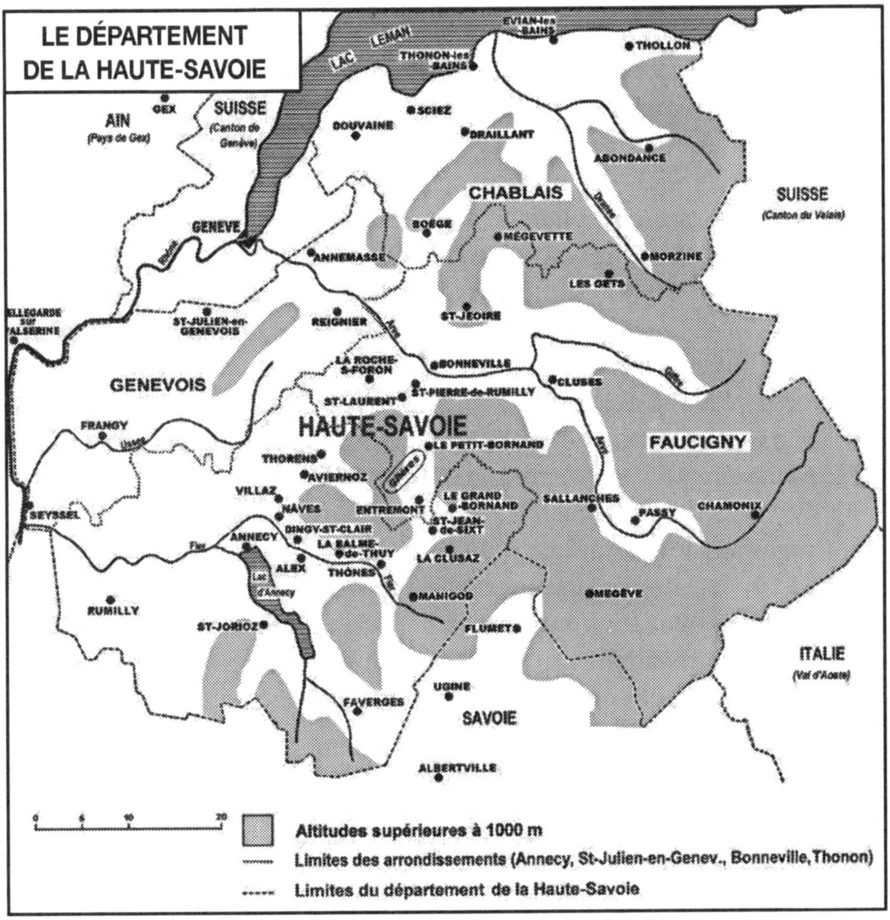

LE DÉPARTEMENT DE LA HAUTE-SAVOIE
LAC LEMAN
EVIAN-les-BAINS
THONON-les-BAINS
THOLLON
AIN
(Pays de Gex)
GEX
SUISSE
(Canton de Genève)
DOUVAINE
SCIEZ
DRAILLANT
ABONDANCE
CHABLAIS
SUISSE
(Canton du Valais)
GENEVE
BOËGE
MÉGEVETTE
MORZINE
ANNEMASSE
LES GETS
ST-JEOIRE
REIGNIER
ST-JULIEN-en-GENEVOIS
BELLEGARDE sur VALSERINE
LA ROCHE-S-FORON
BONNEVILLE
CLUSES
GENEVOIS
ST-LAURENT
ST-PIERRE-de-RUMILLY
HAUTE-SAVOIE
FRANGY
LE PETIT-BORNAND
FAUCIGNY
THORENS
AVIERNOZ
VILLAZ
NÂVES
ENTREMONT
LE GRAND-BORNAND
SALLANCHES
PASSY
CHAMONIX
SEYSSEL
DINGY-ST-CLAIR
ST-JEAN-de-SIXT
ANNECY
LA BALME-de-THUY
ALEX
THÔNES
LA CLUSAZ
Lac d'Annecy
MANIGOD
MEGÈVE
RUMILLY
ST-JORIOZ
FLUMET
ITALIE
(Val d'Aoste)
UGINE
FAVERGES
SAVOIE
ALBERTVILLE
0 5 10 20
Altitudes supérieures à 1000 m
Limites des arrondissements (Annecy, St-Julien-en-Genev., Bonneville, Thonon)
Limites du département de la Haute-Savoie

sports d'hiver s'intensifia dans le prolongement de la villégiature estivale. À la veille de la guerre, le département tirait du tourisme 10 % de ses revenus. Outre l'agriculture, l'industrie et le tourisme, le département comptait également 12 000 artisans.

La Haute-Savoie était une terre fortement catholique, surtout dans les communes rurales. Dans les années 1950, la présence féminine à la messe dominicale atteignait encore 44 % et, dans certains cantons, le taux de présence dépassait 75 %. Les familles paysannes fournissaient le plus de prêtres (886 ordinations entre 1860 et 1914). L'Église structurait également la vie sociale. Mgr Florent-Michel-Marie du Bois de la Villerabel, évêque d'Annecy, encouragea l'engagement de l'Église dans l'éducation et les mouvements de jeunesse. En 1939, près de 200 communes sur les 315 que comptait le département, possédaient une section de l'Association catholique de la jeunesse française (ACJF). Avec environ 10 000 adhérents, essentiellement issus du monde paysan, l'ACJF exerçait alors une influence considérable. Son premier président, François de Menthon, deviendra une figure importante de la Résistance.

La Haute-Savoie se rallia à la République à la chute de l'Empire en 1870. Néanmoins, tout au long de la IIIe République, elle s'orienta vers le conservatisme tout en portant ses suffrages sur les candidats républicains. Aux élections législatives de 1919, les quatre députés élus provenaient des rangs de la droite. En 1928, les quatre candidats conservateurs arrivaient en tête dans leurs circonscriptions dès le premier tour, mais un seul d'entre eux fut élu au second. Le vrai tournant date de 1936. La Haute-Savoie fut l'un des rares départements français à rejeter le Front populaire, en accordant moins de voix à la gauche qu'en 1932. Elle n'envoya qu'un député sur les bancs de la gauche, Amédée Guy, élu avec une marge infime de 134 voix au second tour de scrutin. Les candidats de droite l'emportèrent en soulignant que le Front populaire servait les intérêts du Parti communiste français (PCF).

L'absence d'une classe ouvrière urbaine explique la faiblesse des syndicats et des partis de gauche en Haute-Savoie. Par ailleurs, de nombreux ouvriers n'habitaient pas dans les villes mais dans les communes rurales, et conservaient des liens étroits avec la campagne. Sans doute les deux tiers de la main-d'œuvre industrielle étaient des doubles-actifs, paysans tôt le matin, en soirée et les jours de congé[2]. Ils conservaient une mentalité de ruraux. Du coup, le syndicalisme peina à se développer. En 1930, les vingt-huit syndicats ne comptaient que 1 369 membres. Leur activité se concentrait essentiellement à Annecy et dans la vallée de l'Arve. Sur le plan politique, les radicaux dominaient, le socialiste Amédée Guy constituant une exception. Quant au PCF, il était numériquement faible. Le parti ne rassemblait que 260 membres en 1934 ; il ne recueillit que 7,5 % des suffrages exprimés au premier tour des élections législatives de 1936. Dans la foulée du Front populaire, le PCF progressa : il aurait attiré 2 100 membres en 1938 dans les deux départements savoyards (qui formaient alors une unique fédération), mais les mesures anticommunistes de la IIIe République finissante firent chuter les effectifs à 1 640 en 1939. *L'Humanité* ne diffusait d'ailleurs qu'à 1 200 exemplaires[3]. L'arrondissement de Thonon (le Chablais) constituait en revanche une exception. Les résultats du PCF y étaient alors plus élevés que dans le reste du département. Ainsi, aux élections législatives de 1936, Albert Boccagny, agriculteur et maire communiste de Cervens, obtint 2 758 voix, soit 17,9 % des suffrages exprimés. Quoique minoritaire, le PCF exerçait donc une influence qui était loin d'être insignifiante.

Au vu de cette analyse, rien ne suggérait que ce territoire entrerait en rébellion contre le régime de Vichy, au point de contraindre l'occupant allemand à intervenir militairement pour mater les troubles qui s'y produisirent. De fait, la Haute-Savoie présentait les conditions requises pour soutenir un régime qui idolâtrait la terre et se voulait proche de l'Église. Mais les campagnes, *in fine*, se dressèrent contre l'État français et le clergé contribua activement à saper son œuvre. Certes, le gouvernement né de la défaite suscita de grandes attentes en 1940, en raison du conservatisme de la majorité des habitants de la Haute-Savoie. Mais, en moins de trois ans, ces derniers affichèrent leur déception. Même les acquis, comme la retraite des vieux travailleurs, furent rapidement oubliés alors que les situations individuelles se dégradaient. Au fil du temps, les populations se détachèrent donc du régime. Une fois pris le parti de s'y opposer, les Savoyards n'allaient pas faire dans la demi-mesure, d'autant que deux paramètres jouaient : l'histoire longue du territoire ainsi que sa proximité avec la Suisse.

L'indocile Haute-Savoie[4]

Devenu français sur le tard et sans l'avoir demandé, l'ancien duché de Savoie adopta une attitude inégale à l'égard de sa nouvelle patrie. Plus on se rapprochait de la Suisse, plus l'intégration dans l'ensemble français fut ardue. De fait, les trois quarts du département de la Haute-Savoie vivaient en quasi-symbiose avec la Confédération helvétique et Genève en particulier. Du temps du Premier Empire, la cité de Calvin était même devenue la préfecture du département du Léman. Afin de faciliter leur « annexion » à la France, Napoléon III avait concédé aux habitants de ce territoire les avantages d'une zone franche qui les rattachait politiquement à la France mais économiquement à la Suisse, avec laquelle s'effectuait l'essentiel des échanges.

L'attrait de ce petit voisin était également politique. Le système démocratique suisse avait les faveurs des libéraux. Des mouvements pro-helvétiques s'étaient développés dans le nord du département entre 1870-1872, à la suite de la défaite de Sedan et de la chute du régime bonapartiste qui laissait craindre un retour de la monarchie. En 1870, un préfet dénonçait une « population en grande partie anti-française[5] ». La crainte de voir la Savoie se donner à la Suisse fut suffisamment prise au sérieux pour justifier en 1872 un voyage de Léon Gambetta. Les hommes politiques du cru soulignèrent que l'attachement de la Savoie à la France était conditionnel, comme le rappela l'avocat Dubouloz, conseiller municipal et général de Thonon :

> Si les idées séparatistes existaient encore réellement dans une partie de la Haute-Savoie, nous nous féliciterions de la circonstance qui se présente aujourd'hui et qui démontrera l'attachement sincère que nous portons à la France. Mais si, à la suite de circonstances improbables, l'on était disposé à essayer de nouveau un régime monarchique, ah ! alors, nous nous souviendrions que près de nous existe un petit pays qui a su conquérir de grandes libertés et qui veut le maintien des institutions républicaines : nous aurions alors ce souvenir, parce que là où se trouve la liberté, là doit exister la patrie[6].

Cette défiance à l'égard de la France déclinera sans jamais disparaître avec la proclamation de la IIIe République. Le soutien des démocrates savoyards aux nouvelles institutions était né, il est vrai, d'une ambiguïté, car ils attendaient du nouveau régime une structure politique décentralisée, comparable à celle qui régissait la Suisse. Construisant écoles, voies de chemin de fer et routes, défendant l'agriculture, le régime s'acquit le soutien de la Haute-Savoie, mais précisément parce que la République dépensait sans compter. Ce soutien à la France était subordonné à sa capacité à satisfaire les intérêts des habitants de la Haute-Savoie. Leur patriotisme restait donc conditionnel. Il suffisait que la situation économique se dégrade pour qu'un parallèle fût aussitôt dressé avec la Suisse si proche. Cette défiance avait resurgi au terme de la Première Guerre mondiale.

En 1919, lors du traité de Versailles, Paris remit unilatéralement en cause le système de la zone franche. Conséquence de cette suppression, un mouvement favorable à la zone franche, aux forts accents antifrançais, émergea. De nombreux habitants se sentirent blessés par ce qu'ils ressentaient comme une punition, puisque, sans le bénéfice de ce droit, ils auraient sans doute voté « non » lors du plébiscite de 1860. Cette déception fut d'autant plus vive que leur soutien à la France ne s'était pas démenti tout au long du conflit.

Or la France s'appliqua dès les années 1920 à restreindre encore l'espace des libertés dont jouissaient les habitants situés de part et d'autre de la frontière. Cette politique de restriction prit la figure du douanier, haï dès lors qu'il se montrait trop tatillon dans ses contrôles. Ainsi, et à maintes reprises, en particulier lorsque le contexte international s'y prêtait, cet antagonisme déboucha sur des voies de fait et sur des agressions verbales et physiques[7].

L'arrivée au pouvoir de Mussolini en 1922, puis celle de Hitler en 1933 avaient incité les autorités françaises à se montrer plus vigilantes sur la frontière. La guerre d'Espagne offrit un prétexte pour resserrer les contrôles frontaliers, d'autant plus que des flux d'argent et d'armes, organisés notamment par les communistes, s'opéraient de la Suisse vers l'Espagne *via* la Haute-Savoie. Les autorités françaises restreignirent les lieux de passage autorisés, limités à seize sur une frontière longue de 200 km environ. Les freins posés aux échanges avec Genève et la Suisse expliquent en partie la fronde des habitants de la Haute-Savoie qui se muèrent en rebelles[8]. La dégradation de la situation suscita un mécontentement croissant. Du fait des liens séculaires liant Genevois et Savoyards, ces derniers pouvaient en outre comparer leur sort à celui de leurs voisins : ils ne s'en privèrent pas, ce qui conforta leur ressentiment à l'égard du régime vichyste. La Suisse vivait en paix, la situation économique paraissait meilleure, tant sur le plan général que sur le plan des situations individuelles. Le sentiment prosuisse, vivace, ne pouvait que s'exacerber. Et l'administration préfectorale ne cessera de souligner pendant la Seconde Guerre mondiale que les habitants du nord du département se voyaient bien devenir helvètes :

> Il est absolument certain qu'un plébiscite en zone franche donnerait une forte majorité en faveur d'un rattachement à la Suisse ; les raisons en sont simples : pays neutre depuis longtemps, administration plus souple que la nôtre, monnaie apparemment plus saine et surtout les nombreux avantages que la population de la région trouverait à Genève, ville universitaire (Lyon ou Grenoble sont trop loins [*sic*]), ville d'art, centre de commerce et d'industrie, etc.[9]).

Les habitants du nord de la Haute-Savoie avaient été échaudés par les mesures liberticides initiées sous la République finissante. Remontant à la Révolution, leur sentiment d'hostilité à la France renaissait.

Par ailleurs, l'ancien duché avait subi de nombreuses invasions tout au long de son histoire. Pour s'en tenir à la seule période contemporaine, il avait été occupé entre 1792 et 1815 par la France avant d'être libéré par les Autrichiens en 1814 et restitué au royaume de Piémont-Sardaigne. Enthousiastes – c'est en tout cas ce qu'affirment les historiens républicains du XIXe siècle – à leur annexion à la « Grande Nation » en 1792, les populations rapidement se raidirent contre les autorités lorsque celles-ci s'en prirent aux prêtres et voulurent instaurer la conscription. La levée de 300 000 volontaires sur toute la République suscita la réprobation. Trente-trois hommes seulement se présentèrent devant l'« autel de la patrie » le 3 mai 1793 à Chambéry, chef-lieu du département du Mont-Blanc[10]. Les populations cachèrent les prêtres qui n'avaient pas émigré ou qui revenaient de leur exil. Tout le massif des Bornes se souleva du 7 au 10 mai 1793, mais sans chef et sans but précis. Mal coordonnés, les rebelles, rapidement et sauvagement écrasés, perdirent quatre-vingt-six combattants, dont une trentaine furent fusillés. Les populations réservèrent alors le meilleur accueil aux troupes piémontaises venues les libérer au cours de l'été 1793. Les partisans du roi de Piémont-Sardaigne se rendirent maîtres d'Annecy en deux jours, les 21 et 22 août 1793. Des rassemblements, voire des émeutes hostiles à la Révolution se produisirent à Chambéry, à Cognin et à Rumilly avant que les Français, conduits par Kellermann, reprennent l'ensemble de la Savoie. Après ce bref épisode guerrier, les oppositions affirmées – et surtout armées – au régime en place se turent. Les populations subirent la conscription. Lasses de tout régime français quel qu'il fût, elles retournèrent sous l'autorité du roi de Piémont-Sardaigne en 1815.

Après l'épisode révolutionnaire, la population avait perdu l'habitude de voir des armées étrangères sur son sol, mais n'avait pas totalement oublié l'épisode contre-révolutionnaire de 1793, principalement dans la vallée de Thônes, où le clergé local entretenait le souvenir des événements. Dans une plaquette parue en 1948, consacrée aux événements survenus à Thônes sous la Révolution, son préfacier, François Cochat, déchiré entre sa francophilie et l'admiration qu'il éprouve pour Marguerite Frichelet, victime et héroïne de la *Guerre de Thônes,* rappelle que deux jeunes de Thônes, « jour pour jour, cent cinquante ans après la révolte de 93, exactement le 4 mai 1943 arboraient, sur la place de Thônes, à la barbe des Italiens occupant la Savoie, les couleurs alliées au sommet du mât de la Légion[11] ».

La présence de l'occupant italien fut un puissant motif pour rejeter Vichy. La population vivait dans le fantasme d'une annexion de la Savoie par l'Italie mussolinienne[12]. Même si la réalité des exigences du dictateur italien sur la Savoie n'est pas avérée, les Savoyards, dans leur immense majorité, envisageaient avec un effroi certain cette éventualité. En outre, l'occupation italienne à la fin de l'année 1942 s'ajoutant à celle de quelques communes en Maurienne et en Tarentaise en 1940, pouvait conforter la thèse de l'annexion. L'impact de ces soi-disant prétentions italiennes ne doit donc pas être minoré. Elles eurent un effet direct, tant sur la popularité du régime de Vichy en Savoie, qui passait entre 1940 et 1942 pour un bouclier contre l'expansionnisme transalpin, que dans le désamour qu'il subit une fois l'armée italienne présente dans l'ancien duché.

La radio suisse, très écoutée – dès avant la guerre – par les habitants de la Haute-Savoie, favorisa l'évolution de l'opinion vis-à-vis du régime de Vichy. La pratique de la presse et de la radio helvétiques, plutôt anglophiles, facilitait la prise de distance à l'égard d'une presse et d'une radio françaises soumises au diktat de la censure. Dans une certaine mesure, les informations qui provenaient de Suisse, sans doute plus encore que les émissions en français de la radio anglaise, jugées trop partiales, renforcèrent les premiers opposants dans leurs convictions au grand dam du préfet :

> La Suisse, qui redoute plus que tout [*sic*] autre l'hégémonie allemande, est nettement anglophile. Or ses journaux, qui traduisent cet état d'esprit d'une façon plus ou moins nuancée, pénètrent librement en Haute-Savoie, rendant à peu près inopérants, surtout dans la zone frontière, les effets de la censure[13].

Le sous-préfet de Saint-Julien fait part de son impuissance :

> Une mesure partielle comme l'interdiction de vente n'aurait pas d'effet, en raison du nombre élevé de frontaliers qui franchissent chaque jour la frontière.
>
> L'interdiction de pénétrer sur le territoire français est une mesure d'ordre gouvernemental qui risquerait d'occasionner des incidents sans que les résultats soient véritablement appréciables, les journaux pouvant toujours être lus sur place à Genève[14].

Dans le département voisin de la Savoie, on nota, jusqu'à son interdiction à la mi-octobre 1942, une forte augmentation de la diffusion de la presse romande. *Le Journal de Genève* qui vendait 350 exemplaires en octobre 1940 en écoulait 800 en janvier 1941, 3 500 en mars de la même année, 5 400 en novembre 1941[15]. L'augmentation de la diffusion de la presse helvétique, notamment genevoise, s'amorça plus tôt en Haute-Savoie[16] que dans le département de la Savoie. Même lorsque *Le Journal de Genève* fut interdit, il continua à y être diffusé, de manière clandestine et plus confidentielle. Certes, aucun lien direct ne lie l'action des premiers résistants et les médias helvétiques. En revanche, leur lecture ou leur écoute assidues finissaient par influencer les esprits.

Le fait que la Grande-Bretagne ne se fût pas effondrée sous les coups de boutoir allemands et l'entrée en guerre des États-Unis, en décembre 1941, ne pouvaient que contribuer à restaurer l'espoir de ceux qui l'avaient perdu. Pour autant, les arrestations d'opposants au régime rendirent plus méfiants les hommes et les femmes qui espéraient la défaite de l'Allemagne et de l'Italie. Dans le même temps, les opposants devinrent plus aguerris, plus discrets, en tout cas moins candides à l'égard du régime et de sa police.

La Haute-Savoie et la défaite de 1940

Le 10 juin 1940, alors que le gouvernement quittait Paris pour rejoindre Bordeaux, Mussolini déclara la guerre à la France. Peu de combats intervinrent avant le 18 juin, date de la rencontre à Munich entre Mussolini et Hitler, qui avaient donné rendez-vous à leurs généraux à Chambéry, Saint-Pierre d'Albigny et Grenoble. Le Duce entendait participer aux négociations de paix sans combattre, ce que le Führer lui refusa. Le 17 juin la France demanda les conditions d'armistice à l'Allemagne, ce qui prit de court l'Italie et l'obligea à passer à l'offensive, afin de pouvoir participer aux négociations. Le Duce, nonobstant son arrivée tardive dans le conflit et les faibles conquêtes que l'état de son armée rendait prévisibles, voulait s'emparer de la vallée du Rhône, de Marseille et de Toulon, désarmer la Corse, la Tunisie et Djibouti. Pour occuper la plus grande part possible de la France, Mussolini lança donc une offensive risquée le 21 juin.

Ses attentes furent déçues. Du fait de l'intervention massive et précise de l'artillerie, de l'action des sections d'éclaireurs-skieurs des bataillons de chasseurs alpins qui durant quatre jours ne cessèrent de harceler ou de bloquer l'adversaire, l'avance italienne fut contenue. De plus, les exécrables conditions climatiques empêchèrent l'aviation italienne d'intervenir. Faute de visibilité, l'artillerie fut tout autant entravée, tout comme l'infanterie qui souffrit du froid[17]. Les armées italiennes, peu motivées, n'allèrent guère au-delà de Lanslebourg, en Maurienne, et prirent Menton, près de Nice, ville récupérée partiellement dans la nuit du 23 au 24 juin.

Conclu le 22 juin à Rethondes, l'armistice avec l'Allemagne ne prit effet qu'à la signature de l'armistice avec l'Italie, paraphé le 24 juin à 11 h 15, avec effet le 25 juin à 0 h 35. Les Allemands n'avaient pu alors s'emparer ni de Chambéry, ni de Grenoble et n'avaient pu dépasser Rumilly en direction d'Annecy. La résistance de l'armée des Alpes empêcha la rencontre des généraux allemands et italiens à Grenoble et en Savoie.

Au terme des conventions d'armistice franco-italiennes, Mussolini, qui s'était montré trop gourmand, dut en rabattre et abandonna le rêve d'occuper Nice et la Savoie. Il semble que les Allemands, qui n'avaient pas réussi à franchir le Rhône à la hauteur de Bellegarde, aient été surpris de la rapidité avec laquelle les négociations entre la France et l'Italie aboutirent. Les Allemands souhaitaient réaliser le bouclage de la frontière avec la Suisse mais, par manque de coordination avec les Italiens, ce bouclage ne se produisit pas. Les Allemands baptisèrent cette faille *die Savoyer Lucke*, autrement dit « la brèche de Savoie » : sur les 1 883 km de frontière entre la Suisse et ses voisins, seuls 235 km, soit 12,5 % de l'ensemble de la frontière helvétique, échappaient au contrôle allemand ou italien[18]. Au total, la frontière fut libre de tout occupant à hauteur de la Haute-Savoie, ce qui ne sera pas sans conséquence dans l'histoire du département entre juin 1940 et août 1944.

Au final, le dispositif français sur les Alpes avait bien fonctionné. La Haute-Savoie s'en sortait plutôt bien, n'ayant pas à supporter sur son sol une troupe étrangère, *a fortiori* italienne[19].

L'effondrement brutal de l'organisation politique et administrative du pays, consécutif à la rapidité de la défaite de mai-juin 1940, la proximité des Allemands sur le Rhône et la pression italienne sur les Alpes expliquent le soulagement des habitants lorsqu'ils apprirent la signature des armistices. Ils expliquent tout autant l'enthousiasme que suscita le régime de Vichy dans ses débuts.

La fin de la IIIe République provoqua peu de pleurs. À l'été 1940, ce furent plutôt les préoccupations du quotidien qui bornèrent l'horizon des habitants de la Haute-Savoie. Les objectifs annoncés du nouveau régime suscitèrent même l'enthousiasme. « Les mesures prises par le Gouvernement en politique ont été approuvées presque toutes[20] », nota le sous-préfet de Thonon en septembre 1940. De fait, l'État français pouvait, au bout d'un an d'existence, se targuer de quelques réussites comme le retour des réfugiés.

Ces réussites n'empêchèrent cependant pas certaines critiques. Minoritaires, elles révélaient toutefois que le régime, fondé sur des bases conservatrices, anticommunistes, antisyndicales, ne pouvait que mécontenter tous ceux qui, avant guerre, défendaient des opinions libérales, socialistes ou communistes ou adhéraient à des syndicats libres.

Mais, dans l'ensemble, le gouvernement et plus encore la personne du maréchal Pétain bénéficiaient du soutien du plus grand nombre. Ce soutien s'exprima notamment lors de la visite qu'il entreprit les 22 et 23 septembre 1941 dans l'ancien duché. Les manifestations organisées à cette occasion permirent aux Savoyards de montrer leur ferveur à l'égard du chef de l'État. Ces dates n'avaient pas été choisies au hasard. C'est un 22 septembre que les troupes françaises avaient envahi la Savoie en 1792. Voulait-on montrer à l'Italie dont les armées avaient annexé quelques communes de Tarentaise et de Maurienne que la région voulait rester française ? Dans tous les cas, l'accueil réservé au Maréchal fut remarquable et nul autre chef d'État n'en reçut de tel depuis, pas même le général de Gaulle lors de sa venue en novembre 1944. Les autorités avaient voulu faire coup double : montrer l'attachement de la Savoie à la France et l'attachement des Savoyards à la personne du vainqueur de Verdun. Certains évoquèrent même un « second plébiscite », un peu plus de quatre-vingts ans après celui de 1860[21].

La Légion française des combattants n'était pas étrangère à ce succès. Née du regroupement autoritaire des associations d'anciens combattants, cette formation se distingua en Haute-Savoie par la précocité de l'union entre les associations de vétérans et le succès qu'elle rencontra. Dès 1930, les associations d'anciens combattants, en tout cas les deux plus importantes d'entre elles, l'Union fédérale et l'Union nationale des combattants, avaient constitué un comité d'entente, avec présidence annuelle et tournante. Dès mars 1940, une « Légion savoyarde des anciens combattants[22] » avait été créée. Ces précédents étaient de bon augure pour la création de la Légion française des combattants en Haute-Savoie. De fait, celle-ci comptait 19 500 membres en 1941[23]. Selon les décomptes réalisés par Jean-Paul

Cointet, elle regroupait 33 % de la population masculine du département. Dans la Savoie voisine, la proportion était quasiment identique – 32,65 %. La Savoie historique se montrait donc enthousiaste à l'endroit de cet organisme, mais aussi du régime dont il était un pilier. La situation était comparable dans les Alpes-Maritimes (ancien comté de Nice, annexé également en 1860) et le taux élevé de recrutement serait, selon Jean-Paul Cointet, « inexplicable sans la menace italienne toujours présente[24] ». La Légion recruta massivement en milieu rural, notamment auprès des anciens combattants de la Première Guerre mondiale. Les taux étaient parfois impressionnants. Ainsi, dans le canton de Rumilly, 96,7 % des vétérans rejoignirent cette organisation. Toutefois elle était plus populaire parmi les vainqueurs de la Grande Guerre qu'auprès des vaincus de l'étrange défaite. « Particulièrement dynamique », selon les mots du préfet[25], elle rassembla plus de 12 000 hommes à Annecy à la fin d'août 1941[26]. Toutefois, la Légion connut assez rapidement des difficultés inhérentes à sa taille, au flou qui entourait ses objectifs et à cause de ses dirigeants.

Le manque de clarté dans l'objet de ce mouvement, les querelles picrocholines qui naissaient au sein des sections, les tensions avec les autorités locales ruinèrent l'enthousiasme des débuts. « L'activité de la Légion également marque un temps d'arrêt. Beaucoup de Légionnaires qui n'ont pas renouvelé leur cotisation attendent le Gouvernement actuel à ses actes pour prendre une décision[27] », relève le sous-préfet de Thonon en 1942. Le départ sur la pointe des pieds de centaines de ses membres attestait du désamour d'une part notable de la population, les anciens combattants, les hommes sur qui le régime comptait pourtant le plus pour asseoir son autorité.

Le préfet constatait en novembre 1942 :

> La Haute-Savoie a compté jusqu'à 40 000 Légionnaires et amis de la Légion. Actuellement j'estime à moins de 10 000 les Légionnaires et les volontaires de la Révolution nationale qui suivent encore les directives légionnaires.
>
> Il est à remarquer que l'enthousiasme qui s'est emparé de la majorité de la population à la nouvelle du débarquement des Américains en Afrique du Nord a même gagné les milieux légionnaires[28].

Si la plupart des anciens combattants quittèrent la Légion discrètement, d'autres, moins nombreux, avaient adopté une attitude plus tranchée dès les premiers jours du régime de Vichy auquel ils n'hésitèrent pas à s'opposer.

Les premières contestations

La stupeur provoquée par l'effondrement militaire du pays fit taire toute contestation politique. La population de Haute-Savoie retourna à ses occupations. Ainsi, le monde paysan vaqua aux travaux de la ferme sans manifester d'intérêt pour les questions extérieures. Le repli sur la sphère privée était général[29]. D'une certaine manière, Vichy bénéficia d'un « état de grâce » que servit l'atonie des populations. Mais quelques actes d'hostilité à l'égard du régime de Vichy se produisirent en août 1940. Des tracts favorables au général de Gaulle pointèrent les visions antagonistes qui opposaient le général à titre temporaire au vieux maréchal[30].

Pour autant les premiers opposants n'étaient pas systématiquement acquis au général de Gaulle. Certains se montraient suffisamment confiants en Philippe Pétain pour s'en réclamer dans leurs journaux clandestins. Ainsi, le premier numéro de *Liberté*, rédigé par François de Menthon, ne compte pas moins de cinq références au maréchal Pétain, dont l'exergue : « Je hais le mensonge. On ne mentira plus à ce pays. » La première mise en cause voilée se trouve dans le septième numéro qui date du 30 juin 1941. C'est finalement dans la huitième et dernière édition de *Liberté* que la feuille fit allusion à la « sincérité douteuse » du Maréchal[31]. Tout en étant maréchaliste (mais de moins en moins au fil du temps), le journal de François de Menthon était en revanche parfaitement hostile à la collaboration.

Les premiers opposants étaient plus unis par un rejet de la politique du gouvernement que par leur adhésion au général de Gaulle. Leurs premiers écrits témoignent de cette volonté de « restaurer l'intérêt général », à tout le moins de renouer avec l'image que nombre d'habitants de la France se forgeaient de celle-ci : un grand pays libre. Cette vision supposait de rompre avec la politique prônée par le gouvernement de Vichy, faite de compromis avec l'occupant[32]. Les moyens utilisés étaient rudimentaires, l'impact forcément limité. Là comme ailleurs, les actes de cette « protorésistance » étaient placés sous le signe de l'improvisation[33].

Les militants de gauche – socialistes, communistes, mais aussi francs-maçons –, pourchassés par le régime[34], étaient les plus nombreux parmi ces premiers opposants. Les communes les plus concernées étaient celles qui comptaient avant la guerre le plus grand nombre d'adhérents de ces deux partis, qu'il s'agisse des villes où vivaient des employés des chemins de fer, des douaniers, des ouvriers du livre ou des cités du bord du Léman où exerçaient les pêcheurs professionnels, sans parler des communes où s'était développé un « communisme rural », à Vinzier et Cervens par exemple. Les communistes redoublèrent d'ardeur après l'attaque de l'URSS par l'Allemagne le 22 juin 1941. Des exemplaires de *L'Humanité* et des tracts communistes furent retrouvés le 12 juillet 1941 en gare d'Annemasse.

Les opposants au régime s'activaient sur fond de pénurie en vivres qui stimulait la contrebande, cette activité spécifique à la Savoie et aux pays de frontière. André Devigny, futur compagnon de la Libération, fit part de sa stupéfaction lors d'un séjour qu'il effectua en Haute-Savoie dans le printemps 1941, car « la préoccupation primordiale était de lutter contre les restrictions, trouver des marchandises et les échanger, le beurre des campagnes descendait vers la ville tandis que le café et le tabac suisses prenaient la direction inverse[35] ». Ce n'est qu'à la fin de l'année 1941 que l'activité des contempteurs du régime fut de nouveau plus visible. Ceux-ci s'appuyaient sur le mécontentement de la population qui servait l'essor de la propagande clandestine.

Essentiellement négatives, les critiques émises par les premiers résistants de Haute-Savoie ne constituaient pas les éléments d'un programme cohérent, ni sur le plan politique, ni sur le plan de l'action. Sur le plan politique, les premiers résistants étaient à la fois trop peu nombreux et trop divisés pour agréger leurs revendications en un hypothétique programme. Les communistes pourchassés ne prirent pas immédiatement langue avec les démocrates-chrétiens, les premiers paraissant suspects d'avoir soutenu le pacte de non-agression Molotov-Ribbentrop, les seconds pouvant être accusés, après avoir soutenu le maréchal Pétain, d'être favorables au régime.

Les opposants au régime de Vichy s'agrégèrent peu à peu au début de l'année 1941. Des rencontres amicales tournent en discussion autour de la situation politique du moment. Sans but réel, les hommes se montrent d'accord pour « faire quelque chose », ce qui consiste surtout à distribuer la presse de la Résistance, notamment *Combat*, et à nouer des contacts avec des personnes dont les premiers résistants estimaient qu'elles étaient opposantes au régime de Vichy ou enclines à le devenir. Il fallait pour le moins un objet commun pour unifier toutes ces composantes hétérogènes autant que fragmentées et sans but défini. Pour l'heure, « ceux qui voulaient faire quelque chose » limitaient leur action au sein de leur sphère d'influence.

Ces premiers civils à « résister » n'ont pas le monopole de l'hostilité à la sujétion du pays. Tout en acceptant les principes du régime de Vichy, des militaires œuvraient pour permettre à la France de recouvrer pleinement sa souveraineté, en chassant les armées d'occupation. Les militaires du 27e BCA pendant un peu plus de deux ans, d'août 1940 à novembre 1942, s'activèrent pour que la France retourne dans la guerre.

Cette unité était dirigée par le commandant Jean Vallette d'Osia. Né à Rennes en 1898, cet ancien combattant de la Première Guerre mondiale avait été fait chevalier de la Légion d'honneur alors qu'il n'avait pas encore vingt ans. Profondément patriote et catholique, cet officier courageux, exigeant avec lui-même et avec les hommes qu'il commandait, s'était battu sur la Somme et avait été fait prisonnier une première fois près de Saint-Valéry-en-Caux le 13 juin 1940 : il s'évada le jour même. Repris le 18, il s'évada de nouveau le 20. Il parcourut 500 km à vélo en moins d'une semaine et rejoignit les lignes françaises à Guéret le 27 juin[36]. Ne sachant trop que faire, il décida de se renseigner auprès du Grand Quartier Général basé à Clermont-Ferrand. Là, grâce à l'entremise d'un camarade de promotion, aide de camp du général Weygand, il rencontra le second de Foch qui lui aurait tenu ces propos :

> Cette histoire-là n'est pas finie. Forcément, tôt ou tard, la France rentrera dans la guerre. Pour l'instant, matériellement et encore plus moralement, elle en serait incapable. Si tous ceux qui sont capables de l'aider à se reprendre s'en vont, jamais elle ne pourra le faire avec

honneur. De Gaulle, par ailleurs, a suffisamment d'officiers de valeur à ses côtés. Je vous demande de rester[37].

Fort de ses convictions et de la mission reçue du chef des armées, Vallette d'Osia ne se fixera qu'un seul objectif, bouter l'ennemi, qu'il soit italien – qu'il traite en quantité négligeable –, mais surtout allemand, hors de France. Néanmoins, jusqu'à la dissolution du 27ᵉ BCA, en novembre 1942, il conserva sa fidélité au maréchal Pétain, estimant que les autorités jouaient un double jeu vis-à-vis de l'occupant. Vallette d'Osia et les officiers du 27ᵉ BCA auxquels il fait partager sa mission secrète n'agissent pas seuls. Toute la 14ᵉ région militaire, qui englobe la Haute-Savoie et dont le siège est à Lyon, participe à cette œuvre qui consiste à préparer la mobilisation de 120 000 réservistes dont les noms étaient fichés. Vallette d'Osia se lança donc dans la constitution d'un bureau mobilisateur, afin d'augmenter les effectifs du bataillon qu'il commandait à quatre bataillons, dont trois clandestins.

Ce travail clandestin était pourtant voué à l'échec, car l'effort pour constituer des unités clandestines s'appuyant sur le 27ᵉ BCA fut éventé dès 1941. Certains officiers de réserve, contactés par des militaires comme le capitaine Maurice Anjot, sollicités pour prendre un commandement au sein de ces bataillons clandestins, avaient immédiatement demandé à Vichy s'il était exact qu'au sommet de cet échafaudage se trouvait le maréchal Pétain dont se prévalaient ces officiers d'active. Alertées, les autorités enquêtèrent. Au bout de quelques auditions, les policiers en place en Haute-Savoie, mais aussi la préfecture et le Service d'ordre légionnaire (SOL) surent ce qui se tramait. De cet échec, les militaires du 27ᵉ BCA tirèrent la leçon[38].

Vallette d'Osia parvint également à soustraire – provisoirement – de la commission italienne d'armistice le maximum d'équipement militaire. Deux cents tonnes de matériel devenu clandestin, de quoi équiper selon lui trois bataillons, furent cachées. Le commandant Vallette d'Osia en confia la mission de camouflage au lieutenant *Tom* Morel. Ce dernier fut aidé par des gendarmes, des officiers originaires ou connaissant bien le département[39], et de civils qui partageaient alors les mêmes analyses que le chef du 27ᵉ BCA[40]. Le 8 novembre 1942 au soir, peu après le débarquement allié en Afrique du Nord, le commandant du 27e BCA reçut un télégramme provenant de l'état-major de l'armée, demandant de déplacer des troupes en dehors des garnisons et de se tenir prêt en cas d'avancée des troupes allemandes. Le bataillon quitta ses quartiers et monta dans la montagne voisine du Semnoz, semble-t-il, dans la nuit du 9 au 10 novembre. Le lendemain, l'état-major ordonna aux corps de l'armée d'armistice de réintégrer les casernes. Le 27e BCA rentra à Annecy assez piteusement.

Le 27 novembre, les Allemands cernèrent les quartiers du 27e BCA en attendant l'arrivée de l'armée italienne, en retard. Quand les Italiens visitèrent le quartier de Galbert, ils ne trouvèrent qu'une faible partie de la dotation du 27e BCA. Ils alertèrent alors le préfet qui convoqua Vallette d'Osia le 16 décembre et exigea qu'il restitue le matériel[41]. Sur les trente dépôts constitués, trois détenteurs voulurent se débarrasser de leur encombrante marchandise, à cause des risques encourus. Le « service du camouflage[42] » enleva alors les dépôts pour les placer ailleurs. Vallette d'Osia rencontra le préfet au terme du délai de trois jours qu'il lui avait fixé et indiqua qu'aucun détenteur ne voulait se délier de sa promesse. Le préfet laissa une demi-heure à l'officier pour que ce dernier lui remît la liste des dépositaires. Vallette d'Osia profita de ce sursis pour entrer dans la clandestinité[43]. Néanmoins les dépôts furent découverts, la préfecture ayant déployé le zèle nécessaire pour les trouver, aidée par des gendarmes respectueux de l'autorité[44] : plusieurs dizaines de tonnes d'équipement, d'armes et de munitions échappaient à la Résistance.

La plupart des soldats furent démobilisés et rejoignirent leur région d'origine. D'autres restèrent en Haute-Savoie. Le 27e BCA de l'armée d'armistice disparaissait. Plusieurs de ses cadres continueront à œuvrer en faveur de la Résistance, après des débuts hasardeux dans la clandestinité[45]. Il semblerait que le commandant Vallette d'Osia ait réuni tous les officiers du 27e BCA pour leur demander de continuer la lutte et de garder le contact avec leurs hommes[46].

Vallette d'Osia ainsi qu'un grand nombre d'officiers du 27e BCA ne restèrent pas longtemps inactifs. Les mouvements de Résistance trouvèrent dans la dissolution de l'armée d'armistice le moyen de se pourvoir en cadres dotés d'une réelle expérience militaire. De fait, les trois grands mouvements de la zone sud s'étaient implantés en Haute-Savoie dans le cours de l'année 1942. Combat, Libération, Franc-Tireur commencèrent alors à diffuser leurs journaux, ce qui entraîna des adhésions, à Combat notamment. Le journal *Franc-Tireur*, organe de presse du mouvement éponyme que dirigeait Jean-Pierre Levy, fut distribué dans le département par l'intermédiaire d'un mutilé de la Première Guerre mondiale, Auguste Lajonchère, de Veyrier. Mais, malgré le développement de la diffusion de leur presse, le développement des formations clandestines butait sur la surveillance de la poste et des lignes téléphoniques. De plus, nombre des opposants à l'État français exerçaient une profession et avaient charge d'âmes : à de rares exceptions près, ils ne pouvaient donc consacrer que peu de temps à la Résistance, comme le souligne Félix Plottier[47].

C'est également au cours de l'année 1942 que se constituèrent les premières filières permettant aux étrangers, Juifs pour l'essentiel, de trouver un refuge dans la Confédération helvétique[48]. Sur tout le pourtour de la frontière avec la Suisse, des personnes s'activèrent, gracieusement ou contre paiement, pour permettre aux proscrits de franchir le cordon de barbelés qui séparait les deux pays. Preuve de l'importance que prit le mouvement, une cinquantaine de personnes ont été honorées de la médaille des Justes, ce qui fait de la Haute-Savoie le département qui compte le plus de Justes[49] après Paris, bien qu'elle eût alors dix fois moins d'habitants que la capitale.

La littérature sur la période insiste sur la clandestinité. Or celle-ci n'était qu'un vœu pieux dans la mesure où les secrets – comme l'organisation de bataillons clandestins – étaient partagés par un trop grand nombre de personnes. Le manque de discrétion des militaires était un défaut partagé également par les civils. Ainsi, répondant à l'appel de Radio Londres à se rendre sur les lieux publics à des jours convenus (1er mai, 14 juillet, etc.), il suffisait à la police de se déplacer pour relever l'identité des particuliers qui présentaient la double caractéristique d'être hostiles au régime et auditeurs de la radio anglaise. À la suite de l'appel de la BBC appelant à se présenter devant les mairies le 1er mai 1942 entre 18 h 30 et 19 h 30, la police interpella à Annecy plusieurs personnes (dont François de Menthon) issues de tous les horizons politiques, qui s'impliqueront ultérieurement dans la Résistance. En demandant à leurs compatriotes de manifester, les Français de Londres mâchaient le travail des forces répressives qui profitaient de l'aubaine pour arrêter sans effort les partisans du général de Gaulle.

Même le clergé, pourtant favorable au régime à ses débuts, évolua et se rapprocha de la Résistance. Jusque-là ses membres les plus âgés n'avaient pas oublié les mesures antireligieuses de la IIIe République, l'humiliation des Inventaires de 1906 et le gouvernement de Front populaire de 1936. Aussi, ces prêtres étaient-ils reconnaissants au maréchal Pétain d'avoir redonné une place à la religion et à l'Église dans la société. L'État aidait au financement des écoles libres, son chef assistait à la messe à chacun de ses déplacements dans les régions[50]. En Haute-Savoie, l'Église crut avoir retrouvé sa grandeur passée lors du premier anniversaire de la Légion en août 1941 et la venue du Maréchal un mois plus tard. Enfin, la présence de la hiérarchie catholique aux côtés du chef de l'État rappelait que l'Église avait été un acteur déterminant lors de l'Annexion. Mais, si le clergé était globalement pétainiste en 1940 et 1941, une fracture se dessina en son sein entre 1941 et 1942. Son attitude évoluera encore au cours de l'année 1942 au point que, selon le journaliste René Dépollier, on disait dans les milieux légionnaires : « Si la Révolution nationale ne réussit pas, ce sera la faute au clergé[51]. » À la suite de l'invasion de la zone libre, aux mesures coercitives prises contre les réfugiés, ainsi qu'à l'instauration de la relève, le clergé devint moins un soutien du régime qu'un adversaire. Son hostilité croîtra tout au long de l'année 1942 et au début de l'année 1943.

À l'été 1942, des civils, membres de Combat, plutôt favorables au général de Gaulle, prirent l'initiative de contacter les militaires du 27e BCA. Mais seuls deux officiers rejoignirent alors Combat, le capitaine Humbert Clair et le sous-lieutenant Rosset[52]. Malgré cette tentative avortée de rapprochement, les civils n'en continuaient pas moins à espérer que les militaires accepteraient d'encadrer les réfractaires à la relève qui affluèrent dans la vallée de l'Arve dès l'automne 1942.

C'est lors d'une réunion qui eut lieu fin décembre 1942 à Annecy, chez l'architecte Ernest Neyrinck, que furent proposés à Vallette d'Osia le commandement de l'Armée secrète en cours de constitution et l'encadrement des camps[53]. L'état-major départemental de l'AS créée fin décembre 1942 fut homologué au 1er janvier 1943[54]. Vallette d'Osia finit par accepter la charge et s'attela à bâtir une seconde organisation clandestine, sur une tout autre base. Dans son projet initial, les civils venaient en augmentation des militaires. Mais la disparition de l'armée d'armistice changeait radicalement la donne : il s'agissait désormais de former des « unités de volontaires civils à recrutement territorial, auxquelles seraient injectés, pour augmenter leur efficacité, les cadres actifs récupérés », transformés en « instructeurs et coordinateurs »[55].

À la fin de 1942, la Résistance restait pourtant un phénomène marginal. Elle touchait surtout des personnes qui, avant guerre, militaient dans des associations, des organisations syndicales ou politiques, ou se reconnaissaient dans des courants de pensée – la franc-maçonnerie par exemple. Ce petit monde était loin de représenter la majorité de la population, à savoir le monde rural et paysan.

L'histoire mouvementée de la Haute-Savoie entre 1940 et la Libération est fortement liée à l'attitude de la paysannerie à l'égard du régime. À l'enthousiasme que relèvent de prime abord les préfets – mais ne s'agit-il pas de flagornerie de la part de fonctionnaires qui veulent montrer qu'ils parviennent à faire accepter les mots d'ordre du gouvernement dans les départements ? – succède une phase de doute, puis de franche hostilité, autant d'évolutions liées aux décisions des autorités gouvernementales et à leur impact sur la vie quotidienne des paysans.

Malgré l'augmentation des prix, les agriculteurs ne livraient pas toujours leur production, jugeant leur rémunération insuffisamment attractive[56]. Selon les cours officiels, le prix du beurre augmenta de 158 % entre 1940 et 1944, et il en fut de même pour le gruyère (+ 136 %), le lait entier (+ 137 % à Annecy), les pommes de terre (+ 142 %), etc. Les agriculteurs trouvèrent toujours une clientèle prête à acheter leur production à des prix beaucoup plus élevés que ceux fixés par les autorités. Les marchés parallèles (noir, gris, rose[57]) fleurirent en Haute-Savoie tout au long de la guerre et le département devint une destination privilégiée pour ceux qui avaient les moyens d'acheter des denrées dont le prix, extravagant, ne correspondait ni à la taxe officielle, ni aux moyens financiers d'une grande part de la population tant rurale qu'urbaine.

Les services du Ravitaillement général fixaient la quantité des denrées à réquisitionner. De nombreux agriculteurs faisaient de fausses déclarations, ce qui compliquait la tâche de l'administration. La crainte de voir les productions agricoles quitter le département pour l'Allemagne justifiait le refus de les livrer au Ravitaillement général[58]. Ce n'étaient pas uniquement les céréales qui étaient visées, mais également le cheptel et, partant de là, la production de lait, les œufs, etc. Le caractère immoral du marché noir était gommé. « Ce qui va au marché noir est ainsi soustrait aux occupants[59] », relevaient les Renseignements généraux. Mais, si la crainte de livrer pour l'Allemagne était une réalité, le niveau des prix était aussi un puissant motif pour faire de la rétention. Il était en effet beaucoup plus lucratif de vendre ses produits sur les marchés parallèles.

Dans les communautés villageoises, des tensions naquirent dès 1941 entre ceux qui acceptaient de livrer leurs productions au prix officiel et ceux qui trouvèrent des moyens plus lucratifs pour les écouler. Dans l'été 1942, quelque 100 000 touristes, estime la préfecture, affluèrent dans le département[60]. Une proportion notable a dû acheter des denrées agricoles sans passer par les marchés officiels. Les fruitières des Houches, du Reposoir de Scionzier et de Magland durent fermer, les agriculteurs ayant développé la fabrication du fromage à la ferme pour le vendre ensuite, hors rationnement, à des prix élevés dans les bourgs voisins[61].

Si l'administration pointe les fraudes d'une part de la paysannerie, elle négligeait en revanche d'indiquer qu'une part notable des agriculteurs souffraient de la guerre : il était impossible de trouver des engrais ou des semences. De fait les rendements baissèrent. Ceux qui avaient troqué le tracteur contre les chevaux avant guerre durent se remettre au cheval, faute de carburant[62], voire réatteler les bœufs, sinon les vaches. Le monde paysan subit également les conséquences de l'inflation. Au final, pour un rendement moindre, il fallait travailler plus, alors même que bon nombre d'exploitations agricoles avaient un des leurs prisonnier en Allemagne. Se faisant l'écho de tous ceux qui, fonctionnaires ou citadins, peinaient à s'alimenter convenablement du fait des prix, l'administration préfectorale évoque cependant rarement cette paysannerie qui souffre, ne donnant aux autorités que l'image déformée d'une réalité vraisemblablement plus contrastée.

La défiance à l'égard du gouvernement qui, en Haute-Savoie, marquait la paysannerie touchait également le monde ouvrier. Son attitude était ambivalente. Fort nombreux, les double-actifs vivant à la périphérie des villes adoptèrent une attitude proche de celle du monde agricole dont la plupart étaient issus. Quant aux ouvriers dont le seul revenu provenait du travail salarié, ils suivirent une ligne identique à celle des citadins. Leur hostilité se tournait contre le développement des inégalités, ce que confirme le contrôle postal :

> La classe laborieuse peut avoir à toute occasion sous les yeux le spectacle de gens riches et oisifs, pour qui les restrictions sont inconnues[63].

En outre, quelques grèves affectèrent certaines usines. En décembre 1942, un conflit toucha par exemple l'usine de roulements SRO.

Cependant même les syndicats patronaux étaient mécontents de la situation. Ainsi, le président du Syndicat général des entrepreneurs de la Haute-Savoie, en accord avec son conseil d'administration, rédigea en juin 1942 une pétition adressée au maréchal Pétain pour s'opposer à une éventuelle occupation de la Savoie par les troupes italiennes :

> Les entrepreneurs de la Haute-Savoie, émus des bruits qui circulent d'une occupation éventuelle de leur département, vous assurent de leur indéfectible attachement à la France, patrie que leurs pères ont librement choisie en 1860, et vous font confiance pour que soit tenue la promesse que vous leur avez faite le 23 septembre 1941. Ils vous en expriment leur respectueuse reconnaissance[64].

Toute patriotique, cette pétition touchait un point particulièrement sensible des habitants de la Haute-Savoie et déplut aux fonctionnaires du régime. Les gendarmes et les policiers durent enquêter auprès du patronat du département pour récupérer ce courrier et le modèle de pétition qui l'accompagnait, non sans succès. Mais cette réussite ne pouvait qu'inciter ceux qui recevaient les forces du maintien de l'ordre chez eux à croire à la duplicité du régime bien qu'il affirmât maintenir la Savoie dans le giron français.

Vers la radicalisation

En janvier 1942, le contrôle postal estimait que 86 % des lettres qui évoquaient la collaboration s'y montraient hostiles[65]. Ce sentiment ne fit que croître avec le retour aux affaires de Pierre Laval en avril 1942. Les doutes qui subsistaient quant à sa politique furent dissipés par sa fameuse phrase : « Je souhaite la victoire de l'Allemagne, parce que sans elle, demain, le bolchevisme s'installerait partout. » Les autres annonces qui figuraient dans le message, comme la création de la relève, créèrent, selon le mot du sous-préfet de Saint-Julien, « une grande sensation[66] », voire « une surprise générale » comme le relevèrent les Renseignements généraux, mais surtout « une impression plutôt défavorable parmi la majorité de la population[67] ».

Les illusions d'une « protection » de la Savoie par les armées allemandes contre les prétendues visées italiennes disparurent avec l'occupation totale du territoire et l'arrivée des troupes italiennes dès novembre 1942. Dès lors, les partisans de la collaboration ne formèrent plus qu'une minorité de la population. Le Parti populaire français (PPF) de Jacques Doriot était représenté en Haute-Savoie par une fédération départementale comptant une dizaine de sections dans les principales villes du département. Il ne réunit sans doute pas plus de 160 à 180 membres dans toute la Haute-Savoie, dont entre vingt et quarante membres pour Annecy et Annemasse[68]. D'autres organisations comme le Rassemblement national populaire (RNP) de Déat recrutèrent très peu. Ces partis se disloquèrent dès 1943 à la suite d'attentats et agressions qui visèrent leurs membres.

La création du SOL entérina l'échec de la Légion dont il accéléra la déchéance. L'engagement à la Légion avait pu naître d'une ambiguïté alliant au sentiment patriotique antiallemand la volonté de soutenir un régime supposé prévenir une occupation italienne de la Savoie. Il n'en était plus de même avec le SOL.

Le SOL apparut dès l'automne 1940 dans les Alpes-Maritimes. À sa tête se trouvait le futur chef de la Milice, Joseph Darnand. Dès ses origines, le SOL est plus qu'un traditionnel service d'ordre chargé d'encadrer les manifestations. Il se pose plutôt comme un parti politique disposant de ses propres chefs et d'un embryon de doctrine[69]. Si la Légion était marquée par son maréchalisme, le SOL était anticommuniste, antirépublicain, antisémite. Son taux de recrutement fut médiocre en Haute-Savoie (1 200 membres pour 25 000 légionnaires, soit 4,8 %[70]), preuve que les idéaux de ce mouvement étaient loin d'être partagés par la masse des légionnaires. Le SOL de la Haute-Savoie fut créé dans l'été ou l'automne 1941, avec celui de la Haute-Garonne[71]. À sa tête, Joseph Darnand nomma un officier de réserve, Gaston Jacquemin, né à Strasbourg en 1901. De nombreux légionnaires furent déconcertés par les activités du SOL, qui semblaient nettement influencées par le fascisme.

Le SOL fit beaucoup parler de lui en Haute-Savoie à la suite de l'« affaire de Menthon » qui déclencha le rejet de cette organisation et offrit à de nombreux légionnaires un prétexte pour démissionner.

Dans la nuit du 1er au 2 mai 1942, la barbe de la statue de saint François de Sales, saint patron du SOL de Haute-Savoie, fut peinte par des inconnus et le tilleul planté en avril pour commémorer la venue en septembre 1941 du maréchal Pétain fut déraciné. Si les auteurs de ces actes ne purent être identifiés, des membres du SOL décidèrent cependant de s'en prendre à François de Menthon, connu pour ses idées gaullistes, ancien président national de l'ACJF, qui avait refusé d'entrer dans la Légion.

La veille, le 1er mai 1942 en début de soirée, François de Menthon avait répondu à l'invitation de la BBC qui appelait à se promener devant les mairies entre 18 h 30 et 19 h 30. Déambulant devant l'hôtel de ville d'Annecy, il fut sans doute aperçu et reconnu par des membres du SOL. Le lendemain, il reçut une fausse invitation, portant tampon de la mairie et signature imitée du maire d'Annecy, qui l'invitait d'urgence à l'hôtel de ville. Six ou sept individus se saisirent alors de lui et lui infligèrent un bain forcé dans un bassin situé à proximité[72].

François de Menthon porta plainte. Il apparut assez vite que le SOL annécien était impliqué dans cette affaire. Le magistrat instructeur inculpa cinq de ses membres : Gaston Jacquemin, le chef de la Ney du Vair, ainsi que les dénommés Gauthier, Michal et Chambaz[73]. Mais ils reçurent le soutien de Joseph Darnand qui s'empressa de faire en sorte que les cinq légionnaires ne soient plus inquiétés[74]. Tous adhéreront à la Milice quelques mois plus tard.

Cette baignade forcée déclencha une tempête en Haute-Savoie où le maréchalisme de la plupart des légionnaires s'accommodait mal des actes violents commis par une minorité d'activistes. La municipalité d'Annecy, qui avait protesté contre cet acte, fut dissoute. Le conseil et la section de Thônes de la Légion rédigèrent le 14 mai 1942 une protestation contre cette agression. Les légionnaires de Thônes blâmèrent l'« acte odieux dont a été victime Monsieur de Menthon » et émirent le vœu « que des sanctions soient prises contre les auteurs de cette agression »[75].

L'absence de poursuites provoqua la démission de bon nombre de légionnaires de la région de Thônes et, semble-t-il, l'exclusion de la Légion du président de la section de Thônes, Édouard Pochat[76], qui devint par la suite un des responsables de l'Armée secrète dans la vallée de Thônes. En juillet 1942 le préfet évoqua la possibilité d'une démission de l'ensemble des légionnaires de cette région[77]. Si la réaction avait été particulièrement vive à Thônes et dans sa région, elle déborda ce cadre local. Le préfet nota que « l'effervescence produite à Annecy par ces incidents s'est rapidement étendue à tout le département et s'est faite particulièrement dans les communes urbaines[78] ». Le préfet concluait : « l'unité de la Légion est menacée[79] ». De fait la plupart des légionnaires quittèrent leur organisation discrètement, en s'abstenant de renouveler leur adhésion.

Le SOL de Haute-Savoie fut officialisé le 13 juin 1942 à Annecy lors d'une cérémonie présidée par Joseph Darnand. Un quart des 3 700 légionnaires de la ville firent le déplacement et deux milliers de spectateurs participèrent à la manifestation. Il y eut 850 SOL, dont dix délégations provenant d'autres départements extérieurs à la Haute-Savoie[80]. L'évêque refusa de s'associer à ces festivités, ce qui montrait que l'« affaire de Menthon » restait dans les esprits[81]. Surtout, des prêtres, comme au Petit-Bornand et à Thônes[82], dissuadèrent les jeunes de rejoindre cette organisation.

L'écrémage de la Légion faisait le lit des extrémistes, peu soucieux de leur popularité et dont la radicalité des attitudes compensait la faiblesse du nombre. Pourtant, quelques mois plus tard, seule une minorité des adhérents du SOL rejoignit la Milice.

Si la population manifestait des sentiments hésitants à l'égard des Britanniques, du fait notamment de l'affaire de Mers-el-Kébir, les Américains firent en revanche l'unanimité dès leur entrée en guerre en 1941. Selon le préfet, l'état d'esprit de la population changea alors radicalement.

> Dans mon précédent rapport je signalais une tendance à un optimisme mal défini, mais certain, qui tire surtout son origine dans l'évolution actuelle des événements militaires. Cette tendance s'est accentuée sensiblement au cours du mois écoulé du fait de l'entrée en guerre des États-Unis et de l'arrêt de l'offensive allemande en Russie[83].

Dès lors, les habitants de la Haute-Savoie soutinrent les Alliés. C'est une des rares constantes des trois années qui séparèrent l'entrée en guerre des États-Unis de la Libération : la croyance en une victoire finale conduite par les Américains.

Cette croyance radicalisa les attitudes à l'égard des intérêts de l'occupant. Mené par quatre cheminots[84], le premier attentat recensé date du 8 août 1942 et affecte la succursale annemassienne de l'Office de placement allemand, ouverte cinq jours plus tôt. D'autres attentats suivront, souvent initiés par des militants ou des sympathisants communistes. L'occupation de la zone libre suscita peu de réactions publiques : les Renseignements généraux mentionnent une brève manifestation à Annemasse, dans la nuit du 12 au 13 novembre, qui rassembla de huit à dix personnes place du Maréchal-Pétain, lesquelles se rendirent ensuite au monument aux morts où elles entonnèrent un couplet de *La Marseillaise* puis le refrain des *Allobroges*[85].

La relève et le Service du travail obligatoire (STO)

La guerre que l'Allemagne menait sur plusieurs fronts mettait à rude épreuve ses capacités économiques. La main-d'œuvre mobilisée dans l'armée manquait cruellement dans les usines. Des volontaires issus des pays occupés et des prisonniers de guerre furent alors requis pour remplacer les ouvriers allemands partis au front[86]. Le déplacement volontaire de travailleurs outre-Rhin séduisait peu les habitants de Haute-Savoie. Cependant 500 travailleurs originaires du département, volontaires, partirent entre août 1942 et février 1943[87], ce qui indique que l'échec de la réquisition fut relatif.

Face au peu de succès du volontariat, Laval promulgua le 4 septembre 1942 une loi en vertu de laquelle l'administration pouvait réquisitionner tout homme âgé de 18 à 50 ans et toute femme, avec quelques exceptions, âgée de 21 à 35 ans. L'annonce de cette mesure comme les premières réquisitions suscitèrent un fort émoi en Haute-Savoie, comme en témoignent les incidents que recensa la gendarmerie dans la vallée de l'Arve et dans les usines proches d'Annecy. Phénomène inédit, un front commun unit patrons et ouvriers[88].

Le rejet de la relève en Haute-Savoie aboutit à son « échec complet », selon les mots du préfet[89]. Sa promulgation et les premières réquisitions amenèrent de nombreux spécialistes du décolletage à se dissimuler dans des chalets isolés qui appartenaient à un membre de leur famille ou à un ami qui les ravitaillaient. C'est ainsi que s'improvisèrent dès septembre 1942 les premiers camps dans la vallée de l'Arve[90]. Il semble même que le nombre de réfractaires à la relève s'accrut, en octobre et novembre, de plusieurs centaines d'ouvriers, venant de tous les coins de France[91].

Sur les 245 hommes convoqués dans tout le département entre Noël et le Nouvel An de l'année 1942, seuls 62 s'étaient présentés à la visite médicale (25,3 %), 34 d'entre eux furent reconnus inaptes (54,8 % de ceux qui s'étaient présentés), les médecins jouant un rôle important dans l'élimination des candidats. Sur les 16 qui avaient signé un contrat de travail, 7 refusèrent d'apposer leur signature au bas du contrat, 2 seulement partirent, soit 0,8 % des requis[92].

La situation tendue dans le département empira avec l'instauration du STO, promulgué le 16 février 1943. Il entérina le divorce entre la population du département et le régime. Au titre de cette loi et de la deuxième action Sauckel (janvier-mars 1943), les jeunes hommes nés en 1920, 1921 et 1922 devaient effectuer un service obligatoire d'une durée de deux ans (un an pour les étudiants), sans qu'il soit précisé que celui-ci s'effectuait en Allemagne ou dans l'Europe occupée[93]. L'ensemble de la population concernée devait se faire recenser avant le 28 février, une visite médicale intervenant avant le 5 mars.

Cette loi fit immédiatement l'unanimité contre elle. Le taux de présence aux visites ne permet pas de mesurer à lui seul l'ampleur du refus. Sur les 5 394 personnes nées entre le dernier trimestre 1919 et 1922, 4 460 (82,7 %) se présentèrent à la visite médicale. Les taux de présence étaient particulièrement élevés dans les cantons de l'avant-pays : 99,1 % à Seyssel, 98,5 % à Rumilly, 94,8 % à Frangy, contre 40,9 % à Boëge, 54,5 % à Saint-Gervais[94]. Si l'absence à la visite médicale indique le refus de tout départ vers l'Allemagne, en revanche la présence à celle-ci ne prouve pas pour autant que les populations aient été prêtes à partir outre-Rhin. Les jeunes convoqués pour le STO pouvaient espérer une dispense médicale, mais aussi, comme le notait un fonctionnaire des Renseignements généraux, « obtenir dans les mairies le renouvellement de leurs tickets d'alimentation et [...] pouvoir vivre en liberté relative quelques jours encore[95] ». Mais la crainte d'une réquisition immédiate fit que certains jeunes quittèrent leur domicile presque instantanément. Si le refus du STO s'opéra souvent discrètement, il emprunta parfois une tournure spectaculaire, le jour même de la visite médicale. Le chef du service départemental des Renseignements généraux de la Haute-Savoie nota le 6 mars 1943 :

> À Rumilly le 4 mars 200 jeunes gens environ convoqués pour la visite médicale ont défilé dans les rues en scandant les mots : « Nous n'irons pas en Allemagne. » De plus, ils ont déposé une gerbe de fleurs devant le monument aux morts et ont chanté *La Marseillaise* et *Les Allobroges*[96].

L'opposition au STO se veut patriotique – et donc légitime –, comme en témoignent ces défilés devant les monuments aux morts.

Lors de la visite médicale de la classe 1942 effectuée le 5 juin 1943, 1 318 jeunes furent convoqués. Seuls 650 se sont présentés (49,3 %), 194 ont été déclarés inaptes et 180 reconnus aptes pour le travail en Allemagne ou pour l'Organisation Todt. Les autres étaient soit des sursitaires, soit des étudiants, soit des personnes affectées en France à l'agriculture ou à l'industrie. Sur les 180 reconnus aptes et qui devaient prendre le train le 7 juin ou le 9 juin 1943, 6 personnes seulement se sont présentées. En fait, 99,5 % de cette classe d'âge, pour une raison ou pour une autre, échappèrent au STO. Wilfred Halls indique que les taux de refus furent particulièrement élevés dans les régions rurales : 90 % dans le Finistère, 95,5 % dans les Côtes-du-Nord, 99 % dans le Puy-de-Dôme[97]. La Haute-Savoie se plaçait en tête de ce palmarès, du moins pour cet échantillon.

Le préfet constatait que, pour l'« opinion publique, [...] relève et travail obligatoire sont synonymes de déportation[98] ». La gendarmerie notait pour sa part que, « bien que presque pas touchée par l'envoi d'ouvriers en Allemagne, la population est farouchement hostile à cette mesure[99] ». L'hostilité de la Haute-Savoie au STO était si forte que le préfet cite même le mot de « rébellion ». Il en attribue les causes à quatre facteurs : l'opposition des paysans-ouvriers à la relève, le particularisme savoyard issu de l'annexion de 1860, le chauvinisme contrarié par les ambitions italiennes, l'influence helvétique, notamment l'« esprit de Genève[100] ».

Si la population n'acceptait pas le STO et soutenait ceux qui étaient affectés par cette mesure, une contestation – plus sourde – provenait également de certaines institutions sur lesquelles le régime s'était appuyé, comme l'Église.

Si l'attitude du clergé avait évolué en 1940 et 1942, l'instauration du STO ruina le crédit que conservait le régime auprès des prêtres, notamment les plus jeunes. De nombreux séminaristes étaient touchés par la nouvelle loi. L'évêque d'Annecy avait bien espéré en 1943 qu'« aucun de ses séminaristes ne se mettra[it] en dehors de la loi » ; il ne fut pas obéi. L'instauration du STO renforça la fronde d'une partie du clergé contre les autorités. « Le clergé a une lourde part de responsabilité dans la résistance opposée pour le départ des ouvriers[101] », observait le préfet. Sans s'opposer frontalement au régime, l'un des piliers de celui-ci contribuait donc par son action à en saper ses fondements, en rendant légitime la désobéissance à son égard, mais aussi en soutenant tous ceux qui refusaient d'apporter leurs bras à l'effort de guerre allemand. Même les gendarmes condamnaient le STO et participèrent à son échec. Le commandant Calvayrac, chef de la compagnie de gendarmerie de Haute-Savoie, se plaint à diverses reprises que « les jeunes ouvriers défaillants circulent comme ils veulent, se déplacent sans jamais être contrôlés[102] », et certains couvrent même des évasions.

Enfin, même la Milice, fondée deux semaines avant la loi instaurant le STO, était composée de nombreux jeunes dont on peut questionner la motivation première de leur engagement : 114 francs-gardes de la Milice sur un nombre qui ne pouvait guère dépasser les deux centaines étaient nés entre 1920 et 1922, les trois années précisément concernées par le STO[103]. L'adhésion à la Franc-Garde dispensait du STO et la Milice joua sur ce privilège, s'attachant de nombreux jeunes pour des raisons où l'idéologie ne jouait pas nécessairement le premier rôle.

Ainsi, dès l'entrée en vigueur de la loi, la plus grande partie de la population, mais aussi une part notable du clergé, de la gendarmerie, de l'administration étaient plus ou moins ouvertement hostiles au départ des jeunes vers l'Allemagne. Il se développa une opposition, discrète ou frontale, mais toujours importante, au gouvernement de Vichy et à ses agents. Comme le résumait le commandant Calvayrac :

> Depuis longtemps, on essayait de faire l'union entre les Français ; on n'y était pas arrivé. Ce que n'avaient pu faire ni les discours ni la propagande, l'hostilité à la relève l'a réalisé[104].

En ce mois de mars 1943, l'hostilité au STO s'appuie également sur une conviction, celle que la guerre sera bientôt finie et que les Alliés vont débarquer prochainement. L'administration confirme la croyance en un débarquement allié pour le 15 mars 1943, puis pour le 15 mai 1943[105] ; les requis pour le STO ainsi que la population parient qu'il vaut la peine d'attendre dans les montagnes. Les rassemblements de réfractaires devinrent alors une charge pour les populations, avant de l'être pour les mouvements de Résistance, désarçonnés par l'arrivée de milliers de jeunes dont la principale motivation – pour ne pas dire l'unique – était de ne pas partir en Allemagne. Tablant sur un débarquement rapide, nombre de ces jeunes n'imaginaient pas devoir prendre les armes pour se prémunir contre leur réquisition. Surtout, personne n'imaginait qu'il faudrait encore patienter seize mois avant le jour J et dix-huit mois avant la libération du département.

La Haute-Savoie était dans une large mesure prête pour accueillir le maquis. L'hostilité au régime politique, l'opposition aux réquisitions de main-d'œuvre et de nourriture, le soutien des populations, la neutralité des forces de l'ordre – voire leur solidarité –, des lieux de refuge (fermes et maisons d'alpage), l'espoir d'un prochain débarquement allié, formaient autant d'éléments qui permirent au maquis de prospérer et à la Résistance de se développer. Les « événements de Haute-Savoie » montrèrent alors jusqu'où certains pouvaient aller pour éviter d'aller travailler en Allemagne.

Les « événements de Haute-Savoie » ou le « soulèvement savoyard » (mars 1943)

L'épisode dit des « événements de Haute-Savoie » ou le « soulèvement savoyard » est un épisode significatif, si ce n'est fondateur, dans l'opposition au régime de Vichy en général et au STO en particulier. Qui plus est, c'est grâce à cet épisode que la Haute-Savoie gagnera avant Glières ses galons de région résistante, du fait de la médiatisation d'une des toutes premières opérations dont les réfractaires furent les acteurs, mais aussi les victimes. Événement purement local, ses répercussions dans les médias et dans les états-majors lui conférèrent une dimension nationale et internationale.

La geste maquisarde valorise le combattant en armes qui, avec son faible équipement, a tenu tête à l'adversaire allemand. De ce point de vue, les événements de 1943 ne correspondent pas à ce schéma. Les réfractaires de mars 1943 ne sont pas ou peu armés, il n'y a pas de combat, pas même d'escarmouche, et l'adversaire – s'il y en a – est un garde, un gendarme ou un GMR (Groupe mobile de réserve), non un soldat allemand ou un chasseur alpin italien. Enfin, localement, les populations n'eurent pas l'impression que des événements exceptionnels se déroulaient dans le département : il n'y avait donc pas lieu de commémorer ou simplement se souvenir de faits qui semblèrent anodins à ceux-là mêmes qui les avaient vécus. Ce faisceau de facteurs explique leur relégation et l'oubli dans lequel ils sont tombés.

Au mois de mars 1943 se joue en Haute-Savoie une pièce en plusieurs tableaux. Entrent en scène les réfractaires au STO, des résistants affiliés aux FTP (Francs-Tireurs et Partisans), une aide logistique provenant peut-être des membres du Parti communiste suisse[106], les forces du maintien de l'ordre, les journaux de la Suisse romande, la radio suisse au travers de son commentateur René Payot, par ailleurs éditorialiste au *Journal de Genève*, et la BBC grâce à son speaker, Maurice Schumann. Enfin, face à l'ampleur que prit le phénomène, les autorités de Vichy et ses forces répressives intervinrent avant qu'un calme bref et superficiel ne revienne.

À la suite des efforts d'une partie de la population de Draillant et de Cervens, dans le canton de Thonon, près d'une centaine de jeunes réfractaires se retrouvent au début du mois de mars à Sur-le-Mont, commune de Draillant, répartis en trois détachements. Ces réfractaires sont équipés de neuf fusils, six revolvers et de quelques munitions[107]. Le 3 mars, le capitaine de la section de gendarmerie de Thonon, Prunet, informé de rassemblements de jeunes, se rend à Sur-le-Mont, et recense une vingtaine de réfractaires, dont la plupart sont étrangers à la région[108]. La discussion tourne sans doute mal puisque l'administration reconnaît que le capitaine Prunet a été mis en joue lors de cette rencontre[109].

Près de là, à Allinges, était découvert un rassemblement « d'une vingtaine de jeunes déserteurs recevant les consignes de deux militants communistes bien connus dans la région [...] qui les convoquaient à une réunion et leur promettaient des armes et des vivres[110] ». De manière simultanée, plusieurs centaines de jeunes prennent les hauteurs, dont un grand nombre de fils d'agriculteurs, pourtant alors exemptés du STO.

L'administration comprit immédiatement la gravité de ces événements. Le 8 mars 1943, le préfet régional Angeli, accompagné du sous-préfet de l'arrondissement de Thonon, du capitaine Prunet et du commandant Calvayrac, se rendit dans le chalet visité le 3 mars par le capitaine Prunet. Cette délégation « a pu sans difficulté aborder les jeunes », mais « se heurta au même entêtement, à la même obstination, aux mêmes raisonnements »[111]. Ces autorités purent se rendre compte que des jeunes se cachaient également sur le territoire des communes voisines. Dès le lendemain, 9 mars, ainsi que le 10, près d'un millier d'hommes de la garde et de la gendarmerie arrivèrent en Haute-Savoie et bouclèrent le territoire.

Pour rétablir le calme, le préfet régional organisa des séances d'information dans « 8 ou 10 » communes, notamment Thonon et Cluses, où furent convoqués les maires, les instituteurs, mais aussi les curés. Au cours de ces assemblées, le préfet régional informa son auditoire que les jeunes agriculteurs étaient exempts du STO. Durant la même période, l'arrondissement de Thonon fut bouclé par les forces du maintien de l'ordre afin de cerner les lieux où les jeunes requis s'étaient réfugiés et entraver leur ravitaillement. Le département fut ainsi isolé grâce aux barrages que dressèrent les brigades territoriales de gendarmerie[112].

À la suite de ces réunions, un grand nombre de fils d'agriculteurs, ignorant jusque-là qu'ils étaient exemptés du STO, retournèrent dans la soirée du 12 mars chez eux, ce qui donna l'impression d'une détente. Pourtant, dans les journées suivantes, la garde manœuvra en direction des chalets. Le commandant du peloton de gendarmerie de la Haute-Savoie fit remarquer que ces opérations n'occasionnèrent « aucun coup de feu, pas d'incidents, pas de résistance violente[113] », ce que confirma également *Le Journal de Genève*[114]. Dans la journée du 19 mars, la garde fut renvoyée dans ses cantonnements ainsi que huit pelotons de gendarmerie sur dix (les deux derniers le seront le 24 mars) et le GMR.

Un bilan des opérations conduites par les différentes forces de police daté du 20 mars 1943 mentionne 65 arrestations[115]. Dans le rapport qu'il rédigea le 19 mars et qu'il fit parvenir à Pierre Laval, le préfet Angeli indiquait « que les groupements ont disparu et que 350 individus restent réfractaires, dont 150 en montagne[116] ».

Les opérations conduites par le maintien de l'ordre obligèrent les réfractaires, qui ne voulaient pas redescendre dans les vallées, à la mobilité. Ainsi, le groupe dont Joseph Charles avait pris la tête s'installa dans le Haut-Chablais, puis traversa la frontière avec le Valais et trouva refuge en Suisse avant de revenir en terre savoisienne quelques temps après[117]. D'autres groupes de réfractaires s'étaient formés dans différents massifs de la Haute-Savoie, à l'est et au sud d'Annecy notamment[118].

Ces événements furent considérablement amplifiés par les médias, notamment helvétiques. Le 11 mars 1943, la radio suisse évoqua les incidents au départ des gares françaises provoqués par les requis au STO[119]. *Le Journal de Genève* donna aux événements une tournure dramatique. Son édition du 12 mars précisa par exemple :

> La résistance à la « relève » dans la région
> Des groupes armés s'organisent

> La résistance à la relève prend en Haute-Savoie un caractère très accusé. D'une part les jeunes gens appelés à passer la visite préalable ne se présentent pas, d'autre part les ouvriers abandonnent leurs outils et s'enfuient dans la montagne où ils organisent une véritable résistance armée. Toutes les sommités qui surplombent la vallée de l'Arve leur serviraient de refuges. On parle même de troupes qui se seraient organisées sous la conduite d'officiers supérieurs et qui auraient à leur disposition non seulement des fusils et des mitrailleuses, mais encore des canons de 75[120].

Le quotidien suisse revint sur cet épisode trois jours plus tard.

> La situation de la Haute-Savoie s'est un peu modifiée depuis 48 heures. On a la nette impression qu'il s'agit d'un mouvement spontané : les jeunes gens ne veulent pas partir pour l'Allemagne et c'est pourquoi ils ont gagné le maquis où ils sont ravitaillés par la population et même par les avions alliés[121].

Certains faits rapportés sont faux (la présence d'officiers supérieurs, l'équipement des réfractaires en armes lourdes et en artillerie, le soutien de l'aviation alliée), mais donnent une nette connotation militaire à l'opposition au STO.

Même si les « événements de Haute-Savoie » étaient grandement exagérés par les médias helvétiques, la crainte d'une multiplication du nombre de réfractaires amena le ministère allemand des Affaires étrangères, puis le gouvernement français, à publier un démenti :

> Ce sont les autorités françaises qui, seules, se sont employées à ramener à leur devoir de jeunes Français dont la plupart, abusés par d'odieux mensonges, avaient agi sans discerner les conséquences que pouvait avoir leur folle équipée. Elles n'ont usé, à la demande formelle du chef du gouvernement, que de méthodes persuasives, et la persuasion a suffi pour ramener à la raison les jeunes égarés. Les paysans furent les premiers à regagner leurs occupations habituelles. Les autres suivirent, et peu à peu se désolidarisèrent de ceux qui les avaient entraînés.
>
> À l'heure présente, il ne reste plus dans la montagne que quelques éléments isolés. Au total un tout petit nombre d'hommes, quelques dizaines au plus, qui se composent à peu près exclusivement des meneurs et d'agitateurs qui furent à l'origine de cette affaire[122].

Ces bémols parurent trop tardivement pour contrecarrer l'enthousiasme du porte-parole de la France combattante, Maurice Schumann, qui dans son éditorial du 18 mars 1943 exultait :

> Savoie, Alpes françaises, Légion des montagnes... Voici combien de jours que les journaux et les ondes, amis aussi bien qu'ennemis, se renvoient ces mots, ces formules, ces images ? Si durci soit-il par tant d'années d'horreur et d'héroïsme, le monde tressaille pourtant parce que des Français, des jeunes Français, retranchés dans nos vallées, nos ravins et nos gorges, font trembler Laval et font rager l'Allemand[123].

Prise de court début mars, la presse française se rattrapa à la fin du mois, plus de deux semaines après le début des événements. Venant plus tardivement, elle seule donna des informations crédibles. Ainsi, *Le Petit Dauphinois,* dans son édition du 20 mars, écrivait :

> Il est faux que les rebelles se soient chiffrés par dizaines de milliers. Ils n'ont jamais été que quelques centaines.
>
> Il est faux qu'il se soit trouvé parmi eux de nombreux officiers démobilisés, et il ne s'agit, en tout état de cause, que de cas isolés.
>
> Il est faux que les intéressés aient été l'objet d'un ultimatum de la part des autorités allemandes. À aucun moment et sous aucune forme, les autorités allemandes, pas plus que les autorités italiennes, n'ont eu à intervenir dans cette affaire.
>
> Il est faux qu'il y ait eu des combats sanglants. Pas un coup de feu n'a été tiré. Pas une goutte de sang n'a été versée.
>
> Il est faux que des avions anglo-américains soient intervenus.
>
> Il est faux que des otages aient été pris[124].

Mais ces démentis venaient trop tard pour endiguer l'enthousiasme que les « événements de Haute-Savoie » avaient suscité, malgré l'abîme qui séparait les faits et leur traitement par la presse.

Le BCRA, les Britanniques et les « événements de Haute-Savoie »

L'agitation médiatique autour du « soulèvement savoyard », ainsi que l'incapacité de vérifier l'étendue et la véracité des faits colportés participèrent à la fois à l'enthousiasme et aux craintes de tous ceux qui, notamment à Londres, attendaient que les Français reprennent les armes contre l'occupant. Ainsi Daniel Cordier-*Alain*, le secrétaire de Jean Moulin, envoya le 12 mars à son patron le message suivant :

> Alain [Cordier] à Max [Moulin] soulèvement commence région Évian-Grenoble nécessité larguer urgence quantité armes[125].

Jean Moulin fit immédiatement le nécessaire auprès des Anglais pour qu'ils effectuent un parachutage d'armes et de munitions en Haute-Savoie[126] qui intervint effectivement dans la nuit du 20 au 21 mars 1943[127].

Pourtant, entre le paroxysme des événements, situé autour du 10 mars, et le parachutage, dix jours s'étaient écoulés au cours desquels les fils de paysans étaient redescendus dans leurs fermes et les réfractaires, arrêtés ou alors pourchassés par les forces du maintien de l'ordre, avaient quitté leurs emplacements initiaux. Le parachutage de la nuit du 20 au 21 mars 1943 arrivait trop tard.

Quatre avions lâchèrent soixante containers ainsi qu'une quarantaine de paquets au « sud d'Évian » et au « nord-est d'Annecy »[128]. Cette opération aérienne sera la dernière que la Résistance savoyarde recevra avant longtemps, car il semble bien que les Britanniques furent déçus du résultat.

Épilogue

Cet épisode du « soulèvement savoyard » montre à la fois le dénuement de ceux qui voulaient éviter les réquisitions du STO, la détermination du gouvernement de Vichy à maintenir l'ordre et surtout sa volonté de ne pas solliciter le soutien de l'occupant, qu'il soit italien ou allemand. Il révèle également que les médias jouaient un rôle important dans l'appréciation que se forgeaient de la situation leurs auditeurs et leurs lecteurs. Enfin, l'enthousiasme de Maurice Schumann conféra à cette affaire un caractère épique qui ne pouvait que susciter l'adhésion de tous ceux qui souhaitaient la victoire des Alliés et la fin de l'occupation.

Gagnant ses galons de département refuge, mais aussi de région résistante et opposée au régime en place, l'épisode de mars 1943 métamorphosait la Haute-Savoie en enjeu dans la lutte que livraient les Français de Londres contre le gouvernement de Vichy. De ce point de vue, il formait le préambule au drame qui se jouerait un an plus tard à Glières et qui s'acheva de manière beaucoup plus sanglante. Ces « événements de Haute-Savoie » furent surtout à l'origine de l'arrivée en terre savoisienne de milliers de jeunes orientés soit vers les fermes, soit vers les alpages. Dans tous les cas, leur apprentissage dans un monde que la plupart ignoraient allait être rude.

2

Le maquis jusqu'à Glières

Originellement, le mot « maquis » désigne une forme de végétation plus basse qu'une forêt, très dense, constituée principalement de petits arbres résistants à la sécheresse formant des fourrés épineux et inextricables et qui se trouve sur les sols siliceux du pourtour méditerranéen. Tirée de la langue corse, l'expression « prendre le maquis » signifie se réfugier dans cette végétation pour se soustraire aux autorités ou à une vengeance. Un glissement sémantique s'opère au début du deuxième conflit mondial. Le mot « maquis » aurait été utilisé la première fois dans *Le Petit Dauphinois* le 13 septembre 1941 pour signifier que des partisans des Balkans s'étaient réfugiés dans la forêt[1].

Climat méditerranéen, fourrés épineux et inextricables : rien n'est plus inapproprié que le terme de « maquis » pour caractériser le phénomène qui apparut en mars 1943 et perdura jusqu'à la Libération ! Le mot « maquis » a fini par désigner ce regroupement d'hommes (les femmes y étaient très minoritaires) – généralement réfractaires au STO – armés, commandés, qui luttaient contre l'occupant : les « maquisards ». Une importante littérature opère le lien entre les maquis et la lutte armée.

La représentation de jeunes hommes souvent hirsutes, armés et vêtus de bric et de broc a fini par s'imposer et l'on estime souvent qu'ils ont libéré de vastes portions du territoire. L'essentiel des écrits consacrés au maquis insistent sur les actions et sur leurs résultats[2]. Pour autant, un examen un peu attentif des ouvrages dédiés aux maquisards montre que la plupart des actes recensés l'ont été dans les mois, voire les semaines précédant la Libération. Les forces de l'ordre et la population lui imputèrent des actions qui étaient celles des sédentaires et des corps francs.

L'image de « combattants de la liberté » accolée aux maquisards n'éclaire donc qu'un moment de leur vie maquisarde, généralement située dans le courant du printemps et de l'été 1944, et le plus souvent après le débarquement du 6 juin 1944. De ce point de vue, Glières constitue l'exception la plus notable, encore que les combats, on le verra, méritent un sérieux examen. Les actions commises par le maquis jusqu'après l'épisode de Glières étaient relativement peu tournées vers l'attaque directe de l'armée d'occupation, italienne mais surtout allemande. La vision romantique de maquisards cherchant systématiquement l'affrontement avec l'occupant dans des embuscades et des opérations de guérilla doit être révisée. Jusqu'aux événements de Glières compris, peu d'opérations visent les occupants, qui subissent peu de pertes humaines : les maquisards évitaient l'affrontement en raison de leur dénuement (en armes, en entraînement, en cadres compétents pour les commander) et par crainte des représailles qui pourraient viser les populations.

Comment définir alors un maquisard ? Le double critère de la possession d'une arme et du fait de vivre dans des lieux reculés aboutirait à exclure bien des réfractaires et des patriotes. Vivre en groupe et clandestinement dans un chalet ou une maison retirée semble en revanche plus pertinent que détenir une arme, encore que cette définition ne résolve pas la question. Des maquisards placés dans les fermes servaient d'ouvriers agricoles, selon la politique voulue par le chef de l'AS en Haute-Savoie, Jean Vallette d'Osia. D'autres restaient à l'écart des fermes, les « incontrôlés », selon le terme de Félix Plottier, responsable de Combat puis de l'AS dans la région de Bonneville, sans compter le « faux maquis », composé de vrais réfractaires mais aussi d'hommes voulant profiter de la situation et vivant en groupes, qui ne considéraient pas la libération comme un objectif primordial et se complaisaient dans le pillage. Le terme de maquisard invite également à invoquer la notion de hiérarchie et de subordination à un mouvement de Résistance. On peut alors définir le maquisard comme une personne armée ou non, vivant dans un camp (maison isolée, chalet d'alpage, etc.) sous les ordres d'une hiérarchie militarisée dont le but est de s'opposer à l'occupant, aux forces de l'ordre et à ceux qui soutiennent le régime en place.

Il convient donc de revenir sur la création du maquis savoyard à l'heure où des milliers d'hommes affluaient vers les Alpes, en expliquant pourquoi tant de jeunes se dirigèrent vers la Savoie et devinrent des maquisards.

L'AS et les FTP avant l'afflux des réfractaires au STO

La situation créée par la dissolution de l'armée d'armistice et la découverte de la plupart des dépôts clandestins d'armes et d'équipement constitués dès 1940 désagrégea l'organisation clandestine que coiffait l'ancien chef du 27e BCA d'armistice, le commandant Jean Vallette d'Osia. Entré dans la clandestinité depuis décembre 1942, il s'attela à former un second dispositif. En pratique, il fit l'amalgame entre l'Armée secrète naissante, dont les mouvements de Résistance lui confièrent la tête, et l'organisation militaire s'occupant de camouflage d'armement et de reconstitution d'unités prêtes à intervenir le jour J, qu'il avait créée au lendemain de l'armistice et dont il avait pris le commandement[3].

Les Francs-Tireurs et Partisans français, la formation paramilitaire du Front national – le mouvement de Résistance communiste –, apparurent en Haute-Savoie dans les premiers jours de janvier 1943[4]. De manière plus précoce que l'AS, ils accueillirent des réfractaires à la relève issus des grandes villes, Lyon notamment. Autour des sédentaires s'organisèrent des camps d'inégale importance.

Dans l'hiver 1943, plusieurs regroupements de réfractaires se formèrent sur les hauteurs. Ce mouvement, longtemps confidentiel, devint plus massif et précoce que dans les autres régions en raison de la médiatisation des « événements de Haute-Savoie ».

Des réfractaires et des maquisards

Le coup de projecteur donné sur le département fit croître les départs spontanés en sa direction. Après mars 1943, quelques milliers de jeunes affluèrent dans l'espoir de se soustraire au STO en s'y cachant. Plusieurs maquisards présents à Glières rappelleront d'ailleurs le rôle joué par la radio et la presse dans leur venue. Arrivé en compagnie d'un autre réfractaire au STO le 20 mars 1943 au Petit-Bornand, André Catel déclara un an plus tard aux policiers :

> Ayant appris par les journaux qu'il y avait de la résistance en Haute-Savoie, je me suis décidé à gagner cette région en compagnie de Berthelot, également employé civil à Châteauroux[5].

Les réfractaires se déplacent vers la Haute-Savoie soit individuellement, soit par groupes de deux ou trois, rarement plus. On peut décider de se déplacer à plusieurs : amis ou camarades de travail, mais aussi se rendre en Haute-Savoie seul et s'agréger en route à des individus placés dans la même situation, à l'image d'Antonin Védrène :

> Je suis arrivé [dans le maquis] avec un camarade nommé Henriette Henri que j'avais connu deux jours auparavant à la fête des forains à Annemasse[6].

Pour certains, la Haute-Savoie ne constituait qu'une étape préludant au refuge en Suisse. Convoqué en juillet 1943 à la visite pour le STO à Nancy, Paul Herman rencontre un jeune qui veut partir en Suisse, mais le projet tourne court en raison de l'arrestation de cet homme par les Allemands[7]. Michel Lazzarotto, originaire de la Haute-Savoie, effectue en 1943 un stage dans les Chantiers de la jeunesse à Vizille, dans l'Isère. Il bénéficie d'une permission de deux jours le 28 mai. Sachant qu'à son retour il sera envoyé en Allemagne, il tente de passer à Genève, mais en est aussitôt refoulé le 30 mai 1943[8].

Il ne suffisait pas d'être dans les Alpes pour trouver le maquis : nulle pancarte n'indiquait où se rendre. De nombreux jeunes s'en remirent aux personnes qu'ils croisaient pour obtenir le bon tuyau. Pierre Pelletier arrive à Annecy au début du mois de juillet 1943 et expose sa situation à un passant qui lui conseille d'aller à Thônes ; il s'y rend le jour même[9]. À l'issue d'une permission dans le cadre de son stage aux Chantiers de la jeunesse à Monestier-de-Clermont (Isère), Félix Perrier décide de ne pas y revenir et file vers Annecy puis Thônes où il avait « entendu dire qu'il existait un maquis ». Dans un café de la bourgade, il discute avec un individu qui lui propose de l'emmener avec lui dans un camp[10]. Si beaucoup de réfractaires sont à l'origine du premier contact, d'autres sont abordés par des personnes qui les repèrent. Madame Lamouille indiqua, dans un témoignage de 1946 :

> À Annecy et Thonon je cherche à repérer les jeunes réfractaires au STO qui souvent arrivent là sans argent et sans aucune idée des personnes à qui s'adresser. Je les observe à leur descente des trains et je les fais questionner par des hôteliers chez qui ils descendent. Après quelques jours d'observation, je les aborde moi-même et je me fais une opinion sur eux. Et je leur propose de les conduire à l'un de nos maquis[11].

Le camp que nombre de réfractaires recherchent, surtout dans le printemps 1943, n'existe pas toujours. Ce ne sont, le plus souvent, que des chalets occupés, généralement avec l'accord du propriétaire, par un noyau initial de quelques personnes que rejoignent d'autres réfractaires.

Cristallisation

Sur la foi de ce qu'ils avaient entendu à la radio suisse ou anglaise ou par leur entourage, bien des réfractaires s'attendaient à trouver une organisation prête à les recevoir et à les encadrer. Beaucoup déchantèrent, ce que les Renseignements généraux (RG) s'empressèrent de noter dans la foulée des événements de mars 1943 :

> Les jeunes insoumis ont été en effet déçus, lorsqu'arrivés [*sic*] aux lieux de rassemblement indiqués, ils n'ont rencontré aucun officier et ont constaté que, contrairement aux assurances qu'on leur avait données, aucune organisation n'existait. D'autre part beaucoup d'entre eux croyaient à la rébellion générale dans tout le pays et à un débarquement imminent en France des troupes alliées[12].

Ceux qui estimaient ne rien avoir à perdre et qui refusaient un départ en Allemagne durent improviser et demander de l'aide à la population locale. Face à leur détresse, mais aussi à leur détermination, de nombreux paysans, sans que nous puissions préciser combien, ouvrirent leur porte, à l'exemple de Robert Berthelot et de son camarade :

> Tous les deux nous nous sommes rendus à un chalet situé à « La Mouille » au-dessus du Petit-Bornand, chalet qui nous avait été indiqué par un cultivateur de la région dont nous ignorons le nom[13].

Une fois un chalet occupé, les effectifs ne pouvaient que croître, mais il fallait désormais obtenir l'assentiment des occupants plus que du propriétaire. Marcel Joliot, qui arrivait du Doubs en décembre 1943, rejoignit ainsi avec un compagnon un groupe de sept ou huit réfractaires qui s'emparèrent de leur argent et de leurs pièces d'identité pour les empêcher de redescendre[14]. Roger Racloz rappelle :

> Les chalets furent occupés avec ou sans l'assentiment des propriétaires, mais nous n'eûmes jamais maille à partir avec l'un d'eux pour la façon un peu cavalière dont nous avions disposé des lieux[15].

Aucun conflit d'occupation entre les réfractaires et les « alpagistes » ne figure dans les sources, ce qui ne signifie pas qu'ils furent inexistants. Les archives de la gendarmerie – qui n'ont pas toutes été conservées – ne mentionnent pas de plaintes de la part de propriétaires, que les réfractaires aient accepté de déguerpir ou qu'ils aient menacé le paysan de représailles. Plusieurs agriculteurs dont les chalets ou les granges servaient au maquis ont évoqué des menaces[16] ; mais étaient-elles réelles ou offraient-elles le moyen de se couvrir vis-à-vis des autorités ?

Les habitations qu'occupaient les réfractaires servaient généralement à l'agriculture, mais étaient inutilisées en hiver puisque le paysan descendait son troupeau dans les vallées. Beaucoup étaient dans un abandon relatif. L'exode rural et les pertes infligées à la paysannerie en 1914-1918 avaient, avant la Seconde Guerre mondiale, libéré de toute occupation de nombreux bâtiments ruraux. Pour peu qu'ils veuillent bien marcher en montagne et se contenter d'un confort relatif, les réfractaires pouvaient donc assez facilement trouver un toit. Cette étape franchie, certains firent alors venir frères, cousins ou camarades.

André Vignon, domicilié dans le Rhône et libéré en mai 1943 des Chantiers de la jeunesse, raconte :

> Ma classe de recrutement était touchée par le STO et devait partir en Allemagne, j'ai décidé de me cacher. J'étais en relation postale avec un de mes petits-cousins, le nommé Fournier Michel, étudiant, domicilié rue du Lycée à Annecy qui à cette époque se trouvait à La Clusaz où il se cachait pour ne pas partir en Allemagne, étant dans la même situation que moi. J'ai décidé de me joindre à lui, en juin 1943, j'étais à La Clusaz. Mon cousin m'a présenté à un groupe de réfractaires qui vivait dans les chalets des alentours[17].

De rares réfractaires mentionnent l'existence de filières qui leur permirent de se rendre en Haute-Savoie, à l'exemple de Georges Taisseire, alors âgé de 16 ans. Venant de Nice, il décide de prendre le maquis. Ayant entendu parler de la Haute-Savoie, il arrive fin août 1943 à Annecy. Lors d'un gala de boxe, il lie conversation avec un jeune à qui il confie son intention de rejoindre le maquis. Il expliqua aux policiers en avril 1944 :

> Il m'a mis en relation avec une femme qui faisait partie de la « filière ». Celle-ci me dit d'attendre à Annecy, car elle allait prendre des renseignements sur mon compte à Nice. Je l'ai revue plusieurs fois et elle me disait d'attendre[18].

Vers la fin du mois de septembre, il reçoit l'ordre de rejoindre un chalet du Grand-Bornand où vivent déjà une dizaine d'hommes encadrés.

Si la principale motivation des réfractaires est d'éviter de partir travailler en Allemagne, la nourriture qui abonde, semble-t-il, en Haute-Savoie déclenche quelques vocations. Né en 1925 et résidant à Montpellier, Jean Portalie décide ainsi en janvier 1944 de se rendre en Haute-Savoie, notamment pour « trouver un meilleur ravitaillement[19] ».

Bien sûr nous ne disposons que des témoignages de ceux qui ont trouvé un chalet où se rendre. De nombreux jeunes n'ont sans doute pas obtenu le renseignement nécessaire et, lassés ou à court d'argent, sont rentrés chez eux. Enfin, comme l'écrit Marcel Prous, réfractaire puis maquisard en Haute-Savoie :

> Nombreux sont ceux qui nous rejoignent maintenant, mais nombreux sont ceux qui, au bout de quelque temps, se croient abandonnés et préfèrent repartir. Il faut admettre que ces premières semaines sont très éprouvantes pour tout le monde[20].

D'autres, qui voulaient rejoindre le maquis, finiront par se retrouver ouvriers agricoles ou bûcherons, du moins pour un temps. « Ne sachant à qui m'adresser j'ai travaillé dans des fermes jusqu'en août[21] », rappelle par exemple Lucien Midenet, arrivé en Haute-Savoie au début de juin 1943. À mesure que le souvenir des événements de mars s'estompait, le maquis marquait une rupture avec la vie antérieure à la réception de la convocation au STO, mais devenait aussi synonyme de travail à la ferme. Michel Lazzarotto déclare :

> Connaissant la région, j'ai pris le maquis. J'ai travaillé dans une ferme à Présilly (Haute-Savoie) de juin à fin août 1943 ; puis dans une autre ferme à Vovray-en-Borne jusqu'à fin décembre 1943. Nous étions ainsi environ une douzaine à travailler dans les fermes à Vovray-en-Borne[22].

Le hasard ou les circonstances orientent donc soit vers les fermes, soit vers des camps plus ou moins constitués, encore que certains soient passés des uns aux autres au gré des affinités, des demandes du monde paysan ou des responsables du maquis, voire du hasard.

Se faire accepter dans un camp

Les camps qui se constituent spontanément dans la foulée des « événements de Haute-Savoie » regroupent des personnes qui ne semblent pas avoir dû passer par une phase d'observation. D'une certaine manière, il suffisait, une fois trouvé un chalet, de s'annoncer comme réfractaire pour être admis.

L'anarchie des débuts permit à des mouchards, notamment de la Milice, de s'introduire dans des camps et de les dénoncer à la première occasion. Mais certains jeunes aux motivations chancelantes pouvaient devenir également les meilleurs alliés des autorités ou de l'occupant du moment, s'ils faisaient défection et étaient arrêtés[23].

Pour cette raison, diverses procédures furent instaurées afin de sonder les intentions des candidats. Cette phase pouvait emprunter une tournure particulière et comprendre des interrogatoires. Les documents d'identité étaient enlevés au futur maquisard, ce qui entravait sa possibilité de quitter le camp : sans papiers, il était particulièrement difficile de se déplacer dans un département placé sous haute surveillance.

L'AS créa également des camps de triage pour jauger les intentions des prétendants, les orienter selon leurs aptitudes et éviter les intrusions malheureuses[24]. L'un des plus connus fut celui de la Domptaz, sur la commune du Petit-Bornand. Les nouveaux y patientaient avant d'être affectés dans un maquis de la région. Un ancien sous-officier jaugeait leur aptitude à vivre en groupe ainsi que leurs motivations[25]. En revanche, les FTP suivaient une procédure différente : le tri était effectué en amont puisque les postulants au maquis étaient envoyés par des personnes proches du Parti communiste et sûres *a priori*. Les postulants étaient cependant placés « en surveillance », une fois leurs papiers d'identité retirés[26].

Estimations

Seule une minorité de réfractaires devinrent des maquisards – 19 % dans le Tarn, 20 % dans le Jura, 27 % dans l'Isère[27]. Paul Silvestre estimait que 10 % des réfractaires seulement peuplaient les maquis de l'Isère. La proportion des réfractaires devenus maquisards en Haute-Savoie est d'autant plus difficile à estimer que nous ignorons les nombres des réfractaires venus dans le département ou originaires de celui-ci. Le commissaire de police de Thonon-les-Bains estime à 5 286 le nombre de réfractaires et d'insoumis en Haute-Savoie en août 1943 et en décompte « plus de 10 000 » en septembre, chiffre systématiquement répété tous les mois jusqu'en mars 1944[28], preuve que les autorités démissionnaient face à un phénomène qu'elles ne parvenaient pas à endiguer et encore moins à réduire.

Au 22 mars 1943, le chef d'escadron Calvayrac, après avoir mené une enquête, estimait que de 1 200 à 1 500 réfractaires s'étaient réfugiés en montagne[29], dont beaucoup en voie de « maquisardisation ». Félix Plottier avance que l'« effectif maquis » comptait, au moment de la promulgation de la loi sur le STO, environ 1 300 hommes dans les camps pour le secteur de Bonneville, contre une centaine chacun pour les secteurs d'Annecy et de Thonon-les-Bains[30]. À ces effectifs s'ajoutent tous ceux qui, à la campagne, voire dans les bourgs, sans avoir quitté leur domicile se contentaient de coucher dans la grange de leurs parents la nuit, ainsi que les hommes qui, ayant quitté leur habitation, se faisaient héberger par un proche, parfois près de chez eux, en espérant ne pas être dénoncés. Au total, de 6 000 à 10 000 réfractaires se trouvaient sans doute en Haute-Savoie entre l'été 1943 et la Libération.

Le recensement des maquisards n'est pas plus aisé. L'estimation est d'autant plus ardue qu'ils ne restèrent pas tous en permanence dans un camp et purent successivement être réfractaires, maquisards, sédentaires, agents de liaison, puis redevenir maquisards, au gré des besoins émis par la hiérarchie ou du hasard des circonstances. Venant de la région de Lyon, réfractaire à la fin mars 1943, Serge Thelen est maquisard d'avril à décembre 1943, sédentaire puis agent de liaison quelques jours de décembre, puis à nouveau maquisard jusqu'à la fin du mois de mars 1944. Redevenu sédentaire pour la circonstance, la mission… d'électrifier une église lui fut même confiée[31].

Rarement abordé, le problème des défections s'est posé à de multiples reprises pour les motifs les plus divers : défaut de nourriture, mésentente, brimades, lassitude, déprime, crainte des autorités… La composition des camps est continuellement modifiée par les arrestations, les placements dans les fermes… et l'arrivée de nouveaux entrants[32] qui compensent les départs. La décision d'enrôler la classe 1944 dans les Chantiers de la jeunesse amena vers le maquis de nombreux jeunes nés en 1924 qui craignaient de se retrouver en Allemagne[33]. Les déserteurs des forces du maintien de l'ordre, voire des soldats non allemands de la Wehrmacht contribuèrent également à renforcer les effectifs.

Ainsi, qui a été réfractaire ou maquisard en 1943 ne le sera plus forcément en 1944. Beaucoup se mirent en règle vis-à-vis du STO en profitant d'astuces ou des mesures d'amnistie. Claude Chatelain, séminariste, ne resta réfractaire que quatre mois, le temps que le supérieur du séminaire trouve un arrangement avec les services départementaux du travail, en l'occurrence une fausse carte d'identité le vieillissant. D'autres évitèrent l'exil outre-Rhin en s'engageant dans les forces du maintien de l'ordre, y compris la Milice.

Au 26 janvier 1944, les agents du SOE (Special Operations Executive) et du BCRA (Bureau central de renseignement et d'action), forts de la mission réalisée à l'automne 1943 dans l'Ain, le Jura et la Haute-Savoie, recensaient 1 630 maquisards dans ce dernier département[34]. Ce nombre corrobore les estimations de Félix Plottier, mais ignore 500 « incontrôlés », que ce dernier décompte sans préciser ce que ce terme recouvre.

Si la Haute-Savoie comptait de 1 600 à 2 000 maquisards et de 6 000 à 10 000 réfractaires, la fourchette oscille entre un maquisard pour six réfractaires dans l'hypothèse basse (1 600/10 000), et un maquisard pour trois réfractaires dans l'hypothèse haute (2 000/6 000). Ces estimations placent la Haute-Savoie parmi les départements comptant un ratio maquisards/réfractaires particulièrement élevé.

S'il est difficile de recenser les maquisards et les réfractaires, il est tout aussi peu aisé de connaître leur origine. Sans citer sa source, Charles Rickard, sous-préfet à Saint-Julien, avance que 885 maquisards provenaient du département[35]. Si les autochtones trouvèrent ou constituèrent sans problème un maquis, il n'en alla pas de même pour ceux issus d'autres régions, guère familiers de la vie en montagne.

Bien que les conditions d'existence des réfractaires et des maquisards fussent assez dissemblables, l'étanchéité entre les deux mondes était loin d'être absolue, d'autant que tous avaient besoin du soutien des paysans. Toujours est-il que Savoyards et « étrangers au pays » allaient vivre sinon ensemble, du moins côte à côte. Leur cohabitation globalement réussie suggère que chacun dut y trouver son compte.

Paysans et réfractaires : les liens du travail

Parmi les premières figures qu'un réfractaire pouvait croiser après avoir quitté la gare où le train l'avait laissé, se trouvait généralement l'agriculteur. L'humeur, les convictions, la sympathie qu'il peut éprouver pour ce jeune qui vient à lui et la manière dont ce dernier se présente conditionnent le sort du réfractaire pour les semaines à venir ; il en va de même pour le paysan.

Sur les 110 maquisards dont nous possédons les interrogatoires, 29 (26,3 %) témoignent avoir travaillé à un moment donné dans une ferme en Haute-Savoie. Sept devinrent bûcherons et un avait travaillé dans une fruitière. En revanche, sur les 56 personnes venues en Haute-Savoie avant décembre 1943 et ayant rejoint le maquis entre janvier et mars 1944, 28 ont été employées dans une ferme, une exploitation sylvicole ou une fruitière. Certes, l'échantillon est réduit. Néanmoins, on ne peut exclure que la proportion de réfractaires devenus ouvriers agricoles ou bûcherons pour un temps soit supérieure à 50 % : certains combattants de Glières n'ont sans doute pas été interrogés sur cet aspect de leur passé, tout simplement parce que les policiers ne s'intéressaient pas à ce point ou n'ont pas relevé ce qu'ils ont déclaré.

Quoi qu'il en soit, ces chiffres montrent l'importance du rôle du monde rural, et plus particulièrement paysan, dans le soutien apporté à la jeunesse française désireuse de se soustraire à la relève puis au STO. Très rapidement, paysans et réfractaires virent l'intérêt d'un soutien mutuel.

Bien des fermes souffraient de l'absence d'un homme prisonnier en Allemagne – 2 000 agriculteurs environ pour la Haute-Savoie[36]. Dans cette optique, les réfractaires constituaient un appoint de main-d'œuvre et une aubaine pour l'agriculture, du fait de sa faible mécanisation. Depuis les années 1920, nombre d'exploitations souffraient d'une raréfaction des ouvriers agricoles hébergés à la ferme le temps des travaux (fenaisons, battages, etc.). Les entreprises de bûcheronnage déploraient dès 1941 une pénurie de main-d'œuvre estimée à 1 500 bûcherons[37]. En échange de leur labeur, les réfractaires embauchés bénéficiaient du gîte et du couvert. En revanche, il est rarement question de rémunération. Yves Jeudy, caché à Thorens, indique qu'il « n'était pas payé, mais nourri en contrepartie des services qu'il rendait[38] ».

Jusque dans l'entre-deux-guerres, il existait, notamment dans l'avant-pays, un marché de la main-d'œuvre agricole qui avait lieu sur une place, le « molard[39] ». Il a laissé son nom aux travailleurs ainsi employés, les « molardiers ». Certains de ces hommes de tâche, qui composaient un véritable prolétariat agricole, pratiquaient cette activité toute l'année et se trouvaient proches de la mendicité dans l'arrière-saison, cherchant un lieu où s'abriter pour l'hiver ou une exploitation où ils pourraient être engagés comme valets de ferme. D'autres, la plus grande majorité, venaient des montagnes, descendaient dans l'avant-pays où ils « fouanaient » (faisaient les foins), confiant le soin des bêtes aux femmes, puis, au fur et à mesure que le foin arrivait à maturité dans les zones plus élevées, remontaient dans leur pays où ils s'affairaient à leurs propres fenaisons. Cette main-d'œuvre se louait à un prix convenu d'avance et le taux journalier de rémunération variait selon la saison, l'âge et la capacité de travail du molardier.

Le fait que les réfractaires aient été engagés pour rien couvre trois significations, sans doute imbriquées les unes dans les autres, dont il est difficile de peser l'incidence. La pléthore de réfractaires aboutissait tout d'abord à un excédent de main-d'œuvre. Pour mémoire, on comptait 2 000 prisonniers pour au moins 6 000 réfractaires. Le coût de la journée de travail tendait donc vers zéro. Si le réfractaire recevait le gîte et le couvert, comme les ouvriers agricoles d'avant-guerre, l'absence de salaire indique peut-être ensuite que le paysan estimait que le travail effectué formait une contrepartie à la protection accordée. Enfin, la valeur de la nourriture qu'offrait le paysan valait bien plus que le travail de son employé. Un réfractaire indiqua venir de Bourges pour travailler dans une ferme en Haute-Savoie, parce qu'il se jugeait « pas assez rémunéré ». En tant que chaudronnier, son salaire devait être sans conteste supérieur à celui qu'il touchait comme ouvrier agricole dans les fermes de Savoie, mais restait vraisemblablement insuffisant pour se nourrir convenablement. En venant dans les Alpes, il ne gagnait sans doute rien, mais il mangeait du moins à sa faim[40].

Ce fonctionnement a perduré jusqu'à la Libération, sans doute parce qu'il convenait aux deux parties. Certains réfractaires se sentaient bien dans une ferme et montèrent non sans réticences, comme le confia Antoine Lazzarotto à l'inspecteur qui l'interrogeait sur sa participation à Glières :

> Lors d'une réunion de tous les réfractaires travaillant dans les fermes, nous fûmes obligés sous peine d'être portés déserteurs de monter au plateau des Glières[41].

Plusieurs jeunes mentionnent avoir dû prendre le maquis – et dans le cas présent monter à Glières – parce que l'agriculteur ou l'agricultrice qui les hébergeaient ne pouvaient plus continuer à le faire, par crainte des représailles. Soucieux de ne pas causer de difficulté à leurs hôtes, certains décidèrent de leur propre chef, mais avec regret, de prendre le maquis[42]. Ceci dit, tous les réfractaires ne rêvaient pas d'une place d'ouvrier agricole, comme le sous-entend Marcel Prous :

> Les jeunes nous quittent, s'ils sont courageux, vont travailler dans les fermes[43].

Certains agriculteurs, en véritables Thénardier, n'hésitaient pas à exploiter leur main-d'œuvre. Roger Millet rappelle :

> Je pars seul rejoindre la région de Thorens, à Aviernoz chez un paysan tout heureux de trouver une main-d'œuvre bon marché dont il profitera sans vergogne[44].

Face à l'afflux d'une main-d'œuvre bon marché, bien des agriculteurs ne devaient pas se priver de refuser les candidats trop chétifs, aux mains trop blanches, ou qui ne semblaient pas honnêtes ou pas assez travailleurs. Au total, le travail représentait bien une contrepartie attendue au gîte, au couvert et au risque, comme l'atteste Robert Berthelot :

> Pendant deux mois Catel et moi-même avons vécu grâce aux ressources personnelles, grâce aux paysans qui nous donnaient quelques vivres, à la suite des services (bûcheronnage, etc.) que nous leur rendions. Un de ces cultivateurs nous a indiqué une ferme habitée par son beau-frère, Mr Lombard, commune de Contamine-sur-Arve, vers le 20 juin 1943, nous nous [y] sommes rendus. Là, nous avons été employés, mon camarade et moi, aux travaux de la terre[45].

Du coup, les paysans rechignaient à engager les réfractaires qui, d'emblée, manifestaient leur volonté de rejoindre un camp : ainsi, un réfractaire ayant mentionné aux paysans qu'il rencontrait qu'il voulait aller dans un maquis se montra surpris de ne pas avoir été engagé dans une exploitation[46]. Mais les relations entre les camps et les fermes sont loin d'être étanches. Ouvrier agricole de profession, Jacques Misery se retrouva dans un chalet au-dessus de Sommand. Il était depuis un mois dans ce camp, lorsqu'il fit la connaissance d'un agriculteur qui lui proposa de l'ouvrage. Avec l'autorisation de son chef, il entra à son service le 10 juillet 1943 et y demeura jusqu'au 10 janvier 1944[47].

Ainsi, les paysans hébergeaient chez eux des réfractaires (que ceux-ci dorment dans la maison ou, comme les molardiers d'antan, à l'écurie), mais libéraient le soir ceux qui ne venaient que pour travailler la journée. En revanche, l'hébergement d'hommes armés semble avoir été exceptionnel : le travail est une chose, la lutte armée en est une autre !

Si la paysannerie acceptait de soutenir le maquis, elle refusait que celui-ci soit trop proche de ses occupations quotidiennes. Il s'agissait pour elle d'un gage de sécurité et pour le maquis d'un moyen de garantir, et de manière durable, son approvisionnement en vivres. Le monde paysan et le maquis avaient intérêt à maintenir une certaine distance entre eux.

Par la force des choses, une répartition des territoires s'établit. Au maquis revinrent les lieux isolés, les hauteurs, les fermes d'altitude ; aux paysans, accueillant éventuellement des réfractaires, échurent les villages en contrebas. Ce *modus vivendi* obligeait les maquisards à se déplacer pour obtenir le ravitaillement nécessaire.

Au quotidien

La vie des réfractaires cachés dans les fermes s'écoulait au rythme des travaux agricoles et présentait quelques traits de normalité. Elle s'apparentait à celle des clandestins qui – aujourd'hui encore – travaillent dans des exploitations agricoles où ils sont hébergés et nourris, tout en vivant dans la crainte d'être découverts. La précarité – réelle – de l'ouvrier agricole réfractaire restait cependant sans commune mesure avec celle du maquisard. L'un d'entre eux intitula d'ailleurs ses Mémoires *Le Maquis des pauvres diables*[48].

Nombre de futurs maquisards, ceux provenant des grandes villes ou du midi de la France notamment, n'avaient aucune connaissance du milieu montagnard et de ses rigueurs. Ils étaient mal préparés à l'âpre réalité d'une rude existence et au dénuement, y compris en vêtements. L'absence de chaussures adéquates était particulièrement pénalisante. L'ascension qu'il entreprit pour rejoindre sa base fut, note Serge Thelen, « longue, lente et pénible avec [ses] chaussures à semelles de bois qui commençaient à s'user ». Les bons souliers qu'il finit par obtenir étaient ceux d'un milicien exécuté pour s'être infiltré dans un camp[49].

Après l'initiation à la montagne venait la découverte du maquis, le plus souvent une ferme d'alpage :

> Après trois heures de marche, nous débouchâmes dans un alpage planté de quelques bouquets de mélèzes, une sorte de plateau surplombant la vallée où l'on apercevait les toits des maisons toutes petites.
>
> Un maquisard armé d'un fusil montait la garde à l'orée de la forêt, au bout du sentier qui traversait l'alpage au fond duquel on apercevait un chalet au toit recouvert de tuiles en bois comme des lauzes. [...] Les deux accès étaient gardés par une sentinelle armée, qui était relevée toutes les deux heures[50].

D'ordinaire les maquisards occupaient des fermes d'alpage, des bâtisses sises généralement sur deux niveaux. Le rez-de-chaussée était occupé par la cuisine, une chambre et l'écurie, celle-ci partiellement enterrée. À l'étage, dévolu au fenil, dormaient les maquisards. Serge Thelen ne coucha plus dans de vrais draps de la fin mars 1943 à sa libération d'un camp de travail en Allemagne en mai 1945, hormis les rares nuits de décembre 1943 où il fut envoyé en mission[51]. Le foin tenait lieu de matelas, un manteau de couverture lorsqu'elle faisait défaut.

Destinées à protéger le camp en évitant toute intrusion ennemie, les gardes occupaient une part conséquente dans la vie du maquisard. Si les hommes qui les assuraient étaient armés, la connaissance de leur arme restait toute théorique. Les munitions manquaient pour l'instruction, et le bruit de coups de feu aurait renseigné les ennemis sur l'implantation du maquis. Le dispositif était donc d'une efficacité douteuse ; la dispersion de plusieurs maquis par les soldats italiens le confirmera avec éclat.

Des exercices rappelant l'armée étaient pratiqués. Ceux qui avaient reçu une instruction militaire s'employaient à former leurs camarades. Pierre Dupraz écrit :

> Parmi les huit maquisards ayant appartenu à l'armée d'armistice, Gauthier, militaire le plus gradé, essaie de faire de la formation : on

répète des attaques avec des morceaux de bois ou des manches à balai en guise de fusils. Pas de séance de tir évidemment, pas de casques, peu d'uniformes[52].

Bien que ce mot soit absent de la littérature consacrée au maquis, c'est bien l'ennui qui caractérise au premier chef la vie du maquisard. Roger Racloz écrit :

> Les journées de complet désœuvrement parurent parfois bien longues, si loin de tout et de tous. Les mots croisés ou les cartes, selon les affinités de chacun, les chants, les discussions interminables, nous aidaient à meubler des heures et des heures[53].

À l'exception des opérations que le maquis pouvait être amené à monter, seul le ravitaillement rompait le morne écoulement des jours. Les visites dans les fermes de la vallée permettaient de nouer un contact avec la population, de sortir de l'atmosphère confinée du chalet et d'obtenir des nouvelles :

> Nous passions un moment à la ferme, où les paysans étaient très gentils ; ils nous faisaient écouter les informations à la radio, surtout Londres, lorsque nous arrivions aux heures d'émission. [...] Nous passions notre temps entre les corvées de bois, de ravitaillement, des exercices d'alerte et de manipulations d'armes[54].

Cette description reflète, semble-t-il, la vie que menaient le millier de maquisards alors présents en Haute-Savoie. Les veillées agrémentaient des journées trop longues. Conversations, chants, lectures brisaient l'ennui.

Dans la littérature consacrée au maquis, la monotonie de cette vie, aussi peu trépidante que possible, est généralement occultée par la surexposition des opérations. De même, les tensions nées de cette vie non désirée sont tues : les images de ces combattants souriants et heureux, prises lors de la Libération le plus souvent, masquent la difficulté de leurs relations. L'ennui, le froid, la faim, la crasse, la peur et la précarité suscitaient bien des frictions entre tous ces garçons. Les règlements de comptes provoquèrent la mort de plusieurs maquisards, comme l'exécution de Francis Vigny par celui qui semble être Charles Carrier en juin 1944[55]. Les motifs de ces assassinats nous sont peu connus, mais certaines causes semblent probables : chaparder de la nourriture, vouloir quitter le camp alors que les camarades craignent d'être dénoncés, sans compter la promiscuité ou les différences de tempéraments entre jeunes d'horizons sociaux et géographiques bien différents.

L'hygiène était forcément aléatoire. Les chalets ne disposaient pas de l'eau courante et seuls le bassin ou la fontaine permettaient le ravitaillement. L'eau glacée en hiver – quand elle coulait – et froide en été n'incitait guère aux soins corporels. Le linge, rapidement usé, était particulièrement « coffe » (sale), parce que porté en permanence. Les poux et la gale s'attaquaient aux maquisards[56] et les furonculoses étaient fréquentes, en raison d'un défaut d'hygiène et d'une consommation excessive de sucres rapides.

Dans la promiscuité des chalets, les maladies se propageaient aisément. L'absence de médicaments obligeait à faire avec les moyens du bord. Pour soigner un malade, Marcel Prous le frictionna avec de l'eau-de-vie et lui posa des ventouses[57]. Les cas les plus graves furent traités dans les hôpitaux du département où le maquis avait des complicités[58]. Introduits dans les formations clandestines, des médecins soulageaient de leur mieux les partisans en quête de soins. Le délabrement sanitaire et physique de ces jeunes trahissait à coup sûr leur engagement dans le maquis.

Les carences en équipement médical étaient grandes. Dans un camp FTP situé sur les hauteurs de Bernex, dans le Haut-Chablais, un étudiant en médecine soigne grâce à « des objets de pansement et une boîte à pharmacie[59] ». Le même carabin trépane peut-être le responsable FTP *Doudou* Lamberti, avec une pince et une vis à bois, après sa blessure par balle à la tête[60].

Confrontés à des misères de toutes sortes, les maquisards vivaient dans un environnement exclusivement masculin. Leur sexualité était sommaire : Serge Thelen mentionne l'existence d'une prostituée qui œuvrait dans la région de Bonneville et qui « avait parfois des relations avec des maquisards[61] ». Le peintre Serge-Henri révèle que les membres du maquis se disputaient avec ceux de Jeunesse et Montagne les faveurs des jeunes filles du pays. Les bals clandestins[62] permettaient aux résistants de retrouver des femmes de leur âge, parfois plus encore des épouses dont le mari, absent, était prisonnier ou travailleur en Allemagne. Le manque de contact avec la famille et les amis pesait. Là où une complicité avait pu être trouvée avec un fonctionnaire de la poste, il était possible d'envoyer et de recevoir du courrier. La réception d'une lettre procurait du réconfort au récipiendaire, mais une attente trop longue donnait en revanche le cafard[63] – un terme quasiment absent de la littérature consacrée au maquis.

Nous ignorons également les besoins spirituels de ces jeunes. Si les hommes originaires des grandes villes étaient déjà sans doute peu pratiquants, ce n'était pas le cas de ceux qui provenaient des régions rurales. Vallette d'Osia refusait que les maquisards fussent privés des secours de la religion. Il entama des démarches auprès de l'évêque pour que le clergé leur fournisse un encadrement moral et spirituel – en vain[64]. Désobéissant à son évêque comme plusieurs autres jeunes prêtres, l'abbé Étienne Chipier alla dans le Chablais, « de village en village, prêcher à mots couverts la résistance à l'envahisseur ». Selon ses dires, il ne fut pas le seul clerc à agir ainsi[65].

Les mouvements de Résistance tentèrent d'encadrer cette jeunesse : une tâche titanesque qui exigeait des moyens qui leur faisaient défaut.

La Résistance entre en scène

Bien que les maquis ne soient pas, en règle générale, une création de la Résistance, la Haute-Savoie constitue de ce point de vue une exception. Le premier camp connu a été créé en mars 1942[66] par des résistants de la première heure, Jean-Claude Carrier[67] et Henri Plantaz, qui hébergèrent sur les flancs du Môle, avant l'instauration de la relève et du STO, plusieurs hommes recherchés par les autorités[68]. Ce mouvement prit un essor considérable dès février 1943 avec l'instauration du STO. Mais les premiers camps s'organisèrent avec les moyens du bord. Louis-Charles Chatelain rapporte :

> Un mois à peu près après la constitution de notre groupe [en février 1943], un camion chargé de ravitaillement pour le maquis et appartenant au minotier Fillion, de Noyer à Allinges, arrivait à Draillant et s'est arrêté chez Roch. Le nommé Lottoz Raymond, chef de groupe des FTP du Chatillonnet, est venu me chercher à la mai-

son ; il était porteur d'un fusil de guerre Mauser et de quelques cartouches qu'il me remettait en me donnant l'ordre de me rendre auprès du camion et d'y monter la garde avec Genoud Michel, à qui il avait remis également un fusil Mauser. Les hommes de Lottoz déchargeaient alors le camion et emportaient le ravitaillement : des pommes de terre, de la farine, du cidre et autres choses. J'ai dû transporter moi-même un sac de pommes de terre à la fruitière de Sur-le-Mont-Draillant[69].

Ce témoignage reflète la nature des préparatifs destinés à accueillir les réfractaires au STO : recherche de caches, de nourriture, mais d'armes aussi, grâce notamment à des collectes effectuées auprès de la paysannerie, hostile aux réquisitions de main-d'œuvre. Situé à Sur-le-Mont, commune de Draillant, près de Thonon, ce camp bénéficiait de nombreuses complicités au sein de la population rurale. Lors de son interrogatoire, ce résistant cite les noms de trente personnes originaires de ce village et de celui de Cervens, toutes membres des FTP, liées par des liens de voisinage, de parenté sans doute, plus que par des liens politiques. À la tête du dispositif se trouve un homme politiquement situé à gauche, Joseph Charles, qui se cache sur les hauteurs depuis le mois de février 1943 et refuse de partir dans le cadre de la relève[70]. Si Joseph Charles organise la logistique qui permet d'accueillir les réfractaires originaires d'autres départements, il est des intermédiaires, membres également des FTP, qui orienteront ces jeunes vers la Haute-Savoie. Les chalets préparés comme la nourriture accumulée permettent d'accueillir près de cent personnes. Mais les civils qui encadrent ces jeunes se retrouvent vite débordés, ne serait-ce que parce que les réserves des paysans s'épuisent.

Face à l'inévitable anarchie des débuts, les mouvements de Résistance non communistes décidèrent derechef de se rapprocher des militaires, pour leur demander de prendre en charge les réfractaires. Il fallut toute l'insistance des civils pour que les militaires acceptent ce qui semblait à leurs yeux une charge extraordinaire, d'autant qu'ils doutaient de leur motivation. Vallette d'Osia affirme, non sans brutalité :

Nous constatons très vite que de nombreux jeunes, venus se réfugier en Haute-Savoie, avaient pris le large par crainte du travail forcé en Allemagne, mais pas du tout par idéal patriotique. Ceux-là ne

> nous intéressaient guère ; je ne me sentais pas le droit d'exposer la peau de mes cadres pour des veaux[71].

Félix Plottier mentionne une vive altercation qui l'opposa au lieutenant Théodose Morel, peu enclin à encadrer les réfractaires[72]. Outre l'indiscipline des recrues, l'absence de moyens n'incitait guère les militaires à aller de l'avant, jusqu'à ce que les Américains financent le maquis savoyard.

Les fonds américains

Pour les Américains, la Résistance présente une source d'informations : c'est pour cette raison qu'ils vont la soutenir financièrement[73]. Indépendamment des réseaux de Résistance semble-t-il, Jean Vallette d'Osia mentionne dans ses Mémoires sa rencontre à Genève avec le consul de Grande-Bretagne, en janvier ou février 1943. L'ancien chef de corps du 27e BCA indiqua alors que la Haute-Savoie pouvait servir de relais pour acheminer des renseignements destinés aux Alliés. Privilégiant un correspondant français en Suisse, Vallette d'Osia se mit en contact avec un officier du Service de renseignement (SR) français de l'ambassade de Berne, Pourchot[74]. Ce dernier était en liaison avec l'attaché militaire américain, le général Legge. C'est cette voie que Vallette d'Osia voulait développer, ne voulant pas se mettre sous la coupe des Britanniques[75]. Il sollicita le soutien américain pour gérer un afflux de réfractaires qu'il estimait être de l'ordre de 5 000 à 10 000 hommes. Legge provoqua une rencontre entre Allen Dulles, représentant personnel du président Roosevelt à Berne, et le résistant[76]. Datée du 16 mars, la réponse américaine, sans délai et encourageante[77], fut vraisemblablement communiquée rapidement à Vallette d'Osia.

Se basant sur les estimations des mouvements de Résistance qui pensaient que 5 000 personnes avaient pris le maquis en Haute-Savoie, Vallette d'Osia écrit avoir réclamé cinq millions de francs, soit 1 000 francs par réfractaire, montant qu'il estimait à la moitié du salaire moyen d'un ouvrier français. Sa mission terminée, il serait rentré en Haute-Savoie avec la somme de cinq millions de francs[78], soit la moitié du montant que les Américains s'engageaient à fournir aux MUR (Mouvements unis de

Résistance) en échange de la primeur des renseignements militaires recueillis par les mouvements[79].

Si l'on suit Vallette d'Osia, la moitié des fonds américains était dévolue à l'achat de nourriture. Le reliquat fut remis aux chefs de secteur ou du PC pour subvenir aux autres dépenses (habillement, équipement, transport, et service social[80]). Au final chaque maquisard devait recevoir une solde très symbolique.

Les fonds américains ne parvinrent à Vallette d'Osia que durant deux ou trois mois, semble-t-il, jusqu'au jour où, selon lui, « les MUR, jaloux de notre succès, intervinrent à Berne pour que l'argent leur fût versé[81] », tarissant ainsi les ressources destinées à la Haute-Savoie.

Les versements américains furent mal perçus tant par Jean Moulin que par les MUR parce qu'ils sapaient l'autorité que les services gaullistes et les résistants tentaient d'exercer sur la Résistance intérieure. De plus, Vallette d'Osia inspirait une confiance toute relative : il avait, disait-on, des opinions giraudistes et antirépublicaines. Membre du Conseil national de la Résistance, Pascal Copeau considéra d'ailleurs que les pourparlers de Berne revêtaient l'« allure d'un complot fasciste[82] ».

Face aux pressions, les versements furent interrompus, semble-t-il en mai 1943. Vallette d'Osia perdait une source de financement sans rien gagner en échange. Malgré cela, l'ancien chef de corps du 27e BCA d'armistice n'entendait pas confier au général de Gaulle et à ses représentants l'outil dont il était à la tête et pour lequel il avait trouvé une source de financement sans l'aide des MUR[83]. Il revendiquera son autonomie et la justifiera ainsi en mai 1943 au général Delestraint, qui avait été nommé en 1942 pour fusionner les groupes paramilitaires des mouvements de Résistance Combat, Libération et Franc-Tireur :

> Je ne suis pas le soldat d'un homme, que cet homme s'appelle de Gaulle, Giraud, Pétain, voire Frenay. Je ne suis pas disposé à signer un serment de fidélité à un homme quel qu'il soit, quand nous, les officiers, nous avons eu tant de peine à nous estimer déliés du serment de fidélité à la personne de Pétain[84].

Il est vrai que Vallette d'Osia, échaudé par l'affaire des fonds américains qu'on venait de lui supprimer ou dont on lui contestait le bénéfice, ne voyait pas l'intérêt d'une allégeance à de

Gaulle, alors que ce dernier n'était d'aucun secours dans la mission qu'il animait quotidiennement à la tête de son organisation.

Les résistants de Haute-Savoie durent trouver par d'autres moyens les sommes nécessaires ou, à défaut, les vivres et équipements que cet argent aurait pu servir à acheter.

Si l'argent faisait défaut, les armes ne manquaient pas moins.

Des maquisards pauvrement armés

Lors des « événements de Haute-Savoie », le capitaine de gendarmerie Prunet avait pris soin de recenser les armes possédées par les réfractaires : « deux mausers, deux fusils de chasse et plusieurs pistolets et revolvers[85] ». Ces armes avaient été soustraites aux réquisitions, malgré la loi du 4 décembre 1942 qui obligeait leurs détenteurs à les remettre aux autorités. Quelques fusils ou trophées de la Première Guerre mondiale devaient également se trouver dans des chalets qui n'avaient pas été visités depuis la descente des alpages de l'automne 1942 et qui, de ce fait, n'avaient pas été remis. Quoi qu'il en soit, l'armement des maquisards, rudimentaire et disparate, ne permettait pas d'entreprendre la moindre opération d'envergure : le groupe de dix réfractaires basé au Grand-Bornand qui se lança dans des opérations délictueuses à partir de septembre 1943 ne possédait qu'un pistolet[86].

Malgré les premiers parachutages de mars 1943 et jusqu'en août 1944, le département comptait moins d'armes en 1943 et 1944 qu'en novembre 1942, époque où les camps constituaient un phénomène marginal. Du fait des arrestations et des saisies effectuées par l'occupant ou les forces du maintien de l'ordre, le niveau de l'armement en Haute-Savoie est resté faible et sans doute stable, les pertes étant compensées par de rares parachutages ainsi que par les opérations conduites contre les gendarmeries, les postes de douane, voire les Italiens.

Les dépôts de l'armée d'armistice qui n'avaient pas été découverts par les forces italiennes avaient été pillés, au grand dam de Vallette d'Osia :

> La fringale d'armement était telle dans certains groupements qu'ils cherchèrent à l'assouvir par tous les moyens, allant jusqu'à piller des dépôts rescapés des recherches préfectorales, dont ils

> avaient appris l'emplacement par quelques indiscrétions. Armes à la main, ils refusèrent carrément de les restituer. Dans le cas le plus grave, je me trouvai dans l'obligation de leur confier la garde de l'excédent de leurs besoins[87].

Ainsi, Vallette d'Osia admet s'être fait déborder par les maquisards qu'il n'aurait voulu armer qu'une fois instruits, « après avoir fait la preuve de [leur] cohésion, de [leur] entraînement physique et de [leur] ardeur ». Les camps n'auraient reçu un armement complet qu'après avoir montré leur aptitude à s'en servir efficacement. Il constate en juillet 1943 qu'il n'a de quoi équiper qu'un cinquième des « unités constituées ou en voie d'organisation » et qu'il ne possède des munitions que pour « un jour de feu en moyenne »[88].

Le seul moyen pour augmenter cette misérable dotation était d'obtenir des parachutages. Pourtant, après le premier largage de la nuit du 20 au 21 mars, il fallut attendre près de cinq mois pour qu'une deuxième opération fût à nouveau tentée à destination de la Haute-Savoie, dans la nuit du 19 au 20 août 1943. Cinq containers vinrent alors alimenter les FTP[89].

Faute d'informations sur les maquis, le BCRA et le SOE s'étaient peu impliqués dans leur soutien. Dès le mois d'août en revanche, Londres s'intéressa plus sérieusement à cette question, sans que les services français et britanniques ne coordonnent leur action.

Le BCRA pointait une difficulté majeure : la brièveté des nuits qui augmentait la vulnérabilité des avions face à la DCA allemande, la Flak. Si, en décembre 1943, une trentaine de départements avaient été approvisionnés, la Haute-Savoie ne faisait pas partie des heureux élus[90]. Pourtant plusieurs parachutages furent tentés, en vain apparemment. Prévue pour le 4 octobre, une opération destinée non à livrer des armes, mais des postes radio et des accumulateurs[91] fut sans doute ajournée. La phrase code « Hitler ne dort pas tranquille » qui devait la déclencher fut en effet réutilisée en décembre, ce qui suggère que la mission d'octobre avait été infructueuse[92]. Retentée, avec le même message, dans la nuit du 7 au 8 janvier 1944, elle échoua de nouveau[93], ravivant l'impatience de la Résistance savoyarde et de Jean Vallette d'Osia qui était déjà palpable à l'été 1943 :

> Comédie a assez duré. Si pas d'envoi à bref délai, abandonnerons résistance. Mais dans ce cas, inutile à camarades alliés venir après guerre faire sport dans montagne de Savoie. Ils seraient reçus à coups de rares fusils existants inemployés pour les boches. Stop[94].

Fut-il tenu compte de ce message ? On peut l'envisager, même s'il n'explique pas à lui seul l'envoi d'une mission franco-britannique en Haute-Savoie. Dans tous les cas, il montrait que le département alignait des hommes décidés.

Après avoir été approché par un Français au service de l'occupant, Vallette d'Osia fut arrêté par les Allemands le 13 septembre 1943[95], mais parvint à s'échapper du train qui l'emmenait peut-être vers la déportation. Il revint en Haute-Savoie, mais il était désormais brûlé, d'autant que les services allemands le recherchaient activement[96].

AS et FTP

Unis pour combattre l'occupant, l'AS et le FTP se distinguaient par leurs objectifs. Alors que Jean Vallette d'Osia voulait camoufler les jeunes dans les fermes et ne sélectionner que les plus ardents pour les former à l'action militaire – ils seraient alors utilisés le jour J –, les FTP entendaient entraîner les hommes dans l'action immédiate, suivant la stratégie prônée par le PCF qui voulait ouvrir un « second front » à l'Ouest afin de soulager l'Armée rouge. Dans leurs débuts, ces organisations ne furent pas concurrentes. Les FTP acceptèrent l'aide que leur fournissait l'AS de Vallette d'Osia et le partage du peu dont les uns et les autres disposaient scella une forme minimale de solidarité. Elle ne se démentit pas tout au long des dix-huit mois qui séparèrent l'instauration du STO de la Libération.

Alors que les militaires de l'AS se faisaient prier pour prendre en charge les camps de réfractaires, les FTP n'eurent pas les mêmes hésitations, bien qu'ils aient souffert des mêmes carences en cadres, en armes et en moyens pour atteindre cet objectif.

Chacun à tâtons tenta de trouver la formule idoine. C'est au moment où des militants de chacune des organisations furent suffisamment nombreux pour se rencontrer, qu'ils purent éventuellement comparer les avantages respectifs des organisations (encadrement, ravitaillement, action), et localement se livrer à une forme d'émulation, voire de concurrence. Des reclassements se produisirent dans le courant de l'année 1943 : des membres de l'AS la quittèrent pour rejoindre les FTP, à la suite de divergences sur l'usage des maquis principalement. Après les attaques italiennes contre le maquis, Vallette d'Osia entendit faire des réfractaires des ouvriers agricoles. Ce choix irrita d'autant plus ceux qui voulaient en découdre que des parachutages avaient été effectués dans le courant du mois d'août 1943 en faveur des FTP.

L'inaction que les FTP reprochaient aux militaires, la volonté hégémonique de ces derniers ainsi que la perte de plusieurs camps sans qu'ils aient pu ni se défendre, ni se battre, suscitèrent le passage de plusieurs groupements de l'AS vers les FTP, sans qu'il faille exagérer l'incidence des choix idéologiques. Si les premiers maquisards FTP issus du monde ouvrier et urbain étaient très vraisemblablement des gens de gauche, le brassage opéré à la suite de l'arrivée massive de réfractaires dans le département atténua sans doute la teinte politique des camps FTP. Ce fut donc surtout dans l'après-guerre, quand il devint possible de dresser les bilans, que les caractéristiques de tel ou tel mouvement furent soulignées et les actions attribuées plutôt aux FTP qu'à l'AS. De plus, les commissions départementales d'homologation affectèrent alors systématiquement les maquisards dans l'une ou l'autre des deux organisations. Sur le terrain les choses étaient passablement plus embrouillées[97].

Mais AS ou FTP parvinrent au même résultat : une mainmise sur la Haute-Savoie, notamment sur la partie qui leur était indispensable, la campagne. Plutôt donc que de mettre en exergue les rivalités entre les deux organisations, mieux vaut souligner que ce qui liait AS et FTP en Haute-Savoie – le commun désir de chasser l'occupant – primait sur ce qui les divisait.

La France combattante, les Alliés et les maquis de Haute-Savoie

Les services secrets de la France libre et le Special Operations Executive (Service des opérations spéciales), un des neuf services secrets britanniques de l'époque[98], furent amenés à collaborer.

La première opération mixte, appelée Opération Joséphine B, visait à détruire une centrale électrique située à Pessac, dans la région de Bordeaux, qui alimentait la liaison ferroviaire Bordeaux-Irun. Décidée par le SOE, cette opération menée par trois Français dans la nuit du 7 au 8 juin 1941 réussit[99], ce qui convainquit les Anglais de soutenir les actions de sabotage visant des objectifs précis. Mais l'action subversive était alors conçue comme relevant de la compétence d'agents parachutés provenant d'Angleterre, non comme une action conduite par une « armée secrète » issue du territoire national.

La France libre évolua dans son appréciation de l'action immédiate en France, notamment lorsque des émissaires de la Résistance arrivèrent à Londres, réclamant qu'on leur fournisse plusieurs centaines de tonnes d'armes et de matériel[100].

Plusieurs raisons empêchaient de telles livraisons. Tout d'abord, les services secrets gaullistes étaient totalement dépendants de leurs homologues britanniques... qui eux-mêmes n'étaient dotés que de moyens réduits : les appareils mis à la disposition du SOE par la Royal Air Force se limitaient à vingt-sept en novembre 1942 pour atteindre trente-sept (au moins) au printemps 1944[101]. En outre, tant la France libre que les Britanniques butaient sur la méconnaissance de ce qui se tramait en France contre le régime du maréchal Pétain. Le premier envoyé de la France libre auprès de la Résistance fut le jeune officier parachutiste Pierre Forman qui entra par hasard en contact avec le mouvement Liberté, en septembre 1941[102]. Parachuté le 2 janvier 1942, Jean Moulin, durant sa première mission de dix-huit mois[103], s'efforça de convaincre les trois chefs des principaux mouvements de Résistance de zone sud qu'étaient Combat, Libération et Franc-Tireur de faire allégeance au général de Gaulle[104]. Les mouvements s'engagèrent alors à verser leurs éléments paramilitaires au sein d'une Armée secrète qui serait confiée au général Delestraint.

Les objectifs qu'assigne le général de Gaulle à l'Armée secrète se limitent en fait à attendre le débarquement en France. Seuls les groupes francs et les « cellules professionnelles », termes qui désignent le travail opéré au sein des entreprises, peuvent agir, essentiellement dans le cadre d'opérations de sabotage, notamment de centrales électriques.

Alors que le général de Gaulle souhaitait éviter les actions « de caractère désespéré », le BCRA, sur la base d'informations recueillies sur le terrain, envisageait des opérations d'une tout autre ampleur. À la fin de janvier 1943, André Manuel, l'adjoint de Dewavrin-*Passy* à la tête du BCRA, revint de mission convaincu qu'existait en zone sud un « potentiel énorme », en matière de renseignement et d'action, « sur lequel la France combattante pouvait s'appuyer pour peu qu'elle fournisse aux mouvements les moyens dont ils avaient un impérieux besoin (armes, moyens de liaison et transmissions) »[105].

Lors de leur retour à Londres le 15 février 1943, Moulin et Delestraint tentèrent de convaincre les Alliés que la Résistance militaire d'obédience gaulliste pouvait être d'un poids décisif lors du débarquement[106]. Les discussions franco-britanniques autour de l'armement de l'Armée secrète se déroulèrent au début du mois de mars. C'est à la même période que plusieurs messages et télégrammes parvinrent à Moulin, le prévenant que des milliers de jeunes prenaient les hauteurs, notamment lors des « événements de Haute-Savoie ». Pressés par les Français, les Britanniques acceptèrent de livrer des armes. Ils tentèrent à plusieurs reprises de livrer la Haute-Savoie. Ce n'est apparemment qu'à la troisième tentative que l'opération réussit. Elle avait montré, selon Daniel Cordier, un tel niveau d'improvisation qu'elle conforta les Britanniques dans leur méfiance à l'égard de la Résistance[107]. Jean Moulin demanda alors aux chefs des mouvements « étant donné grosses difficultés obtenir aide efficace s'efforcer ne pas amplifier action Savoie[108] ».

Pour 1943, l'action en France devait donc se limiter à des actions de « sabotage des communications et d'objectifs militaires et industriels, à l'exclusion de la guérilla que les chefs d'état-major britanniques juge[aie]nt impraticable, dangereuse et sans intérêt stratégique[109] ». Ce courrier montre également que les Britanniques n'entendaient pas fournir massivement les réfractaires en armes, quitte à leur livrer équipement et nourriture. Ils ajournaient tout en escomptant que la Résistance fût présente au bon moment.

Au total, les Alliés allaient soutenir les maquis juste assez pour que les hommes qui les composaient ne soient pas contraints de partir travailler en Allemagne, juste assez également pour que les maquisards puissent être incorporés au dispositif du débarquement. En revanche ils ne seront pas approvisionnés de manière à pouvoir livrer de véritables actions de guerre sur le territoire français, afin de ne pas renforcer le dispositif militaire allemand en France[110].

Ce n'est qu'au cours de l'été 1943 que le BCRA reçut des documents qui lui permirent de se faire une idée plus précise de ce qu'étaient les maquis[111] et qu'un semblant de doctrine fut élaboré. Le SOE souhaitait que soient étudiés les « maquis stratégiques ». Pourvus et équipés en priorité, ils constitueraient des « bases de raids sur les grandes voies de communications ferroviaires et routières ». Viendraient ensuite les « maquis géographiques, qui seraient par nature des genres de forteresses se trouvant sur un des points de passage des forces occupantes, dans leurs mouvements obligatoires à travers la France et qui pourraient à ce titre en immobiliser des fractions plus ou moins importantes ». Seraient enfin formés des « maquis dits de réserve, ne correspondant à aucune idée stratégique ni d'utilisation technique, mais qui formeraient en quelque sorte des dépôts pour les deux types de maquis énumérés ci-dessus où les hommes échappant à la relève pourraient trouver refuge sans y recevoir des armes[112] ».

Ces théories[113] ignoraient les difficultés qu'affrontaient les maquisards comme ceux qui tentaient de les encadrer. Surtout, elles oubliaient que les maquisards, le plus souvent réfractaires au STO, issus des classes n'ayant effectué aucun service militaire, n'avaient de ce fait qu'une pratique limitée des armes, de la manœuvre, voire de l'obéissance à un ordre. S'ils souhaitaient la victoire des Alliés, les hommes du maquis, enfin, ne s'imaginaient pas toujours en acteurs de celle-ci. Et leur dénuement contrastait avec les moyens dont était dotée la plus médiocre unité italienne ou allemande cantonnée sur le sol français.

Enfin, Français de Londres et Britanniques n'avaient qu'une faible connaissance des maquis et de leurs possibilités. Jusqu'alors circonspects quant au développement de la lutte subversive en France, ils changèrent progressivement d'avis. Le 29 septembre 1943, Pierre Viénot, qui était ambassadeur du Comité français de Libération nationale auprès du gouvernement du Royaume-Uni, rencontra le Premier ministre britannique. Au cours de cet entretien, Churchill insista « sur la nécessité d'organiser dans les Alpes françaises, de la Méditerranée jusqu'à la Suisse, une guérilla comparable à la guérilla yougoslave ». Il avait défendu son idée « avec une chaleur d'imagination », arguant de la supériorité écrasante de l'aviation alliée, qui pourrait fournir à ces troupes des moyens dont les Yougoslaves n'avaient jamais disposé.

Les maquis devenaient un atout incontestable de la France combattante alors qu'elle bataillait avec les Alliés pour fixer les perspectives militaires au moment du débarquement[114]. Elle avait su leur vendre les maquis sans pour autant connaître la réalité de leur force et de leurs capacités opérationnelles. Pour mesurer leurs possibilités, une première mission interalliée, *Xavier-Cantinier*[115], composée de Richard Heslop-*Xavier* et de Jean Rosenthal-*Cantinier*, fut alors dépêchée.

La mission Xavier-Cantinier, *du 22 septembre au 16 octobre 1943*

Les deux agents devaient d'abord recenser les effectifs et évaluer le potentiel des maquis dans trois départements parmi les plus remuants de France, la Savoie, la Haute-Savoie et l'Isère. Mais leur objectif ne s'arrêtait pas là. La mission visait également à déterminer les « meilleurs noyaux à équiper » et à « organiser des liaisons directes avec Londres ainsi que des parachutages de matériel »[116]. Les Alliés souhaitaient organiser les maquis en sous-régions indépendantes de toute autorité centrale en France, reliées directement à Londres, et placées sous le contrôle du haut commandement allié[117]. Ainsi, les maquisards relèveraient d'unités autonomes, comparables à des unités parachutistes cachées jusqu'au débarquement[118].

Jean Rosenthal et Richard Heslop, de la mission *Xavier-Cantinier*, expliquèrent aux chefs départementaux qu'ils cherchaient à intégrer les activités du maquis aux opérations du débarquement[119], sans pour autant prendre le commandement des maquis. Ils devaient se borner à envoyer des rapports en Grande-Bretagne décrivant la situation et son évolution. Ils établissaient également la liaison entre les chefs militaires départementaux et le haut commandement allié pour fournir aux

Anglo-Américains une aide lors du débarquement en matière de sécurité, de sabotage, d'organisation.

Né le 22 janvier 1907 à Cierps, en Haute-Garonne, Richard Heslop était le fils d'un entraîneur de chevaux de course. Il rejoignit le Devonshire Regiment lors de la déclaration de guerre et fut affecté en Afrique de l'Ouest comme officier dans un corps de police militaire. De retour en Angleterre, il fut envoyé au mois de novembre 1941 dans un camp d'entraînement et entra officiellement le 20 décembre 1941 comme lieutenant au sein du SOE. Ses supérieurs soulignent son calme, son bon sens, et précisent que « son sens de l'humour l'aide à surmonter beaucoup d'emplois difficiles ». Ils évoquent également son intrépidité, sa discipline, sa diplomatie et son sérieux. Il effectue sa première mission en France occupée du 2 juillet 1942 au 23 juin 1943, dans la région du Mans et d'Angers[120].

Jean Rosenthal, qui joua un rôle central dans l'affaire de Glières, est né le 5 septembre 1906 à Paris. Spécialisé dans le négoce de pierres précieuses avant la guerre, il fut mobilisé en septembre 1939 comme lieutenant de réserve et servit dans la 8e escadre aérienne. Démobilisé en juillet 1940, il réside dès lors dans sa maison familiale de Megève[121]. Selon ses états de services, il quitta la France pour l'Espagne en décembre 1942. Interné à Pampelune du 19 au 31 décembre 1942, il resta trois semaines à Madrid avant de rejoindre Lisbonne le 22 janvier 1943, puis l'Angleterre le lendemain, mais atterrit – on ne sait pourquoi – en Irlande. Arrivé à Londres le 26 janvier, il y séjourna jusqu'au 1er février 1943. Incorporé aux Forces françaises libres (FFL) et affecté aux forces françaises en Afrique en tant que lieutenant de chars, il fut grièvement blessé en Tripolitaine. Rapatrié en Angleterre, affecté au BCRA à compter du 1er septembre 1943 avec le grade de lieutenant, il se porta volontaire pour une mission en France. Après un bref stage d'instruction, il fut nommé pour la mission dans la région de Lyon (R1), en collaboration avec Heslop. Les Anglais ont dressé du personnage une description teintée de perfidie :

> Excellentes qualités, mais vaniteux, a été accusé de négliger sa mission et d'organiser des sabotages. Sans rapport avec cela, justifie les sabotages comme moyens de protéger le maquis. Sa spécialité est la destruction des locomotives. Se plaint de l'inaction à la maison.

> [...] Prévenu de s'abstenir de tout contact direct avec la Suisse. En mars 1944, fait passer l'information de l'attaque du maquis de Glières le 25 mars. Demande aux chefs du maquis de réformer le maquis de Glières.
>
> [...] A de la personnalité, du leadership, très audacieux. Trop franc. Extrêmement Français dans ses idées et son caractère. Vit exclusivement dans l'idée de libérer son pays. Appartient aux « 200 familles » et pour cette raison est détesté des FTP. Détesté par d'autres pour ses origines juives. Se crée lui-même de nombreux ennemis à cause de son franc-parler[122].

Le personnage ne laisse donc pas indifférent. Peu amène envers ceux qu'il n'estimait pas à la hauteur, il se fera de nombreux ennemis. Son radio fera souvent les frais de sa dureté, sinon de sa grossièreté. Il est choisi pour la première mission interalliée parce qu'il a une connaissance du département de la Haute-Savoie, en tout cas de ses stations de ski et de Megève... ce qui n'est pas toute la Haute-Savoie.

Partis d'Angleterre le 21 septembre 1943, les deux hommes atterrirent dans la nuit du 21 au 22 septembre en Saône-et-Loire, près de Tournus. Sitôt recueillis ils s'attelèrent aussitôt à la tâche en élargissant toutefois l'aire de recensement. Alban Vistel mentionne que, en compagnie des deux hommes, lui-même et plusieurs de ses adjoints visitèrent entre le 23 septembre et le 1er octobre une dizaine de camps dans la Loire, l'Isère, l'Ain et le Jura ainsi que dans les deux départements savoyards, soit un rayon plus large que celui initialement retenu[123]. Sur la base de ce qu'ils voient et vraisemblablement des contacts qu'ils nouent, ils estiment à plus de 1 000 hommes[124] les effectifs du maquis dans les régions explorées. Ces chiffres sont largement inférieurs à la réalité. Se méfiant des statistiques qu'on leur communique, les deux agents les réduisent d'autant qu'ils ne peuvent les vérifier faute de pouvoir parcourir l'intégralité des camps. Ce n'est qu'ultérieurement, alors qu'ils visitent de manière plus systématique l'Ain et la Haute-Savoie, qu'ils rectifient leurs évaluations, portées à 3 000 hommes à la mi-novembre puis à 3 500 après Noël 1943[125].

Heslop et Rosenthal retournent à Londres dans la nuit du 16 au 17 octobre, afin de communiquer à leurs hiérarchies respectives leurs conclusions[126]. Leurs sentiments à l'égard des maquis semblent pour le moins ambivalents. Un rapport des MUR du 3 octobre 1943 note :

> Les envoyés de Londres ont été très frappés par ce qu'ils ont vu. Ils ne croyaient pas trouver des camps aussi bien organisés, entraînés, équipés, des hommes si décidés, une organisation si complète. Ils l'ont fait savoir à Londres immédiatement et ont demandé à repartir de suite pour exposer verbalement ce qu'ils ont vu et demander dès la prochaine lune des parachutages massifs[127].

Ont-ils voulu faire plaisir à leurs hôtes ? Car un autre document, émanant des mêmes MUR, affirme que les deux agents auraient un point de vue moins enthousiaste. Ainsi, les parachutages « seraient prématurés, les armes se rouillent et les actions immédiates ne semblent pas intéressantes. Cependant, quelques envois pourraient être faits sur quelques points de maquis... au moment voulu, le matériel viendra[128] ». Heslop est frappé par le fait que le moral est bas et que les équipements manquent[129].

Mais les résistants de l'intérieur sont surtout frappés par le peu de cas que Londres fait d'eux. « Nous découvrons avec un étonnement quelque peu teinté d'amertume l'ignorance londonienne à l'égard de notre action », note par exemple Alban Vistel[130].

La méfiance que les services gaullistes manifestaient à l'égard de leurs homologues britanniques confortait cette ignorance. Ainsi Jean Rosenthal aurait déclaré à un responsable des MUR de la région R1 que « sa mission consistait particulièrement à surveiller les agissements de son collègue et à éviter qu'ils ne s'exercent dans un sens qui ne soit pas purement axé selon les intérêts français[131] ».

Méconnaissance des rouages et de l'action de la Résistance intérieure, méfiance vis-à-vis de la seule source d'approvisionnement des maquis, la mission dont Jean Rosenthal était investi ne pouvait être conduite dans la sérénité :

> Pour moi, en attendant des instructions plus précises déjà sollicitées, je maintiens des rapports courtois, en espérant des envois de matériel et en recommandant aux responsables Maquis de ne passer à l'exécution de missions éventuelles qu'après en avoir référé soit à moi-même, soit aux responsables de l'action militaire[132].

Et ces préventions ne s'atténuèrent pas lors de la deuxième mission en métropole de Rosenthal.

L'action de Jean Rosenthal du 19 octobre 1943 à Glières

Ayant rapporté à leur hiérarchie la teneur de ce qu'ils avaient vu, Heslop et Rosenthal reprennent l'avion pour la région R1 dans la nuit du 18 au 19 octobre 1943[133]. Ils atterrissent près de Bletterans, dans le Jura, accompagnés cette fois du capitaine radio américain Denis O. Johnson dit *Paul* et d'une agente de liaison, Élisabeth Reynolds[134]. Rosenthal est rejoint le 20 octobre par son radio, Roland Haïm, dit *Croate*[135]. Sa cousine, Micheline Rosenthal, dite *Michette*, âgée de 16 ans, deviendra son agente de liaison[136].

Les ordres reçus en septembre sont maintenus, bien qu'une partie de la mission ait été accomplie (le recensement partiel des effectifs par exemple). Pourtant, des tensions naquirent entre les MUR et Rosenthal. Les points qui, dans l'ordre de mission, mentionnaient la « prise en main des maquis » et la « liaison de ces maquis directement avec Londres » ne pouvaient que heurter les représentants de la Résistance intérieure qui soutenaient à bout de bras les maquis depuis leur création. Dans le cas présent, les tensions furent exacerbées par l'impréparation de la mission – la première du genre – dont était investi Rosenthal. Son ignorance des réalités du terrain choqua les résistants :

> Cantinier ignore tout de la structure des Mouvements. [...]
> L'ignorance de Cantinier à l'égard de l'organisation des MUR, elle, consterne. Par divers canaux, très régulièrement, des rapports ont été adressés. Les informations sont-elles mal transmises ou une volonté délibérée décide-t-elle de leur donner pour destination le coin poussiéreux des dossiers oubliés ? Comment concevoir qu'on puisse expédier une mission sur notre territoire sans documenter préalablement ses agents, sans nous aviser de sa venue[137] ?

Un malentendu, au vrai, opposait la Résistance intérieure et les envoyés de Londres. Les premiers attendaient des Alliés un soutien en armes et en argent afin de lutter contre l'occupant. Les envoyés de Londres entendaient eux organiser les maquis en sous-régions indépendantes de toute autorité centrale en France et les relier directement à Londres[138], ce qui revenait à priver de leur commandement les chefs qui jusque-là avaient œuvré avec pour seul viatique des émissions radiophoniques, quelques fonds et de rares parachutages. La vraisemblable franchise, peut-être la brutalité avec laquelle Rosenthal annonça que Londres prenait en main les maquis faillit entraîner la rupture de ses relations avec les dirigeants des MUR[139].

Délégué militaire pour la zone sud, Bourgès-Maunoury dut faire office de médiateur[140]. Mais l'absence de tact de l'envoyé de Londres provoqua sa mise à l'écart ; il se mit alors à faire ce que bon lui semblait. Londres finit par s'alarmer. Dans un rapport daté du 31 décembre 1943, le commandant Lejeune, de la Direction des services de renseignement et d'action, lui reprocha d'envoyer des télégrammes parfois indéchiffrables. Son attitude suscitait la perplexité. Rosenthal réclama le 8 novembre de rentrer à Londres pour « cause d'inactivité », demande qu'il réitéra les 28 novembre et 23 décembre. Durant ce temps il s'intéressa aux mouvements de fonds entre la Suisse et la France qui ne le concernaient en rien. À la fin du mois de décembre, il reprit sa marotte, la destruction de locomotives. « Ne comprenons pas pourquoi vous semblez avoir renoncé à votre mission Maquis pour faire du sabotage et sauf nécessité impérieuse vous donnons ordre reprendre cette mission. Quels sont vos contacts avec Xavier. Nous préciser dans quelle région vous travaillez[141] », câbla alors sa hiérarchie. Et le commandant Lejeune de conclure :

> Le courage, l'ardeur et la bonne volonté d'Apothème [Rosenthal] ne sauraient être discutés, mais sa mission semble avoir totalement échoué.
>
> Il n'a envoyé aucun terrain de parachutage, aucun renseignement sur les Maquis, n'a pratiquement pas utilisé l'opérateur radio mis à sa disposition, mais ceux du chef de région ou du chef d'opérations de R1[142].

Pour sa défense, Rosenthal avance les difficultés dans lesquelles il se débat, à commencer par la dangerosité de son travail et les carences en parachutages. Et à la fin du mois de janvier, alors qu'il est question de le rappeler à Londres[143] afin d'être remplacé, il indique que « [son] boulot est trop passionnant[144] ».

Dans le même temps, le travail de *Xavier*, coéquipier de Rosenthal, était jugé « remarquable ». Ce dernier fournit les coordonnées de plusieurs camps du maquis en Savoie, en Haute-Savoie comme dans l'Isère, ainsi que celles de dix terrains de parachutage[145].

Le capitaine Petit et le lieutenant-colonel Heslop en Haute-Savoie

La succession de Jean Vallette d'Osia fut complexe ne seraitce que parce que peu de personnes étaient à même de l'assurer. Une solution extérieure au département fut imposée par le directoire lyonnais des MUR, en octobre, en la personne du capitaine Henri Petit, dit *Romans*, chef militaire, responsable de l'AS pour le département de l'Ain, qui confirma les hommes mis en place par Vallette d'Osia. Ce dernier avait par ailleurs fondé une école de cadres dans le maquis pour suppléer au manque d'officiers et de sous-officiers dont il avait confié la responsabilité à Louis Jourdan, futur second de Théodose Morel à Glières[146].

Si Jean Rosenthal œuvrait en solitaire, Richard Heslop-*Xavier* et le capitaine Petit travaillaient de concert. Heslop agira prioritairement dans le département de l'Ain, ce qui ne l'empêchera pas de se rendre à plusieurs reprises en terre savoisienne, le plus souvent accompagné et transporté par Henri Petit. Tous deux travaillaient énormément, voyageant en voiture[147], vivant « comme des gitans d'un camp à l'autre[148] ». Si Petit considérait Heslop comme son « compagnon de tous les jours[149] », des différends les opposaient parfois, notamment lorsque le 11 novembre 1943 *Romans* décida de faire défiler ses hommes dans Oyonnax[150]. De même, le Britannique entendait conserver une forme d'indépendance et cacha à son camarade l'existence de groupes de maquisards en Haute-Savoie qu'il semblait contrôler[151]. Il loua même une villa sur les bords du lac d'Annecy pour s'extraire quelques jours du *hurly-borly* (tohubohu) de la Résistance[152].

Heslop passa une grande partie de son temps à organiser le maquis, à en faire une force capable de combattre, en insistant toutefois sur la mobilité des groupes qu'il formait. Elle était, répétait-il inlassablement, leur force. Il initia les cadres au fonctionnement des explosifs et il est à l'origine du sabotage réussi de l'usine de roulements à billes SRO, à proximité d'Annecy[153].

Reste qu'il est malaisé de reconstituer l'activité du tandem au cours des trois mois et demi qui séparent l'arrivée de l'agent britannique et la montée à Glières à laquelle ils sont tous deux mêlés. Ils passent la Noël 1943 dans l'Ain, se trouvent le 27 janvier à Annemasse et, bien que le récit d'Henri Petit soit elliptique sur ce point, il semble que ce dernier se rendit à Genève où il rencontra Bénouville[154] ; puis il se déplaça à Berne où il eut un contact avec Allen Dulles[155]. Heslop affirme quant à lui être en Haute-Savoie en compagnie de Petit à la fin du mois de janvier, afin de visiter quelques camps et de voir ce que Rosenthal faisait dans le territoire qu'il couvrait[156]. L'officier britannique sous-entend qu'il est resté peu de jours dans ce département, retournant dans l'Ain pour y réceptionner des parachutages.

C'est également à la fin du mois de janvier, lors de leur venue en Haute-Savoie, que les deux hommes rencontrent le lieutenant Morel et les capitaines Anjot et Clair[157] et qu'ils prennent la décision, peut-être le 27 janvier, de faire monter des hommes à Glières.

Dans le même temps, à Londres, des pourparlers visent à armer les maquis de manière conséquente.

Pourparlers au sommet

Pour toute l'année 1943, les effectifs se rattachant au BCRA n'avaient reçu que 7 837 mitraillettes, 5 278 pistolets et 12 fusils[158]. La Haute-Savoie bénéficia de quelques envois dès le printemps 1943, mais dans des quantités insuffisantes pour équiper la totalité des hommes. Selon Pierre Mouthon, l'AS aurait reçu 200 armes au 1er janvier 1944 contre 180 pour les FTP, ces derniers bénéficiant semble-t-il d'une liaison avec la « branche action de l'état-major du général Giraud », indépendante des services du colonel Passy[159].

Bien que Londres ait éprouvé des sentiments plus favorables à l'endroit du maquis, peu d'armes supplémentaires furent livrées en raison d'une météorologie désastreuse qui sévit dans les derniers mois de 1943 et en janvier 1944[160]. Mais des conditions climatiques plus clémentes n'auraient pas suffi pour l'équiper de manière décente. Les envois d'armes pour toute la France n'avaient permis de doter que de 4 000 à 5 000 hommes, soit un peu plus de 10 % des effectifs recensés[161]. Commissaire à l'Intérieur, Emmanuel d'Astier de la Vigerie, sans en référer au BCRA, se plaignit de ce dénuement lors d'une conférence de presse qu'il organisa le 15 novembre à Alger. L'effet fut double : irriter les Anglais… et les contraindre à négocier[162].

Le 13 décembre 1943, l'ancien patron de Libération-Sud rencontra lord Selborne, ministre de la Guerre économique dont le SOE dépendait, pour aborder ce point et dénoncer le manque de moyens. La pression française sur les Britanniques déboucha sur un premier entretien entre Winston Churchill et Emmanuel d'Astier de la Vigerie le 14 janvier 1944 à Marrakech alors que le Premier ministre s'y trouvait en convalescence. Les deux hommes se rencontrèrent à quatre reprises entre cette date et le 2 février, mais c'est le 27 janvier qu'intervint la réunion décisive. Y participaient, entre autres, le ministre de l'Air Sinclair, assisté du chef d'état-major de l'Air, le ministre de la Guerre économique Selborne, ainsi que les numéros deux et trois du SOE[163]. Churchill s'y montra soucieux que les Français n'utilisent pas les armes « contre eux-mêmes » et souhaita « voir se développer, dans la zone comprise entre le Rhône et la frontière italienne d'une part et entre le lac de Genève et la Méditerranée d'autre part, une situation comparable à celle existant en Yougoslavie »[164].

Dès le lendemain de cette réunion, les services spéciaux britanniques et français réfléchirent aux moyens d'armer dans le courant du mois de février 20 000 hommes du maquis[165]. Si la RAF et l'Intelligence Service rechignaient à voir le nombre d'avions mis à leur disposition diminuer, Churchill, lors de la rencontre du 2 février, exigea que « des moyens nouveaux et exceptionnels fussent mis en œuvre afin que le programme de février fût autant que possible réalisé en dépit du mauvais temps[166] ». Sa décision, soulignons-le, fut prise alors même que la montée sur le plateau de Glières était programmée, dans les derniers jours de janvier 1944.

Si le Premier ministre britannique ignorait ce qui se tramait autour du Plateau, Heslop, lui, ne savait rien de ce qui se disait à Londres. Or, les décisions de ces deux acteurs pesèrent lourd pour les hommes qui rejoignirent Glières dès le 31 janvier.

Le temps exécrable du mois de février ne permit pas de réaliser le programme prévu. Seules trois opérations destinées aux maquis purent avoir lieu au 7 février, après trois jours de la lunaison. Une semaine plus tard, 11 sorties sur 186 avaient atteint leur objectif. Au final, 47 opérations furent effectuées en février, dont les deux tiers à l'est du Rhône[167] ; seules 66 tonnes de matériel furent parachutées. En revanche, la lune de mars fut bien meilleure : 600 tonnes furent larguées, de quoi équiper et armer 30 000 hommes. La Haute-Savoie reçut près de 90 tonnes, permettant d'armer 4 500 hommes, trois fois les effectifs des maquis du département.

L'action du maquis savoyard

L'arrivée massive des réfractaires en terre savoisienne dans la foulée des « événements de Haute-Savoie » entraîna une dégradation de l'ordre public. Globalement, la population soutenait ces jeunes dont le seul tort était de refuser l'exil en Allemagne. Mais, à force de se voir réclamer sans cesse nourriture et équipement, elle se lassa de donner sans contrepartie. Du coup, la nécessité de trouver des sources d'approvisionnement provoqua une explosion du nombre de vols : 6 en septembre 1943, 19 en octobre, 53 en novembre, 76 en décembre, 182 en janvier 1944[168]. Si les particuliers étaient visés, les mairies, les perceptions ou les bureaux de poste qui recevaient les tickets de rationnement l'étaient plus encore. Mais nombre de ces forfaits n'étaient que des simulacres et les effractions étaient souvent feintes. De nombreuses opérations furent conduites avec la complicité du maire ou du secrétaire de mairie[169]. Les cambriolages de mairies prirent une telle proportion qu'il fallut distribuer les tickets sous la surveillance des gendarmes... souvent complices de la Résistance.

Les tickets de rationnement étaient de toute façon remplacés, ce qui était en soi une incitation à récidiver. Pour les maquis, corps francs et sédentaires, il était d'un meilleur rapport de s'en prendre aux dépôts de l'administration, de saisir une cargaison dans un wagon que de détrousser une famille, même collaborationniste. Les auteurs des cambriolages les plus spectaculaires avaient d'autant moins de scrupules à les commettre que, pour finir, le vol commis ne lésait que des institutions émanant d'un gouvernement honni. Les différents dépôts de Jeunesse et Montagne ou des Chantiers de la jeunesse devinrent des cibles prioritaires. Tout ce qui manquait au maquis – vivres, vêtements, équipement – s'y trouvait ! Le centre-école de Jeunesse et Montagne situé à Argentières-Montroc, ainsi qu'un magasin principal à Saint-Pierre-de-Rumilly, près de Bonneville, des camps dans le Faucigny, les Bornes, au-dessus de Faverges, furent vidés. En juillet-août 1943, quatorze enlèvements d'équipements se produisirent. Le plus réussi, celui des Contamines, permit, dans la nuit du 1er au 2 août 1943, de récupérer près d'une tonne de pâtes, de la farine, du sucre, du café, des pommes de terre, 125 paires de chaussettes, des dizaines de bérets, de chemisettes, de pantalons, d'anoraks, de fuseaux, ainsi que les quatre mousquetons et pistolets, avec leurs munitions, appartenant aux GMR qui, gardant le campement, furent braqués[170]. A la suite d'un cambriolage du camp Jeunesse et Montagne à Thorens, un gendarme, blasé et réaliste, écrit :

> Cette nouvelle attaque n'a pas créé d'émotion dans la région où le fait n'est pas nouveau. Elle se reproduira très probablement dès que le matériel et les vivres auront été remplacés[171].

Malgré son enhardissement, la Résistance ne tentait guère d'attaquer frontalement l'occupant. Ce qui semble être le premier échange de coups de feu entre des résistants et des soldats italiens se produisit dans la nuit du 30 avril au 1er mai, à Yvoire, sur les rives du lac Léman, presque six mois après l'invasion de la zone libre[172]. Les quelques opérations que conduisirent les maquis contre les Italiens suscitèrent des représailles et un durcissement des autorités italiennes, qui se lancèrent avec efficacité dans des opérations en montagne. L'armistice du 8 septembre mit cependant un terme à cette campagne antimaquisarde.

La première attaque provoquant des pertes chez les Allemands date du 1er octobre 1943. Elle n'est pas l'œuvre du maquis, mais d'éléments appartenant à la 2e compagnie FTP, composée de sédentaires de Sciez, près de Thonon, qui tirèrent sur un train dont les passagers étaient des soldats de la Wehrmacht, faisant un mort et six blessés, dont l'un mourra quelques heures plus tard. Pour éviter la réédition de ce scénario, les Allemands raflèrent une vingtaine d'habitants de la commune voisine de Margencel, contraints de se tenir aux portières. Arrivés à Annemasse, les Allemands arrêtèrent une trentaine d'habitants du lieu. Quatre habitants de Margencel furent déportés – deux ne rentreront pas[173]. Ce type d'action ne fut pas réédité, ce qui suggère que ses auteurs doutèrent de son efficacité, mesurant les incidences sur les civils transformés en victimes potentielles des représailles.

Une autre opération, cette fois non préméditée, eut des conséquences plus lourdes. Le 22 décembre 1943, à Saint-Eustache, près d'Annecy, François Servant, dit *Lieutenant Simon*, et deux membres de son corps franc chargeaient sur un camion des caisses déposées au temps du 27e BCA d'armistice. Leur besogne terminée, ils s'attablèrent et s'apprêtèrent à manger lorsque trois Allemands, en quête de victuailles pour le réveillon de Noël, s'arrêtèrent dans la même ferme. Un soldat ainsi qu'un interprète en civil vérifièrent les identités et ne trouvèrent rien de suspect. Le civil tâta une veste et découvrit une grenade. Dans un réflexe, Servant tua le traducteur puis le soldat allemand. Peu après, le même sort fut réservé au troisième homme, un officier, resté dans la voiture. Les corps furent transportés dans le véhicule qui fut abandonné un peu plus loin puis découvert quelques heures plus tard. En représailles, 200 personnes furent raflées à Annecy le 28 décembre et une vingtaine de personnes furent emprisonnées. À Saint-Eustache, 24 civils furent déportés, dont 17 périrent[174].

Le nombre d'attentats explosa (62 en janvier 1944[175]). Ils visaient bien souvent les intérêts de l'occupant (usines, offices de placement pour la main-d'œuvre...). Au final, la Haute-Savoie devenait de plus en plus dangereuse pour ceux qui l'habitaient : en décembre 1943, le département déplorait près de 40 homicides et tentatives, compte non tenu des morts causées par l'occupant. Or, le maquis était perçu comme étant à l'origine de ces actes qui, pourtant, pouvaient être attribués à des criminels, voire aux autres résistants que les autorités du temps rangeaient en bloc dans la catégorie des « terroristes ». La répression de la délinquance dans le département devenait donc, pour le régime de Vichy, une nécessité, d'autant plus que l'occupant menaçait d'intervenir.

3

Avant Glières : une répression en trompe l'œil ?

Après les « événements de Haute-Savoie » de mars 1943, un calme apparent semblait régner. Telle était en tout cas la version que proposaient les autorités françaises d'une situation qui, en réalité, dégénérait : car le mouvement s'amplifiait.

Les rares informations émanant de la gendarmerie ou de la police qui sont parvenues jusqu'à nous montrent peut-être que celles-ci ne cherchaient pas forcément à trop en savoir sur le mouvement de désobéissance au STO que de nombreux membres des forces de l'ordre soutenaient, au moins en conscience, à moins qu'ils ne l'aient redouté. En effet, plusieurs policiers furent éliminés dès avril 1943 – deux GMR furent tués à Publier, près de Thonon –, ce qui incitait les plus timorés à ne pas s'investir outre mesure dans la répression d'un phénomène devenu impossible à endiguer. Quelles que soient les responsabilités des protagonistes lors des « événements de Haute-Savoie », un constat s'impose : tous agirent avec une prudence certaine pour éviter de dresser la population contre les autorités et de radicaliser les attitudes.

Dès la fin du mois de mars 1943, un membre de la Légion demeuré anonyme fournit à la préfecture de région des informations circonstanciées sur le soutien apporté aux réfractaires au STO[1]. Bien que sous-estimant la réalité, son rapport précisait les effectifs en présence, les cadres, les emplacements, l'armement, mais également le rôle des forces de l'ordre dans la répression de ce mouvement. L'auteur de ce rapport avait profité de ses contacts avec d'anciens membres de la Légion pour leur soutirer nombre de renseignements. Mais la préfecture de région ne tint apparemment aucun compte de ce rapport, preuve qu'une partie de son personnel jouait double jeu. Ainsi, il ne suffisait pas d'avoir à sa disposition des effectifs policiers conséquents, encore fallait-il vouloir s'en servir et en exiger des résultats. Les administrations départementale et régionale firent à tout le moins preuve d'inertie dans la lutte menée contre le maquis et ce jusque dans l'hiver 1943-1944.

Le rôle de l'administration

La loi du 23 décembre 1940 renforçait le pouvoir des préfets, devenus les seuls représentants du pouvoir central dans les départements, alors que le personnel des préfectures, jusqu'alors recruté et rémunéré par les conseils généraux, était étatisé[2]. La volonté d'épurer l'administration et de changer les règles de nomination du personnel permettait de placer des fonctionnaires favorables au nouveau régime. Mais, si les changements affectèrent la hiérarchie, les fonctionnaires subalternes ou d'exécution furent maintenus, hormis les juifs, les francs-maçons, les communistes ou les gaullistes, qui constituaient vraisemblablement une minorité dans les organigrammes de la Haute-Savoie. En revanche, la création d'administrations nouvelles (ravitaillement, réfugiés, etc.) permit d'enrôler de nouveaux éléments, dont des militaires, qu'il s'agissait d'employer : les conventions d'armistice de 1940 puis la dissolution de l'armée à la fin de l'année 1942 avaient abouti à une diminution drastique des effectifs de la « Grande Muette ».

Entre 1940 et 1944, une majorité de fonctionnaires se contentèrent de faire le travail pour lequel ils étaient payés, une minorité fit du zèle en servant le régime tandis qu'une autre minorité sabotait les consignes et directives de l'État français. Sous la IIIe République, le préfet, représentant du ministère de l'Intérieur, était chargé du maintien de l'ordre, mais disposait de moyens limités. La gendarmerie dépendait de l'armée. Les corps de police urbains, placés sous la responsabilité des maires, échappaient partiellement au contrôle de l'État. Les autres forces de police étaient réduites dans le département, qui ne comptait qu'un commissariat des Renseignements généraux à Annemasse, près de la frontière suisse, et la 19e brigade de la police de sûreté, présente à Annecy depuis 1938.

La loi du 23 avril 1941 créant la police nationale renforça les pouvoirs des préfets puisqu'elle la plaçait sous la responsabilité de l'État dans les agglomérations de plus de 10 000 habitants. Ce n'est pas tant le préfet départemental qui bénéficia de cette réforme que le préfet régional, institué par la loi du 19 avril 1941[3]. Ce dernier devint responsable du maintien de l'ordre aux termes du décret du 13 mai 1941. Ce texte le chargeait de prendre les mesures idoines afin de prévenir et de réprimer les atteintes à l'ordre public. Pour ce faire, il disposait des services régionaux des Renseignements généraux (surveillance du territoire et police économique), de la police judiciaire et de la Sécurité publique. Le préfet régional pouvait déléguer aux préfets des départements tout ou partie de ses pouvoirs d'administration et de direction des services de police[4], et devait en théorie jouer un rôle de coordinateur plutôt que de supérieur hiérarchique à l'égard des préfets de son ressort[5].

La Haute-Savoie relevait de la région lyonnaise, qui comprenait l'ensemble des départements de l'actuelle circonscription administrative Rhône-Alpes auxquels s'ajoutaient le Jura et la Saône-et-Loire. Outre le préfet régional, l'État français créa la fonction d'intendant de police qui lui était directement subordonnée. L'accroissement de la répression en renforça l'influence, suscitant bien des tiraillements avec les préfets régionaux[6]. Car, en dépossédant les préfets départementaux de leur autorité sur les services de police, la concentration des pouvoirs au niveau régional aboutit à les transférer aux intendants. En pratique toutefois les choses furent plus complexes, en raison de la résistance des préfets départementaux ou parce que, les troubles s'aggravant, les préfets régionaux et les intendants de police, dont les moyens étaient limités, ne pouvaient gérer l'ensemble des problèmes qui survenaient dans leur circonscription. Du coup, le régime redonna aux préfets des départements une part des prérogatives policières qui leur avaient été ôtées en 1941. Par un simple télégramme daté du 6 juillet 1943, André Marty, adjoint de René Bousquet, annonça aux préfets des deux départements savoyards et de l'Isère qu'ils recouvraient une compétence policière qui leur avait été retirée en 1941[7].

La faiblesse des moyens dont le préfet régional disposait l'obligeait à s'en remettre aux préfets départementaux pour s'informer – une information qui conditionnait les actions qui allaient être entreprises. Après les « événements de Haute-Savoie », ni le préfet de région, ni l'intendant de police ne furent en pointe dans la répression du maquis, tâche qui revint, jusqu'en février 1944, au préfet du département.

L'occupation italienne ne facilitait pas non plus la mission policière de la préfecture de région. En effet, l'intendant de police et le préfet de région, basés à Lyon, se trouvaient en dehors de la zone occupée par l'armée italienne. En Savoie, les Italiens installèrent dans les villes d'Annecy et de Chambéry des représentations avec lesquelles les autorités françaises étaient chargées de négocier[8]. L'interlocuteur privilégié de l'occupant, le préfet de la Haute-Savoie, s'attela – à sa manière – à la répression du maquis.

Loin de se lancer dans une énergique reprise en main, le préfet alors en place en Haute-Savoie, Henri Trémeaud, décida dès son entrée en fonction de temporiser. En pratique, il laissa du temps au maquis pour s'organiser et se renforcer, au point de se rendre inexpugnable, sans entraver ce mouvement et sans surtout que la préfecture régionale ou l'intendance de police ne s'en émeuvent. Ils accordaient une confiance totale à ce haut fonctionnaire pour gérer la répression… à moins qu'ils aient préféré ne pas en savoir trop.

Tout incite à penser que le préfet Trémeaud était un allié sérieux de la Résistance. Nommé en Haute-Savoie le 6 mai 1943, il lui apporta une aide particulièrement précieuse, facilitant le ravitaillement des maquisards, recueillant des documents importants qui seront transmis à Londres, faisant passer en Suisse des Français traqués[9]. Il négocia pied à pied avec les autorités transalpines d'occupation une trêve dans la répression du maquis et lui fournit des explications destinées à justifier ce qui pouvait apparaître, non sans raison, comme de la passivité de la part des autorités françaises. À la suite d'une première intervention contre le maquis datée du 23 avril, les autorités italiennes rédigèrent une lettre destinée au préfet le 3 mai 1943, au moment même où le préfet en place, Édouard Dauliac, allait céder sa place à Henri Trémeaud. Elles priaient les autorités françaises d'intervenir pour faire cesser les rassemblements de réfractaires, d'autant plus que ceux-ci étaient armés. En vain : les *Alpini* essuyèrent des tirs le 18 mai lors d'une reconnaissance, puis à nouveau le 28 mai dans la montagne des Princes, à la limite de l'Ain et de la Haute-Savoie. Le 1er juin, le général de Castiglioni menaça d'intervenir. Mais, sans attendre la réponse des autorités, il monta six opérations contre les maquisards entre le 1er et le 11 juin. Le préfet de Haute-Savoie et l'officier italien finirent par se rencontrer le 19 juin[10] et négocièrent la suspension des interventions italiennes contre le maquis, à condition que les forces françaises prennent le relais. Cette trêve fut rompue par les deux attaques qui frappèrent, le 2 puis le 4 ou le 5 août, l'occupant transalpin. Le 7 août, le général de Castiglioni informa le préfet que les Italiens reprenaient à leur compte les opérations contre le maquis. Ce dernier lui répondit que, chargé de l'ordre public dans le département, il faisait effectuer de nuit des « opérations de nettoyage » par la garde. Trémeaud prétexta le risque de rencontre fortuite des détachements français et italiens pour obtenir que les unités italiennes l'informent suffisamment à l'avance de leurs intentions[11]. Sous prétexte d'affirmer la souveraineté française, il s'agissait surtout, semble-t-il, d'avertir le maquis des attaques italiennes. Les opérations menées par la garde, cette unité policière née sur les décombres de l'armée de 1940, furent rarement fructueuses, ce qui suggère que le maquis bénéficiait de complicités à un niveau hiérarchique élevé.

Si le déplacement des groupes mobiles de réserve, cette force répressive créée par le régime de Vichy et destinée à lutter contre les troubles, relevait de l'intendant de police, leur répartition dans le département revenait au préfet. Ce dernier pouvait ainsi contrarier les desseins de son supérieur régional en utilisant les GMR à contre-emploi, en leur confiant des gardes statiques par exemple. De plus, les forces locales de gendarmerie et de police se défaussèrent sur les unités étrangères au département dépêchées en renfort, qui se lassèrent rapidement de se voir confier le travail le plus ingrat et le plus périlleux, comme le confirme le chef d'escadron Besson, commandant du groupe de la garde, en septembre 1943 :

> Si l'on se reporte aux années qui ont précédé la guerre, il était fréquent, sinon normal que, chaque fois qu'un incident anormal se faisait jour, les différents chefs de service de police en informaient avec force détails impressionnants Mrs les Préfets et insistaient pour que l'appel à la garde soit lancé. C'était la méthode « ouvrir le parapluie ». [...]
>
> Sous prétexte que la gendarmerie et la police sont surchargées de travail, ce qui n'est pas contestable, on a tendance à demander à la garde des services qui ne rentrent nullement dans ses attributions[12].

Une forme de démission s'empara donc de l'appareil répressif en Haute-Savoie : peu se montraient zélés, exception faite d'une minorité restée fidèle au régime, composée de membres de la police, de la gendarmerie, de la garde ou des GMR. Ce retrait emprunta des formes diverses : tel officier de gendarmerie dénonçait l'indolence de ses troupes, mais se gardait bien d'être trop entreprenant dans la répression ; des gendarmes se réfugiaient dans des affaires secondaires ou dans la routine pour éviter de se trouver nez à nez avec le maquis ; quelques policiers multipliaient les congés maladie... Bref, les stratégies d'évitement étaient multiples.

Les occupants n'étaient pas dupes. Le 16 août 1943, le commandement de la 5e division alpine italienne Pusteria, à Grenoble, se plaint de la « connivence certaine et évidente, non seulement des éléments de la population, mais aussi des autorités administratives, de police et de gendarmerie chargées du maintien de l'ordre public » avec les maquisards. Et de poursuivre :

> Aucune action répressive n'a été effectuée par les autorités françaises. Les opérations des mois écoulés elles-mêmes confiées en particulier à la garde mobile ont donné des résultats insignifiants. On signale même le cas d'agents français participant à ces nettoyages qui se sont vantés publiquement, même en présence de soldats italiens, d'avoir laissé dans une tranquillité absolue les réfractaires qui ont pris le maquis[13].

Il ne s'agit pas pour autant de Résistance. Ces hommes se contentaient d'employer les « tactiques de la force d'inertie[14] », sans pour autant refuser les missions exigées. Peu de policiers, de gendarmes, de gardes, de GMR firent le saut et rejoignirent avant le débarquement les mouvements de Résistance ou le maquis. En revanche, beaucoup affirmèrent – et ne s'en privèrent pas à l'heure de l'épuration – qu'ils avaient ici laissé s'enfuir un réfractaire, qu'ils avaient prévenu là le maquis d'une attaque prochaine ou négligé de donner suite à une demande d'enquête. Le nombre des évasions au 19 mai 1943 (sans doute depuis le début de cette même année) confirme ce constat. À cette date, le commandant Calvayrac mentionne que 975 personnes, dont les deux tiers étaient des travailleurs étrangers, s'étaient évadées de lieux où elles étaient, du moins en théorie, surveillées par des gendarmes ou des policiers. Ce nombre n'est qu'un minimum, puisque beaucoup n'eurent pas à s'évader, policiers et gendarmes les laissant partir[15]. Au vrai, l'élimination de plusieurs policiers par le maquis dès avril 1943 montrait aux forces de l'ordre présentes dans le département que les maquisards n'hésitaient pas à tirer.

Vers le durcissement de la répression ? Juin-juillet 1943

De mars à juin 1943, la répression des maquis fut surtout l'affaire de l'occupant italien même si les forces de l'ordre françaises montèrent quelques opérations. La garde, déployée dans l'ancien duché et l'Isère, montrait toutefois un enthousiasme mesuré à l'idée d'éliminer le maquis ou les jeunes qui affluaient vers la Haute-Savoie pour des motifs illégaux. Nous n'avons pas retrouvé de statistiques synthétisant les résultats de la répression. Gageons qu'ils durent être modestes, signe que les autorités départementales mettaient peu de zèle à résoudre le problème, à moins qu'elles n'aient été complaisantes, sinon complices. Un document demandé aux différentes préfectures des départements par le préfet de région à la mi-décembre 1943 indique que, du 1er mars à la mi-décembre 1943, deux opérations de la garde, trois menées par les GMR – l'une fit 36 prisonniers – et une autre conduite par la gendarmerie aboutirent à 73 arrestations, soit un peu moins de 8 par mois[16].

Les plus hautes autorités du régime n'étaient pourtant pas restées insensibles à ce qui se passait en Haute-Savoie. Vichy commandita une opération qui, devant toucher le maquis mais modérée par les exécutants, déboucha sur l'internement de militants communistes et anarchistes ou supposés tels, dans le courant du mois de juillet 1943. Un policier résistant, qui plus est originaire de la Haute-Savoie, le commissaire divisionnaire Frédéric Branchard, atténua fortement l'ampleur des opérations réalisées dans le département. Mais, alors que la région était parvenue à se faire oublier peu ou prou des autorités, une opération conduite par un groupe de maquisards dans les environs de Thorens replaça sur l'agenda la question d'une intervention contre le maquis et de l'internement de dizaines d'opposants au régime[17].

Dans la nuit du 22 au 23 juin 1943, un groupe de maquisards avait enlevé le comte Roussy de Sales, maire de Thorens, ce qui avait créé un réel émoi dans la région. Quelques hommes, proches de la Milice, se saisirent de l'événement pour tenter d'éradiquer un maquis de plus en plus présent. C'est probablement par la voie milicienne, à laquelle appartenait le « délégué régional à la propagande », qu'une liste de plusieurs centaines de noms se mit à circuler dans les services policiers. René Bousquet fit réduire considérablement le nombre de personnes à inquiéter, tant et si bien qu'il ne subsista plus qu'une quarantaine de militants communistes (dont Albert Boccagny) ou anarchistes (comme Henri Denarié), qui finirent par être internés dès juillet 1943, avec l'assentiment des autorités allemandes – dont le capitaine Geisler, chef du SD de Clermont-Ferrand.

Si quelques opérations de police intervinrent dès la mi-juin, leurs effets restèrent limités. L'enlèvement puis l'exécution de deux policiers à Saint-Jeoire firent certainement comprendre aux autorités de l'État français que le prix à acquitter, pour venir à bout du maquis, serait élevé. Les autorités se bornèrent pour toute mesure à acheminer de nombreux effectifs de police en uniforme, forcément visibles. Mais les résultats furent à peu près aussi nuls que leur déploiement était spectaculaire. La volonté d'atténuer les effets de la répression qu'ils étaient censés déclencher explique l'insuccès de ces opérations. Devenu sous-directeur des Renseignements généraux à la Libération, Frédéric Branchard déclara lors de la procédure qui visait René Bousquet :

> Ce n'est que grâce à l'action résistante conjuguée et tenace de la plupart des policiers mêlés à un titre quelconque à cette affaire que, contrairement à ce qui avait été prévu, la force armée n'a pas été engagée dès ce printemps de 1943 contre les maquis de Savoie encore

à l'état embryonnaire, sans organisation, sans liaison et presque sans armes.

Ainsi, la répression contre le maquis en août semble avoir été l'œuvre des seuls Italiens. La garde, elle, s'obstinait à revenir bredouille de ses expéditions, signe que le régime de Vichy peinait à se faire obéir de ses policiers – une situation qui s'aggrava à l'automne et au début de l'hiver 1943-1944.

Automne-hiver 1943-1944

Dès le mois de septembre 1943, plusieurs rapports mentionnèrent une dégradation de la situation et suggérèrent quelques pistes pour revenir au calme. Ainsi, le 3 septembre 1943, le sous-préfet de Bonneville dressait le constat de l'échec de la garde dans son arrondissement[18]. Le lieutenant de gendarmerie Vernay se doutait bien des complicités entre la garde et le maquis. Pour y parer, il proposait de mêler des forces de police distinctes afin que, les rivalités et la crainte des dénonciations aidant, elles soient contraintes à une plus grande efficacité. Il s'agissait de dupliquer aux forces de l'ordre françaises les recettes que les Allemands avaient appliquées en associant quelques éléments de la SS aux forces conventionnelles de la Wehrmacht[19]. Une des premières opérations mixtes dont nous ayons trouvé la trace visait à arrêter, à Groisy, à une quinzaine de km au nord d'Annecy, ce qui semble être un détachement du corps franc *Simon*, unité qui donnait du fil à retordre aux autorités... et qui entretenait les meilleures relations avec la garde. Or, le 21 décembre 1943, une action associant gendarmerie et garde fut organisée contre *Simon*. La garde arrêta cinq personnes, la gendarmerie deux : ce fut une des seules opérations fructueuses menée par la première. Mais, une fois les mains libres, celle-ci libéra ses prisonniers. Les gendarmes n'étaient peut-être pas plus enclins que la garde à arrêter des maquisards. Mais aucun des membres de ces deux détachements ne pouvait se permettre de laisser partir des maquisards au vu et au su de la « partie adverse ». Le cloisonnement entre les différentes forces de l'ordre, le fait surtout que, à « ce moment-là, on se méfiait les uns des autres » comme le disait un policier[20], firent que leur association pour des missions définies pouvait avoir des résultats ravageurs pour le maquis.

Pressé par la préfecture régionale d'intensifier la répression, le préfet Trémeaud rédigea le 6 novembre 1943 une lettre à l'intention du préfet régional, dans laquelle il présentait des informations fantaisistes. Il affirmait que « [les] actes de terrorisme sont le fait de groupes petits ou moyens dont l'effectif global ne doit pas dépasser 200 à 250 hommes[21] », alors que la garde tablait plutôt sur un millier de « réfractaires groupés en montagne » dans le rapport que rédigea le chef d'escadron Besson au début du mois de septembre. De même, Henri Trémeaud estimait qu'il était superflu d'avoir des effectifs policiers pléthoriques : « il est seulement indispensable qu'ils soient exactement informés et fortement armés ». Enfin, pour éviter au maquis les affres de la répression, il préconisait de n'employer contre lui que la « garde afin d'avoir une troupe homogène, puissamment armée et commandée par un seul chef[22] », alors qu'il connaissait son échec quotidien dans la lutte et qu'il sabotait, sans doute de concert avec elle, la répression qu'elle était censée mener.

Le préfet jouait un jeu dangereux qu'il finit par perdre puisqu'il fut arrêté par les Feldgendarme le 22 novembre 1943. Le préfet régional avait commencé à douter des informations qu'il recevait, comme le confirme une lettre du préfet régional Angeli destinée à René Bousquet :

> Le nombre des réfractaires terroristes est évalué à 250 par le préfet de la Haute-Savoie ; je crois que ce chiffre est inférieur à la réalité. [...] Aucune action sérieuse n'a été menée dans ce département au cours de ces trois derniers mois[23].

Sans apparemment en informer le préfet de Haute-Savoie, la préfecture de région sollicita directement la garde pour savoir comment venir à bout du maquis savoyard. Dans un rapport vraisemblablement rédigé à Lyon le 19 novembre 1943, le lieutenant-colonel Bretegnier présenta quelques pistes[24].

Désavoué par le préfet de région, Trémeaud rencontrait également des difficultés avec l'occupant, car il s'en tenait strictement, comme il l'avait déjà fait précédemment avec les Italiens, aux clauses des conventions d'armistice. Sollicité par le chef de l'état-major allemand de liaison à Annecy qui souhaitait connaître la localisation et les missions des forces répressives, Henri Trémeaud répondit :

> J'ai l'honneur de vous faire connaître qu'à mon grand regret je ne puis donner une suite favorable à votre demande. En effet, conformément au principe de maintien de la souveraineté française en zone sud, l'administration française est seule habilitée à disposer sous sa propre responsabilité de ses forces de police. Je ne puis rendre compte de leur emploi qu'à mon gouvernement[25].

Prenant les Allemands à rebrousse-poil à un moment où la collaboration impliquait la soumission, le préfet Trémeaud fut également desservi par l'actualité. En effet, le 21 novembre 1943, le chef départemental de la Milice, Gaston Jacquemin, et son adjoint chargé de la propagande, Roger Franc, furent assassinés dans un restaurant de Thônes[26], événement qui favorisa le rapprochement entre les miliciens et l'occupant. La nuit suivante, un détachement d'une trentaine de Feldgendarme cerna la préfecture, peu avant 3 heures du matin. Sous la menace de leurs armes, ils maîtrisèrent le poste de garde, désarmèrent une vingtaine de GMR qui gardaient la préfecture et se saisirent du préfet Trémeaud. Ce dernier fut conduit à Lyon avec le commissaire principal de police régionale d'Annecy, Coutenceau, lui aussi arrêté[27].

Par cette arrestation, les occupants adressaient au gouvernement de Vichy un message sans équivoque en montrant le sort qu'ils entendaient réserver aux fonctionnaires qui ne se montraient pas coopératifs. Ce message fut compris : le préfet de région reprit en main le département, bien décidé, en apparence du moins, à sévir. Le lieutenant-colonel de la garde Bretegnier, tout aussi complice dans la non-répression du maquis que le préfet Trémeaud – et suite peut-être à la libération des membres du corps franc *Simon* à Groisy le 21 novembre 1943 –, fut convoqué par le préfet régional, puis à Vichy, au moment où les exigences allemandes se faisaient plus pressantes. Il fut relevé de ses fonctions le 20 décembre 1943[28].

Le jour même de l'arrestation d'Henri Trémeaud, le préfet Angeli décrivit dans un courrier adressé à René Bousquet les mesures qui à ses yeux s'imposaient. Sans surprise, il suggéra d'augmenter les effectifs tout en constatant l'inexistence de la coordination entre les différents services. Sans le nommer, il finit même par désavouer les conclusions de son collègue de la Haute-Savoie en indiquant qu' « il faudrait plusieurs régiments pour purger de ses terroristes le département [...]. Il faut augmenter les services de police, il faut augmenter d'une cinquantaine au moins le nombre des inspecteurs, d'une cinquantaine spécialement choisis. Ils n'auront qu'une mission, celle de s'occuper des terroristes[29] ».

À cette cinquantaine de policiers, le préfet de région adjoindrait un régiment de la garde, au complet avec ses huit escadrons, la gendarmerie et la police se chargeant du renseignement en montagne. Les GMR, pour une raison qui nous échappe, ne seraient pas utilisés, « pour éviter toute difficulté de liaison ». Angeli précise bien que les moyens escomptés ne sont qu'un minimum. Ils « ne feront certainement pas disparaître tous les terroristes », mais « les tiendront en haleine, les disperseront »[30].

Le préfet de région souhaitait donc confier à la seule garde la répression. Elle devrait en outre patrouiller en automobile sur les routes à grand trafic, monter des patrouilles pédestres et des embuscades « aux abords des points névralgiques », ainsi que des opérations en montagne en s'appuyant sur des informations transmises par la police et la gendarmerie.

Ce plan souffrait de certaines déficiences. Les moyens matériels pour venir à bout du maquis étaient ridiculement faibles. Chaque escadron ne bénéficiait que de deux camionnettes, ce qui réduisait de manière substantielle les possibilités de déplacement des unités dans les fonds de vallées ainsi que les « coups de main » que le préfet régional promettait. Face à l'échec des services répressifs, le préfet se bornait à préconiser une augmentation des effectifs, comme si le sous-effectif était le seul problème. Le faible empressement que les forces de l'ordre montraient pour éradiquer le maquis n'était pas évoqué et le manque de moyens matériels était tout juste cité.

Ce plan s'efforçait malgré tout de coordonner les forces qui seraient sollicitées. La police était composée des Renseignements généraux et de la police de sûreté. Mais, depuis le 1er septembre 1943, les RG n'avaient plus de chef à leur tête, ce qui entravait la coordination des opérations et la diffusion des informations. Le préfet de région suggéra donc de nommer à Annecy un

« contrôleur général » à la tête des effectifs de police ; il proposait de placer un colonel à la tête de la garde. Mais plus encore :

> C'est de la façon dont seront rassemblés les renseignements et des relations que le chef de ce service [le contrôleur général] aura avec la garde, que dépendra l'issue des opérations[31].

Ainsi, le préfet concédait que ce n'était pas de la préfecture de région – et encore moins de l'intendant de police, superbement ignoré, semble-t-il – que viendrait le succès, mais de la coordination des efforts et des informations qu'échangeraient la garde et la police. Les autorités de la région se dessaisissaient du problème, en en confiant la résolution à des forces de l'ordre présentes sur un terrain qu'elles ne connaissaient pas, en espérant que la garde et la police s'entendraient, alors qu'elles s'étaient jusque-là parfaitement ignorées : l'effort de coordination restait un vœu pieux.

C'est sans doute pour cette raison que l'idée de dyarchie à la tête du maintien de l'ordre en Haute-Savoie fut abandonnée au profit d'une direction unique. La direction des opérations policières revint alors au contrôleur général de la police Guibal, « chargé de la direction générale des opérations[32] » destinées à mener la lutte contre les « éléments terroristes » de la Haute-Savoie. Huit pelotons de la garde ainsi que trois pelotons motorisés de la gendarmerie furent affectés à ce groupement. La garde et la gendarmerie furent placées sous les ordres du colonel Pratx, qui disposait d'un lieutenant-colonel adjoint, d'un état-major et de deux chefs d'escadron pour commander les sous-groupements. Le lieutenant-colonel Bretegnier qui, jusque-là, dirigeait le groupement des Alpes de la garde, libéré de sa mission, fut remplacé par le colonel Pratx, qui s'installa à Annecy. Ce plan prévoyait que la mise en place des unités sur le terrain devait être achevée au 12 décembre. La nomination avortée du contrôleur général Guibal, victime d'un accident de la route, et de son successeur, Périer, victime également d'un accident de circulation – décidément les routes pour venir en Haute-Savoie étaient bien glissantes... –, provoqua des retards supplémentaires[33]. Mais la préfecture se heurtait également à d'autres difficultés que l'organisation de la répression. L'occupant s'accommodait mal d'un dispositif qui avait montré son inefficacité et démontré que les autorités françaises n'entendaient pas vraiment éradiquer les troubles que causait le maquis en Haute-Savoie. Une fois le plan connu, le commandant allemand de la police de l'ordre de Lyon et le préfet de région échangèrent des propos plutôt aigres :

> Comme l'intendant de police me l'a fait savoir [...], la mise en place en Haute-Savoie de huit escadrons de la garde serait projetée et ces escadrons auraient même déjà gagné, pour la plus grande partie, leurs cantonnements respectifs. Les résultats obtenus par les sept escadrons mis en place précédemment ont été si insignifiants qu'un nouvel envoi de huit escadrons ne paraît pas justifié[34].

Au 22 décembre, aucun élément du dispositif prévu pour le 12 décembre n'était en place. Seuls les escadrons de la garde déjà présents en Haute-Savoie (à La Roche, à Sallanches, à Annecy et à Thonon) cantonnaient aux emplacements qui leur avaient été assignés. Une importante réunion se tint le 22 décembre 1943 à l'intendance de police, à Lyon, « en vue de l'organisation des opérations à exécuter en Haute-Savoie ». Y participaient le directeur de la Sécurité publique Cado, collaborateur direct de René Bousquet, l'intendant de police de Lyon René Cussonac, les commissaires divisionnaires des polices de sûreté, de sécurité publique, des brigades de sûreté, des Renseignements généraux, un colonel de gendarmerie, le lieutenant Jacquet, adjoint du commandant Calvayrac, l'adjoint au colonel Bretegnier à la garde, ce dernier ayant été relevé de ses fonctions l'avant-veille de la réunion.

De plus, des « postes d'écoute et de recherche de renseignements » composés d'« inspecteurs venant de diverses régions du territoire », placés sous les ordres de commissaires et d'inspecteurs principaux appartenant aux services des Renseignements généraux ou de la police de sûreté de Haute-Savoie, seraient installés dans les lieux où cantonnaient certaines unités de la garde. Il s'agissait ici « de ne pas trop disperser les postes et de ne pas éparpiller le personnel afin d'éviter des enlèvements possibles[35] ».

Huit postes sont ainsi créés dans les principales localités du département[36]. Au total, 101 policiers sont mobilisés ; 7 commissaires sont issus des services départementaux de la Haute-Savoie, 14 inspecteurs des Renseignements généraux ou de la police de sûreté du département, 80 inspecteurs proviennent de toute la France. Le poste central de commandement, chargé de coordonner les recherches, de centraliser et d'exploiter les renseignements et de mettre en mouvement les unités, s'installe à Annecy.

Les renseignements sont adressés par les chefs de secteur au bureau de centralisation d'Annecy et les messages codés sont transmis *via* les brigades de gendarmerie, chaque équipe de secteur recevant une appellation convenue. Ce système visait à éviter les fuites, qu'elles fussent l'œuvre des gendarmes ou du personnel du contrôle téléphonique. Les gendarmes, *in fine* peu impliqués, devaient guider les éléments de la garde et les policiers qui les accompagnaient dans le secteur où ils devaient intervenir.

Une série de mesures administratives complétait le volet répressif. Les autorités multiplièrent les contrôles d'identité en pleine rue, interdirent de circuler la nuit, instaurèrent un laissez-passer pour tous les déplacements, mutèrent dans d'autres départements des détachements de Jeunesse et Montagne et renforcèrent la censure postale. Enfin, la garde devait dépêcher des patrouilles sur route et tendre des embuscades.

Les effectifs policiers devaient converger vers la Haute-Savoie à la fin du mois de décembre. Mais, au 23 décembre, le responsable destiné à prendre la tête des opérations n'était toujours pas nommé. Tant le directeur de la Sécurité publique que le directeur général de la police nationale n'avaient pas de candidats idoines ; seul un intérim fut assuré afin, notamment, d'installer les postes d'écoute prévus[37].

Le personnel policier n'arriva qu'à partir du 29 décembre. Les inspecteurs des différents corps de police de Haute-Savoie devaient rejoindre le 27 décembre leur secteur afin de choisir, en liaison avec la garde, l'emplacement du bureau de secteur ainsi que le lieu de cantonnement des policiers. Dès leur arrivée, ces derniers devaient rechercher tous les « renseignements permettant de situer l'emplacement des cantonnements des groupes de résistance[38] ». Les informations collectées seraient alors transmises à Annecy, au bureau de centralisation. L'intervention était décidée par le poste central de commandement de cette ville, « sous réserve d'avis conforme du préfet de la Haute-Savoie, et communiqué[e] pour exécution par le colonel de la garde qui désignera l'escadron ou partie d'escadron devant opérer[39] ».

Compte tenu des délais pour collecter les renseignements, aucune opération n'était prévue avant les 8 ou 9 janvier 1944.

À la suite d'accidents de la route des contrôleurs généraux Guibal – semble-t-il acquis à la Résistance – et Périer, c'est à leur collègue Marcel Delgay qu'échut la responsabilité du groupement destiné à réprimer le maquis savoyard.

Né à Saint-Nazaire le 17 décembre 1897, Marcel Delgay entra dans la police le 3 octobre 1919. Nommé sous-chef de la 1re brigade mobile de police à Paris le 5 novembre 1935, promu commissaire divisionnaire le 29 juillet 1938, il fut affecté à Annecy où il devint le chef de la 19e brigade de police mobile qu'il créa et dont il conserva le commandement jusqu'en janvier 1940. Muté à Orléans, il accéda ensuite à la direction de la 1re brigade de police mobile à Paris. Dans ce cadre, il fut dépêché à Nantes pour tenter de retrouver les meurtriers du lieutenant-colonel Karl Hotz tué le 20 octobre 1941. Il procéda alors à des « opérations spectaculaires, arrêts de tramways pendant les heures d'affluence, barrages, contrôles massifs d'identité, de façon à donner aux Allemands l'impression que les recherches étaient poussées au maximum[40] ». Il fut nommé ensuite chef du service régional de police de sûreté à Paris puis, à l'ancienneté, contrôleur général des services de la police nationale le 7 décembre 1943[41].

Il ne fut avisé de sa nomination en Haute-Savoie que le 24 décembre. Dès le surlendemain, il se rendit à Lyon où il rencontra, entre autres, le préfet régional Angeli ainsi que l'intendant régional de police Cussonac. Lors de son entrevue avec le préfet régional, il fut informé de sa mission puis prit connaissance des rapports rédigés sur la situation en Haute-Savoie[42]. Entré en fonction à Annecy le 1er janvier 1944, il contacta sitôt arrivé le préfet Marion, qui avait succédé à Trémeaud, puis s'entretint avec le chef de cabinet de Darnand, qui venait lui aussi de prendre son poste. À la Libération, toutes les personnes interrogées sur les activités de Marcel Delgay confirmèrent que celui-ci avait joué un rôle mineur dans la répression. Mieux, plusieurs témoins mentionnèrent les relations qu'il avait nouées avec la Résistance. Par l'intermédiaire des inspecteurs Lacour et Hurtaud[43], il rencontra à Annecy quatre membres des FTP dès le 6 janvier 1944. Les FTP espéraient obtenir des renseignements sur les barrages et les opérations prévus, en bref, « tous moyens d'éviter un accrochage avec les forces de police françaises ». En échange, le contrôleur Delgay souhaitait que les FTP lui remettent « quelques indésirables au casier judiciaire chargé ». Faute d'accord entre les parties, les discussions s'interrompirent.

L'essentiel de l'activité de Marcel Delgay, selon les propres mots de l'Inspection générale des services qui enquêta en 1947 sur son comportement, se borna à « faire du vent », à organiser des opérations spectaculaires au rendement nul[44]. Marcel Delgay ne resta qu'un peu plus de cinq semaines en Haute-Savoie, du 1er janvier au 8 février 1944. Ses faibles résultats lui valurent d'être considéré comme suspect par les hommes de la collaboration[45]. Il était de toute façon marginalisé, la nomination de Georges Lelong en tant qu'intendant de police venant coiffer son activité. Prétextant son mauvais état de santé, Delgay obtint un congé de trois mois et retourna à Paris.

Les opérations que devait conduire Marcel Delgay en Haute-Savoie se voulaient exclusivement répressives. Elles avaient été conçues sans qu'en fussent informés les responsables locaux, tenus à l'écart. Le préfet Charles Marion[46], entré en fonction à la fin du mois de décembre 1943, avait tenu à s'adresser, lors de réunions ou par voie de circulaire, aux maires et syndics, aux curés, aux instituteurs et aux légionnaires. Il voulait créer un « état d'esprit favorable » aux « éléments d'ordre » en montrant « la nécessité de rétablir l'ordre [...], la nécessité que les opérations soient faites par les Français »[47].

Le dispositif écartait également la Milice, qui se montrait pourtant de plus en plus présente et agressive. Dans une lettre dactylographiée envoyée le 3 janvier 1944 au préfet de région, le préfet Marion, nommé du temps de René Bousquet, rajoute la mention manuscrite suivante :

> Mettre la Milice en dehors du coup en lui faisant garder des points sensibles[48].

Écrite alors que le chef de la Milice devenait un véritable ministre de la Police, cette note avait peu de chances d'être appliquée. Le 9 janvier, la police arrêta quatre miliciens armés qui se déplaçaient en voiture. Mais le contrôleur général Delgay, subissant une pression qui devait venir de Vichy, dut les faire libérer[49].

Au final, le plan conçu par la préfecture de région se mit en place dans les tout premiers jours de janvier. L'enlèvement de huit policiers à Bonneville le 10 janvier, de dix autres[50] à La Roche le 14 janvier, puis leur exécution par le maquis eurent tôt fait de le rendre caduc, d'autant que Joseph Darnand fut, le 1er janvier 1944, nommé au gouvernement.

Joseph Darnand entre en scène

Au cours de l'année 1943, le maréchal Pétain tenta à plusieurs reprises de se séparer de Laval, à qui il reprochait de ne plus être l'« homme de la situation[51] ». Il envisageait de s'adresser aux Français le 13 novembre 1943, pour annoncer son intention de s'en séparer[52]. Aux yeux d'Adolf Hitler, échaudé par le précédent italien qui avait vu Mussolini écarté par le roi d'Italie Victor-Emmanuel III, cette prétention était inacceptable : Pétain et Laval devaient conserver l'un et l'autre leurs fonctions. Le Maréchal fut donc « privé de radio » et se vit imposer un diplomate allemand qui fit office de conseiller particulier. Le 29 novembre, devant sa bouderie prolongée, l'ambassadeur allemand Otto Abetz remit au chef de l'État français une note comminatoire de Ribbentrop, chef de la diplomatie nazie, exigeant notamment un remaniement sans délai du gouvernement français garantissant la collaboration. Le maréchal Pétain s'inclina et plaça ainsi le pays dans une complète sujétion à l'égard du Reich. Le 15 décembre 1943, le même Otto Abetz présenta à Pierre Laval la liste des personnalités que les autorités allemandes voulaient écarter du gouvernement. Le 21 décembre, Carl Oberg exigea, selon un ordre qu'il tenait lui-même de Himmler, l'éloignement immédiat de René Bousquet et son remplacement par Joseph Darnand[53], ainsi que l'entrée au gouvernement de Philippe Henriot et de Marcel Déat. Si ce dernier fut provisoirement écarté, la nomination de miliciens dans le gouvernement permettait à l'occupant de mieux contrôler l'appareil policier. Darnand entra en fonction le 1er janvier 1944 et convoqua immédiatement les préfets, les intendants de police, les commissaires divisionnaires de la police judiciaire et des Renseignements généraux ainsi que les contrôleurs généraux de la police auxquels il tint un discours de fermeté[54].

La répression en Haute-Savoie en janvier 1944 ne découle pas de mesures conçues par Joseph Darnand, puisque celui-ci n'était pas en poste au moment où les décisions furent prises à Lyon le 23 novembre 1943. De même, il ne fut pas à l'origine de la nomination du contrôleur général Delgay qui émanait des services de Bousquet. En revanche, une fois les enlèvements de policiers connus, la Haute-Savoie suscita l'attention soutenue des hommes au gamma, à commencer par leur chef.

Joseph Darnand avait de bonnes raisons de s'intéresser de près à ce département. En réaction au maquis, la Haute-Savoie était devenue une « terre à miliciens ». En 1942, Darnand s'était rendu dans ce département pour y créer le SOL puis la Milice, plus précocement organisés que dans le reste de la France. La Haute-Savoie était également le département dans lequel le plus grand nombre de miliciens avaient été exécutés au 31 janvier 1944. Le premier avait été abattu le 3 septembre 1943. Entre cette date et le 31 janvier 1944, 10 autres membres de cette organisation avaient été tués – dont le chef départemental – sur les 72 liquidés dans toute la France[55]. Le 6 août 1945, Darnand déclara lors de son procès :

> Au mois de janvier 1944, j'ai pu me rendre compte que le maquis occupait en France nombre de régions, notamment et plus particulièrement la Haute-Savoie, le Massif central et le Vercors. À cette époque, de nombreuses forces destinées à agir contre le maquis avaient été mises en place en Haute-Savoie. Ces troupes n'avaient pas manifesté beaucoup d'activité jusqu'à ce moment, mais leur présence et leurs mouvements avaient dégagé le département pour refouler les partisans dans la région la plus montagneuse. Les attentats étaient extrêmement nombreux, les pillages importants. Des familles entières disparaissaient et je me trouvais dans l'alternative ou d'abandonner la partie et de disposer des troupes dont j'avais le plus grand besoin, ou d'engager un combat qui menaçait d'être sévère[56].

Le dispositif répressif fut à nouveau remanié dans la seconde moitié du mois de janvier 1944. Joseph Darnand plaça à la tête des forces de l'ordre un intendant de police spécialement nommé pour la Haute-Savoie et les territoires voisins (départements de l'Ain et de la Savoie) : Georges Lelong.

État de siège

Le colonel Georges Lelong joua un rôle central dans la répression du maquis de Haute-Savoie en général et de Glières en particulier. Né le 13 juin 1887 au Mans, il s'engagea comme simple soldat au 138e régiment d'infanterie en 1905 et gravit tous les grades pour devenir sous-lieutenant à titre temporaire en 1914. Il finit la Grande Guerre avec le grade de capitaine[57] puis intégra la gendarmerie en 1921. Nommé commandant du détachement de gendarmerie à Basse-Terre avec le grade de chef d'escadron, il reste pratiquement huit ans en Guadeloupe avant de rejoindre la métropole avec le grade de lieutenant-colonel, au sein de la 10e légion de la Garde républicaine mobile (GRM) à Rouen. Il fut nommé colonel de gendarmerie le 25 décembre 1939. Au cours des hostilités, il est l'adjoint au général prévôt de la 4e armée puis passe, le 1er juillet 1940, commandant à titre provisoire de la 15e légion de gendarmerie à Marseille. Il est nommé intendant de police par Pierre Pucheu, ministre de l'Intérieur, le 12 décembre 1941[58]. Toujours excellemment noté pour son travail et ses aptitudes, Georges Lelong est un homme d'ordre. Pour cette raison, il considère sans doute d'un bon œil le régime de Vichy, qui lui permet en sus d'obtenir une promotion exceptionnelle d'intendant de police alors que son âge le destinait à la retraite.

Lelong commandait l'école de police de Périgueux jusqu'à sa nomination à la tête de l'école d'Aincourt, dans la région parisienne, au mois d'avril 1943. De par ses convictions politiques, ce proche du régime se montrait partisan d'une répression des opposants. Il participa à la réunion organisée par le Rassemblement national populaire le 19 décembre 1943 au Vélodrome d'hiver à Paris, à la tribune de laquelle se succédèrent des partisans convaincus de la collaboration. Cette réunion, et plus encore Joseph Darnand, lui firent une forte impression, comme le rapporte Jean Séliade, qui fut son secrétaire :

> En ce qui concerne Joseph Darnand, le colonel a manifesté son sentiment admiratif, disant notamment : « ça c'est un homme ». Il

m'a dit qu'il avait connu Darnand dans le passé, sur la côte d'Azur. Je présume que le colonel devait connaître, dès cette époque, les opinions de Darnand, car il me dit ce jour-là, « j'avais dit dans le temps à Marseille, cet homme-là est en avance de quinze ans sur son époque ». Je ne crois pas qu'il ait eu ce jour-là une entrevue personnelle avec Darnand. Je sais que par la suite, le colonel s'est rendu à Vichy, mais j'ignore s'il y a rencontré Darnand[59].

C'est sans doute pendant ou peu après la réunion du gotha policier au tout début de sa prise de fonction en janvier 1944 que Lelong rencontra Darnand. Succéda sans doute une rencontre entre les deux hommes dont nous ignorons tout. Peut-être même rencontra-t-il Pierre Laval, auquel il laissa un souvenir mitigé, si l'on en croit Lucien Fromes, un policier de la Sipo-SD :

> Lelong était ce que l'on peut appeler le parfait collaborateur ; il s'était mis entièrement à notre disposition et je me rappelle bien une réflexion faite par Laval, à son sujet, et qui circulait dans nos milieux. Un jour, au début des opérations de Haute-Savoie, Darnand a demandé à Laval s'il ne lui avait pas été difficile de trouver un fonctionnaire pour diriger ces opérations. Laval aurait répondu textuellement « Non, pas du tout ; il faut être un c... comme Lelong pour accepter cela »[60].

Alors que les policiers font tout pour éviter de venir en Haute-Savoie, lui, sans prendre la mesure de ce qui se passe dans le département, n'hésite pas à se mettre au service d'un gouvernement prêt à utiliser tous les moyens pour venir à bout des troubles. Lelong « aimait le galon et était ambitieux[61] », explique le capitaine Garnier, l'un de ses anciens subordonnés devenu à la Libération commandant de la compagnie de gendarmerie de Haute-Savoie. Il est possible que l'intendant voie dans sa promotion un moyen de terminer ou de relancer sa carrière, car il pense sincèrement réussir sa mission. Pourtant, même les plus hautes autorités doutent de ses chances de venir à bout des troubles en Haute-Savoie, comme en témoigne le trait lancé par Laval.

Darnand lui donna délégation le 24 janvier 1944. L'activité de Georges Lelong échappait au préfet Marion. Intendant de police et directeur des opérations de maintien de l'ordre en Haute-

Savoie, il ne rendait compte qu'à Darnand, qui lui avait octroyé les pleins pouvoirs. Ses attributions étaient les suivantes :

> L'intendant de police Lelong est chargé de l'opération et est muni des pleins pouvoirs policiers pour tout le territoire où se déroule l'opération. Les pleins pouvoirs comprennent les attributions normales du préfet régional et en outre les attributions policières et militaires prévues dans le cas de l'état de siège. Ils comprennent en particulier le droit de créer des conseils de guerre et de commander directement toutes les forces de police et tous les services officiels intéressés d'une manière quelconque au maintien de l'ordre[62].

Pour accomplir sa mission, Lelong s'entoura d'un état-major qu'il connaissait bien puisqu'il l'emmenait d'Aincourt.

Alors que les opérations conduites sous l'autorité de Delgay s'étaient opérées dans la discrétion, Lelong entend marquer les esprits et place la Haute-Savoie en état de siège. Par un arrêté du 28 janvier, alors qu'il vient juste d'arriver, Georges Lelong établit le couvre-feu de 20 heures à 6 heures. La circulation des vélomoteurs et des motos est interdite, celle des véhicules soumise à une autorisation spéciale délivrée par les services des Ponts-et-Chaussées. Hormis les médecins et les sages-femmes, la circulation nocturne est interdite et les autorités imposent un strict contrôle sur les routes, de jour comme de nuit. Le département est bouclé. Les non-résidents ne peuvent y pénétrer sauf quand ils détiennent un laissez-passer. Ceux qui ne sont pas détenteurs des pièces requises seront expulsés dans les 48 heures. Les communications téléphoniques, déjà surveillées, sont interdites en dehors des villes[63].

Une proclamation datée du 31 janvier fut diffusée par les journaux et par affiches placardées dans tout le département[64]. À compter du 2 février, nul ne pouvait sortir du département sans une permission de l'intendant de police. À partir du 5 février, toutes les personnes de sexe masculin âgées de plus de 15 ans devaient présenter deux pièces d'identité, dont une carte d'identité validée depuis le 1er janvier 1944[65].

Les effectifs policiers, déjà renforcés à la fin du mois de décembre 1943, furent encore augmentés. Un télégramme allemand daté du 13 février 1944 mentionne 1 125 gendarmes (19 pelotons), 906 gardes (12 escadrons), 790 GMR, 250 miliciens et 35 policiers du Service de répression des menées antinationales (SRMAN), dirigés par l'intendant Detmar, soit un total de 3 106 hommes, sous-officiers et officiers appelés à ramener l'ordre en Haute-Savoie[66].

Pour le maquis, cet afflux de policiers ne présentait pas un risque en soi puisque les forces de l'ordre avaient témoigné jusqu'alors d'une évidente mollesse et d'une criante inefficacité. Deux éléments, cependant, étaient nouveaux : l'arrivée de l'intendant de police Lelong et de son état-major ainsi que la présence de nouvelles formations répressives. À la 2e unité de la Franc-Garde de la Milice, commandée par Jean de Vaugelas, et à la mobilisation de la trentaine départementale de la Milice s'ajoutaient en effet 35 policiers du SRMAN, rebaptisé « brigade spéciale antiterroriste ». Commandée par l'intendant Charles Detmar, celle-ci ne se contenta pas de s'en prendre au maquis, mais également à la Résistance, tout comme à la « résistance » qu'opposaient les fonctionnaires de Vichy qui renâclaient devant leur mission.

Si le dispositif était uniquement français, le premier lieutenant Bock, policier allemand de la Sipo-SD, officier de liaison auprès de l'intendance de police, était destinataire des comptes rendus journaliers que signait le directeur des Opérations de maintien de l'ordre en Haute-Savoie.

Selon le premier lieutenant Bock, les unités sont réparties dans le département, mais le gros des effectifs est concentré dans le secteur d'Annecy[67]. Le Chablais semble cependant avoir été traité d'une manière particulière. Dans cette région excentrée, où la communication était difficile avec la préfecture du fait de l'état des routes, de la distance et de l'enneigement, le rétablissement de l'ordre a été placé sous l'autorité des miliciens qui étaient fortement implantés. De fait, les rapports français parvenus jusqu'à nous pour cette période n'évoquent jamais Thonon ou Évian et les arrestations réalisées dans le Chablais sont surtout l'œuvre de la Milice et du SRMAN. D'ailleurs, Thonon est la seule localité de la Haute-Savoie qui eut, en dehors d'Annecy, un lieu d'interrogatoires et de torture et où siégea une cour martiale.

Dès les premiers jours de février, la répression s'abat. Outre les zones censées accueillir des « terroristes », elle frappe aussi les administrations et les hommes susceptibles de soutenir le maquis. Stimulée par la présence des policiers du SRMAN et de la Milice qui avait jusqu'ici été tenue à l'écart, la répression allait devenir redoutable. Les premières personnes à en faire les frais furent des membres des forces de l'ordre elles-mêmes. Ainsi, au sein du service de la sécurité publique d'Annecy, trois policiers sont arrêtés début février, dont l'un au moins pour avoir établi des fausses cartes d'identité au profit des FTP[68]. Trois policiers de la 19e brigade régionale de police de sûreté prennent le maquis, où ils se cachent, emmenant leur voiture. Deux autres policiers du même service sont mis en cause, dont un commissaire. Aux Renseignements généraux, deux policiers sont interrogés alors qu'un troisième « a disparu », optant vraisemblablement pour la clandestinité[69]. Au moins dix autres fonctionnaires[70], sans doute de police, sont également arrêtés. La répression s'intensifie et la crainte de se faire arrêter est un puissant motif soit pour se mettre en congé maladie, soit pour se montrer plus efficace[71].

Dès lors, pour beaucoup de fonctionnaires il n'était plus question de résister. Pour un temps au moins, la politique de répression dictée par l'occupant, organisée par Vichy et appliquée par Georges Lelong produisait des résultats : des maquisards ou des résistants étaient arrêtés. Mais cette politique répressive pouvait conduire à des situations absurdes, du fait notamment de l'intervention de la Milice, qui voulait arrêter à tour de bras. À Faverges, le docteur Desplanches, responsable local de cette organisation, vint soutenir les forces de l'ordre. Ses informations permirent d'arrêter dix-neuf personnes. Douze d'entre elles furent immédiatement libérées par l'intendant Lelong, car les renseignements étaient flous. Ne s'appuyant que trop rarement sur des éléments fondés, ils relevaient plus des règlements de comptes locaux que de la recherche des « terroristes », ce qui confirme l'amateurisme de l'auteur de ces arrestations[72].

Sur le terrain, le dispositif policier mis en place était bien différent de celui qui avait fait preuve, en janvier, de son inefficacité et de sa dangerosité pour les policiers. Jusqu'alors, les policiers se mettaient en quête de renseignements et organisaient des opérations une fois les informations désirées obtenues. La tactique était dorénavant radicalement différente. Les gros moyens alloués permettaient de boucler une agglomération donnée et de contrôler les personnes qui s'y trouvaient, voulaient la quitter ou s'y introduire : à la dispersion des effectifs et l'absence totale de collaboration entre les services répressifs répondaient la concentration d'un grand nombre d'éléments en un point donné et l'association d'unités diverses.

Pour éviter les fuites, seule une minorité de personnes étaient mises au courant. Avant une opération, les policiers recevaient une notification qui ne mentionnait pas le lieu d'intervention[73]. Ce n'était que le matin même, voire une fois sur place que le personnel apprenait où il serait dépêché. Ce dispositif n'empêchait pas les fuites, puisqu'au plus près de l'intendant de police Lelong se trouvait le brigadier Séliade, acquis à la Résistance, qui informait le gendarme Guillodot ainsi qu'une fonctionnaire de la préfecture, Laurette Verdel[74]. Les policiers qui rédigèrent leur rapport à la suite de leur intervention à Saint-Jeoire notèrent que :

> Bien que le plus grand secret ait été gardé sur cette expédition, il semble cependant que les gens intéressés en aient eu vent, d'une manière ou d'une autre.
>
> Il nous a été dit par plusieurs personnes que « ceux qui n'avaient plus rien à faire à Saint-Jeoire, étaient partis depuis deux ou trois jours »[75].

Des opérations furent montées dès le 6 février dans le département : à Faverges et à Samoëns le 6 ; le 7, à Bonneville et dans la vallée du Borne (Le Petit-Bornand, Les Esserts) ; le 8 à Faverges de nouveau ; le 10, à Saint-Ferréol (près de Faverges) ; le 14, à Bonneville ; le 15, à Scionzier ; le 21, à Saint-Jeoire. Dans cette dernière localité d'un millier d'habitants, quatre escadrons de la garde, un GMR (Cévennes), l'officier commandant la section de gendarmerie, deux commissaires et quinze inspecteurs de police avaient été mobilisés, ce qui permit de contrôler ce jour-là 1 800 personnes. Sur cet ensemble, il fut facile de débusquer quelques individus en délicatesse avec le STO ou la législation sur le ravitaillement. De même, certains habitants pouvaient se voir reprocher d'avoir ravitaillé le maquis, de ne pas porter sur eux leurs pièces d'identité, ou d'en détenir de fausses. Ces contrôles policiers massifs faisaient donc de chaque être un coupable en puissance ; ils suscitaient sans doute les réactions les plus diverses – peur, colère, haine, ou soulagement parce que enfin le gouvernement « faisait quelque chose ». Certains par peur dénonçaient quelques voisins favorables à la Résistance ; d'autres, satisfaits de voir les autorités agir, livraient spontanément quelques noms. Ainsi, les policiers parvenaient à recueillir des informations qui les aidaient à identifier des opposants au régime ou les emplacements du maquis. Le premier lieutenant Bock signale qu'au 16 février et depuis le 8 février, date de son rapport, six opérations étaient intervenues[76], permettant en une semaine d'opérer 108 arrestations, de saisir deux voitures, trois mitrailleuses ainsi que de grandes quantités de grenades, de munitions, d'explosifs et de brochures[77]. Le nombre d'attentats aurait substantiellement diminué, passant de 20 à 1.

Le policier nazi relève néanmoins des failles dans le dispositif. Les forces chargées de boucler le département étant sollicitées pour intervenir contre le maquis, la frontière suisse est dégarnie de sorte que des flux se dirigent vers la Confédération ou le département de la Savoie. Il indique également que :

> La Milice se signale et montre une volonté d'action éminente. À côté d'elle, les autres forces de la police française sont éclipsées, particulièrement dans les circonstances difficiles telles que difficultés du terrain, intempéries et activités de nuit[78].

Mais l'officier émet des doutes quant aux motivations de la garde :

> Il est à remarquer que l'action des officiers français de la garde mobile, sur les ordres du colonel Pratx et du commandant Collomb, est trop molle dans leur intervention, comme si en aucun cas, ils ne voulaient se brouiller avec la population[79].

Bock utilise un ton neutre, ne montrant ni approbation, ni désaccord avec la stratégie utilisée pour venir à bout du maquis. L'administration française – ou tout du moins sa frange favorable à une radicalisation de la répression – peut se montrer satisfaite des résultats obtenus, bien supérieurs à ce qui a été réalisé jusqu'alors. Il est en revanche possible d'imaginer que la Sipo-SD ne se contentera pas du nombre d'arrestations opérées, comme le suggère le télégramme que le policier nazi Jeewe envoie le 11 février à ses supérieurs à Lyon :

> Les petites opérations signalées jusqu'à présent ont permis de constater qu'un nombre relativement faible de membres actifs de bandes ont été arrêtés. Ceci n'était d'ailleurs pas le but, mais uni-

quement une préparation de la grande opération. Par l'arrestation de personnes suspectes, on voulait se rendre compte du lieu de refuge des principaux chefs.

Des déclarations des prisonniers et des renseignements recueillis auprès de la population contactée au cours des opérations, il appert que les membres des bandes, notamment de l'AS se sont retirés sur le plateau des Glières, au S.-E. de Thorens, S.-O. de [*sic*] Petit-Bornand et au N. de Thônes[80].

Les services de Lelong imaginaient quant à eux avoir provoqué le regroupement des maquisards sur les hauteurs, à Glières notamment, en raison des opérations qui les visaient en vallée : « Les renseignements recueillis permettent de supposer le déplacement et la réunion de groupes FTP et AS vers le plateau de Glières à 30 kilomètres au nord d'Annecy[81]. » Ce que Joseph Darnand confirma :

Il put [l'intendant de police Lelong] sans opération de grande envergure refouler les partisans sur le massif des Glières et l'encercler complètement[82].

Dès le début des opérations, quelques jours seulement après la mise en place du dispositif répressif en Haute-Savoie, Georges Lelong savait donc que des hommes s'étaient regroupés à Glières. Et c'est non sans raison qu'il pensait être à l'origine de leur montée sur le Plateau.

Face au maquis : la stratégie de l'occupant allemand

L'occupation italienne qui s'étendit de novembre 1942 à septembre 1943 s'était soldée par la mort de quatre soldats ou douaniers italiens contre neuf maquisards[83] : les désertions vers la Suisse, au nombre d'une dizaine, avaient causé plus de pertes à l'armée italienne que les opérations du maquis[84]. Le bilan humain de l'occupation transalpine était somme toute modéré si on le compare à la répression que les Allemands allaient déclencher.

Aux détachements italiens succédèrent des effectifs de la 157ᵉ division de réserve, de la Feldgendarmerie ainsi que trois compagnies du SS-Polizei Regiment Todt, éléments qui cantonnaient en France avant septembre 1943. La mission de la

157e division allemande de réserve était double : former des recrues pour le front russe et garder les cols alpins, du Petit-Saint-Bernard au mont Genèvre. Elle était rattachée à la 19e armée, dont l'état-major se trouvait en Avignon[85]. Pour les affaires à régler avec les autorités françaises, von Rundstedt implanta à Lyon des services placés sous les ordres d'un commandant militaire pour la France sud, le général Niehoff[86].

Constitué en novembre 1942, le SS-Polizei Regiment Todt avait Essen pour ville de garnison. Jusqu'au début de 1943, ses bataillons se trouvaient en Biélorussie, en Lettonie et en Ukraine, mais à l'été 1943 le régiment entier avait gagné la France, où il prit l'appellation de SS-Polizei, bien que ce régiment ne fût composé que de SS. À partir du 9 septembre 1943, trois compagnies du 3e bataillon de ce régiment s'installèrent en Haute-Savoie : la 9e à Annemasse, dans l'hôtel Pax, la 10e à Cluses, dans les locaux de l'École nationale d'horlogerie, enfin la 12e à Thonon puis Annecy, dans l'école Saint-François[87]. Au total, ce furent essentiellement les Feldgendarme, les policiers du SS-Polizei Regiment Todt et de la Sipo-SD qui intervinrent en Haute-Savoie avant les événements de Glières.

Un détachement de la police de sécurité était également présent en Haute-Savoie. Il était commandé par le SS *Hauptsturmführer* Heinson qui dirigeait la section extérieure de la police de sécurité, la Sicherheitspolizei (Sipo), en charge de la répression. Ce service avait, semble-t-il, été totalement remanié début février et le Grenzkommissariat (commissariat frontalier) d'Annemasse transféré à Annecy où il fut alors placé sous l'autorité du *Hauptsturmführer* Jeewe[88], également à la tête du service de sécurité, le Sicherheitsdienst (SD), en charge du renseignement.

Outre les soldats valides, les deux départements savoyards, forts de leur capacité d'accueil hôtelière, hébergeaient un nombre important de blessés. Une note, datée du 25 octobre 1943, mentionne l'arrivée en Haute-Savoie de deux états-majors sanitaires à Annecy et de 6 500 blessés, répartis entre Annecy (1 500), Chamonix (1 500), Saint-Gervais (1 000) et Thonon-Évian (2 500[89]). Les Allemands entendaient bénéficier d'un territoire paisible et comptaient sur le régime de Vichy pour en assurer la tranquillité. Or, le millier de maquisards qui se cachaient en Haute-Savoie, le travail de sape des sédentaires, l'inertie des forces de l'ordre menaçaient l'ordre public dans le département, d'autant qu'à l'automne 1943 les Allemands avaient compris que la Résistance, devenue un « phénomène de masse[90] », menaçait leur sécurité[91]. Sans qu'il faille pour autant forcer le trait, la répression allemande comme la crainte qu'elle suscitait limitaient les velléités de contestation, de sorte que ni la Wehrmacht, ni la police allemande ne se sentaient véritablement menacées.

La mise au pas de la population débuta dès l'installation des troupes et la police allemande se montra particulièrement brutale. Entre le 13 et le 15 septembre 1943, celle-ci procéda à une cinquantaine d'arrestations, notamment des personnes convaincues d'être proches ou de soutenir la Résistance, dont l'ancien chef de corps du 27e BCA, Jean Vallette d'Osia[92]. Au 24 septembre, 73 personnes avaient été incarcérées (résistants, juifs, passeurs[93]...), chiffre équivalent au bilan des forces de l'ordre vichystes réalisé entre le 1er mars 1943 et la mi-décembre de la même année[94]. Entre le 19 et le 31 octobre, 51 personnes supplémentaires furent à leur tour interpellées, à proximité de la frontière suisse notamment. Très peu furent relâchées[95]. Les Allemands ne s'attaquèrent pas immédiatement au maquis, se contentant d'arrêter les civils, à la fois beaucoup plus nombreux et sans aucun moyen de défense. Cette répression tous azimuts plaçait chaque individu dans la situation d'être potentiellement inquiété par l'occupant. De fait, les Allemands avaient arrêté en octobre plus de 250 personnes, contre une maigre vingtaine pour les forces françaises ; 160 détenus étaient alors internés à l'hôtel Pax d'Annemasse[96].

Dans la nuit du 12 au 13 novembre, les policiers allemands entreprirent leurs premières opérations contre le maquis, à Saint-Jeoire. Pour célébrer le 11 Novembre, un détachement de maquisards avait organisé une cérémonie au monument aux morts du chef-lieu de canton vers 17 heures. Le détachement, après la cérémonie, avait croisé un motocycliste allemand qui donna sans doute l'alerte. La 10e compagnie du SS-Polizei Regiment Todt lança alors une opération contre un détachement de maquisards. Un jeune de 20 ans fut tué alors que trois partisans étaient blessés. Quelques autres parvinrent à s'enfuir. Les policiers allemands firent cinq prisonniers qui furent déportés. Les deux chalets où vivaient les résistants furent incendiés[97]. Une semaine plus tard, le 20 novembre, la 9e compagnie de ce régiment intervint dans le même secteur. Faute de maquisards, les policiers allemands emmenèrent avec eux plusieurs paysans et personnes étrangères à la région et pillèrent le même jour plusieurs fermes dans le Chablais, vers Mégevette et Bellevaux. Le 23 novembre, une nouvelle opération frappa le périmètre circonvoisin et aboutit à l'arrestation de 15 personnes. Au final, les Allemands réalisèrent plus de 200 arrestations en novembre 1943, contre 4 pour les forces françaises[98].

Mais c'est en décembre que les actes les plus sanglants furent recensés. Le 11 de ce mois, les policiers allemands de la 12e compagnie du SS-Polizei Regiment Todt abattirent, sur la commune d'Alby-sur-Chéran, à une dizaine de kilomètres d'Annecy, un civil responsable de camps dans la région du Semnoz et tuèrent un jeune réfugié[99]. Dans le même temps, un boulanger accusé de fournir le maquis fut fusillé ainsi que six autres civils et un maquisard. Le 17 décembre, neuf maquisards FTP furent frappés à coups de crosse dans le Haut-Chablais avant d'être abattus. Les 9e et 10e compagnies de policiers d'Annemasse et de Cluses avaient été sollicitées pour cette opération qui avait mobilisé une quinzaine de camions, des mitrailleuses et deux mortiers[100].

Deux opérations réalisées à la fin de l'année 1943 eurent des conséquences tragiques. Le 31 décembre, les Allemands arrêtèrent 28 habitants du village de Saint-Eustache, au sud d'Annecy, à la suite de l'exécution le 22 décembre 1943 de trois soldats allemands par le corps franc *Simon* : 4 furent libérés le soir même, 24 furent déportés ; seuls 7 rentrèrent des camps. Le 25 décembre au soir, une expédition punitive fut organisée à l'autre extrémité du département, peut-être en représailles à la découverte des trois corps des soldats allemands. Elle aboutit au massacre de vingt-cinq personnes à Habère-Lullin, dans le Chablais.

Dans la soirée du 25 décembre 1943, des jeunes de ce village situé au-dessus de Boëge organisèrent un bal clandestin dans le château de Sonnaz. Informés par un Français qui travaillait pour la police allemande, trois ou quatre camions de la 9e compagnie du SS-Polizei Regiment Todt quittèrent Annemasse et se rendirent sur les lieux. Sitôt arrivés, ils installèrent un dispositif bloquant, par des armes automatiques, toutes les issues du château. Au moment de l'assaut, ils lancèrent des fusées éclairantes. Deux jeunes qui tentaient de sauter par les fenêtres furent criblés de balles. Vingt-deux jeunes furent exécutés, alors que 17 hommes et 9 femmes étaient menés jusqu'à des camions. Les policiers répandirent de l'essence puis enflammèrent le château et les corps des victimes. Les rescapés furent conduits à Annemasse. Si les femmes et 3 hommes furent relâchés les 30 et 31 décembre, 8 autres furent déportés, dont 6 ne reviendront pas. Six autres enfin seront envoyés en Allemagne et parviendront à fausser compagnie à leurs gardiens entre Chambéry et Lyon. Le fruitier du lieu, résistant, fut passé par les armes. Au total, le bilan de cette tragique nuit se monta à 25 morts. Aucun maquisard, apparemment, n'avait participé à ce bal et aucune victime n'était armée[101].

Par-delà les représailles, la violence nazie visait surtout à contraindre les autorités de l'État français à se saisir du problème du maquis et des attentats. La pression allemande, qui s'accentua au plus haut niveau sur le gouvernement vichyste, s'exerçait également sur les échelons régionaux et départementaux, *via* les organismes allemands implantés dans les départements. Si les échelons national et régional étaient sommés de fournir des résultats quantifiés, c'est au niveau départemental que devaient s'exécuter les opérations que réclamait l'occupant.

Dès le 9 septembre 1943, les Allemands exigèrent de la préfecture de la Haute-Savoie d'être informés de « tout incident ou événement touchant directement ou indirectement la sécurité des membres et biens de la Wehrmacht, et qui se produirait dans le département de la Haute-Savoie[102] ». Le document détaillait la liste des éléments dont les Allemands espéraient prendre connaissance. Elle comprenait notamment les parachutages ainsi que les attentats ou actes de sabotage, qu'ils aient été commis contre l'armée d'occupation, contre les infrastructures françaises (chemins de fer, lignes à haute tension, transformateurs...) ou aient visé des citoyens français résidant dans les localités où stationnaient des unités de la Wehrmacht. L'auteur de cette lettre, le commandant-major Föhring, un officier de liaison, exigeait que ces renseignements lui fussent transmis téléphoniquement par la préfecture, à toute heure du jour ou de la nuit.

Se bornant à appliquer à la lettre les clauses de l'armistice, le préfet Trémeaud, selon toute vraisemblance, ne transmit à l'occupant que le strict minimum. Il est donc probable que les

Allemands n'eurent qu'une connaissance partielle des actes commis dans le département. Ces lacunes ne pouvaient satisfaire le major Bogermann, qui dirigeait l'état-major allemand de liaison basé à Annecy. Répercutant les ordres de sa hiérarchie, il demanda dans un courrier du 17 novembre 1943 d'être tenu informé « des mesures prises pour combattre les bandits et les terroristes et des résultats obtenus[103] ».

Alors que les occupants réclamaient que les Français prennent une part accrue dans la répression des troubles, René Bousquet les prit à contre-pied. Il rédigea le 12 novembre une circulaire demandant aux préfets régionaux de prendre des mesures pour alléger les charges des forces de l'ordre, invoquant leur fatigue morale et physique dont il rendait l'occupant responsable. Il ajoutait qu'il ne pouvait mettre plus de forces à sa disposition :

> Une des causes principales de l'émiettement des effectifs réside dans l'exécution de nombreux services statiques demandés par les autorités allemandes locales d'occupation ou d'opérations et exécutés à leur profit (gardes fixes d'hôtels réquisitionnés, de casernes, de dépôts de toutes sortes, etc.). Il convient dès maintenant de ne plus accepter de charges nouvelles, en faisant ressortir qu'il ne vous reste pas de forces disponibles, et que vous avez des instructions en ce sens. [...]
>
> Loin d'accepter des charges nouvelles, il vous appartient, au contraire, de comprimer celles que vous assumez actuellement[104].

Les services de la préfecture ne se firent pas prier pour appliquer cette consigne, et ce d'autant plus qu'il n'y avait plus ni préfet, ni secrétaire général. Le sous-préfet de Saint-Julien assumait donc ces fonctions. Faute de réponse de la part des autorités françaises, le major Bogermann leur adressa un nouveau courrier le 11 décembre :

> Les nombreux attentats d'éléments terroristes ont conduit ces temps derniers à des situations intenables. On est frappé de ce que les forces françaises de police ne sont manifestement pas mises en action pour prendre les mesures nécessaires et ont à peine un succès lors de leurs opérations. Les cas se multiplient où des Français prient les services allemands de les protéger contre des attentats terroristes ou des tentatives de meurtre.

Je vous adresse donc un appel pressant de faire tout pour nettoyer le département et particulièrement votre propre chef-lieu de département des terroristes qui s'y manifestent.

Si cet état de choses ne devait s'améliorer, et si en cela les intérêts de la Wehrmacht étaient lésés d'une manière quelconque, les fonctionnaires responsables devront en supporter les responsabilités et de sévères représailles seront faites[105].

Il ne faut sans doute pas exagérer le nombre de cas où les habitants de la Haute-Savoie « prièrent » les Allemands de les protéger des actions des maquisards et des attentats. S'ils furent sollicités, ce fut sans doute de la part de personnes s'étant compromises avec eux ou ayant montré un trop grand soutien au régime en place. Trois jours plus tard, le sous-préfet de Saint-Julien lui répondit :

Par lettre en date du 11 décembre 1943 vous avez bien voulu attirer mon attention sur la situation créée par les attentats terroristes perpétrés dans le département. Cette situation ne m'a pas échappé.

Je ne puis à ce sujet que vous renouveler l'assurance qui vous a été donnée à plusieurs reprises que tout est mis en œuvre pour ramener et maintenir le calme dans la population.

Mais vous n'ignorez pas que les moyens dont je dispose à cet effet sont très limités et ne me permettent pas bien souvent de faire face à tous les besoins. Pourtant les forces du maintien de l'ordre, dont le loyalisme et l'action ne sauraient être mis en doute, se dépensent sans compter pour assurer les nombreux services qui leur incombent, et ne sauraient faire plus.

Seuls les renforts importants qui ont été demandés seraient capables d'une intervention de plus grande envergure[106].

À Lyon le préfet de région subit également la pression des autorités d'occupation. Le général Hahn, de l'état-major principal de liaison, exigea d'obtenir les informations nécessaires sur les opérations conduites contre « les bandits et les terroristes[107] », courrier qui fut répercuté le 20 décembre à la préfecture d'Annecy[108]. À la date du 17 décembre, les services français n'avaient toujours pas communiqué la liste des mesures prises contre les « bandits et terroristes » pour le mois de décembre et exigible au 19 décembre. Le courrier envoyé le 17 novembre fut donc réexpédié le 17 décembre, preuve de l'impatience de l'occupant[109]. Le sous-préfet Guillaume répondit alors :

> En réponse à votre lettre en date du 17 décembre courant relative aux mesures prises contre les terroristes, je ne puis que vous confirmer les termes de ma lettre n° 1632/TO du 14 décembre qui précisent qu'étant donné l'insuffisance de nos moyens actuels, des renforts importants ont été demandés en vue d'une intervention de plus grande envergure[110].

Aucun élément ne permet d'opérer un lien entre l'assassinat de vingt-cinq personnes à Habère-Lullin et ce courrier dilatoire. Quoi qu'il en soit, à l'incapacité dans laquelle se trouvaient les autorités françaises de satisfaire aux exigences de l'occupant répondait la férocité de la répression policière allemande. La sauvagerie avec laquelle les Allemands avaient agi dans cette affaire ne pouvait que contraindre les autorités françaises à durcir le ton, ne serait-ce que pour éviter la réédition de ces atrocités, comme le suggèrent les propos tenus début janvier par le préfet Marion, nommé le 27 décembre :

> J'ai essayé de faire comprendre que si nous voulons éviter que la répression prenne ici un caractère dramatique, il faut rétablir l'ordre rapidement et par nos propres moyens[111].

Le mois de décembre s'était conclu par l'assassinat d'une cinquantaine de personnes, dont une trentaine imputable aux Allemands, et par 250 arrestations[112] de leur part, contre 2 pour les forces de police.

Si la répression allemande décrut en janvier, ce fut sans doute parce que les autorités françaises avaient annoncé l'envoi de plusieurs dizaines de policiers dans le département et de plusieurs escadrons supplémentaires de la garde. Or, malgré cette inflation, les autorités françaises ne réprimèrent guère le maquis en janvier 1944.

La Wehrmacht avait été jusqu'alors assez peu impliquée dans cette lutte. La plupart des opérations avaient été conduites par les policiers allemands ou les Feldgendarme. En janvier, l'armée sortit de ses cantonnements, sillonnant plus systématiquement le département et se lançant sur la base des informations recueillies dans de petites opérations, alors que les policiers exerçaient des représailles – dans des proportions moindres qu'en décembre – en fonction également des renseignements dont ils disposaient. Il n'est pas toujours aisé de savoir qui de l'armée, de la police ou de la Feldgendarmerie intervint en raison du caractère lacunaire des sources. Un constat néanmoins s'impose : les opérations les plus meurtrières furent l'œuvre des policiers ou des Feldgendarme, non de l'armée régulière.

Le 3 janvier 1944, un camp FTP basé au Mont-Saxonnex, au-dessus de Bonneville, subit une attaque allemande, à la suite apparemment d'une dénonciation. Deux maquisards et un civil furent tués, trois maisons incendiées[113]. Dans la nuit du 16 au 17 janvier, à Alex près de Thônes, les occupants perquisitionnèrent la maison d'une personne soupçonnée de ravitailler le maquis, avant de lancer des grenades dans celle de César Deléan, un des animateurs de la Résistance dans la région. Le 17 janvier, les Allemands essuyèrent des coups de feu au pont de Morette, près de Thônes également. Toujours dans la même région, ils tuèrent le 26 janvier à Thuy trois maquisards FTP et un ouvrier agricole. Au cours de ce qui semble être la même opération, un réfugié se disant belge fut exécuté, un FTP capturé – puis déporté. Cette opération menée par l'armée, et non par des policiers, se solda, outre les pertes humaines, par l'incendie de deux cafés ainsi que d'une dizaine de fermes, de chalets et de granges. L'occupant espérait ainsi faire régner la terreur dans les villages et couper les liens entre la population et le maquis. Il obligeait également les maquisards à plus de mobilité, tout en restreignant les possibilités d'hébergement puisque les Allemands brûlaient les lieux habités ou susceptibles de l'être. Du coup, ils condamnaient les maquisards à monter toujours plus haut et à s'éloigner des villages.

Une opération particulièrement meurtrière, le 28 janvier, provoqua treize morts. Ce jour-là, un douanier allemand permissionnaire fut kidnappé près de Saint-Jeoire et exécuté dans la commune voisine de Mieussy. Une fois la disparition connue, un détachement de la 9e compagnie de la SS-Polizei, qui s'était illustrée à Habère-Lullin, envoya un véhicule avec, à son bord, deux policiers. Ce véhicule se fit doubler et mitrailler dans les abords de Saint-Jeoire par une voiture occupée par des maquisards. Un aspirant de la police fut tué. Un renfort venant d'Annemasse se lança alors dans des mesures de représailles qui firent onze victimes dans le village de Pouilly, dont Jean Carrier, l'un des premiers animateurs de la Résistance dans cette région.

Neuf maisons furent détruites[114], un autre policier, sans doute touché lors du mitraillage de son véhicule, décéda également.

Les Allemands intervinrent assez peu en février en Haute-Savoie : les forces de l'ordre françaises étaient passées à l'action. En revanche, en mars eut lieu l'opération la plus meurtrière de toute la Seconde Guerre mondiale en Haute-Savoie : la réduction de la concentration maquisarde de Glières.

4

Glières

Glière et Glières

Au XVIIIe siècle déjà, le toponyme « Glières » s'écrivait indistinctement au singulier ou au pluriel[1]. En franco-provençal on dit : « d'vé en Glire » pour dire : « je vais à Glière ». Pierre Golliet, qui participa à la rédaction de l'ouvrage consacré aux événements de 1944 publié par l'Association des rescapés *de* Glières, écrit :

> Dans le patois du pays, le mot est incontestablement au singulier ; qu'on me permette donc de rester fidèle à une vieille habitude[2].

Ceci ne l'empêcha pas de conserver le « s » d'ornement et de n'employer le mot « Glières » qu'au singulier, tout au long de l'ouvrage auquel il collabora. Nous procéderons comme lui.

Ce qu'on appelle le plateau de Glières *stricto sensu* est en fait une combe de 3 km sur 1 approximativement, située à 1 400 m d'altitude environ, qui s'étend sur un axe nord-est/sud-ouest, bornée par la montagne des Frêtes, qui culmine à 1 914 m d'altitude, ainsi que la montagne des Auges.

Pour accéder au Plateau, un unique chemin, partiellement carrossé depuis 1931, partait depuis le village de L'Essert, sur la commune du Petit-Bornand. Glières n'était pas qu'un alpage seulement occupé l'été avec ses fermes et leurs dépendances, mais bel et bien un village doté d'une école qui ferma ses portes en 1937[3]. En 1931, il comptait 96 habitants dont beaucoup résidaient à l'année.

Le dispositif militaire mis en place du 31 janvier au 26 mars occupa pour des raisons défensives une surface plus vaste que le Plateau proprement dit. Il s'étendit progressivement à l'ouest jusqu'à englober la montagne de Sous-Dine (2 001 m), au nord-ouest la roche Parnal (1 896 m), la montagne des Frêtes, qui borde le plateau de Glières, et la montagne des Auges (1 822 m) située au sud-est.

Les seules ressources que pouvait offrir le Plateau étaient l'eau, le bois, mais aussi, du fait de l'existence d'habitants à l'année et de leurs fermes, du bétail et du fourrage *fouané* au cours du printemps et de l'été. C'était peu pour maintenir sur place une population qui vivait de la fabrication du fromage et qui devait faire monter, en transitant par Le Petit-Bornand ou Entremont, le nécessaire à l'existence des familles (vivres, vêtements, outils, etc.).

Du fait de la présence de nombreuses habitations dont toutes n'étaient pas occupées, situées à l'écart des routes et des agglomérations, le plateau de Glières et ses abords purent servir de refuge aux réfractaires du STO. Dans la foulée du « soulèvement savoyard », le Plateau avait reçu son premier parachutage dans la nuit du 20 au 21 mars 1943 et un camp s'y créa dès avril 1943 dans l'école désaffectée. Ses occupants semblent le quitter dans le courant de l'été. Il ne sera réoccupé par des maquisards qu'à compter de janvier 1944.

Pourquoi monter sur le plateau de Glières (fin janvier 1944) ?

C'est dans les derniers jours de janvier, peut-être le 27, qu'est prise la décision de monter sur le Plateau, à la suite d'une réunion à laquelle participent vraisemblablement Petit, Heslop, Morel, sans doute Anjot et peut-être Clair : Rosenthal n'est pour rien, ni dans la décision de rejoindre Glières, ni dans le choix du site.

Pour autant, n'évoquer pour seule raison à l'ascension hivernale de plusieurs centaines d'hommes que la réception de parachutages, tel que le fait l'essentiel de la littérature consacrée à Glières, paraît erroné.

L'EMPRISE APPROXIMATIVE DU DISPOSITIF MILITAIRE DE GLIÈRES

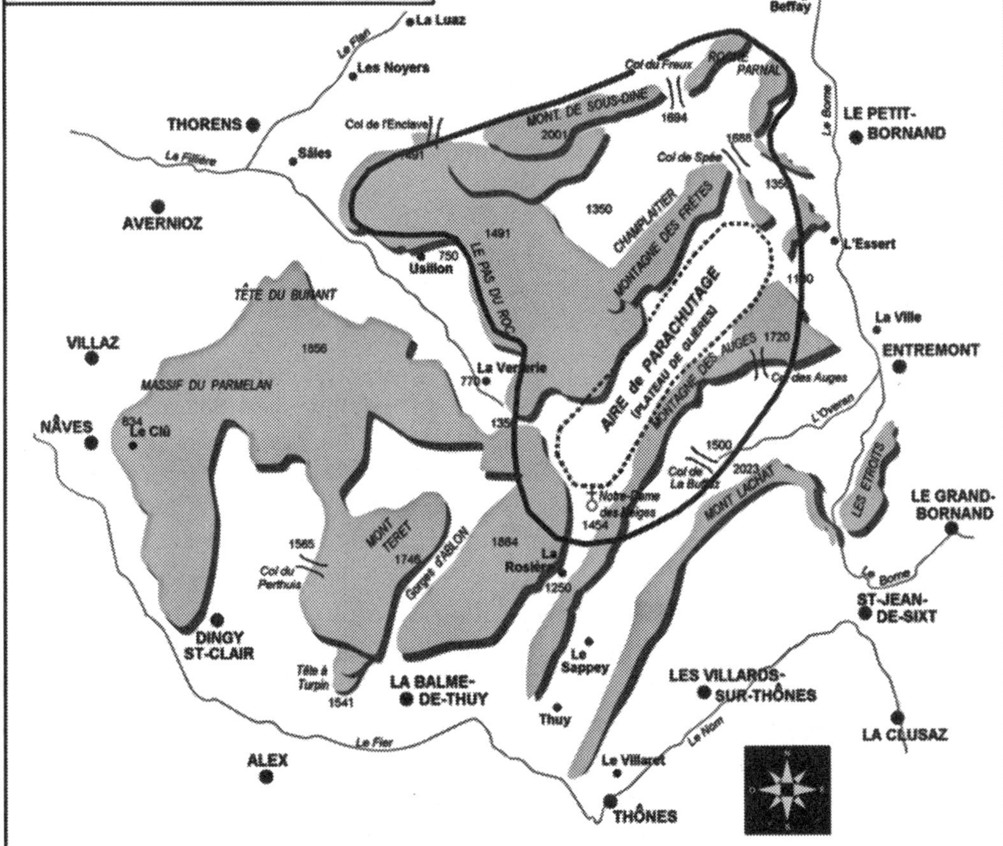

Selon un témoignage écrit d'Humbert Clair, datant sans doute du début des années 1980, il était prévu initialement que six lieux situés en Haute-Savoie recevraient des parachutages lors de la lune de février. Or, de manière concomitante, le gouvernement de Vichy décida l'envoi en Haute-Savoie de trois milliers de policiers. Pour Clair :

> Le commandant de l'AS départementale, *Romans*-Petit, estima que si les parachutages se faisaient comme prévu sur six terrains différents nécessairement mal défendus, il était inévitable qu'une grande partie d'entre eux tombât aux mains des forces de l'ordre.
>
> Il décida donc d'annuler cinq des terrains prévus et de faire concentrer tous les parachutages sur un seul terrain sur lequel serait concentré le maximum de maquisards armés pour en assurer la défense[4].

Henri *Romans*-Petit, un an après les événements, laissa ce témoignage :

> Nous avions choisi ce terrain pour la réception des armes en raison de son éloignement des centres de stationnement des troupes allemandes, et l'état-major interallié nous avait donné son accord pour y faire des largages. Mais, pour mener à bien une telle opération, pour recevoir les armes, les acheminer à travers un terrain difficile, il fallait rassembler un effectif dépassant celui d'un camp[5].

Romans-Petit sous-entend la présence d'une « équipe permanente », terme qu'il utilisera de manière plus explicite près de quarante ans après les événements[6], en affirmant que l'effectif dépassait celui d'un camp (sans donner de nombre). Pourtant, toujours en 1945, dans *Les Obstinés*, *Romans*-Petit écrit que Théodose Morel « a pour mission de concentrer 250 hommes environ pour assurer un plein succès aux opérations aériennes[7] ».

Qu'un tel effectif ait pu être concentré en un lieu isolé de tout, totalement dépendant du ravitaillement provenant de la vallée, surprend : il fallait un motif supplémentaire pour justifier une telle concentration humaine en un lieu aussi inhospitalier ; il nous est fourni par les maquisards eux-mêmes[8] :

> Le dimanche 30 janvier 1944, vers 23 heures, craignant d'être attaqués par la Milice, nous avons reçu l'ordre du lieutenant Joubert,

ancien officier de chasseurs, de quitter les lieux, n'ayant pas suffisamment d'armement pour résister. La totalité du camp de la Savate soit environ à peu près soixante hommes est montée dans les camions pour une destination inconnue[9].

Après guerre, Louis Jourdan, qui avait été l'adjoint de Théodose Morel sur le Plateau, témoigna ainsi :

> Le dimanche 30 janvier, en fin d'après-midi, alors que, sur la foi de bruits alarmants, j'étais en train d'étudier les mesures à prendre en cas d'attaque, un agent de liaison m'apporta l'ordre suivant : « D'importantes opérations de police dirigées par Darnand en personne, doivent commencer incessamment. Des trains entiers de gardes mobiles, de GMR, de miliciens arrivent de toutes parts. Ordre est donné à tous les camps de rejoindre immédiatement le plateau de Glières[10].

La précipitation avec laquelle s'est opérée l'ascension à Glières (un maquisard parlera même de « pagaïe [*sic*] indescriptible[11] ») suggère que l'ordre des priorités a été modifié : la nécessité de se prémunir des attaques du maintien de l'ordre – se cacher donc – passait avant la réception des armes. Si ce qu'exprime Louis Jourdan est conforme à la réalité, l'ascension de « tous les camps » du maquis à Glières, comme il l'écrit, montre bien qu'il ne s'agit pas uniquement de constituer une équipe permanente en vue de recueillir des parachutages.

Les autorités de Vichy avaient constaté dès le début du mois de janvier 1944 la plus grande mobilité des maquisards et leur concentration en des lieux écartés. Ainsi, le contrôleur général Delgay, tout juste nommé à Annecy, indiqua dans le premier rapport qu'il rédigea, le 3 janvier 1944 : « Depuis la venue des unités d'opération de police dans la région, les groupes de réfractaires terroristes deviennent plus mobiles afin de dissimuler leurs refuges. [...] Ils ont récemment fait répandre le bruit qu'en prévision d'opérations de police prochaines, ils opéraient des regroupements pour faire échec avec un armement plus important aux forces du maintien de l'ordre[12]. » Au début février, les notions de plateau-refuge et de plateau-aire de parachutage se superposent. À ce stade, peu de différences les opposent, puisque les maquisards sont réduits à l'attente, n'ayant été ni attaqués, ni livrés par la voie des airs.

Il convient pourtant de s'interroger sur la cohérence des deux raisons qui justifient la présence de plusieurs centaines d'hommes sur le Plateau, à savoir trouver un refuge et recevoir des armes. Si le site par ses caractéristiques (dimensions, éloignement des agglomérations, existence de nombreux chalets, réseau existant de ravitailleurs, etc.) semble convenir et à la réception de parachutages et au camouflage de combattants, ces deux logiques se contredisent. On peut en effet penser que Glières était un emplacement idéal de parachutage et de refuge… jusqu'à la réception des premiers containers[13]. Le bruit provoqué par les moteurs des avions qui tournaient pour livrer leur cargaison ne pouvait qu'alerter l'occupant et les autorités policières. À compter de ce premier parachutage, Glières cesserait d'être un refuge, au point de vue des maquisards, pour devenir un lieu à prendre d'assaut, afin d'éliminer ses occupants, selon la logique des forces de l'ordre. La répétition des parachutages (trois se succédèrent au total entre février et mars, un quatrième avorta) ne pouvait qu'accroître la pression que les autorités françaises, puis allemandes, allaient exercer autour du rassemblement de Glières : la notion de refuge laissait irrémédiablement la place, dès lors, à celle de lieu d'affrontement potentiel, bien que les quelques centaines d'hommes sur le Plateau fussent plus difficilement expugnables que disséminées dans des chalets épars. Les officiers en charge du maquis se sont sans doute rapidement aperçus que les deux logiques, celle du refuge, qui suppose discrétion, et celle qui faisait du Plateau une aire d'accueil de parachutages, étaient incompatibles. La dispersion, l'affrontement ou la reddition seront les seuls moyens de résoudre le dilemme.

Les officiers présents sur le Plateau n'ont jamais imaginé que celui-ci devienne un abcès de fixation. Non entraînés, les maquisards dépendaient totalement des vivres qu'il fallait collecter de plus en plus loin, ou comptaient sur un approvisionnement aérien qui jusque-là avait été aléatoire du fait des conditions climatiques : ils ne pouvaient rien « fixer », puisque eux-mêmes n'étaient pas en mesure de maîtriser leur environnement. Ajoutons enfin que 500 hommes disséminés sur le pourtour du Plateau ne représentaient qu'un mince cordon humain à la merci de tout assaillant.

En fait deux sources différentes, perdues aujourd'hui, sont à l'origine de l'ordre du regroupement à Glières. Tout d'abord une information, peut-être orale, provenant de la préfecture noyautée en profondeur par la Résistance, annonçant l'état de siège ou tout du moins le renforcement des mesures policières en Haute-Savoie. La seconde émane de Richard Heslop, le seul à avoir communiqué, selon le BCRA, les coordonnées d'aires de parachutages. Ni le BCRA, ni son agent en Haute-Savoie, Jean Rosenthal, n'ont provoqué l'ascension de plusieurs centaines de maquisards. En effet, à la date du 30 janvier, Rosenthal en est encore à proposer le col des Saisies, à une quarantaine de km à vol d'oiseau de Glières, comme lieu de parachutages, alors que, le même jour, Louis Jourdan indique recevoir un message l'enjoignant de prendre la direction de Glières. Le site avait été choisi par Heslop et *Romans*-Petit, quelques jours avant la montée, ce que ce dernier confirma :

> Glières a été proposé par Tom Morel, mon adjoint. Je suis allé le voir ce fameux Plateau, avec Heslop, sans Rosenthal. J'ai décidé d'y installer en permanence une équipe de réception, en raison des difficultés d'accès et du court délai dont nous disposions après le passage du message à la BBC. Il n'y a pas eu de réunions à Lyon ni ailleurs pour Glières[14].

Alors que des hommes sont sur le Plateau (ou se dirigent vers lui), les 31 janvier et 2 février Jean Rosenthal évoque encore dans ses télégrammes le site du col des Saisies. Ce n'est que le 7, une semaine après l'arrivée des premiers maquisards à Glières, dans un télégramme au BCRA, qu'il cite le lieu pour la première fois :

> Faire largage massif sur col des Glières et Champ-Laitier où sont 300 hommes[15]. Essayez envoyer conserves, lainages, chaussettes et bottines de ski[16].

C'est donc entre le 2 et le 7 février (peut-être le 6) que Jean Rosenthal est entré en contact avec l'AS de la Haute-Savoie en vue d'organiser le parachutage sur le col des Saisies. Et c'est sans doute au cours d'une de ces réunions qu'il apprend qu'un effectif important de maquisards s'est regroupé à Glières depuis le 31 janvier. Placé devant le fait accompli, il ne peut qu'accepter un choix émanant à la fois d'Heslop et du capitaine Petit, et renonce dès lors au site qu'il avait choisi.

Toutefois, si Jean Rosenthal nous fournit au travers des télégrammes qu'il a reçus et envoyés la chronologie la plus rigoureuse, elle n'exclut pas d'autres éléments qui auraient pu lui être cachés. En effet, en janvier, l'envoyé du BCRA hésitait pour savoir où faire parachuter des armes, alors qu'il se trouvait en Haute-Savoie, pratiquement sans discontinuer, depuis le mois de septembre 1943. Parce qu'il était incapable de faire son travail, on ne peut exclure que d'autres, Richard Heslop et Henri Petit, l'aient fait à sa place. Heslop n'évoque nulle part des parachutages à faire parvenir en Haute-Savoie. Ses dossiers personnels – assez pauvres au demeurant – conservés tant à Londres qu'à Paris ne sont pas plus explicites[17] : on en est réduit à suivre les propos de *Romans*-Petit.

Le 7 février, jour où Jean Rosenthal envoie à Londres le premier télégramme dans lequel il mentionne Glières, Henri Petit doit quitter la Haute-Savoie pour rejoindre l'Ain, attaqué par les Allemands. Dès lors Rosenthal est seul dans son aire d'intervention. Enfin, le capitaine Petit désigne Humbert Clair comme chef départemental de l'AS pour lui succéder. Surtout, c'est à Londres, ce même 7 février, que sont décidées les modalités de ce parachutage lors d'une réunion à laquelle assistent le commissaire à l'Intérieur (Emmanuel d'Astier), les délégués civil et militaire du Comidac[18] à Londres (Boris et le général d'Astier) et le chef du BCRA. Y participent également Manuel, *Jérôme* (Brault), *Faure* (Vallette d'Osia) et les représentants du SOE, de la RAF et de l'OSS. Au cours de la conférence, Emmanuel d'Astier lut un télégramme qui venait d'arriver et qui demandait l'envoi en urgence d'armes et de troupes aéroportées en Haute-Savoie, et exigeait de mener des attaques aériennes contre les troupes allemandes[19]. Face à la gravité de la situation, le commissaire à l'Intérieur réclama que des mesures exceptionnelles fussent prises en faveur du maquis de Haute-Savoie : l'envoi de parachutistes français, « soit en nombre, soit sous la forme symbolique de quelques officiers », des parachutages de jour et le « bombardement par Mosquitos des colonnes allemandes ». Or, de la discussion confuse qui s'ensuivit, il ressort que seul le SHAEF (Supreme Headquarters Allied Expeditionary Force, le

Haut Commandement allié) pouvait prendre ce type de décision, qui ne sera communiquée au BCRA qu'après la dispersion des hommes présents sur le Plateau, le 26 mars[20].

Du rôle de Radio Londres

En mars 1943, lors de l'épisode dit du « soulèvement savoyard », la radio suisse puis la BBC avaient indiqué le chemin des Alpes et plus spécialement la Haute-Savoie comme une région susceptible d'abriter les réfractaires au STO, ainsi que les réprouvés du régime vichyste. À ce moment-ci, la radio rapportait des faits, les assortissant de commentaires. Pratiquement un an plus tard, Radio Londres évoqua de nouveau la situation en Haute-Savoie. Mais, cette fois, elle n'entendait pas tant informer l'auditoire français qu'orienter l'action des maquisards et des sédentaires : elle passait de l'informatif au tactique. Sur place, dans la zone sud, le BCRA pouvait compter sur plusieurs agents pour informer Londres de ce qui se tramait sur le terrain : Maurice Bourgès-Maunoury, Louis-Eugène Mangin, Pierre-Henri Teitgen, Raoul Dautry, Jacques Bingen ou Claude Bouchinet-Serreulles enverront des messages à Londres. Ils témoignent, selon Jean-Louis Crémieux-Brilhac, du « même souci de mobiliser l'opinion française, et pour cela d'utiliser la radio de Londres[21] ».

À la suite d'un télégramme, dont la source n'a pu être identifiée, mais daté du 2 février 1944 et décrypté le jour même, les services gaullistes à Londres furent informés des mesures de police conduites par l'intendant de police Lelong. Le lendemain, Maurice Schumann reprit les informations sur les ondes de la radio anglaise en leur donnant un caractère d'urgence. L'émission du 6 février appelait sans équivoque à la mobilisation du maquis :

> Allô, allô, SOS, SOS Savoyards, Savoyards, le maquis de Haute-Savoie, le front français dont les soldats sans uniforme sont prêts à combattre pour vous et à mourir au milieu de vous, vous lance un appel à l'aide et à la solidarité qui peut et doit faire reculer l'agresseur.
>
> C'est du maquis lui-même que viennent de nous arriver ces adjurations.

> 1) Sédentaires armés, rejoignez d'urgence les maquis de Haute-Savoie. Sédentaires armés, joignez-vous d'urgence aux maquis [...][22].

Il ne faut pas exagérer la portée des propos de la BBC. Seules quelques dizaines de jeunes, au plus, prirent la direction de Glières après les avoir entendus : un seul témoignage de maquisard indique avoir rejoint le Plateau après avoir écouté les émissions de Maurice Schumann. Jean Vallette d'Osia prit connaissance de l'appel lancé par le porte-parole de la France libre et ne cacha pas son hostilité. Dans ses propres Mémoires, Vallette d'Osia écrivit que l'ordre de mobilisation « allait mettre la Haute-Savoie à feu et à sang[23] ». Sa réaction fut suffisamment violente pour justifier le lendemain un contre-ordre radiophonique :

> Le but des Allemands est de vous accrocher pour vous détruire. La riposte consiste à savoir vous décrocher, à savoir vous disperser pour vous reformer ensuite en vue de harceler l'ennemi à bon escient et au moment venu.
>
> Il est trop clair que l'ennemi calcule ses provocations pour forcer l'ensemble des patriotes à se découvrir avant l'heure H...
>
> Laisser l'ennemi vider la France de sa jeunesse et de sa substance serait un crime.
>
> Harceler l'ennemi en attendant de se mesurer ouvertement avec lui, saboter tantôt par la grève, tantôt par la grève perlée, tantôt par la lenteur voulue, tantôt par l'action directe, la machine de guerre ennemie en attendant de l'attaquer à visage découvert, c'est à la fois la seule et la meilleure façon de saper l'Allemagne affaiblie et l'autre France apeurée...
>
> La France d'aujourd'hui aura toujours trop de martyrs. La France de demain n'aura jamais trop de soldats[24].

Comme l'écrivit le journaliste Pierre Limagne dans ses *Éphémérides* :

> Entre le ton de l'appel d'hier et celui des conseils d'aujourd'hui, il y a plus qu'une nuance[25].

Les FTP étaient enclins à suivre les consignes de la radio anglaise parce que l'appel à l'action correspondait à leur volonté d'en découdre. Mais la hiérarchie des FTP butait sur l'inertie de sa base, assez réaliste quant aux moyens dont elle disposait et sur ses chances réelles de succès.

Au début de février, alors que l'agitation avait saisi aussi bien Maurice Schumann que les agents du BCRA œuvrant dans les Alpes, les hommes montés sur le Plateau avaient sans doute eu un écho très étouffé de ce qui se disait d'eux. Mais ils étaient confrontés à des problèmes cruciaux, qui absorbaient toute leur énergie.

L'installation sur le Plateau

Improvisé, le déménagement se fit, on l'a dit, dans une « pagaye indescriptible ». Pour Louis Jourdan, « chacun fit son "barda", les sacs étant rares[26] ».

Les camps commandés par Louis Jourdan, ceux de Manigod et du Bouchet-de-Serraval, avec un effectif de 120 hommes, prirent la direction de L'Essert, au pied du Plateau, après avoir réquisitionné des véhicules.

Dans les premiers jours de février, environ 200 maquisards sont regroupés sur le Plateau. Leur première mission consista à aménager les chalets qu'ils allaient occuper. Ils se mirent en quête « d'un peu de paille, de planches, d'un fourneau, de quelques assiettes[27] ». Il s'agissait de convertir des chalets d'alpage, alors nombreux et dotés d'un petit logement pour l'alpagiste et sa famille, en un site d'hébergement collectif :

> Nous aménageons, nous abattons des cloisons, rectifions les planchers disjoints, construisons des bas-flancs, prospectons les chalets pour y découvrir tous les ustensiles utilisables[28].

Conçus pour la fabrication du fromage et pour le logement des animaux, ces bâtiments furent transformés au mieux[29].

Le regroupement de Glières intégrait une véritable administration qui, bien que restreinte, s'organisait autour de différents services tenus par les maquisards eux-mêmes. Cette organisation ne se justifiait que parce que les initiateurs du rassemblement maquisard inscrivaient leur action dans la durée. Dès les premiers jours de février, le Plateau prit les allures d'un « quartier », terme qui dans le jargon des chasseurs alpins désigne une caserne avec ses services. Le PC fut placé dans un endroit central, implanté dans un chalet suffisamment « vaste pour loger les agents de liaison, le personnel de garde, les hôtes de passage, assez commode pour offrir un bureau indépendant ». S'y trouvait également le secrétariat, tenu par un jeune maquisard, Alphonse Métral, qui s'occupait notamment des effectifs[30]. La fonction d'adjudant revint à un ancien policier originaire d'Annecy, âgé de 42 ans. Il commandait les agents de liaison et réglait l'emploi du temps des hommes du PC : heures de garde, repas, accueil des visiteurs, etc.[31]. Le PC incluait aussi une cuisine tenue par deux Polonais, enrôlés dans la Wehrmacht, faits prisonniers et épargnés. Il faisait également office de poste de censure : c'est là que le courrier à destination des proches était lu[32].

Avant d'être intégrés dans un chalet, les maquisards ou réfractaires qui atteignaient le Plateau étaient envoyés au PC où ils « allaient se restaurer et sécher leurs vêtements », se reposer également.

L'infirmerie, située elle aussi au centre du Plateau, était dirigée par Marc Bombiger, ancien médecin militaire, médecin des maquis de la Haute-Savoie, vraisemblablement interdit d'exercer en France du fait de ses origines juives. Il était assisté de Michel Fournier, étudiant en médecine. L'infirmerie avait en outre son propre cuisinier, un infirmier ainsi que deux aides, dont l'un au moins avait été choisi parce qu'il était, du fait de son état de santé, le premier utilisateur de celle-ci. Elle était installée dans un chalet « remis en état, nettoyé et lavé partout à la brosse, le plafond et les murs passés à la chaux, les planchers à la Javel[33] ». Des lits y furent construits, dont six reçurent des draps, les autres étant des bas-flancs recouverts de paille[34]. Les équipements furent confectionnés avec les moyens du bord :

> L'immense écurie aménagée en dortoir avec son tube de parachutage transformé en poêle à sciure et sa baignoire, immense abreuvoir métallique soutenu et chauffé par des poêles à bois[35].

Le service médical, selon son responsable, fonctionnait ainsi :

> Une permanence médicale à l'infirmerie pendant qu'un des médecins[36] faisait la visite périodique des avant-postes. Chaque section posséda une pharmacie de secours, un infirmier responsable, deux brancards et un traîneau sur skis pour le transport des blessés[37].

Le docteur Bombiger et son équipe eurent fort à faire. L'équipe médicale fut confrontée à « une épidémie de grippe et d'entérite, quelques pneumonies, un érésipèle, des cas de gale et des poux, ainsi qu'un certain nombre de petites blessures par armes à feu[38] ».

Les médicaments nécessaires étaient achetés dans différentes pharmacies d'Annecy par plusieurs correspondants qui les faisaient parvenir par le car assurant la liaison Annecy-Le Grand-Bornand. De là, Michel Fournier allait les réceptionner en se faisant connaître sous un nom d'emprunt[39].

C'est après les bombardements effectués par l'aviation allemande que l'équipe soignante fut confrontée à la démesure de sa tâche. Les blessures n'avaient plus rien à voir avec les plaies dues à de mauvais maniements d'armes. Les blessés qui parvenaient à l'infirmerie étaient dans des états souvent critiques. Qui plus est, lorsqu'un chalet était bombardé, il n'en restait plus rien, même pas la trousse qui aurait permis de donner les premiers soins. Le transport totalement risqué des blessés sur une civière à ski achevait ceux qui étaient gravement blessés. Bombiger signale ainsi le cas d'un homme qui avait eu la cuisse éclatée. Saigné à blanc, il mourut en arrivant à l'infirmerie après un transport qui dura plusieurs heures[40]. Un GMR rallié aux maquisards « avait des fractures ouvertes de la jambe, du bras et une plaie lombaire. Les pansements sulfamidés, les appareillages de fortune et les transfusions sanguines le remontèrent petit à petit[41] ».

Avec sa croix rouge sur le toit, l'infirmerie offrait une cible de choix à un ennemi qui se souciait peu de ce symbole. Elle fut bombardée le 26 mars avec dix autres chalets. Bien que blessé lors du bombardement, aidé par des maquisards, le docteur parvint à sortir les deux blessés, deux GMR, et à les transporter, puis à les mettre en sécurité dans une grotte à proximité.

Un service postal fonctionna à Glières. Interrogé après son arrestation, Joseph Bozon, qui assura un temps le transport des correspondances et était par ailleurs ravitailleur, raconta :

> Je profitais de mes déplacements au Plateau pour y porter le courrier. C'est le lieutenant Barrat qui m'avait demandé de lui rendre ce service.
>
> J'ai dû porter ainsi une quarantaine de lettres que j'ai posées au PC du Plateau.

> Une première fois j'ai pris le courrier à la poste d'Entremont et du Petit-Bornand, et les autres fois au Café du Courrier à Entremont, où il était déposé par une tierce personne inconnue de moi[42].

Les lettres partantes étaient collectées et expédiées dans la vallée depuis plusieurs endroits pour éviter tout risque de repérage. Il était demandé aux maquisards de ne pas donner de renseignements pouvant être utilisés contre le maquis[43]. Ce service fut, semble-t-il, assuré jusqu'au moment où il ne fut plus guère possible de ravitailler Glières. Joseph Bozon indique être encore monté quatre fois au mois de mars, sans donner plus de précisions, pour livrer le courrier, ainsi que « quelques pains et [du] fromage ».

Si 400 boules de pain avaient été saisies le 7 février par un détachement de la garde, l'essentiel du pain semble avoir été fabriqué sur le Plateau dans une boulangerie improvisée, probablement une bâtisse se trouvant à proximité du PC. Pour éviter un transport qui accaparait un grand volume dans les sacs ou sur les traîneaux, on préféra se ravitailler en farine, qui ensuite était pétrie et cuite sur place. On sait peu de chose sur cette boulangerie, si ce n'est qu'elle employa deux ouvriers, apparemment espagnols[44].

Une boucherie fonctionna également dès le 10 février environ. Les bêtes arrivaient vivantes à Glières et étaient ensuite tuées, débitées et la viande répartie par sections[45].

Enfin, ceux qui le désiraient purent compter sur un service spirituel assuré par le père Benoît, qui fit office d'aumônier, après avoir été celui du 27e BCA. Les maquisards purent communier à plusieurs reprises. La messe était dite chaque dimanche, semble-t-il, par cet abbé[46].

La militarisation du site

Les services rapidement installés sur le Plateau accompagnaient une militarisation du site, organisé défensivement. Habité essentiellement par les maquisards en sus des habitants du village qui n'avaient pas renoncé à leurs habitudes, le site n'était en rien une zone libérée. Ce n'était pas non plus un lieu depuis lequel étaient lancées des opérations de guérilla.

Dès la montée de plusieurs camps et sans tâtonnement aucun, semble-t-il, le lieutenant Théodose Morel s'attela à la défense du site. Compte tenu de sa configuration, il fallait l'entourer de lieux d'observation et d'armes. Les avant-postes étaient souvent fort éloignés des chalets, ce qui ne facilitait pas la tâche des défenseurs :

> Entre les chalets et les passages à garder, il y avait souvent une heure ou une heure et demie de marche. Peu importe : il valait mieux installer les avant-postes loin des refuges et compliquer les conditions de la relève plutôt que de compromettre la sécurité générale. Le dispositif de défense fut rapidement mis en place. Les hommes s'empressèrent de creuser dans la neige des emplacements d'armes automatiques : ils construisirent des igloos pour y monter la garde plus confortablement, car la bise était mordante le soir ; ils en soutenaient la voûte avec des branches et ils disposaient du foin sur le sol. Ils mirent tout leur soin à installer et à camoufler des fortins savamment placés, qui dominaient les pentes et les menaçaient de leurs armes[47].

Le périmètre fut aménagé et étendu au fur et à mesure de la montée de nouveaux groupes de maquisards, arrivées qui correspondaient elles-mêmes à l'augmentation de la pression qu'exerçaient dans les vallées les forces du maintien de l'ordre. À la date du 26 février, le groupe de l'AS de Thorens prit les hauteurs et rejoignit la vaste prairie de Champ-Laitier, vide jusque-là de tout occupant. La semaine suivante, le groupe FTP venu du Petit-Bornand se basa au-dessus de ce village. Constant Paisant, arrivé sur le Plateau un mois après ses premiers camarades, mentionne qu'il construisit des emplacements d'armes automatiques dans les abords du col de Landron[48], preuve qu'ils n'existaient pas avant l'arrivée de son groupe.

Les effectifs, qui atteignirent entre 400 et 500 hommes, étaient répartis en sections ayant elles-mêmes un « secteur déterminé à surveiller et à défendre le cas échéant[49] ».

Si ce dispositif valut les éloges du chef d'une des compagnies allemandes qui attaquèrent le maquis[50], il restait au final rudimentaire et souffrait de faiblesses patentes. L'absence de mines nuisait à une défense plus efficace[51]. Seules deux mitrailleuses, préalablement transformées, firent office de DCA[52]. Si elles eurent une certaine efficacité lors des attaques aériennes – un avion fut touché et son pilote légèrement blessé –, elles n'en demeuraient pas moins incapables d'entraver sérieusement les opérations de la Luftwaffe[53].

Les communications étaient difficiles du fait de l'absence de poste radio émetteur-récepteur, des longues distances à parcourir d'une position à l'autre, de l'omniprésence de la neige et de l'absence de skis pour équiper une proportion importante de maquisards[54]. Il n'y avait, semble-t-il, qu'un poste de téléphone, reliant la section *Ebro* et le PC[55]. L'essentiel des liaisons se faisait donc à pied, ce qui laissa à Paul Lan, un agent de liaison, un souvenir mitigé :

> En devenant agent de liaison, je tombai de Charybde en Scylla. J'avais cru améliorer mon sort, je l'ai rendu plus rude. Agent de liaison ? Quel métier sur ce maudit Plateau ! Toutes les nuits je suis de quart pendant deux heures et demie, ce qui m'oblige à vérifier si rien n'est anormal, si la garde est bien assurée ; je suis obligé de patrouiller [...]. Échasson me donne l'ordre d'aller avertir le PC du bataillon. Il est minuit et il me faut deux bonnes heures pour l'aller-retour. Je chausse mes skis ; mais impossible de circuler ainsi : tempête de neige. Je prends donc mes chaussons à neige et je pars. Le sentier que nous avions balisé se distingue mal dans la nuit noire, souvent je m'en écarte ; alors j'ai de la neige jusqu'au ventre ; je zigzague pour le retrouver ; les mulets qui passent constamment par là tassent la neige qui gèle, et, à tout instant, on risque une entorse à cause des trous et des bosses faits par leurs sabots ; chaque pas réclame un effort[56].

La distance à parcourir empêchait l'information de circuler rapidement. Aussi un système de communication optique fut créé, utilisable de nuit seulement (hors tempête de neige, brouillard, etc.) et à heures fixes :

> Il y avait cinq signes conventionnels : RAS, alerte, attaque, blessé, renfort, chaque section avait un indicatif. Le PC interceptait les messages directement ou par relais. Grâce à ce système, tout le Plateau pouvait être alerté en moins de quinze minutes[57].

Quoique ingénieux, ce système ne put servir le 26 mars, alors que le secteur de Monthiévret était attaqué, et l'information circula pédestrement[58].

Si les liaisons inter-Plateau étaient effectuées par les membres des sections, celles avec l'extérieur étaient réalisées par des personnes qui n'étaient pas rattachées directement au commandement, mais paraissent être restées en contact avec l'état-major départemental de l'AS. La mission de l'un de ces passeurs est décrite ainsi :

> Le passeur officiel était Nicolin [...] une ou deux fois par semaine, il montait à Glières, avec une régularité de fonctionnaire. Il était chargé d'amener d'Annecy les hommes, les colis et le courrier. Il prenait les jeunes recrues au pont d'Onnex, les conduisait, en évitant les barrages et les patrouilles, jusqu'à Aviernoz, où tout le monde passait la nuit [...]. Vers 4 heures le lendemain matin, on repartait renforcé par des porteurs et l'on atteignait le Plateau après une marche globale de 10 à 12 heures dans la neige. Nicolin redescendait avec le courrier et les messages que Tom ou Anjot envoyaient à leurs chefs[59].

Des maquis au bataillon de Glières

Les ouvrages consacrés à l'histoire des événements de Glières évoquent l'existence du « bataillon des Glières ». Aucun élément ne confirme la volonté de créer sur le site un bataillon dès l'ascension de deux centaines de maquisards. Même si la création de bataillons clandestins avait reçu un début de concrétisation en 1941, la dissolution du 27e BCA en novembre 1942 avait totalement remis en cause un tel projet. Les militaires avaient vraisemblablement songé à reconstituer des unités qu'ils auraient commandées. Toutefois, la pénurie d'armes et de cadres, l'ignorance de la chose militaire chez la plupart des réfractaires devenus maquisards, l'impossibilité de concentrer en un lieu unique plusieurs centaines d'hommes, rendaient cet objectif illusoire.

La concentration de Glières pouvait de ce point de vue présenter une aubaine. Faute de sources, les étapes de la création du bataillon restent mal connues : on peut cependant écarter l'idée que ce fut un bataillon qui rejoignit le Plateau dans les premiers jours de février. La création de cette unité fut plutôt l'aboutissement d'un processus né du regroupement rapide de plusieurs maquis sur le site. La nécessité de le protéger des incursions, sa mise en défense, la présence d'officiers et de sous-officiers à la tête des maquis facilitèrent la transformation de l'agrégat de maquisards en un bataillon. La tâche que s'assignait Théodose Morel, celle de créer une telle unité, nécessitait une présence tout autre qu'éphémère. On remarque que c'est lors d'une brève cérémonie, le 20 février, que fut remis un drapeau sur lequel figure la devise « Vivre libre ou mourir ».

C'est vraisemblablement à ce moment et de manière solennelle que le bataillon succéda à l'agglomérat de maquis. Regroupant un grand nombre de maquisards, la cérémonie se déroula six jours après le premier parachutage intervenu dans la nuit du 14 au 15 février, alors que la lunaison de février s'achevait et que les hommes étaient condamnés à attendre la prochaine pleine lune. Demeurer sur le Plateau revenait à s'exposer à de nombreuses difficultés, telles que le problème des vivres à acheminer, la pression des forces du maintien de l'ordre, la lassitude. Mais, à tout le moins, la création de ce bataillon, pour peu que les cadres sur le Plateau veuillent assumer cette mission, permettait de transformer les maquisards en soldats, de parfaire leur formation... et accessoirement de les occuper.

D'une certaine manière, cette organisation marquait la revanche des militaires sur les civils. Comme le dit – ou l'aurait dit – Théodose Morel aux FTP qui rejoignirent Glières dès le début du mois de mars :

> Ici, il n'y a plus ni AS ni FTP ; il y a l'armée française. Êtes-vous prêts à accepter notre discipline[60] ?

La montée sur le Plateau avec la promesse d'un approvisionnement en armes avait conforté la position des officiers de l'ex-27e BCA et leur avait permis d'imposer la militarisation du site. Cette espérance, mais plus encore le premier parachutage dans la nuit du 14 au 15 février, renforcèrent leur prééminence à la tête des maquis.

Promu par le capitaine Petit chef des maquis de la Haute-Savoie le jour même de sa montée sur le Plateau, Morel n'exerça en pratique que le commandement du regroupement de Glières. S'il commandait aux formations AS présentes sur le Plateau, il exerçait sur les autres maquis un commandement plus nominal que réel.

Aucun témoignage direct n'explique les raisons qui le poussèrent à transformer l'agrégat en bataillon. On notera simplement qu'un dispositif organisé donnait plus de fil à retordre à un éventuel assaillant qu'une juxtaposition de maquis qui, jusqu'alors, n'avaient montré qu'une efficacité relative en cas d'attaque. En revanche, la seule réception des parachutages ne nécessitait en aucun cas un tel effort d'organisation : moins de six mois après les événements de février-mars 1944, l'important parachutage du 1er août 1944 n'imposa aucune fusion des maquis en une organisation unique bien que celle-ci existât sur le papier sous le nom de FFI.

La réorganisation du maquis, passant du statut de groupes plus ou moins structurés à celui d'unités s'appuyant mutuellement dans le cadre d'une organisation hiérarchisée, supposait une transformation radicale de la relation que ces groupes de maquisards entretenaient avec une autorité militaire en train de se réaffirmer. En transformant des hommes réfractaires au STO, mais souvent aussi à toute discipline militaire, Théodose Morel réalisa un réel exploit, comme le notent les auteurs de *Glières, première bataille de la Résistance* :

> Nos gars n'étaient pas tous venus au maquis pour se battre et ceux-là mêmes qui désiraient prendre les armes contre l'ennemi n'entendaient pas être embrigadés dans un système semblable à l'armée. Beaucoup avaient pris pendant les premiers mois des habitudes d'indépendance qui les préparaient mal à entrer dans une formation comme notre bataillon de Glières. Bien plus, les groupes qui nous arrivaient au Plateau étaient installés depuis des mois dans les chalets amis où ils avaient eu, en général, la tranquillité, des provisions et un certain confort rustique. Du jour au lendemain, tous ces jeunes durent vivre dans un camp discipliné, habiter dans des chalets mal équipés de toute manière, recevoir des ordres et les exécuter[61].

En adoptant le mode de vie spartiate de ses troupes, *Tom* Morel parvint à s'imposer. En outre, il possédait un véritable charisme, dû autant à sa jeunesse – il n'avait que quelques années de plus que les hommes qu'il commandait – qu'à sa fougue. Ce charisme facilita la tâche des cadres dans leur transformation des maquisards en soldats. Cette facilité n'empêcha cependant pas de sérieux accrocs : certains ne supportaient pas cette nouvelle vie de militaires, et les tensions étaient inévitables au sein de groupes vivant dans une certaine promiscuité et dans un environnement privé, ou presque, de tout contact avec l'extérieur.

Le changement spontané d'état d'esprit, du moins pour la plupart des hommes présents sur le Plateau, simplifia grandement la mission des cadres chargés d'enseigner les éléments essentiels de la vie du soldat, notamment l'obéissance, l'usage des différents types d'armes et les rudiments du combat. Habitués jusque-là au désœuvrement du maquis, les hommes durent se plier aux ordres qu'ils recevaient, ainsi qu'à quelques rites :

> La journée commençait par le lever des couleurs. Chaque section, à l'exception des hommes de garde, se rassemblait autour du mât où flottait un drapeau fait de toile de parachute. Le chef, après avoir exalté l'un des sentiments qui devait nous animer, donnait des directives puis commandait le *présentez armes* ; les hommes s'immobilisaient comme s'offrant à l'emblème ; en chacun s'affermissait une volonté plus tenace, tandis que le drapeau claquait dans la bise matinale[62].

Si le dispositif comprenait, comme un véritable bataillon, compagnies et sections, il ne faut pas pour autant en exagérer l'importance. Théodose Morel n'avait sans doute pas d'idée préconçue sur la manière dont il allait occuper le terrain : il avait composé avec les moyens dont il disposait et géré les contraintes qui pesaient. C'est donc au fur et à mesure que l'organisation s'étoffa. Louis Jourdan expliqua :

> Je commandais alors les camps de Manigod et du Bouchet-de-Serraval, qui allaient former, à Glières, trois sections : le camp de Gaby devint la section Hoche ; l'ancien camp de Thorens, avec Loulou de Faverges, prit le nom prestigieux de Leclerc ; le camp de Manigod, avec Métral, donna la section Lyautey[63].

Les compagnies, au nombre de quatre dans la seconde moitié de mars, correspondaient plus à des secteurs géographiques à défendre qu'à un effectif d'hommes déterminé. La compagnie *Forestier*, dirigée par un adjudant, Louis Morel, ne comprenait que deux sections, alors que la compagnie *Humbert* (surnom d'Henri Onimus) en comptait cinq. Les sections ne comprirent pas un nombre d'hommes fixé au préalable. Ainsi les effectifs de la section équipée de mortiers se montaient à une dizaine de membres environ, alors que la section *Ebro*, composée essentiellement d'Espagnols, en dénombrait une cinquantaine[64]. Les sections étaient réparties en compagnies, mais les éclaireurs-skieurs, l'infirmerie, ainsi que les équipes chargées du parachutage, du ravitaillement et des liaisons étaient directement rattachés au PC. La mission des compagnies consistait à protéger le Plateau et ses accès, essentiellement par des gardes statiques. Tout autre était celle des éclaireurs-skieurs, qui faisaient office d'équipe volante. Choisis parmi « les plus robustes et les plus résolus » des maquisards, bons skieurs, ils étaient amenés à servir de renfort[65].

On aurait tort de se faire une vision figée de l'organisation du bataillon de Glières. Les effectifs sont à peu près stabilisés après le 12 mars, soit six semaines pratiquement après l'arrivée des premiers éléments dudit bataillon, et deux semaines avant sa dissolution. Mais son commandement subit des remaniements considérables consécutifs à la mort de Théodose Morel. S'ouvre alors une période d'intérim qui s'achève le 18 mars avec l'arrivée de Maurice Anjot, huit jours seulement avant la fin de Glières. Dès sa prise de commandement, il modifie l'organisation du bataillon clandestin en s'adjoignant les services de Jacques de Griffolet d'Aurimont et de Pierre Bastian, rendant Louis Jourdan à sa compagnie. Enfin, plusieurs sections changent de chef.

Le chalet

La cellule de base était le chalet, équivalent de la chambrée militaire, où les hommes se retrouvaient pour manger, dormir ou se distraire et où étaient réparties les corvées. Julien Helfgott rapporte :

> Le chalet représente vraiment pour moi ce qui me manque tant depuis de longs mois de vie errante. Maintenant nous sommes fixés : un foyer est là tout proche avec des frères, et leurs chants qui m'appellent dans la nuit me sont bien doux au cœur[66].

Chaque chalet disposait d'une cuisine tenue par un homme ayant quelques difficultés dans l'apprentissage du métier des armes, ou par un maquisard sanctionné ; il lui était également confié une vache, à charge pour les combattants de la nourrir et de la traire[67].

De fait, le chalet bornait le champ des contacts possibles. Les maquisards nouaient relativement peu de liens avec les hommes des autres chalets, *a fortiori* des autres sections et compagnies. Robert Amoudruz indique que dans le secteur de Monthiévret, situé au-dessus du Petit-Bornand, cantonnaient les deux sections *Jean-Carrier* et *Saint-Hubert*. Mais « les hommes des deux sections ne se connaissent pas, les uns venant essentiellement de la région de Thônes, les autres du Chablais-Giffre. Ils se côtoieront pendant une semaine sans avoir l'occasion d'entrer en relation, les préoccupations qui les habitaient pendant ces journées ne leur en laissant guère le loisir[68] », précise-t-il. Albert Démolis ne se rappelle aucun nom des hommes du groupe *Savoie-Lorraine* dont il était membre, hormis ceux avec lesquels il faisait chalet commun[69] : le cloisonnement était la règle.

Les loisirs sur le Plateau étaient rares : « il n'y avait pas une minute de répit dans cette vie[70] ». Les journées bien remplies entre gardes, instruction, liaisons, collecte du ravitaillement et corvées diverses laissaient peu de temps libre. C'est dans les chalets, le soir, que se concentraient l'essentiel des loisirs des maquisards, lors des veillées consacrées à des lectures et au chant[71].

Discipline

Les hommes, encadrés par des militaires avant leur concentration à Glières, n'eurent pas de peine à accepter la discipline que les officiers et sous-officiers voulaient instaurer sur le Plateau, l'élimination des éléments les plus rétifs ayant déjà été faite. En revanche, sur le Plateau, certains groupes ou individus eurent plus de peine à se conformer aux directives imposées par la hiérarchie. Les plus indociles se trouvaient parmi les maquisards les plus âgés ou issus des FTP. Robert Amoudruz raconte que les membres de la section *Liberté chérie*, issus des FTP et montés à la fin de février, avaient été placés sous les ordres d'André Wolff, ancien sous-officier d'active du 27e BCA d'armistice. Rapportant les propos de Gérard Paclet, un des membres de cette section, il écrit :

> « Wolf [*sic*] voulait nous mener à la baguette : toilette et rasage dans la neige, gymnastique, prise d'armes au drapeau, etc. On [Gérard Paclet et Léopold Martin] n'a pas supporté et on est partis. » [...] Le vieux chef était certes excédé par les exigences un tantinet ridicules des gradés du 27e : il était venu pour se battre et non pour jouer au boy-scout[72].

Même dans les maquis issus de l'AS, cette ambiance militaire n'était pas acceptée sans réticences :

> Le lieutenant Joubert s'était installé avec nous et il s'efforçait de nous inculquer des principes militaires, mais nous n'étions pas toujours très réceptifs. Je garde, par exemple, un souvenir assez peu enthousiaste des séances de décrassage où, dans le froid et la brume du petit jour, il nous conviait à courir, en petite tenue, autour du chalet en exécutant des mouvements sportifs[73].

Plusieurs maquisards ne supportèrent pas cette atmosphère et redescendirent dès qu'ils le purent[74]. Pour contrer les défections, Théodose Morel rédigea une circulaire précisant que ceux qui partaient sans son ordre et seraient retrouvés seraient passés par les armes[75]. Le moment approprié pour fuir le Plateau était celui de la garde, pratiquée par un seul homme pendant une heure, à cause du froid. En conséquence, Morel doubla les gardes, passant d'une personne pour une heure à deux personnes pour deux heures[76].

Des châtiments corporels furent infligés, des coups de ceinturons distribués à des hommes devant leurs camarades pour des motifs divers[77]. Ainsi Pierre Touzard, de la section *Leclerc*, fut puni pour avoir donné une « tourte de pain » à des GMR. Emprisonné, il eut les cheveux taillés et il lui fut infligé trente coups de cordage. Il fit, selon sa déclaration, de la prison sur le Plateau puis fut remis à la section *Allobroges* où on en fit un cuisinier[78].

Louis Jourdan témoigne que « s'imposer n'était pas toujours l'affaire du seul rayonnement, il y fallait quelquefois la manière forte, quand on avait affaire à des "durs" qui ne s'inclinaient que devant de plus durs encore[79] ». Il ajoute aussi qu'avant sa montée il avait dû menacer de mort des hommes de son camp si l'acte dont ils avaient été les auteurs – non précisé – devait se répéter. « Si j'avais agi autrement, ils m'auraient méprisé et ils n'auraient pas eu tort[80] », rapporte-t-il.

Théodose Morel fut amené à faire juger, puis exécuter par un peloton composé de représentants de chacune des sections, un jeune maquisard convaincu de vol[81]. Hugo Schmidt, maquisard allemand, ancien des Brigades internationales, déclara lors de son interrogatoire que son désir avait été de passer avec sa famille en Suisse et non d'être maquisard, ce qu'il n'avait pas dissimulé à *Tom* lors de son arrivée au Plateau. Lequel Morel lui aurait intimé l'ordre de rester à Glières sous peine d'être abattu[82].

Théodose Morel voulait entraîner les hommes qu'il commandait afin d'en faire des soldats aptes à reprendre les hostilités contre l'occupant : on resta fort éloigné de cet objectif.

La principale faiblesse du bataillon clandestin tenait à la méconnaissance que les hommes avaient du matériel et de son usage. Les auteurs de l'ouvrage publié en 1946 évoquent l'apprentissage de la manœuvre[83] ainsi que des cours théoriques et pratiques. André Vignon écrivit après guerre :

> En montant à Glières, nous avions déjà des armes [...]. Mais... pas question de s'entraîner à leur maniement. Lorsque la section Bayard a été rééquipé [*sic*] en armes anglaises, il y eut cependant un exercice de tir, chacun put tirer un mini-carton de 3 balles. Moi je suis arrivé trop tard, j'étais de garde pendant la séance d'instruction, et je n'ai pas eu la possibilité de faire mon mini-carton[84].

Nombre de ses camarades avouèrent à l'instar de Serge Aubert : « Je ne savais pas tirer et je n'ai jamais brûler [*sic*] de cartouches[85]. » La connaissance des armes restait donc essentiellement théorique, les hommes n'ayant eu que rarement l'occasion de les utiliser. La consigne visant à faire usage des armes de manière parcimonieuse, valable pour les maquis qu'encadrait l'AS (et sans doute pour les autres aussi), restait valide malgré l'importance du matériel parachuté. À ceci nous n'avons pas trouvé d'explication. De fait, le maquisard ne pouvait pas être ce que les auteurs de l'ouvrage paru en 1946 revendiquaient pourtant : un « soldat d'élite, genre commando[86] ».

Les hommes du bataillon clandestin, qui se présentait comme un élément de l'armée française, continuaient cependant à vivre selon les habitudes contractées dans leur vie maquisarde. Celles-ci n'avaient pas été abolies du seul fait d'une ascension sur un Plateau enneigé dont l'occupant était absent : les hommes continuaient à s'appeler par leur nom de guerre, sobriquet, etc., officiers inclus. Le lieutenant Morel était connu sous le nom de *Tom* et par son grade, le lieutenant Jourdan par celui de lieutenant *Joubert*. Si Maurice Anjot revêtit sa vareuse d'officier du 27e BCA, voulant « mourir Anjot », il n'était connu de la plupart de ses hommes que sous son surnom de capitaine *Pierrot* ou de *Bayard*.

À l'opposé des règles en vigueur dans l'armée française où les chefs s'imposaient en raison d'un grade correspondant à un niveau de compétence réel ou revendiqué, le fait que les maquisards fussent des volontaires renversait les préséances. C'était aux officiers de demander à leurs hommes s'ils les acceptaient en tant que tels. C'est ce que fit – ou aurait fait – Maurice Anjot lorsqu'il prit, le 18 mars, son commandement. Contrairement aux usages régnant dans les quartiers et à la courtoisie militaire, les maquisards ne saluaient pas systématiquement leurs chefs et ne portaient pas d'uniforme. Malgré les efforts qu'ils firent pour en délester les Chantiers de la jeunesse ou les dépôts où se trouvaient les effets du défunt 27e BCA, les maquisards ne *ressemblaient* pas à une armée. Mais, comme leur évacuation du Plateau le confirmera, il n'était pas dans leur intérêt de porter une tenue uniforme.

Il aura manqué à la poignée de cadres de la défunte armée d'armistice d'être plus nombreux pour diriger les quatre centaines d'hommes présents sur le Plateau, comme il leur manquera le temps nécessaire pour en faire de véritables soldats.

En revanche, la constitution du bataillon de Glières représente la tentative la plus aboutie de militarisation avant le débarquement. Réunissant le plus grand nombre de maquisards, elle signait également un compromis entre les maquis et un bataillon tel que l'armée française en comptait avant sa dissolution. Ainsi, la vie menée sur le Plateau « cumulait les servitudes de la caserne et les misères du maquis[87] ».

Le ravitaillement du Plateau

La question du ravitaillement fut bien évidemment cruciale. Pourtant la littérature n'est guère loquace à ce sujet. On sait peu de chose également sur les « ravitailleurs » qui opéraient les réquisitions et le convoyage des vivres. Le problème du ravitaillement est expédié en une dizaine de lignes dans le livre de l'Association des rescapés de Glières paru en 1946. L'exécution par l'occupant du principal organisateur du ravitaillement, le lieutenant Bastian, ainsi que le peu de sources écrites qu'il a laissées, expliquent une part de ce silence. Évidemment, dans une littérature qui insiste sur les actions contre l'ennemi, il est plus valorisant de narrer les faits d'armes que d'évoquer le transport des tommes ou des reblochons... Pourtant le ravitaillement représente un élément d'autant plus essentiel que le site n'offrait d'autres ressources que « du bois vert, des pommes de terre gelées et quelques vaches[88] ». Pendant pratiquement six semaines (31 janvier-13 mars), vivres, équipement, médicaments et courrier furent acheminés, avec toutefois des difficultés croissantes.

Les hommes qui avaient rejoint le Plateau le 31 janvier et dans les jours suivants avaient amené avec eux tous les vivres qui étaient dans leurs chalets d'origine. Mais la concentration des effectifs modifiait considérablement la donne. Du fait de l'éloignement entre les lieux de production et le lieu final de consommation, il fallut mettre sur pied une organisation efficace capable de collecter puis de convoyer vers Glières. Le nombre de ravitailleurs et d'agents de liaison, inconnu, devait avoisiner la centaine de personnes, mais diminua au fur et à mesure que l'étreinte policière se resserrait.

Le réseau de ravitailleurs couvrait une bonne partie du département de la Haute-Savoie. Son commandement avait été confié au lieutenant Bastian. Chef des maquis AS dans le secteur de Thônes, il disposait de nombreuses complicités dans cette vallée déjà prompte à nourrir les réfractaires qui s'y étaient établis. Là où les habitants du cru étaient favorables à la Résistance, le prélèvement s'effectuait en échange de bons de réquisition à valoir après la Libération. Là où l'enthousiasme était moindre, on procédait par réquisition[89], quitte à susciter des rancœurs tenaces parmi la population[90]. Il semble que des équipes de maquisards aient été constituées sur le Plateau afin d'aller chercher du ravitaillement dans la vallée[91].

Trouver l'alimentation nécessaire n'était pas une mince affaire, dans la mesure où les hommes devaient à la fois éviter de prélever trop souvent l'alimentation aux mêmes sources – sous peine de tarissement – et se prémunir des investigations menées par les forces du maintien de l'ordre. Qui plus est, les besoins en vivres s'accroissaient en raison de l'augmentation des effectifs, passés de 200 maquisards environ au début février à plus de 500 vers la mi-mars, GMR prisonniers compris. Pour nourrir convenablement, à raison de trois repas par jour, des hommes dans la force de l'âge, il fallait compter environ une demi-tonne d'approvisionnement quotidien – une mission quasiment impossible.

Tout d'abord, en fin d'hiver, nulle production, sauf laitière, ne pouvait remplacer les vivres prélevés : les paysans autour du Plateau voyaient eux-mêmes fondre leur stock de nourriture. Du fait de l'épuisement des ressources locales, il fallait en prélever de plus en plus loin. Or, les routes, surveillées de manière de plus en plus étroite au fur et à mesure que l'on se rapprochait du Plateau, étaient devenues dangereuses pour le maquis. Tant que les accès ne furent pas bloqués, « des colonnes de 10 à 15 traîneaux [...] montaient les vivres de L'Essert au Plateau[92] ». Au moins un câble, à l'origine destiné à descendre le bois, fut utilisé pour monter du ravitaillement dans le secteur du Petit-Bornand[93].

Le resserrement du dispositif policier compliqua l'affaire. En somme, les ravitailleurs avaient de plus en plus de mal à livrer la nourriture alors que le nombre de bouches à nourrir augmentait. Après la mort du commandant de GMR Lefèbvre, dans la nuit du 9 au 10 mars, et l'intensification des contrôles qui en résulta, le ravitaillement devint pratiquement impossible. Jusque-là on avait recouru aux chevaux et mulets : les corvées s'effectueraient désormais à dos d'homme. Le dernier ravitaillement d'importance semble être parvenu sur le Plateau par ses propres moyens : il s'agit d'un troupeau de trente-cinq vaches, réquisitionnées au Petit-Bornand, qui montèrent dans la première semaine de mars et nourrirent les maquisards pratiquement jusqu'à la fin du mois.

Le 13 mars, Pierre Bastian, qui était monté pour la cérémonie de sépulture de Théodose Morel, se fixa définitivement à

Glières, preuve que plus rien ne pouvait être fait en matière d'approvisionnement. Les parachutages, prévus pour subvenir aux besoins en armes mais non en vivres, n'avaient fourni des aliments que pour une durée de deux à trois jours. Dès le 15-16 mars, la nourriture vint à manquer, et huit jours avant l'ordre de repli, il n'y avait plus de pain[94]. Dans les derniers jours, les hommes n'eurent pour se sustenter que des pommes de terre gelées et de la viande de vache. Les GMR prisonniers durent apparemment se contenter d'une soupe trois fois par jour[95]. Les bombardements des chalets et donc des vivres qu'ils contenaient compliquaient une situation déjà précaire.

De fait, si Glières n'avait pas été attaqué le 26 mars, les hommes auraient sans doute dû redescendre dans la vallée, faute de ravitaillement. Constant Paisant indique que « la faim [...] devenait de plus en plus obsédante, les conversations dérivaient rapidement vers la nourriture[96] ». Serge Thelen fit partie des plus chanceux, puisqu'il put manger, avec plusieurs de ses camarades, la viande d'un chamois tué par un maquisard[97]. Enfin, Paul Lan rapporta que nombre d'hommes furent atteints de coliques du fait de la consommation de pommes de terre gelées[98] : l'état sanitaire des combattants de Glières ne devait pas être brillant à la fin du mois de mars. L'affaiblissement des organismes facilita la tâche des forces répressives qui purent aisément arrêter des hommes affamés, fatigués et pour beaucoup, sans doute, démotivés. C'est également ainsi que peut s'expliquer le départ du Plateau, sans ordre, de plusieurs partisans.

La question des effectifs

Aucun rôle ne permet de savoir qui se trouvait sur le Plateau, même si le secrétariat, tenu par Alphonse Métral, connaissait le nombre de « bouches à nourrir ». Le même indiqua par ailleurs qu'après le bombardement par les avions allemands le 12 mars 1944 la priorité n'était bien évidemment plus de dénombrer les présents[99].

Peu après l'ordre de repli donné par Anjot, les pièces qui n'avaient pas été détruites lors des bombardements le furent volontairement par leurs auteurs, ce qui n'a pas facilité la tâche de ceux qui, à la Libération, ont tenté de reconstituer les effectifs. Nombre d'hommes ne se connaissaient que par leurs surnoms, non par leurs patronymes. Durant leur présence dans le maquis, et même si la clandestinité était relative, les combattants savaient qu'ils n'avaient pas intérêt à trop en dire à celui qui, du jour au lendemain, pouvait passer du statut de camarade à celui de délateur. De toute façon, même sur le Plateau, le secrétariat ne devait avoir qu'une vision approximative des effectifs rationnaires. Les arrivées individuelles de nouvelles recrues, le gonflement des effectifs par l'arrivée de maquis complets, les changements d'affectation, les maladies, les blessures, les accidents (qui éloignent les combattants de leur section et les rapprochent de l'infirmerie), puis des défections croissantes modifièrent constamment les effectifs au sein des sections et des compagnies. Dès la Libération cependant, le chiffre de 465 combattants fut avancé : il fait foi aujourd'hui encore.

Dans la foulée de la création de l'Association des rescapés de Glières, une poignée de rescapés s'attela à retrouver d'anciens camarades et à dresser des listes pour bien des raisons : décompter les victimes, les déportés, les survivants, retrouver les familles des défunts et les avertir, faire reconnaître ses droits, etc. Ce travail prit du temps, car il fallut attendre 1946 et la sortie de *Glières, première bataille de la Résistance* pour qu'apparaisse le nombre de 465 combattants. Pourtant, peu de temps après cette parution, le bulletin de l'association évoquait 362 noms, chiffre qui coïncidait avec celui des membres de l'Association des rescapés[100] : 362 réchappés, une centaine de morts, le nombre de 465 pouvait paraître crédible.

Il restait toutefois aléatoire et l'Association des rescapés rencontra de sérieuses difficultés pour mesurer son effectif potentiel. Bien des anciens s'étaient engagés dans l'armée, bataillant en Indochine, en Afrique du Nord ou en Allemagne. D'autres étaient rentrés chez eux sans plus se soucier de ce qu'ils avaient fait durant l'hiver 1944. Certaines familles de victimes, tuées à Glières ou mortes en déportation, jugèrent peut-être inutile de rejoindre l'Association. Enfin, certains ignoraient qu'elle s'était constituée. Toutes ces raisons auraient dû accroître le nombre des combattants puisque, entre 1947 et aujourd'hui, des anciens se sont signalés. Gravé dans le granit à Morette, imprimé à plusieurs dizaines de milliers d'exemplaires dans des livres, des brochures, des guides, colporté aujourd'hui par les médias électroniques, le chiffre de 465 a fini par s'imposer. Différentes sources, policières, judiciaires, datant des événements mêmes ou de la Libération permettent pourtant de le réviser, d'autant plus qu'il faut s'accorder sur ce que l'on entend par « ancien de Glières ». On considérera comme tel toute personne montée sur le Plateau de son propre gré et qui obéit, pour un temps du moins, aux ordres d'une hiérarchie dirigée par le lieutenant Théodose Morel et ses successeurs. Cette définition exclut toute une série de personnes : les hommes qui n'ont jamais gravi les sentiers conduisant sur les hauteurs en février ou mars 1944, ainsi que ceux qui sont montés sur le Plateau et qui en sont aussitôt redescendus, sans être intégrés au dispositif. En revanche, nos critères permettent d'inclure ceux qui montèrent sur le Plateau, y restèrent quelque temps et redescendirent avant l'ordre du 26 mars, quel qu'en soit le motif (maladie, blessure, absence de vivres, lassitude, etc.), et bien évidemment tous ceux qui se replièrent après en avoir reçu l'ordre ou qui quittèrent le site après 22 heures.

En définitive, les sources disponibles nous ont permis de retrouver les noms de 524 personnes qui à un moment donné, entre le 31 janvier et le 26 mars 1944, obéirent à Glières aux ordres de Théodose Morel et ses continuateurs. Ce nombre ne recouvre pas la totalité des hommes présents sur le Plateau. Certains documents, notamment les interrogatoires réalisés par les policiers de Vichy, montrent que les maquisards livrèrent des noms que l'on ne retrouve dans aucune liste : qui pouvait se cacher derrière les noms de Gruffaz ou de Gay (noms très répandus en Haute-Savoie) ? On émettra, à titre d'hypothèse, qu'entre 550 et 600 hommes restèrent pour un temps plus ou moins long sur le Plateau et qu'ils devaient être environ 450, peut-être moins, le 26 au soir, lorsque le capitaine Anjot ordonna à ses troupes de regagner leurs maquis d'origine.

À cette fourchette de 550 à 600 s'ajoutent les ravitailleurs du maquis ainsi que des agents de liaison. Si les noms d'une cinquantaine d'entre eux sont connus, seule une trentaine a obtenu après la guerre un certificat d'appartenance aux FFI. Il conviendrait probablement de tripler cette estimation pour intégrer ceux qui ne se signalèrent pas à la Libération, jugeant que mener du fromage, du beurre ou des légumes ne pouvait passer pour une action méritant que l'on s'en souvînt. Au total, le dispositif de Glières a sans doute mobilisé entre 600 et 700 personnes. Cela dit, dès le 17 mars, les rapports de la police allemande mentionnant des arrestations de maquisards tentant de rejoindre Glières indiquent qu'il devenait de plus en plus difficile de franchir les cordons policiers et miliciens. Surtout, et dès les premiers jours de février, certains maquisards cherchèrent à redescendre du Plateau bien que l'on ignore le nombre de ceux qui s'enfuirent. Il y en eut, et sans doute plus que ceux identifiés (une partie de la section *Savoie-Lorraine* le 24 mars).

S'il est quasiment impossible de rendre compte de manière satisfaisante de l'organisation de Glières, il n'est pas plus facile de savoir qui était officier ou sous-officier et qui ne l'était pas. Il faut pourtant tenter l'exercice.

Les officiers

Jusqu'à l'ascension des maquis de la région de Bonneville et du Giffre, le 12 mars, il n'y aura, c'est du moins la version qui est colportée depuis la Libération, que deux officiers sur le Plateau, Théodose Morel et Louis Jourdan, pour un effectif oscillant entre 200 hommes autour du 1er février et 380 environ le 10 mars, jour de la mort de *Tom*.

On ne peut pourtant prendre pour argent comptant cette assertion. Il y eut en pratique plus d'officiers que la littérature veut bien en dénombrer. S'ajoutent ainsi, jusqu'au 12 mars, Antonio Jurado-Reyes, commandant de cavalerie dans l'armée de la République d'Espagne[101], le plus haut gradé sur le Plateau ; Gabriel Vilches-Agueyo, dit *capitan Antonio* ; Fernando Garcia, lieutenant dans l'armée espagnole ainsi que Pierre Chanteur, aspirant dans l'artillerie[102].

Sur le Plateau, il ne s'agissait donc pas uniquement d'être officier, il fallait encore être compétent pour la tâche à mener et parler français. Les trois officiers espagnols – si ce nombre est exact – n'avaient sans doute jamais eu à conduire de Français, s'exprimaient selon toute vraisemblance mal dans cette langue et étaient issus, du moins pour l'un, d'une arme – la cavalerie –

n'ayant que peu de liens avec les chasseurs alpins ou l'infanterie. Pierre Chanteur, issu de l'artillerie, était également dans ce cas. Mais, plus encore que ces contingences, il fallait, pour être officier sur le Plateau, avoir été adoubé comme tel et coopté par Théodose Morel puisqu'il était devenu le chef des maquis AS de la Haute-Savoie. On peut supposer que, pour être accepté, il fallait avoir été cadre du 27e BCA d'armistice et avoir œuvré dans la clandestinité avec Jean Vallette d'Osia. Ce vivier n'étant pas extensible, Morel décida dans un premier temps de faire appel, dans un courrier non daté mais peut-être du début février, à ses anciens élèves de Saint-Cyr, repliés à Aix-en-Provence[103].

Il n'y eut aucune réponse, soit que les officiers ne l'eussent pas reçu du fait de la censure et d'adresses erronées, soit que ses anciens élèves se fussent abstenus d'y répondre. En conséquence, jusqu'à sa mort le 10 mars, seuls deux officiers du défunt 27e BCA d'armistice occupèrent une fonction d'officier sur le Plateau, Théodose Morel et Louis Jourdan. Au 13 mars, trois jours après la mort de Morel et le lendemain de la montée d'un détachement d'une centaine d'hommes provenant des maquis du Giffre et de la région du Faucigny, cinq avaient un grade d'officier de l'armée d'armistice et une compétence soit dans l'infanterie, soit dans les chasseurs alpins : Louis Jourdan, Pierre Bastian, Jacques Griffolet d'Aurimont, Jacques Lalande, Pierre Barillot. Ils seront rejoints par Maurice Anjot le 18 mars.

Les officiers étaient donc peu nombreux. Constatant l'échec de sa démarche auprès de ses anciens cyrards, Théodose Morel promut des sous-officiers du défunt 27e BCA et conféra des grades de lieutenant à des sous-officiers de cette unité qui avaient su faire leurs preuves dans la clandestinité. Ainsi Henri Onimus et Louis Morel reçurent chacun la responsabilité d'un groupement géographique organisé en compagnies et placé sous leurs ordres. Enfin, quelques sous-officiers de carrière se firent désigner par un grade qu'ils s'adjugèrent, estimant qu'à la fonction qu'ils occupaient, comme celle de chef de section, devait correspondre un grade équivalent, celui de lieutenant. Robert Jouglas n'avait jamais obtenu de grade supérieur à celui de sergent-chef ; parce qu'il devint chef de section sur le Plateau, il se fit appeler lieutenant. Ceux qui possédaient officiellement ce grade occupaient sur le Plateau des fonctions supérieures à cet échelon : ainsi, le lieutenant Morel faisait office de chef de bataillon, rang qui lui fut attribué à titre posthume à la Libération.

On admettra comme officiers ceux qui avaient occupé les fonctions de chefs du Plateau, de chefs de secteur ou de compagnie : la plupart d'entre eux avaient été officiers dans l'armée d'armistice. Nous ferons une exception pour Pierre Barillot, qui commandait un sous-secteur et qui n'était qu'à la tête d'une section, mais dans un lieu particulièrement stratégique, celui de Monthiévret. L'importance de cette position justifia sans doute de placer à sa tête un officier qualifié.

Nous admettrons comme cadres tous ceux qui exerçaient une fonction de chef de section ou d'adjoint – certains avaient été sous-officiers dans l'armée d'armistice. Enfin, on fera de tous les autres, y compris des chefs de sizaines, des maquisards.

Le personnage central de l'épisode de Glières est sans conteste le lieutenant Théodose Morel. Son rôle emblématique n'a échappé ni aux historiens, ni aux autorités officielles, ni aux membres de sa famille. Il a pour l'heure suscité trois biographies, dont l'une a été préfacée par le président Sarkozy[104]. La correspondance qu'il a laissée a grandement facilité le travail des biographes, surtout pour la période allant jusqu'à 1942. Pour autant, ces publications qui tournent vite à l'hagiographie restent lacunaires et passent rapidement sur ce qui rendrait moins consensuelle son image de saint ou de rebelle au régime de Vichy.

Théodose Morel est né le 1er août 1915 à Lyon dans une famille aisée de soyeux. Du côté maternel, on comptait de nombreux officiers. Il fut élevé dans la mémoire de son oncle et parrain, officier d'aviation, tué en 1918. Scolarisé dans plusieurs établissements religieux de Lyon, il adhéra au scoutisme et milita activement au sein de la Jeunesse étudiante chrétienne. Théodose Morel était très pieux, ce qui transparaît dans sa correspondance, que publia le père Ravier. Suivant la lignée maternelle, il désirait faire carrière dans l'armée. Admis à Saint-Cyr à la rentrée de 1935[105], il en sortit au 16e rang[106], ce qui ne lui permit pourtant pas d'intégrer la Légion étrangère, choix auquel il aspirait. Le 1er octobre 1937, il entre au 27e BCA, où il s'ennuie[107]. Il profite néanmoins de cette affectation pour préparer l'École de guerre. C'est à la fin de l'hiver 1938 qu'il rencontre celle qui deviendra son épouse, Marie-Germaine Lamy.

À compter de juin 1938, il découvre la montagne et se rapproche des éclaireurs-skieurs. Il enchaîne durant tout l'été les courses en haute montagne avec un plaisir évident. Dans sa correspondance il laisse également transparaître la joie qu'il ressent à commander des hommes motivés. Il n'aime guère la vie de garnison et l'oisiveté qui l'accompagne. L'été 1939 lui redonne l'occasion de faire de la montagne « au milieu de cet univers de splendeur, dans cette ivresse de se sentir vivre, libre, joyeux, avec la calme sérénité du chef[108] ».

De la mi-mai à la fin octobre 1939, il est avec la Section des éclaireurs-skieurs (SES) en Tarentaise où il œuvre à l'organisation défensive de ce secteur frontalier avec l'Italie. Il est promu lieutenant le 1er octobre 1939. L'inaction lui pèse à l'automne 1939 et pendant l'hiver 1940, alors qu'il voit les meilleurs éléments de sa section partir en Norvège. Sa frustration de n'être sollicité sur aucun des fronts où le 27e BCA est engagé (Norvège, est de la France) transparaît nettement dans sa correspondance. La déclaration de guerre du 10 juin lui donne enfin l'occasion de se battre. Le 12 juin il envoie une patrouille qui fait prisonniers quatre soldats italiens transis. Il rejoint la patrouille, capture lui-même un cinquième prisonnier et se saisit d'un important matériel. Cette opération lui vaut sa première citation et la croix de guerre. Il est blessé au bras au cours d'une reconnaissance qu'il effectue le 18 juin. Les journées les plus intenses de la courte guerre contre l'Italie, il les vit entre les 21 et 23 juin 1940, au cours desquelles, avec ses hommes, il parvient à bloquer les tentatives italiennes d'incursion sur le territoire français. Il obtient une seconde citation et la Légion d'honneur. De retour à Annecy après la signature de l'armistice, affecté au 27e BCA[109], il prend en charge le parc automobile du bataillon. Sous les ordres du commandant Vallette d'Osia, il participe au camouflage du matériel dérobé à la vigilance de la commission d'armistice italienne. Dans l'hiver 1941, il est instructeur à l'école de ski du Revard, près d'Aix-les-Bains. Dans l'été 1941, on le retrouve dans les manœuvres qu'effectue le 27e BCA en Maurienne. À la fin du mois d'août 1941, il est nommé à l'école militaire d'Aix-en-Provence, le « Saint-Cyr d'armistice », qu'il rejoint à la mi-septembre, en compagnie de son épouse enceinte et de ses deux enfants[110], et où il reste instructeur jusqu'à la dissolution de l'armée d'armistice. C'est dans cette ville qu'il serait entré en relation avec l'organisation clandestine Radio-Patrie, du réseau Carte[111].

Le lieutenant Morel et sa famille sont de retour à Annecy dans le courant de décembre 1942. Il reprend alors contact avec les officiers du défunt 27ᵉ BCA, dont le commandant Vallette d'Osia. Sa correspondance, fournie jusqu'alors, se raréfie et il est plus difficile de savoir à quoi il se consacre. Comme tous les anciens officiers de l'armée dissoute, il doit se reconvertir. Officiellement, il travaille dans une entreprise de tissage. Il occupe par ailleurs des fonctions officielles et visibles au sein de la Légion : il en est le commissaire départemental à la propagande dès avril 1943, fonction qu'il semble avoir occupée jusqu'à l'occupation allemande, en septembre 1943[112]. Il doit sa nomination au très maréchaliste Antonin Vergain[113] dont il a su gagner la confiance, au point d'obtenir le droit de porter une arme, privilège qui devait être autre chose qu'une simple formalité[114]. Il rédige des articles pour *Le Légionnaire Haut-Savoyard* et signe aux côtés de rédacteurs qui entreront dans la Milice, comme Maurice Bertheux. Jean Vallette d'Osia nous a confié que Morel était entré au sein de la Légion à sa demande. La volonté de noyautage paraît évidente. Gageons pourtant que l'idéologie conservatrice et anticommuniste de cette organisation ne devait pas le rebuter, comme le laisse transparaître un long courrier rédigé en juillet 1943 qu'il destine à l'un de ses amis emprisonné en Allemagne :

> Officiellement il ne semble pas que l'entente de Gaulle-Giraud soit parfaite : les anciens partis politiques reprennent le dessus, et toute l'œuvre du Maréchal en Afrique après 40 est détruite. Mais est-ce là une nécessité de l'alliance avec les Anglo-Saxons ou de l'unité que l'on doit réaliser contre l'ennemi commun, on ne sait trop ? En général, les Français pensent que de Gaulle et Giraud nous ramèneront la victoire et la paix. Les gens de notre milieu espèrent ainsi que les mesures d'ordre intérieur ne seront pas détruites et que Giraud nous sauvera du péril communiste : on aime à se rappeler son passé de chrétien, de père de famille et ses idées anticommunistes[115].

De ce point de vue, Morel ne diffère guère des officiers de sa génération : patriote, conservateur, antiallemand, anticommuniste, maréchaliste (jusqu'à la dissolution de l'armée d'armistice) puis giraudiste. En revanche, il ne semble pas particulièrement hostile au régime parlementaire, même s'il ne porte guère en son cœur les partis politiques. Sur le plan des idées et à quelques nuances près, il est somme toute assez proche de Jean Vallette d'Osia. Animé par une profonde foi intérieure – sa correspondance en témoigne –, il accepte, non sans maugréer, de nombreuses contrariétés assimilées à des sacrifices. Une fois la main à la pâte, il trouve des motifs de satisfaction en réalisant ce qu'il n'avait entrevu que sous l'angle de la contrainte.

Dans la foulée de la capitulation italienne, les Allemands arrêtent le commandant Vallette d'Osia le 13 septembre 1943. Sentant le danger, Morel quitte son domicile, dort chez des amis ou des connaissances et ne revient à Annecy qu'affublé d'une tenue de plombier[116]. C'est à ce moment-là qu'il s'occupe de plus en plus des maquis.

Rien *a priori* dans son cursus, son éducation ou ses pensées politiques ne prédisposait *Tom* à prendre la tête des maquis, à deux exceptions près : la fidélité à Vallette d'Osia – qui n'est pas avare de compliments à son endroit[117] – et à son œuvre, d'une part, sa profonde religiosité dont la notion de sacrifice était l'une des composantes, de l'autre[118]. Tout en regimbant, il accepta *in fine* d'encadrer les maquis : sans doute un sacrifice de plus[119]. Les raisons de son refus initial qui, selon Félix Plottier, daterait de mars ou avril 1943[120], nous sont inconnues. Sont-elles du même ordre que celles de Vallette d'Osia, qui doutait des motivations de la plupart des réfractaires qu'il soupçonnait de n'être mus que par le seul désir d'éviter le départ en Allemagne ?

En revanche, dès qu'il prit la tête des maquis de l'AS, Théodose Morel s'attela à sa tâche avec un réel engouement. Grâce à son charisme, il exerça le même ascendant sur les maquisards qu'il conduirait à Glières que celui avec lequel il aimantait les éclaireurs-skieurs qu'il commandait au sein du 27e BCA. Il mettait en application ce qu'il avait écrit en novembre 1937, peu après son entrée dans les chasseurs alpins :

> Plus on s'élève dans les grades, moins le contact avec tous les subordonnés est fréquent, continu. Aimer ses hommes est, je crois, peu de chose, à la portée de chacun et il me semble que tout officier ne peut s'empêcher de leur porter une affection de père à fils[121].

Il entretint avec « ses hommes » une relation de frère aîné avec ses puînés plus qu'un rapport « de père à fils ». La plupart des maquisards avaient à peine cinq à huit ans de moins que lui : certains sortaient tout juste de l'adolescence, une minorité y était encore. Pour autant, Morel savait garder ses distances. Le vouvoiement était de rigueur – à quelques exceptions près[122] – et il n'évoquait ses problèmes et ses projets qu'avec ses proches. Alphonse Métral, secrétaire au PC sur le Plateau et qui l'a donc côtoyé de près, a pu témoigner de son mutisme[123]. Mettait-il Louis Jourdan, son compagnon au 27e BCA, présent sur le Plateau dès le 31 janvier, au courant de ses intentions ? C'est peu probable : ce dernier, à la mort de *Tom*, fut incapable d'assurer autre chose qu'un intérim, preuve que le chef, totalement investi dans sa mission, entendait en assurer tous les détails. Du coup, le fait de devenir le seul maître sur le Plateau et l'incontestable réussite que représentait le regroupement de plusieurs centaines d'hommes le grisèrent peut-être ; sa témérité causa sa perte.

Tout autre était la personnalité de Maurice Anjot, éclipsé par le charisme de son prédécesseur, ce que sa famille comprend mal. L'ouvrage publié en 1946 par l'Association des rescapés, au vrai, disait tout en trois mots : « Glières, c'est Tom[124]. » Raccourci trompeur, car sans Maurice Anjot le symbole aurait moins de prestige : ce n'est pas le lieutenant Morel qui commanda lors de la « première bataille de la Résistance », mais bel et bien le capitaine Anjot. C'est lui qui donna l'ordre aux hommes – obéissant ainsi à celui de Jean Rosenthal – de garder leurs positions, tout en sachant que c'était une folie. C'est également lui qui ordonna de les abandonner juste avant l'attaque allemande, déjouant ainsi les plans de l'occupant : une bonne part de la gloire posthume de Théodose Morel revient à Maurice Anjot. Il aura fallu attendre 2009 pour que l'injuste oubli soit réparé par Claude Antoine, grâce à un ouvrage dont le titre révèle le souvenir légué par le dernier chef du Plateau : *Capitaine Anjot, le chef méconnu des Glières*[125].

Maurice Anjot est né le 21 juillet 1904 à Bizerte, en Tunisie, où son père, officier de carrière, tenait garnison[126]. Il passa son enfance dans une famille qui « conservait très vives les traditions religieuses et nationales[127] ». Après ses études au lycée de Rennes, il entra à Saint-Cyr en septembre 1923, dans la promotion « Chevalier Bayard » : il prendra le nom de *Bayart* ou de *Bayard* dans la clandestinité[128]. Il en sort en 1925 et il est affecté au 7e bataillon de mitrailleurs où il reste deux ans, avant d'aller pendant deux ans au Maroc, entre 1927 et 1929[129]. Nommé instructeur à Saint-Cyr en octobre 1929, il y demeure jusqu'en 1935, année de sa promotion au grade de capitaine. Il est alors versé au 172e régiment d'infanterie de forteresse à Strasbourg, puis à la direction de l'Infanterie, au ministère de la Guerre à Paris, qu'il quitte entre le 23 et le 25 mai 1940 pour rejoindre le 85e régiment d'infanterie sur le front de l'Aisne qu'il accompagne dans son repli sur l'Aube. Le 18 juin, il est attaché à l'état-major du groupement défensif de la Basse-Isère qu'il quitte pour l'état-major de la Haute-Savoie où il se trouve en juillet 1940 : c'est le plus pur des hasards qui le conduit à ce département où il n'avait – semble-t-il – jamais mis les pieds précédemment. Alors qu'il ne connaît rien, ni à la montagne ni au ski, il est muté au 27e BCA le 24 octobre 1940 et devient l'adjoint du commandant Vallette d'Osia qui ne tarit pas d'éloges à son endroit[130].

Maurice Anjot participa activement au projet d'organisation d'une demi-brigade à trois bataillons clandestins dans l'année 1941, avant que le projet ne soit éventé, ce qui lui valut des ennuis avec les autorités de Vichy. Il quitte la Haute-Savoie en août 1942 pour rejoindre l'école de Saint-Cyr repliée à Aix-en-Provence où il restera jusqu'à sa démobilisation le 29 novembre 1942. À cette date, il jouit d'une permission de trente jours et, à compter du 1er mars 1943, il est placé en congé d'armistice. Il participe à l'organisation de l'Armée secrète aux côtés du commandant Vallette d'Osia, dont il est l'adjoint depuis son retour en Haute-Savoie. En avril ou mai 1943, il devient « commissaire départemental à l'action civique » de la Légion, alors que son prédécesseur dans cette fonction entre dans la Milice[131]. Il rejoint la clandestinité, sans doute en novembre 1943, et vit dès lors en proscrit, se laisse pousser la moustache et les favoris, change d'identité, passe d'une maison à l'autre. Après l'arrestation de Vallette d'Osia, il occupe le 4e bureau de l'AS.

Nous en savons encore moins sur ses idées politiques que sur celles de Théodose Morel. Mais le parallélisme des origines et des parcours des deux hommes (éducation dans le respect des traditions et de la religion, Saint-Cyr, instructeurs à Saint-Cyr, cadres dans la Légion) suggère qu'ils étaient assez proches idéologiquement l'un de l'autre, d'autant que Vallette d'Osia nourrissait la même estime pour les deux hommes.

Si Théodose Morel se référa souvent à la notion de sacrifice consenti dans ses écrits, Maurice Anjot accepta le sien : il monta à Glières le 18 mars en sachant que la situation était désespérée. Mais, contrairement aux traditions des chasseurs, il « ne fit pas Sidi-Brahim » et exerça son commandement afin que le plus grand nombre des hommes présents sur le Plateau sortent saufs d'un guêpier dont il n'était pas l'instigateur.

Les lieutenants Jacques de Griffolet d'Aurimont et Jacques Lalande, les sous-lieutenants Pierre Barillot, Pierre Bastian et Louis Jourdan, l'adjudant-chef Louis Morel et le sergent-chef Henri Onimus[132] faisaient, on l'a dit, fonction d'officiers, mais on ignore leur aptitude au commandement. Notons qu'à la mort de Théodose Morel ce fut Louis Jourdan, son adjoint, qui lui succéda, pour trois jours seulement, avant de transmettre le flambeau à Pierre Bastian, le doyen des officiers. Ni l'un ni l'autre ne se sentirent les épaules suffisamment larges pour succéder à *Tom*. Le capitaine Anjot prit la tête du dispositif alors que personne d'autre que lui ne pouvait assumer cette mission.

Les cadres

Une quinzaine de sections se trouvaient sur le Plateau. Il faut accorder une importance toute relative à ce nombre, d'autant plus qu'il ne cessa, à l'image des effectifs présents, de fluctuer. Entre le 12 et le 26 mars, on dénombre entre 15 et 20 chefs de section : certaines sections perdirent le leur, blessé et immédiatement remplacé. Tout au long de son existence sur le Plateau, *Liberté chérie*, un groupement majoritairement FTP, eut deux chefs, si ce n'est trois. Un militaire (André Wolff), imposé par Théodose Morel, semble avoir exercé un commandement plus nominal que réel. L'autre chef était un civil (*Jim* Besson). Mais on doit également compter Marcel Lamouille : hiérarchies AS et FTP peinaient à fusionner.

La provenance et le parcours des chefs de section sont plus diversifiés que celui des officiers. Tous n'étaient pas militaires : cinq sur dix-huit sont incontestablement des civils, et trois d'entre eux, nés entre 1921 et 1922, n'avaient aucune expérience de l'armée, n'ayant effectué ni service militaire ni période dans l'armée d'armistice. Neuf au moins étaient des militaires de carrière, soit qu'ils aient exercé cette profession avant la guerre, soit qu'ils se fussent engagés dans l'armée d'armistice. Un des cadres semble avoir appartenu à la garde avant de rejoindre le maquis. Deux, espagnols, avaient été officiers de l'armée républicaine, mais on ignore s'ils étaient de la carrière ou de la réserve. Sur les neuf militaires chefs de section, huit étaient sous-officiers de l'armée française. Un enfin semble n'avoir été qu'un simple maquisard, mais fut remplacé par un militaire[133]. Les sous-officiers étaient expérimentés pour encadrer des hommes, au moins dans le cadre bien réglé de celui d'une armée.

Les civils durent à leur capacité à commander de se voir promus au rang de chefs de section. Lucien Cotterlaz-Rannard *(Savoie-Lorraine)* et sans doute Jean Rivaud *(Hoche)* occupaient des responsabilités au sein de la JAC où ils avaient peut-être appris à former et à encadrer des équipes ; Jean Rivaud et Lambert Dancet *(Éclaireurs-skieurs)* avaient suivi la formation de chef de chalet. Tous n'avaient pas une grande expérience du maquis ni du Plateau : André Wolff arrive à Glières au début du mois de mars, à la demande de Théodose Morel. Louis Conte *(Mortier)* débarque plus tard encore, le 16 mars, date à laquelle la section qu'il commande semble avoir été créée. Ni l'un ni l'autre ne paraissent avoir encadré de maquisards avant leur arrivée.

La littérature ignore généralement l'importance de ces hommes dont le rôle fut pourtant éminent : sur eux reposaient la construction du système défensif du Plateau, la répartition des gardes, de la nourriture, bref, le quotidien de la vie des maquisards. Ces cadres devaient faire preuve d'un certain doigté avec leurs subordonnés pour se faire obéir. Certains eurent plus de facilités que d'autres : au rebours de Jean Rivaud, Louis Loiseau, d'ailleurs remplacé par Robert Jouglas *(Leclerc)*, peina avec ses hommes. C'est dans sa section qu'un maquisard fut condamné à mort, acte qui eut forcément des incidences sur son commandement. Les sections *Hoche* et *Savoie-Lorraine* perdirent leur chef, blessé ou tué, remplacé par des militaires de carrière (Valazza et Paccini). Il faut voir dans ces deux changements la volonté de la hiérarchie militaire de contrôler les maquis en s'assurant de la nomination des chefs, choisis en fonction d'une compétence réelle ou revendiquée, et non plus en accord avec les membres du groupe, contrairement à ce qui avait jusque-là prévalu. Ces mutations lorsqu'elles étaient imposées de l'extérieur du groupe (comme Valazza et Paccini) n'étaient pas toujours bien acceptées. Ainsi Échasson, nommé vraisemblablement par Théodose Morel, laissa cette impression à André Vignon :

> La réaction première des vieux maquisards que nous étions était toujours négative lorsqu'on nous imposait un chef qui n'était pas déjà un des notres [*sic*], c'est-à-dire ayant déjà vécu au maquis ou faisant parti [*sic*] de notre organisation[134].

Les hommes de Glières

Les maquisards sont incontestablement dans leur grande majorité des hommes jeunes. Sur 486 combattants dont nous connaissons l'année de naissance, l'âge moyen était de 24 ans. Un peu plus de la moitié des maquisards (50,4 %) sont nés entre 1920 et 1923, classes touchées par le STO, ce qui souligne que près d'un volontaire sur deux n'était pas forcément concerné par le STO (mais avait pu l'être par la relève). De très jeunes gens ont rejoint le Plateau : 129 ont 20 ans ou moins, un homme sur quatre (26,5 %) est né en 1924 ou après. Le benjamin, Raymond Decourioux, n'a pas 15 ans et demi (il prendra le surnom de *Marie-Louise*). À l'autre extrémité, 23 % de l'effectif ont plus de 25 ans (nés en 1919 ou avant). Le doyen, Galo Utrilla, espagnol, né le 3 février 1895 à Barcelone, a fêté ses 49 ans à son arrivée. Si les éléments jeunes et très jeunes dominent, ils sont encadrés par des hommes un peu plus âgés. La moyenne d'âge des chefs de section est de 30 ans, celle des officiers de 31 ans.

Un maquisard sur trois est originaire ou natif de la région proche de Glières (Savoie, Haute-Savoie, Genève), les autres provenant d'autres départements ou pays, mais une petite proportion était déjà présente en Haute-Savoie avant le début de la guerre. 80,8 % des maquisards sont nés en France métropolitaine. Plusieurs Italiens, Suisses, Espagnols et peut-être Allemands étaient déjà naturalisés. La proportion des maquisards de nationalité étrangère était de l'ordre d'un sur six. Les Espagnols forment le plus gros contingent (55 sur les 91 personnes nées hors de France), suivis par les Italiens (16 sur 91), puis les Allemands (et Sarrois), au nombre de 6[135].

L'élément militaire, minoritaire, est surreprésenté au regard de sa part dans la population (un militaire pour neuf civils), mais les professions liées à l'agriculture sont sous-représentées. La diversité des métiers fut utilisée, à l'instar de l'armée française, au mieux des compétences. Ainsi tous les corps de métier du bâtiment étaient présents, du terrassier au zingueur en passant par le maçon, le menuisier et le plombier. Ces professionnels furent employés pour réparer les chalets et améliorer leur confort. De la même manière, les bouchers – plus que les boulangers – furent mis à contribution.

Les Espagnols à Glières

Les Espagnols, forts d'une cinquantaine d'hommes, constituaient 10 à 15 % des effectifs, mais leur rôle excéda leur poids numérique.

Arrivés en 1939, nombre de ces anciens de la guerre d'Espagne avaient subi les pénibles conditions des camps d'internement français. Parqués dans des lieux proches de la frontière espagnole, ils furent progressivement répartis dans des régions plus éloignées. José Caballero traversa par exemple les Pyrénées en février 1939. Interné dans les camps de Saint-Cyprien (Pyrénées-Orientales), au Barcarès puis à Argelès-sur-Mer, il fut dirigé ensuite à Sainte-Livrade, dans le Lot-et-Garonne. Il arriva en Haute-Savoie après la signature de l'armistice et fut intégré dans une Compagnie de travailleurs étrangers (CTE[136]). Plusieurs CTE œuvraient en Haute-Savoie ; les Groupements de travailleurs étrangers (GTE) leur succédèrent, à l'image du 514ᵉ à Savigny, fort de 192 hommes en juin 1942[137].

À Savigny, les Espagnols construisirent les baraquements dans lesquels ils allaient être internés. En attendant, ils étaient hébergés dans les granges et fermes du village[138]. Le régime qu'ils subissaient, s'apparentant à la semi-liberté, était bien meilleur que celui qu'ils avaient vécu en 1939 lors de leur entrée en

France. José Salvador avait franchi la frontière le 9 février 1939. Interné pendant huit mois dans le camp improvisé d'Argelès, il partit ensuite dans un camp du Lot-et-Garonne jusqu'en septembre 1940 avant de rejoindre Savigny à l'automne.

Francisco Perrea-Gallant suivit peu ou prou le même chemin. Entré en France en janvier 1939, après la retraite de Pra de Mozzio, dirigé dans plusieurs camps du Tarn-et-Garonne, dans le nord de la France puis dans le Lot-et-Garonne, il fut également expédié à Savigny où il se trouva engagé à la coupe du bois. En septembre 1941, il fut transféré avec son groupe à Annecy, où il mentionne demeurer jusqu'en avril 1943[139]. Désigné avec une vingtaine d'autres Espagnols pour aller travailler pour l'Organisation Todt, en zone occupée, il s'évade en compagnie de douze camarades le 13 avril 1943. Lui et deux de ses compatriotes sont à Glières en février 1944[140].

De bonnes relations se nouèrent entre ces Espagnols et la paysannerie savoyarde, un monde qui appréciait les bras supplémentaires et se montrait prêt, en échange d'un coup de main, à assurer le couvert. Le régime de semi-liberté dont bénéficiaient les réfugiés ne facilita pas seulement des transactions dont l'enjeu était les vivres et le travail. Les échanges qui se nouèrent entre la population, voire les gardiens des camps, et les Espagnols permirent à ces derniers d'être informés des décisions gouvernementales concernant la relève et le STO.

Les Espagnols partageaient avec les réfractaires au STO la même aversion à aller travailler en Allemagne[141]. Mais, alors que les jeunes astreints fuyaient leur région d'origine, les Espagnols – bien qu'arrivés souvent par le plus grand des hasards dans les Alpes – se trouvaient, comme les Savoyards, déjà sur place. D'autres particularités les distinguaient du gros des réfractaires qui avaient pris le maquis. Alors que ceux-ci avaient autour de 20 ans, les Espagnols étaient beaucoup plus âgés. Les informations recueillies sur 34 Espagnols présents à Glières (sur une cinquantaine, 6/10e des effectifs de la section *Ebro*) montrent que leur moyenne d'âge était de 31 ans. Anciens militaires, ils étaient de surcroît habitués aux ordres et à la vie en groupe. Les travaux qu'ils menèrent à bien dans les camps, comme à Savigny, révèlent qu'ils étaient organisés. Mais, surtout, ils avaient pour la plupart la connaissance du feu et du maniement des armes. En ce sens, ils correspondaient à ce que des militaires comme Vallette d'Osia attendaient des maquisards : être des soldats en puissance, entraînés et organisés. Les infâmes conditions de vie qui leur avaient été offertes à leur entrée en France en 1939 les avaient préparés à la rude vie des partisans : ils en avaient vu d'autres, et de bien pires.

C'est sans doute après les journées de travail, dans les cafés de la région annecienne, que se nouèrent les premiers contacts entre la Résistance et les Espagnols. Le premier maquis qui regroupa Espagnols et Français fut constitué en décembre 1942, sur le territoire de la commune des Villards-sur-Thônes. Fort de quinze hommes, il aurait été rapidement démantelé. Ses rescapés se regroupèrent alors pour constituer le maquis des Dents de Lanfon[142]. L'instauration du STO et l'augmentation du nombre de déserteurs espagnols des GTE firent grimper les effectifs à soixante hommes. Pour des raisons liées sans doute à leur sécurité, ce maquis fut divisé en plusieurs camps, dont la localisation autour du lac d'Annecy (jusqu'à l'automne 1943) montre qu'ils furent organisés par un même noyau de personnes.

La décision de monter sur le Plateau ne paraît pas avoir affecté l'organisation qui avait fait ses preuves jusque-là. Les Espagnols continuaient à avoir leur propre service de ravitaillement et leurs agents de liaison. Mais, jusque-là séparés en plusieurs maquis, ils se retrouvèrent rassemblés dans une unique section à Glières, forte initialement d'une cinquantaine de personnes[143].

Alors que la mission des sections – hormis la SES – consistait à surveiller et défendre un secteur précis, la section *Ebro* était placée au plus proche du PC. Elle bouclait en quelque sorte l'accès au Plateau à ceux qui auraient réussi à franchir le dispositif situé au-dessus du Petit-Bornand. Cette mission ne pouvait être confiée qu'à des militaires sinon aguerris, du moins plus entraînés que les maquisards. La confiance que le lieutenant Morel témoignait aux Espagnols lui valait en retour une estime qu'aucun document ne permet malheureusement d'attester. On relèvera pourtant que ce sont les membres de la section *Ebro* qui se relayèrent sur quelques centaines de mètres, avant qu'un mulet ne finisse le trajet, pour ramener à dos d'homme le corps de *Tom* sur le Plateau[144] : ils rendaient ainsi hommage à un chef qui avait su les respecter.

Morel attendait des maquisards qu'ils deviennent des soldats, qu'ils apprennent à présenter les armes, à tirer, à manœuvrer, selon les méthodes en usage dans feu l'armée française. Mais les Espagnols échappèrent, semble-t-il, à ce régime et évitèrent l'école du soldat. Une photo montre qu'au lieu de présenter les armes à la française, les Espagnols la portent devant eux, dressée, main droite près de la détente, la main gauche au bout de la crosse. Théodose Morel considérait donc les Espagnols non comme des soldats français, mais bel et bien comme des soldats espagnols, et leur laissait une autonomie dont ils lui étaient reconnaissants.

Les FTP

Dans l'ouvrage de l'Association des rescapés de Glières paru en 1946, une des rares mentions relatives aux FTP précise :

> Une soixantaine de FTP savoyards rejoignirent sur le Plateau les hommes de l'Armée secrète et demandèrent à combattre pour la cause commune sous les chefs qu'on leur donnerait. Glières fut ainsi une image synthétique de la France, parce que ce fut une œuvre d'unité[145].

À cette vision idéalisée, assez peu conforme à la réalité, les auteurs communisants ou communistes de *R.1.3* répondirent :

> Parmi les nombreux auteurs qui ont relaté l'histoire des Glières, bien peu ont cru devoir rendre hommage à la bravoure des deux unités FTP qui combattirent sur le Plateau. C'est là une mesquinerie sans grande importance[146].

Sans devoir forcément renvoyer dos à dos les auteurs de ces deux ouvrages, on doit bien admettre que chacun avait sa version de la réalité. On ne doit cependant ni exagérer l'unité qui régna, ni surestimer la bravoure des FTP qui ne tranchèrent guère, sur ce chapitre, sur les membres de l'AS.

Au 31 janvier, lorsque les premiers effectifs atteignent le Plateau, les FTP ne se joignent pas à leurs homologues de l'AS, malgré l'invitation qui – semble-t-il – leur a été adressée[147]. Les raisons de cette abstention restent ignorées. L'état-major communiste a sans aucun doute pesé le pour et le contre. La promesse d'armes et l'assurance d'une protection en un lieu où les forces de l'ordre n'oseraient jamais se risquer constituaient des éléments favorables. Malgré ces avantages, les FTP ne consentirent qu'en février à monter à Glières.

Des motifs liés au quotidien de la vie des maquisards les dissuadèrent sans doute de tenter l'expérience : la question de l'approvisionnement d'une part, une mauvaise appréciation des possibilités des forces du maintien de l'ordre de l'autre. Dans les vallées, proches de leurs sources de ravitaillement, les maquisards FTP ne voyaient pas d'intérêt à rejoindre leurs camarades de l'AS. À la suite d'enlèvement des policiers de Bonneville et de La Roche, les FTP avaient pu par ailleurs mesurer que les forces répressives se montraient peu solidaires les unes des autres puisqu'elles n'étaient pas immédiatement intervenues pour retrouver les policiers enlevés. Les FTP en tirèrent peut-être un sentiment de supériorité. La ténacité de certains effectifs placés sous les ordres – du moins théoriquement – du colonel Lelong (comme la Milice) les obligea à changer d'attitude. Ces hommes prirent le chemin de la montagne sous la pression des événements.

Deux groupes rejoignirent Théodose Morel : celui de Marius Cochet-*Franquis*, fort d'une quarantaine d'hommes, constitua la section *Coulon*, intégrée à la compagnie que commandait l'adjudant-chef Louis Morel-*Forestier* ; un autre constitua la section *Liberté chérie*, réunie à la compagnie d'Henri Onimus-*Humbert*. Enfin, la section *Chamois* était composée d'un recrutement mixte, associant membres de l'AS et éléments du groupe de Marius Cochet-*Franquis* qui n'avaient peut-être pas trouvé suffisamment de chalets pour les héberger dans le secteur qui leur était assigné.

L'annonce d'arrestations commises dans les villes, bourgs et villages obligea les sédentaires FTP à se joindre au mouvement, comme le note Constant Paisant :

> La sécurité des FTP qui tout en participant aux opérations de la Résistance vivent encore chez eux et qui ont un emploi, les « légaux »

ou encore les « sédentaires », est sérieusement mise en cause par les investigations de la police[148].

Cette hausse imprévue des effectifs obligea à organiser des opérations destinées à assurer le ravitaillement. Mais les actions menées permirent à la police de mieux déterminer où se situaient ces maquis. Les mouvements des effectifs répressifs obligèrent les maquisards à une mobilité accrue.

La pression exercée sur les FTP les convainquit qu'ils n'avaient aucun moyen de lutter contre des forces nombreuses et mieux organisées. Constant Paisant, qui finit par rejoindre Marius Cochet et ses hommes – il indique rencontrer par hasard sur une route deux membres de ce groupe –, évoque cette évolution. Selon lui, ses camarades étaient trop mal armés pour se défendre et les armes que l'AS avait reçues sur le Plateau étaient les bienvenues. Il n'évoque pas le ras-le-bol que provoquait cette vie de « balourien » (nomade), ces vivres qui manquaient, ces paysans qu'il fallait constamment menacer. Marcel Botzum s'est en revanche montré plus explicite face au policier qui l'interrogea :

> J'ai eu une altercation avec Marius Cochet. Las de la vie que nous menions depuis notre arrivée, j'avais décidé avec Bernard Pointurier d'abandonner le maquis, de rentrer à la maison et de là aller travailler dans les fermes de la région parisienne. J'avais fait part de ma décision à mon chef qui nous a menacés de nous « descendre » si nous ne marchions pas[149].

Ces conditions de vie précaires poussèrent les maquisards FTP à gagner Glières comme des émissaires du Plateau les y enjoignaient. Ainsi, le groupe de Marcel Botzum reçut la visite de deux hommes leur demandant de les rejoindre, avant que Cochet lui-même, absent lors de cette entrevue, monte négocier les conditions de son ascension.

Marius Cochet et ses hommes obtempérèrent dans la nuit du 2 au 3 mars, rejoints, le 8 mars, par le groupe *Liberté chérie*, poussé sur les hauteurs par l'occupation des vallées par les forces de l'ordre. Peu amènes à l'égard des organisateurs du rassemblement de Glières, les auteurs de *R.1.3* reconnaissent cette réalité à demi-mot :

> Le *Liberté chérie*, particulièrement visé par la répression dans la vallée du Borne, doit se réfugier de chalet en chalet. Il est alors sollicité par l'AS. Manquant de liaison avec le PC FTP, il accepte de participer à l'affaire des Glières[150].

D'après eux, c'est l'AS qui sollicita la montée de *Liberté chérie*. Robert Amoudruz écrit pour sa part que deux émissaires montèrent le 6 mars et rencontrèrent Théodose Morel qui accepta d'incorporer le groupe[151]. Mais, si les Espagnols jouissaient de sa confiance totale, tel ne fut pas le cas des FTP. Commandant les deux sections espagnoles, Vilches et Jurado ne furent pas flanqués d'un cadre issu du 27e BCA d'armistice. Et, si la section *Coulon* ne fut pas cornaquée par un militaire, preuve de la confiance dont Cochet bénéficiait, soit parce qu'il avait su convaincre Morel de ses motivations, soit que, par son action passée, il ait gagné l'estime des militaires du Plateau, la section *Liberté chérie* reçut pour l'encadrer André Wolff, ancien sergent-chef du 27e BCA d'armistice. *Tom* n'avait aucune confiance envers la section *Liberté chérie*, ce que ses membres mesuraient lucidement[152].

Les Francs-Tireurs, il est vrai, dépendaient d'une hiérarchie indépendante. Chef des maquis AS de la Haute-Savoie, Morel pouvait donner des ordres aux camps qu'il contrôlait ou qui admettaient son autorité. Il n'en était pas de même avec les FTP. Qui plus est, pour obtenir l'aval de leurs responsables régionaux, il devait, semble-t-il, d'abord en référer aux chefs sur le Plateau qui faisaient ensuite remonter les informations auprès de leur hiérarchie, quitte à redescendre dans la vallée pour aller aux nouvelles : nulle réunion entre responsables AS et FTP ne semble avoir été tenue, du fait sans doute de la présence policière. Les consignes que recevaient les Francs-Tireurs pouvaient donc contredire celles que donnait le commandement du Plateau, ce qui se produisit dans les derniers jours de mars. Enfin, il est probable que Morel ait eu quelques préventions à l'endroit d'hommes qui n'avaient pas hésité à tuer, de sang-froid, une dizaine de policiers et qui pouvaient donner l'impression de se livrer à une guerre privée bien éloignée des objectifs qu'il s'assignait en tant que militaire : la libération du pays.

Les agents de liaison et les ravitailleurs

Si le rôle et la mission des agents de liaison et des ravitailleurs sont clairement identifiables, les sources restent lacunaires pour savoir qui étaient les personnes qui alimentèrent le Plateau en vivres, médicaments, messages et informations : nous ne connaissons les noms que d'une trentaine d'entre elles. La plupart des ravitailleurs et agents de liaison n'appartinrent pas, du moins à ses débuts, à l'Association des rescapés et peu apparemment entreprirent après la Libération des démarches pour faire reconnaître leur action.

Pour ce que l'on en sait, les agents de liaison et plus encore les ravitailleurs étaient pour l'essentiel natifs des communes jouxtant le Plateau. Leur moyenne d'âge, de 29,5 ans, se situe au niveau de celle des cadres. Le plus âgé avait 61 ans, le benjamin 18 ans. Sur les trente-six ravitailleurs et agents de liaison connus, seuls trois sont natifs d'un autre département que la Haute-Savoie (deux de l'Ain voisin, un du Finistère). On compte parmi eux une femme, Ida Bonzi, qui, habitant sur place, n'eut pas à gravir les pentes du Plateau.

La plupart d'entre eux avaient un lien avec l'agriculture (paysans, fruitiers) ou la forêt (scieur, bûcheron, garde des Eaux et Forêts). Membres pour la plupart des trentaines sédentaires de l'AS, ils habitaient tous à proximité de Glières (Entremont, Le Petit-Bornand, Le Grand-Bornand, Thônes, Thorens, etc.). Leur immersion dans la population locale facilitait la récolte des vivres auprès de leurs voisins ou parents.

Les parachutages

Trois parachutages intervinrent au total sur le plateau de Glières, les 14 février, 5 et 11 mars 1944. Enfin un quatrième, prévu dès le 14 mars et planifié pour le début avril, fut annulé au dernier moment.

Les progrès réalisés durant la guerre et depuis ne sauraient faire oublier qu'alors les techniques de balisage, de parachutage n'étaient pas totalement efficaces malgré d'incontestables améliorations.

La RAF mit à disposition du SOE un nombre d'appareils qui alla croissant au cours du conflit. Il fallut attendre août 1941 pour que leur nombre dépasse cinq. Il atteignit progressivement celui de vingt-sept en novembre 1942 et trente-sept (au moins) au printemps 1944. C'est à Tempsford, près de Cambridge, qu'était installé un aérodrome camouflé en ferme. Deux escadrons portant les numéros 138 et 161 étaient affectés à des missions telles que le parachutage d'armes et d'équipements à destination des partisans ou à celles qui supposaient un atterrissage (dépose en Europe ou transport vers la Grande-Bretagne d'agents, de résistants, etc.). Les deux escadrilles étaient équipées de bombardiers Wellington, Hudson et Halifax, qui pouvaient transporter jusqu'à quinze conteneurs dans leur soute avec généralement en sus des paquets, des pigeons et des tracts[153].

À ces deux escadrilles anglaises s'adjoignirent à la fin de 1943 deux escadrilles américaines, équipées en Liberator et Dakota, venues à Tempsford pour se perfectionner. Pilotes et avions américains furent déplacés au début de l'année 1944 à Alconbury, puis au printemps à Harrington, tout en continuant à effectuer leurs missions. En février, mars et avril 1944, plusieurs dizaines d'avions Stirling et Albemarle des groupes 3 et 38 (transport) furent sollicités pour parachuter d'énormes quantités de matériel. À partir de Blida, près d'Alger, des Halifax et des Liberator vinrent parachuter dans le sud de la France[154], à l'est d'une ligne comprenant Carcassonne et au sud Grenoble. Enfin, les Alliés placèrent à la disposition du SOE un nombre conséquent d'appareils (sans qu'il soit possible de le chiffrer) pour ravitailler les maquis et qui décollaient d'autres bases que celle de Tempsford.

Les communications

Pour manœuvrer au plus près du terrain convenu, les Britanniques larguèrent des appareils de radioguidage, appelés Eurêka[155]. Cet appareil n'était cependant pas en possession du maquis savoyard au début de 1944. En effet, l'exécution le 18 janvier 1944 près d'Annecy du résistant Richard Andrès et de son chauffeur[156] alors qu'ils transportaient ce qui semble être

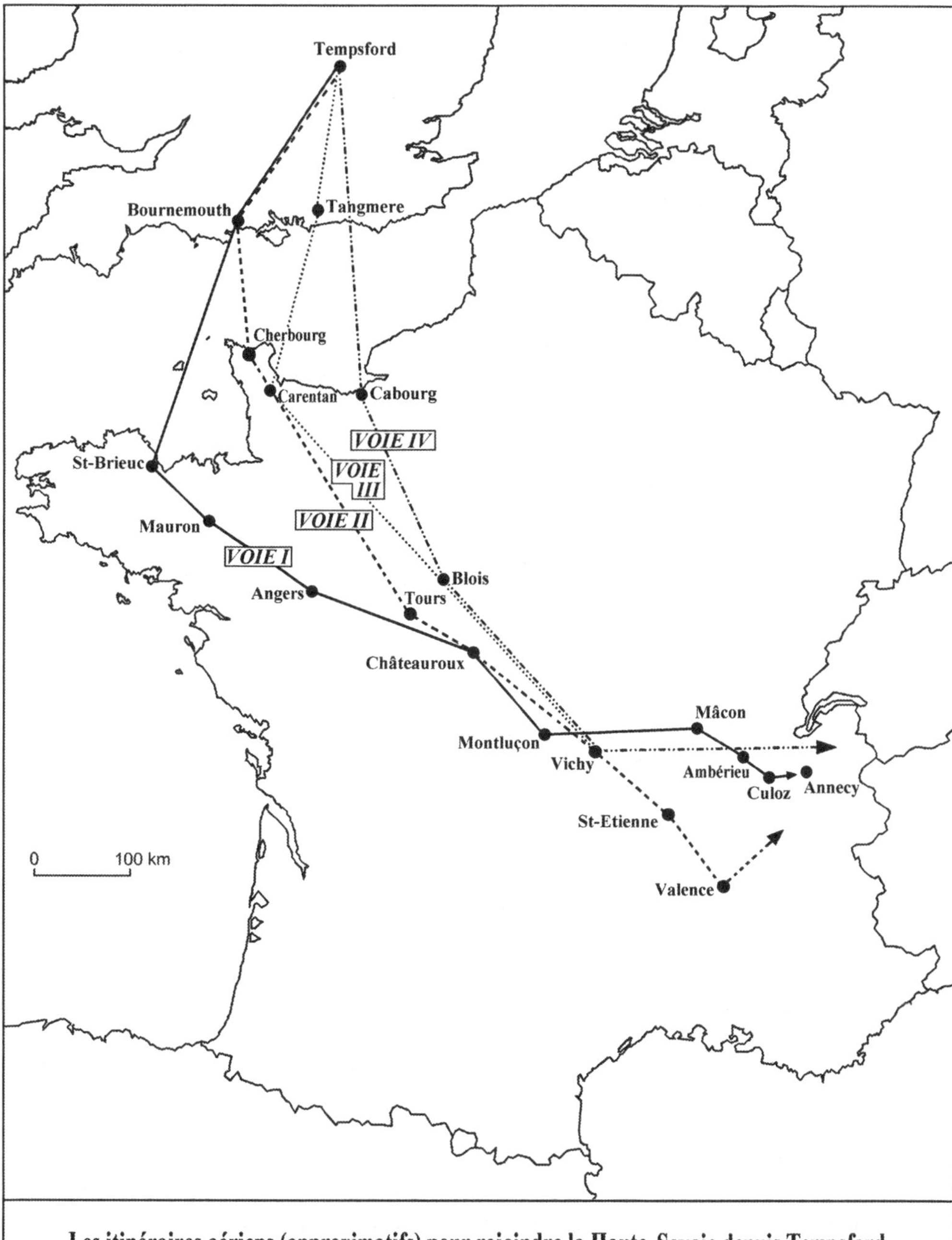

Les itinéraires aériens (approximatifs) pour rejoindre la Haute-Savoie depuis Tempsford, selon Franck Griffiths (voies I et II) et selon Peter Churchill (voies III et IV)

une balise Eurêka – sans doute récupérée par les Allemands – suggère que les pilotes ne pouvaient s'orienter que grâce aux instruments embarqués dans les avions – boussole, compas et repères visibles du ciel : montagnes, lacs, voies de chemin de fer et la ville de Genève, éclairée la nuit. Dans ces circonstances, les seules opérations possibles ne pouvaient être réalisées que dans les périodes de pleine lune, pour peu que le temps fût clément.

Lorsque les avions étaient entendus, l'équipe de réception devait, au moyen de torches ou de feux, donner la direction du vent, grâce à un « L » renversé : la pointe en indiquait la direction. Une lettre code, convenue d'avance et communiquée par radio en morse à l'agent sur le terrain, prouvait au pilote que l'équipe de réception était bien celle qui était attendue. Toute une série de raisons pouvaient cependant faire échouer une opération : les problèmes techniques des avions, la défense antiaérienne de l'occupant, de mauvaises conditions météorologiques inopinées (brouillard), l'absence d'équipe de réception (pour cause de mauvaise compréhension, trahisons, etc.), les erreurs de pilotage, etc.

À Glières, une équipe était chargée de la réception des conteneurs et des paquets. Elle préparait des bûchers composés de branchages qu'elle embrasait lorsque le bruit des avions se faisait entendre. Les quatre brasiers constituaient un vaste quadrilatère qui indiquait aux pilotes les limites du terrain de parachutage. André Fumex, chef de l'équipe de Glières, indique que la signalisation était « complétée par sept hommes munis de lampes rouges qui couperaient le terrain dans la longueur et donneraient la direction du vent[157] ». Lui-même, à l'aide d'une lampe, donnait en morse la lettre servant d'indicatif du Plateau.

Le premier parachutage, effectué dans d'excellentes conditions le 14 février vers 2 heures du matin, fut réalisé par quatre avions qui larguèrent une cinquantaine de conteneurs et un colis, soit cinq tonnes d'armes et de munitions[158]. Jean Rosenthal monta à Glières le lendemain. Peu avant cette ascension[159], il envoyait un « SOS pour vivres sur Glières[160] ». Informé que le parachutage avait bel et bien eu lieu, il connaissait également son contenu – essentiellement du matériel et des armes. Il ne resta pas plus d'un jour sur place puisque le 16 février il rédigea le télégramme suivant :

> Je descends des Glières citadelle imprenable. Admirable moral, enchantés parachutage. Trois avions sur Glières[161] ont largué admirablement. Tous containers seront récupérés. Remettez projets Saisies et portez tous vos efforts sur Glières ; à nouveau ils attendent de jour de nuit pendant et entre lune. Forcez en munitions et en grenades. Pains de guerre, fruits secs, café, sucre, thé, riz, chocolat, tabac, conserves. À suivre[162].

Dans un second télégramme parti le même jour il réclamait « gants, chaussettes, passes montagnes [*sic*], sous-vêtements de laine, bérets, musettes. Jumelles, postes, torches. Ravitaillement en viande et lait urgent[163] ». Rosenthal reportait *sine die* ses projets sur le col des Saisies. Désormais toute son attention se porta sur Glières. Ce dernier message indique clairement que les hommes resteraient en ce lieu qui, en plus d'être une aire de parachutage, devenait selon ses mots une « citadelle imprenable ».

Or, ce parachutage, censé en appeler d'autres, sera le seul et dernier du mois de février. Le temps se dégrada et il fut impossible d'approvisionner la Haute-Savoie avant la lune de mars, située au début du mois. Les hommes de Glières furent condamnés à une longue attente.

Avec le temps, les besoins en vivres et en équipement se firent plus pressants. Ainsi, au 15 février, Jean Rosenthal demanda à Londres « 100 paires de chaussures et 160 couvertures[164] », vraisemblablement livrées lors de l'opération conduite dans la nuit du 4 au 5 mars. Quatre avions devaient larguer soixante containers[165]. Pourtant, dans un télégramme du 10 mars, Rosenthal indique avoir reçu vingt-neuf cylindres, la moitié de ce que les pilotes anglais affirment avoir parachuté sur Glières[166]. Dans sa réponse du 14 mars, le BCRA s'étonne de l'écart entre la quantité de conteneurs envoyés et celle des cylindres récupérés et demande à Rosenthal de rechercher les trente et un tubes manquants[167].

Quoi qu'il en soit, les armes parachutées les 14 février et 5 mars auraient été insuffisantes pour équiper l'ensemble des maquisards : il fallut, la veille d'une opération conduite contre les GMR stationnés à Entremont dans la nuit du 9 au 10 mars, acheminer de la vallée des armes afin d'équiper, outre les participants, sans doute ceux qui étaient restés sur le Plateau[168].

Le parachutage de la nuit du 4 au 5 mars survint à un moment où les Britanniques modifièrent leurs consignes. Ainsi, un document valable pour la nuit du 4 au 5 mars stipulait que, contrairement aux directives en vigueur jusqu'alors, les avions devaient lâcher leur cargaison même si l'équipe de réception était absente ou que la lettre code était erronée ou manquante[169]. Le 11 mars, cette consigne fut affinée : lorsqu'un grand nombre d'avions survolaient un territoire de petite dimension et que plusieurs comités de réception étaient présents au sol, il ne fallait pas attendre la bonne lettre code pour procéder au parachutage, notamment lorsque le nombre d'appareils excédait la quarantaine[170]. Cette directive fut effectivement appliquée dans la nuit du 10 au 11 mars : 1 126 conteneurs et 208 colis[171] furent alors livrés à divers maquis. Cette action s'inscrivait dans un ensemble d'opérations destinées notamment à la France qui mobilisait au moins 70 avions ; 17 bombardiers parachutèrent 231 conteneurs et 74 colis au-dessus du plateau de Glières[172], alors que les hommes à la réception en comptèrent 584. Ce nombre est plausible si l'on admet que des appareils non comptabilisés dans les statistiques des escadrilles 138 et 161 de Tempsford aient largué au-dessus de Glières armes, vivres et munitions[173].

Bien que certaines incertitudes demeurent, près de 700 conteneurs furent apparemment parachutés au-dessus de la Haute-Savoie dans la nuit du 10 au 11 mars. Les rapports de gendarmerie mentionnent en effet des découvertes de cylindres dès le 11 mars dans une multitude de lieux du département : 8 furent récupérés à Annemasse, 10 à Frangy, 6 autres à Bossy, 14 à Vallières[174], décompte qui n'intègre pas les conteneurs éventuellement récupérés par les Allemands ou des équipes de réception improvisées.

Ces parachutages massifs compliquaient dangereusement la vie des maquis. Sur le terrain, immédiatement, ils créèrent la stupeur, comme le releva Jean Rosenthal :

> Comprenons mal avalanche parachutes sur Haute-Savoie nuit du dix au onze[175].

Pourtant, ces opérations se bornaient à transcrire les engagements souscrits par Winston Churchill le 27 janvier précédent.

Les parachutages de la nuit du 10 au 11 mars 1944

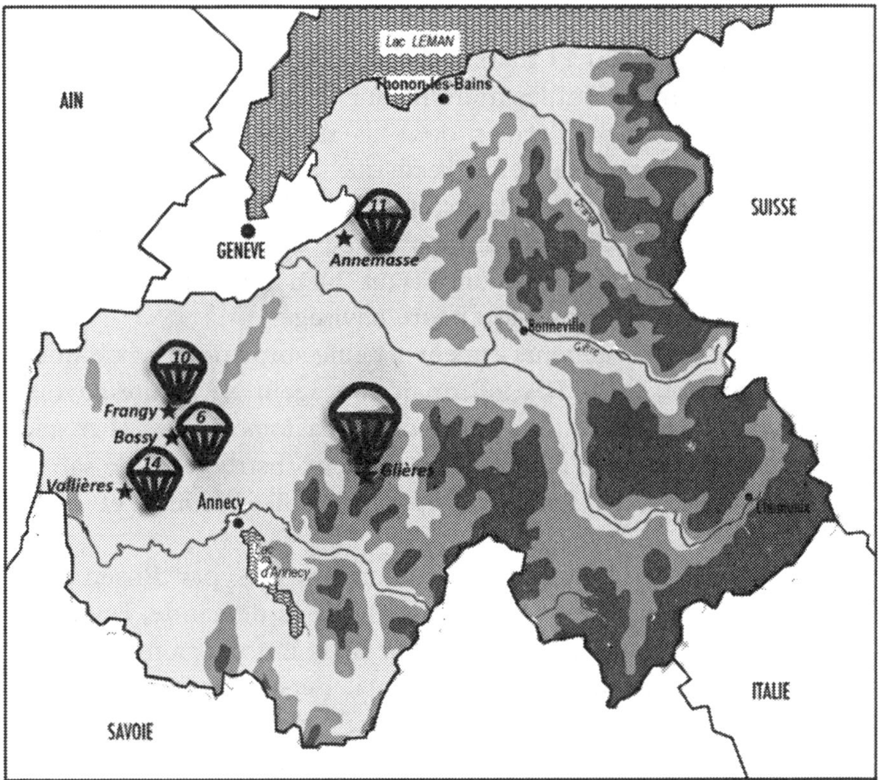

Légende: ★ Lieux de découverte de containers parachutés dans la nuit du 10 au 11 mars 1944

Les conteneurs reçus à Glières – près de 600 – représentaient une masse de l'ordre de 90 tonnes, soit près de 170 kg par homme. Ce poids, réparti entre les maquisards et les GMR, aurait supposé, selon Humbert Clair, un travail de convoyage d'une « huitaine de jours[176] » pour évacuer le Plateau de ses armes et équipements divers.

Il s'agissait non seulement d'évacuer les armes du Plateau, mais encore de les convoyer dans la vallée, puisque Glières ne visait pas, du moins dans l'esprit de ses initiateurs, à devenir une base permanente. Mais il aurait fallu, pour tenir cet objectif, une énorme logistique ainsi qu'une stricte confidentialité. Les barrages qui se dressaient désormais dans le département rendaient cette mission impossible. Les armes ne parvinrent dans la vallée que de manière marginale : Alexis Rey, habitant à l'année sur le Plateau, mit sa mule à disposition pour transporter du matériel jusqu'au Petit-Bornand[177].

Le parachutage du 11 mars était loin d'être un cadeau du ciel. Il engluait littéralement les hommes sur le Plateau en les rendant gardiens d'un stock d'armes dont ils ne pouvaient user. Les maquisards n'avaient en effet reçu que des armes légères, des fusils-mitrailleurs, des explosifs, mais pas de mitrailleuses, de mortiers, d'armes antiaériennes, rien de ce qui aurait pu leur permettre de tenir contre un assaut bien organisé, ce qu'ils n'avaient de toute façon pas encore envisagé.

Les premiers conteneurs étaient à peine sortis de la neige que, dès le 14 mars, le BCRA informait son agent en Haute-Savoie d'une nouvelle opération, forte de 20 avions[178]. Le 21 mars, Londres lui annonça l'envoi d'« un ou deux instructeurs de sabotage et armement. Tous sont parachutables, jeunes et bien entraînés[179] ».

On était loin des imposants renforts promis par Rosenthal, comme on le verra plus loin. À la suite de sa demande, Londres consentit toutefois à lui faire parvenir deux mortiers ainsi qu'« au moins deux bazookas ». Mais les doutes persistaient sur les rives de la Tamise. Londres exigea donc qu'il rende « compte utilité pratique de ces armes pour maquis[180] ». Le 22 mars, alors que la situation, notamment sur le plan alimentaire, devenait des plus précaires, Rosenthal réclama d'urgence des vivres et en particulier des biscuits de guerre et des légumes secs. Le 27 du même mois, ignorant la chute du Plateau, il réclama le parachutage d'« au moins un bataillon paratroupe[181] » et un largage de diversion à quelques dizaines de km de Glières, sur le col du Perret, près de Boëge. Les événements ne prirent pas la tournure qu'il souhaitait. Le 1er avril, Jean Rosenthal envoyait un télégramme dans lequel il demandait de ne plus « rien larguer sur Glière occupé par troupes allemandes[182] ».

Parachutage conséquent il y aura de nouveau, mais le 1er août 1944.

Les forces du maintien de l'ordre et Glières

La réduction du maquis de Glières fut d'abord une opération franco-française, qui opposa des résistants aux forces commandées par le colonel et intendant de police Georges Lelong. Quand on parle d'opposition, il convient de distinguer les différents adversaires des maquisards – Milice, GMR, gendarmes et gardes. Tous n'eurent ni la même mission ni encore moins le même engouement à combattre les partisans. Si incontestablement les deux camps s'opposaient, tous recherchèrent – la Milice exceptée – un moyen de s'éviter : de ce point de vue, les relations entre le maintien de l'ordre et le maquis savoyard qui avaient prévalu entre mars 1943 et janvier 1944 ne se trouvèrent pas substantiellement modifiées. Élément évidemment neuf, l'arrivée au pouvoir des ultras de la collaboration, Joseph Darnand et Philippe Henriot en tête, marquait un tournant. Les deux hommes n'entendaient plus tolérer la passivité des forces répressives. Mais les pressions que la hiérarchie exerçait sur celles-ci produisirent un effet contraire à celui désiré. Le moral se dégrada. Les hommes souffraient de cas de conscience de plus en plus fréquents, d'autant plus que les initiatives prises par les maquisards se révélaient meurtrières pour des troupes mal équipées et non entraînées au combat en montagne. Le maquis avait fini par prendre l'ascendant sur les forces de Vichy. Les cinq semaines qui s'écoulèrent entre la découverte du dispositif présent à Glières, le 7 février, et le bombardement du Plateau par l'aviation allemande, le 12 mars, furent marquées par de nombreuses négociations. Elles montrent que l'État français espérait dissocier l'AS des FTP, puis son incapacité à se faire obéir par ses propres troupes. Vichy se trouva alors dans l'impossibilité de régler une question interne d'ordre public.

Joseph Darnand et la répression en Haute-Savoie

Joseph Darnand voulait cette intervention contre les « terroristes » et les « bandes » et avait obtenu de l'occupant l'autorisation d'agir en Haute-Savoie. Ne pouvant en prendre la tête, du fait de ses responsabilités ministérielles, il avait délégué l'intendant de police Georges Lelong. Darnand n'a pas laissé de notes et ses déclarations lors de son procès bâclé ne permettent pas de connaître le rôle qu'il assignait aux forces de l'ordre. Toutefois, les propos qu'il tint devant la presse le 11 février 1944 dévoilent la tactique qu'il suggérait pour venir à bout des maquisards :

> Au sujet du milieu auquel appartiennent les terroristes, Joseph Darnand a précisé : il y a deux groupes bien distincts de hors-la-loi. Tout d'abord, les francs-tireurs partisans, essentiellement communistes, puis l'armée secrète composée notamment en ce qui concerne la Haute-Savoie du 27e régiment d'infanterie et de bataillons de chasseurs alpins cantonnés autrefois dans ces régions. Si les francs-tireurs assassinent et commettent des actes de brigandage, l'armée secrète, au contraire, s'abstient de tout acte semblable. Elle prépare minutieusement, de son côté, des plans de sabotage, en cas de retraite des troupes allemandes. Il existe une différence profonde entre ces deux organisations[183].

Darnand ne cherchait pas l'affrontement direct et systématique, sachant que ses forces étaient insuffisamment armées, voire motivées, pour venir à bout de leur adversaire. La différence qu'il établissait entre les FTP, assimilés aux « bandes », et l'AS, commandée par des officiers de feu le 27e BCA, paraît donc sincère. Mais le chef de la Milice ignorait que, malgré leurs différends, ces deux formations étaient plus soudées qu'il ne le pensait. Sa tactique consistait d'une part à faire montre de sa force (les milliers d'hommes dépêchés en Haute-Savoie) pour avoir à user le moins possible de la violence, d'autre part à tenter de placer un coin entre les FTP (qu'il voulait éliminer) et l'AS (dont le sort de ses membres restait réservé). Cette vision montrait donc ses limites, puisque Darnand procédait à une mauvaise appréciation des liens qui existaient entre l'AS et les FTP. En revanche, en ne statuant pas définitivement sur le sort des membres de l'Armée secrète, il laissait la porte ouverte à la négociation avec ses chefs pour affaiblir la mouvance communiste. L'intendant de police Lelong ne se priva d'ailleurs pas de négocier avec l'Armée secrète qu'il rencontra à quatre reprises ; il bénéficiait sans doute de l'assentiment de Darnand bien que l'on ignore les consignes qu'il reçut.

Le secrétaire d'État au Maintien de l'ordre ne se borna pas à permettre des négociations avec l'AS. Dans le même temps, il laissait la Milice empiéter sur les prérogatives de Lelong. En théorie, les détachements miliciens envoyés en Haute-Savoie étaient placés sous les ordres de l'intendant de police. En pratique, il n'en fut rien. Dès la seconde quinzaine de février, les forces au gamma agirent en toute indépendance. Cette dualité reste empreinte de mystère : traduit-elle un manque de confiance en Lelong, un défaut de contrôle des troupes miliciennes, ou au contraire la volonté délibérée d'instaurer le désordre pour mieux dominer l'ensemble ? À moins qu'il ne s'agisse, plus simplement, d'incompétence.

Mais, lors de la découverte du dispositif maquisard sur le Plateau, Lelong jouissait de la plénitude de ses pouvoirs.

La découverte du dispositif sur le Plateau

Les autorités eurent assez rapidement vent de la concentration des maquisards. Signé du capitaine Coumes, adjoint de l'intendant de police Lelong, un ordre d'opérations daté du 6 février 1944 affirmait que « différents groupements de “hors-la-loi” auraient effectué dans la journée du 4 février un regroupement de leurs forces sur le Plateau où ils entendent résister aux forces de l'Ordre[184] ».

La Direction des opérations du maintien de l'ordre en Haute-Savoie décide alors de « contrôler la valeur des renseignements obtenus » et organise pour le 7 février une opération. Trois escadrons de la garde stationnés à Bonneville et La Roche, le GMR Cévennes stationné à Nangy, près d'Annemasse, ainsi que six commissaires de police et vingt-cinq inspecteurs sont alors requis pour conduire cette action dans la vallée du Borne, sans toutefois dépasser L'Essert, sur la commune du Petit-Bornand.

Le 6 février, le contrôleur général Delgay rédige les instructions destinées au personnel de la police nationale mobilisé pour l'opération[185]. Il doit interpeller « tous individus, contrôler toutes identités, étudier toutes pièces d'identité qui seront présentées, s'assurer de la véritable identité des individus interpellés ; procéder à la fouille minutieuse de tous individus ; opérer le cas échéant toutes visites domiciliaires nécessitées par les circonstances ; appréhender tout individu suspect ou détenteur d'arme[186] ».

Alors que la mission confiée aux policiers correspond à leurs attributions habituelles, celle de la garde est d'ordre plus militaire. Dans les « ordres d'opérations » qu'il signe, le capitaine Coumes indique que la garde doit mener une « reconnaissance offensive », mais également assurer la « couverture de l'axe de marche des éléments de police chargés d'opérer sur l'axe et action offensive le cas échéant ». Le GMR se voit quant à lui confier une mission de renfort, mais aussi « d'encerclement des agglomérations et de protection des policiers ». La mission ne doit durer qu'une journée, de 7 heures jusque dans la soirée, le retour à Annecy s'opérant le jour même avec les personnes qui auront été arrêtées. Les policiers possédaient une liste d'individus[187] susceptibles de se trouver au Petit-Bornand ou dans les parages.

Selon le rapport du contrôleur général, cette opération n'a pas connu le succès escompté. Delgay reconnaît que « le nombre d'individus interpellés a été peu élevé, la plupart des hommes entre 18 et 40 ans ayant, d'après les renseignements recueillis, quitté la localité depuis la veille ». D'après son curé, « la population de Petit-Bornand [*sic*] était au courant de l'opération qui devait être effectuée[188] ».

Néanmoins, les forces du maintien de l'ordre parvinrent à arrêter trois personnes en lien avec Glières. Elles furent interpellées à L'Essert, à la limite de l'aire d'intervention du dispositif policier déployé, dans la vallée du Borne. Les trois individus étaient « occupés à charger des vivres » dans un véhicule volé, en compagnie d'autres hommes. Les vivres étaient camouflés dans une grange isolée. Plusieurs maquisards tentèrent de s'enfuir à la vue des gardes qui usèrent de leur arme et, selon le curé du Petit-Bornand, l'abbé Jean Truffy, blessèrent un des ravitailleurs, Roger Broisat, qui parvint néanmoins à s'échapper[189]. Originaires du Petit-Bornand, Carrara et Rachex furent arrêtés bien qu'ils aient nié être impliqués dans cette affaire[190]. En revanche le troisième homme arrêté, Marcel Bouvard, présenta aux forces de l'ordre une fausse carte d'identité et avoua qu'il « existerait sur le plateau des Glières un camp de l'Armée secrète ayant un effectif de 400 hommes commandés par des officiers de l'armée dissoute et puissamment armés de canons antichars de 25, de mitrailleuses et de FM[191] ».

Convaincus de différents délits – vol de véhicule, transport de vivres contingentés, refus d'obtempérer – voire complices d'individus armés, les trois suspects auraient dû être emprisonnés, jugés et condamnés. Or, un tout autre traitement leur fut réservé. Deux d'entre eux au moins furent libérés trois jours après les faits.

Immédiatement prévenu de cette affaire, l'abbé Truffy essaya, selon ses dires, de faire libérer les deux jeunes qui « appart[enai]ent à [sa] paroisse ». Le commandant de la garde lui suggéra de s'adresser au chef de l'expédition, le commissaire Friedrich, qui refusa, prétextant que l'auteur de l'arrestation, un aspirant de la garde, protestait, mais aussi qu'il y avait « de la Gestapo dans l'assistance[192] ». Le curé du Petit-Bornand se rendit au siège de la garde à Bonneville le 8 février et téléphona à Annecy au commissaire responsable de l'opération du Petit-Bornand qui lui indiqua que rien ne pouvait être fait sans l'aval du colonel Lelong. Finalement, le 10 février l'abbé Truffy se rendit à la préfecture, fit le siège du bureau de l'intendant de police qu'il parvint à rencontrer et obtint la libération de ses deux paroissiens, se portant garant de leur « honorabilité », selon les mots du capitaine Coumes[193]. L'intendant Lelong estimait ne pas avoir grand-chose à reprocher à ces trois jeunes d'autant qu'ils avaient livré toutes les informations recherchées sur le nombre de personnes présentes sur le Plateau, leur motivation, l'équipement en leur possession, etc.

Tractations

En acceptant de recevoir l'abbé Truffy, le colonel Lelong ouvrait une période de négociations qui allait s'étendre jusqu'au 13 mars où il se vit *de facto* remplacé par la Milice. Tout au long de ces cinq semaines (du 10 février au 13 mars) l'intendant de police se retrouva au cœur de pourparlers où il rencontra sans exclusive les responsables de l'AS de Haute-Savoie – Anjot quatre fois apparemment[194] –, Jean Rosenthal, ainsi que la hiérarchie tant militaire que policière allemande. Se plaçant volontairement entre l'enclume et le marteau, espérant parvenir à un compromis acceptable pour la Résistance non communiste, il sera écarté, contraint de laisser à la Milice et aux Allemands le soin d'achever une besogne qu'il avait initiée en organisant le bouclage du Plateau.

À la suite de son entrevue avec l'abbé Truffy, Lelong avait donc consenti à libérer les deux habitants du Petit-Bornand, vraisemblablement contre la promesse qu'ils ne monteraient pas rejoindre leurs camarades et ne s'occuperaient plus de ravitaillement. Si l'intendant de police libérait ces maquisards, il informait dans le même temps la police allemande des résultats de la journée et organisait le bouclage du Plateau, comme le rappelle, le 11 février, le policier nazi Jeewe :

> Les petites opérations signalées jusqu'à présent ont permis de constater qu'un nombre relativement faible de membres actifs de bandes ont été arrêtés. Ceci n'était d'ailleurs pas le but, mais uniquement une préparation de la grande opération. Par l'arrestation de personnes suspectes, on voulait se rendre compte du lieu de refuge des principaux chefs.
>
> Des déclarations des prisonniers et des renseignements recueillis auprès de la population contactée au cours des opérations, il appert que les membres des bandes, notamment de l'AS se sont retirés sur le plateau des Glières, au S.E. de Thorens, S.O. du Petit-Bornand et au N. de Thônes. Le colonel Lelong a donc décidé d'attaquer par encerclement ce Plateau. Les préparatifs sont en cours depuis ce soir à 18 h. Pour cette attaque concentrique, il a engagé 3 groupes A, B et C. Depuis ce soir, il y a en ligne pour cela : 9 escadrons de la garde, 3 GMR et 200 hommes de la Milice. Le groupe A se dirigera de Bonneville vers le S. dans la vallée de la Borne [*sic*], ce groupe est sous le commandement de 2 chefs d'escadrons de la garde Collomb et Raulet. Le groupe B est sous les ordres du commandant Brenod des GMR et partant de Thorens, avancera vers l'E. dans la vallée de la Fillière. Le groupe C sous la conduite du capitaine Nay partira de Faverges vers le N. sur Thorens et progressera plus vers le N. sur le plateau des Glières.
>
> Cette avance n'a pour l'instant aucun caractère offensif, et ne sert qu'à des reconnaissances et à l'encerclement. Les trois groupes de marche ont ordre de barrer toute la région et de la soumettre au plus strict des contrôles. D'autre part, les trois groupes doivent s'approcher du Plateau, afin de trouver des bases de départ pour l'attaque générale du Plateau à une date à fixer[195].

Lelong souhaitait obtenir des clichés afin de repérer les voies d'accès au Plateau d'où serait lancée l'attaque conduite par le maintien de l'ordre, vers le 14 ou 15 février. Jeewe précise :

> En vue d'une préparation plus poussée de cette attaque, une conférence eut lieu chez moi entre le colonel Lelong, le lieutenant Bock et le lieutenant Manske. Le colonel Lelong désirait encore des photos aériennes du Plateau et de ses voies d'accès. Le lieutenant Manske les procurera dès que le temps le permettra. Si les prises de vues n'étaient pas possibles par suite du mauvais temps, le colonel veut néanmoins engager l'opération au début de la semaine prochaine probablement, même sans les photos[196].

Cinq jours s'écoulèrent du 7 au 12 février, durant lesquels les forces du maintien de l'ordre intervinrent dans d'autres parties du département.

Le 10 février les commandants Raulet et Collomb, de la garde, furent convoqués à Bonneville et reçurent l'ordre de commencer les opérations le 12 février au matin. Le 11 février, trois escadrons portés ainsi qu'un escadron motocycliste de la garde rejoignirent Le Petit-Bornand, pour un stationnement d'une durée comprise entre 36 et 48 heures.

Une fois arrivés, les gardes se rendirent immédiatement compte du caractère irréaliste de leur mission. Nonobstant son manque d'enthousiasme à affronter un adversaire embusqué, susceptible de tirer à tout moment, la garde souffrait de réelles déficiences. Les hommes étaient équipés comme « pour effectuer un service d'honneur sur une place ensoleillée de Perpignan ou de Toulouse[197] », écrira Raulet, leur commandant, alors que les conditions climatiques étaient celles d'un pays très enneigé. Un officier observe que ses hommes ne disposent que de chaussures « qui prennent l'eau, de chaussettes en coton, pas de raquettes pour circuler dans la neige ». Et de poursuivre : « Le combat en montagne est assez particulier pour que toutes les armées aient formé pour le mener des troupes spéciales [...] à plus forte raison en hiver avec des couches de neige qui dépassent un mètre. » L'adversaire « comprend des éléments qui, eux, sont équipés et entraînés pour le combat en montagne ; en outre, il occupe actuellement une position qui n'est accessible que par un ou deux sentiers, où la progression ne peut se faire qu'en colonne sans aucune possibilité de manœuvre. Enfin, il dispose d'un armement supérieur (en particulier mortiers) alors que la situation inverse serait nécessaire pour qu'on puisse espérer le forcer dans son repère [*sic*] ». Bien qu'il ait surestimé l'importance du dispositif, l'officier préconisait l'emploi « de l'artillerie, mais surtout de l'aviation[198] ». En évoquant deux armes que les clauses du traité d'armistice avaient ôtées à l'armée française, il remarquait que la garde ne pouvait rien faire.

Le sentiment d'infériorité que laissent transparaître les rapports et témoignages des cadres de la garde, le caractère irréaliste de la mission ainsi que la pression qu'exerçait le colonel Lelong[199] la poussèrent à rechercher un accommodement avec ses adversaires. Dans le même temps, ces derniers tentaient de trouver un moyen d'entrer en contact avec les policiers. Dans les deux cas, l'abbé Truffy servit d'intermédiaire. Le curé du Petit-Bornand rencontra chez lui le commandant Raulet :

> Étant donné l'épaisseur de la couche de neige, l'équipement de ses hommes, et la neige qui continue à tomber, il espère que ses gardes ne pourront aller loin. Mais d'autre part il est sûr que rien de grave ne peut arriver, car il a pris toutes ses précautions.
>
> 1° Il a pris soin de trouver un habitant du pays pour monter à Glières la veille au soir [de l'opération] prévenir les maquisards de leur arrivée et leur proposer un arrangement pour que sa mission ait l'air d'être remplie et que le camp de Glières ne soit plus inquiété après cette opération.
>
> 2° Il a mis à la tête de la colonne le plus sûr de ses capitaines : le capitaine Yung et il est certain qu'avec lui et les hommes qui l'accompagnent il ne se produira pas d'accrochage[200].

La rencontre avec la hiérarchie du Plateau sera donc reportée.

Les maquisards tirent et tuent

Les choses ne se passèrent pas comme l'auraient souhaité les cadres de la garde, car la rencontre du 12 février au matin entre l'un de ses détachements et les maquisards retranchés à Glières tourna au drame. La garde laissa quatre morts et autant de blessés, ainsi que trois prisonniers sur un peloton de vingt-trois hommes[201], dans ce qui fut un véritable guet-apens.

Selon l'abbé Truffy, l'émissaire chargé d'avertir les maquisards de la montée de la garde se serait enivré et n'aurait pas rempli sa mission[202]. Mais cette version n'explique pas pourquoi un groupe de maquisards était justement présent dans les parages, dans une position lui permettant de tendre une embuscade au moment même où un détachement opérait une reconnaissance. En fait le bûcheron, voire une autre personne, a bien accompli sa mission, comme le relate Jean-Isaac Tresca-*Pasquier* en 1946 :

> Le 12 février vers les cinq heures du matin, arrive à la section *Savoie-Lorraine* un agent de liaison. Il est porteur d'un ordre de Tom, petit papier rose du format d'un carnet de poche, écrit d'une main vive et décidée : « Un détachement de gardes et de GMR monte ce matin de L'Essert, pour une reconnaissance sur le Plateau. Leur tendre une embuscade[203]. »

Tendre une embuscade ne signifiait pas tirer sans sommation. C'est pourtant bien ce qui se produisit. Le défaut de sources empêche d'expliquer les raisons d'un tel geste. Manque de sang-froid des maquisards face à leur adversaire ? Cette cause semble la plus probable. Dans tous les cas, les membres de la section *Savoie-Lorraine* désobéirent. Vu des forces de l'ordre, ce guet-apens ne pouvait être considéré que comme un avertissement lancé à tous ceux qui tenteraient de s'aventurer trop près du Plateau. L'attaque du 12 février allait mettre un terme aux velléités du colonel Lelong d'attaquer Glières en employant cette unité.

Les maquisards désarmèrent l'ensemble du détachement et firent trois prisonniers, afin de les échanger contre les trois jeunes arrêtés le 7 février dans les mêmes parages, mais dont Morel ignorait que deux d'entre eux avaient été libérés. Dans le même temps, les blessés furent pris en charge par les médecins respectifs de la garde, des GMR et du maquis[204].

Cet épisode, qui aurait pu faire se dresser contre le maquis les membres de la garde, les conforta au contraire dans l'idée que rien ne pouvait être tenté contre ces hommes décidés. Mieux valait chercher un *modus vivendi*, quitte à ce que celui-ci favorisât les résistants plus que les forces de l'ordre. Ainsi, la mort des gardes plaçait Morel en position de force.

Ce qui primait, aux yeux des maquisards, c'était un libre accès leur permettant de convoyer vivres et équipement. Pour cette raison, le lieutenant Bastian, responsable de l'approvisionnement, tenta, par l'intermédiaire de l'abbé Truffy, de prendre contact avec le commandant Raulet « pour sonder ses intentions et savoir s'il y avait moyen de s'entendre[205] ». La mort des gardes le 12 février et l'enlèvement de trois d'entre eux le même jour compliquaient sa tâche. Il insista donc auprès du lieutenant Morel, qui voulait les garder, mais obtint gain de cause : les policiers furent libérés le 15 février[206].

En faisant libérer ses deux paroissiens, l'abbé Truffy devenait l'interlocuteur auquel pouvaient recourir tant les hommes de Glières que Lelong. Le curé du Petit-Bornand fut tout d'abord sollicité par deux agents de liaison pour remettre une lettre à l'intendant de police. Le 14 février, ce dernier donna sa réponse, dans un courrier adressé à l'abbé Truffy, en indiquant que deux hommes du Plateau, arrêtés le 7 février, avaient été libérés, et ajouta :

> Quoiqu'il [*sic*] en soit, je me permets de vous rappeler mon désir de voir mettre fin à une lutte fratricide qui n'a que trop durée [*sic*].
> Usez de toute votre influence auprès de nos frères égarés pour les amener à reprendre le chemin du vrai devoir. Je me tiens à votre disposition pour tenter l'impossible. Mais pour l'amour de Dieu faites vite avant qu'il ne soit trop tard. Ce faisant vous aurez bien servi la cause de notre malheureux pays[207].

Dans la soirée, le même Lelong rencontrait le capitaine Anjot[208]. Dans un courrier envoyé le lendemain au capitaine Clair, ce dernier décrivait l'état d'esprit de ses hommes :

> Inutile que je vous donne tous les détails, mais j'ai eu hier au soir un contact personnel avec Lelong. Il y a nécessité absolue pour que nous trouvions, espérons-le, un terrain d'entente entre nous et le MO [maintien de l'ordre][209].

Le 15 février, l'abbé Truffy montait sur le Plateau, muni de la lettre rédigée par Lelong, afin d'obtenir la libération des gardes faits prisonniers. Le même soir, il rencontrait le commandant Raulet et le capitaine Anjot. Lors du repas qu'ils partagèrent, Raulet demanda la restitution du matériel et de l'armement pris à ses hommes le 12 février. Il fut également question, dit-il, de l'« entrevue qui d[eva]it être ménagée entre Lelong et le capitaine Clair, commandant départemental de l'AS[210] ». Truffy évoque alors les nombreux déplacements qu'il fit entre La Roche, Annecy, Bonneville et le Plateau dans un véhicule que la garde mit à sa disposition.

Lors de la procédure engagée contre Georges Lelong à la Libération, Humbert Clair précisa les exigences de l'intendant de police :

> 1°) D'évacuer Glières en abandonnant l'armement.
>
> 2°) D'expulser de nos rangs et de remettre entre ses mains les éléments FTP et espagnols qui s'y trouvaient.
>
> 3°) De collaborer avec lui, au moins par des renseignements à sa lutte contre nos camarades FTP [...][211].

Clair et Anjot répliquèrent que c'était impossible. Mais la rencontre la plus décisive associa le 16 ou le 17 février le commandant Raulet et le lieutenant Morel, à l'initiative de ce dernier. Flanqué de deux de ses adjoints, le chef de la garde prit le chemin de L'Essert où *Tom* les attendait. Si « le contact [fu]t rude », selon les termes de Raulet[212], les deux hommes, tous deux saint-cyriens, trouvèrent un terrain d'entente : le matériel pris à la garde le 12 février serait rendu ; pour son ravitaillement, le maquis pourrait utiliser un sentier que la garde n'était de toute façon pas amenée à surveiller[213]. En pratique, l'accord fut plus large, puisque les ravitailleurs mais aussi les hommes du Plateau purent circuler librement, entrant et sortant de la vallée, malgré l'obligation de posséder un laissez-passer remis, semble-t-il, libéralement.

Pendant trois semaines, garde et maquis vécurent une sorte de cohabitation profitable aux deux parties : les maquisards bénéficiaient d'une relative liberté de circulation, les gardes conservaient l'assurance de ne plus servir de cibles. Cette situation n'était toutefois pas sans conséquence sur l'attitude des forces de l'ordre. L'embuscade du 12 février avait « violemment secoué les unités », écrit le colonel Raulet, créant une « dépression morale »[214].

Les échanges et rencontres entre le maquis et la garde, connus de tous, y compris des échelons les plus bas de la hiérarchie, modifièrent totalement la perception que celle-ci avait des maquisards. La proximité du maquis créa un sentiment favorable à son endroit, un capitaine de la garde avouant même que les sympathies de ses hommes allaient « il faut bien l'avouer à ceux qui leur paraiss[ai]ent représenter les défenseurs de l'idée patriotique[215] ». La garde se montra dès lors hostile aux actions contre Glières, à cause du danger qu'elles présentaient, mais aussi parce que les gardes éprouvaient de la sympathie pour leurs ennemis[216] : cinq quittèrent leur unité pour les rejoindre. Dès lors, les gardes se contentèrent de faire le minimum, s'occupant à cantiner, à jouer aux cartes et à tromper leur ennui dans les cafés. D'autres donnaient un coup de main au maquis, en poussant les traîneaux qui acheminaient le ravitaillement sur les hauteurs[217].

Cette situation émolliente se prolongea jusqu'au début du mois de mars, date à laquelle les GMR succédèrent à la formation du colonel Raulet.

Pourparlers avant l'attaque

Les conditions climatiques, le défaut d'équipement et d'enthousiasme rendaient l'offensive quasiment impossible, ce dont même les membres de la Milice convenaient. Dans un télégramme qu'il expédia dans la soirée du 12 février, Jeewe indiquait :

> D'un entretient [*sic*] avec le capitaine de Vaugelas et le lieutenant Constanzo de la Milice, il résulte que la neige le rend à peu près insurmontable. D'ailleurs l'expérience montre que l'attaque contre le plateau des Glières n'est possible qu'avec des armes lourdes, pour autant qu'elles puissent être amenées à proximité du point d'attaque par ce temps de neige. Le mieux serait – et ceci est désiré par la Milice – la mise en place de l'aviation[218].

Lors de cet entretien auquel Lelong ne semble pas participer, il est fait pour la première fois allusion à une attaque aérienne, alors qu'il n'avait été question jusqu'ici que de reconnaissances[219]. Selon un document allemand daté du 16 février, une reconnaissance aérienne ne put avoir lieu, du fait de la température fort basse (qui empêchait soit de voler soit de prendre des photos), mais aussi parce que l'intendant de police souhaitait conserver un « caractère national » à l'affaire et bannissait par conséquent toute intervention allemande[220].

Sur le Plateau même, et vraisemblablement parce que l'on est bien informé de ce qui se trame dans l'entourage de Lelong, l'atmosphère est à l'attente d'une attaque. Les populations civiles qui habitaient les chalets sur le Plateau furent invitées, vraisemblablement par Théodose Morel, à quitter leur domicile et à rejoindre la vallée[221]. Toutes ne le firent pas.

Lors d'une nouvelle réunion réunissant Jeewe et Lelong, le 15 février, la question de la date d'une attaque est éludée. Tout juste sait-on que des opérations auront lieu dans le Chablais le 16 février puis « quelques jours plus tard » dans les régions d'Annemasse et de Saint-Jeoire, ce qui suggère que rien ne sera entrepris avant le 20 février. Le 16 février, Darnand s'est rendu à Annecy, mais on ignore ce qui a été négocié avec les Allemands. On sait, en revanche, qu'il n'éprouve aucun scrupule à employer des avions allemands pour faire des photographies, voire pour attaquer par les airs.

Croyant toujours qu'il est possible de négocier avec le maquis, l'intendant accepte une rencontre avec l'AS. Apparemment prévue le 17 février à 14 heures avec le capitaine Anjot, l'entrevue se déroule à Annecy, au siège de l'intendance de police, villa Mary, en présence d'Humbert Clair.

La bonne foi de Lelong quand il négocie avec l'AS est-elle feinte ? Il est bien difficile de répondre à cette question. Quoi qu'il en soit, il rencontre deux des dirigeants départementaux de l'AS, dont son chef, qui repartent libres de l'intendance. Rien pourtant n'était plus facile que d'arrêter les deux hommes pour tenter d'en soutirer des informations[222]. En refusant les propositions de Georges Lelong, les maquisards le mettaient dans l'embarras en l'obligeant soit à faire appel à la Milice qu'il honnissait, soit aux Allemands dont il ne voulait pas entendre parler. Début mars, lors d'une rencontre avec l'abbé Camille Benoît venu négocier la libération de l'adjoint au docteur Bombiger, Michel Fournier, l'ecclésiastique, entend l'intendant de police lui dire :

> Monsieur l'abbé vous pouvez croire le calvaire que je monte[223].

Lelong s'en tenait à son désir initial, la remise des « terroristes ». Ce qui était jugé inacceptable par l'AS l'était en revanche beaucoup moins pour l'officier qui se présenta comme l'« ancien chef d'état-major du général Leclerc ». C'est ce qu'on apprend, de manière curieuse, dans un télégramme allemand, qui mentionne une note de Lelong oubliée chez Jeewe :

> 1) Ancien chef d'état-major du général Leclerc demande rendez-vous avec intendant de police.
>
> 2) Éviter rencontre au cours desquelles des Français se battent mutuellement.
>
> 3) Promet que du côté armée secrète, il n'y aura pas de pillage aussi longtemps que dureront les actions de police.
>
> 4) Cet officier donne des renseignements intéressants au sujet des FTP, notamment au sujet de cantonnements et effectifs.
>
> 5) Rendez-vous : jour, heure, lieu. Cet officier sera accompagné de son adjoint. L'intendant fixera le lieu du rendez-vous, s'il le désire, mais il doit venir seul.
>
> Il semble qu'il s'agit ici d'une tentative de médiation de la part du commandant de l'AS du plateau des Glières[224].

Qui pouvait être cet ancien chef d'état-major du général Leclerc ? À notre connaissance, seul Jean Rosenthal, ancien de l'armée d'Afrique, pouvait revendiquer en Haute-Savoie un lien quelconque avec le futur chef de la 2e DB[225]. Il excipera de nouveau de ses liens avec Leclerc lors de son retour à Londres, en mai 1944, cette fois dans l'entourage direct de Winston Churchill[226]. Ainsi, si c'est lui dont il s'agit, Jean Rosenthal aurait essayé de se substituer à l'AS, en entrant directement en contact avec Lelong et en lui présentant une offre de négociation dont la dénonciation des FTP était l'enjeu.

Il est peu probable que Théodose Morel ait été informé de cette tentative de médiation. Il semble plutôt qu'il s'agisse d'une initiative individuelle dont l'objectif, en donnant des informations (vraies ou fausses ?) aux forces du maintien de l'ordre, visait à réduire la pression qui s'exerçait autour du Plateau ; cette offre n'eut cependant aucune suite.

Entre-temps, les intentions de Darnand et des Allemands se précisent. À la suite d'une réunion avortée, le 21 février, c'est au niveau le plus élevé de la hiérarchie policière allemande en France que la question de l'intervention de l'aviation allemande est réglée. Carl Oberg lui-même prend la décision finale : l'utilisation d'avions portant la cocarde française est exclue. Mais Lelong « ne désire pas, en aucun cas, un engagement de forces allemandes[227] ». Face à cette résistance, Jeewe souhaite que son chef à Lyon, Knab, sollicite Oberg et que ce dernier se mette en relation avec Darnand, qui, selon les mots de Jeewe, « ne s'oppose pas à ce que le Plateau soit bombardé par des avions allemands sous emblème allemand ». En fait, les occupants sont prêts à aller de l'avant, avec ou sans Darnand, et se contentent d'informer Lelong deux heures avant l'attaque[228].

L'activité allemande autour de Glières diminue pendant pratiquement une semaine, puisque aucun télégramme n'est échangé – ni conservé – entre le 21 et le 27 février. Au sein de la police allemande, l'absence de communication entre Annecy et Lyon au sujet de Glières est due, semble-t-il, au fait qu'Oberg et Darnand ne se sont pas rencontrés pour évoquer cette question. Si les policiers allemands n'ont pas reçu de directives de leur hiérarchie à la date du 27, ils mentionnent celles que Lelong a reçues de Darnand :

> 1°) Activité plus importante dans l'entreprise d'ensemble.
> 2°) Engagement plus important de la garde et des GMR par rapport à la Milice qui, jusqu'à présent, agissait presque exclusivement seule.
> 3°) Renforcement des barrages mobiles des routes.
> 4°) Renforcement de la bretelle autour du plateau des Glières.
> 5°) Ordres pour l'attaque du plateau des Glières. L'attaque même doit être lancée par la Milice renforcée de GMR. La garde se charge uniquement de la protection et du barrage du territoire de l'arrière.
> 6°) L'opération d'ensemble de Lelong en Haute-Savoie doit être terminée le 10-3-44, sinon les forces allemandes interviendront[229].

Cette dernière phrase a toute son importance : elle indique que si la mise au pas de la Haute-Savoie – et pas seulement de Glières – n'est pas achevée à la date du 10 mars, les Allemands attaqueront.

Si des opérations d'envergure inégale étaient intervenues dans le département, rien n'avait fondamentalement été modifié pour Glières et, début mars, rien de sérieux n'avait été entrepris pour briser le dispositif maquisard. De plus, les énormes quantités de neige tombées excluaient toute approche, même au début du mois de mars[230]. Pourtant les GMR réussirent à prendre pied à proximité du Plateau.

Les GMR à Notre-Dame-des-Neiges

Toute la littérature souligne le caractère inexpugnable du dispositif maquisard à Glières. Pour autant on ne doit pas confondre inexpugnabilité et imperméabilité. Il était extrêmement difficile de déloger par les armes les maquisards. Mais à une date avancée, et vraisemblablement jusqu'à la mort de Théodose Morel, il était possible de se rapprocher de Glières. Le GMR Bretagne, stationné à Thônes depuis le 12 février, n'avait exécuté jusqu'alors que des barrages, des patrouilles, des reconnaissances et des contrôles d'identité. Le 6 mars, selon le témoignage qu'en fit le gardien Raymond L., le GMR Bretagne reçut l'ordre d'occuper les chalets de Notre-Dame-des-Neiges, au sud-ouest du Plateau. Une première tentative échoua « à cause de la température[231] ». Le commandant P. fit une deuxième tentative, avec un équipement plus léger ; cette fois le détachement de GMR atteignit son but :

> Je tiens à signaler qu'alors que nous nous trouvions au chalet de Notre-Dame-des-Neiges, nous avons aperçu sur le Plateau occupé par la Résistance un drapeau français qui flottait. Ce spectacle a causé à mes hommes et à moi-même une vive émotion. Au retour à la base, j'ai tenu à expliquer à mes hommes visiblement impressionnés qu'ils n'avaient pas à mener la lutte contre des Français, mais seulement contre des bandits qui s'étaient mêlés aux groupes de Résistance pour piller et assassiner[232].

Pour autant le commandant P. ne poussa pas l'avantage. Monté avec trop peu d'équipement et de vivres, il redescendit dans la vallée. Une troisième tentative, toujours dans le même secteur, sans doute le 10 mars au matin, après la mort du lieutenant Morel, conduite par l'adjoint du commandant P., Raymond L., se solda par un échec total. Les GMR essuyèrent les tirs des maquisards auxquels ils ne répondirent pas. Ils laissèrent neuf prisonniers : les GMR ne tentèrent plus jamais de pénétrer sur les abords de Glières[233]. Leur incapacité à prendre pied sur le Plateau et l'impossibilité pour le colonel Lelong, qui ne voulait pas d'intervention allemande, de trouver un arrangement avec le maquis affaiblirent la position de l'intendant de police, par surcroît secondé depuis plusieurs jours par le milicien Max

Knipping, ce qui limitait son autonomie. Il présenta sa démission[234] à Darnand qui la refusa[235].

La Milice, qui avait prévu une action dans les premiers jours de mars, comptait beaucoup sur le bombardement du Plateau. Mais les chutes de neige fraîche la plaçaient dans la même situation que la garde un mois plus tôt :

> Les conditions atmosphériques et surtout les masses de neige énormes se trouvant sur et autour du plateau des Glières ne permettent pas pour l'instant une progression couronnée de succès des forces de police françaises engagées. [...] L'engagement prévu d'unités allemandes ne peut être effectué pour l'instant, parce que les forces d'invasion des forces de police françaises engagées ne peuvent pénétrer à travers les masses de neige, même sous la protection d'un feu nourri. Une nouvelle chute de neige de 70 cm la nuit dernière démontre l'instabilité de la situation météorologique de la région, surtout dans le massif montagneux autour du Plateau. Une attaque du Plateau est donc impossible pour le moment, comme en rend compte le policier Jeewe[236].

Si le Plateau présentait alors un problème insurmontable aux forces de l'ordre, mais aussi aux Allemands, la mort du lieutenant Morel, elle, fut un drame pour les maquisards encerclés dans leur repaire.

La mort de Théodose Morel

Les circonstances du décès de Théodose Morel restent mal connues. Plusieurs versions soutenues par des témoins plus ou moins proches de l'événement ont été reprises depuis une soixantaine d'années. Elles tendent toutes à faire du commandant du GMR Aquitaine, auteur de cette mort, un fourbe. Ainsi on peut lire à Entremont, sur la façade de l'hôtel devant lequel *Tom* fut tué, l'inscription suivante :

> En ce lieu, le 10 mars 1944, le lieutenant Morel « Tom » chef du bataillon des Glières fut lâchement assassiné par un officier de GMR traître à sa parole. À ses côtés tombèrent l'agent de police Decour et l'éclaireur skieur Frison.

Ces phrases lapidaires résument bien mal ce qui se déroula dans la nuit du 9 au 10 mars 1944.

Le 12 février 1944, le GMR Aquitaine avait quitté la région de Toulouse, par le train, pour gagner la Haute-Savoie[237]. Arrivé trois jours plus tard, après un périple de 600 km environ, il prit position à La Clusaz ainsi qu'à Saint-Jean-de-Sixt. Son chef, le commandant Grégoire Lefèbvre[238], était resté à Toulouse au chevet de son fils adoptif[239]. Le commandant effectif fut alors le lieutenant Couret jusqu'au retour de Lefèbvre, le 6 ou 7 mars. Dès leur arrivée, les officiers du GMR furent abordés par les officiers du Plateau, comme le raconte Robert Couret :

> Dès mon arrivée, j'installai mon PC à La Clusaz, et la Résistance qui était admirablement bien renseignée sur l'état d'esprit des officiers appartenant aux forces du maintien de l'ordre, avait déjà eu connaissance de mon activité en faveur de l'organisation clandestine de la région de Toulouse ; dès les premiers jours de mon implantation à La Clusaz, je reçus la visite de deux officiers du plateau de Glières qui désiraient me contacter afin d'avoir des renseignements sur notre dispositif de sécurité[240]. En commun nous arrêtâmes différentes dispositions afin que le maquis de Glières puisse opérer son ravitaillement sans donner l'éveil aux forces stationnées dans la région, et il fut entendu que je faciliterais dans toute la mesure de mes moyens le passage des jeunes gens désireux d'aller grossir les rangs de la Résistance. [...]
>
> Sachant que le commandant Lefèbvre avait toujours manifesté des sentiments hostiles envers les Allemands, je le mis, dès son arrivée, au courant des conventions passées avec la Résistance, [...] il confirma purement et simplement lesdites conventions[241].

L'historien Yves Mathieu a recueilli le témoignage d'un ancien sous-brigadier du GMR Aquitaine qui affirme que ces conventions établissaient que, de 21 heures à 5 heures du matin, les postes de contrôle étaient levés, permettant, à la hauteur d'Entremont, d'approvisionner le maquis. De nouveau le curé du Petit-Bornand servit d'intermédiaire entre les GMR et les responsables du Plateau[242]. Or, tous les officiers du GMR Aquitaine ne partageaient pas ces bonnes intentions. L'un d'entre eux, le lieutenant Toulze, chargé pendant l'intérim du commandant Lefèbvre de la responsabilité du détachement de Saint-Jean-de-Sixt, prit l'initiative de faire arrêter le 1er mars Michel Fournier, étudiant en médecine, médecin auxiliaire sur le Plateau. Ce dernier était au Grand-Bornand, semble-t-il dans un hôtel où il avait passé la nuit et recueilli des médicaments destinés au Plateau, que sa future épouse lui avait amenés. Il fut arrêté, envoyé à Annecy et interrogé[243].

Cette arrestation intempestive suscita la colère du commandement résistant qui décida d'une expédition contre le cantonnement de GMR basé à Saint-Jean-de-Sixt. Henri Onimus-*Humbert*, le 3 mars vers 3 heures du matin, prit donc la tête d'un détachement d'environ soixante-dix hommes afin de faire libérer Michel Fournier[244]. Le village fut investi et les maquisards parvinrent devant les avant-postes des GMR, sans avoir tiré un coup de feu. Il semble d'ailleurs que la conversation se soit engagée avec les gardes de faction. Le lieutenant Onimus fut mis en présence du chef du détachement, un aspirant. Informé par radio, le lieutenant Couret, qui logeait à l'Hôtel de France à Entremont, accourut en hâte et entama des pourparlers avec le responsable du maquis[245]. Celui-ci obtint de pouvoir s'entretenir avec le colonel Lelong. Onimus demanda à l'intendant de police la libération de Michel Fournier, qui avait déjà été libéré dans la soirée. Le médecin-assistant avait recouvré la liberté sous réserve de se représenter le lendemain à Annecy. Fournier tint son engagement, mais fut derechef emprisonné, ce qui ne pouvait qu'inciter à de nouvelles représailles de la part des résistants. Morel vit dans cette seconde arrestation la preuve de la duplicité de Lelong et, sans doute aussi, celle des officiers du GMR Aquitaine :

> Dès que ces arrestations furent connues, le lieutenant Barrat [Bastian] descendit à Entremont et se mit en rapport avec moi, afin d'obtenir par mon entremise une entrevue avec le commandant Lefèbvre. Ce dernier, qui se trouvait très déprimé par son deuil récent, et qui d'autre part ne voulait pas que ses contacts avec la Résistance soient connus par son entourage, refusa de recevoir le lieutenant Barrat. Mais il me demanda de confirmer à ce dernier qu'il n'était pour rien dans ces arrestations, et que les conventions n'étaient nullement dénoncées par lui, rapporta le lieutenant Couret[246].

Ce témoignage est corroboré par celui de Paul Sérignat, gérant du café du Courrier à Entremont, arrêté puis interrogé dans le courant du mois d'avril 1944 pour ses liens supposés avec la Résistance :

> Le 8 mars au soir alors que je me trouvais au café de l'Hôtel de France, j'ai rencontré le commandant Lefèvre [*sic*], avec lequel j'ai pris l'apéritif. Rentré chez moi, j'ai dit au lieutenant Barat [*sic*] que je venais de voir le commandant Lefèvre. Le lieutenant Barat m'a alors demandé si je voulais voir le commandant pour qu'il accepte un rendez-vous avec lui au café du Courrier, ce que j'ai fait, mais le commandant Lefèvre n'a pas accepté. J'ai fait part de ce refus au lieutenant Barat.
>
> Je me rappelle avoir servi à déjeuner à deux clients, le lieutenant Barat de l'AS et à un officier de GMR, à table l'officier a retiré sa veste. J'ignore le nom de l'officier de paix[247].

Si l'arrestation de Michel Fournier était un motif justifiant une intervention du maquis contre les GMR, elle n'était pas la seule. Les GMR du lieutenant Toulze avaient réalisé d'autres captures, notamment celles de cinq hommes qui tentaient de rejoindre le maquis[248]. De plus, le ravitaillement était plus difficilement acheminé en raison de la surveillance méticuleuse que les GMR exerçaient dorénavant sur les flux de personnes dans les abords de Glières, y compris durant les heures où ce ravitaillement avait été rendu possible selon les conventions.

C'est dans ce contexte que fut prise la décision d'une action d'envergure, afin de prendre des prisonniers susceptibles de servir de monnaie d'échange. N'ayant guère que des informations superficielles sur le dispositif policier dans la vallée, Théodose Morel reçut l'aide appréciable d'un GMR qui avait déserté son unité la veille de l'attaque, et qui communiqua tous les renseignements en sa possession[249].

À 17 heures le 9 mars, le lieutenant Morel convoqua ses adjoints les plus proches, les responsables des sections et leur communiqua son projet. Il ne s'agissait pas d'un simple coup de main, mais d'une opération mobilisant une centaine d'hommes, soit près du tiers des effectifs alors présents. Elle était commandée par Morel en personne. Il s'agissait de se saisir par surprise de plusieurs postes de GMR, sans effusion de sang. Le départ intervint vers 23 h 30, l'arrivée étant prévue vers 2 heures du matin. À l'approche d'Entremont, les chiens se mirent à aboyer et donnèrent l'alerte. Des voix, puis des coups de sifflet se firent entendre, des projecteurs s'allumèrent, des coups de feu retentirent[250]. La discrétion voulue n'était pas au rendez-vous. Elle avait d'autant moins de chances de l'être que le commandant

Lefèbvre était informé de l'action du maquis. Selon le sous-brigadier Marlin du GMR Aquitaine, qui faisait alors office de secrétaire du commandant Lefèbvre :

> Le 10 mars vers 0 heure 30, le commandant Lefèbvre qui s'était attardé au comptoir du café de l'Hôtel de France et avait ingurgité pas mal de petits verres, faisait irruption dans la chambre que j'occupais avec Georges Mazars et me demandait de le rejoindre dans la sienne. Là, il me dictait le texte d'un télégramme que je devais chiffrer avant de le transmettre au détachement de Saint-Jean-de-Sixt. Ce télégramme spécifiait très précisément : « Attention, maquis viendra cette nuit. Redoublez de vigilance. Doublez les effectifs des postes de garde. Rendre compte de tout incident. Signé : Cdt Lefèbvre. »
>
> Comme je le quittais pour m'exécuter, il me demanda de faire venir à lui les deux officiers chefs de section, David et Couret[251].

C'est sans doute par une « indiscrétion de comptoir », comme l'écrit Yves Mathieu, que le commandant Lefèbvre pense que les GMR vont être attaqués dans la nuit du 9 au 10 mars. Cet auteur estime que l'officier a sans doute renforcé son dispositif défensif, notamment les postes de garde et les barrages. Si les maquisards, dans leurs récits, insistent sur le caractère nourri de la fusillade que s'échangent les deux camps[252], les hommes du GMR indiquent avoir reçu pour instruction de n'utiliser leurs armes qu'en cas de danger. Or, à ce stade, il n'y a eu aucune victime d'un côté comme de l'autre : soit les hommes tiraient mal, soit ils ont peu tiré, ce qui paraît le plus probable. Les différents postes qu'occupaient les GMR (central téléphonique, hôtels, postes de garde) sont investis et, dans plusieurs d'entre eux, les policiers n'opposent aucune résistance. L'investissement des lieux est incontestablement une réussite[253].

Les versions les plus plausibles, bien que fragmentaires, sur la suite des événements sont celle que recueillit Yves Mathieu auprès de l'ancien GMR Maurice Marlin, corroborée par les propos que tint Michel Castelain, infirmier sur le Plateau lors de son interrogatoire. Ce dernier insiste sur le fait que Lefèbvre était ivre[254]. Pour Marlin :

> Les chambres de notre hôtel étaient immédiatement fouillées, et les collègues qui s'y trouvaient encore étaient désarmés et rassemblés en bas, avec nous.

Pour ce qui me concerne, j'étais à deux ou trois mètres du commandant Lefèbvre, sur la rue principale devant l'hôtel, avec les lieutenants Couret et David.

J'ai alors vu arriver le lieutenant Tom Morel. Il s'est positionné face au commandant, et l'a invectivé en ces termes : « Vous avez manqué à votre parole, vous êtes un traître. » Dans le même temps, deux maquisards le saisissaient par-derrière et immobilisaient ses bras, pendant qu'un troisième lui enlevait son pistolet placé en étui à la ceinture. Le commandant Lefèvbre se débattait sans succès, et Tom Morel ajouta : « Désormais vous êtes mon prisonnier. »

Le commandant Lefèbvre était rouge de colère et se mit à hurler : « Moi, commandant Lefèbvre, capitaine de l'armée française, prisonnier ?... Jamais. »

C'est alors qu'il parvint à libérer son bras droit et à se saisir d'un petit pistolet de calibre 6,35 mm camouflé dans ses leggings droites.

La figure écarlate, il tirait à bout portant sur le lieutenant Tom Morel qui n'était guère à plus d'un mètre de lui.

Touché à mort, Tom s'effondrait. Tout s'est alors précipité.

Une fusillade totalement incontrôlée éclata. J'ai vu un maquisard qui servait un fusil-mitrailleur anglais depuis le parapet d'un pont à cinq ou six mètres de là ouvrir le feu sur le commandant Lefèbvre : immédiatement fauché par les balles, il s'écroulait instantanément. Plus tard, on dénombra 32 impacts sur son corps.

Ce maquisard tirait partout et un projectile brisa la seule lampe qui éclairait la rue. D'autres de ses amis, armés de mitraillettes « Sten », se mettaient à tirer n'importe comment.

La fusillade a duré deux minutes tout au plus, jusqu'à ce qu'un anonyme lance un « Halte au feu » suivi d'effet.

[...] Le bilan apparaissait bien lourd : de notre côté, il y avait quatre ou cinq blessés [...]. Chez les résistants, deux blessés dans un état désespéré, qui allaient mourir rapidement [...][255].

Yves Mathieu décrit le commandant Grégoire Lefèbvre comme étant une force de la nature, un colosse capable de se débarrasser de ceux qui le maintenaient en respect. Les maquisards qui le tenaient ne pouvaient être que Decour et Frizon, fauchés par le même feu que celui qui tua Lefèbvre[256].

Le bilan était lourd pour le maquis qui perdit trois hommes, dont le lieutenant Morel. Sa mort ouvrait une période de doutes, d'autant que l'étau se resserrait autour du Plateau.

5

Les derniers jours de Glières

Les maquisards remontèrent sur le Plateau avec les dépouilles de Théodose Morel et de Georges Decour, accompagnés de la soixantaine de GMR faits prisonniers[1]. Elles furent déposées à l'infirmerie où une chapelle ardente fut installée et décorée avec des parachutes aux couleurs tricolores. Une garde veilla les corps jour et nuit.

La succession du lieutenant Morel n'était pas une chose aisée. Nul autre officier sur le Plateau ne connaissait le dispositif, mais également l'ensemble des problèmes que cette concentration d'hommes posait sur un site aussi étendu. Pour finir, Louis Jourdan accepta d'assurer l'intérim.

Une de ses premières tâches fut d'organiser les funérailles. Il sollicita l'abbé Truffy et fit fabriquer les deux cercueils[2]. Les parents de Théodose Morel, ainsi que le curé Truffy et le père Benoît purent franchir les barrages pour la messe de sépulture célébrée le lundi 13 mars dans le chalet de l'infirmerie, devant une délégation de toutes les sections. Après la cérémonie, le cortège se rendit en direction d'une éminence, au centre du Plateau, où se dresse aujourd'hui le monument de Gilioli. Les cercueils y furent enterrés, à l'emplacement du mât où le lieutenant Morel et les maquisards s'étaient rassemblés le 20 février[3].

L'intérim assuré par Louis Jourdan fut bref puisque le flambeau fut passé, à la date, semble-t-il, du 14, au lieutenant Bastian, monté depuis la veille pour l'enterrement de Morel et de

Decour. Bastian ne commanda que quatre jours, du 14 mars au 18 mars, date de l'arrivée de Maurice Anjot.

La montée des maquis du Giffre et du secteur de Bonneville

Servant de refuge contre les attaques du maintien de l'ordre, le maquis devait également accueillir des parachutages d'armes afin d'équiper les maquis de Haute-Savoie. Les armes réceptionnées, il fallait les acheminer dans la vallée et permettre aux maquis, une fois armés, de retourner dans leur lieu d'origine. Les maquis du Giffre et de Bonneville, qui rejoignent Glières lorsqu'ils furent informés du parachutage de la nuit du 10 au 11 mars[4], ne se seraient peut-être déplacés que pour prendre leur part du butin, puisque la manne tombée du ciel permettait d'équiper bien plus que les trois à quatre centaines d'hommes alors rassemblés. Ils arrivèrent sur le Plateau le 12, après le premier bombardement, survenu dans l'après-midi. Mais la mort de Tom, l'immensité du stock d'armes à convoyer ainsi que l'attaque aérienne subie rendaient impossible la mission qui consistait à redescendre le matériel en un minimum de rotations. Faute de pouvoir organiser la logistique nécessaire à ce déménagement et de prendre des décisions rapides, les quatre à cinq centaines de maquisards et les soixante-dix GMR prisonniers devaient donc demeurer sur le site. Un homme le métamorphosa de lieu de réception et de refuge en un lieu de combats.

Faux et usage de faux ? Du rôle de Jean Rosenthal

Après trois parachutages réussis, Jean Rosenthal était désormais en position de force. Dans l'esprit de nombreux résistants, il était l'auteur de ces miracles et il suffisait de lui demander pour obtenir. L'homme prit donc un ascendant croissant sur les membres de l'AS en Haute-Savoie, au risque d'outrepasser les objectifs de sa mission. Après la mort du lieutenant Morel, il se prit pour le chef du Plateau, comme le montre un courrier tiré de ses archives et destiné au colonel Lelong :

Ce matin, un de mes officiers, le lieutenant Tom, a été assassiné par votre représentant à Entremont, en l'honneur de qui il avait cru pouvoir se fier. Cet individu a payé son crime de sa vie, mais les choses ne sauraient en rester là. Cette affaire, après plusieurs autres, prouve une fois de plus deux choses :

1) Il est impossible de croire votre parole ou celle de vos subordonnés.

2) Vous êtes décidé à obéir sans restriction aux ordres de vos maîtres allemands. Dans de telles conditions, aucune entente n'est possible entre vous et nous. J'ai tout fait pour éviter une catastrophe ; vous n'avez pas voulu répondre à mes efforts ; maintenant, il est trop tard. Je ne puis plus vous considérer vous et vos hommes que comme des mercenaires à la solde de l'Allemagne.

Vous n'ignorez pas qu'un certain nombre de GMR sont actuellement mes prisonniers ; leur vie est entre vos mains. Je n'hésiterai pas à donner l'ordre de les exécuter comme vous en avez déjà [fait] exécuter tant des nôtres, si votre attitude à notre égard ne change pas du tout au tout[5].

Affranchi de la présence de Théodose Morel, Jean Rosenthal se plaçait en position d'ordonnateur du combat auquel ses hommes devaient se préparer. « Espérons attaque Glières[6] », écrit-il le 9 mars. Et, d'une certaine manière, l'élimination des chefs locaux permettait aussi aux services gaullistes d'assurer leur suprématie sur les structures locales, bien que le BCRA ait douté de l'activité de son agent[7].

Le 15 ou le 16 mars, une réunion rassemble à Annecy Jean Rosenthal, Humbert Clair, Maurice Anjot et Georges Guidollet, chef départemental des MUR, chez le préfet révoqué Périès. Lors de cette rencontre, les militaires plaident pour une dissolution, mais, comme l'écrit Georges Guidollet :

Cantinier s'oppose à toute mesure de dispersion des maquisards rassemblés au Plateau et encadrés par de nombreux officiers d'active. [...]

Cantinier n'ignorait pas que les Allemands, exaspérés par ce premier regroupement de maquisards en Haute-Savoie, feraient l'impossible pour détruire ce foyer de résistance, mais pour lui, l'action de guérilla et de sabotage n'était pas suffisante. Il fallait fournir à Londres la preuve que la Résistance ne s'exprimait pas seulement en paroles, mais par des faits, et qu'elle représentait une force considérable avec laquelle les Allemands devaient compter.

> À contrecœur, nous avons tous décidé de nous rallier à la position catégorique adoptée par Cantinier[8].

Pour emporter l'adhésion, Rosenthal avait soutenu que l'envoi de parachutistes était prévu. Fort de cet argument, il parvint à convaincre le Comité de laisser les maquisards sur place et présenta le lendemain, lors d'une autre réunion, un texte tiré d'un télégramme qu'il aurait reçu :

> Considérons Glières comme tête de pont. Parachuterons un bataillon. Si opération réussit, parachuterons en masse[9].

Reçu le 8 février 1944, un télégramme, authentique celui-là, infirmait le document précédent :

> Pour l'instant ne comptez pas sur débarquement ni envoi de personnel par parachutes[10].

Le numéro deux du BCRA, André Manuel, avait été catégorique le 28 février :

> Pas question paratroops pour le moment. Veux-tu recevoir deux ou trois officiers instructeurs saboteurs[11] ?

Rosenthal s'obstina, pensant que le site était hors de portée des assaillants : par quatre fois, il utilise dans les télégrammes qu'il expédie à Londres l'adjectif « imprenable ». Dans le message du 2 mars destiné à Maurice Schumann, il écrit par exemple :

> Du réduit savoyard plateau des Glières à EM. Londres.
> Resterons sur Plateau imprenable avec devise : vivre libre ou mourir. Jetons un défi aux Darnand, Lelong [...]. Attendons de pied ferme ces mercenaires de l'ennemi, les miliciens et policiers recrutés dans les prisons[12].

En décidant de maintenir ses forces sur le Plateau contre l'intime conviction de ses camarades, il conduisait le maquis vers une issue fatale, alors qu'à la mi-mars ni la Milice, ni les forces allemandes ne s'étaient équipées pour passer à l'attaque. Mais le bombardement du 12 mars comme l'ultimatum allemand qui accordait à Lelong un délai courant jusqu'au 10 mars pour venir à bout du maquis, et dont l'AS avait sans doute connaissance, indiquaient que l'occupant ne comptait pas en rester là.

Jean Rosenthal avait malgré tout convaincu les chefs de l'AS de transformer Glières en un lieu de combat. Encore fallait-il que les hommes fussent commandés par un officier expérimenté : telle fut la raison de la nomination du capitaine Anjot.

L'heure de Maurice Anjot

Sachant que la situation était désespérée et qu'il ne redescendrait pas vivant, Maurice Anjot rejoignit ses camarades en pleine connaissance de cause. Prenant le car à Annecy, déposé au Grand-Bornand le vendredi 17 en fin d'après-midi, il arriva dans la nuit sur le Plateau[13].

Connu dans la clandestinité sous le nom de *Pierrot* ou de *Bayart* (ou *Bayard*), il garderait ces différents pseudonymes au maquis. Mais, dès son arrivée, il coupa moustache et favoris et revêtit sa vareuse d'officier pour redevenir le capitaine des chasseurs alpins qu'il était.

Il ne jouissait pas auprès de ses troupes de l'aura de Morel, qui était à quelques années près leur contemporain : plus âgé de onze ans que *Tom*, Anjot n'avait ni l'allant, ni la fougue de son cadet. Ce n'était pas non plus un skieur, ce qui ne pouvait que l'entraver dans ses déplacements sur un site enneigé. En revanche, il disposait de l'estime et de la confiance des jeunes officiers du 27ᵉ BCA dissous. Du fait de la brièveté de sa mission – elle ne dura qu'un peu plus d'une semaine –, il fut bien moins connu que son illustre prédécesseur et les combattants de Glières le virent peu[14], ce qui explique que la littérature et la mémoire l'aient confiné dans une ombre relative.

Sa prise de commandement intervint le 18 mars, en présence des représentants de chacune des sections. Il s'entoura de deux adjoints, les aspirants Pierre Bastian et Jacques de Griffolet d'Aurimont. Le premier, chef de l'AS pour le secteur de Thônes, était responsable du ravitaillement pour le Plateau et conserva cette fonction ; le second assuma une mission plus tactique. Anjot ne modifia guère l'organisation conçue par Morel, se contentant de compléter le dispositif défensif en fixant à l'est du Plateau, dans le secteur du Petit-Bornand, la 4ᵉ compagnie. Cette compagnie,

Lamotte, était composée d'effectifs provenant du secteur de Bonneville et commandés par le lieutenant Lalande-*Lamotte*, du corps franc de la vallée de Thônes et d'une douzaine d'hommes venant du camp des Rochettes, dans le Chablais[15].

Dans un courrier du 21 mars adressé à Clair, Anjot réclame, malgré la Milice qui verrouille les accès à Glières, des renforts :

> Je vous demande de me faire monter le maximum de cadres et de personnel. Le maquis de St-Jean-d'Aulph devrait nous rejoindre. Il y a également une propagande à faire ou même un ordre à donner aux jeunes de Petit-Bornand et La Cluza [*sic*] pour qu'ils fassent ce que ceux de Grand-Bornand ont fait. Ces derniers trouvent en effet qu'il est inadmissible qu'eux seuls aient exécuté l'ordre. Les familles de [*sic*] Grand-Bornand, par comparaison, regrettent également d'avoir laissé partir leur fils[16].

Alors qu'il réclame plus d'hommes, il doit également affronter les velléités des FTP et plus encore de leur état-major.

Le dilemme des FTP

Bien que théoriquement regroupés au sein des FFI, les FTP avaient conservé leur autonomie. Le désordre né des arrestations[17] opérées dans leurs rangs compliquait les relations avec leur état-major régional qui seul pouvait décider d'une montée sur le Plateau. C'est donc sans doute à l'insu de leur hiérarchie que les FTP entreprirent l'ascension, soumis à la pression des forces répressives dont l'étau se resserrait dans les vallées[18]. Dès que les chefs FTP apprirent cette décision, ils s'efforcèrent de faire redescendre leurs hommes. Une note du 27 mars d'Augagneur *(Grand)*, commissaire aux effectifs en Haute-Savoie, destinée au chef de l'AS départementale Humbert Clair-*Navand* indique que la motivation des FTP « n'était point celle de désorganiser votre camp, mais faire dégager nos gars pendant qu'il était encore temps d'un guêpier où votre imprévoyance (pour ne pas dire plus) les avait mis et empêcher que Glière ne devînt leur tombeau, comme cela a été le cas pour les vôtres dans l'Ain[19] ».

L'ordre de redescendre fut donné par Guy Serbat-*Rivière*, commandant militaire en second à l'état-major des FTP à Lyon, à une date non précisée, mais nécessairement postérieure au 8 mars, date de la montée de *Liberté chérie*. Il fut, semble-t-il, transmis à Augagneur, qui le communiqua aux éléments FTP sur le Plateau, selon lui, le « lundi précédant l'attaque », soit le 20 mars[20]. Il semble, en outre, que dans la nuit du 25 au 26 mars, la veille de la date admise de l'attaque, un émissaire FTP gagna le site et ordonna à ses camarades de se replier sur la région de Cluses[21].

L'état-major FTP ne visait pas seulement à exfiltrer ses membres pour les sauver ; il cherchait également à soutenir les maquisards regroupés à Glières en menant des actions susceptibles de desserrer l'étreinte exercée par les Allemands et les miliciens. Ce plan postulait deux conditions : mobiliser les FTP, alors que ces derniers étaient majoritairement des sédentaires ; faire descendre les deux sections *Coulon* et *Liberté chérie*. La première partie du plan ne put être mise à exécution, « en raison du manque d'équipement des combattants. Presque tous nos hommes manquaient de chaussures ; les réserves alimentaires étaient insuffisantes », écrivent les auteurs de *R.1.3*[22]. Surtout, les FTP peinaient à mobiliser les sédentaires pour, selon les mots de Guy Serbat, « faire "flamber" le sol des Alpes ». Ce dernier évoque même les « hésitations manifestes » de ses camarades à l'égard de cette forme d'action. Les premières actions des FTP arrivèrent trop tard pour soulager Glières : un soldat allemand blessé à Ugine, des camions allemands mitraillés les 29 et 30 mars près d'Albertville, une attaque des « troupes ennemies » à Faverges le 5 avril et d'autres encore dans le secteur d'Albertville, à plus de 20 km du Plateau[23]. Mais ces attaques, tardives et de faible envergure, trop éloignées de l'épicentre, survenaient alors que Glières était déjà tombé.

La seconde partie du plan FTP supposait également que les deux sections sur le Plateau descendent de Glières. Mais elles préférèrent – à ce moment-là – obéir aux officiers de l'AS qu'à la hiérarchie FTP, pour plusieurs raisons. Ces résistants avaient rejoint le Plateau parce que traqués dans les vallées, ils ne savaient où aller : leur sort aurait-il été meilleur en le quittant ? La solidarité avec les autres maquisards leur commandait de rester à leur poste. Toutefois, alors que l'étau se resserrait et que les soldats allemands relevaient les miliciens, les deux sections FTP évoluèrent dans des directions contraires : le groupe de Marius

Cochet-*Franquis* (section *Coulon*) obéit jusqu'au bout aux chefs de l'AS. En revanche, le groupe *Liberté chérie* suivit finalement les consignes de ses chefs et s'en alla, sans avoir reçu l'ordre de repli donné par le capitaine Anjot. C'est en tout cas ce qui ressort clairement de différents courriers rédigés par le capitaine Clair, dans les mois suivant la Libération[24]. On ne prendra pas pour autant ces textes au pied de la lettre. Si les FTP prirent le parti de redescendre avant l'ordre du 26 mars à 22 heures, un ancien de *Liberté chérie* indiqua que les membres de cette section n'avaient plus de nouvelles de leur chef théorique, André Wolff : plus que les consignes de leurs supérieurs FTP, les membres de cette section auraient quitté leurs positions parce qu'ils se seraient sentis abandonnés par la hiérarchie AS[25].

Un renfort de l'AS sur les arrières, un bombardement allié sur les abords ?

Si l'on considère que le maquis regroupait 1 200 hommes pour toute la Haute-Savoie, Glières en concentrait peu ou prou la moitié. Six centaines d'hommes étaient donc à même de soutenir leurs camarades. Mais ces troupes, éloignées du Plateau, n'avaient que peu de contacts entre elles et avec leur hiérarchie. Les forces de Maurice Anjot ne pouvaient donc tabler que sur un renfort extérieur. Ancien officier du 27e BCA d'armistice et membre de l'AS en poste dans la région d'Annecy, Jean Monnet fut, dit-il, chargé d'aller repérer les emplacements des batteries allemandes et des troupes cantonnées ainsi que les PC et les itinéraires du ravitaillement ennemi. Selon lui, « la guérilla projetée devait commencer le 27 mars ». Il se rendit donc le matin du 27 à Bonneville pour rejoindre des détachements à même de la mener, mais apprit alors que « Glières avait craqué[26] ».

Il est bien difficile de savoir si ces dires correspondent à la réalité. Il est probable qu'au sein de l'AS départementale on devait enrager devant l'impossibilité de contrer les Allemands, nombreux et puissamment armés. Il est en revanche peu probable que des groupes aient pu faire quoi que ce soit contre l'occupant. Pour ce faire, ils auraient dû être armés ; or les armes n'avaient été descendues du Plateau qu'au compte-gouttes.

Un bombardement allié sur les abords de Glières semble tout aussi incertain.

Une archive britannique, rédigée postérieurement aux événements, mentionne un échange entre Thackthwaite-*Procureur* et Mangin-*Triangle*, au sujet d'un possible bombardement des positions allemandes sur les pourtours du Plateau[27]. Selon Thackthwaite[28], dont le témoignage a servi à rédiger le rapport anglais, Londres – sans que l'on sache qui avec précision – indiqua qu'une telle opération était possible pour peu que les Alliés connaissent les positions ennemies. Ce projet ne fut pas exécuté[29]. Par ailleurs, Rosenthal se rendit à Genève pour informer les Alliés de la situation en Haute-Savoie, mais on ignore tout des informations qu'il transmit[30].

La Milice monte en ligne

Quoi que Darnand ait déclaré à la presse, les miliciens considéraient les maquisards comme des terroristes et des communistes, comme en témoigne leur presse. Ces soldats politiques participaient à une opération qui visait à extirper les maquisards de leurs refuges[31].

Dès le début des opérations du maintien de l'ordre, la Milice fut engagée dans les régions les plus remuantes de la Haute-Savoie. Elle intervint à Thônes, où avait été assassiné en novembre 1943 son chef départemental, puis dans le Chablais, où les FTP étaient particulièrement actifs. Dans cette région, les francs-gardes pouvaient compter sur le soutien de miliciens très hostiles aux résistants.

Dans le cadre des mesures édictées par l'intendant de police Lelong, le premier engagement qui opposa la Milice et, semble-t-il, des FTP date du 4 février[32].

Le samedi 5 février, la Milice somma toutes les personnes présentes dans les rues de Thônes d'aller en mairie faire vérifier leur identité. Sur la même commune, près de la Curiaz, les miliciens aperçurent des réfractaires en train de s'enfuir. Ils tirèrent et en tuèrent un, puis rattrapèrent le second. Blessé, ce dernier fut déporté et ne revint pas[33].

C'est dans le Chablais surtout que la Milice intervint en force. Sur le territoire de la commune de Lully, elle conduisit une opération particulièrement meurtrière. Le 18 février, douze combattants FTP se réfugièrent dans une ferme, au lieu-dit Foges. L'excès de neige les empêchait de rejoindre un endroit plus propice. Le 22 du même mois, au petit matin, un détachement fort d'une centaine d'hommes encercla la demeure. Des tirs occasionnèrent des pertes dans les deux camps. Selon les auteurs de *R.1.3*, le combat dura toute la journée, les forces au gamma usant de leurs mortiers. Cette action opposant des Français signait une forme de radicalisation du régime contre ses opposants, sous le regard approbateur de l'occupant. Au terme d'une journée de combats, la Milice releva cinq morts et six blessés, semble-t-il[34] ; les maquisards perdirent sept hommes.

Pour une raison que nous ignorons, la Milice causa moins de pertes aux résistants entre la fin février et la mi-mars, bien qu'elle eût reçu le renfort d'un millier d'hommes entre la fin février et les premiers jours de mars[35].

Présente épisodiquement depuis le début du mois de février dans les communes situées sur le pourtour du Plateau, la Milice, accompagnée de deux escadrons de GMR, fit mouvement en direction de Glières le 18 mars où elle releva la garde[36]. Son arrivée, que Lelong ne souhaitait pas, marquait son éviction du dispositif policier et son remplacement par les fidèles de Darnand.

Lelong s'efface

L'incapacité de Lelong à venir à bout du maquis affaiblissait sa position vis-à-vis de Darnand, lui-même sommé par les Allemands de réussir. Échouant dans ses négociations avec l'AS, Lelong cédait du terrain devant la Milice, qui ne voyait que la manière forte pour venir à bout du problème, quitte à anticiper les demandes de l'occupant.

La Milice semait la zizanie au sein du dispositif policier. Le 17 février 1944, alors que l'intendant de police est en visite dans le Chablais avec Darnand, les deux hommes apprennent qu'elle a arrêté, désarmé et emprisonné les gendarmes du lieu qui refusent d'accompagner les miliciens[37]. Les gendarmes seront finalement libérés, mais cet épisode exacerbe la rivalité entre la Milice et l'intendant de police.

L'affaiblissement de la position de ce dernier débute dès la fin février lorsque les policiers allemands s'emparent de sa serviette qui contient la note apparemment rédigée par Rosenthal. Les occupants découvrent alors les tractations menées entre les insurgés et les forces de l'ordre. Peut-être informé par les Allemands, de toute façon sur le qui-vive, Jean de Vaugelas, partisan de la manière forte, guettait un faux pas de l'intendant de police pour gagner son autonomie, voire prendre les rênes des opérations : l'insuccès de Lelong lui donna la possibilité de s'affirmer. La perte d'influence de l'intendant se concrétisa le 4 mars 1944 lorsqu'il fut question d'un « vol de reconnaissance au-dessus du plateau de Glières avec la participation du chef de la Milice Jean de Vaugelas », sans que l'accord ou la participation de Lelong ne soient à aucun moment mentionnés[38]. La suite suggère même qu'il fut laissé dans l'ignorance des initiatives que prit le chef milicien avec l'occupant, alors que Lelong, on l'a dit, refusait toute participation allemande à Glières.

Car, au-delà des questions de primauté et d'amour-propre, la participation des Allemands aux opérations constituait un enjeu fondamental des différends opposant les deux hommes. Particulièrement chatouilleux sur ce point, Lelong alla même jusqu'à communiquer à la presse, fin février, un démenti dans lequel il niait toute participation allemande dans le maintien de l'ordre en Haute-Savoie :

> À la suite d'une opération de police effectuée dans le département, des bruits tendancieux ont été répandus au sujet d'une collaboration possible entre les forces du maintien de l'ordre et les troupes d'opérations. Nous sommes autorisés à démentir cette assertion. Les actions en cours en Haute-Savoie conservent leur caractère national. L'intendant de police rappelle que les propagateurs de fausses nouvelles peuvent être arrêtés et poursuivis conformément à la loi[39].

Quels qu'aient été les débats au sein du gouvernement, ce dernier ne souhaitait pas que les Allemands se mêlent d'une opération de nettoyage alors qu'il entendait prouver sa capacité à agir seul. Lelong pensait qu'il pourrait éradiquer le maquis savoyard, sans recourir aux moyens de la Wehrmacht ou de la Luftwaffe. Cette ligne officielle était battue en brèche par les hommes qui, comme de Vaugelas, prônaient une ligne plus dure. Débordé par les ultras, Lelong fut si contesté qu'il présenta sa démission à Darnand, le 13 ou 14 mars. Les Allemands commentèrent :

> 1° Lelong n'avait pas été d'accord avec le bombardement du plateau des Glières par des avions allemands et 2° la Milice exécutait des opérations à son compte sans en référer au préalable à Lelong[40].

Autre différend entre Lelong et de Vaugelas, les barrages que les miliciens avaient placés à Annecy les 13 et 14 mars qui empêchaient soit d'entrer, soit de sortir de la ville. Les communications téléphoniques furent coupées, y compris celles de la préfecture, un milicien gardant le standard téléphonique. Selon les Renseignements généraux, « l'autorité de l'intendant Lelong a été mise en échec par des ordres des chefs supérieurs de la Franc-Garde[41] ». La détérioration des relations entre l'intendant de police et le chef milicien obligea Darnand, qui ne pouvait se déplacer, à envoyer dans la préfecture de Haute-Savoie son adjoint, Max Knipping[42], comme ce dernier le relata en juillet 1945 :

> En arrivant, je précisai au colonel Lelong que Darnand refusait la démission qui lui avait été envoyée dans une lettre et lui ordonnait de rester en Haute-Savoie jusqu'à terminaison complète des opérations. Je confirmai à Lelong qu'il était le seul maître et que de Vaugelas devait se plier à ses ordres. Lelong me déclara qu'il ne voulait pas partager la responsabilité de certains actes des miliciens qui dépassaient les consignes qu'il leur donnait[43].

Lelong était dorénavant placé sous la tutelle de Knipping et de la Milice, les Allemands ayant eux-mêmes constaté son manque d'énergie[44]. Mis sur la touche, il recevait ses ordres du milicien. Traversant une épreuve personnelle[45], il dut sans doute boire le calice jusqu'à la lie, lorsqu'il dut communiquer l'ordre suivant :

> [Le 17 mars] à minuit de Vaugelas a reçu de Lelong l'ordre de rompre toutes les actions de la Milice et de relever avec toutes ses forces les unités de la garde, des GMR et gendarmerie qui encerclent le Plateau des Glières et de cerner le Plateau avec ses seules forces de la Milice[46].

Aux polices traditionnelles à qui ni Darnand, ni les Allemands n'accordaient plus confiance, succéda la Milice, sur laquelle Lelong n'avait aucune autorité et qu'il n'appréciait guère – c'est là un euphémisme. Knipping s'empara alors du commandement.

Tentative de négociations à Annecy ?

Arrivé à Annecy le 13 ou le 14 mars, Knipping y resta jusqu'au 19 mars, séjour entrecoupé d'un aller-retour à Paris[47] au cours duquel il rencontra Oberg. Sa venue aurait permis à Lelong d'organiser une rencontre entre un « officier de l'AS » et l'adjoint de Joseph Darnand, comme l'affirme le milicien :

> Lelong avait rencontré quelques jours auparavant un officier de l'AS ; il m'offrit de le convoquer à la condition que je m'engage sur l'honneur à le laisser repartir librement après l'entretien.
>
> J'acceptai la rencontre et pris l'engagement de laisser la liberté à cet officier.
>
> Nous avons eu une conversation d'une heure, pendant laquelle j'ai pu me rendre compte combien il y avait de points communs entre l'AS et la Milice sur les questions intérieures françaises.
>
> Avec une bonne foi réciproque nous avons essayé de trouver un terrain d'entente pour éviter toute effusion de sang. La question de collaboration avec les Allemands fut pratiquement le seul point de divergence sérieuse qui ne put être aplani.
>
> L'officier de l'AS me déclara notamment : « Pourquoi voulez-vous nous attaquer. Nous ne sommes pas rassemblés pour nous battre contre la police ou contre la Milice. Nous n'en voulons qu'aux Allemands pour les chasser de notre pays. Laissez-les nous attaquer, nous ne demandons que cela ; nous leur infligerons une sérieuse correction et un jour nous serons assez forts pour reprendre la lutte contre eux [...][48]. »

Cet officier de l'AS n'est sans doute pas Humbert Clair, qui a démenti avoir rencontré Knipping[49]. Il peut s'agir de Jean Rosenthal ou de Maurice Anjot. Le premier, qui a survécu aux événements, n'a jamais évoqué cette rencontre. Au surplus, il n'était pas officier de l'AS (mais ce point ne constitue pas une preuve). Il est cependant plus probable qu'Anjot ait rencontré l'adjoint de Darnand. Le capitaine était en relative confiance avec l'intendant de police qu'il avait rencontré « 4 fois du 10-2 au 10-3-1944, je crois », si l'on suit les déclarations de Knipping lors de son procès[50]. Et d'ajouter :

> Cet officier [de l'AS] me déclara que ses hommes étaient décidés à lutter contre les Allemands, mais qu'il leur répugnait d'avoir à se défendre contre une attaque exécutée par des Français. Il me demanda d'insister auprès de Darnand pour que le soin de mener à bien l'opération fût laissé aux troupes allemandes. À la suite de cet entretien, j'ai donné l'ordre de différer l'attaque, en attendant les instructions de Darnand[51].

Quelques jours après cette rencontre, Max Knipping se rendit donc à Paris où il s'entretint, flanqué de Joseph Darnand, avec Carl Oberg. Les Français informèrent le chef de la police nazie de la rencontre entre Knipping et l'officier de l'AS. Oberg déclara qu'« il était inadmissible que lui-même [Darnand] ou un de ses adjoints entre en liaison avec un adversaire appartenant à l'Armée secrète[52] ». Du fait du caractère lacunaire des sources, les raisons qui ont incité les miliciens à révéler au chef de la police nazie en France les contacts noués avec un « membre de l'AS » restent obscures. Le résistant aurait-il promis de nettoyer le maquis de ses éléments les plus turbulents ? Cela semble peu probable. Anjot, si c'est bien lui, a peut-être tenté de gagner du temps, en attendant l'envoi des « parachutistes canadiens » promis par Rosenthal. Ce temps gagné sur la Milice, pourtant, promettait une intervention des Allemands. À moins que la rencontre au sommet entre Darnand, Knipping et Oberg ait permis de laisser les coudées franches à l'occupant, ce qui aurait satisfait tant Oberg que l'officier résistant qui refusait de se battre contre des Français, même miliciens ? Quels qu'en fussent les motifs, cette rencontre montrait que la Milice était dans l'incapacité de réduire le dispositif maquisard.

L'intervention de la Milice à Glières

Les miliciens étaient particulièrement exaltés, persuadés d'avoir été envoyés en Savoie pour y mener une croisade. Originaire de Mont-de-Marsan (Landes), le milicien Thary de retour de Glières écrivit dans un courrier adressé à l'un de ses supérieurs :

> Je tiens à vous affirmer, Chef, que ni mon cœur, ni ma volonté milicienne n'ont été touchés par cette épreuve. J'en reviens plus ferme que jamais dans ma résolution de servir, émerveillé, malgré les petits inconvénient [*sic*] qui ne peuvent s'éviter dans pareille circonstance, du magnifique spectacle qu'était cette réunion d'hommes venus de tous les côtés et de toutes les situations, si parfaitement unis et tendus vers le but que nous entrevoyons depuis si longtemps et si entièrement résolus à l'atteindre à n'importe quel prix. On ne peut qu'être confiants dans l'avenir après avoir vécu parmi eux[53].

Certains détachements miliciens étaient encadrés par des hommes compétents, formés au combat en montagne, comme Émile Raybaud, ex-capitaine de chasseurs alpins, ancien élève de Maurice Anjot à Saint-Cyr par ailleurs, ce qui les distinguait des membres de la garde ou des GMR. Ils bénéficiaient d'un équipement de guerre, destiné à combattre et non à réprimer des troubles urbains, contrairement aux forces de l'ordre. Dotée de mortiers, la Milice put, semble-t-il, aligner quatre colonnes de combat dont une disposait « d'un équipement d'hiver et de vêtements de camouflage[54] ». À la fin février, elle cantonnait dans le Chablais mais aurait du migrer au pied du Plateau afin de pouvoir attaquer autour du 4 mars[55], projet abandonné du fait de la neige omniprésente.

Le GMR Roussillon se montra plus actif et, le 8 ou 9 mars, l'un de ses détachements incendiait les chalets de Balme, sur les hauteurs de La Roche, où les maquisards se ravitaillaient. Le 9 mars, une reconnaissance milicienne est menée à La Verrerie, sur la commune de Thorens : un franc-garde est grièvement blessé[56].

Le 18 mars, reprenant les positions de la garde et des GMR, la Milice se répartit tout autour du Plateau et entre en action le 19 mars[57]. Son arrivée empêche les maquisards de se ravitailler d'autant que les miliciens multiplient reconnaissances et explorations[58]. Les 20 et 21 mars, la Milice intervient en différents points du Plateau[59]. Une trentaine de francs-gardes effectuent une reconnaissance en direction d'Usillon, près du col du Landron. Arrivés à La Plagne, des francs-gardes tirent et tuent trois résistants qui s'étaient restaurés dans une ferme et en blessent un quatrième qui mourra quelques semaines plus tard à l'hôpital. Ils interviennent également sur le versant sud du Plateau et utilisent des mortiers de 81 dans le secteur de Notre-Dame-des-Neiges[60]. La Milice capture un prisonnier, un policier du GMR Bretagne, blessé[61], déserteur de février, qui lui fournit quelques renseignements qu'elle s'empresse de communiquer aux Allemands[62]. À en croire le chef départemental de la Milice de l'Hérault, un détachement parvint à prendre pied sur le Plateau le 22 mars :

> Le 22 au matin, un groupe de skieurs de la région de Marseille étant parti en reconnaissance à travers la montagne avait réussi à déboucher sur le fameux plateau des Glières et était revenu sans encombres[63].

Ce succès motiva les miliciens à se montrer plus entreprenants et à engager des forces supplémentaires le 24 mars[64], ce que reconnaît Maurice Anjot : « la Milice exécute des reconnaissances, tâtant ainsi notre dispositif. Ces accrochages ont lieu un peu partout et à toute heure de la journée[65] ».

Pour autant, la Milice sait qu'elle ne viendra pas à bout du dispositif de Glières et que les Allemands vont intervenir. Son action est couplée à une campagne d'information[66] qui cherche à accréditer la thèse qu'elle pourra, seule et sans aide de l'occupant, éliminer les « terroristes ». Dans le même temps, elle engage des pourparlers avec le commandement résistant. Ce retour inopiné à la tactique voulue par Joseph Darnand telle que présentée à la presse au début du mois de février prouve sa faiblesse avant que d'être l'aveu de son échec.

Le rôle de la Milice dans le dispositif militaire allemand

Du fait des conventions d'armistice, les forces du maintien de l'ordre ne pouvaient faire décoller ne serait-ce qu'un avion civil pour prendre des photographies aériennes du Plateau : c'est donc un appareil militaire allemand qui le 4 mars – certes avec à son bord Jean de Vaugelas – prit les vues aériennes. L'échec de la garde en février, puis celui des GMR en mars condamnaient la Milice à réussir. Si Jeewe croyait que la Milice pouvait l'emporter à Glières, les militaires allemands se montraient plus dubitatifs. Ils entreprirent de faire bombarder le site le 12 mars, première action militaire déterminante, preuve aussi que l'ultimatum, échu au 10 mars, devenait une réalité.

Le 18 mars est mentionnée pour la première fois une réunion, apparemment à Annecy, à laquelle participent le colonel Schwer, colonel de la 157e division de réserve, et semble-t-il Knipping et de Vaugelas. Les officiers allemands et les représentants de la Milice s'accordent pour définir les « points de barrage du Plateau », les accès qu'il s'agit de surveiller[67]. Le surlendemain, une reconnaissance est organisée en présence du chef de la 157e division de réserve, le général Pflaum : dans le même temps, les miliciens continuent leurs actions contre le dispositif maquisard. Ce jour-là, les militaires allemands « se sont rendu compte des grosses difficultés de terrain qui attendent les troupes. Sans la protection d'armes lourdes, l'entreprises [*sic*] n'est pas possible, car l'ennemi a en sa possession les hauteurs dominantes et est en tout temps dans la situation de déceler tout mouvement de forces et de les troubler par l'action lointaine de ses armes automatiques, sinon de les repousser[68] ». Le même jour, les chefs précisent leur plan :

> Pour l'opération seront engagées quatre colonnes de chacune un bataillon, appuyées par quatre batteries d'artillerie, y compris une section de mortiers de campagne[69].

Ce dispositif incluait-il la Milice qui aurait fourni l'une des colonnes ? Cette hypothèse n'est pas à exclure puisque Jeewe écrit qu'« un groupe de combat de la Milice est prêt à l'attaque sur la cote 1600 par le nord-ouest avec l'appui de l'artillerie ». Il est même question d'une intervention le samedi 25, l'armée ayant « accordé un appui des plus sérieux à la Milice[70] ». De même, lors d'une réunion tenue le 24, semble-t-il, à Annecy et à laquelle participe Joseph Darnand, est évoquée l'artillerie qui pourrait soutenir les miliciens. Le général Pflaum propose soit de confier des armes allemandes aux miliciens soit, si cette proposition n'est pas retenue, de trouver des armes lourdes du côté de la garde, ou, à défaut, de mettre à disposition de la Milice une compagnie allemande avec des armes lourdes[71]. Lors de cette séance, Joseph Darnand « déclara, selon le policier Jeewe, être toujours d'accord à ce que la Milice fasse cause commune avec la Wehrmacht allemande, et qu'il le désirait même ». Mais, peut-être parce que Darnand avait reçu des consignes (de Laval ?) à ce sujet, Jeewe prit soin de rajouter :

> Il [Darnand] observa cependant que le gouvernement français pouvait avoir des scrupules politiques à ce sujet. Il serait donc à recommander que les forces françaises lors de l'opération contre le Plateau, soient seules responsables de leur secteur, mais subordonnées naturellement au général Pflaum, commandant en chef en ce qui concerne l'opération générale[72].

Parce que la Milice ne disposait pas d'artillerie et qu'elle revendiquait un secteur indépendant, l'opération changeait de nature. Plutôt qu'une attaque concentrique et *a priori* simultanée qui aurait refoulé les défenseurs du Plateau en son centre au fur et à mesure de la progression allemande, le général Pflaum proposait de les pousser à se replier sur le côté opposé à l'attaque, conduite par trois colonnes au lieu de quatre. Ce scénario fut *in fine* adopté le 25 mars lors d'une réunion à laquelle participaient Darnand ainsi que le général Pflaum[73].

Le principe d'une attaque frontale menée contre des Français avec un soutien allemand était donc écarté, peut-être au soulagement de tous. En effet, les militaires allemands de la 157e division de réserve n'avaient jamais manœuvré avec les miliciens ; les chefs au gamma connaissaient les réticences qu'éprouvaient certains de leurs hommes à combattre aux côtés de la Wehrmacht. Pour Darnand, l'enjeu était moins d'intervenir militairement que de recueillir les prisonniers qui seraient capturés. Encore fallait-il pour ce faire que le combat fût livré.

Glières et la Milice : un cas de conscience ?

La découverte mi-mars des corps des inspecteurs tués en janvier 1944 avait incité le pouvoir à orchestrer une campagne destinée à prouver que la Haute-Savoie était infestée d'hommes sanguinaires. La presse milicienne n'était pas en reste : son journal, *Combats*, dans son numéro du 18 mars – le jour de l'arrivée de la Milice autour du Plateau – évoqua « Katyn en Haute-Savoie[74] ».

Il n'est pas infondé de croire que les miliciens ne voyaient à Glières que des partisans de Staline prêts à employer les méthodes utilisées par le NKVD (Commissariat du peuple aux Affaires intérieures) pour assassiner des milliers d'officiers polonais. Alors qu'il n'était toujours pas question d'intervention allemande, les miliciens penchaient pour éliminer les maquisards sans distinguer les FTP des membres de l'AS.

Pour autant, il n'est pas sûr que les miliciens fussent tous acquis à l'idée de combattre aux côtés de l'occupant. C'est ce que Joseph Darnand indiqua lors de son procès, affirmant avoir redouté le « contact des troupes françaises avec les troupes allemandes[75] ». Il est fort possible que nombre de miliciens reconsidérèrent leur position, dès lors que les Allemands avaient décidé d'intervenir : certains se firent une raison, sachant qu'ils ne pouvaient seuls venir à bout des « terroristes », d'autres persistèrent à croire qu'il revenait aux seuls Français d'intervenir pour « pacifier » la Haute-Savoie[76]. Certains se montraient pourtant enthousiastes à l'idée d'une intervention allemande, comme l'aurait déclaré le chef milicien Di Costanzo aux policiers du SRMAN :

> Messieurs, j'ai une bonne nouvelle à vous annoncer, les Allemands nous envoient de l'artillerie et de l'aviation[77].

De Vaugelas n'avait aucun scrupule à combattre aux côtés des Allemands : un télégramme, sans doute de Jeewe, indique que le milicien « aura également sous ses ordres une compagnie de grenadiers de la Wehrmacht comprenant deux sections[78] ».

Ultimes négociations

Le 11 février, Joseph Darnand avait affirmé qu'il distinguerait les résistants de l'AS des membres affiliés aux FTP. Cette distinction pouvait ouvrir la porte à une négociation entre les forces du maintien de l'ordre et l'Armée secrète. Informé on ne sait comment de la rencontre entre Maurice Anjot – s'il s'agit bien de lui – et Max Knipping, il la referma brutalement. Il y eut pourtant une demande de négociations, mais elle ne semble pas provenir d'une initiative des miliciens qui, par devers Oberg, auraient prolongé la ligne voulue par Darnand en février. Au contraire, les maquisards sur le

Plateau paraissent l'avoir suscitée. Cet essai intervenu peut-être le 22 mars nous est connu par une lettre que Jacques Michal, un franc-garde, adressa à son père et qui fut interceptée par un employé du contrôle postal acquis à la Résistance :

> Des officiers de l'armée secrète sont descendus et se sont présentés à nous en demandant de voir notre chef, ceci a été fait, ils ont parlé très aimablement en disant que les chefs de l'AS désiraient signer un ultimatum [*sic*] avec nous de façon à ce que nous ne nous battions pas contre eux. Ces officiers en qui nous avons eu trop confiance ont été amenés vers le chef sans leur bander les yeux, ils ont vu un peu tout, ils sont repartis et c'est tout ; ils ont eu eux-mêmes quelques renseignements et ont envoyé un message en disant qu'ils se battraient jusqu'au bout. Deux prêtres sont montés envoyés par nous, ils ont confessé beaucoup de types, et ils ont rapporté un message secret du Commandant[79].

Peut-on s'appuyer sur ce document ? Nous l'ignorons. On notera qu'il est partiellement et abondamment repris depuis 1944 par ceux qui tendent à démontrer la cruauté de la Milice[80]. En revanche, tout ce passage n'a jamais été publié et encore moins commenté, ne serait-ce que pour être démenti.

Le maquis aurait-il pris l'initiative de rencontrer la hiérarchie milicienne ? Cette hypothèse signifierait que, au sein de l'Armée secrète, des hommes auraient douté de la stratégie jusqu'au-boutiste de Jean Rosenthal appliquée par Maurice Anjot. Elle montrerait que certains résistants, dans la région dominant Thorens, souhaitaient instrumentaliser la Milice afin que celle-ci négocie avec Anjot pour sortir du Plateau sans combattre… ou pour n'avoir à combattre que des Allemands. Quoi qu'il en soit, la dernière tentative de négociations avec la Milice date du 22 mars au soir. Mandaté par un cadre au gamma, Charles-Raoul Dagostini, un milicien remit au chanoine Pasquier, basé à Thônes, un courrier à porter au chef du maquis. L'abbé Gavel fut chargé par le chanoine de l'accompagner dans son ascension[81]. Le contenu exact de cette lettre de Dagostini reste inconnu, mais *Bayard* déclina la proposition :

> […] Il est profondément triste que des Français tels que vous l'avez été, dans le passé, agissent comme vous le faites. Vous acceptez de détruire, au bénéfice de l'ennemi, les éléments les meilleurs du

> pays. Si vous attaquez, vous porterez la responsabilité de nos morts. Quant à moi, j'ai reçu une mission, il ne m'appartient pas de parlementer[82].

Les armes, donc, parleraient. Les Allemands se chargeraient de mener l'assaut final et écarteraient les miliciens de l'offensive, au grand dam des ultras.

Les Allemands interviennent

La première consigne connue de lutte contre les maquis est l'« ordre Sperrle », émanant du commandant en chef à l'Ouest, en date du 3 février 1944. Il est repris le 12 février par le commandant militaire en France et élargi à toute la zone sud. Pourtant les autorités, tant policières que militaires, n'avaient pas attendu cette consigne pour sévir contre les « bandes », pour reprendre la terminologie allemande, et leurs soutiens. À l'hiver 1943-1944, le commandant militaire Carl-Heinrich von Stülpnagel avait mené une série d'opérations répressives, en collaboration étroite avec la Sipo-SD[83], afin de les éradiquer.

La Haute-Savoie ne présentait, pour l'armée allemande, aucun intérêt stratégique, sauf dans le cas d'une invasion de la Suisse : en 1944, celle-ci n'était plus d'actualité. Loin des côtes, n'ayant pas de col sur l'Italie ouvert à la circulation auto- ni même hippomobile, ce département ne présentait *a priori* aucun intérêt pour l'occupant, si ce n'est l'existence de nombreux lieux de convalescence pour des milliers de ses soldats. Les attaques répétées des maquis contre les lignes téléphoniques, électriques, de chemin de fer fragilisaient l'approvisionnement des établissements qui hébergeaient les blessés :

> Vers 1943 se sont constitués en Savoie des groupes de résistance qui s'attaquaient aux troupes allemandes, ainsi qu'aux hôpitaux et maisons de convalescence de la Wehrmacht. Le commandant en chef Ouest et le commandant militaire décidèrent une action dans cette région, déclara Carl Oberg lors de son procès[84].

C'est à la 157e division soutenue par l'aviation que revint la tâche de venir à bout du maquis en Haute-Savoie. Mais la difficile coordination entre ces deux armes incite à employer le mot « interventions » au pluriel, pour caractériser les opérations de l'occupant.

La 157e division de réserve

L'état-major de la division de relève 157 a été créé le 26 août 1939[85]. Le recrutement provenait essentiellement des Alpes bavaroises, de la région de Garmisch-Partenkirchen. L'effectif de la division se montait à 19 391 officiers, sous-officiers et soldats. Son équipement en faisait une unité redoutable puisqu'elle était forte de 422 armes automatiques collectives et de 332 armes d'appui (mortiers, canons et obusiers). L'ensemble des canons (de 5, 10 et 15 cm) permettait théoriquement de tenir sous le feu un territoire de 6 000 km carrés, soit plus que la superficie de la Haute-Savoie.

Cette unité avait été envoyée en mars 1941 dans les Balkans afin de soutenir l'armée italienne, puis à la mi-mai de la même année en Pologne, près de la frontière avec l'Ukraine, où elle se trouvait à la fin juin. À la suite de la réorganisation de la Wehrmacht du 1er octobre 1942, elle passa à la réserve et son organigramme fut modifié. Plusieurs détachements, semble-t-il, revinrent en Bavière avant d'être envoyés en France, pour occuper l'ancienne zone libre. En octobre 1942 le bataillon II/e.98 cantonnait ainsi à Champagnole, dans le Jura[86].

Malgré ses puissants moyens, la 157e division de réserve était essentiellement une troupe de formation pour d'autres unités. Elle fut envoyée en France comme troupe territoriale d'occupation et chargée de couvrir la frontière entre la Suisse et l'Italie, de garder les accès aux cols et tunnels alpins, comme le Fréjus, dont elle assurait la surveillance en étant placée de part et d'autre du tunnel ferroviaire. Après l'invasion de la zone libre, elle établit progressivement ses stationnements dans les départements de l'Isère, des Hautes-Alpes, de la Savoie et de la Haute-Savoie, chacune des villes de garnison (Annecy, Bourg-Saint-Maurice, Lanslebourg et Briançon) recevant un régiment[87]. À sa tête se trouvait depuis le 20 septembre 1943 le général de brigade Karl Pflaum. Né le 17 novembre 1890 à Passau, il avait achevé la Première Guerre mondiale avec le grade de capitaine. Retourné à la vie civile, il devint ingénieur. Commandant du 19e régiment d'infanterie en 1939, nommé *Generalmajor* le 1er octobre 1941, il fut promu *Generalleutnant* le 1er octobre 1943, mais avait été nommé *Kommandeur* de la 157e division de réserve le 20 septembre 1942.

En France, la première intervention significative de la 157e division de réserve fut l'opération *Korporal*, conduite dans l'hiver 1943-1944 contre les maquis de l'Ain.

L'opération Korporal

Faisant suite à l'ordre Sperrle de février, quatre actions (au moins) furent entreprises contre les « bandes » entre février et avril 1944 dans les départements de l'Ain (à deux reprises), en Haute-Savoie et en Dordogne. Le décret du commandant militaire allemand du 12 février stipulait : « La mission prioritaire des prochaines semaines et des prochains mois est la pacification totale des régions infestées par les bandes, ainsi que la destruction des organisations secrètes de résistance et la confiscation de leurs armes[88]. » La première de ces opérations frappa l'Ain, sous le nom de *Korporal* (Caporal), du 5 au 13 février 1944[89]. La préparation et la coordination de cette opération furent placées sous la responsabilité du commandant militaire en France sud, le général Niehoff, avec la collaboration du chef de la Sipo-SD, le lieutenant-colonel SS Knab. Outre des forces du régiment de police SS Todt, qui s'étaient illustrées en Haute-Savoie à la fin de l'année 1943, 2 000 hommes de la Wehrmacht furent alors mobilisés. Des bases de soutien furent créées pour la Wehrmacht, à l'intérieur desquelles opéraient des « commandos de chasse » de la police.

Ces interventions se distinguent par un élément : elles frappèrent les civils, accusés d'aider les maquisards[90]. Les populations subirent donc les « mesures préventives » imposées par l'occupant : restrictions de séjour, blocages postaux et téléphoniques, interdictions de circuler pour les automobiles et les motocyclettes, blocages des liaisons ferrées, instauration d'un couvre-feu[91]. Les Allemands tuèrent « 75 terroristes », arrêtèrent 456 personnes et détruisirent 64 camps[92]. Bien des victimes étaient en fait des civils ; pillages et incendies des maisons semblaient systématiques. Les Allemands jugèrent que cette opération n'avait pas pleinement réussi en raison de problèmes logistiques que la neige avait compliqués. Interrompue prématurément, elle reprit à l'arrivée du printemps. Les Allemands dénombrèrent en tout et pour tout deux soldats tués, alors qu'un troisième était blessé[93].

Ce combat avait été riche d'enseignements pour les Allemands : l'intervention de la Luftwaffe pour la reconnaissance, voire le bombardement de refuges difficilement accessibles constituait une nouveauté dans la lutte contre la Résistance en France[94].

Du rôle de l'aviation

Quatre jours seulement s'écoulent entre la découverte du rassemblement de Glières, le 7 février, et la demande émise par les autorités françaises et allemandes de photographies aériennes, le 11 février, afin d'identifier les voies d'accès du Plateau[95]. Sans doute avant même que les photos aériennes fussent réalisées, le colonel Lelong, la Milice et les autorités allemandes souhaitaient, dès le 14 février, que l'aviation attaque le site[96]. Le chef de la police de sûreté donna vraisemblablement son accord[97], puisqu'une conférence devait avoir lieu le 21 février à 11 heures, à Annecy, en présence notamment du lieutenant-colonel de la Luftwaffe Killian[98] et du colonel Lelong au sujet de cet engagement. Faute d'instructions, Lelong ne put participer à cette conférence qui avorta[99].

Le 4 mars, un premier vol de reconnaissance survola le Plateau en présence de Vaugelas. Un premier bombardement mobilisant trois avions Heinkel suivit le 12 mars, entre 13 h 30 et 15 heures[100]. En tout, 110 bombes de 50 kilos auraient été lancées, pour peu de résultats : « deux chalets ont été détruits, aucun tué, aucun blessé[101] », rapporta un résistant interrogé par les policiers nazis. Jeewe admit ultérieurement que le Heinkel 111, appareil utilisé le 12 mars, n'était « pas adapté comme avion de combat pour le bombardement de petits abris[102] ». Deux bombardements intervinrent les 16 et 17 mars ; ils provoquèrent de plus gros dégâts[103].

Le 19 mars, à Aix-les-Bains, où la 157e division de réserve avait un PC régimentaire, se tint une conférence afin d'étudier les modalités d'un emploi, semble-t-il, plus systématique de l'arme aérienne[104]. Jeewe et le lieutenant Bock, officier de liaison auprès de la Milice, réclamèrent alors un Junker 88 « d'exploration avec outillage photographique pour donner une image exacte de la progression et des bases de départ[105] ».

L'opération du 12 mars intervenait deux jours seulement après l'ultimatum fixé au 10 mars. Elle montrait à Joseph Darnand et aux autorités françaises que les Allemands comptaient agir si les forces françaises s'abstenaient de le faire. À cette date le général Pflaum, commandant la 157e division de réserve, doutait de la faisabilité d'un assaut par les chasseurs alpins, en raison de l'omniprésence de la neige, et réclamait un soutien aérien supplémentaire[106]. Il fut, semble-t-il, entendu, puisque cinq avions bombardèrent le 23 et plusieurs machines les 25 et 26 mars[107] : à ce moment-là, l'assaut avait pourtant été décidé.

Les pertes humaines consécutives aux bombardements avaient été relativement modestes eu égard aux moyens mis en œuvre – un mort et un blessé grave. Mais les vivres et la plus grande partie des chalets avaient été détruits. Jeewe pensait que le bombardement des positions tenues par les résistants allait les obliger à quitter Glières pour gagner d'autres cantonnements. Il imaginait ainsi les arrêter lorsqu'ils franchiraient les barrages disposés sur le pourtour du Plateau[108]. Sa tactique était la bonne. Si l'aviation devait jouer un rôle important, les fantassins et l'artillerie parachèveraient son rôle.

Préparatifs

Les télégrammes que s'échangent les policiers nazis ne mentionnent qu'une opération militaire contre le plateau de Glières, à l'exclusion de toute autre intervention : l'opération *Hoch Savoyen*, qui se déroula du 26 au 30 mars 1944[109], ne visait donc que ce maquis.

Les télégrammes allemands évoquent pour la première fois la 157e division de réserve le 18 mars[110]. À cette date, Glières avait déjà été bombardé à trois reprises. Il fallut attendre le 20 mars pour que la hiérarchie de la 157e division de réserve – le général Pflaum, le colonel Schwer, plusieurs chefs de bataillon et quelques commandants de compagnie – se déplace autour du

Plateau. Les officiers allemands profitèrent des explorations effectuées depuis deux jours par la Milice et notamment par le capitaine Raybaud[111], mais constatèrent que la position était fort difficile à prendre. Compte tenu de l'enneigement, les seules voies accessibles étaient paradoxalement les plus abruptes, celles où la neige tient le moins bien, soit à l'est de Glières trois pentes partiellement ou intégralement déneigées. Jeewe indique qu'elles sont « bien défendues par les cernés [les maquisards] au moyen d'armes automatiques installées dans les rochers. [...] Ces défenses installées sont en mesure de repousser, à grande distance déjà, des troupes d'assaut assez fortes[112] ». Le dispositif imaginé le 14 mars évolue alors : quatre colonnes d'un bataillon chacune, appuyées par quatre batteries d'artillerie, y compris une section de mortiers de campagne de protection[113], interviendront.

Les détachements allemands sont avertis du mouvement qu'ils doivent effectuer vers la Haute-Savoie peu après le 20 mars. Pour compléter la connaissance des lieux, le colonel Schwer entreprend le même jour une « reconnaissance aérienne détaillée[114] ».

Le 23 mars le général Pflaum visite une nouvelle fois les abords de Glières et les postes avancés de la Milice. C'est d'ailleurs ce jour-là qu'est définie la mission des troupes de Vaugelas ainsi que son aire d'intervention. Les Allemands lui concèdent un secteur de défense situé entre Usillon et Le Petit-Bornand, soit près de la moitié du pourtour du site à prendre. Elle n'agira pas sous commandement allemand, la 157ᵉ division de réserve et la Milice disposant chacune de leur état-major. Le général Pflaum établit son PC à Thônes, la Milice à l'autre extrémité du Plateau, à Thorens[115]. Après avoir pris position dès le 24 mars, les soldats allemands procèdent aussitôt à des reconnaissances[116].

Les sources allemandes mentionnent cependant des reconnaissances de la Milice et des patrouilles allemandes de combat dès le 18 mars[117], ce qui suggère que des éléments de la 157ᵉ division de réserve, déjà présents dans les parages, se préparaient à l'assaut final. Dans le même temps, les résistants témoignent subir des attaques de la Milice les 20, 24 et 26 mars[118]. Le 25 mars, le journal de marche d'une compagnie allemande précise :

> Dans l'après-midi une patrouille de reconnaissance mise en marche par le bataillon parvint jusqu'aux points d'appui les plus avancés de la Milice[119].

Ces reconnaissances visaient autant à reconnaître le terrain qu'à tâter le dispositif maquisard, comme le précise dans son journal le capitaine Geyer ou son subordonné[120] :

> Pour le profane l'objectif semblait imprenable. Il était constitué par un col flanqué à droite et à gauche par deux pics rocheux très élevés. On ne pouvait l'attaquer qu'en emportant deux sillons creusés dans le roc, qui conduisaient au col dont la pente pouvait, à première vue, être estimée à environ 40°. Chacun se rendait compte que, si, comme nous nous y attendions, il y avait là-haut un ennemi, l'attaque serait une performance sportive de haute montagne en même temps qu'une opération militaire de grand style[121].

La préparation complète des groupes chargés de l'assaut était prévue pour le vendredi 24 mars, l'attaque devant débuter le lendemain, une fois le dispositif allemand déployé. Pflaum ne semblait cependant pas pressé de passer à l'action :

> Le général P. observa que [l'attaque] représentait une entreprise extrêmement difficile, nécessitant vraisemblablement un certain temps, en raison du terrain et de l'état des neiges ; qu'il n'était pas encore certain d'atteindre le but avec les forces à sa disposition ; qu'il voulait en tout cas obtenir du commandant du territoire des Armées de la France méridionale qu'un appui aérien supplémentaire soit mis à sa disposition[122].

Prévue initialement le 25 mars, l'offensive fut reportée, tous les détachements n'étant pas arrivés sur place. Le journal de marche indique que la journée « se déroula sans incident particulier[123] ». L'opération fut derechef retardée du fait d'un attentat que subit le train transportant un détachement de la 157e division de réserve près de Saint-Jean-de-Maurienne. Jeewe postulait que l'attaque serait déclenchée le mardi 28 mars. Le dispositif fut remanié : trois groupes passeraient à l'offensive, le quatrième restant en réserve[124]. Les Allemands étaient prêts à agir le 28 mars, mais le scénario ne fut pas respecté.

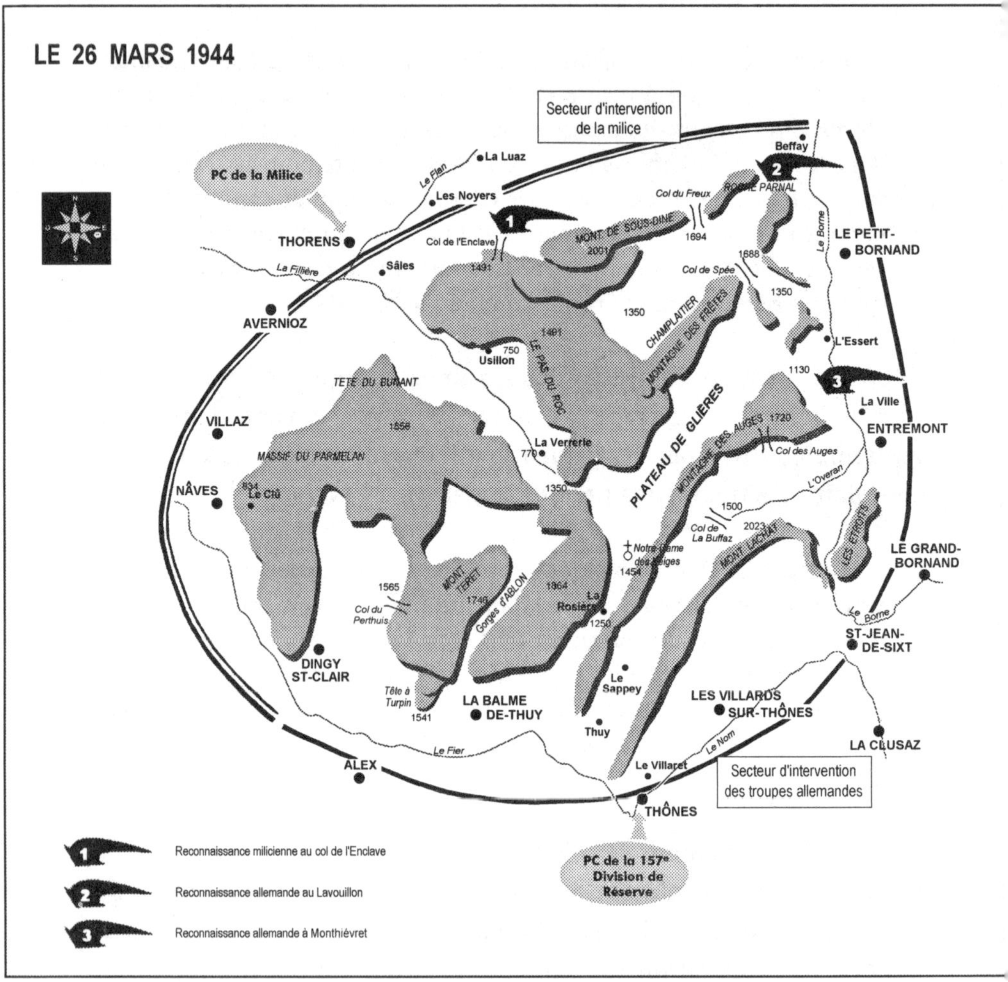

D'après Claude Antoine, *Capitaine Anjot, le chef méconnu des Glières*, *op. cit.*, et Télégramme n° 250, 25 mars 1944, *Mémoires du curé du marquis de Glières*, de Jean Truffy, Paris, Éditions Altra, 1979, p. 95.

Le long feu (26-27 mars)

L'ouvrage de l'Association des rescapés de Glières publié en 1946 porte deux sous-titres : « Haute-Savoie, 31 janvier-26 mars 1944 », puis « Première bataille de la Résistance »[125]. Au soir de sa vie, reprenant les écrits de Jean-Louis Crémieux-Brilhac, Louis Jourdan écrivait que Glières était le « premier engagement d'envergure livré aux Allemands par des formations françaises sur le sol national depuis 1940[126] ». Donc les auteurs du livre admettent que « l'attaque fut déclenchée [...] le dimanche 26 » ; parlant d'« hommes [...] assaillis par des Allemands si nombreux »[127]. C'est donc bien le 26 mars qu'eut lieu, au sens où les réchappés de Glières et leurs épigones l'entendent, la *bataille des Glières*.

Pourtant, au 26 mars, les télégrammes allemands n'évoquent toujours que des préparatifs à une action confiée aux éléments de la 157e division de réserve et prévue le 28 mars. Organisés en commandos de chasse, les policiers nazis devaient accompagner les chasseurs alpins. Or les télégrammes envoyés le 26 mars n'évoquent aucun mouvement de la Sipo-SD vers les abords de Glières et encore moins une attaque du dispositif maquisard. Le carnet de compagnie du capitaine Geyer, ainsi que les télégrammes échangés dès le 27 mars mentionnent bien une attaque le 27 mars, mais non la veille. En apparence mineur, ce décalage est au contraire fondamental.

Les maquisards relatent des événements autrement plus conséquents pour la journée du 26 mars, telle une reconnaissance offensive au nord-est du Plateau, au Lavouillon[128]. Mais un seul maquisard laissa après la Libération un témoignage suggérant qu'à cette date s'était déroulé un combat d'envergure dans le secteur de Monthiévret, lieu supposé de la « première bataille de la Résistance ».

Fernand Guillemenet témoigne

Né le 4 mai 1917 à Commenailles, dans le Jura, Fernand Guilleminet appartenait au groupe *Sidi-Brahim*, une formation relevant de la section *Jean-Carrier*, placée dans le secteur de Monthiévret.

Arrivé à Glières le 12 mars avec les maquis du Giffre et de la région de Bonneville, il laissa le témoignage suivant[129] :

> Dans le courant de l'après-midi [du 26] le tir reprend, mais ne (4 lignes illisibles).
>
> Monthiévret (une ligne illisible) [...] de chasseurs ennemis avec un effectif de 300 à 400 hommes commence l'attaque. Nos premières positions sont de suite à l'action. Des mitrailleuses tirent sans cesse. Les grenadiers entrent en action. L'ennemi habillé en blanc est difficilement reconnaissable sur la neige et dans les arbres. Les balles sifflent de partout. Deux de nos tireurs au FM, dont Chocolat, chef de groupe, sont tués : un chargeur tombe, un autre est blessé grièvement, plusieurs voltigeurs sont tués.
>
> Un quart d'heure après l'attaque le lieutenant Baratier[130] commandant sur la droite disparaît, je ne sais s'il est tué ou blessé ou fait prisonnier. Certains hommes commencent à reculer, je les remets au combat.
>
> Les hommes disparaissent tués ou blessés.
>
> J'envoie une liaison demander du renfort au PC au bataillon.
>
> À 17 heures 30 nous sommes menacés d'encerclement. Je fais appel au capitaine espagnol cdt la section espagnole d'occuper la position située à ma droite dans les rochers afin d'empêcher l'ennemi de dominer mes troupes. Il ne répond pas à mon appel. L'ennemi est sur nous.
>
> La nuit nous surprend. Le renfort demandé n'arrive pas. Nous ne reconnaissons presque plus les Allemands, leur tenue blanche de chasseurs nous les rend indistincts dans la neige.
>
> Les hommes luttent. La situation est critique. Nous reculons pas à pas. Nous sommes débordés sur la droite. L'ennemi dans ce secteur (?) tire depuis les rochers, je n'ai plus de (?) liaison avec le PC. La section espagnole se replie alors qu'elle n'a pas encore engagé le combat. La situation devient de plus en plus critique. Nous n'avons plus qu'un passage (?) pour nous replier. Je décide le repli. Les hommes reculent en co(lonne ?).
>
> Je fais emmener toutes les armes et les munitions. Les mitrailleuses sont démontées et emportées. Je fais arrière-garde avec un volontaire, le tireur au FM Midonet. La nuit noire nous rend difficile la marche dans les trous. Nos derniers hommes ont à peine quitté les derniers emplacements que l'ennemi grenade les positions et les chalets. Je suis toujours sans nouvelle du PC. Deux hommes de liaison ne sont pas revenus.
>
> Vers 22 heures, le reste de mes groupes est enfin sur le Plateau. J'y retrouve quelques Espagnols de la section qui s'est repliée sans

> me prévenir. Ils cherchent leur capitaine, ils ne pensent pas à combattre : leur moral est tombé. Nous continuons notre marche sur le Plateau. Mes hommes sont exténués.

Rédigé en 1945, plus d'un an après les faits, ce témoignage n'est pas exactement, c'est le moins que l'on puisse en dire, corroboré par celui qu'il livrera peu après son arrestation.

La journée du 26 mars, vue du côté allemand

Les seuls documents en notre possession exactement contemporains du 26 mars sont d'origine allemande : il s'agit du carnet de la compagnie présente dans le secteur du Petit-Bornand ainsi que des télégrammes que s'échangeaient les policiers allemands. Ce jour-là, l'officier ne mentionne que l'information suivante :

> Dans la nuit du 25 au 26.3
> Durant la journée toute la compagnie prit son camouflage et fut amenée en position prête, au Petit-Bornand. Les conducteurs des groupes ainsi que ceux des armes lourdes furent installés[131].

Il n'est ici question que des préparatifs, non d'une attaque que l'officier aurait cherché à dissimuler pour des raisons incompréhensibles.

Jeewe se trouve encore à Annecy le 26 mars, au moment où il rédige au moins trois télégrammes numérotés 253, 255 et 260. Aucun ne mentionne une quelconque offensive à ce jour ; c'est d'ailleurs à cette date que le plan de l'attaque est définitivement adopté :

> La Wehrmacht attaquera avec trois bataillons. Les bataillons ont les bases de départ suivantes : a) Thuy (Capitaine Stoeckel) – b) Entremont (Capitaine Schneider) – Petit Birnand [*sic*] (Capitaine Geier [*sic*]). – Les PC du régiment et celui du Lieutenant Général Pflaum se trouveront à Thônes. La Milice couvrira par le Nord avec point d'appui à Thorens[132].

L'assaut doit donc être lancé par trois laies montantes, toutes proches d'un torrent : le nant de Talavé, au-dessus de L'Essert, entre Le Petit-Bornand et Entremont, l'Overan, au-dessus d'Entremont, et le nant Debout, au-dessus de La Balme-de-Thuy. Le même jour, les chefs discutent d'un tract rédigé par la Milice qui devait être soumis au général Niehoff avant midi, puis être largué par avion sur le Plateau :

> Votre situation est sans issue
> Ceux d'entre vous qui ne se sont pas livrés à des actes de banditisme, ne seront pas considérés comme des terroristes, mais comme des compatriotes égarés par une propagande mensongère.
> À ceux-là, la loi française sera appliquée avec la plus large compréhension
> FRANÇAIS,
> Rentrez dans la légalité
> Déposez vos armes sur place,
> Rejoignez immédiatement nos vallées[133].

L'ébullition autour d'un tract de reddition que l'on hésite encore à larguer le 26 mars confirme que l'attaque n'a pas encore débuté. Enfin, le dernier télégramme à nous être parvenu, toujours daté du 26 mars et destiné aux deux plus hauts responsables de la police allemande en France, Oberg et Knochen, répète que l'assaut « doit débuter mardi le 28-3-44[134] ».

Hormis le témoignage de Fernand Guillemenet que reprend en 1946 l'Association des rescapés de Glières – en le transformant –, rien n'étaye le principe d'une attaque allemande d'*envergure*, même anticipée, dans le secteur de Monthiévret. C'est d'ailleurs l'unique témoignage évoquant un combat sollicitant plusieurs centaines de soldats allemands... Cette preuve est bien ténue. Car si un événement intervint bien dans cette zone, il avait peu à voir avec une bataille.

L'attaque du 26 mars dans les interrogatoires des maquisards

Moins de trois semaines après la chute du maquis, les policiers français questionnèrent les maquisards arrêtés. Les interrogatoires de quatre résistants basés à Monthiévret permettent de mieux comprendre ce qui se passa en fin d'après-midi le 26 mars. Robert Halgrin déclara ainsi :

Le 26 mars nous avons été attaqués par les troupes allemandes. L'attaque s'est déclenchée à la chute du jour. Sur le côté du Plateau situé vers Entremont. Le lieutenant Barratier, est parti immédiatement aux renseignements en nous donnant l'ordre de ne tirer que sur son ordre. Notre lieutenant n'est plus revenu, ce fut alors la débandade[135].

Edmond Degrave fournit les indications suivantes :

Lors de l'attaque du Plateau par les troupes allemandes seule l'équipe volante de la section composée de Barratier, chef, et des dits « Le Rouge », « Le Grand » dit : « Karkoff » ; Belge et « Gaillard » fit le coup de feu.

Moi-même je n'ai pu faire usage de mes armes, étant donné que l'attaque ne s'est pas déroulée de mon côté[136].

Et Henri Duchêne d'ajouter :

Le dimanche 26 mars, vers 13 heures j'étais envoyé au PC du Plateau près du capitaine Pierrot pour prendre deux paires de chaussons de neige. Quand je suis arrivé sur le Plateau tous les hommes du PC s'étaient réfugiés dans les rochers, car les chalets étaient attaqués par les bombes incendiaires des Allemands. Après avoir pris livraison des chaussons j'ai repris le chemin pour me rendre sur la position. À mon arrivée à 18 heures je n'ai plus trouvé que Jacquard couché près de son FM, blessé de trois balles au ventre. J'ai fait les autres positions, il n'y avait plus personne sauf à la dernière position où il restait le tireur d'un FM et son chargeur. L'arme était silencieuse. J'ai attendu la tombée de la nuit pour me replier sur le PC[137].

Ce dernier témoignage confirme que les soldats allemands n'ont pas pris pied à Monthiévret, puisqu'un maquisard armé d'un fusil-mitrailleur y conservait encore sa position. En outre, Henri Duchêne a pu se rendre sans encombre depuis ce qui restait du PC jusqu'à Monthiévret sans rencontrer le moindre chasseur alpin allemand. S'il y eut échange de coups de feu, les Allemands n'entendaient pas, de toute évidence, prendre une position pouvant servir de base à l'opération prévue le 28 mars et encore moins à un assaut général : sur la centaine d'interrogatoires parvenus jusqu'à nous, les seuls qui mentionnent une attaque allemande proviennent de maquisards basés dans le secteur de Monthiévret.

Ces témoignages suggèrent qu'une fois l'avant-poste de Monthiévret détruit, les Allemands rebroussèrent chemin, non sans avoir pris la mesure du dispositif défensif ainsi que de la détermination des maquisards assignés à ce secteur. Si l'avancée allemande des hommes de la 157e division de réserve s'interrompt à Monthiévret le 26 au soir, ce n'est pas en raison de la défense opposée par les maquisards qui s'y trouvaient puisque leur opposition fut annihilée en ce lieu même. Les témoignages cités sont issus essentiellement d'interrogatoires conduits par la police française. Les prisonniers ont peut-être essayé de minimiser l'importance de leur rôle ; ils ont plus vraisemblablement relaté ce qu'ils savaient des événements qu'ils venaient de vivre, sans chercher à feinter[138].

Ces auditions laissent supposer un combat bref, intervenu entre 17 et 18 heures environ, impliquant un faible effectif de résistants (moins d'une trentaine, dont une demi-douzaine ayant fait le coup de feu). Ceux-ci perdent d'emblée trois des leurs (deux tués, un blessé) et ripostent vainement. S'estimant encerclés, ou sur le point de l'être, ils attendent la tombée de la nuit pour quitter leurs positions. Certains rejoignent le PC, qu'ils atteignent entre 20 et 21 heures après deux heures de marche, et racontent l'accrochage qui vient de se produire. S'en tenant à cette version, Maurice Anjot estime fondée la thèse de la pénétration d'éléments allemands sur le Plateau. À 22 heures, il ordonne la dispersion.

Loin du récit poignant et haletant qu'il transmit à l'Association des rescapés de Glières, Fernand Guillemenet, présent à Monthiévret, se borna le 16 avril 1944 à déclarer :

> Au moment de l'attaque du Plateau par les troupes allemandes, le groupe auquel j'appartenais et qui comptait trente unités environ, fut dirigé sur le flanc du Plateau donnant sur le village d'Entremont. Ce sont nos positions qui ont été principalement attaquées, et au bout de quelques minutes de combat je me suis trouvé aux avant-postes. Le lieutenant Baratier je suppose a été blessé au début de l'engagement, car je ne l'ai plus revu. Averti par les agents de liaison que nous risquions l'encerclement je décidai de me replier vers le centre du Plateau. Nous étions une vingtaine environ, dont je pris le commandement[139].

Ce témoignage est sans doute plus conforme à ce qu'il avait vécu.

La journée du 27 mars, vue du côté allemand

Les documents allemands écrits quasiment au moment même où les faits se déroulent retracent une tout autre situation. C'est le 27 mars que le dispositif allemand se met en branle ; l'assaut, prévu le 28, est donc avancé, comme le précise un télégramme de Knab, chef du SD de Lyon :

> La troupe a observé que des terroristes tentent de quitter le Plateau et de passer à travers. À la suite de ces renseignements, le général Pflaum vient d'ordonner de commencer l'attaque qui ne devait débuter que le mardi matin 28 mars. Les formations allemandes attaquent en trois colonnes[140].

L'officier en charge du carnet de compagnie déjà cité confirme ce point :

> Le 27 mars 1944
>
> Nouvel examen de l'opération par le commandant de compagnie. Au cours de la réunion parvint subitement, à 11 h 20, l'ordre d'attaquer à 12 h. L'ennemi était en train de se replier et l'attaque devait avoir lieu le plus rapidement possible !
>
> La compagnie se rassembla. Tous les hommes étaient là, groupés exactement dans les formations prévues, revêtus de leurs vêtements de camouflage blancs, les raquettes aux pieds[141].

Selon les sources allemandes, l'attaque par la Wehrmacht a été conduite le 27 mars, dès la fin de la matinée[142] : le colonel Schwer a donc changé son plan, l'anticipant d'une journée. Un télégramme envoyé à 1 h 43, le matin du 28 mars, précise :

> Ainsi qu'il a déjà été signalé, l'opération a démarré aujourd'hui prématurément. Le démarrage prématuré a eu lieu, ainsi qu'il a été constaté lors d'un entretien personnel avec le général Pflaum, à la suite d'une décision du colonel Schwer, commandant un régiment, sans que celui-ci en ait référé au général Pflaum et sans que la Milice en ait été avertie. Les bataillons étaient déjà en route depuis 2 heures au moment où la police de sûreté et le SD en ont été informés. Le colonel Schwer a été amené à prendre cette décision lorsqu'il a été en possession de renseignements sûrs disant que les terroristes avaient reçu l'ordre de quitter le Plateau isolément[143].

Entre le témoignage de Fernand Guillemenet écrit en 1945 et les sources allemandes de l'époque, la contradiction est donc flagrante. Pour l'un, qui l'a subie, l'attaque intervint le 26 mars dans l'après-midi ; pour les autres, qui la réalisèrent, elle se déroula le 27 mars en fin de matinée.

« La bataille de Glières n'a pas eu lieu[144] *»*

Les télégrammes de Jeewe ainsi que la presse de la collaboration évoquent les reconnaissances offensives que mènent, dès le 20 mars, des détachements de l'ordre d'une section (environ trente à cinquante hommes), tant miliciens qu'allemands. C'est très vraisemblablement lors de l'une de ces opérations qu'un détachement tomba sur l'avant-poste de Monthiévret, fit feu, tua deux maquisards et en blessa gravement un troisième. Ce qui restait de l'avant-poste maquisard répliqua, en vain : la section allemande ne cherchait pas à engager le combat ; elle retourna d'où elle était venue.

De ce point de vue, le récit que Knab livra dans le télégramme qu'il envoya à ses supérieurs le 28 mars est éloquent :

> Il ressort des dépositions de terroristes faits prisonniers, qu'en raison du feu d'artillerie du 26 mars[145] et de l'attaque d'une section d'assaut allemande le même jour, ceux-ci étaient d'avis que l'attaque générale était déjà déclenchée et avaient donné ordre de décrocher dans la nuit du 26 au 27 à 24 heures en direction de Champ-Laitier et de se frayer un passage isolément[146].

Ce n'est que quatorze heures après l'ordre de repli donné par Anjot que les bataillons allemands se mirent en marche.

La 157e division de réserve investit le Plateau

L'officier qui rédige le carnet de compagnie détaille les modalités de cette intervention :

> Comme l'attaque n'avait pas lieu de nuit, mais de jour, le point important était de s'assurer le soutien des armes lourdes. On pouvait

voir à l'attitude de chacun, avec quelle joie et quelle confiance il avançait d'un pas sûr vers l'objectif malgré la difficulté de la mission. Tant qu'il fut possible il profita des couverts. Les liaisons par téléphone et par radio avec les mitrailleuses, les mortiers lourds et l'artillerie de montagne, prescrites par le commandant de compagnie, marchèrent à la perfection.

Le commandant de compagnie donna l'ordre « feu à volonté » pour les armes lourdes et un tir roulant se concentra sur le col étroit et difficile à atteindre. Ce fut alors aux chasseurs d'avancer. Le terrain était alors extrêmement difficile[147].

Celui qui pourrait être le capitaine Geyer insiste sur la nécessaire coordination entre l'artillerie et les troupes de montagne qui n'avançaient que sous le couvert du feu. L'officier souligne la grande difficulté du terrain :

Le terrain [étant] extrêmement difficile, chacun devait faire de grands efforts pour ne pas glisser, ce qui aurait mis en péril les camarades qui le suivaient et compromis l'opération tout entière[148].

Il affirme qu'aucun coup de feu ne fut tiré du haut du col de Glières :

Chacun s'attendait à un « tour de cochon » quelconque, qui devait déclencher le feu d'artifice là-haut. L'ardeur avec laquelle chacun se pressait pour arriver au but faisait plaisir à voir. Chacun voulait arriver en haut le prendre [*sic*] et en effet, sans qu'un coup de feu ait été tiré du col, le premier groupe parvint au but, pénétra dans les positions ennemies et les trouva abandonnées. Ensuite ce groupe protégea la progression du reste de la troupe[149].

Une fois arrivé au sommet du col, l'officier ordonna à ses sections de se déployer.

Il est 16 heures lorsque l'objectif assigné[150] est atteint, sans la moindre résistance de l'ennemi. La compagnie a atteint l'objectif de la journée sans avoir subi aucune perte[151].

La compagnie allemande récupère alors armes et munitions, détruit les positions des résistants et brûle les chalets. Après avoir vraisemblablement passé la nuit près du col, elle n'atteint le centre du Plateau que le mercredi 29 :

> À 15 heures la compagnie arrive à Favre[152], sans avoir obtenu aucun résultat. Seules y furent repérées les traces laissées par les partisans. Malgré leur armement puissant, le grand nombre de leurs effectifs et les possibilités de défense exceptionnelle favorables [*sic*], ceux-ci avaient décampé, à l'approche des troupes allemandes.
>
> Une patrouille s'avança au S.-O. de Favre jusque dans la vallée où elle prit contact avec la Milice qui y était stationnée, ainsi qu'avec des patrouilles du 1/98. C'est particulièrement par cette vallée que les partisans s'étaient repliés[153].

C'est donc le 28 mars que le matériel ainsi que le ravitaillement des Allemands parvinrent à Glières. Le lendemain, trois patrouilles furent dépêchées sur les hauteurs du Plateau. Les soldats allemands détruisirent les positions découvertes et se saisirent des armes et munitions. « L'organisation de tout le système défensif ennemi était impeccable[154] », note l'officier allemand dans son carnet.

> Le Plateau a été peigné le 29 mars 1944 dans sa partie Est. On a rassemblé des armes et des munitions et détruit des cantonnements et des camps. [...] Les troupes se trouvant sur le Plateau seront engagées le 30 mars pour peigner la partie Ouest du Plateau et les versants Ouest [...], résume le commandement de la division[155].

La compagnie quitte sa position le 30 mars, vers 6 heures du matin, traverse la totalité du Plateau en direction de Thorens, d'où elle est ramenée au Petit-Bornand. Elle revient avec six prisonniers, les seuls apparemment faits sur place[156].

Les pertes allemandes

Les pertes allemandes furent nécessairement limitées puisque l'assaut intervint après l'ordre de repli donné par Anjot. Le carnet déjà cité de la compagnie n'en mentionne d'ailleurs aucune. Le site s'était vidé de ses défenseurs, censés pourtant se défendre contre tout assaillant, qu'il fût français ou allemand. Le 28 mars, le général Pflaum rapporta d'ailleurs au général Niehoff que ses troupes avaient perdu « deux sous-officiers et deux hommes fort accidentés[157] ». Dans son rapport du 4 mai, le préfet Marion affirme pour sa part que « les Allemands [...] pratiquement n'ont eu dans cette opération qu'un mort – tué accidentellement – et quelques blessés[158] ». Il ne décompte sans doute que les personnes tuées ou blessées sur le site.

Les Allemands dressèrent le bilan le plus précis des pertes subies lors de l'opération *Hoch Savoyen*. La WASt[159], « service de renseignement de la Wehrmacht pour les pertes de guerre et les prisonniers de guerre », basée à Berlin, dénombre en Haute-Savoie, pour la période du 16 février au 25 avril 1944, un tué le 27 mars dans le secteur de Notre-Dame-des-Neiges – sans doute le soldat tué accidentellement évoqué par Marion – alors que le Plateau s'est vidé de ses maquisards. S'ajoutent deux tués par balle les 30 et 31 mars près du Petit-Bornand ainsi que plusieurs blessés[160].

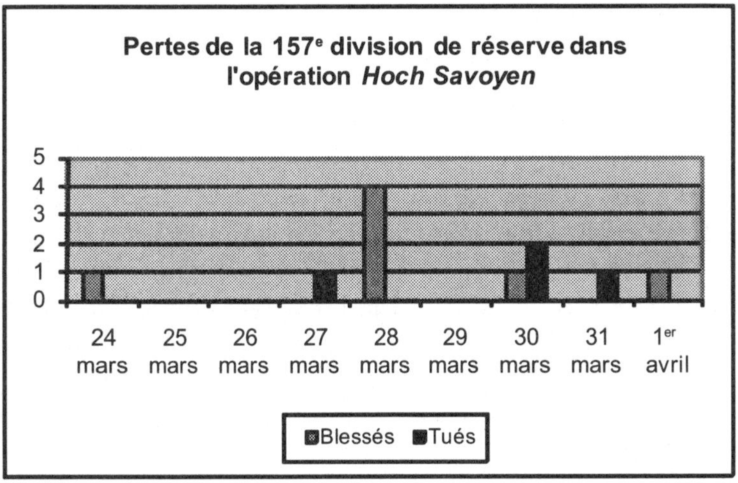

Figure 1. On remarque qu'il n'y a aucune perte allemande le 26 mars.

Le pic des pertes est atteint le 28 mars, avec quatre blessés, trois par accident, l'un à la suite d'un tir ami : les balles des maquisards n'en furent aucunement responsables. Enfin, un soldat fut blessé près de l'usine du Giffre lors d'une attaque conduite par les maquisards, « tant dans le village que dans l'usine », selon Jeewe. Cette opération avait été menée par les policiers de la Sipo-SD, avec la participation de détachements de la 157e division de réserve, contre le village de Cormand, près de Saint-Jeoire, à la suite des révélations du dénommé Portay, un maquisard présent sur le Plateau. Cette opération coûta la vie à quatre résistants, dont Henri Plantaz. Les Allemands capturèrent quarante-cinq prisonniers et se saisirent d'un important matériel[161].

Côté allemand, l'opération *Hoch Savoyen* se soldait donc par un bilan modeste : quatre morts et sept blessés. Nulle perte allemande ne semble liée à des tirs provenant des maquisards retranchés à Glières.

Au rebours de la légende, Glières ne provoqua donc pas des centaines de morts ou de blessés côté allemand. Gageons que si la Wehrmacht avait subi une hécatombe, comme l'affirmèrent ultérieurement Maurice Schumann et la littérature glorifiant Glières, Knab et Jeewe l'auraient mentionné et exercé des représailles massives dont les civils auraient acquitté un terrible prix. Tel ne fut pas le cas : les occupants, Knab et Jeewe inclus, jugèrent sans doute le bilan modéré. Ce qui ne les empêcha pas de mener une répression impitoyable.

Le repli

Le 26 mars 1944 à 22 heures, le capitaine Anjot, on l'a dit, ordonna le repli. Une unique trace de cette décision nous a été léguée : le message destiné à Louis Morel, commandant la compagnie *Forestier*, qu'il laissa. Si le billet mentionne explicitement cet ordre, trois situations se distinguent : certains maquisards quittèrent leurs positions avant d'être alertés ; d'autres appliquèrent la décision dont ils avaient eu connaissance ; certains, enfin, ne la reçurent jamais.

Partir sans ordre : une désertion ?

Dès sa constitution, plusieurs vétérans de la section *Savoie-Lorraine* furent ostracisés par l'Association des rescapés pour avoir quitté leur position avant d'en avoir reçu l'ordre. Cette quarantaine dura, preuve que le fait d'avoir été présent sur le Plateau jusqu'au 26 mars au soir et de l'avoir quitté une fois reçu l'ordre de repli conservait toute son importance. Il est vrai que la discipline militaire considère comme déserteur l'homme qui quitte sa position sans en avoir reçu l'ordre exprès.

Doit-on pourtant s'arrêter à une interprétation uniquement militaire des événements ? Pour les officiers qui les encadraient, les éléments présents constituaient un fragment de l'armée française renaissante. Les maquisards partagèrent cette conception aussi longtemps qu'ils remportèrent des succès. Dès que le doute s'instilla, à la suite de la mort de Théodose Morel et du bombardement du 12 mars, ils se perçurent sans doute de moins en moins comme des militaires, mais bel et bien pour ce qu'ils étaient depuis qu'ils avaient pris le maquis, des francs-tireurs, qu'aucun droit ne protégeait. Le doute grandit au fur et à mesure que l'étau se resserrait, que les vivres manquaient et que les Allemands se substituaient aux forces répressives françaises.

Les hommes qui partirent ne firent rien d'autre que ce qui avait prévalu jusqu'à leur montée au maquis : tenter, selon une logique individualiste, de trouver une situation meilleure à celle qu'ils vivaient. Militairement trop connoté, le terme de désertion ne tient pas compte de leur statut. On lui préférera celui de défection, qui correspond mieux à leur situation de maquisards.

La première défection figurant dans les archives date du 17 mars. Plusieurs se produisirent sans doute bien avant cette date. C'est au détour d'un télégramme allemand que l'on apprend qu'« un homme de l'AS encerclée a quitté le Plateau[162] ». D'autres intervinrent dans les jours qui suivirent le premier bombardement. Les maquisards qui partaient purent alors profiter d'un dispositif policier encore relativement perméable. Le deuxième bombardement, le 16 mars, ainsi que les reconnaissances offensives que lança la Milice dès le 20 mars accrurent en revanche le nombre des départs[163]. L'insuffisance de la nourriture, le sentiment d'être dans une nasse, la lassitude également de ne pas comprendre pourquoi on restait, suscitèrent sans doute aussi plusieurs fuites que l'on ne peut malheureusement pas quantifier[164]. Ainsi Edmond Boscono, malade, descendit sur Annecy, le 18 mars, pour aller se faire soigner. Reconnu en ville le 30 mars par des GMR qui avaient été emprisonnés sur le Plateau, il fut arrêté et déclara :

> Je ne suis pas remonté, car j'en avais assez[165].

Il résumait le sentiment que devaient partager nombre de ses camarades. Puni pour avoir donné des vivres à un GMR prisonnier, Pierre Touzard précisa pour sa part :

> Le 23 ou le 24, je suis parti seul sans arme et je me suis rendu à la Milice à Usillon[166].

Et Hugo Schmidt, ancien des Brigades internationales, d'ajouter :

> J'ai profité du bombardement d'artillerie du vendredi 24 mars pour m'évader en compagnie de deux Espagnols et de quelques Français.
>
> Nous avons abandonné nos armes sur le Plateau et nous sommes descendus vers Nâves et Villaz.
>
> Nous nous sommes rendus à un groupe de GMR qui cantonnaient dans le premier village après Villaz[167].

Ce même 24 mars, plusieurs membres de la section *Savoie-Lorraine* quittèrent sans ordre leur position[168]. Cette inflation de départs atteste des profondes perturbations qui affectaient le dispositif du capitaine Anjot, un dispositif bousculé du fait des bombardements allemands et des tentatives d'incursion de la Milice et des chasseurs alpins allemands. Il est pourtant difficile de parler de débandade dans la mesure où le mouvement resta minoritaire. Mais le dispositif se délitait, ce que ne pouvait ignorer *Bayard* depuis la défection d'une partie conséquente de *Savoie-Lorraine*. Lorsque Maurice Anjot prit sa décision, il savait qu'il ne pouvait exiger plus de ses hommes, d'autant que ses cadres mesuraient le caractère désespéré de la situation, qu'ils ne cachaient pas à leurs subordonnés. Marcel Contassot confie par exemple que son chef de section, Louis Conte, ancien adjudant du 27e BCA d'armistice, leur aurait dit qu'« il n'y avait rien à faire pour résister[169] ». Maurice Dupont confirme :

> Dans la journée du 25 le lieutenant « Barras » [Bastian] est venu nous trouver et nous a dit : « Si j'étais à votre place je saurais ce qui me reste à faire. » Nous avons compris que la situation était désespérée et que nous ne pourrions tenir en face de forces supérieures en nombre et en matériel. Le dimanche 26, vers 10 heures, en compagnie de mon camarade Comte je me suis rendu, sans armes, à la Milice qui se trouvait à Orange[170].

Après l'accrochage de Monthiévret, Anjot prit donc la décision qui s'imposait : ordonner le repli.

Un repli dans la confusion ?

Rosenthal avait ordonné de tenir les positions. Mais Anjot savait que cette consigne était impossible à respecter, du fait de la suprématie des occupants. Il n'avait pas pour autant préparé de repli qui, s'il avait eu lieu, se serait déroulé dans l'improvisation la plus totale. Il pouvait néanmoins réussir. Mais l'arrivée de la Milice puis, dans la dernière décade de mars, des Allemands rendait le succès d'une sortie organisée improbable. Les communications avec la vallée coupées ou rendues difficiles, il devenait plus aléatoire d'organiser des lieux de refuge pour accueillir quelque quatre centaines d'hommes.

L'ordre de rester sur le Plateau que reçurent de Jean Rosenthal les hommes de Glières ainsi que la promesse de renforts parachutés firent passer au second plan tout projet de dispersion puisqu'il était exigé des maquisards qu'ils combattent. La dislocation s'opéra donc dans une totale improvisation : les armes et les munitions qui ne pouvaient être transportées ne furent que partiellement détruites, preuve de son caractère précipité[171].

Il est relativement malaisé de reconstituer une chronologie de la sortie. Seul le témoignage recueilli lors d'un interrogatoire permet de savoir à quel moment Maurice Anjot a été informé de la situation de Monthiévret. Il semble que ce soit Henri Duchêne, de la section *Jean-Carrier*, qui avertit le PC :

> J'ai attendu la tombée de la nuit pour me replier sur le PC où je suis arrivé vers 20 heures ; j'ai rencontré le capitaine Pierrot qui m'a dit d'aller chercher le plus de vivres possible à la scierie et de revenir le trouver au PC. Une demi-heure après, à mon retour il n'y avait plus personne. Avant de quitter le PC vers 21 heures, j'ai abandonné mes armes ainsi que le nommé André qui m'accompagnait[172].

S'il n'y a plus personne au PC vers 21 heures, c'est sans doute que les cadres se sont réunis ailleurs. Quoi qu'il en soit, ce sont les informations qui parviennent du secteur de Monthiévret qui incitent Anjot, convaincu que ses lignes sont enfoncées ou qu'elles vont l'être, à prendre sa décision. L'ordre est donné en présence de Bastian, Griffolet d'Aurimont, Jourdan, Lalande ainsi que d'André Fumex, responsable de la réception des parachutages, et d'Alphonse Métral, secrétaire au PC[173]. Les chefs de la 2e et de la 3e compagnie *Forestier*, Henri Onimus et Louis Morel, n'assistèrent pas à cette réunion. Louis Morel recevra un ordre écrit signé de la main même d'Anjot[174] :

> Bayart à Forestier. 26 mars 22 heures.
> La situation sur le front Petit-Bornand Entremont
> m'oblige à replier tout mon dispositif
> sur le groupement Joubert.-
> Aussitôt que vous avez reçu les s[ecti]ons Wolf et
> Bayard repliez-vous également sur Joubert.
> Si à 2 heures demain matin vous n'avez rien
> vu de ces 2 s[ecti]ons repliez-vous sur Joubert.
> (L'infiltration allemande s'est faite par la droite de
> Lamotte et je risque d'être coupé et tourné par
> les Auges.)

Cet ordre n'est pas vraiment explicite. S'il ordonne un repli général sur le sud du Plateau (groupement *Joubert*), il n'évoque pas à proprement parler un départ : il s'agit pourtant bien de cela. Le lieu que devaient gagner les membres de cette compagnie, une fois atteint l'emplacement du groupement *Joubert*, n'est pas plus mentionné. Ce point semble sous-entendu. Selon une consigne générale, les hommes devaient retourner dans leurs maquis d'origine[175].

Pour beaucoup, la sortie du Plateau fut unc terrible épreuve. Georges Chapuis, qui la tente en compagnie d'une trentaine d'hommes, s'égare avec sept autres maquisards. Plutôt que de continuer, ils s'arrêtent pour se reposer et décident de reprendre leur chemin le lundi matin[176]. Georges Vauconsant, de la section *Savoie-Lorraine*, ne cesse d'errer :

> À 11 heures du soir un homme de la section *Bayard* nous a donné l'ordre de nous replier sur Champ-Laitier. Je me suis arrêté avec quatre de mes camarades à la section *Bayard*. Nous sommes ensuite revenus tous les cinq à notre ancien emplacement [section *Savoie-Lorraine*]. Deux d'entre nous se sont détachés pour aller prendre les

ordres au PC. Au petit jour ne les ayant pas vus revenir nous avons traversé le Plateau qui était complètement abandonné. Nous sommes passés par Champ-Laitier où nous avons abandonné nos armes, puis par le col de l'Enclave et descendus ensuite par l'Alluaz [*sic*] où nous avons été arrêtés par les Allemands. À ce moment nous étions au nombre de neuf[177].

Plusieurs conditions facilitèrent l'exfiltration : ne pas avoir à traverser le Plateau de part en part, se trouver proches de ses issues, le quitter à une heure qui permettait de profiter de l'entier de la nuit. Le détachement commandé par l'adjudant-chef Louis Morel, situé au-dessus de Thorens, fut l'un de ceux qui s'en sortirent le mieux bien qu'il ait attendu jusqu'à 2 heures du matin. Mais c'est le groupement qui comprenait les éléments de la compagnie Joubert, ainsi que les officiers Anjot, Jourdan, Lalande et Bastian qui alla le plus loin : Maurice Anjot n'était qu'à deux heures de marche d'Annecy quand il se fit tuer.

Car il ne suffisait pas d'aller loin : il fallait encore franchir les positions que tenaient les GMR, la Milice et les Allemands, ce qui n'était pas une mince affaire. Cette étape se transforma en véritable calvaire pour bien des maquisards.

Tous les hommes qui survécurent à la guerre et qui laissèrent un témoignage s'attardèrent sur le repli : il fut, pour beaucoup, la plus terrible épreuve qu'ils subirent de toute leur existence. Elle les marqua d'autant plus profondément que bien des survivants perdirent un ou plusieurs camarades, voire un frère, et qu'il s'en fallut de peu qu'eux-mêmes ne finissent tués. Ceux qui souffrirent le plus furent ceux qui connaissaient mal la montagne et ses pièges, qui étaient arrivés tardivement dans le maquis, ou qui ignoraient la topographie de Glières. Enfin, les semaines passées au maquis, la faim, le froid pesèrent sur des organismes fatigués par les veilles et les gardes. Ces dures conditions avaient transformé les maquisards en proies faciles pour l'occupant et ses supplétifs. S'il fallait choisir dans tous les récits réunis jusqu'à aujourd'hui autour du franchissement – réussi ou non – des lignes adverses, nous prendrions celui relatif à Pierre Bastian, publié neuf mois après les événements de Glières :

Dans la journée du 28 mars, deux jours après Glières, les rescapés commencent à descendre vers Montremont. La présence des Allemands les obligea à regagner la montagne en longeant les à-pics du Parmelan. Bastian avec un groupe de vingt hommes, à la hauteur du village d'Alex, se rapprocha du fond de la vallée. Ils employèrent la petite route Morette-Dingy et durent traverser à la nage le Fier en très forte crue, dont les eaux étaient tumultueuses et glacées. Ils poursuivirent alors leur chemin par la route Annecy-Thônes jusqu'à Morette, obligés de se camoufler dans les fossés pour éviter les nombreuses voitures allemandes qui passaient.

À Morette même, vers 23 heures, toute la colonne tomba dans une embuscade. Une soixantaine d'Allemands, armés de fusils-mitrailleurs, de mitrailleuses et de fusées éclairantes, ouvrit sur eux un feu violent. Une dizaine des nôtres furent tués, blessés ou faits prisonniers. Bastian donna l'ordre de dispersion. Les quelques rescapés de cette embuscade conduits par Bastian et Joubert essayèrent de rejoindre la vallée de Montremont par le col qui se trouve au pied de la Dent du Cruet. Ce fut une odyssée terrible où les malheureux harassés, rongés par la fièvre, dévorés par la soif, en proie à des hallucinations, se relayèrent pendant 30 heures pour faire à tour de rôle « la trace » dans une neige épaisse. Bastian, comme toujours, se montra digne de l'estime de ses camarades et les encouragea sans cesse durant cette dure épreuve. Ils retrouvèrent en route le corps d'un camarade qui, pourchassé par les Allemands, s'était perdu dans la neige et s'était évanoui. Les huit camarades firent une courte pause dans un chalet où ils firent du feu, puis, au prix de difficultés énormes, ils franchirent un col. C'est alors que Bastian fit une chute qui devait lui être fatale ; blessé à la tête par un éboulis, il perdit beaucoup de sang et s'évanouit. Ses camarades le ranimèrent tant bien que mal et après un pansement fait avec une toile de parachute, Bastian repartit. Ils voulurent faire halte pour manger dans un chalet, mais ils avaient été repérés par les Allemands et une fusillade éclata : le groupe se dispersa de nouveau dans la montagne. Bastian partit devant ses hommes, mais tous étaient harassés et la nuit si noire qu'ils se perdirent dans les bois. Le lendemain, Bastian, blessé à la tête, rencontra une voiture allemande qui l'arrêta[178].

Enlevons le mot « odyssée » et les compliments de circonstance conférés à un défunt et nous aurons une description assez fidèle de ce qui attendait les hommes qui tentaient de s'extirper du Plateau.

Les hommes de Glières ne se sont pas contentés de franchir des montagnes enneigées l'estomac vide. Ils durent traverser une ou plusieurs rivières en crue dans des eaux dont la température était juste au-dessus de 0 °C puis percer, dans des vêtements trempés et sans se faire prendre, des cordons militaires (allemands) ou policiers (français).

Ceux qui choisirent de descendre en restant sur les flancs du Plateau plusieurs jours durant, avant de rejoindre la destination finale, avaient le plus de chances d'être saufs. Les membres de ce qui avait été la section *Allobroges* mirent six jours pour rejoindre Le Grand-Bornand, distant, en temps normaux, d'une longue journée de marche du Plateau. À défaut d'armes et de munitions, ils s'étaient armés d'une patience salvatrice, infligeant à leur estomac les affres de l'eau glacée, des bourgeons de sapin[179] et des rares biscuits qu'ils avaient pu emporter.

Un groupe de neuf maquisards était parvenu à quitter le Plateau, à traverser les lignes allemandes, à franchir le Fier. Après deux jours et demi de marche, ils se réfugièrent dans une grange à Bellossier, près de Thônes, où ils restèrent sept jours, ne sortant que le soir pour aller chercher du ravitaillement chez des agriculteurs des environs[180]. Lors de cette phase, les hommes de Glières soulignèrent l'aide précieuse offerte par la paysannerie savoyarde. S'approchant des fermes, ils furent nourris, parfois hébergés. Quelques-uns obtinrent des vêtements. Laurent Boffat se déguisa en paysan « avec un trident », ce qui lui permit de franchir les lignes adverses[181]. Louis Fumaz resta neuf jours dans la montagne, ravitaillé par les agriculteurs, tout comme Charles Lanternier. Henri Laffray vécut cinq jours dans une grange, nourri par des paysans d'origine suisse. Un groupe de vingt-huit hommes se réfugia dans une ferme et dans un moulin à Aviernoz[182].

Le soutien est-il la règle ? Rares furent les refus. Soigné et ravitaillé pendant deux jours par des cultivateurs, Maurice Perennes indique cependant avoir reçu un mauvais accueil des paysans d'Alex. Le pire advint à Nâves : un combattant espagnol blessé qui accompagnait le capitaine Anjot pensait trouver asile dans la ferme Avrillon ; il fut achevé par des gens qui jusque-là avaient soutenu le maquis[183]. D'autres, que l'aide leur ait été refusée ou qu'ils ne l'aient pas réclamée, restèrent plusieurs jours sans manger. Sans conteste, les Espagnols se montrèrent les plus robustes : Fernandez, Antonio Jurado-Reyes et Braulio Ramos, trois frères, jeûnèrent entre quatre et huit jours, Jaime Barba durant onze jours[184]. Les Espagnols confirmaient leurs qualités de combattants.

Cette phase où les hommes de Glières tentèrent de franchir les lignes ennemies fut marquée par plusieurs types d'abandons, réels ou ressentis.

Abandons

La faible combativité des hommes du maquis de Glières au sortir du Plateau peut surprendre. Lorsqu'une centaine de combattants conduits par Théodose Morel dans la nuit du 9 au 10 mars étaient descendus sur Entremont, ils s'étaient emparés sans peine des positions des GMR. Mais, après le 26 mars, ces mêmes GMR, d'après leurs dires, arrêtèrent sans difficulté des résistants exténués et affamés. Gardien au GMR Bretagne, François L.B. interrogé à la Libération rapporta :

> Nous avons [...] été envoyés à Groisy pour faire prisonniers les réfractaires et patriotes qui descendaient du Plateau pourchassés par les Allemands, mais à notre arrivée la plupart étaient déjà passés. Ma section n'a fait que deux prisonniers qui se sont rendus d'eux-mêmes. Comme ils étaient affamés nous leur avons donné à manger et les avons ensuite remis au commandant qui dirigeait alors le GMR[185].

Entre le 10 et les 26-27 mars, tout avait donc changé. La présence des Allemands dans la vallée, loin de galvaniser les maquisards, les tétanisa. Ils savaient qu'ils étaient impuissants face à un adversaire entraîné et bien armé. Aviation et artillerie leur donnaient raison.

Dès le 24 mars les maquisards qui dominaient la vallée du Borne avaient constaté le ballet des véhicules de la Wehrmacht. À la jumelle, ils réalisaient que c'étaient des Allemands qui se déployaient, non des GMR ou des miliciens. Ils pressentaient que l'occupant ne tarderait pas à passer à l'attaque.

Pouvait-on concentrer l'entier des forces maquisardes en un point pour forcer le passage ? Si cette option était théoriquement possible, rien n'assurait qu'elle serait viable. Car la difficulté des liaisons sur le Plateau empêchait la circulation rapide des informations. Entre le moment où se produisit la rencontre entre le détachement allemand dans le secteur de Monthiévret et le repli ordonné par Anjot à 22 heures, s'écoulèrent cinq heures.

C'était à peu près le temps nécessaire pour que les sections les plus à l'est du Plateau soient informées de cette décision, déménagent les chalets et se regroupent au plus près du PC. Un départ ordonné n'aurait pu intervenir avant 2 ou 3 heures du matin. Mais forcer le passage signifiait combattre dans la vallée, au plus proche des villages. Maurice Anjot a vraisemblablement voulu éviter ce scénario, d'autant plus qu'il savait qu'il ne bénéficierait d'aucun soutien terrestre ou aérien pour faciliter la fuite de ses hommes. Plutôt que de risquer un combat inégal auquel les populations auraient été mêlées, il préféra donc quitter le site.

Organisés en sizaines, sections et compagnies commandées par des chefs et des sous-chefs, jamais les hommes de Glières n'avaient été aussi encadrés dans leur existence de rebelles. Les consignes rythmaient leur vie, réduisant d'autant les autonomies et les possibilités de penser et d'agir seul. L'abrupte implosion de ce dispositif militarisé fut mal vécue par des hommes qui se sentirent brutalement abandonnés, comme le confirme Paul Paccini :

> Arrivés au point de ralliement, nous ne pûmes que constater la disparition du commandement, la complète désorganisation de nos forces. Le personnel livré à lui-même rejoignit la vallée par ses propres moyens[186].

Les combattants de Glières durent réapprendre à se débrouiller seuls, comme le révéla Bernard Zelkovitch lors de son interrogatoire :

> Nous sommes arrivés à quelques kilomètres de Thorens. Après une pause d'une heure, nous avons franchi le barrage. Nous nous étions divisés en deux groupes pour passer. Après le passage de mon groupe nous avons entendu des coups de feu et nous avons appris par la suite que deux camarades avaient été tués. Nous avons continué notre chemin à travers la forêt et les champs jusqu'à une clairière où nous nous sommes dispersés. Nous venions de recevoir l'ordre d'agir chacun pour soi. Je me suis cru à ce moment-là dégagé de toutes obligations envers le maquis[187].

Beaucoup vécurent la dislocation des compagnies et des sections comme un abandon des chefs – si l'on suit ce qu'ils déclarèrent aux policiers, tel André Vairon :

> Les chefs nous ayant abandonnés nous avons décidé avec d'autres camarades de nous rendre. Nous sommes descendus sans armes, à La Luaz, et nous nous sommes rendus à la Milice[188].

Dans la fuite, les blessés intransportables furent laissés sur le Plateau. Selon les auteurs de l'ouvrage paru en 1946, deux GMR grièvement blessés furent confiés à leurs camarades en attendant l'arrivée des assaillants[189]. En fait, au moins un maquisard, Édouard Crédoz, sérieusement blessé à la face le 24 mars lors d'une reconnaissance de la Milice, n'avait pu accompagner ses camarades lors du repli et aurait trouvé refuge chez une habitante du Plateau[190]. Blessé au genou à Monthiévret, Paul Lespine avait été transporté à l'infirmerie. Il aurait été confié aux GMR restés sur le Plateau et ces derniers l'auraient remis aux Allemands[191].

On pourrait supposer que les maquisards redescendraient avec les armes parachutées afin de prolonger leur lutte dans les vallées. Ce fut rarement le cas. Ce qui n'avait pas été détruit par les bombardements aériens tomba entre les mains ennemies. Le policier Bock, agent de liaison de la Sipo-SD auprès de la Milice, indiqua ainsi que 122 fusils-mitrailleurs avaient été saisis en même temps que 3 000 chargeurs, 1 011 pistolets-mitrailleurs anglais, 722 fusils, 160 revolvers à barillet, 2 fusils antichars, 2 lance-flammes, 300 grenades à main, un fusil-mitrailleur lourd, une caisse contenant du matériel de génie et 100 kilos d'explosifs[192].

Se sentant abandonnés, de nombreux maquisards déposèrent leurs armes, soit sur le Plateau pour ceux qui l'avaient quitté en retard, soit une fois le contact perdu avec leurs chefs. Seule une minorité semble avoir conservé les siens, parfois par inadvertance. François Guerrier se rendit à une patrouille de GMR qui lui enleva une grenade ainsi que la mitraillette qu'il portait dans le dos[193]. André Châtelard disposait lors de son arrestation d'une mitraillette démontée et d'un colt[194]. Même les cadres s'étaient délestés de leurs armes. Louis Conte, chef de la section *Mortier*, avoua avoir abandonné la sienne sur le Plateau[195]. Le tract lancé par les avions allemands avait sans doute produit son effet : pris sans arme, sans uniforme, sans signe distinctif, de nombreux combattants espéraient que rien ne leur serait reproché[196]. En sus, les armes, pesantes, ne pouvaient que ralentir la fuite, surtout dans une neige molle. Pour ces raisons, peu d'armes parvinrent dans les vallées : elles furent d'autant plus convoitées. Ainsi Pierre Legrand indiqua après son arrestation que son camp possédait avant d'aller à Glières « 3 mausers, 4 ou 5 mousquetons et un pistolet 7,65 », ainsi que « 5 mitrailleuses Hotchkiss et [...] 2 mitraillettes Sten ». À son retour, le groupe descend du Plateau avec « 5 FM, 7 mitraillettes, 6 fusils, 4 ou 5 pistolets ». Mais il ne suffisait pas de descendre : il fallait encore rejoindre son camp et se fournir en ravitaillement. Les armes servirent alors, semble-t-il, d'objets de troc. Pierre Legrand poursuit :

> J'avais une mitraillette. Du lundi 27 mars au samedi 1er avril nous avons erré dans la campagne. Au Pont de Fillinges, un groupe de FTP connu de Jimmy (qui était avec nous) nous a procuré du ravitaillement. Nous leur avons donné 1 FM[197].

Sur les douze hommes qui redescendaient avec Legrand, quatre restèrent à Cormans. Dans ce lieu, proche de Saint-Jeoire, on laissa à Henri Plantaz « un FM et deux ou trois mitraillettes ». Le groupe arriva enfin à Vailly, d'où il était parti, avec « deux FM, trois ou quatre mitraillettes, trois fusils et deux ou trois pistolets[198] », soit une arme par personne ou presque.

Ce qui arriva au groupe de Vailly résume sans doute ce que vécurent les différents camps qui avaient rejoint Glières. En échange d'armes hétéroclites (mausers, mousquetons, pistolets 6,35 mm) et de maigres munitions, les maquisards purent obtenir d'autres armes. Pour autant, il n'y avait sans doute pas plus d'armes en Haute-Savoie aux mains de la Résistance en avril 1944 qu'il n'y en avait en avril 1943. Tout était à refaire. Mais la priorité en ce début de printemps 1944 n'était pas tant de s'armer que de se prémunir contre une répression particulièrement sanguinaire.

6

Répressions

Le cimetière de Morette et ses 105 tombes ne doivent pas faire illusion : ceux dont le corps repose en ce lieu et qui moururent les armes à la main pour contrer l'attaque allemande du Plateau ne constituent qu'une minorité. Car les seules pertes infligées par les soldats allemands au maquis à la date du 26 mars (hors attaques aériennes) s'établissent à deux tués et un blessé. Ce furent les mesures de répression, hors combat, qui provoquèrent l'essentiel des pertes maquisardes. Glières n'a donc pas tant été une opération militaire qu'une affaire de représailles, policières au demeurant. Les résistants enterrés à Morette ou ailleurs furent pour l'essentiel fusillés après avoir été arrêtés en redescendant dans la vallée. Ce constat n'altère en rien leur engagement, mais amène à requalifier les causes de leur mort, qui se produisit alors qu'ils étaient prisonniers : ils furent les victimes d'un crime de guerre, non d'un engagement armé.

Si la littérature consacrée à Glières souligne la « barbarie nazie », amalgamant les soldats allemands et les policiers de la Sipo-SD, il convient pourtant de distinguer la part de chacun dans ce crime de guerre. Des Français participèrent également à la répression, qu'ils fussent engagés dans le SRMAN, la Milice, les GMR, la garde ou la gendarmerie. Enfin, on ne doit pas négliger le rôle que tinrent dans la répression les maquisards qui avaient été arrêtés, éventuellement retournés, ou ceux qui, dans les vallées, les avaient soutenus.

Ceci posé, le bilan global des événements de Glières ne se borne pas aux héros de l'armée des ombres. Il doit également intégrer les hommes qui perdirent la vie pour avoir participé à la répression dans le camp opposé. Membres de la Milice ou du SRMAN, policiers, fonctionnaires et dignitaires vichystes durent rendre des comptes à la Libération, tout comme bien des Allemands, policiers ou militaires. Dans cette tourmente épuratrice, même des personnes qui avaient soutenu le maquis durent s'expliquer devant les juges.

Allemande ou française, la répression ne se limita pas à Glières. Elle frappa toute la Haute-Savoie. Des milliers d'individus, civils et maquisards, souffrirent de la présence policière ou militaire dans le département et subirent arrestations, déportations, vols, incendies de propriétés. Seule la répression concernant les maquisards de Glières sera ici retracée, puisque c'est contre le Plateau que furent essentiellement lancés les soldats allemands qui avaient rejoint la Haute-Savoie dans la dernière décade de mars. C'est aussi contre ceux de Glières que s'acharnèrent les policiers de la Sipo-SD, plus que contre les autres maquisards du département. En sens inverse, alors que les miliciens furent particulièrement répressifs contre les maquisards et résistants supposés communistes du Chablais, les hommes de Glières furent – toutes proportions gardées – plutôt ménagés par les hommes au gamma. De ce double point de vue, la répression contre Glières présente des particularités qui la distinguent de la répression globale contre le maquis et la Résistance en Haute-Savoie, dont elle forme pourtant une composante. Enfin, si la répression contre Glières s'acheva dans le mois qui suivit sa chute, celle qui visait le maquis perdura jusqu'à la Libération.

Les logiques de la répression allemande

Un franc-tireur est un combattant qui n'appartient pas à une armée régulière. Signée par l'Allemagne, la convention de La Haye de 1907, en vigueur lors des deux conflits mondiaux, accordait aux francs-tireurs la qualité de belligérants, sous réserve que ceux-ci aient à leur tête un responsable et arborent un signe distinctif fixe et reconnaissable à distance. Ces civils devaient ouvertement porter les armes et se conformer, dans leurs opérations, aux lois et coutumes de la guerre. Mais les nazis n'eurent cure de ces dispositions. Élargissant la notion de franc-tireur à ceux qui les aidaient, ils leur réservaient à tous un sort identique : la mort.

Les policiers allemands appliquaient une répression féroce à l'égard des partisans et de ceux qui les soutenaient, sans commune mesure avec les actes dont ils étaient accusés. La Wehrmacht, en l'occurrence les détachements de la 157e division de réserve, ne commit pas en Haute-Savoie d'actes comparables à ceux que réalisa la Sipo-SD. Sans tomber dans le mythe d'une armée chevaleresque, il ne s'agit pas non plus d'incriminer, en Haute-Savoie, des militaires dans des actes qui ne relevaient pas de leur champ d'action.

Alors que les policiers allemands s'étaient affranchis des lois de la guerre en Haute-Savoie dès son occupation en septembre 1943[1], il fallut attendre février 1944 pour que la Wehrmacht, qui en était jusqu'alors dépourvue, reçoive une directive. L'ordre du maréchal Sperrle prescrivit de radicaliser la répression contre les maquisards. Vu la recrudescence des attentats qui les visaient, les soldats devaient sortir armés de leurs cantonnements, sous peine d'être punis. En cas d'attaque, le chef de tout détachement devait riposter de sa propre initiative, y compris contre des civils désarmés : « Si des innocents sont frappés, ce serait regrettable, mais la faute en incombera uniquement aux terroristes. » Sperrle exigeait par ailleurs d'isoler la zone d'où provenaient les coups de feu, d'arrêter tous les civils se trouvant dans les parages et d'incendier les « maisons d'où les coups de feu [étaie]nt partis[2] ». Cet ordre, pourtant, ne fut pas véritablement appliqué lors des événements de Glières. Les maquisards furent plutôt victimes de directives policières, plus anciennes et plus radicales. Responsable du SD de Lyon entre novembre 1943 et août 1944, Ernst Floreck déclara :

> Le sort des prisonniers faits par nos services était réglé par une note secrète en date du 25 février 1937 qui se trouvait dans tous les services de police et pénitenciers en Allemagne. Cette note était appliquée par les services de police allemande dans tous les pays occupés.
>
> Lorsqu'une personne était arrêtée, elle était interrogée par procès-verbal, qu'elle signait. Le dossier complet concernant cette personne

était transmis au Kommandeur, qui indiquait la sanction qu'il proposait : à libérer, à déférer au tribunal militaire, à envoyer au STO ou dans un camp de concentration[3].

À Glières, les procédures furent simplifiées à l'extrême : après leur interrogatoire, les maquisards arrêtés furent – sauf exception – passés par les armes, par les policiers eux-mêmes semble-t-il[4].

Malgré ses faibles effectifs (moins de 2 500 hommes pour toute la France), la Sipo-SD concurrençait l'armée au point parfois de lui dicter sa conduite. Ses membres jouissaient des faveurs du régime et prirent l'ascendant sur les autres hiérarchies, y compris militaires, indépendamment de la législation. La chaîne des commandements ainsi que les hiérarchies finissaient par être brouillées, jusqu'à en devenir illisibles. La crainte que la SS et son chef, Himmler, capable de faire et défaire les carrières des militaires, inspiraient, attisait la faiblesse des militaires, parfois complices des hommes de l'ordre noir[5].

Lorsqu'ils durent rendre des comptes, les policiers allemands invoquèrent évidemment le flou des liens hiérarchiques. Lors de son procès, Knochen rejeta par exemple les responsabilités de la répression de Glières sur les militaires :

> Ces opérations militaires (et non de police) ont été décidées par le commandant militaire en France et le commandant en chef Ouest en raison de la présence dans cette région d'établissements d'intérêt militaire [...].
>
> Les télégrammes envoyés par Knab étaient destinés à Oberg pour ses conversations avec Stülpnagel et Darnand ; Oberg ne pouvait que donner son opinion aux autorités militaires ; il ne pouvait prendre de décision.
>
> Les fonctionnaires de la Sipo étaient détachés isolément auprès des officiers [...] auxquels ils étaient entièrement subordonnés, pour les seconder dans la recherche des renseignements en particulier auprès de la population et en interrogeant les prisonniers ; la conduite à tenir vis-à-vis des prisonniers était prévue par les règlements militaires[6].

En pratique, les militaires allemands jouèrent un rôle qui, sans être secondaire, était loin d'être fondamental. Ils intervinrent, au vrai, tardivement. Car, s'ils voulaient rétablir l'ordre dans certains territoires (Ain, Jura, Haute-Savoie), ce fut Darnand qui, dans un premier temps, obtint d'Oberg le droit de mener les opérations contre le maquis en Haute-Savoie. Au vu de son échec, la 157e division de réserve reprit cette mission dans la seconde quinzaine de mars 1944. Son état-major était décisionnaire pour ce qui regardait la tactique appliquée, les moyens déployés, les modalités d'intervention... Mais les autorités militaires allemandes avaient associé à chacune de leurs réunions les responsables de la Sipo-SD et rien ne se faisait sans eux. De plus, le sort des prisonniers (interrogatoires, fusillades) dépendait des seuls policiers qui confinèrent ainsi les militaires dans un rôle d'exécutants (capture et garde des prisonniers). Et les exécutions semblent être l'œuvre des policiers.

En somme, les militaires allemands ne furent responsables que des pertes occasionnées lors des bombardements et de la reconnaissance du 26 mars, soit moins d'une dizaine de morts. Sauf exception, tous les autres morts de Glières imputables à l'occupant furent les victimes des policiers allemands – Jeewe, Knab, Knochen et Oberg avant tout.

Partage des prisonniers ?

Darnand, Oberg, Pflaum et les policiers allemands négocièrent le sort des prisonniers. Loin de vouloir se laver les mains de leur sort, l'avenir des captifs importait aux autorités françaises puisqu'il conditionnait la participation française et milicienne à l'opération du général Pflaum. « Au cours d'une entrevue avec Darnand, ce dernier m'avait dit que la Milice ne participerait aux opérations que si les prisonniers lui étaient remis[7] », confirma l'officier allemand.

Darnand tenait à ce que les maquisards fussent jugés par les instances nationales, cour martiale incluse, afin d'affirmer la souveraineté nationale, ce qui peut expliquer son insistance[8]. De fait, les autorités comme les médias soulignèrent que les opérations en Haute-Savoie étaient conduites exclusivement par des Français. Après les premières arrestations, les émissions de radio, puis la presse, évoquèrent sans relâche ces prisonniers, qui prouvaient, disaient-elles, qu'il était possible de venir à bout du maquis sans les Allemands. Ce mensonge éhonté nourrit la propagande destinée à l'opinion publique.

Peut-être Darnand a-t-il intégré que les maquisards présents sur le Plateau voulaient affronter les Allemands, et non les miliciens. Peut-être, sensible au panache dont Anjot et ses hommes témoignaient, se serait-il alors montré magnanime, quitte à sacrifier, pour satisfaire au moins partiellement l'occupant, les communistes, les étrangers, les chefs. Enfin, Joseph Darnand, Émile Raybaud et bien d'autres responsables de la Milice avaient été, comme certains cadres du Plateau, chasseurs alpins : certaines solidarités purent jouer, malgré les oppositions et le profond ressentiment qu'engendrèrent les circonstances. De fait, Darnand s'en tint au programme répressif énoncé devant la presse le 11 février 1944 : il distingua les FTP des hommes qui obéissaient aux officiers du défunt 27e BCA d'armistice. Quoi qu'il en soit, ses exigences permirent de sauver la vie à plusieurs dizaines de maquisards qui redescendaient du Plateau, alors que les policiers allemands se montrèrent d'une dureté extrême. Jeewe le constata, pour le regretter :

> Même un homme comme de Vaugelas qui est très dur dans ses façons de voir, a déclaré que l'on ne pouvait pas tous les fusiller[9].

Jeewe consulta sa hiérarchie, de Lyon comme de Paris, quant au sort à réserver aux prisonniers qui, selon les policiers allemands, ne méritaient que la mort, par fusillade ou par déportation. Il utilisa tous les moyens que sa fonction et les circonstances lui offraient pour condamner à ce châtiment les maquisards de Glières ou leurs soutiens. Pourtant, l'arrangement entre Pflaum et Darnand dérogeait aux accords Oberg-Bousquet de 1943 qui stipulaient que devaient être remises aux autorités allemandes les personnes qui avaient agi contre les intérêts du Reich. Le 26 mars, Jeewe revint sur la question des prisonniers et indiqua à Oberg et Knochen que les hommes capturés par les forces allemandes seraient internés dans des prisons provisoires installées par les chefs des bataillons en action lors de l'assaut. Le « centre de ramassage des prisonniers » fut implanté au *Greko*, à Annecy – terme qui désignait sans doute la prison installée dans l'école Saint-François. Pourtant, ce lieu n'enferma qu'une dizaine de personnes provenant de Glières, dont Pierre Bastian et Roger Échasson, aux destinées opposées.

Dès le 27 mars, les policiers nazis indiquent avoir déjà réalisé des interrogatoires. Présent en Haute-Savoie depuis le 26 mars, Knab rencontra de Vaugelas le même jour pour connaître le sort que la Milice entendait réserver aux détenus. De Vaugelas, selon ce qu'en écrit Knab, était « d'avis de n'exécuter que les terroristes qui étaient chefs ou faisaient partie des FTP », s'en tenant à la ligne définie devant la presse le 11 février par Darnand. Cette réponse déplut au policier nazi qui jugeait que :

> Cette manière de voir était trop douce, parce que des membres de la Milice également [étaie]nt menacés directement par des terroristes de toutes nuances[10].

En désaccord avec la Sipo-SD, le général Pflaum partageait plutôt l'opinion de la Milice et acceptait que les prisonniers lui soient restitués. « Le général Pflaum a montré la plus grande compréhension pour le côté politique, parce que la Milice et les troupes allemandes vont opérer ici, pour la première fois en France, ensemble contre des Français[11] », note Jeewe.

Pour finir, les soldats remirent leurs prisonniers tantôt aux forces françaises du maintien de l'ordre, respectant l'engagement de Pflaum vis-à-vis de Darnand, tantôt aux policiers allemands. Dans ce cas, leur destin était scellé et leur mort assurée. Sollicité par la hiérarchie militaire, Knab rejeta la création d'un tribunal militaire pour juger les maquisards[12], sans doute parce qu'il les assimilait à des francs-tireurs.

Connaissant les atermoiements de Lelong, qui avait autorisé l'ascension de prêtres pour les funérailles de *Tom* et négocié des soins médicaux, Knab profita de la situation pour revenir sur l'accord souscrit entre Darnand et Pflaum[13]. Il obtint du secrétaire d'État au Maintien de l'ordre que Lelong sélectionne les maquisards qui devaient être traduits devant la cour martiale, les autres étant envoyés au STO. Cette décision le satisfaisait car, une fois en Allemagne, le chef de la Milice ne pourrait en rien infléchir le destin des captifs :

> Je propose d'accepter ce règlement. Mais je voudrais préciser à Lelong qu'il ne traduise devant la cour martiale que ceux des terroristes pour lesquels on doit s'attendre à la peine de mort. Autrement

> il vaudrait mieux que ce soit nous qui recevions des prisonniers. Les prisonniers seront ensuite envoyés immédiatement d'ici au BDS (délégué de la Sûreté) avec demande d'arrêt échelon III. Lelong pouvant alors croire qu'ils sont emmenés pour le service du travail[14],

écrivait-il, ajoutant dans un télégramme du même jour :

> J'étais seulement d'accord avec la proposition de Lelong relative au traitement des détenus français parce que l'arrangement considéré a[vait] l'avantage qu'en fin de compte tous les terroristes paient leur conduite par la mort[15].

La « demande d'arrêt échelon III » correspondait en fait au paragraphe III de la *Kriegssonderstrafrechtsordnung* relatif aux francs-tireurs et stipulant que ceux-ci devaient être abattus[16].

À la date du 14 avril, la question des prisonniers n'avait toujours pas été réglée, ce qui suscitait l'impatience des policiers allemands. Preuve que Darnand persistait à ne pas abandonner ceux qui se trouvaient entre les mains allemandes, il rencontra Jeewe le 14 avril à Annecy, semble-t-il.

La Sipo-SD n'entendait pas garder en vie les prisonniers au-delà du temps nécessaire à leur interrogatoire. Cette approche conditionna l'action policière : peu d'exécutions sommaires se produisirent sur le Plateau. Cela dit, les membres de la Sipo-SD compensèrent par leur ardeur leur faible nombre. Ils s'impliquèrent avec zèle dans l'arrestation des maquisards et l'extorsion d'informations, sans pour autant négliger la destruction des habitations et des locaux agricoles situés sur le Plateau.

La répression allemande, le rôle des policiers nazis

Les policiers de la Sipo-SD participèrent à toutes les réunions – ou, à défaut, furent informés de leur teneur – relatives à l'investissement du Plateau. Jeewe en influença-t-il le cours ? Depuis que les forces françaises avaient montré leur inefficacité, il était devenu le personnage central de la répression. Suivant cette affaire depuis les premiers jours de février, il en savait plus sur Glières que n'importe quel autre chef allemand. Son apparente passivité résulte sans doute du fait que les policiers étaient trop peu nombreux et dépourvus des moyens *ad hoc* pour combattre eux-mêmes les maquisards : ils ne pouvaient s'en remettre qu'à l'armée, accessoirement à la Milice, pour intervenir. Mais, une fois prises les décisions relatives à l'intervention de l'armée, les policiers ne furent plus de simples fonctionnaires participant à des réunions : ils se comportèrent en chasseurs.

Dès que le plan fut approuvé, Jeewe informa les militaires de la manière dont les policiers entendaient se greffer sur leur dispositif. Le 25 mars il évoque pour la première fois, mais pour en écarter l'idée, l'intervention d'un « détachement de chasse allemand » qui aurait pu s'adjoindre à la Milice[17]. Les détachements de chasse, dont Jeewe réclame la création, puisaient dans les répertoires de la chasse, mais plus encore dans celui du braconnage et renvoyaient aux notions de traque et de mise à mort[18].

Dans un autre télégramme qu'il envoya le 25 mars, le policier nazi proposa au général Pflaum que les trois bataillons qui donneraient l'assaut contre le Plateau fussent chacun accompagnés d'un commando de chasse dont l'un des membres devait parler le français, afin d'interroger les prisonniers[19]. Le lendemain, Jeewe indiqua que trois commandos, forts de trois personnes, étaient constitués ; ils accompagneraient les trois colonnes qui passeraient à l'attaque. Knab précisait leur mission :

> Les chefs des détachements de police de sécurité et du SD sont responsables des missions de sécurité leur incombant durant l'engagement. Ils veilleront particulièrement à la mise à l'abri du matériel de documentation et à l'interrogatoire des prisonniers éventuels. Il y aura lieu de procéder avant tout à la reconnaissance de points fortifiés, afin de faciliter la tâche de la troupe[20].

Ces formations étaient absentes de leurs bases de départ quand l'attaque fut déclenchée de manière prématurée le 27 mars à midi[21]. Mais, si les policiers nazis ne purent bénéficier de la journée dans son entier, ils parvinrent, dès le 27 mars, à obtenir une série d'informations de la part des quelques prisonniers qu'ils parvinrent à capturer ou que la Wehrmacht leur remit.

De retour à Annecy dans la soirée, Knab envoya le 28 mars à 1 h 43 un télégramme mentionnant que des arrestations avaient déjà été opérées[22]. Dès le 27 au soir, il avait ordonné aux commandos de chasse de traquer dans les localités situées sur le pourtour du Plateau les soutiens des résistants.

Le 28 mars un détachement mené par le capitaine Geyer atteignit le Plateau. Le commando de chasse, composé des policiers Baldeweg, Nowak et Kuhn, l'accompagnait-il, conformément aux exigences de Knab ? Rien ne permet de l'affirmer[23]. Vu l'intransigeance de Knab à l'égard des prisonniers, gageons qu'il ne laissa pas le soin aux soldats de la 157e division de réserve de les remettre à la Milice, postée du côté opposé.

Nous ignorons ce que firent les policiers allemands des quelques hommes qu'ils trouvèrent. Les militaires, eux, devaient faire des prisonniers ; il est peu probable qu'ils aient achevé les blessés. Il semble plus probable que les personnes arrêtées aient été remises aux policiers allemands, qui statuèrent rapidement : eux, peut-être, achevèrent les blessés.

Dans son télégramme daté du 28 mars, Werner Knab, nous l'avons vu, évoque les dépositions faites par les prisonniers, preuve que certains maquisards ont été interrogés le jour même de leur capture. Au 31 mars à 18 heures, date et heure de la clôture officielle des opérations, les Allemands décomptaient 237 prisonniers et 64 morts (dont 10 par la Milice). Mais les enquêtes de la gendarmerie et le dénombrement des tués sur le Plateau recensent une cinquantaine de victimes, soit un écart d'une dizaine qui reste inexpliqué. Les Allemands ont peut-être enterré les dépouilles de certains résistants qui n'auraient jamais été retrouvées, ce qui expliquerait le sort de certains disparus[24]. Par ailleurs, le décompte des prisonniers comprend sans doute des personnes qui ont été rapidement libérées : il ne correspond pas à celui des prisonniers maintenus.

Des Allemands, positionnés près du cimetière de Nâves, avaient repéré une colonne de maquisards de huit hommes, dont Anjot, qui sortait du bois. L'alerte donnée, un détachement composé de motos et de side-cars monta au plus près de l'endroit où les maquisards avaient été aperçus. Les Allemands se postèrent en embuscade derrière un muret et attendirent. Le groupe de maquisards se scinda avant d'arriver à proximité du poste allemand[25]. Gilbert Lacombe, originaire du village de Nâves situé à proximité, se dirigea vers une exploitation agricole tenue par des connaissances. Les sept autres continuèrent, dont quatre Espagnols qui cherchaient à rejoindre, pour s'y reposer, une ferme où ils avaient travaillé avant de monter à Glières. Enfin, Maurice Anjot, Lambert Dancet et Louis Vitipon décidèrent de continuer leur route vers Annecy. Un des Espagnols, Angel Gomez, fourbu et craignant que le lieu à atteindre ne soit déjà connu par les Allemands, choisit de faire une halte. Seul rescapé de ce groupe, il indiqua avoir entendu une mitraillade. Les trois Français ainsi qu'Antonio Perez et Florian Andujar tombèrent sous les balles allemandes. On verra, pour le septième, le sort qui lui fut réservé.

Le 29 mars, sept maquisards furent passés par les armes, sur la commune d'Alex[26], au lieu-dit Navoty. Toutes les victimes, abattues d'une rafale dans le dos, furent achevées d'une balle dans la tête. Le même jour, à La Balme-de-Thuy, au lieu-dit Sur-les-Iles, treize maquisards furent fusillés[27].

C'est le lendemain, le 30 mars, que se produisit la fusillade, sur la commune de Thônes, au Villaret, de dix maquisards qui redescendaient du Plateau. Plusieurs d'entre eux avaient été arrêtés à proximité d'une ferme où ils croyaient trouver refuge. Le propriétaire, voyant arriver les Allemands, sortit sur le pas de la porte et fut abattu, ainsi qu'un voisin, par ailleurs agent de liaison sur le Plateau.

Selon la déposition de l'abbé Maurice Greffier, le premier prisonnier interné au Villaret était arrivé le 26 mars à 17 heures, attaché sur un side-car : sans doute était-il descendu avant l'ordre donné par Anjot, à moins qu'il n'ait eu aucun lien avec Glières. Quatre autres arrivèrent le 27 mars à 18 heures et finalement cinq le 28 mars à 16 heures. D'après l'ecclésiastique, les prisonniers étaient « conduits à l'état-major [de Pflaum] à la villa sous la forêt ». Après un interrogatoire de nature militaire, ils étaient remis à la Sipo-SD, qui les torturait. Arrêtés entre le 26 et le 28 mars, tous les prisonniers furent fusillés le 30[28].

Le même jour, en limite des communes de Thônes et de La Balme-de-Thuy, au lieu-dit L'Isle, six maquisards furent tués d'une seule balle dans la tête ; le même jour, au lieu-dit Croix-Barrucand, sept autres furent exécutés. Les 30 et 31 mars, plusieurs exécutions individuelles complétèrent ce macabre tableau.

La dernière fusillade collective de maquisards de Glières intervint le 12 ou le 13 avril 1944 sans que l'on puisse expliquer son caractère tardif. Arrêtés lors de leur descente, emprisonnés à l'école Saint-François, cette quinzaine de maquisards furent-ils gardés en vie pour leur extorquer plus de renseignements ? Il semblerait que les corps n'aient été découverts que le 1er juin 1944[29]. Les auteurs de ce crime seraient les membres d'un détachement du 19e régiment de police allemande[30]. Enfin, au moins un maquisard de Glières, Louis Vignol, arrêté le 20 mai au Grand-Bornand, fut fusillé le 15 juin à Sacconges, près d'Annecy[31].

Mais les maquisards qui redescendaient du Plateau ne furent pas les seuls à subir la violence de l'occupant.

Quatre maquisards, arrêtés sans doute le 27 mars, furent interrogés par les policiers dans l'école du Petit-Bornand. Leur interrogatoire permit d'arrêter plusieurs civils suspectés d'avoir aidé le maquis, dont l'abbé Jean Truffy. Interpellé le 30 mars, le clerc fut conduit à l'école de cette commune, lieu d'interrogatoires et de détention, où les habitants du Petit-Bornand qui intéressaient la Sipo-SD étaient également menés. Les civils convaincus d'avoir aidé le maquis étaient brutalisés, tout comme les maquisards arrêtés. Le 31 mars, tous ceux à qui rien ne pouvait être reproché furent libérés. Les quatre maquisards furent gardés, ainsi que quatre civils, dont Truffy. Seul ce dernier fut conduit à Annecy, au siège de la Sipo-SD, pour y subir de nouveaux interrogatoires. Pendant ce temps, deux maquisards arrêtés dans ce groupe de quatre furent exécutés le 30 mars, de balles tirées dans les reins, sur la route conduisant au Plateau, alors que l'un d'entre eux, qui révéla des noms, eut la vie provisoirement sauve. Les trois civils ainsi qu'un maquisard plus un inconnu, probablement maquisard, furent fusillés le 1er avril à La Louvatière, dans la commune du Petit-Bornand.

Jean Truffy dut sans doute à son état d'ecclésiastique le fait de ne pas partager le sort des trois civils du Petit-Bornand. Il fut un des rares à avoir été emprisonné dans l'école Saint-François, à avoir été déporté et à être revenu de déportation. Auditionné en 1949, il témoigna de la dureté des policiers allemands et de la crainte qu'ils suscitaient aussi auprès des membres de la Wehrmacht :

> J'ai été conduit à Annecy et présenté à Knabb [*sic*], de la Gestapo, qui après quelques questions me laissa sans me fixer sur mon sort, se bornant à me dire que j'avais besoin d'être corrigé. J'ai été conduit par un officier, sans aucune escorte, à l'école Saint-François trans-

formée en prison, où j'ai été détenu en compagnie d'autres prêtres. La garde des prisonniers était assurée par des militaires de la Wehrmacht qui étaient corrects à notre égard et nous accordaient même certaines faveurs telles que correspondance et visites des membres de la famille. Leur attitude changeait lorsqu'un ou plusieurs policiers du SD arrivaient à la prison ; on voyait qu'ils en avaient peur[32].

La brutalité des policiers allemands leur permit d'obtenir relativement aisément des informations de leurs victimes. Pour se soustraire aux violences, ou à bout de souffrance, certains maquisards livrèrent les noms de leurs camarades.

Les populations habitant sur le pourtour du Plateau semblent avoir reçu des consignes de la part de l'occupant : ne pas s'aventurer dans les lieux d'intervention de l'armée, ne pas ouvrir la porte aux « terroristes » et ne pas les ravitailler. La désobéissance exposait à la mort.

Parfois, des civils devancèrent les exigences allemandes en dénonçant des maquisards. On a vu que le 27 mars, à Nâves, les Allemands avaient tué cinq maquisards sur un groupe de six, dont Maurice Anjot. Un sixième s'échappa. Le septième, Emmanuel Corps, blessé, parvenant à s'enfuir, se traîna et rejoignit la maison du couple Avrillon, où il fut achevé. La peur d'être dénoncés par ce maquisard qu'ils avaient hébergé bien avant Glières motiva cet acte radical[33]. Le surlendemain, Marie Avrillon dénonçait trois maquisards qui avaient trouvé refuge dans sa grange : ils furent arrêtés et vraisemblablement fusillés le même jour[34].

Un des quatre maquisards arrêtés le 27 mars au Petit-Bornand était un garde qui avait déserté son unité en février 1944. Nommé Paul Siegel, il est présenté dans la littérature comme ayant livré ses camarades. On ne peut pour autant affirmer qu'il trahit de manière spontanée, comme le suggèrent ces écrits. Il subit, l'abbé Truffy l'affirme, les mêmes coups que les autres maquisards. Le même Jean Truffy, qui avait été dénoncé par Siegel, témoigna que les trois civils du Petit-Bornand, frappés, avaient fini par craquer. Siegel, lui, ne fut exécuté que le 13 juin 1944 à Villeneuve, dans l'Ain, par les Allemands[35]. Tout comme Yves Philippe de Kerarmel et Edmond Boscono, il fut emprisonné à Lyon. Les trois hommes firent partie de ces 200 personnes environ, non compris les FFI, qui seraient exécutées entre les 6 et 29 juin par les subordonnés de Werner Knab et de Klaus Barbie, à Dagneux, Villeneuve et Saint-Didier-de-Formans[36], dans l'Ain également. Pourquoi Siegel eut-il un sort différent ? La dénonciation de trois civils, ainsi que celle de l'abbé Truffy, avait-elle convaincu les policiers allemands de le laisser en vie ? Joua-t-il de ses origines alsaciennes pour rester – provisoirement – sauf ?

Les policiers procédèrent de même avec Alphonse Portay, arrêté le 29 mars, emprisonné à l'école Saint-François. Ses révélations, sans doute obtenues sous les coups, sont à l'origine d'une opération conduite à l'usine du Giffre au cours de laquelle Henri Plantaz et plusieurs autres résistants furent tués. Portay fut épargné, mais son sort était scellé. Déporté à Buchenwald, il n'en revint pas.

Les cas Échasson et Bastian

Les policiers allemands interpellèrent Roger Échasson, ancien sous-officier du 27e BCA d'armistice et chef de la section *Leclerc* sur le Plateau. Dans un télégramme destiné à ses collègues de Saint-Étienne, daté du 31 mars, Jeewe leur demanda d'arrêter son épouse et de la faire venir en Haute-Savoie[37]. Les policiers nazis exercèrent auprès d'Échasson un chantage sur la vie de sa femme, l'incitant ainsi à trahir, ce à quoi il se résigna. Dès le 1er avril, lendemain de son arrestation, il livra plusieurs noms de cadres de l'AS et, selon Knab, « fit une déposition complète[38] ».

Le lendemain même de l'envoi du télégramme, le 1er avril, deux policiers allemands se présentèrent chez la mère du sous-officier, où résidait son épouse, et l'interpellèrent[39]. Cette dernière resta deux mois et demi emprisonnée à l'école Saint-François. Selon ses dires, elle était interrogée régulièrement par les policiers allemands qui tenaient à savoir ce qu'elle connaissait des activités de son mari. Mais, en la détenant, ils se livrèrent à un odieux chantage, lui promettant de laisser la vie sauve au couple en échange des noms de résistants qu'Échasson leur livrerait. Pris dans l'engrenage, ce dernier finit par devenir un indicateur : son épouse découvrit dans l'une de ses poches une carte attestant de son appartenance à la Sipo-SD. Il aurait été *in fine* responsable de l'arrestation de vingt-deux résistants, dont plusieurs moururent en déportation[40]. Les télégrammes de Jeewe mentionnent plusieurs résistants qu'il livra, tel le capitaine Ponard, trésorier de l'AS, arrêté, semble-t-il, le 15 avril 1944. Par prudence, de nombreuses autres personnes s'enfuirent, comme Humbert Clair[41]. Échasson ne fit pas que dénoncer. Il participa également à des tortures, si l'on en croit la déclaration d'un prisonnier de guerre[42].

Tout autre fut le sort de Pierre Bastian. Physiquement diminué après la chute d'une pierre sur la tête, épuisé par deux journées[43] de marche en montagne, ce dernier se fit arrêter par des militaires allemands : Knab l'évoque pour la première fois dans un télégramme parti le 30 mars au matin[44]. Bastian livre sa véritable identité ainsi que son surnom sur le Plateau. Il avoue notamment avoir passé deux patrouilles de miliciens avec succès. Il indique également avoir tenu « dans ses mains l'organisation entière et le ravitaillement » du maquis, connaître les « auxiliaires dans la vallée et spécialement à Annecy » et avoir pu faire parvenir les vivres sur le Plateau malgré le blocus imposé par Lelong, grâce à des officiers de la garde. À ce stade, Bastian avoue-t-il parce qu'il est dans un état second ? A-t-il été torturé ? Il est bien difficile de répondre. Knab indique simplement ceci :

> J'espère, avec l'aide de Barrat [Bastian], trouver les officiers de la garde responsable[45].

Les informations personnelles qu'il livra, déjà considérables, faisaient de Bastian un témoin indispensable aux Allemands pour comprendre l'organisation de la Résistance. Non contents de l'interroger, ils s'acharnèrent sur lui. Après son arrestation, Bastian fut emprisonné, semble-t-il, au Villaret, à Thônes où, selon le témoignage de l'abbé Greffier, il aurait été auditionné par Jeewe et Becker[46]. Il fut ensuite transféré dans les locaux de la police allemande à Annecy, à l'école Saint-François, peut-être à la date du 1er avril[47]. Dès lors on est sûr du mutisme de Bastian qui n'avait révélé jusque-là que des informations le concernant. Il fut torturé physiquement et psychiquement, comme le narre le père Dubarle :

> Le lieutenant Bastian fut enfermé dans une cellule à part sans que les fers lui aient été retirés et les Allemands du *Sicherheitsdienst* ayant

interdit qu'on lui donnât à boire. Cette dernière interdiction ne fut d'ailleurs pas respectée en raison de l'humanité des gardiens de prison qui permirent à ses codétenus de lui venir en aide.

Quelques jours après, les Allemands arrêtèrent un clochard dans un état de saleté répugnante qu'ils donnèrent comme compagnon de cellule au lieutenant Bastian, pour le relâcher quelques jours après l'exécution de celui-ci. Cet individu fort peu intéressant et à moitié dérangé d'esprit battait le malheureux qui ne pouvait se défendre et lui volait jusqu'à sa part de nourriture.

Le lieutenant Bastian est resté enchaîné jusqu'à sa mort. Il fut plusieurs fois réinterrogé par les Allemands et torturé à chacune de ces occasions.

Le service des gardiens de prison (une unité de police d'origine autrichienne) totalement distinct du service du SD essaya de se montrer aussi humain que possible et [ils] permirent l'accès d'autres prisonniers auprès du lieutenant Bastian, acceptant également qu'on l'aide à se nourrir et à panser ses plaies.

Je pus de la sorte l'approcher deux ou trois fois. Son état faisait peine à voir[48].

Il semble que d'autres tortures aient été infligées à Bastian, notamment au siège de la Milice où il fut battu, vraisemblablement par les membres du SRMAN, avant de réintégrer sa cellule de l'école Saint-François. Dans un télégramme daté du 19 avril – soit trois semaines après l'arrestation de Bastian – Jeewe écrit :

Lieutenant Barrat commence à parler[49].

Il n'aurait livré alors qu'un nom, celui de *Jérôme* Bozon, ravitailleur du maquis et déjà arrêté[50]. De toute façon l'intérêt que présentait Bastian devenait moindre au fur et à mesure des noms que livrait Échasson.

Le calvaire de Bastian s'acheva dans les derniers jours d'avril, alors que le lieutenant Jacques Lalande, interpellé et interrogé par la Milice, décédait des suites des coups assenés dans la nuit du 27 au 28 avril. Le corps de Lalande fut remis aux Allemands, qui l'emmenèrent avec Bastian, dans la soirée du 28 avril, sur le territoire de la commune d'Alex, près de Thônes, à Ferrières. Vers 21 h 30 plusieurs témoins entendirent deux coups de feu suivis quelques instants plus tard d'un troisième. Environ une demi-heure après, les véhicules qui avaient amené Bastian et la dépouille de Lalande repartirent. Une tranchée creusée dans le sol avait accueilli les deux corps[51].

Récupérations, vols, pillages et incendies

Parvenus sur le Plateau, les Allemands s'emparèrent d'un important butin composé des armes parachutées qui n'avaient pas été détruites dans les bombardements aériens ou par les maquisards avant leur fuite. Une fois le site totalement investi le 28 mars après-midi, ils mesurèrent l'importance des aménagements réalisés. Le 29 mars Knab indiquait que « les terroristes cantonnaient dans plus de cent chalets », un chiffre assurément exagéré. Néanmoins, il ordonna à la troupe de « détruire tous les cantonnements[52] ». Environ 150 bâtiments, maisons, granges, etc. furent anéantis : 78 au Petit-Bornand, 40 à Thorens, 17 à Entremont, 16 à La Balme-de-Thuy[53], 2 à Aviernoz[54]. Il s'agissait quasi exclusivement de constructions situées sur les hauteurs ou à l'écart, lieux susceptibles d'accueillir ou d'avoir accueilli des réfractaires ou des maquisards. Les villages en contrebas furent épargnés : une boulangerie au Petit-Bornand ainsi qu'une scierie furent cependant détruites, car leurs propriétaires avaient aidé le maquis. Le capitaine Stockl, de la 157ᵉ division de réserve, enjoignit deux adjudants et deux sections d'incendier les constructions situées dans le périmètre d'intervention de sa compagnie[55]. Au Petit-Bornand, enfin, les occupants volèrent des bovins, des chevaux, des volailles ainsi que du matériel agricole, alors qu'à La Balme-de-Thuy ils emportaient 30 têtes de bétail[56].

La Milice dans la répression

Une quinzaine de maquisards au moins furent arrêtés à La Luaz, village de la commune de Thorens, situé en contrebas du col de l'Enclave. Sur les quinze hommes interrogés après leur arrestation et dont l'interrogatoire est parvenu jusqu'à nous, dix affirment avoir été arrêtés par les soldats allemands, deux par les GMR, deux par les miliciens. Un cas, douteux, a probablement été arrêté par des éléments de la 157ᵉ division de réserve. Ils furent interpellés dans le secteur dévolu à la Milice et remis aux autorités françaises. Comparativement au sort réservé aux maquisards que les Allemands prenaient dans leur secteur, on peut écrire qu'ils eurent de la chance.

Un certain nombre de maquisards redescendant du Plateau le 27 mars en plein jour tombèrent dans le dispositif milicien qui avait dû être installé à la hâte[57]. Pour forcer les hommes à sortir des bois situés sur les flancs du Plateau dans lesquels ils se cachaient, les troupes tirèrent dans leur direction au mortier et sans doute à la mitrailleuse. La nuit, les projecteurs ainsi que des fusées éclairantes illuminaient les pâturages et l'orée des bois afin d'entraver les tentatives de fuite[58]. C'est d'ailleurs en tentant de traverser les lignes miliciennes que plusieurs hommes, dont le lieutenant Griffolet d'Aurimont, furent tués, après avoir refusé de répondre aux sommations. Au total, plus d'une centaine de personnes furent interceptées par les miliciens, les soldats allemands ou les GMR dans le secteur dévolu aux hommes de Darnand. Ils subissaient dans les villages les plus proches de leur lieu d'arrestation un interrogatoire sommaire[59], avant d'être emmenés à Thorens où étaient rassemblés les prisonniers. Là ils endurèrent, au PC de la Milice, situé à l'hôtel du Commerce, un deuxième interrogatoire, très violent semble-t-il, qui se conclut dans certains cas par des exécutions sommaires qui visaient apparemment les porteurs de patronymes étrangers. On dénombre parmi les victimes deux Espagnols, un Suisse, un Français d'origine italienne.

Les francs-gardes de la Haute-Savoie, mobilisés à partir du 4 avril, seront très présents lors de la phase policière de la répression[60].

Quatre membres de ce qui avait été la section *Leclerc*, commandés par Robert Jouglas, étaient parvenus à s'extraire du Plateau. Une semaine après l'ordre de repli, le dimanche 2 avril, ils arrivèrent dans le village de Vésonne, à l'extrémité sud du lac d'Annecy. Plutôt que de se montrer discrets, ils s'attablèrent à l'unique café du lieu et demandèrent à se rendre dans le village de Marceau. Repérés, identifiables comme maquisards parce que armés, ils furent vraisemblablement dénoncés à la Milice. Un détachement de la franc-garde d'Annecy intervint, tua trois des quatre maquisards et leur hôte et blessa grièvement son épouse.

Robert Jouglas parvint à s'enfuir et rejoignit Marseille où il fut arrêté le 24 avril et fusillé le 30[61].

Le lieutenant Jacques Lalande avait réussi à fuir le Plateau. Il prit la direction d'Aix-en-Provence où il paraît être resté quelques jours avant de rejoindre la Haute-Savoie[62]. On ne sait rien des motifs qui le firent revenir dans cette région où il se trouvait de nouveau à la fin du mois d'avril. Il commit l'erreur de retourner dans l'appartement qu'il occupait à Annecy avant d'entrer au maquis. Il fut reconnu par un milicien, ancien chasseur alpin au 27e BCA qui avait servi sous ses ordres. Selon les déclarations de ce dernier, deux autres membres de la Milice auraient été à l'origine de l'arrestation, dont l'un, Delhinger, se trouvait sous les ordres de Lalande à Glières[63]. Il semblerait que le jeune officier ait conservé une liste de miliciens du Chablais à éliminer ou qui l'avaient déjà été. Elle serait à l'origine du passage à tabac au cours duquel il perdit la vie et dont les miliciens furent à l'origine[64].

Rien ne permet de dire que Delhinger fut retourné. Tout dans le cas de Jean Cursat l'atteste. Provenant du maquis de Vailly, dans le Chablais, future section *Verdun*, il fut retourné par les miliciens dans des circonstances qui restent troubles. Qu'il ait agi vénalement – hypothèse de son chef dans le maquis[65] – ou sous la menace, il livra des informations qui provoquèrent l'arrestation le 5 avril de plusieurs camarades qui furent déportés[66].

Les GMR

L'activisme du lieutenant T. du GMR Aquitaine provoqua l'arrestation, le 1er mars, de Michel Fournier, médecin auxiliaire, et de cinq maquisards qui rejoignaient Glières. Le 23 mars, les GMR arrêtaient huit autres résistants dans la commune du Mont-Saxonnex, alors qu'ils comptaient rejoindre le Plateau[67].

Après l'ordre de repli donné par Anjot, les GMR arrêtèrent des maquisards qui redescendaient de Glières, sur le côté opposé à celui où se trouvaient les soldats allemands, dans le secteur dévolu à la Milice. Les hommes du groupe Bretagne furent actifs à Balme-de-Thuy, au sud du Plateau et interceptèrent de nombreux maquisards qui redescendaient par un sentier situé sur le village du Sapey.

La soixantaine de gardiens du GMR Aquitaine, faits prisonniers dans la nuit du 9 au 10 mars, et la dizaine arrêtée le lendemain, recouvrèrent la liberté dans la nuit, entre le 26 et le 27 mars, une fois l'ordre d'évacuation donné par Maurice Anjot. Présentés à leur hiérarchie, ils subirent vraisemblablement le double reproche de ne pas avoir été assez combatifs lors de leur arrestation ainsi que de n'avoir pas tenté de s'évader. C'est peut-être pour montrer sa fidélité à l'égard de sa hiérarchie et du régime, ou par franche hostilité à l'endroit des résistants, que le lieutenant T. rédigea le 30 mars 1944 un rapport complet sur le dispositif de Glières (dépôts d'armes, ravitaillement), mais surtout sur les hommes qui en tenaient les rênes[68]. Les GMR sitôt redescendus furent utilisés pour traquer leurs geôliers[69], notamment en effectuant des rondes dans la ville d'Annecy. À quelques exceptions près, comme le lieutenant T., il n'est pas certain que ces policiers aient mené de bonne grâce des actions contre leurs anciens gardiens. Ils subirent les pressions de leur hiérarchie, elle-même sommée tant par Lelong que par les autorités d'occupation de sévir contre la Résistance. Le 2 avril, les GMR furent alors sollicités pour une opération contre le maquis près du mont Ouzon[70] où, selon les chefs de la Sipo-SD, ils se seraient montrés exemplaires. On peut cependant douter de cette supposée bonne volonté que la crainte inspirée par la présence de Fromes justifiait vraisemblablement. Mis sous pression, interrogés, les GMR n'avaient sans doute pas d'autre choix que de se montrer coopératifs. À la fin du mois d'avril, les policiers allemands doutèrent à nouveau de leur collaboration, dans la mesure où les GMR n'affrontèrent jamais directement les maquisards[71].

Quoi qu'il en soit, ces hommes représentaient un réel danger pour les maquisards qui passaient à leur portée.

Gendarmes et policiers

Le rôle de la maréchaussée dans la répression de Glières fut loin d'être insignifiant. D'un point de vue statistique, ses résultats en matière d'arrestations – une vingtaine – se situent entre ceux de la garde, à l'origine de l'interpellation de trois maquisards le 7 février 1944, et ceux des GMR, qui en arrêtèrent plusieurs dizaines. Placés sur la sellette de février à avril 1944, les gendarmes ont peut-être voulu offrir des gages au régime alors qu'ils se sentaient – à tort ou à raison – menacés.

	Auteurs des arrestations de maquisards	
Soldats de la 157e division de réserve *(remis à la Milice)*		15
Sipo-SD		53
	Sous-total allemand	68
Maintien de l'ordre		101
dont :	*Gendarmerie*	20
	Milice	6
	Total	169

Toutes les forces policières présentes en Haute-Savoie dépendaient théoriquement de l'intendant de police. Cette centralisation ne reflète cependant pas la réalité des relations que les troupes entretinrent avec leur chef. Loin d'être de simples courroies de transmission des ordres donnés par Lelong, les hommes disposaient d'une marge de manœuvre et purent appliquer avec ou sans zèle les consignes. À cet égard, les policiers en charge du maquis, et de Glières en particulier, se montrèrent apparemment peu enthousiastes à l'idée de s'acharner sur les prisonniers qu'on leur présentait. Par sympathie pour la Résistance, voire pour les maquisards eux-mêmes, les membres des forces de l'ordre purent éviter d'en savoir trop sur le maquis. Il ne faut pas forcer le trait : bien peu étaient prêts à prendre des risques au profit d'un résistant. Mais leur manque d'entrain à sévir put être servi par la routine derrière laquelle certains purent, sans forcer leur talent, s'abriter. En fait, on ne peut exclure que le SRMAN, pourtant rompu aux méthodes les plus expéditives ou les plus barbares, jouât un rôle paradoxal et involontaire pour refréner certaines ardeurs répressives.

Le Service de répression des menées antinationales (SRMAN)

Le SRMAN, l'une des polices parallèles créées par le régime vichyste, portait à l'origine le nom de SPAC, Service de police anticommuniste. Créé en 1941 par le ministre de l'Intérieur, Pierre Pucheu, afin de réprimer les activités communistes, sa direction fut confiée pour la zone sud, avec supervision pour la zone nord, à Charles Detmar. Né en 1904, ce dernier devait cette nomination à ses amitiés politiques, alors que rien ne le prédestinait à rejoindre la police. Ancien représentant de commerce, permanent du PPF de 1936 à 1939, il s'occupait de la surveillance des militants communistes et jouissait de la confiance de Pucheu qu'il connaissait depuis 1937. Devenu SRMAN en juin 1942 apparemment, cette police mobile n'était pas affectée à une ville en particulier. Elle intervenait dans la France entière, là où le ministère de l'Intérieur, le secrétariat général à la Police puis le secrétariat général au Maintien de l'ordre le jugeaient utile.

On repère le SRMAN le 5 février 1944 à Thônes où il agit à proximité de la Milice. À la mi-février, il s'installa à Thonon, dans les locaux de l'hôtel Savoie-Léman, siège de l'école hôtelière, et se livra à de nombreuses arrestations, souvent suivies de tortures[72]. Ce n'est qu'à la fin mars qu'il intervint dans le sud du département, dans la région d'Annecy.

Dès les premiers jours de février, un inspecteur du SRMAN qui avait été policier à Annemasse, Louis Durand, provoqua l'arrestation de trois policiers d'Annecy. L'un d'entre eux, Roger Bigaud, inspecteur stagiaire dans le commissariat de la Sécurité publique d'Annecy-Cran-Gevrier depuis le 1er septembre 1942, avait remis des fausses cartes d'identité à des FTP[73]. Cet acte lui valut d'être traduit en cour martiale et d'être fusillé le 22 février 1944. Le 8 février, d'autres fonctionnaires de police furent également arrêtés[74] : la police annécienne était mise au pas.

Au SRMAN furent confiées les « affaires importantes ». En réalité, il s'intéressa relativement peu à Glières. Jugeant sans doute que les maquisards capturés n'étaient que de la piétaille, il ne s'occupa, semble-t-il, que de deux anciens de Glières qui avaient appartenu au corps-franc *Simon*, Jean Dujourd'hui et

Antonin Védrène. Le premier mourut sans doute d'une hémorragie interne, la colonne vertébrale brisée par les coups qui lui avaient été assenés. Le corps de Védrène ne fut jamais retrouvé.

Les autres maquisards furent déférés devant le « centre de criblage », structure placée sous les ordres du commissaire Gabriel Friedrich, de la police de sûreté d'Annecy, composée de deux équipes de quatre inspecteurs qui se relayaient – apparemment sept jours sur sept – de 8 heures à 23 heures « et plus en cas de nécessité ». C'est dans la caserne Dessaix, qui servait également de lieu de détention provisoire, que furent placés les hommes arrêtés durant leur descente, le temps que Lelong statue sur leur cas. Ils étaient alors libérés, ou dirigés vers le service du STO, ou emprisonnés, ou encore déférés devant la section spéciale ou la cour martiale : nous n'avons pas trouvé de cas de remise immédiate aux autorités allemandes. La grande majorité des maquisards arrêtés passèrent par le centre de criblage où ils subirent un ou plusieurs interrogatoires.

Des interrogatoires bâclés ?

Les maquisards avaient déjà été interrogés par les miliciens qui, sans être du métier, avaient obtenu de nombreux renseignements. Certains d'entre eux, comme Jacques Chambaz, étaient du cru. Ils pouvaient reconnaître certaines personnes ou vérifier la véracité de leurs dires. Ainsi Chambaz identifia aisément Raymond Millet *(Gabin)* : il l'avait assez vu sur des terrains de football à Annecy pour savoir qui il était[75].

En se fondant sur les dates figurant sur les procès-verbaux parvenus jusqu'à nous, on constate que toutes les auditions se déroulèrent entre le 16 et le 19 avril. Des minutes d'interrogatoires ont toutefois pu être antidatées[76]. Quoi qu'il en soit, les policiers étaient débordés. Au 13 avril 1944, 458 personnes étaient incarcérées à Annecy[77], la plupart depuis le début des opérations des derniers jours de janvier. Les interrogatoires des hommes de Glières survenaient à un moment où les agents des forces de l'ordre, déplacés depuis dix semaines, étaient fatigués d'être sollicités sans relâche. À la suite de l'intervention allemande du 27 mars, beaucoup de policiers, si ce n'est la plupart, purent également percevoir les hommes de Glières comme des patriotes et des compatriotes, non comme des « terroristes » ou des « bandits ». De fait, les minutes laissent transparaître une forme de neutralité des interrogateurs qui semblent avoir permis au suspect soit d'en dire le moins possible, soit au contraire de s'épancher. Il faut donc rejeter l'idée de maquisards systématiquement malmenés ; seule une minorité subit de mauvais traitements. Assistant du docteur Bombiger, Michel Fournier témoigna ainsi en faveur du commissaire Friedrich :

> J'ai été interrogé par le commissaire Friedrich avec courtoisie et sans insistance. Je n'ai eu aucune difficulté à ne rien dire. D'autre part, j'ai pu communiquer avec des visiteurs de l'extérieur avec l'autorisation de Monsieur Friedrich bien que cela fût interdit.
>
> Par ailleurs le régime du centre était tout à fait humain[78].

Plusieurs de ses subordonnés partageaient cette mansuétude, ce qui permit à certains d'affabuler ; tous ne le firent pas. Les plus jeunes des maquisards paraissent bien timorés face aux policiers. D'autres, plus âgés, s'inventèrent un parcours avant leur interrogatoire qu'ils répétèrent alors. « René dit *Titin* » déclara par exemple :

> Je ne me connais pas d'identité. J'ai été recueilli par un pêcheur dont je ne me souviens pas le nom à Marseille L'Estaque. J'ai quitté celui-ci à l'âge de 4 ans pour suivre des romanichels. On m'a toujours appelé Titin. Je ne me connais pas d'autre nom. Je n'ai jamais eu de pièces d'identité, ni de titres de rationnement. Toutefois je crois que je suis né le 29 novembre 1909 à L'Estaque, sans pouvoir me souvenir qui m'a appris cela. Sur le plateau des Glières on m'a surnommé Titin. Je n'ai jamais accompli de service militaire. Je sais lire et écrire, je n'ai jamais été condamné. J'ai toujours vécu de mendicité, ne m'étant jamais livré au travail[79].

« René dit *Titin* » portait pourtant bel et bien un nom : il s'appelait Raymond Delord, né le 24 décembre 1910 à Toulon, maître d'équipage de profession, mais clochard avant d'être maquisard[80]. L'homme qui l'interrogeait, Camille Jacob de Cordemoy, n'était pas dupe de ces dires ; mais, sans chercher à en savoir plus, il nota ce que le suspect déclarait, sans lui poser d'autres questions. Jacob de Cordemoy interrogea au moins soixante-neuf maquisards de Glières : ceux qui le croisèrent, comme Serge Thelen, ne s'en plaignirent pas[81].

De même, bien des dates de naissance avaient été modifiées. Chapuis ou Bedet se rajeunirent de deux ans, sans doute pour éviter le STO. Jean Bedet affirma après la guerre avoir menti sciemment aux policiers qui, sur l'instant, ne firent rien pour vérifier les informations qui leur étaient communiquées.

La limite est difficilement perceptible entre le défaut de zèle et l'acte de résistance. Louis Lacour franchit le pas, si l'on en croit l'attestation que rédigea en sa faveur Jean Lacombe, trésorier au Syndicat des primeurs d'Annecy. Ce dernier confirme l'embarras des policiers résistants (ou favorables à la Résistance), sommés de minorer les révélations de certains prisonniers :

> Je suis certain que si monsieur Lacour a accepté sa situation au service du Criblage (malgré toutes les suspicions et les risques qu'il savait courir), c'est qu'il a aussitôt vu là une occasion unique de pouvoir détourner le plus grand nombre possible de patriotes des griffes de la Gestapo, du STO et de la Milice.
>
> Bien souvent lors de nos rencontres, monsieur Lacour qui connaissait mes idées me faisait fréquemment des déclarations comme celle-ci par exemple : « Aujourd'hui, monsieur Lacombe, je suis content de moi, j'ai encore sauvé quelques pauvres types, mais ça n'a pas été commode, je vous assure... À chaque question ils s'enfonçaient d'eux-mêmes et il m'a fallu beaucoup d'adresse car, dans de pareilles conditions, les interrogatoires paraissent vraiment trop fantaisistes et je craignais énormément pour eux... Enfin ils sont sauvés[82]... »

Au final, les interrogatoires permirent aux policiers de comprendre le déroulement des faits et le parcours des hommes qu'ils questionnaient. Il était trop tard, en revanche, pour que les déclarations recueillies puissent aider aux enquêtes : les principaux responsables de Glières étaient morts (Morel, Anjot, Griffolet d'Aurimont) ou se trouvaient entre les mains de la Milice (Lalande), du SRMAN ou de la Sipo-SD (Bastian). Henri Onimus, chef de compagnie sur le Plateau, qui avait été interpellé, avait réussi à s'échapper, sans avoir apparemment été auditionné par les policiers du centre de criblage. Sa fuite lui évita vraisemblablement d'être fusillé, sort qui frappa en revanche Louis Conte, chef de section, qui aurait eu, semble-t-il, la chance de s'évader mais ne la saisit pas.

À quelques exceptions près, les maquisards livraient ce qu'ils savaient, et notamment le nom de ceux qui les avaient hébergés. Ils se montrèrent en revanche moins loquaces sur l'identité réelle de leurs camarades ou de leurs chefs, soit parce qu'ils les ignoraient, soit parce qu'ils avaient de réelles préventions à les livrer.

Pour une raison qui nous échappe, les policiers en mission interrogèrent leurs captifs plus de deux semaines après leur arrestation. Rien n'explique ce décalage. Les autorités vichystes ont-elles joué la carte du pourrissement afin d'éviter au plus grand nombre la déportation ? Les policiers dépêchés en Haute-Savoie étaient-ils débordés ? Dans le cadre des procès et procédures engagés à la Libération, aucun des protagonistes de la répression ne s'est exprimé sur ces points.

Sans bâcler leur travail, les policiers l'accomplirent donc sans zèle, se bornant pour l'essentiel à noter les déclarations des prisonniers. Ces interrogatoires permirent à Lelong ou à ses adjoints de classer les hommes de Glières en plusieurs catégories : plus que la pugnacité des policiers, ce sont ces aveux qui facilitèrent la tâche de l'intendant de police.

Destinées des maquisards arrêtés

Au terme de leur interrogatoire, les anciens de Glières et quelques autres maquisards furent rangés en quatre catégories sans que l'on sache qui fut à l'origine de ce classement.

La première catégorie comprenait les jeunes de moins de 18 ans (soit 3 cas). La deuxième composait la « liste des prisonniers proposés pour le camp de travail en Allemagne » (soit 36 hommes) qui se voyaient remettre un carton jaune. Forte de 14 noms dont 5 seulement étaient des anciens de Glières, la troisième liste concernait des « personnes proposées pour le STO normal ». Enfin, les 59 prisonniers de la quatrième liste, munis d'un carton rose, relevaient de la catégorie des « prisonniers à maintenir pour complément d'information judiciaire ». Un sort terrible les guettait : plusieurs furent sélectionnés pour être déférés devant la cour martiale.

Créées par la loi du 20 janvier 1944, les cours martiales parachevèrent l'édifice répressif de l'État français. Alors que les sections spéciales – devant lesquelles semblent n'avoir été déférés que deux ou trois maquisards, Michel Fournier, Léon Roffino, peut-être Robert Comte – abrégeaient la durée des procédures, excluaient l'appel, réduisaient les droits de la défense, les cours martiales, elles, supprimaient l'existence de toute défense et rejetaient des procédures le pouvoir judiciaire, réduit à protester – mollement – contre cette loi et son application[83]... quand il ne se montrait pas soulagé à l'idée de ne pas être associé à cette parodie de justice.

La Haute-Savoie fut le département où se tint le plus grand nombre de cours martiales. Six sessions furent organisées à Annecy, et une à Thonon[84]. La session du 4 mai 1944 jugea onze maquisards de Glières dont cinq (Florence[85] Valsesia, Louis Conte, Fernand Decor, Bernard Zelkovitch et Hugo Schmidt) furent fusillés le jour même. Les cinq autres condamnés à mort, maintenus en vie, devinrent en quelque sorte une monnaie d'échange entre Vichy et Alger. Le onzième, Robert Comte, paraît avoir été déporté[86].

Quoi qu'il en soit, la nature des actes reprochés aux onze maquisards de Glières ne pouvait en aucun cas justifier leur passage en cour martiale. Aucun d'entre eux n'avait été arrêté en « flagrant délit d'assassinat ou de meurtre, de tentative d'assassinat ou de meurtre, commis au moyen d'armes ou d'explosifs, pour favoriser une activité terroriste », aux termes de la loi du 20 janvier 1944. En revanche, les hommes déférés présentaient des caractéristiques qui ne pouvaient que les desservir aux yeux des ultras de l'État français : deux étaient sous-officiers de l'armée d'armistice[87], cinq portaient des patronymes à consonance étrangère[88]. Deux autres étaient des GMR qui avaient rejoint le Plateau[89]. Deux en revanche avaient des noms francophones (Comte et Dupont) et rien n'explique qu'ils aient figuré dans ce lot, sinon que les autorités aient alors voulu faire un exemple.

L'exécution à Alger, le 20 mars 1944, de Pierre Pucheu avait montré aux tenants de la collaboration que les partisans du général de Gaulle se montreraient inflexibles. On peut imaginer que les ultras se convainquirent qu'il n'y avait aucune raison d'être indulgents vis-à-vis de la Résistance. Les prisonniers de Glières devinrent alors un enjeu entre les autorités sises de part et d'autre de la Méditerranée. Au jugement puis à l'exécution de Pierre Pucheu, succéda la procédure engagée contre Pierre

Simon Cristofini, ancien chef de la Phalange africaine, modeste unité de Français qui combattaient aux côtés des Allemands en Afrique du Nord. Le 3 mai ce dernier fut fusillé sur une civière, alors qu'il agonisait après une tentative de suicide[90]. Son exécution suscita un émoi considérable, tant dans les milieux collaborationnistes que gouvernementaux. C'est donc à titre de représailles et d'avertissement que, le 4 mai, la cour martiale condamna à mort onze prisonniers de Glières dont cinq furent fusillés le même jour[91].

Du 9 au 12 mai 1944, l'amiral Derrien, accusé d'avoir livré le port de Bizerte, en Tunisie, aux Allemands en 1942, fut à son tour jugé à Alger pour trahison. Peut-être pour sauver la vie des maquisards arrêtés à Glières et déjà condamnés à mort, il fut laissé en vie par ses juges, mais condamné à la prison à perpétuité. Le calcul se révéla-t-il payant ? Après celle du 4 mai 1944, plus aucune cour martiale en Haute-Savoie ne prononça de peine capitale. Le sort des cinq maquisards non fusillés restait en suspens : il le demeura jusqu'à la Libération.

Travail forcé et déportation

Les hommes placés aux mains de la Milice furent conduits de Thorens à Annecy, au quartier Dessaix, où ils vécurent deux mois, pratiquement sans hygiène. Assurée par des gendarmes commandés par le lieutenant Got[92], la garde se montrait particulièrement hostile envers les maquisards. En revanche des complicités se nouèrent avec les gardiens et des colis franchirent les grilles de la prison, améliorant un ordinaire fait « de soupe claire ou [d']un maigre rata avec une tranche de pain[93] ».

Au moins quatre prisonniers parvinrent à s'enfuir[94], peut-être un cinquième, repris début mai. L'évasion de la caserne Dessaix paraissait relativement facile. Qu'il y en ait eu pour finir aussi peu surprend. Serge Thelen indique : « La plupart d'entre nous étions certains que l'Armée secrète, la Résistance ne nous laisseraient pas tomber. Cette certitude devint une conviction[95]. » Ce fut peut-être cette conviction qui les incita à attendre, en vain, le secours d'une AS totalement désorganisée à la suite d'arrestations qu'elle avait subies.

Le 17 mai 1944, en fin d'après-midi, les hommes emprisonnés à la caserne Dessaix, anciens de Glières dans une proportion de neuf sur dix, furent expédiés à Lyon. Selon une liste rédigée autour du 17 mai, 97 personnes auraient été ainsi dirigées sur la capitale des Gaules[96], vers la prison de la Duchère. Après le bombardement de la gare de Vaise du 26 mai 1944, la plupart des anciens de Glières furent transférés le 3 juillet à la prison Saint-Paul.

Le 19 juillet, plusieurs prisonniers de cette geôle furent remis aux Allemands[97]. Avertis du débarquement sur les côtes de Normandie, les captifs attendaient leurs libérateurs. Mais un autre sort les guettait. En vue d'être tranférée outre-Rhin, la majorité fut rassemblée le matin du 3 août 1944 pour un appel et une visite médicale. André Vignon écrit :

> Ce fut très vite fait. La seule chose qu'il regardait c'était, après avoir fait quitter le pantalon, ce que l'on cache d'habitude. Nantis de papiers du STO, on nous emmène à la gare des Brotteaux pour nous mettre dans le train pour l'Allemagne[98].

Ils furent convoyés le 3 août de la prison Saint-Paul à la gare des Brotteaux par « des miliciens et des membres du PPF[99] ». Le voyage s'effectua dans des wagons de troisième classe, dont deux anciens de Glières parvinrent à s'échapper, à Mâcon[100]. Le convoi s'arrêta à Dijon où les prisonniers descendirent du train et furent pris en charge pour la nuit par les soldats allemands. Le lendemain, ils furent entassés dans des wagons à bestiaux placés au centre d'un convoi militaire, encadrés de wagons chargés de pièces d'artillerie ou de véhicules militaires en tête, de wagons remplis de soldats allemands et de plates-formes avec des mitrailleuses antiaériennes en queue[101]. Ces hommes ne partaient pas en déportation, mais pour le travail obligatoire en Allemagne[102]. Le convoi s'arrêta en Alsace, puis à Francfort, sa destination finale.

Durant ce transfert, profitant de ce que les portes des wagons n'étaient plus systématiquement verrouillées, plusieurs prisonniers tentèrent la belle[103]. Les autres changèrent de train et partirent vers Leipzig où ils furent mêlés à des Polonais et à des Ukrainiens[104].

Soixante-sept anciens de Glières partirent donc travailler en Allemagne. Pour les uns, leur sort n'était guère différent de celui qui frappait les jeunes assujettis au STO. Pour les autres, il s'apparentait à un travail forcé et fut vécu comme une sanction.

Les anciens de Glières se sont peu appesantis sur le temps passé dans les usines du Reich. René Daillefer, qui a laissé un témoignage de trois pages, résume en trois lignes son expérience en Allemagne de neuf mois et demi (8 août-21 mai) :

> Moi, je me suis retrouvé à Groditz dans une usine de métallurgie. Je ne connaissais rien à ce travail. D'autres se sont retrouvés dans différents secteurs de travail et je suis revenu en France le 21 mai 1945[105].

Le semblant de normalité qu'offrait le STO n'en était pas moins trompeur. Deux anciens de Glières moururent en Allemagne. Michel Castelain fut tué dans le bombardement de Dresde le 23 février 1945[106]. François Guerrier, pour un motif inconnu, se retrouva emprisonné et décéda le 1er décembre 1944 dans la prison de Zöschen, près de Leipzig[107]. Le sort de ces requis restait malgré tout plus enviable que celui qui attendait les déportés.

Paradoxalement, le fait d'avoir été présent sur le Plateau n'a pas déterminé la sévérité de la sanction : des hommes qui n'avaient pas été à Glières furent mêlés à ses anciens, ce qui fut parfois une chance ; d'autres maquisards, présents sur le Plateau mais arrêtés avant ou après les opérations répressives qui le visaient, furent déportés. D'autres encore, minoritaires, arrêtés au cours de cette répression, subirent le même châtiment, sans que l'on sache pourquoi. Enfin, un ravitailleur (Raymond Bonzi), un agent de liaison (le gendarme Georges Guillodot), un sédentaire, Claude Levet, ainsi que Jean Truffy furent déportés, punis plus sévèrement que les hommes de Glières alors qu'ils n'avaient jamais porté les armes. Au total, 22 personnes (peut-être 23), dont 18 étaient sur le Plateau, furent déportées à la suite des événements de Glières[108]. Quatorze d'entre elles partirent dans le convoi de 720 hommes qui quitta Lyon le 29 juin à destination de Dachau. Dix ne revinrent pas[109]. Quatre intégrèrent le convoi du 12 mai 1944 qui de Compiègne alla à Buchenwald[110]. Pour une raison qui nous échappe, trois d'entre eux revinrent en France et furent déportés une seconde fois le 15 août 1944, de Pantin vers Buchenwald encore. Ils furent les seuls du convoi du 12 mai à subir ce sort particulier. Le gouvernement de Vichy avait-il essayé d'aiguiller vers le STO des hommes présents à Glières prisonniers des Allemands ? Pourquoi alors le quatrième, Claude Levet, du même convoi, ne partage-t-il pas le même sort ? Quoi qu'il en soit, ils repartirent en déportation alors que l'État français, agonisant, était réduit à l'impuissance.

Enfin, signalons que quatre maquisards (Robert Buttin, Georges Chapuis, Félix Perrier et Julien H.), arrêtés, furent conduits au centre de criblage puis, après interrogatoire, employés au centre d'examen... comme auxiliaires de la police de Vichy[111]. Julien Helfgott put bénéficier d'une protection entre le moment (ou quelques jours après) de son interrogatoire et celui où il fut placé en état d'arrestation par l'officier de gendarmerie Got, pour être déféré devant la cour martiale le 4 mai 1944.

Les chemins de la liberté

Les chefs successifs avaient prescrit, une fois le repli ordonné, de regagner son maquis d'origine. Mais ce principe était plus facile à énoncer qu'à appliquer, car certains résistants, qui venaient de prendre le maquis entre janvier et mars 1944, ne savaient pas où aller une fois redescendus. D'autres, entrés au maquis avant janvier 1944, avaient pris le chemin de Glières parce qu'ils se sentaient menacés par les forces de l'ordre. Par conséquent, il leur était difficile de retourner en un lieu qu'ils jugeaient eux-mêmes dangereux. Ainsi les Espagnols de la section *Ebro* ne revinrent pas dans les chalets qu'ils occupaient à Nâves, mais partirent pour la montagne du Semnoz, où se trouvait un de leurs camps initiaux, d'un accès sans doute moins aisé pour les forces répressives. L'ordre donné aux maquisards avait d'autant moins de chances d'être respecté que tout le matériel qu'ils détenaient dans leur camp avait pris la direction du Plateau, des vivres aux ustensiles de cuisine en passant par les vêtements ou les couvertures. En bref, la grande majorité des hommes de Glières ne savaient tout simplement pas où aller.

Sans qu'il soit possible de fournir des chiffres, des maquisards tentèrent de fuir la Haute-Savoie. François Blatier partit pour l'Indre le 22 mai. Louis Balderelli rejoignit la région de

Saint-Étienne. Bien des hommes originaires de la Haute-Savoie tentèrent de regagner leur domicile, qui, le plus souvent, était celui de leurs parents. Jean et Charles Lanternier rentrèrent ainsi à Gillon, à la périphérie d'Annecy. René Desgranges retrouva père et mère à Cluses. Ceux qui le pouvaient encore se mirent en règle avec les autorités. Henri Dujourd'hui, accompagné apparemment d'Edmond Bovio, rejoignit le Chantier de la jeunesse de Poligny, dans le Jura. Enfin, les paysans, tout comme ils l'avaient fait au printemps 1943, mais dans un contexte différent, utilisèrent les services des pourchassés. Lucien Dupont se fit engager dans une ferme : beaucoup agirent sans doute de même, mais seul ce maquisard le mentionna explicitement.

Certains parvinrent à rejoindre la Suisse : Charles Fay, André Michaux, Paul Paccini et quelques autres traversèrent la frontière à pied[112]. Arrêtés, ils furent internés. D'autres échappèrent aux gardes-frontière suisses et trouvèrent, comme Jacques Leflaive[113], asile à Genève. Gilbert Lacombe profita de ses amitiés cheminotes pour rejoindre la cité de Calvin dans le tender d'une locomotive[114].

Au final, il est malaisé de fournir des données précises permettant de savoir ce que firent les anciens de Glières entre leur départ du Plateau et la Libération. Entre les derniers jours de mars et la première quinzaine d'avril, la priorité restait de se cacher et, si possible, de se rétablir.

Il est difficile de savoir qui a regagné immédiatement le maquis et qui ne l'a pas rejoint. Les dossiers d'homologation ne sont explicites que pour la minorité qui précise ce qu'elle a fait entre la dispersion et la Libération. Parce que leurs déclarations sur leur engagement résistant avaient une incidence sur les pensions et décorations auxquelles ils pouvaient prétendre, certains indiquèrent, assez vaguement, avoir « continué la lutte contre l'occupant » sans que l'on sache ce que recouvrent ces termes. En revanche les militaires de feu l'armée d'armistice, Pierre Barillot, Louis Jourdan, Louis Morel, Henri Onimus, après la traque des premiers jours d'avril, essayèrent de reconstruire ce qui avait été détruit en mars 1944 – une tâche assurément complexe.

Un exemple : la compagnie Morel-Forestier

La compagnie *Forestier*, conduite par Louis Morel, tenait la partie occidentale du Plateau. Forte d'une cinquantaine d'hommes, elle était répartie en deux groupes, la section *Chamois* et la section majoritairement FTP *Coulon*. Louis Morel avait reçu l'ordre de repli le 26 mars à minuit et quitta les lieux vers 3 h 30 le lendemain. Après s'être caché toute la journée du 27 mars, le groupe partit, vers 17 heures, en direction de Sales, près de Thorens, à côté du cantonnement de la Milice, puis :

> À 23 h 15 [écrit Louis Morel], heure où la lune s'est cachée, groupement de tout le monde pour forcer le premier barrage et la route d'Usillon, avec 28 hommes, à proximité d'un FM de la Milice qui n'a pas tiré. Traversée du parc du Château [de Sales], de La Filière, Le Vuaz, et ensuite repos dans les bois d'Aviernoz, de 3 h du matin jusqu'au lever du jour. Dans la journée, répartition des hommes dans les fermes (ferme Métral Francis à Possy, au moulin Bévillard).
>
> Dissolution de la section jusqu'à nouvel ordre.
>
> Départ d'un petit détachement sur La Balme-de-Sillingy, pour y travailler dans une coupe de bois[115].

Pour leur chance, les combattants de ce qui restait de cette compagnie et les hommes qui s'y agrégèrent, vingt-huit sur une cinquantaine, dépendaient d'un cadre entreprenant et organisé, qui resta à leur tête et ne fut ni arrêté ni tué. Louis Morel, dans la suite de l'historique de sa compagnie, indique que la petite cohorte réfugiée dans une coupe de bois, et dont il semble avoir fait partie, revint à Thorens le 4 avril. Ces hommes rejoignirent alors une autre coupe de bois, à Aviernoz, jusqu'au 15 avril. Dès le lendemain, Louis Morel organisait un camp pour ses hommes, le « camp Rico », toujours à Aviernoz.

Les 20 et 21 avril, un groupe de seize hommes de ce camp monta à Glières pour récupérer du matériel. Sur leur chemin, ils s'en prirent – Louis Morel reste elliptique sur leur sort – à un couple qui avait donné des informations à la Milice, ainsi qu'à un milicien. Les armes récupérées les 20 et 21 avril furent nettoyées et aussitôt réparties. Selon Louis Morel, dès le 23 avril, des « barrages matériels » étaient effectués sur les routes conduisant aux principales agglomérations, Annecy, La Roche et Thorens.

Environ un mois s'écoula entre la fuite du Plateau et la reprise des opérations. L'immédiateté du retour au maquis et à la lutte contre l'occupant et ses séides, avancée par l'ouvrage publié par l'Association des rescapés, fut toute relative : il ne pouvait en être autrement. De même, les opérations dans lesquelles se lancèrent les rescapés furent relativement modestes.

Après le 22 avril, la seule opération mentionnée est l'exécution, le 5 juillet 1944, d'une délatrice. La première action ayant un tant soit peu d'envergure – la destruction d'un pont de chemin de fer – n'intervint que le 25 ou le 26 juillet. Elle fut suivie le 28 juillet par l'attaque du commissariat d'Annecy. Le 1er août, la compagnie participa au parachutage sur le plateau de Glières. Cette liste n'évoque aucune action contre l'occupant : gageons que, s'il y en avait eu une seule, elle aurait été mentionnée.

Il semble bien que seuls les groupements dont le chef était au maquis avant Glières et ne fut pas arrêté purent se reconstituer, à l'image de ceux que commandaient Louis Jourdan et Louis Morel. Mais le groupe que dirigeait ce dernier n'entreprit que des actions modestes, signe que le maquis avait bel et bien été ébranlé par l'effondrement de Glières et la disparition ou le retrait des hommes qui y avaient participé. Surtout, après la disparition du capitaine Anjot, l'arrestation du capitaine Ponard, la fuite du capitaine Clair, nul au sein de l'Armée secrète ne disposait plus d'une vue d'ensemble.

Réprimer les réprimants

Les maquisards du Plateau ne furent pas seuls à devoir rendre des comptes. S'ils payèrent un lourd tribut à la répression, leurs bourreaux durent, à la Libération, se justifier devant leurs juges.

Ces lignes ne visent pas à l'exhaustivité : plusieurs milliers de personnes avaient été impliquées dans cette affaire : fonctionnaires, policiers, gendarmes, gardes, miliciens, mais aussi riverains, sans compter les soldats, les policiers allemands ainsi que leurs traducteurs et le personnel administratif. Même certains maquisards ou ravitailleurs furent inquiétés. Dans de trop nombreux cas, nous ignorons tout des personnes qui purent être jugées et du verdict, pour peu que leur participation aux événements de Glières ait été abordée au cours de leur procès. Les restrictions posées par la loi sur la communication des jugements limitent l'accès aux procédures instruites contre les ennemis des maquisards et résistants. De fait, on n'abordera que les cas de personnes qui, à un moment donné de leur parcours, intervinrent contre le Plateau, à condition que soient connus noms et lieu du jugement. Cela ne concerne donc qu'une minorité.

Le couple Avrillon fut un des premiers à subir les représailles du maquis en raison de son rôle dans la dénonciation et l'assassinat de maquisards. Le couple fut passé par les armes le 18 août. Le gendarme Pelloux, qui avait arrêté Florence Valsesia à la suite d'une dénonciation, subit le même sort.

Celui qui fut au cœur de la répression de Glières, le policier allemand Jeewe, mourut à Annecy, le 19 août 1944[116], le jour même de la libération de la ville. Arrêté, reconnu, il semble avoir été immédiatement passé par les armes[117]. Ce même jour, les policiers Luetgens, Abt et vraisemblablement Arnold furent tués. Kampf, qui avait été le tortionnaire de Pierre Bastian, assassina sa maîtresse française puis se suicida le 19 août[118].

La cour martiale de Haute-Savoie instituée par Lambroschini-*Nizier* le 21 août 1944 jugea 97 miliciens dont deux se trouvaient dans les rangs du maquis sur le Plateau (Cursat, Delhinger) ainsi que ceux actifs dans la répression de Glières (Chambaz, Michal). Les quatre furent fusillés le 24 août. Elle condamna encore à la peine capitale Roger Échasson, ancien du 27e BCA d'armistice, ex-chef de section à Glières qui, retourné par les policiers allemands de la Sipo-SD, avait livré les noms de nombreux résistants. Il fut exécuté le 5 octobre.

Georges Lelong avait quitté le département de la Haute-Savoie le 5 mai 1944 pour reprendre la direction de l'école d'Aincourt, sans promotion donc, ce qui, somme toute, sanctionnait ses atermoiements de février et mars 1944. Incapable de rétablir l'ordre, il n'avait pas réussi à éviter l'intervention allemande tout en offrant trop peu de gages à la Résistance pour escompter l'indulgence de ses juges. Selon son secrétaire, Jean Séliade, Lelong quitta Aincourt le 12 août 1944 pour Paris où il pensait pouvoir mieux se dissimuler[119]. Il fut arrêté à la Libération.

Après deux mois de prison préventive à Drancy, Georges Lelong fut conduit à Annecy le 30 octobre 1944 pour y être jugé par le « Tribunal militaire permanent de Lyon constitué en cour martiale à Annecy ». L'audience se déroula le 2 novembre, conduite par le colonel Martin, de l'état-major de la 14e région militaire, assisté notamment d'Augagneur-*Grand* qui avait présidé la cour martiale du Grand-Bornand et par un ancien cadre du maquis, Carquex-*Millau*.

Selon les notes de l'audience, Lelong indiqua avoir donné sa démission lors des événements de Glières et n'avoir jamais obtenu de réponse. Il déclara surtout que, lorsque Max Knipping arriva à Annecy, il « lui a fait part de son désir de ne pas voir les forces régulières (garde, GMR et gendarmerie) participer à l'affaire des Glières, il aurait voulu qu'aucun élément français ne participât à l'opération – Milice ou forces régulières – et en laisser le soin aux Allemands seuls[120] ». Ses propos contredisent ce que l'on sait de lui, puisqu'il voulait éviter que les Allemands interviennent. Mais son procès ne permit pas de comprendre ce qu'il avait tenté en rencontrant les responsables de l'AS en février et mars 1944. La composition du jury rendait inéluctable sa condamnation à mort et les explications qu'il pouvait donner n'y changeaient rien. Il fut donc reconnu coupable d'avoir :

> Dans le département de la Haute-Savoie, en tout cas sur le territoire français, au cours des mois de février à mai 1944, en tous cas depuis un temps non prescrit, porté les armes contre la France en dirigeant des opérations militaires contre des unités des Forces françaises, notamment contre celles stationnées sur le plateau des Glières ;
>
> Coupable d'avoir dans les mêmes circonstances de temps et de lieu, en temps de guerre, entretenu des intelligences avec les agents d'une puissance étrangère en vue de favoriser les entreprises de cette puissance contre la France, notamment en collaborant avec les autorités militaires allemandes qui ont participé à l'attaque des Forces françaises du plateau des Glières[121].

Preuve que l'on voulait en finir au plus vite avec lui, ses relations avec le SRMAN ou son rôle dans les cours martiales de février à mai 1944, faits bien mieux établis que sa participation dans la répression de Glières, ne furent pas abordés. De manière tout aussi paradoxale, il fut condamné à cause de Glières, ce qui aurait dû au contraire lui valoir des circonstances atténuantes. Ses hésitations lors de cet épisode n'excusaient en rien, il est vrai, la lutte contre le maquis de Haute-Savoie, dont il avait été le principal organisateur : bien des victimes en témoignèrent. Son avocat introduisit un recours en grâce, rejeté en date du

9 novembre 1944. Pour une raison que l'on ignore, le refus n'était toujours pas notifié le 16 novembre. Ce jour-là, vers 10 heures, une trentaine d'hommes se saisirent de lui et du général Marion, qui n'avait toujours pas été jugé. Sortis de leur cellule de la prison d'Annecy par ce qui semble être la prévôté FFI qui usa d'un subterfuge, ils furent emmenés à la carrière de La Puya près d'Annecy puis fusillés. Face au scandale de cette double exécution, une cour de justice fut instituée le jour même : la Haute-Savoie entrait enfin dans la légalité.

Les GMR devant les cours de justice

Les GMR, notamment ceux du groupe Aquitaine, furent poursuivis (au propre comme au figuré) par les rescapés de Glières. Quatre anciens, dont Gilbert Lacombe, qui avaient été leurs gardiens sur le Plateau, furent mandatés par leurs camarades pour rechercher les GMR qui avaient provoqué certaines arrestations. Au total, vingt et un GMR furent arrêtés, dont le lieutenant T.[122] qui avait rédigé un rapport circonstancié de ce qu'il avait vu, rapport remis, on l'a vu, aux Allemands.

Accusé notamment d'intelligence avec l'ennemi et d'avoir arrêté cinq maquisards qui tentaient de rejoindre le maquis, T. fut condamné à mort par la cour de justice de Toulouse le 19 avril 1945. Il se pourvut en cassation le 20 avril 1945, pourvoi rejeté le 2 mai 1945. Sa peine de mort fut commuée par décret du 15 mai 1945 en travaux forcés à perpétuité[123].

Redescendus du Plateau, les GMR qui avaient été prisonniers des maquisards assurèrent des patrouilles à Annecy jusqu'au 15 avril 1944. À cette date, ils rentrèrent dans leur ville de garnison, Toulouse, où certains participèrent, au côté de la Résistance qu'ils avaient enfin rejointe, à la libération de la ville[124].

En mars 1945, Julien Helfgott avait contacté l'ancien GMR passé au maquis André Fédieu, pour lui demander des renseignements sur l'action de ses anciens collègues. Dans sa réponse, courant avril, ce dernier accusait six GMR pour des motifs divers : Luc D. pour avoir fait arrêter Henri Onimus et cinq autres pour avoir interpellé le lieutenant Petit. Enfin, Marcel L. aurait tiré sur des maquisards le 10 mars à Entremont[125].

Le 28 mai 1945, Gilbert Lacombe ajoutait cinq autres anciens GMR à sa première liste : Pierre S. et Yvon S. qui « ont cherché à s'évader avant l'attaque allemande en essayant d'entraîner leurs collègues », et Roger R., Louis R. et René P. qui avaient quitté le Plateau deux jours avant l'attaque. Le lendemain, le juge délivrait seize mandats d'arrêt qu'il adressait au doyen des juges d'instruction, près la cour de justice de Toulouse. Le 23 juillet 1945, onze anciens GMR, dont dix étaient devenus CRS dans le Sud-Ouest, étaient arrêtés. Les cinq autres seront interpellés ultérieurement, dans l'automne 1945, sauf Adalbert G., qui se trouvait aux armées. L'instruction fut close en novembre 1945. Huit hommes bénéficièrent le 12 novembre d'un non-lieu, à la suite de la rétractation de certains témoins[126]. Huit autres furent jugés le 27 mars 1946, dont Adalbert G. Tous furent poursuivis pour intelligence avec l'ennemi, soit pour avoir donné des renseignements à l'occupant (Roger V., les frères Louis et René R.) après s'être échappés du Plateau ; soit pour avoir procédé à des arrestations – du lieutenant Petit (Marcel D., Roland L., Adalbert G.) le 28 mars 1944, du lieutenant Lalande (Luc D.) – ou pour avoir tiré sur les maquisards le 10 mars à Entremont (Marcel L.).

Reconnu coupable avec des circonstances atténuantes, Luc D. fut condamné à dix ans de travaux forcés et à la dégradation nationale de même durée. Marcel D., coupable avec circonstances atténuantes, écopa de sept ans de travaux forcés et de la même durée de dégradation nationale. Roland L., Marcel L., les frères Louis et René R. ainsi que Roger V. furent relaxés. Seuls étaient condamnés les GMR à l'origine de l'arrestation de deux cadres du Plateau[127].

Informé par la presse de sa condamnation à mort par contumace, Adalbert G., qui s'était engagé dans l'armée, se présenta le 9 avril 1946 devant la justice. Il fut aussitôt incarcéré. Le juge voulait aller vite : il organisa une confrontation générale des deux ex-GMR condamnés le 28 mars et de deux ex-maquisards. Adalbert G. se défendit d'avoir eu une quelconque initiative dans l'affaire qu'on lui reprochait. Le jugement intervint le 11 juin 1946, au terme duquel G. fut acquitté[128]. Luc D. et Marcel D., après plusieurs recours, furent finalement amnistiés respectivement en 1952 et 1953[129].

Le commandant P. du GMR Bretagne fut déféré devant la cour de justice d'Ille-et-Vilaine où il fut blanchi de toute accusation le 31 août 1945, au grand dam des anciens de Glières[130].

Les miliciens face à leurs juges

À la Libération, nombre de miliciens qui s'étaient trouvés à Glières en janvier ou février 1944, avaient été tués soit dans des attentats, soit lors de combats les opposant aux maquisards. D'autres furent passés par les armes après un détour éventuel et express devant une cour martiale. Charles-Raoul Dagostini fut ainsi jugé à Lyon le 9 septembre 1944 et fusillé le surlendemain. Ses juges ne s'encombrèrent pas d'interrogatoires et de procédures. Sa maîtresse, Maud Champetier de Ribes, fut elle aussi déférée devant le tribunal le 16 septembre et rapidement passée par les armes. Elle avait avant tout le tort d'être tombée éperdument amoureuse de *Dag* : c'est du moins ce qui ressort du dossier d'instruction[131].

Ceux qui avaient pu fuir la France avaient le plus souvent été versés dans des unités de la Waffen-SS. Ils combattirent non seulement aux côtés des Allemands, mais sous leur uniforme. Beaucoup perdirent donc la vie dans les ultimes mois de la guerre. Du coup, il ne restait guère de miliciens présents à Glières à juger à la Libération. Jean Vincent de Vaugelas commandait les miliciens présents en Haute-Savoie dans l'hiver 1944. Jugé par contumace par la cour de justice de Limoges le 30 juillet 1945, condamné à mort, il s'exila en Argentine et décéda à Mendoza le 13 février 1950[132].

Son adjoint Émile R. fut jugé deux fois. Condamné à la peine de mort par contumace le 22 juin 1945 par la cour de justice de l'Isère, il fut derechef jugé par la cour d'appel de Limoges le 30 juillet 1946, pour des faits qu'on lui reprochait dans le Limousin, commis après Glières. Il parvint à insinuer le doute en contestant avoir exercé le moindre commandement en Haute-Savoie. La cour d'appel de Limoges ne l'en condamna pas moins à mort pour intelligence avec l'ennemi le 30 juillet 1946, peine qui fut commuée en dix ans d'emprisonnement le 13 novembre 1946.

Marc Montgour, chef de la Franc-Garde du Rhône, avait également sévi à Glières. On retrouve peu d'éléments relatifs à sa présence en Haute-Savoie dans son dossier d'instruction. Emprisonné à Lyon, sa ville d'origine, on le jugea plus sur ce qu'il avait pu commettre dans la région lyonnaise et en Saône-et-Loire qu'en Savoie. Jugé une première fois par contumace le

15 juin 1945, accusé de trahison, il fut rejugé neuf mois plus tard, le 15 mars 1946, et exécuté le 10 mai[133].

De manière générale, les miliciens jugés hors de Savoie furent relativement peu inquiétés pour les actes commis dans le cadre de la répression de Glières. Ils furent en revanche jugés – et apparemment sévèrement – pour les actes commis dans le ressort de la juridiction où ils se trouvaient incarcérés. Si l'on suit Jacques Delperrié de Bayac, l'un des derniers miliciens jugés à qui l'on reprochait d'avoir participé aux événements de Glières serait un dénommé Jean B. Il fut traduit en 1968 devant la cour de sûreté de l'État[134].

L'instruction du cas Darnand fut rondement menée et son procès débuta le 3 octobre 1945 à 15 h 30, trois mois après son arrivée à Paris. La sentence tomba à 20 h 50. Le contexte politique du moment explique-t-il la rare célérité de la justice ? Son exécution le 10 fut suivie par celle de Pierre Laval le 15. Elles survenaient alors que les élections pour l'Assemblée constituante et un référendum visant à doter le pays de nouvelles institutions étaient organisés le 21 octobre. L'élimination de l'homme qui symbolisait la collaboration policière montrait que le pouvoir en place pouvait prendre des décisions fermes et radicales à l'endroit des anciens collaborateurs. Les autorités montraient également qu'elles allaient dans le sens de l'opinion, qui jugeait que l'épuration n'était ni assez rapide, ni assez sévère.

Max Knipping put, mieux que Darnand, s'expliquer sur son rôle et sur celui de la Milice à Glières, mais il apporta peu d'informations sur les événements de mars 1944. L'instruction de son dossier, contrairement à celui de Joseph Darnand, dura. Son procès se déroula les 2 et 3 février 1947, au terme duquel il fut condamné à mort et fusillé.

Les Allemands devant la justice militaire française

Né le 7 octobre 1914 à Diekirch, au Luxembourg, Lucien Fromes était adjudant de la Sipo-SD basée à Annecy. Il avait activement participé à la répression de Glières[135]. Il fut blessé lors de la libération d'Annecy, en entrant dans le quartier de Galbert dont il tentait d'empêcher la reddition. Emmené à l'hôpital d'Annecy, il y fut soigné. Rétabli, il fut transféré à Lyon où il fut condamné à mort en novembre 1945 par le tribunal militaire permanent. Son recours en grâce ayant été rejeté, il fut exécuté le 1er mars 1946.

Le général Karl Pflaum fut poursuivi également par la justice. Après l'opération *Hoch Savoyen*, la 157e division de réserve fut déployée dans le Jura (opération *Frühling*, Printemps), pour sévir contre les maquis, du 7 au 17 avril 1944. Elle fut à nouveau sollicitée dans le cadre de l'opération *Bergen* (Montagnes) pour réprimer le regroupement maquisard dans le massif du Vercors, jusqu'à la fin du mois de juillet. Pflaum quitta ses fonctions à la fin août 1944, sans doute sanctionné.

Son parcours entre la fin juillet 1944 et la capitulation du Reich reste inconnu. On sait juste qu'il fut interné par les autorités américaines à partir de 1945 et inscrit sur la liste des prisonniers de guerre avant d'être remis aux autorités françaises dans le courant de l'année 1948[136].

Au terme de l'instruction et pour ce qui concerne Glières, il restait peu de chose des accusations portées contre le général Pflaum. Le magistrat instructeur, le général Collignon, ne put que délivrer une ordonnance de non-lieu car, dans cette affaire, « les véritables responsables des assassinats, incendies et pillages me paraissent être seuls les membres de la Gestapo. Ce sont ces derniers qui doivent, à mon sens, encourir la rigueur de la loi et les châtiments qui en découlent[137] ». Poursuivi pour d'autres crimes (Vercors, Jura), le général Pflaum fut mis en liberté provisoire après versement d'une caution le 27 juin 1951 et se retira dans un prieuré de bénédictines. Il mourut en 1957[138].

Oberg et Knochen poursuivirent leurs activités en France jusqu'au coup d'État contre Hitler le 20 juillet 1944, à la suite duquel ils furent arrêtés, rapidement libérés, puis réinstallés dans leurs fonctions. Le 18 août, la Sipo-SD quitta Paris pour Vittel[139]. Si Oberg resta en France jusqu'en novembre 1944, Knochen fut rappelé en Allemagne dès août 1944 par Himmler, qui lui reprocha de s'être fait arrêter sans résister à Paris le 20 juillet 1944. Rétrogradé au rang de deuxième classe, envoyé au front comme simple grenadier[140], il fut cependant rappelé à Berlin afin de créer, pour le compte de la Sipo-SD, des services auparavant confiés à l'Abwehr.

Après son retour en Allemagne en novembre 1944, Oberg commanda une unité combattante de la SS. Après le 8 mai

1945, il s'installa dans un village tyrolien sous une fausse identité avant d'être arrêté par la police militaire américaine qui le remit le 7 août 1945 aux autorités françaises qui le réclamaient. Knochen, quant à lui, fut arrêté en janvier 1946 alors qu'il vivait reclus près de Hanovre. Tentant de rejoindre la zone américaine, il fut interpellé, témoigna à Nuremberg dans les affaires Kaltenbrunner et Ribbentrop avant d'arriver en France le 9 novembre 1946[141].

Condamnés à mort le 9 octobre 1954, Knochen et Oberg firent appel de leur condamnation et furent graciés par le président Vincent Auriol. René Coty commua leur peine en vingt ans de réclusion criminelle. Pour finir, ils furent libérés le 20 novembre 1962, peu de temps avant que Charles de Gaulle signe le traité de coopération franco-allemand du 22 janvier 1963. Carl Oberg mourut en 1965, Helmut Knochen en 2003.

Leur subordonné et complice, Werner Knab, aurait dirigé les opérations du Vercors, « où il avait pris place dans un planeur qui fut accidenté près de Vassieux. Il passa pour mort pendant 48 heures ». Knab, qui avait été à la tête du KDS de Lyon, fut jugé dans la cité rhodanienne le 25 novembre 1954. Recherché dès la fin de la guerre, il restait introuvable. Selon une lettre du 18 juillet 1947 du directeur du service de recherche des crimes de guerre ennemis, il était « actuellement détenu par les autorités norvégiennes[142] ». Son extradition fut demandée. D'après un courrier du commandement en chef français en Allemagne, il aurait trouvé la mort dans un accident d'aviation à la fin de l'année 1944 ou au début de l'année 1945. Condamné à mort par contumace, ses crimes furent prescrits le 13 décembre 1974[143].

Bilans

Alors que la répression battait son plein, les gendarmes menèrent des enquêtes afin de recueillir des témoignages et d'identifier les victimes. Elles ont été conduites avec suffisamment de sérieux pour que ces rapports soient utilisés à la Libération. Cette source, bien qu'imparfaite, reste irremplaçable. Elle ne permet toutefois pas de dresser un bilan complet des pertes.

Les corps découverts, selon leur état, étaient plus ou moins identifiables. Les enquêteurs s'appuyèrent sur tout ce qu'ils pouvaient obtenir comme information pour aider à leur reconnaissance : la taille, une description des traits, une bague, un mouchoir, la couleur des vêtements, des papiers d'identité (faux le plus souvent). Les cadavres furent photographiés, sans que cette démarche ait été systématique.

Bien évidemment, plus la découverte des corps était tardive, moins l'identification était aisée. Ainsi trois corps furent trouvés le 16 mai 1944, dont deux près du Pas-du-Roc, sur la commune de Thorens, et un à Champ-Laitier. En état de putréfaction, ils portaient une blessure soit à la nuque soit à la tempe, ce qui laisse penser qu'ils avaient été exécutés. Ils n'ont pas été identifiés sur l'instant. Il en est de même de plusieurs corps retrouvés aussi tard que juillet 1944. Il subsiste donc des doutes sur l'identité des corps enterrés à Morette ou ailleurs. Certaines familles ont pu attribuer à leur fils (neveu, mari, etc.) une dépouille difficilement identifiable trouvée dans une fosse, un sous-bois ou une prairie.

À l'impossibilité de fournir un nombre exact des maquisards à Glières s'ajoute donc la difficulté de fournir un bilan précis de ses victimes. Certains maquisards, comme Ménabé et le dénommé *La Flèche* (natif sans doute de la Sarthe, tout comme Ménabé, avec qui il faisait équipe), sont considérés comme disparus à Glières, alors qu'ils n'y étaient vraisemblablement pas. Marcel Jourdan semble avoir tenté de rejoindre le Plateau le 25 mars, sans y être parvenu. Arrêté par les Allemands, il fut sans doute interrogé puis exécuté. Sont-ils tous trois des victimes de Glières ? Oui, si l'on admet que ce maquis provoqua leur mort, qu'ils aient refusé de le rejoindre ou aient souhaité y participer. Non, si l'on considère qu'ils ne se trouvaient pas sur les lieux.

Dans son rapport rédigé le 13 avril 1945, le lieutenant de gendarmerie Jacquet indiquait que les événements de Glières avaient coûté la vie à 75 personnes entre le 20 mars et le 28 avril 1944[144]. Trois d'entre elles avaient été tuées le 24 mars, avant que les Allemands n'incendient le chalet dans lequel elles avaient trouvé refuge, sur le territoire de la commune de Thônes. Étaient-elles à Glières ? Si elles en étaient, c'est qu'elles avaient quitté le Plateau sans ordre. Mais il pourrait s'agir également de maquisards voulant rejoindre le Plateau, n'ayant aucun lien avec lui, à moins qu'il ne s'agisse d'une erreur de date. De nouveau, on se perd en conjectures du fait de l'imprécision de l'information. Enfin deux autres victimes étaient des civils.

Les 70 autres personnes fusillées avaient-elles toutes un lien avec Glières ? On peut le supposer, mais non l'affirmer. On ne peut exclure, à l'image des trois corps retrouvés carbonisés près de Glières, que certains maquisards, identifiés après leur mort, aient pu, sans avoir été sur le Plateau, être fusillés parce que assimilés aux « terroristes » de Glières. Il pourrait en être ainsi de Raoul Dufrène, fusillé le 30 mars par les Allemands et retrouvé à La Balme-de-Thuy. Son corps a été identifié, sur la base d'une photographie, le 6 mai 1944. Mais sa veuve déclare aux gendarmes qui mènent l'enquête que :

> Craignant d'être arrêté, mon mari a quitté le domicile le 20 mars 1944 vers 10 heures, me disant qu'il allait se cacher dans la montagne, mais n'a pas précisé où. Depuis cette date, je ne l'ai pas revu, ni reçu aucune nouvelle de lui.
>
> Vers la fin du mois de mars 1944, j'ai appris qu'il avait été arrêté par les allemands [*sic*] et qu'il était détenu à la caserne du Château, à Annecy. Je me suis présentée au Château dans l'intention de le voir, mais j'ai appris qu'il avait été emmené la veille dans l'après-midi, mais je n'ai pu savoir où. Depuis cette date je me suis livrée à des recherches, mais sans résultat[145].

Raoul Dufrène était-il à Glières ? Cela paraît douteux aux dires de sa veuve. Pourtant il figure au tableau (rétrospectif) des effectifs sur le Plateau. On ne peut totalement exclure que les policiers nazis le sortirent de sa prison, le conduisirent à La Balme-de-Thuy et le fusillèrent avec des hommes qui redescendaient de Glières. Son corps ayant été retrouvé mêlé à ceux de maquisards présents sur le Plateau, on en fit un combattant de Glières. Le sort de Raoul Dufrène montre que tout bilan précis présente ses limites…

Au 13 avril 1945, neuf victimes n'avaient pas été identifiées. Les enquêtes d'identification s'achevèrent bien longtemps après les faits. Ainsi la dépouille de Roger Le Grand, dit *Kharkov*, ne fut reconnue qu'en septembre 1951[146]. À ces 70 corps, s'ajoutent ceux des maquisards qui furent abattus sur le versant donnant sur Le Petit-Bornand-village et le plateau de Glières.

Nous proposons une fourchette de 128 à 133 personnes tuées ou mortes en déportation du fait de Glières. S'ajoutent à ces victimes 75 personnes environ, correspondant aux contingents envoyés au STO ou déportés, revenues d'Allemagne.

Au total près de 210 personnes furent des victimes directes des événements de Glières pour avoir participé à ce maquis. Dans l'hypothèse d'un effectif fort de 400 combattants le 26 mars, 52,5 % des maquisards auraient été victimes de leur présence sur le site, pourcentage qui tombe à 46,7 % s'ils avaient été 450. Près d'un homme sur deux présent sur le Plateau entre janvier et mars 1944 fut tué, déporté, emprisonné ou envoyé au STO.

Les maquisards ne furent pas les seuls à supporter les conséquences de ce rassemblement entre la fin janvier et la fin mars 1944. Une dizaine de civils payèrent de leur vie le soutien qu'ils lui avaient accordé à un moment ou à un autre.

Les GMR s'en tirèrent avec un mort, le commandant Lefèbvre. Les miliciens enregistrèrent deux à trois décès et autant de blessés. En revanche la garde paya le plus lourd tribut avec quatre morts et quatre blessés le 12 février lors d'une seule et unique opération.

Essai de bilan (pertes maquisardes) sur la base des 524 maquisards dont le nom est connu	
Nombre des maquisards présents à Glières entre le 31 janvier et le 26 mars	524
Maquisards sortis indemnes du Plateau (entre le 31 janvier et les premiers jours d'avril)	314
Victimes maquisardes de Glières (y compris blessés, tués, emprisonnés)	env. 210
dont (approximations) :	
Tués, morts en déportation, torturés décédés, fusillés	115-120
STO (y compris ceux astreints en France)	70
Emprisonnés	20-25

Bilan des pertes			
Causes de la mort des maquisards		**Min.**	**Max.**
Sipo-SD ou Feldgendarmerie		62	66
Milice		20	20
Déportation (22 ou 23 déportés)		13	14
Cour martiale		5	5
Maquis		1	1
Disparus		3	3
SRMAN		2	2
STO (67 requis)		2	2
157e division de réserve		2	2
GMR		3	3
Luftwaffe		1	1
Accident		1	1
	Sous-total pertes du maquis	*115*	*120*
Causes de la mort des civils			
Sipo-SD		9	9
Milice		1	1
Déportation		3	3
	Sous-total pertes civiles	*13*	*13*
Pertes des forces de l'ordre			
Gardes		4	4
Milice		2	3
GMR		1	1
	Sous-total forces de l'ordre	7	8
Soldats allemands tués (opération *Hoch Savoyen*)		4	4
	Total :	139	145

Selon les décomptes réalisés par Pierre Mouthon, 323 maquisards furent tués entre septembre 1943 et août 1944, période de l'occupation allemande[147]. 35 % à 37 % de ces pertes (120-125/323) résultèrent des opérations conduites à Glières. Treize civils figurèrent parmi les victimes, sur 170 civils morts pour la même période, soit 7,6 % des civils tués. Les populations entourant le Plateau furent donc globalement épargnées. Du point de vue des militaires, l'affaire répond à un schéma classique où des effectifs militarisés guerroient sans risquer la vie des populations. Pourtant, on l'a vu, ce ne sont pas tant les combats qui firent des victimes que les représailles conduites par des policiers.

Les maquisards ne furent pas les seuls à souffrir de cette répression. Dans un rapport du 6 avril 1944, le sous-préfet de Bonneville évoque l'« impression d'accablement » et parle d'habitants « calmes, mais mornes » au Petit-Bornand[148]. Les populations habitant en périphérie du Plateau furent traumatisées par les fusillades, l'enlèvement, la déportation ou l'exécution d'un proche (parent, voisin ou ami), la découverte des cadavres ensanglantés ou décomposés, le vol du bétail, l'incendie des fermes d'altitude, autant d'événements survenant après les réquisitions du maquis.

Certains maquisards furent brisés par les conséquences des épreuves qu'ils subirent et leurs dossiers individuels évoquent des troubles consécutifs (asthénie, fatigue chronique, etc.). Des anciens, ou ceux qui les avaient aidés, virent leur espérance de vie sérieusement entamée par les conséquences de leur déportation : Jean Truffy, prématurément vieilli, mourut en 1958 à 49 ans, Joseph Bozon plus jeune encore, à 46 ans en 1951.

D'autres ne purent se remettre totalement des coups qui leur avaient été infligés. Un ancien de Glières nous indiqua être devenu stérile après les violences qu'il avait subies. Beaucoup vécurent avec le souvenir d'un proche, frère ou camarade, qu'ils perdirent sans avoir pu le secourir. Peu d'allusions évoquent ces blessures intimes, profondes et réelles dans la littérature consacrée à Glières.

Bilan moral

Glières a été incontestablement un échec. Les hommes rassemblés sur le Plateau pour, d'une part se protéger des forces du maintien de l'ordre et, d'autre part, réceptionner des armes en vue de préparer la libération du territoire, ne remplirent aucun de ces deux objectifs. Ils ne parvinrent pas à se cacher des services répressifs plus d'une semaine, puisque les services français et la Sipo-SD mesurèrent dès le 7 février l'ampleur du rassemblement, alors que les hommes étaient sur le Plateau depuis moins d'une semaine. La précipitation avec laquelle s'opéra le déménagement explique que le secret fut rapidement ébruité. De toute façon, le mystère ne pouvait durer très longtemps : trop de personnes, pas toutes acquises au maquis, avaient eu vent de la concentration maquisarde.

La seconde raison de l'ascension à Glières, la réception de parachutages d'armes, fut également un échec. Certes les parachutages eurent lieu et les armes parvinrent entre les mains de leurs destinataires. Mais bien peu de celles-ci redescendirent dans les vallées pour alimenter les maquis de Haute-Savoie, parce que aucune logistique n'avait été préparée. Pire, les armes parachutées équipèrent les miliciens qui allèrent chercher, une fois les Allemands partis, celles qui n'avaient pas été enlevées.

Cette affaire de Glières ne prépara pas – ô combien non ! – la libération du département. La répression désorganisa toute l'AS départementale et obligea le peu de cadres restants à quitter la région.

Enfin, Glières fut un échec parce que trop d'hommes y perdirent la vie. À titre de comparaison, l'opération *Korporal* dans l'Ain provoqua, selon une synthèse des rapports de gendarmerie de l'époque, 65 morts. Le capitaine Petit estime quant à lui les pertes à 23 tués, blessés ou disparus du côté du maquis, alors que 32 morts auraient frappé la population civile[149]. Ces chiffres confirment deux données : d'une part, la concentration d'hommes offrait un avantage indéniable à l'assaillant, en l'occurrence aux Allemands, puisque eux seuls avaient l'initiative de l'attaque ; d'autre part, alors que les populations semblent avoir été les premières victimes dans la répression du maquis de l'Ain et du Haut-Jura, les pertes civiles à Glières sont beaucoup plus modestes. C'est l'avantage – tout relatif – que présente cette affaire : la concentration de quatre centaines d'hommes sur le Plateau circonscrivait la zone d'intervention de l'armée et plus encore de la police allemande ; elle bornait les possibilités de représailles contre les non-combattants.

Présenté comme une victoire par la presse officielle, Glières fut indéniablement un échec pour le gouvernement de Vichy. Car ni les miliciens, ni les GMR, pas plus que les gardes ne provoquèrent la chute du maquis. Il fallut pour le réduire que les Allemands fassent donner l'aviation, l'artillerie puis les *Gebirsjägers*, autant de moyens dont l'État français était totalement dépourvu. L'armée et la police allemandes parvinrent donc à réduire le dispositif militarisé de Glières quasiment sans pertes. Toutefois, en se jouant des plans allemands, le capitaine Maurice Anjot permit aux maquisards de s'extraire du Plateau. Si les Allemands et la Milice escomptaient arrêter la totalité des maquisards, l'opération fut globalement un échec. Mais il n'est pas sûr qu'ils le perçurent comme tel. En effet, dans cette *Kleinkrieg* (petite guerre) sans front, il ne peut y avoir de victoire. Surtout, les troubles que venaient de sanctionner l'armée allemande reprirent de plus belle dès le mois de mai. Autant dire que le nettoyage du début du printemps 1944 avait été sans profondeur. À défaut d'être une victoire sans équivoque, les Allemands avaient gagné surtout parce que leurs adversaires avaient perdu.

La phase militaire de Glières s'acheva le 31 mars 1944 au soir. Celle de la répression avait commencé dès la découverte du dispositif maquisard sur le Plateau dans les premiers jours de février 1944. Philippe Henriot inaugurait – paradoxalement – le 29 mars celle des représentations et de la mémoire. Elle se poursuit toujours.

7

Souvenirs et mémoires

Aux origines de la légende (1944-1947)

Le stéréotype négatif du maquisard fut largement diffusé dans la presse de la Collaboration. Dans son édition du 11 février, *Le Matin* dépeignait ainsi les maquisards :

> Ce sont pour la plupart des garnements de 18 ou 20 ans. Quand nous les arrêtons, ils se vantent souvent d'avoir commis des assassinats, leurs pillages ne se comptent plus[1].

Poursuivant sur le même ton, quelques jours plus tard :

> Les hors-la-loi vivaient dans la saleté, la misère, le désœuvrement. Les chalets du maquis montrent partout des traces de leurs occupants. Sous un semblant d'organisation, on devine le plus grand désordre. Les pièces sont sales, la literie crasseuse, les plats et la vaisselle ébréchée et graisseuse. Dans un local pompeusement décoré du titre d'infirmerie qui s'étale en lettres à la craie sur la porte, on remarque toute une cave de bouteilles de purgatif vides, des ampoules de sérum reconstituant. L'état sanitaire des occupants ne semble pas avoir été très bon. Quant au moral, il semble avoir été fort bas. Partout des cartes à jouer maculées ; de vieux journaux, des magazines insipides et des romans sans intérêt volés dans des bibliothèques scolaires[2].

Début mars, la découverte des dépouilles des inspecteurs de police exécutés par les FTP provoqua un déchaînement médiatique. *L'Œuvre* du 6 mars 1944 évoqua « Un Katyn en Haute-Savoie », en référence à l'assassinat de quelque 15 000 officiers polonais perpétré par les Soviétiques. Une affiche fut placardée dans le pays :

> Katyn... Vinnitza... Haute-Savoie... Le stalinisme ferait de l'Europe un charnier.
>
> Les pays changent...
>
> Hommes et méthodes sont les mêmes[3].

Philippe Henriot fustigea par deux fois l'action du maquis savoyard sur les ondes de Radio Paris, les 6 et 7 mars 1944[4], donnant un écho important à cette affaire. *L'Œuvre* mentionna pour sa part Glières pour la première fois le 23 mars, affirmant que les francs-gardes de la Milice avaient lancé une opération contre le Plateau qui se serait conclue à leur avantage.

> Dans la région d'Uzillon [*sic*], une trentaine de la Franc-Garde qui s'était trop avancée, s'est trouvée encerclée par une bande de terroristes très supérieure en nombre et en armement.
>
> Après un combat sévère, les forces de l'ordre emportaient la décision.
>
> Au début de l'après-midi, les « maquisards » devaient se retirer en laissant sur le terrain cinq tués, un blessé et un butin important d'armes et de matériel.
>
> La trentaine de la Franc-Garde n'avait à déplorer aucune perte.
>
> Dans le secteur des Rozières, au cours d'un bref engagement, un autre groupe de francs-gardes tuait un bandit et faisait un prisonnier [...][5].

Son édition datée du 25 et 26 mars se bornait à rapporter laconiquement que « la lutte est engagée avec les éléments les mieux armés ». Mais, dans les jours qui suivirent, l'intervention de l'armée allemande fut toujours occultée. La volonté de rabaisser les maquisards atteignit son comble le 29 mars à 12 h 40 lorsque Philippe Henriot déclara sur les ondes de Radio Paris :

> Tout cela est fini. L'Armée secrète a fui. Les officiers qui commandaient ont fui [...]. La légende est morte. Les camions n'emportent vers les prisons qu'un ramassis de déserteurs, de gamins.

> La population demeure stupéfaite de voir de près ceux qui l'ont fait trembler. Elle contemple avec mépris ces fameux combattants de la Résistance qui n'ont pas résisté [...]. Plusieurs d'entre eux eussent peut-être été braves devant le péril. Mais leurs chefs ne leur ont donné que l'exemple de la lâcheté [...]. Bayard [Maurice Anjot] ne s'est pas battu. Il a abandonné sans ordres et sans directives les gens qu'il s'était chargé de commander[6].

Le même soir, à 19 h 40, il renchérissait en affirmant au sujet des combattants de Glières :

> Il faut voir leur regard, quand l'interrogatoire terminé, un interrogatoire désarmant en vérité, ils demandent d'une voix suppliante et tremblante : « Mais vous n'allez pas me fusiller au moins ? »
>
> Quand je les regardais et que je les entendais, je souffrais. J'ai vraiment souhaité entendre un cri de fierté, un cri de défi. J'aurais voulu trouver des hommes. J'ai trouvé des loques [...]. Dans ces regards craintifs et hagards, une lueur s'allumait seulement quand on leur parlait de ces chefs [...].
>
> « Ils nous ont laissé tomber dès qu'ils ont compris que nous étions attaqués. » Et la rage au cœur, je pensais que parmi ces chefs-là, il y en avait qui avaient déjà donné le même spectacle en 1940. On pensait qu'ils auraient cherché une occasion de se racheter. Même pas[7].

Des messages de Jean Rosenthal aux émissions de Radio Londres

Dans le courant du mois de mars 1944, le BCRA reçut plusieurs messages, tant de Bourgès-Maunoury-*Polygone* que de Rosenthal-*Apothème,* qui entendaient répondre aux attaques que lançaient les médias vichystes contre les maquis. Mais il fallut attendre le 21 mars pour que Maurice Schumann, peut-être renseigné par Jean Vallette d'Osia, procède à l'éloge funèbre de *Tom,* décédé le 10 :

> Il s'appelait le lieutenant Tom. Il était officier d'active, ancien instructeur à Saint-Cyr. Magnifique entraîneur d'hommes, il avait été pendant la bataille de France décoré de la Légion d'honneur sur le champ de bataille. Comme ses camarades, les lieutenants Brun et Iborre, comme le chef de groupe franc Simon, dont la figure est déjà légendaire dans toute la Savoie et jusqu'en Suisse, moins de deux mois après sa mort, le lieutenant Tom vient d'être tué... Tué par qui ? Tué comment ? On a presque peur de le dire... GMR de

Savoie, GMR de partout, dites-vous bien que le crime du 13 mars, venant après tant d'autres, hélas ! risque de faire peser sur vous une suspicion dont vous ne pouvez vous laver qu'en accomplissant, à votre tour, le grand devoir de désobéissance envers l'ennemi et ses Waffen SS de Vichy, GMR, pensez-y et pensez à Pucheu[8] ! La France est magnanime. Mais elle n'entendra point l'excuse de ses fils renégats qui, sur son propre sol, auront contre Elle porté les armes, et chez Elle, assuré la relève de l'ennemi[9].

Au 21 mars, le mot de Glières n'avait encore jamais été prononcé par Schumann sur les ondes de la BBC afin de respecter les consignes de discrétion. En revanche, le nom de Théodose Morel le fut, offrant sa première pierre à la construction d'un récit épique qui cherchait à répondre aux attaques des médias collaborationnistes.

Les informations de la radio anglaise comme les événements qui se déroulaient sous les yeux d'une bonne partie des habitants de la Haute-Savoie créaient un sentiment d'attente et stimulaient le désir d'être mieux informé sur la situation. Le 29 mars Jean Rosenthal reçut le message suivant du BCRA :

Donnez toutes précisions attaque par les Allemands sur Glières. Étiez-vous sur place au moment des opérations ? Connaissons les difficultés que vous avez à surmonter, mais il est absolument nécessaire que nous ayions [*sic*] des données très précises chaque fois qu'il y a des attaques de cette importance. Ceci afin de vous apporter une aide efficace. Bon courage à tous[10].

Le même jour, et sans doute après avoir lu ce message, Rosenthal répondit :

Bilan de fait encore impossible à chiffrer, grosses pertes dans les éléments engagés de la division allemande. Câblez si RAF accepterait faire parachutages sur col des Sansnes[11] [Saisies] où je pourrais essayer regrouper survivants[12].

Toujours le 29 mars, mais après avoir entendu Philippe Henriot, ou après qu'on l'eut informé de la teneur de ses propos, il envoya un second télégramme dans lequel il proposait pour la première fois un bilan chiffré :

> Ne croyez pas mensonge Henriot, miliciens n'ont tous que rôle d'indicateur, ce sont bombardements artillerie et bataillons allemands qui ont eu raison de notre maquis. [...] Bilan probable : quatre cents morts allemands et trois cents blessés[13].

Jean Rosenthal posait la deuxième pierre de la légende en présentant des chiffres qu'il était incapable de vérifier, n'étant ni sur le Plateau ni sur ses abords le 26 mars – il semble qu'il fût alors à Genève[14]. Ses dires constituaient une invention de son fait, d'autant qu'il indiquait le 25 mars : « aucune liaison possible dans aucun sens avec Plateau[15] ». Pour autant, malgré la brièveté du temps écoulé entre les deux télégrammes, le BCRA ne prit guère le temps de pointer la contradiction et de demander plus de précisions à son agent. Le 30 mars, Rosenthal donnait une information, troisième pierre de l'édifice légendaire, selon laquelle :

> Plus de 12 000 Allemands encore dans zone interdite. Dirigés par Milice, pillent, fouillent et brûlent les fermes[16].

Et de demander le 2 avril au BCRA :

> Diffusez au maximum héroïsme des gars de Glières, leur sacrifice volontaire nécessaire détruire inventions Henriot. Boches eux-mêmes reconnaissent qu'on s'est battus comme des lions[17].

N'entendant toujours rien sur les ondes de Radio Londres, il insista et le 4 avril communiqua les informations suivantes :

> Les deux bataillons engagés sur Glières venaient en effet de Russie. L'un de leurs commandants a dit que nos hommes s'étaient très bien battus et que la Milice était de la racaille [*sic*]. Diffusez au maximum héroïsme nos gars, car hors d'eux on ignore que les Allemands firent l'opération, Henriot ayant omis ce détail. Douze mille boches pour déloger cinq cents réfractaires. Aucun détail précis sur nos pertes. Estimation minima cent morts, cent cinquante prisonniers [...][18].

Jean Rosenthal savait probablement, par des agents de l'AS opérant à la préfecture de la Haute-Savoie ou dans l'entourage de Lelong, que le commandement de la 157e division était présent autour du Plateau : il en inféra vraisemblablement que *toute* la division était en Haute-Savoie, ce qui n'était certes pas le cas. C'est également et vraisemblablement grâce à la même source d'informations qu'il communiqua un bilan approximatif des pertes du maquis. Ses télégrammes finirent par faire réagir Schumann, qui déclara le 6 avril :

> Les opérations engagées contre les maquis, ont répété jour après jour les Waffen SS de Vichy, sont exclusivement confiées aux Forces françaises du maintien de l'ordre nouveau[19]. Aux forces françaises ? Réponse : pour réduire les 500 défenseurs du plateau des Glières, qui, eux et eux seuls, appartenaient bien aux forces françaises, les Allemands, je répète, les Allemands, ont engagé les effectifs suivants [...]. Héros des Glières, quelle est votre plus belle victoire ? D'avoir forcé l'assaillant à découvrir son vrai visage, celui de l'Allemand... Pour tout dire, d'avoir déjà ramené Bir-Hakeim en France[20].

Mais à cette première émission où fut prononcé le nom de Glières en succédèrent plusieurs autres que Jean-Louis Crémieux-Brilhac date des 7, 8 et 11 avril 1944 :

> Quand sur le plateau des Glières, 12 000 Allemands (vous entendez bien 12 000) eurent après quatorze jours (vous entendez bien quatorze jours) triomphé des 500 Français qui, faute de pouvoir décrocher, s'étaient accrochés plutôt que de se rendre, le commandant d'un bataillon allemand qui avait dénombré ses morts (il y en avait 400 pour 100 Français) et ses blessés (il y en avait 300 pour 150 Français) s'écria très fort, à portée d'oreilles françaises : « Les hommes du maquis se sont battus comme des lions. Quant à ces miliciens, c'est de la racaille[21]. »

Hormis le bilan du côté maquisard, relativement proche de la réalité (du moins pour les morts), tout ce qu'avança Schumann sur la base des informations fournies par Rosenthal était faux ou exagéré.

Cantinier rentra à Londres au début du mois de mai 1944. Mais, fort curieusement, malgré le battage médiatique monté autour de l'événement, il se montra peu disert dans le récit de son activité, non daté, arrivé à Londres le 4 mai 1944[22]. Interrogé par les services britanniques et américains le 9 mai 1944, il ne mentionna pas même pas le nom du Plateau et ne fit rien pour éclaircir sa conduite dans cette affaire[23].

On peut comprendre que les Alliés se soient désintéressés d'événements datant de mars alors que leur énergie se concentrait sur le débarquement. En revanche, l'indifférence de la hiérarchie des services secrets français surprend. Rosenthal se retrancha-t-il derrière le fait qu'il n'était pas sur le Plateau et que les informations en sa possession provenaient de la préfecture de la Haute-Savoie ou d'une autre source ? C'est encore l'un des mystères qu'il emporta dans la tombe. Quoi qu'il en soit, l'exagération, au-delà de ce qu'elle pouvait apporter à Rosenthal, servait également les desseins des Français de Londres et d'Alger. Elle les rassurait sur les intentions de la population, ses motivations, son désir d'en découdre avec l'occupant. Deux télégrammes que le BCRA envoya le 9 avril à *Cantinier*, nous éclairent particulièrement sur ce que Glières pouvait représenter pour les services secrets du général de Gaulle :

> Nous avons appris avec tristesse grosses pertes sur Glières. Vous avez malgré tout montré le véritable esprit de la nouvelle armée française dont vous êtes l'avant-garde. [...] Vos combats sont les préludes de la grande bataille qui va libérer notre pays et nous sommes impatients de venir nous joindre à vous. Félicitations pour vous et ceux qui ont pris part aux durs combats que vous venez de soutenir contre un ennemi supérieur en nombre et mieux armé[24].
>
> Ne vous considérez pas comme battu puisque vous avez infligé aux Boches de très lourdes pertes, Glières restera une des plus belles batailles des forces françaises de l'intérieur[25].

Rosenthal, en voulant contrer les propos calomniateurs de la presse parisienne et surtout les attaques radiophoniques d'Henriot, parvint donc à tromper ses propres services, servant au BCRA et à ses agents la version des faits qu'ils voulaient entendre, aussi éloignée fût-elle de la réalité.

En Haute-Savoie, de Glières à la Libération (mars-août 1944)

Avant même l'émission de Maurice Schumann du 21 mars, certaines parties de la population de Haute-Savoie connurent les circonstances du décès du lieutenant Morel. Selon un rapport des Renseignements généraux daté du 19 mars, des tracts avaient été apposés à La Roche :

> Selon la version adoptée par l'opinion publique, version qui lui apparaît confirmée par des tracts apposés récemment à La Roche-sur-Foron notamment, le commandant Lefèvre [*sic*] aurait abattu de sang-froid le chef du maquis, le lieutenant Morel, venu en parlementaire, ce qui lui aurait valu d'être abattu à son tour. Or, le lieutenant Morel, de par son attitude depuis la résistance des réfractaires et le fait qu'il avait appartenu au 27e bataillon de chasseurs alpins, commençait à avoir sa légende, sur le plan de la lutte intérieure contre l'Allemagne, au sein de la population[26].

Ce ne sont pas tant les circonstances de la mort de *Tom* qui firent réagir les habitants de la Haute-Savoie, que la première attaque aérienne du Plateau le 12 mars :

> De plus la rumeur s'est rapidement répandue que des avions allemands avaient bombardé le Plateau toutefois sans obtenir de grands résultats. Ce bruit a provoqué un nouveau sursaut d'indignation et une partie de l'opinion publique considère les déclarations faites par l'intendant de police, chef des opérations au début de février, comme n'ayant pas été tenues. On entend rappeler, en effet, à ce sujet, que ce haut fonctionnaire avait alors officiellement affirmé que les troupes allemandes ne prendraient aucune part aux opérations en cours[27].

La promesse non tenue d'une intervention des seules forces françaises nourrit un mécontentement qu'évoquent les fonctionnaires dans leurs rapports successifs. Mais ils ne furent apparemment pas les seuls à faire les frais de la colère des civils. Accusés de n'avoir « pratiquement rien fait pour [...] porter secours » aux hommes retranchés à Glières, les Britanniques furent également visés, alors que « l'opinion publique évalu[ait] à 200 les pertes des résistants[28] ».

L'annonce à la radio par Philippe Henriot de la « reddition » du Plateau aurait provoqué, selon les Renseignements généraux, « une véritable stupéfaction, notamment parmi ceux qui croyaient à la valeur de l'organisation, et à l'invulnérabilité de la position et au cran des occupants ». À la date du 9 avril, les Renseignements généraux indiquent :

> Il convient de souligner que nombreux sont ceux qui continuent d'affirmer que la chasse aux bandits n'a été qu'un prétexte avancé par les Allemands pour essayer d'anéantir les formations de jeunes « patriotes » dont ils redoutent l'action dans l'éventualité d'un débar-

quement allié, et par les « collaborateurs » pour procéder, par l'intermédiaire de la Milice, à une vaste opération politique d'épuration des éléments hostiles à l'Allemagne et fidèles aux idéaux démocratiques ou d'extrême gauche.

Et de continuer :

> De là, et aussi grâce à l'effort des propagandes alliées, cette tendance pour une partie de l'opinion publique à considérer, en bloc, les hors-la-loi comme des « héros » et les forces de l'ordre comme des forces d'oppression anti-françaises[29].

La population avait montré son hostilité à la collaboration. Or, malgré les dénégations de Lelong et les propos mensongers d'Henriot, Glières avait bel et bien illustré cette politique que les habitants de Haute-Savoie rejetaient dans leur plus grande majorité. En ne mentionnant pas, contre l'évidence, le rôle des Allemands dans les opérations, Henriot prit les Savoyards à rebrousse-poil. Son discours fallacieux les détourna des propos officiels ; la population devint alors plus sensible aux thèses qui prenaient l'exact contre-pied des positions officielles.

La colère qui visait le gouvernement – accusé de mentir –, les Alliés – soupçonnés d'avoir trop mollement soutenu les maquisards – ainsi que l'occupant – blâmé pour sa violence – facilita l'acceptation des propos de Maurice Schumann, bien qu'ils aient été peu pertinents pour expliquer ce qui s'était joué à Glières ; le préfet Marion écrivait le 11 avril 1944 :

> À l'émotion provoquée par l'annonce de la capitulation des Glières, s'ajoutait un sursaut de ressentiment causé par le silence total observé par M. Philippe Henriot, dans son allocution radiophonique de Thorens, de la part prise par les troupes allemandes à l'opération.
>
> La méfiance envers le gouvernement s'accroît donc, dans la masse, de l'impression que celui-ci tenait à dissimuler à la population le degré de sa collaboration avec les Allemands[30].

La méfiance envers le gouvernement et la méconnaissance des circonstances exactes de la fin du maquis induisirent une distorsion entre la réalité des événements et l'image que l'on s'en forgeait, comme le releva le préfet Marion :

> La réduction du maquis des Glières a, contre l'évidence même, été la source d'un véritable roman. On murmure [...] que les « Maquis » se sont défendus avec l'héroïsme du désespoir, alors qu'ils n'ont pratiquement pas tiré un coup de feu[31].

Peu suspect de sympathie pour aucun des camps en présence, qu'il s'agisse de la Milice, des Allemands ou du maquis, le préfet rendait assez bien compte de la réalité. Il omettait toutefois de préciser que le défaut d'informations fiables favorisait cette transformation des faits.

Lasse, la population de Haute-Savoie vivait dans l'attente de la fin de la guerre et du débarquement allié[32]. Il ne fut plus alors question de Glières dans les semaines précédant la Libération.

L'Association des rescapés de Glières

Le département tout juste libéré (16-19 août), on reparla de Glières. La presse régionale rapporte ainsi qu'une cérémonie se tint au cimetière de Morette le 9 septembre 1944.

Un peu moins de deux semaines après cette première cérémonie, les anciens de Glières se réunirent le 22 septembre sous la présidence de Louis Jourdan et décidèrent de se constituer en association. Les statuts furent adoptés ce même jour, ce qui signifie que quelques personnes s'étaient attelées à les rédiger dès les jours précédents. Louis Jourdan, le docteur Bombiger, Alphonse Métral, André Fumex, Julien Helfgott... dirigeaient ce petit groupe d'anciens qui avaient vécu au plus près du PC sur le Plateau, au plus près également du lieutenant Théodose Morel. À l'origine, Glières avait été un rassemblement de civils encadrés par des militaires. En choisissant pour premier président le dernier officier du Plateau, membre du 27e BCA d'armistice, l'Association des rescapés de Glières prolongeait la primauté des militaires sur les civils et confortait les hiérarchies du printemps 1944. D'une certaine manière, le bataillon de Glières renaissait de ses cendres. En choisissant le nom de *rescapés* de Glières, l'association montrait que les événements de mars 1944 avaient été une catastrophe à laquelle ses membres avaient échappé.

L'association se donnait pour objet :

> Le regroupement des Rescapés du plateau des Glières, le maintien de « l'esprit du Plateau », la défense des intérêts des membres pris en tant que tels (aide aux victimes de la bataille des Glières et à leur famille), le maintien du culte des camarades tombés pour la France aux Glières (acquisition de terrains pour le cimetière et le monument, édification du monument, entretien de ces cimetières, et monument) et pour réaliser cet objet, toutes opérations mobilières, immobilières et financières quelconques s'y rattachant (éditions de plaquettes, photographies, etc., etc.).

Pour être membre de l'Association, il fallait, outre le versement d'une cotisation :

> S'être rendu au plateau des Glières au cours de la période comprise entre le 1er février et le 26 mars 1944, et ne l'avoir pas quitté durant cette période, de sa propre initiative et sans ordres formels des chefs qualifiés.

L'admission ne s'effectuait qu'après que le conseil d'administration eut vérifié que le candidat répondait à ces exigences.

Les réalisations de cette association dépassèrent le cadre assigné par ses statuts, comme en témoigne le premier numéro de son journal interne, paru en juillet 1945, *Messages de l'Association des rescapés des Glières*. Le bulletin présentait un recensement exhaustif des actions entreprises depuis septembre 1944, comme le regroupement de 322 rescapés, le versement de primes aux prisonniers et déportés libérés, une aide aux paysans sinistrés, l'identification des corps, l'organisation de cérémonies, de conférences, d'expositions, etc.

Julien Helfgott anima le secrétariat permanent avec dynamisme et efficacité. Il contribua à faire connaître le maquis en dehors de la Haute-Savoie. En mars 1945, de nombreux organes de presse, tant nationaux que régionaux, évoquèrent ainsi les événements de Glières[33], en raison d'une campagne de presse dont l'initiative avait été prise au niveau local. Après moins d'un an d'existence, l'Association des rescapés affichait donc un bilan positif. Elle avait surtout réussi à marquer les esprits en inscrivant Glières au panthéon des événements mémorables.

Morette et les premières cérémonies commémoratives

La forme martiale qu'empruntèrent cérémonies et manifestations était voulue. Elle confirmait que Glières avait été un événement militaire. Loin d'inventer de nouveaux cérémoniaux, les anciens s'inspirèrent donc du modèle des commémorations de la Première Guerre mondiale[34], où fleurissaient les drapeaux et que ponctuaient la minute de silence, la sonnerie aux morts, la dépose de gerbe par les enfants, le fleurissement des tombes par les officiels et les hymnes national et régional *(Les Allobroges)*. Progressivement, parce que tous les moyens pour le réaliser ne purent être immédiatement réunis, le cimetière de Morette devint un site militaire. C'est d'une initiative locale – l'État est absent – qu'est née la nécropole, premier lieu dédié à la mémoire des morts de Glières, emplacement sur lequel se focalisèrent la plupart des cérémonies au cours de cette période.

Très symptomatiquement, ce n'est pas le Plateau – relativement inaccessible –, lieu des événements de mars 1944, et encore moins le site de Monthiévret, totalement oublié, qui accueillirent les commémorations, mais bel et bien ce cimetière, dernière demeure des combattants. C'est en revanche le 26 mars, jour de la supposée bataille, qui fut choisi comme date anniversaire, même si les événements commémoratifs se déroulaient généralement le dimanche le plus proche de la date anniversaire. Le choix du 26 mars écartait d'emblée d'autres dates : le 10 mars (mort de Théodose Morel), le 27 mars (mort de Maurice Anjot), les 29 ou 30 mars (exécutions sur le pourtour du Plateau). Le jour marquait historiquement la fin du maquis et le début du repli. Pourtant, on souhaitait se souvenir non de la fin du rassemblement, mais de la bataille qui était censée s'y être déroulée.

Aux origines du cimetière de Morette

C'est parce que des corps furent trouvés sur le site de Morette que le maire de Thônes le choisit comme lieu de sépulture des maquisards de Glières[35]. Fusillées le 29 ou le 30 mars, les premières victimes enterrées à Morette ne furent ensevelies que le 3 avril[36].

Le 5 avril, les gendarmes grimpèrent sur le Plateau et découvrirent alors les chalets incendiés et les corps de quelques combattants, notamment ceux du secteur de Monthiévret[37]. Leurs dépouilles furent descendues et inhumées une première fois au Petit-Bornand[38]. Le 30 avril, une deuxième opération, conduite cette fois par les maquisards, permit de trouver plusieurs corps, dont l'un resté inconnu à ce jour, celui de Gabriel Reynes[39], ainsi que celui de Marcel Clévenot, fusillé début mars par ses camarades et qui, pour cette raison, ne fut pas enterré à Morette. Les cercueils contenant les dépouilles de Théodose Morel et de Georges Decour furent exhumés, les corps photographiés et définitivement enterrés le 2 mai à Morette.

Le 6 mai, Pierre Bastian et Jacques Lalande furent ensevelis avec leurs camarades, après une cérémonie en l'église de Thônes. Le cimetière comptait alors 37 tombes. On en dénombre aujourd'hui 105, dont une vingtaine concernent des personnes qui ne figuraient pas au tableau des effectifs de Glières, ou qui furent tuées postérieurement à mars et avril 1944 (tel Louis Conte, fusillé le 4 mai 1944 après son jugement par la cour martiale). Aucune femme n'est inhumée en ce lieu, ce qui confirme bien la volonté précoce de militariser le site – la guerre étant alors considérée comme une affaire d'hommes. Bien des femmes, pourtant, auraient mérité cet honneur. Joséphine Barrucand, décédée le 29 mars, qui avait été blessée le 26 janvier lors de l'attaque allemande de Thuy, ne fut pas inhumée à Morette alors que Raymond Trolliet, tué lors de cette même attaque, le fut. Douze personnes avaient été tuées lors du bombardement de Thônes le 3 août 1944, dont neuf femmes. Aucune d'entre elles ne fut admise dans la nécropole, à la différence de l'une des trois victimes masculines. Enfin une tombe est restée vide, celle de François Servant dit *Simon*, dont le corps n'a jamais été retrouvé. La dernière dépouille enterrée à Morette semble avoir été celle du docteur Bombiger : tué dans un accident automobile en 1951, il avait émis le vœu d'être inhumé auprès de ses anciens camarades, ce qui advint le 29 mars 1953[40].

D'ensevelissement en enterrement, l'habitude fut prise, dès la fin des événements de Glières, de prendre le chemin de Morette. Mais il fallut attendre la libération de la Haute-Savoie pour que des cérémonies puissent s'y tenir, sans crainte de l'ennemi. La nécropole fut donc d'abord un lieu d'ensevelissement avant de devenir un lieu de recueillement dédié au souvenir des défunts, puis un lieu de commémorations. Après la Libération, en l'espace de quelques mois, un cérémonial, peu modifié depuis, s'est instauré. Il associe les rescapés de Glières, les familles des disparus ainsi que les autorités.

De François de Menthon au général de Gaulle

Le vendredi 22 septembre 1944, François de Menthon, compagnon de la Libération devenu garde des Sceaux dans le gouvernement du général de Gaulle, se rendit à Annecy, où il n'était pas retourné depuis son départ pour Londres, en juillet 1943. Bien que sa visite n'eût rien d'officiel, les autorités locales déployèrent le cérémonial nécessaire pour accueillir l'enfant du pays et le résistant devenu ministre. Menthon participa à la diffusion de la légende de Glières. Informé par la radio de Londres de ce qui se passait en Savoie, alors que lui-même était à Alger, il avait proposé de baptiser un lieu de la Ville blanche du nom de *Plateau des Glières*. Hormis les magistrats municipaux, François de Menthon était la première personnalité officielle à venir se recueillir à Morette. À Thônes, il improvisa un discours dans lequel il soulignait le « rôle capital de Glières dans l'histoire de la Libération » :

> Cette page de gloire a été connue du monde entier et c'est à partir de ce moment que nos grands alliés ont commencé à comprendre que la Résistance signifiait vraiment quelque chose, qu'il fallait donc l'armer et que l'on pouvait compter sur elle le jour de la Libération[41].

Se non è vero, è ben trovato. L'armement des maquis avait été décidé en janvier 1944 par Churchill avant d'être interrompu à la demande des Américains début avril. De ce point de vue, ces propos visaient plus à flatter l'auditoire qu'à l'informer. S'agissait-il d'une invention de son fait afin de complaire à l'assistance ?

Moins d'un mois plus tard, le 18 octobre 1944, se déroula une cérémonie à l'occasion du transfert des corps de plusieurs victimes de Glières, notamment ceux de Maurice Anjot et de dix maquisards qui avaient été enterrés initialement dans différents cimetières de la région.

Le 4 novembre 1944, Charles de Gaulle se rendit à Annecy à l'initiative de François de Menthon. La population, qui ne l'avait jamais vu en chair et en os, le découvrait pour la première fois, à la tête d'un cortège. Le 5 novembre il se rendit à Morette. Le Général circula entre les tombes, képi à la main. Il honora la mémoire de Morel et d'Anjot, en remettant à leurs veuves, à titre posthume, pour le premier la croix de la Libération, pour le second la croix de la Légion d'honneur. Après la cérémonie, le cortège rejoignit Thônes où, sur le perron de la mairie, de Gaulle s'adressa brièvement à la foule :

> Qui ne serait profondément remué, quand il se trouve dans ces lieux ? Les exploits qui s'y sont déroulés ont marqué de la manière la plus magnifique quels ont été, en réalité, les sentiments du pays tout entier, sous l'oppression qu'il a détestée.
>
> Aux morts du Plateau illustre, c'est par la voix du président du gouvernement de la République, la France tout entière qui rend hommage aujourd'hui. Leur exemple durera. Il demeurera, je vous l'assure, comme un témoignage splendide, jeté à travers le monde, de la résolution de la France, dans la plus terrible guerre de son Histoire.
>
> Vive Glières ! Vive nos armées ! Vive la France !

Selon plusieurs témoignages, bien ultérieurs à sa visite, il aurait affirmé : « Grâce à Glières, il a pu obtenir des parachutages[42]. » Ces mots furent-ils vraiment prononcés ? Ils ne figurent pas dans les comptes rendus de l'époque, mais ressemblent fort aux propos tenus par Menthon le 22 septembre précédent. Aujourd'hui, le travail de mémoire ayant fait son œuvre, on se souvient davantage de la déclaration prêtée au Général que de celle prononcée par son ministre.

Cette visite fut d'une importance essentielle pour ancrer la légende de Glières : elle consacrait par la caution de la nation tout entière la version des événements diffusée par Maurice Schumann sur les ondes de la BBC. Dans les faits, le Général validait les télégrammes de Rosenthal, promu compagnon de la Libération au titre des FFI de la Haute-Savoie le même jour que Théodose Morel[43].

Conforté dans sa fonction de lieu de mémoire, Morette accueillit dès lors des personnalités : Maurice Schumann (19 mai 1945), Maurice Thorez (7 juillet 1945) – le seul à s'être rendu à pied sur le Plateau – et le président du Conseil Francisque Gay (31 mars 1946).

Stèles et monuments

Stèles, plaques et monuments parsèment le territoire des communes situées sur le pourtour du Plateau. À leur manière, ils dressent la carte topographique de la répression, érigés comme une enceinte symbolique autour du site qui resta vierge de toute inscription mémorielle, et ce jusqu'en 1973 : seuls subsistaient l'emplacement de la tombe provisoire de Théodose Morel, marqué par une croix et un drapeau tricolore, ainsi que celle du maquisard Édouard Crédoz. Jusqu'à cette date, trois monuments seulement se dressaient sur le pourtour de Glières : le cimetière de Morette, le monument de Nâves dédié à la mémoire du capitaine Anjot et de ses camarades (inauguré le 14 avril 1946) ainsi que celui posé à La Balme-de-Thuy en 1950 en souvenir des lieutenants Bastian et Lalande. En revanche de nombreuses plaques furent apposées dans les villages où s'était déroulée la répression post-Glières.

Le cimetière de Morette aménagé à la hâte en avril 1944 était destiné à accueillir provisoirement les dépouilles des combattants de Glières. Il ne devint pérenne que lorsqu'on choisit d'y rapatrier les corps d'autres maquisards, comme ceux de Maurice Anjot et de ses compagnons. De nouveau l'Association des rescapés fut à la pointe pour lever les fonds nécessaires à l'aménagement du site. Elle obtint que le dimanche 31 mars 1946, jour commémorant le deuxième anniversaire des événements de mars 1944, soit vendue dans tout le département une reproduction de l'insigne des rescapés du maquis. Les fonds collectés furent reversés à un comité *ad hoc* afin d'édifier un monument. Un an plus tard, la tâche était partiellement achevée : au cimetière provisoire succédait une véritable enceinte militaire, tracée au cordeau et sillonnée d'allées rectilignes.

Le cycle commémoratif du premier après-guerre se clôt avec la visite du président de la République Vincent Auriol qui se rendit à Morette le 24 mai 1947, afin d'y sceller la première pierre du monument de la nécropole militaire nationale.

Premiers écrits

Dès la Libération, des journalistes ou des écrivains tentèrent d'en savoir plus sur les événements du premier semestre 1944. Leur tâche était ardue puisque peu d'archives étaient disponibles. Pour étayer leurs connaissances, ils devaient se confronter à une multitude de témoins ne disposant que d'une vue très partielle des événements.

C'est dans la revue *Aux armes*, parue en décembre 1944, que fut présentée la première synthèse. Aidé par la documentation rassemblée par les rescapés, l'auteur, resté inconnu, réalisa un remarquable travail. Son opus, largement diffusé, fut l'un des premiers à chiffrer les effectifs en présence en des termes qui montraient l'héroïsme des maquisards :

> 467 hommes contre 20 000 Allemands, 200 pièces de canon et une imposante force aérienne[44].

La revue offrait un résumé des événements très proche du récit complet que publia l'Association des rescapés de Glières en 1946 et proposait une estimation des assaillants allemands.

> Une première colonne de chasseurs boches, de 400 hommes environ, engage le combat.
>
> L'ennemi, habillé de blanc, est difficile à détecter sur la neige et sous les arbres.
>
> Une autre colonne suit, forte de 800 hommes. Nos mitrailleurs tirent sans cesse. Les Allemands continuent à progresser. Bientôt c'est au tour de nos grenadiers d'entrer en action[45].

Mais la parution la plus emblématique fut l'œuvre de l'Association des rescapés, *Glières, Haute-Savoie, 31 janvier-26 mars 1944, première bataille de la Résistance*, qui demeura cinquante années durant l'ouvrage de référence. S'efforçant d'embrasser l'ensemble des événements survenus sur le Plateau dans l'hiver 1944, il ne pouvait qu'obtenir le quitus de l'Association, puisque son président et son secrétaire étaient deux de ses auteurs. L'ouvrage était également publié et vendu par celle-ci pour financer ses activités.

Ce livre reste, aujourd'hui encore, indispensable à la connaissance de la vie quotidienne du maquis. Plus encore il permet d'appréhender au mieux le jugement que les anciens maquisards, en tout cas le président, le secrétaire de leur association et quelques autres, portaient sur les épreuves de l'hiver 1944.

Constamment réédité (1967, 1973, 1978, 1983, 1988 notamment), cet album a été vendu à plusieurs dizaines de milliers d'exemplaires, sans que son contenu ait reçu la moindre modification. L'ouvrage met bien en valeur les nombreuses photographies prises par le maquisard Raymond Perrillat alors qu'il était sur le Plateau. Ce dernier immortalise ses camarades faisant la pause, arme à la main, bien mise en évidence : de ce point de vue ce type de document anticipe ceux qui seront pris dans les journées de la Libération, dans les villes et les villages, comme photo souvenir. Le Bornandin a photographié plusieurs événements capitaux : Théodose Morel sur son lit de mort, la cérémonie de sépulture de ce dernier, la prise d'armes à l'arrivée du capitaine Anjot... D'autres clichés illustrent la vie quotidienne des maquisards : la garde, l'entraînement, l'aménagement des chalets, les veillées, le ravitaillement. Enfin, Perrillat laissa une photographie du repli. Y sont saisis des visages fermés, dont le sien : les sourires, les rires et la bonne humeur n'étaient désormais plus de mise. Injustement, et parce qu'à l'époque on accordait peu d'importance au « crédit photos », Raymond Perrillat ne figure pas au titre des coauteurs, alors que cet ouvrage lui doit tant. Ses clichés sont d'ailleurs reproduits dans la plupart des ouvrages relatifs à Glières et son nom y est souvent oublié.

Les propos tenus par le général de Gaulle le 5 novembre 1944 à Morette servent de préface à cet ouvrage dont Julien Helfgott, secrétaire de l'Association des rescapés, fut la cheville ouvrière. Lui-même figure au titre de coauteur, tout comme Louis Jourdan, président de l'association, en occupation en Autriche au moment de la rédaction. Son principal rédacteur, Pierre Golliet[46], qui n'était pas à Glières et n'était pas maquisard, deviendra le beau-frère de Louis Jourdan.

L'Association se mit en quête de témoignages. Sans que l'on sache si cette entreprise fût exhaustive ou non, une cinquantaine de « rapports » – c'est ainsi que Pierre Golliet les désigne – furent au final collectés. Les auteurs et l'éditeur poursuivaient un double but : d'abord verser les bénéfices de la vente au service social de l'association, pour financer la construction du cimetière ou du monument de Morette[47]. Mais les objectifs recherchés dépassaient ce diptyque social et monumental. Ils visaient à rendre un « hommage collectif aux disparus[48] », mais également à « fixer les faits[49] ».

Pierre Golliet s'appliqua également à doter les événements d'un sens, comme le confirme le titre de la partie introductive, « Le sens de Glières ». Cette quête ne surprend pas de la part d'un séminariste qui devint homme d'Église. À ses yeux, le « sens de Glières, c'est d'avoir donné une définitive manière d'être à la figure du maquisard idéal, tenace obstiné, épris de liberté et de sacrifice[50] ». Glières avait donc transfiguré les partisans. Encore fallait-il, pour justifier cette transformation, avancer des arguments permettant de comparer le maquisard avant et après Glières – d'où l'importance accordée dans l'ouvrage à la « renaissance, un relèvement rapide » qui entraîna la « libération foudroyante du département, le second ou peut-être même le premier département qui s'affranchit lui-même »[51]. Cette vision téléologique des événements fut pleinement assumée :

> Nous voudrions, dans cet album, retracer, par les témoignages des acteurs et par les documents sauvés de la répression, cette ligne sinueuse, mais toujours montante, qui fut, autant que l'histoire du maquis de la Haute-Savoie, un itinéraire spirituel[52].

En créant un lien direct entre Glières et la libération du département (de toute évidence une éclatante réussite), Pierre Golliet s'épargnait la tâche ingrate de devoir trouver des responsables à ce qui avait été un échec tout aussi patent :

> Glières n'a pas pris fin le soir du 26 mars, lorsque, sous la pression de forces supérieures, l'ordre fut lancé d'évacuer le Plateau. Ce n'est pas une entreprise qui aurait finalement échoué et qui se résumerait en un schéma de grandeur et de décadence : c'est une péripétie dans un drame héroïque[53].

Le lien opéré entre Glières et la Libération comme la transfiguration des maquisards en soldats formaient autant de présupposés largement partagés. L'ouvrage écrit et publié par des anciens légitimait les thèses développées jusqu'alors par d'autres qui devenaient plus crédibles du fait que les rescapés eux-mêmes se les appropriaient. Mais cette lecture téléologique ainsi que le primat accordé au sens plus qu'aux faits – autant de points voulus par Pierre Golliet et plus largement les membres de l'Association – amenaient à s'arranger avec la réalité, voire à la travestir.

Il faut entendre Laurent Douzou lorsqu'il écrit que la Résistance « fut perçue et ressentie par ses acteurs comme une lutte de caractère épique[54] ». Pierre Golliet confirme ce propos et, à ce titre, il fut lui-même leurré par la légende. Il ignorait qu'il allait devenir – sans doute à son corps défendant – victime de cette vision enchantée en même temps que le propagateur (assumé cette fois) de celle-ci.

Tout comme nous ignorons si Pierre Golliet put avoir accès à tous les témoignages écrits qui transitaient par l'Association des rescapés, nous ne savons pas s'il y eut volonté ou non d'en écarter certains, parce qu'ils n'auraient pas correspondu à la vision apologétique qui circulait dès avant la Libération. De même nous ignorons si, inversement, l'Association des rescapés sollicita des témoignages plus complaisants, écrits ou réécrits, plus en phase avec une légende dont Pierre Golliet n'aurait été que le scribe inspiré. La bonne foi des témoins n'est sans doute pas en cause : ils ont vraisemblablement rapporté ce qu'ils avaient vécu, à l'exception peut-être de Fernand Guillemenet dont le témoignage de la fin de l'année 1944, peu en phase avec ce qu'il déclara aux policiers qui l'interrogeaient, a accrédité l'idée d'un combat d'envergure le 26 mars 1944 à Glières.

N'utilisant que trop peu les documents d'époque[55], les témoins ne font guère acte d'historien. Sans remettre en cause les effectifs annoncés par Maurice Schumann de « 12 000 hommes », ils les abaissèrent à 8 000[56]. Les auteurs de l'ouvrage s'abstinrent de reprendre les télégrammes de la Sipo-SD, dont ils avaient pourtant connaissance, télégrammes qui évoquaient l'ampleur limitée des combats et les faibles effectifs allemands mobilisés le jour de l'attaque. Ils insistent sur un combat qui s'étire entre l'après-midi et la soirée du 26 mars, au cours duquel les maquisards auraient tiré tant et plus, se battant à la grenade contre des légions de soldats allemands camouflés, parvenues nuitamment sur le Plateau. Malgré le décalage entre les faits et leur traitement, les auteurs de cet ouvrage évitent d'être trop précis sur l'état des pertes ennemies tout en les qualifiant de nombreuses :

> Qu'étaient-ils [les maquisards de Glières] contre ce flot d'ennemis qui montait toujours sans compter les pertes[57] ?

La seule estimation chiffrée est avancée ainsi, en note de bas de page :

> Comme nous n'avons eu aucun moyen de connaître exactement ces pertes, je ne donnerai aucun des chiffres qui ont circulé. Il me semble seulement qu'étant donné les conditions de l'attaque allemande, l'efficacité de la défense en montagne et les indices que nous avons pu recueillir, le chiffre de trois cents hommes hors de combat me paraît vraisemblable[58].

La trop timide mise au point des auteurs de *Glières, première bataille de la Résistance* n'allait pas remettre en cause une vision épique des faits : le titre de cet ouvrage la confortait au contraire.

À la fin de l'année 1946, les anciens FTP présentèrent leur propre version des faits dans *R.1.3.* Si les événements sont alors généralement assimilés à une « épopée », les auteurs communistes ou communisants de *R.1.3.* titrent leur chapitre « La tragédie de Glières » et préfèrent évoquer « une monstrueuse erreur de conception stratégique », rapprochant le « rassemblement » savoyard des drames du Cantal, de l'Ain et du Vercors, « qui connurent le même destin »[59]. Ils reprochent aux chefs du BCRA d'avoir préconisé « l'attentisme, l'inaction en face des Allemands, et la concentration en force des maquisards[60] » :

> Les « techniciens » qui préconisaient ce rassemblement nous disaient que pour frapper l'ennemi, il fallait d'abord opérer une concentration de forces. Triste dégénérescence d'un principe sacré de notre École de guerre ! Ce que ne voyaient pas ces piètres stratèges, c'est que la concentration des forces jouait au profit de l'*ennemi*. En effet, si les patriotes se retiraient à l'écart sur une montagne, s'ils laissaient aux Boches et à leurs valets toute liberté d'action, il est évident que ceux-ci en profiteraient pour amasser des moyens en hommes et en matériel nettement supérieurs. L'essentiel était de conserver l'initiative des opérations. Or celle-ci échapperait fatalement au maquis, puisqu'il se laissait encercler[61].

Cette publication clôturait un premier cycle de parutions dédiées à Glières.

Les cérémonies, l'éminence des personnalités qui visitèrent Morette dès 1944, les nombreux articles que la presse consacra à ces commémorations, finirent par ancrer dans les esprits l'importance des événements de mars 1944. Ainsi, les fausses informations données par Jean Rosenthal, reprises par Maurice Schumann sur les ondes de la BBC, firent de Glières un événement militaire et patriotique considérable. L'importance accordée à cette geste eut pour effet de légitimer les visites (à Morette principalement) des plus hauts personnages de l'État, et par là même d'accréditer la description que Rosenthal avait forgée des événements. L'image de Glières, rétrospectivement, confortait le pays dans le sentiment que dans la nuit de l'Occupation s'était levée, sur le sol national, une opposition militaire à l'ennemi.

Nulle voix discordante ne vint contrebalancer cette vision. Même les communistes baignèrent dans cet œcuménisme. Participant aux manifestations officielles, ils ne cherchèrent pas à les doubler en créant d'autres cérémonies : de ce point de vue, l'unité voulue sur le Plateau survécut ; elle se cimentait jusqu'autour des morts ensevelis à Morette.

Au fil des années, le cérémonial, qui se tient le dernier dimanche de mars, s'est organisé et simplifié. Les stèles et monuments qui parsèment les pourtours du Plateau sont fleuris le dimanche matin, avant la célébration de Morette qui se déroule en présence des autorités civiles, militaires et religieuses du département et des communes environnant le Plateau. Fanfare militaire et chorale interviennent, aux côtés d'une délégation de soldats du 27ᵉ BCA. Les tombes sont fleuries par des enfants, des officiels ou des militaires. Le décorum ordinaire peut être – et l'a été maintes fois – modifié, dès lors qu'une personnalité se déplace. Mais le Plateau lui-même fut longtemps laissé dans un oubli relatif : il est vrai qu'alors, à défaut de route carrossée, il fallait s'y rendre à pied.

Le bulletin de liaison des rescapés, *Messages,* interrompit sa parution au numéro 11, à la fin de l'année 1946. On y parlait de moins en moins de Glières. On y annonçait en revanche les mariages des rescapés, les soucis à trouver un logement ou un emploi. Les anciens tournaient la page ; d'autres s'attelèrent à raconter leurs exploits.

Le dispositif nécessaire à la connaissance de la légende de Glières était au point en 1947. Il comprenait un lieu montrant que des événements importants s'étaient déroulés sur le Plateau (la nécropole de Morette), une association pour entretenir la mémoire des événements, des manifestations pour les rappeler, ainsi qu'un ouvrage « officiel » pour ceux qui désiraient en savoir plus. La mémoire s'organisa donc autour de ce triptyque publications-commémorations-sites.

Raconter Glières par le livre

Doté du statut de livre quasi officiel, *Glières, première bataille de la Résistance*, comme la riposte qu'offrirent les communistes avec *R.1.3*, vinrent clore un premier cycle éditorial. Les mémoires rivales de l'AS et des FTP avaient trouvé *via* ces deux ouvrages le moyen de se cristalliser. Ces deux livres, particulièrement celui de l'Association des rescapés, bridaient toute initiative qui aurait souhaité présenter les événements sous un angle différent. Mais, en raison de leurs faiblesses et de leurs imprécisions, ils laissaient la voie libre à ceux qui se contentaient d'éclairer un point particulier.

Trois ouvrages, portant principalement ou non sur Glières, parurent en France entre 1950 et 1955. D'une certaine manière ils étaient l'œuvre de trois anciens[62]. L'abbé Truffy proposa ainsi les *Mémoires du curé du maquis de Glières*[63] ; un officier de la garde, André Raulet, publia *Alfred de Vigny a-t-il menti ? La garde au plateau des Glières*[64]. Émile Raybaud, adjoint de Jean de Vaugelas, qui avait dirigé la Franc-Garde à Glières, réclama enfin *Pour la Milice, justice*[65], sans pour autant signer de son nom cet opus dont l'auteur se présentait de façon sibylline comme « chef de corps de la Milice ».

Datant du début des années 1950, ces ouvrages intervenaient à un moment où la mémoire de la Résistance refluait. Sans doute lassés par le dithyrambe des ouvrages publiés dans la foulée de la Libération, les lecteurs portaient leur intérêt vers d'autres versions. Raulet comme Raybaud entendaient justifier leur action durant le drame de Glières. L'abbé Truffy cherchait pour sa part à démontrer les méfaits supposés des FTP tout en éclairant sous un jour nouveau le rôle de la garde, cette force répressive du régime vichyste.

L'abbé Truffy apportait à la connaissance de son lectorat un épisode que l'ouvrage publié par l'Association des rescapés avait tu, à savoir les négociations entre la garde, le lieutenant Théodose Morel et l'AS, qui prouvaient le manque de résolution des adversaires du maquis. Cet ouvrage suscita des remous au sein de l'Association à laquelle appartenaient Marcel Lamouille, FTP, et Jean Truffy. Il détruisait l'image iconique d'une Résistance unie sur le Plateau, telle que l'avait présentée l'ouvrage de 1946. Certes, *R.1.3* avait déjà écorné le mythe. Mais, dans la mesure où ce dernier avait été rédigé par des personnes largement extérieures à l'Association, on pouvait encore croire que les solidarités au sein de celle-ci jouaient à plein.

L'abbé Truffy levait le voile sur une face cachée de Glières – les relations entre l'AS et les FTP, le rôle supposé de certains résistants plus prompts à piller qu'à lutter contre l'ennemi. En outre, il révélait les relations récurrentes entre le maquis et les forces chargées de le réprimer. Le colonel Raulet – c'est ainsi qu'il signe son témoignage – s'engouffra dans la brèche en montrant que la garde avait pu aider le maquis, en laissant par exemple passer hommes et vivres vers le Plateau.

S'il y eut collusion entre l'abbé Truffy et le colonel Raulet, l'ancien milicien Raybaud publia son plaidoyer sans bénéficier du moindre relais au sein de l'Association des rescapés. Libéré en 1951, il sortit son récit anonymement aux éditions Etheel, en 1955, une maison qui éditait les témoignages de personnages qui s'étaient illustrés dans la collaboration. Émile Raybaud ne consacre qu'un court chapitre aux événements de Haute-Savoie et de Glières, dont il réécrit entièrement le final, en vue de pointer le rôle salvateur de Darnand, d'Henriot, des miliciens… et du sien. Ce qu'il dit des raisons de l'intervention de la Milice à Glières – empêcher dans un premier temps l'intervention des Allemands – correspond dans une large mesure à la version reconstituée des événements. En revanche, il n'évoque pas les opérations d'investissement que tentèrent les miliciens contre le Plateau. S'il ne cache pas les tractations entre Darnand et le général Pflaum en vue de faire remettre à la Milice les prisonniers que les Allemands avaient capturés, il tait les exécutions de maquisards auxquelles se livrèrent plusieurs miliciens. Prompt à accabler le maquis, Émile Raybaud prouvait, par sa vindicte, que, dix ans après la Libération, il n'avait toujours pas admis son statut de perdant. D'une certaine manière, tout comme lors de son procès, il refusait d'assumer ses responsabilités. L'action de la Milice qu'il jugeait positive ne permettait, au mieux, que de plaider les circonstances atténuantes.

Avec les années 1950 se clôturait un cycle, celui où des témoins d'importance prenaient la plume. Certains d'entre eux avaient enrichi la connaissance des événements de l'hiver 1944 et nuancé, sinon démenti des éléments fixés sur le papier depuis le milieu des années 1940. Loin du dithyrambe de ces années-là, du vocabulaire épique où figuraient en bonne place les mots *épopée* et *tragédie*, le style avait évolué vers plus de sobriété, ce qui ne signifie pas forcément que les protagonistes du drame fussent devenus des sages. On aurait pu croire que la décennie suivante produirait des travaux plus aboutis : de ce point de vue il fallut déchanter...

Des années 1950 aux années 1970 : super-résistant à Glières

Dans une salvatrice mise au point intitulée « Le réfractaire n'est pas James Bond », Jean-Pierre Azéma écrivait :

> La mémoire collective retient généralement du résistant une image confuse où s'entremêlent l'agent secret, le justicier ou le hors-la-loi qui tiennent de l'acteur de western, du chevalier sans peur et sans reproche faisant sauter, mitraillette au poing, un nombre incalculable d'usines et de trains[66].

Les événements de l'hiver 1944 furent traités sur ce registre dans trois ouvrages publiés entre 1958 et 1967. La répétition de faits invérifiables, de dialogues imaginaires, de chronologies inventées renforça la vision épique de Glières.

Ex-agent du SOE, Peter Churchill – sans lien de parenté avec le Premier ministre britannique – publia en 1958 un témoignage où il mêlait ses souvenirs et les événements de l'hiver 1944... dont il ignorait tout puisqu'il était à l'époque dans un camp de concentration. Il joua sur le fait qu'il avait été mêlé au premier parachutage sur le Plateau au printemps 1943, ce qui lui permet d'écrire qu'il fut le premier officier britannique à avoir découvert et armé le maquis de Glières[67]. Non traduit, il resta peu connu en France. Un second auteur anglais, le journaliste Michael J. Bird, publia *The Secret Battalion* à New York en 1964[68], ouvrage qui fut réédité en Grande-Bretagne l'année suivante. Auteur de scénarios pour des séries télévisées, il avait peut-être envisagé de transposer Glières au cinéma. Son ouvrage, traduit et publié en français en 1967, resta dans l'ombre de celui que publia François Musard en 1965.

Les Glières, de François Musard[69], parut chez Robert Laffont dans une collection intitulée « Ce jour-là », dans laquelle avaient été édités des ouvrages à succès, adaptés au grand écran, comme *Paris brûle-t-il ?* de Dominique Lapierre et Larry Collins ou *Le jour le plus long* de Cornelius Ryan. Ces deux derniers succès devinrent des films éponymes, adaptations plus ou moins fidèles. Les ouvrages de Musard et de Bird sont à rapprocher : œuvres de journalistes, peu soucieux de véracité, publiés à peu d'années d'intervalle, ils suscitèrent le même rejet de la part de l'Association des rescapés. La pseudo-recherche historique dont ils se prévalaient n'était qu'un alibi pour conférer plus de densité à la fiction qu'ils mettaient en scène.

L'hémoglobine coule à flots dans ces deux ouvrages. Selon Musard, les maquisards auraient fait une boucherie dans l'hôtel où cantonnaient les GMR le soir de la mort de *Tom* :

> Quand le massacre se termina, l'hôtel était transformé en abattoir. Presque dans toutes les pièces, plancher et murs ruisselaient de sang, plus de soixante-dix gardes étaient morts ou mourants. Fait incroyable[70] !

Réédité jusqu'en 1982[71], l'ouvrage de Musard reste le plus cité des livres consacrés aux événements de Glières.

J.-L. Crémieux-Brilhac, H. Amouroux, premières lézardes

Dans la foulée de la venue d'André Malraux à Glières, Jean-Louis Crémieux-Brilhac publia en juillet 1975, dans la *Revue d'histoire de la Deuxième Guerre mondiale,* « La bataille des Glières et la guerre psychologique[72] ». Son article marquait une première avancée vers une historisation des événements survenus en Haute-Savoie dans l'hiver 1944.

Soulignant en quoi les télégrammes reçus à Londres conditionnaient la propagande des services gaullistes à destination des Français *via* la radio anglaise, Crémieux-Brilhac révèle également, en filigrane, la manière dont Rosenthal entendait répliquer aux attaques proférées par Henriot contre les maquis en général et Glières en particulier. L'historien souligne avec son tact usuel la spirale dans laquelle l'envoyé du BCRA entraîna Maurice Schumann :

> Les chiffres de 400 morts et 300 blessés, maintes fois reproduits par la suite, sont sans commune mesure avec la réalité des pertes allemandes. Londres ne les a pas inventés : ils sont empruntés à un télégramme envoyé de France par un des officiers supérieurs les plus éminents et les plus efficaces de l'Armée secrète[73].

Crémieux-Brilhac a eu accès aux télégrammes envoyés par Jean Rosenthal, il a également pu lire ceux que ce dernier recevait de Londres et qui lui indiquaient que la Royal Air Force n'enverrait pas de renforts parachutés. Restreignant son article aux liens entre les télégrammes reçus et les émissions radiophoniques de Schumann, l'auteur s'abstint de révéler le rôle exact de *Cantinier* et s'épargna du même coup la polémique qu'il aurait suscitée. Il était sans doute trop tôt pour révéler la teneur de ces messages et le rôle tenu par l'émissaire des services secrets du général de Gaulle.

Si cet article reçut les éloges des rescapés de Glières, il n'en fut pas de même avec les écrits d'Henri Amouroux. Journaliste, ce dernier se fit connaître du grand public par son *Quarante millions de pétainistes*, tiré de *La Vie des Français sous l'Occupation*, fresque incontournable mais également décriée, car jugée trop clémente à l'égard du régime vichyste[74]. Dans le chapitre du volume 7 intitulé « Chant funèbre pour les morts de Glières[75] », il conteste la véracité du télégramme envoyé de Londres à Jean Rosenthal qui demandait aux dirigeants de Haute-Savoie de l'AS de maintenir le dispositif et les hommes présents à Glières :

> J'ai rencontré à Annecy des hommes qui, aujourd'hui encore, croient le télégramme parti tout simplement… de l'avenue Bouvard où se trouvait le PC de Rosenthal. C'est le soupçonner. Et le soupçonner gravement puisqu'il aurait forgé un télégramme afin d'emporter l'adhésion de ses amis à la thèse de la résistance à outrance[76].

Amouroux conteste aussi les pertes allemandes, ce qui revient à présenter sous un angle différent les événements survenus sur le Plateau le 26 mars. S'appuyant sur les trois volumes qui listent les noms des (alors) 19 912 soldats de l'armée allemande enterrés à Dagneux, dans l'Ain, il indique :

> Des treize soldats morts le 26 mars et ensevelis aujourd'hui à Dagneux, un seul, Kurt Piler, né le 24 août 1914, a été primitivement enterré à Annecy, tous les autres ayant été enterrés dans des lieux aussi éloignés de Glières que Nîmes, Montpellier, Toulouse, Marseille, Montélimar ou Draguignan.
>
> Des onze morts du 27 mars, ensevelis à Dagneux, un seul, Karl Fischer, né le 26 juin 1913, appartenant au bataillon 100, tué à Notre-Dame-des-Neiges, c'est-à-dire à l'emplacement des avant-postes maquisards, a été enterré primitivement dans le cimetière d'Aix-les-Bains[77].

L'article de Jean-Louis Crémieux-Brilhac et le chapitre qu'Henri Amouroux consacra à Glières rapprochaient cet événement des rives de l'histoire en l'éloignant des berges de la mémoire. Mais il était encore trop tôt pour aborder sereinement la question. En consacrant le réveil mémoriel de la Résistance, le cinquantenaire des événements de Glières allait au demeurant entraver la recherche historique.

Glières, une obsession ?

Au début des années 1990, l'Association des rescapés, le Conseil général de la Haute-Savoie, des élus et bien d'autres acteurs s'affairèrent pour préparer le cinquantième anniversaire de Glières. Peu avant les cérémonies officielles, trois ouvrages qui illustrent en somme les trois courants de l'historiographie furent publiés.

L'ouvrage le plus abouti est sans conteste celui d'Alain Dalotel[78]. Ses investigations le conduisirent auprès des rescapés, notamment ceux présents sur le site de Monthiévret. De façon tout à fait originale, il rechercha la trace des combats du 26 mars 1944 en utilisant un détecteur de métaux. S'il retrouva de nombreuses balles et cartouches provenant des armes des maquisards, il constata l'absence de douilles allemandes, ce qui l'amena à conclure :

> Sans assimiler le combat de Monthiévret à la bataille de Verdun, on peut s'étonner de ne pas trouver de douilles allemandes. Et l'on se pose la question : les hommes de la Wehrmacht ont-ils progressé

> sans utiliser leurs armes ? Cela semble improbable tout de même. Il est cependant possible que leur stratégie ait été fondée sur le mouvement plutôt que sur la puissance de feu[79].

Par une démarche innovante, ses découvertes remettaient totalement en cause l'idée d'un combat d'envergure à Monthiévret. Son livre ne fut pas vendu sur le site de Morette : cette œuvre dérangeait, non pour ses défauts, mais bien pour ses qualités !

Un an après cet opus parut celui de Pierre Vial[80]. Professeur d'université, agrégé d'histoire, il avait enseigné l'histoire médiévale à l'Université Jean Moulin – Lyon III, où il était membre de l'Institut d'études indo-européennes. Il s'était également fait connaître comme conseiller régional du Front national de Rhône-Alpes, avant de rejoindre le Mouvement national républicain de Bruno Mégret. En 1993, il commit un livre intitulé *Le Sang des Glières,* qui portait en sous-titre… *été 1944.* Cette publication serait inutile à mentionner si l'auteur n'avait pas révélé les intentions qui le guidaient. Membre d'un parti d'extrême droite, il soulignait le rôle modérateur des forces du maintien de l'ordre, de la Milice notamment, mais éludait la répression qu'elle avait conduite dans le secteur de Thorens.

L'insuccès des démarches entreprises par l'Association des rescapés contre les ouvrages de Bird et de Musard la convainquit sans doute de s'abstenir d'agir en justice contre cet opus. Elle attendait plutôt la parution du livre de Michel Germain[81], agrégé de géographie, préfacé par Louis Jourdan, qui depuis près de vingt ans fait désormais autorité.

Parmi les sous-titres de son livre, Germain n'hésite pas à inscrire les termes suivants : « L'épopée héroïque et sublime » et à reprendre les propos qu'André Malraux cita en 1973 pour caractériser les événements de Glières : « Une grande et simple histoire. » Avec un tel exergue, la connaissance des événements de mars 1944 avait peu de chances de progresser. De fait, en connivence avec ses témoins, l'auteur produisit une histoire complaisante.

À l'occasion du cinquantième anniversaire, le réalisateur de documentaires Denis Chegaray jeta son dévolu sur les événements de Glières. On retiendra surtout de ce film le témoignage de Jean Rosenthal qui ressemblait à un aveu. Très diminué, ce dernier apporta bien peu d'éléments nouveaux à la connaissance des événements et de son propre rôle. Il se présenta comme le simple exécutant de décisions prises à Londres. En fin d'entretien, il confessa pourtant :

> Je crois que perdre cent hommes aux Glières c'était vraiment pas cher. Et ceci dit pour moi ça a été affreux[82].

Les années 2000 furent marquées par plusieurs publications. Loin de réduire l'intérêt pour ces événements, l'éloignement des faits suscita au contraire une profusion de nouveaux titres. À vrai dire pourtant, peu de choses nouvelles furent rendues publiques : pour ce faire, il aurait fallu prendre enfin le chemin des archives.

Les travaux les plus intéressants sont ceux de Robert Amoudruz, dédiés aux événements de Monthiévret[83], ainsi que la biographie que consacra Claude Antoine à Maurice Anjot[84]. On notera celle de Théodose Morel qu'écrivit Patrick de Gmeline, dont l'apport est minime mais qui bénéficia d'une préface du président de la République d'alors, Nicolas Sarkozy[85]. Exploitant le filon, Patrick de Gmeline publia en 2008 un second ouvrage, sur les événements de Glières[86].

L'ouvrage phare de Michel Germain consacré à Glières publié en 1993, réédité en 1998 et 2003, bénéficia d'une réédition en 2009. Mais son auteur n'exploita aucunement les archives désormais disponibles, ce qui n'empêcha pas Max Gallo d'offrir une préface. Par Germain interposé, Max Gallo et Nicolas Sarkozy entendaient magnifier Glières. Alors que Michel Germain avait abandonné le sous-titre « L'épopée héroïque et sublime » après l'édition originale de son opus, Max Gallo suivit le chemin inverse :

> Les Glières : de ce qui n'était qu'un nom de lieu, le sacrifice, l'héroïsme et l'enthousiasme, le patriotisme d'une poignée d'hommes, dans l'hiver et le printemps 1944, ont fait l'un des joyaux de l'histoire et de la mémoire nationales. [...]
>
> Si les Glières sont un joyau, c'est qu'ils sont devenus un symbole, à plusieurs facettes. [...]
>
> Les Glières : l'un des blasons de l'histoire millénaire et héroïque de la nation.

Morette et le plateau de Glières : entre aménagements et sanctuarisation

La mémoire des événements de l'hiver 1944 ne pouvait se contenter des seuls ouvrages qui leur seraient consacrés : il fallait encore incarner la réalité de la « bataille des Glières » en l'inscrivant dans le paysage.

À la mi-1960, seuls quinze chalets auraient été rebâtis sur les cinquante qui avaient été détruits en 1944[87]. Ce faible nombre semble confirmer que bien des fermes d'altitude étaient abandonnées dès avant la guerre : à quoi bon faire des frais pour reconstruire des bâtiments qui n'étaient plus utilisés avant leur destruction ? La première phase de sanctuarisation du Plateau se trouve déjà là, dans le fait que nombre de propriétaires, y compris ceux qui l'habitaient avant 1944, en le quittant sans esprit de retour, contribuèrent à le sortir du temps des hommes.

La deuxième étape de sanctuarisation du plateau de Glières date de l'immédiat après-guerre. À la demande de l'Association des rescapés, la Commission départementale des sites étudia dès le 25 mai 1945 le projet de classement du Plateau et celui du cirque de Morette[88].

Le problème de l'avenir du Plateau apparut dans les années 1960, quand des architectes et promoteurs souhaitèrent faire du site une aire d'accueil pour touristes – station de ski ou station climatique. En 1964, un projet proposa « un aménagement rationnel du plateau des Glières » qui comprenait quatre zones (recueillement, tourisme, résidence, sport). Mais seule une idée arriva à son terme :

> Au col, autour de la première tombe de Tom pourrait s'édifier un haut lieu du souvenir : chapelle ou mémorial[89].

La construction du monument de Gilioli en 1973 renforça la vocation mémorielle du Plateau et sa sanctuarisation. Alors que seule une croix plantée en terre à l'emplacement de la première sépulture de Théodose Morel, ainsi qu'un mât au bout duquel flottait – et flotte encore – un drapeau tricolore, rappelaient les combats, le monument, visible loin à la ronde, indique sobrement à tout visiteur que des faits importants se sont déroulés en cet endroit. Le plateau de Glières devint bien une station de ski, mais de ski de fond, ce qui n'exigeait qu'un aménagement minimum : un lieu de location du matériel, quelques espaces de restauration, des hangars pour ranger les équipements : pas de forêt à couper, ni pentes à aménager, ni remonte-pentes à installer.

Si des projets voient régulièrement le jour, ils se heurtent à l'hostilité de l'Association des rescapés et de ses successeurs, comme l'idée de faire du Plateau un lieu dédié aux chiens de traîneaux, portée par l'aventurier Nicolas Vanier. Plutôt modeste au demeurant, cette proposition suscita des débats et plus encore l'hostilité des communes environnantes qui avançaient le symbole que représente le site. Elle semble aujourd'hui abandonnée face au refus opposé par les élus et l'Association des rescapés notamment.

Le Plateau resta donc dans un quasi-oubli pendant trente ans. Les cérémonies, faute de route, ne se déroulèrent quasiment qu'à Morette. Un premier obstacle fut levé avant 1967 avec l'aménagement d'une route qui, depuis Le Petit-Bornand, conduisait jusqu'au col de Glières. Dès lors, l'idée d'un monument sur le site, qui, sans avoir été officiellement émise, hantait les esprits, put s'afficher au grand jour. Le projet était d'autant plus vivant que les anciens de Glières, invités dans différents lieux dédiés à la mémoire du maquis et de la Résistance, purent voir à Cerdon, dans le Bugey voisin, le monumental Mémorial des maquis de l'Ain et de la Résistance réalisé entre 1949 et 1951. Si un musée fut créé à Morette en 1966, il ne pouvait satisfaire tous ceux qui voulaient que le Plateau sorte de son oubli relatif.

Le monument fit l'objet d'un concours ; ses promoteurs souhaitaient donner une réplique à la chapelle du Plateau d'Assy, véritable chef-d'œuvre de l'art contemporain[90]. Le projet d'Émile Gilioli fut finalement retenu : une « roue solaire au creux d'une sorte de V aux branches inégales[91] ». Ce dernier avait déjà réalisé plusieurs monuments dédiés à l'armée des ombres à Voreppe et dans le Vercors[92]. Tout juste achevé, le monument fut inauguré le 2 septembre 1973 par André Malraux.

On assiste depuis les années 1990 à une profusion d'initiatives, dont la création des « sentiers du souvenir », chemins pédestres conduisant des fonds de vallée au plateau de Glières que ponctuent des panneaux rappelant les moments clés des événements. Les écrits de Michel Germain inspirèrent leur contenu. Enfin, sur le site de Glières a été édifié un « lieu d'interprétation », inauguré en 2009, permettant de répondre à la curiosité des visiteurs et à l'accueil des scolaires. Le Conseil général de la Haute-Savoie est désormais omniprésent et trois conseillers généraux sont mêmes fondateurs de l'Association des Glières, créée en 1989, qui reprend le flambeau de l'Association des rescapés, dont les membres, atteints par la vieillesse, disparaissent. Entre Morette et Glières s'accumulent donc signes et initiatives qui se chargent de rappeler les événements de l'hiver 1944. Quatre sites évoquant les années sombres[93] sont financés par le Conseil général de la Haute-Savoie, résultat d'un acharnement efficace des associations mémorielles et d'anciens combattants de la Seconde Guerre mondiale, au détriment de toute autre période de l'histoire de l'ancien duché.

Aménagements mémoriels à Morette, sur et autour du plateau de Glières						
Années 1940	Années 1950	Années 1960	Années 1970	Années 1980	Années 1990	Années 2000
						Espace d'accueil (Glières)
					Panneaux explicatifs (sur et autour du Plateau)	Panneaux explicatifs (sur et autour du Plateau)
			Monument Gilioli (Glières)	Monument Gilioli (Glières)	Monument Gilioli (Glières)	Monument Gilioli (Glières)
		Musée (Morette)	Musée (Morette)	Musée (Morette)	Musée (Morette)	Musée (Morette)
Cimetière (Morette)	Cimetière (Morette)	Cimetière (Morette)	Cimetière (Morette)	Cimetière (Morette)	Cimetière (Morette)	Cimetière (Morette)
Drapeau (Glières)	Drapeau (Glières)	Drapeau (Glières)	Drapeau (Glières)	Drapeau (Glières)	Drapeau (Glières)	Drapeau (Glières)

Les commémorations

Après la visite du président Auriol en 1947, Morette et le site de Glières tombèrent dans un relatif oubli de la part des autorités nationales. Chaque année les rescapés de Glières se rendaient à Morette, selon un rituel qui se répétait. Le dixième anniversaire ne fut pas marqué par une commémoration particulière. La brève visite du général de Gaulle en 1960 ne laissa pas un souvenir impérissable : le 9 octobre, le chef de l'État ne resta que trente minutes à Morette sans prendre la parole. Le vingtième anniversaire ne fut marqué que par un banquet pour 130 convives : « cela faisait quinze ans qu'il n'y avait pas eu autant de monde[94] ». Il fallut attendre 1973 pour qu'un coup de projecteur soit à nouveau donné sur les événements de 1944 grâce à André Malraux venu inaugurer le monument de Gilioli.

André Malraux à Glières

André Malraux s'était rendu une première fois sur le Plateau en 1966. Un cliché le prend en train de marcher dans la neige avec des souliers bas. Dans ses *Antimémoires*, parus en 1967, il cite « les Glières », mais en des termes qui laissent plus de doutes que de certitudes. Dès la première page de son ouvrage, il aborde ainsi cet épisode :

> Je me suis évadé, en 1940, avec le futur aumônier du Vercors. Nous nous retrouvâmes peu de temps après l'évasion, dans le village de la Drôme dont il était curé [...].
> Il est mort aux Glières[95].

Nul prêtre n'est mort à Glières. Surtout, si ce prêtre était mort à Glières, il ne pouvait avoir été aumônier au Vercors... Malraux cite plus explicitement l'« aumônier des Glières » dans la deuxième page de son ouvrage, sans que l'on sache qui il vise[96]. Compte tenu de la fertile imagination de l'écrivain, tous ces épisodes relèvent sans doute de la pure invention. La connaissance pourtant toute relative que l'auteur de *La Condition humaine* avait de Glières n'empêcha pas l'Association des rescapés de le pressentir pour inaugurer le monument de Gilioli : au vrai, son discours émouvant lors de la panthéonisation de Jean Moulin, en 1964, restait gravé dans les mémoires.

Son discours laisse transparaître ses sources d'inspiration : l'ouvrage publié en 1946 par l'Association des rescapés et vraisemblablement celui de Musard. Ce discours doit d'ailleurs plus à la réputation de celui qui le rédige et le lit qu'aux qualités intrinsèques du texte. D'une certaine manière, Malraux prolonge les écrits de Musard et de Bird, évoquant les « divisions allemandes ». Il poursuit donc l'inscription des événements de Glières dans la légende. Multipliant les références antiques en évoquant Sparte et le combat des Thermopyles, il hisse l'événement au rang des mythes et des exploits surhumains. Il magnifie le maquisard, promu au rang de compagnon du général de Gaulle, « de Jeanne [d'Arc ?] et d'Antigone ». Les auteurs de *Glières, première bataille de la Résistance* avaient réussi à rendre le récit transformé de Fernand Guillemenet particulièrement vivant. Malraux les surpasse et, par des phrases brèves, sans verbe, donne un ton haletant à son propos :

> Le maquis dont nous attendons, heure après heure, que la radio de Londres nous parle. Entre tant de Français à l'écoute, pas un ne sait que ce maquis est un fantôme. Moins de cinq cents combattants. L'armement qui attend leurs compagnons ne comprend que des armes légères. Contre l'artillerie divisionnaire allemande et les automitrailleuses, pas un canon, pas un bazooka. Plus de ravitaillement. Autour, 20 000 hommes[97].

Malraux contribuait un peu plus à l'opacité de l'événement Glières : d'une certaine manière il avait parfaitement rempli la mission que les organisateurs de l'inauguration lui avaient assignée.

Les années 1950 à 1980 furent donc sur le plan des commémorations une période de « basses eaux », que la visite de Malraux venait rehausser : si Charles de Gaulle vint en 1948, il n'avait plus alors de fonction officielle. En 1960 sa brève visite s'inscrivit dans un périple dédié au centième anniversaire de l'annexion de la Savoie. Valéry Giscard d'Estaing visita Morette en 1967[98], alors qu'il n'était plus ministre. Son épouse, d'ascendance savoyarde, fit le déplacement en 1977 alors qu'il était président de la République. La venue de Charles Hernu en 1984 marqua le réveil de la mémoire résistante. Mais l'omniprésence des uniformes transforma cette commémoration en un événement avant tout militaire. Toute une série de personnes avant lui ou après lui visitèrent Morette, comme la reine mère d'Angleterre en 1991. Mais il fallut attendre le cinquantième anniversaire, en 1994, pour que la République renoue au plus haut niveau avec le site.

François Mitterrand à Morette

Le cinquantière anniversaire de Glières marquait pour nombre de rescapés un terme : ayant peu ou prou 20 ans en 1944, les survivants avaient autour de 70 ans, un âge où les complications liées à la maladie, une moindre envie ou possibilité de se déplacer faisaient de cette commémoration la dernière grande manifestation à laquelle ils assisteraient.

En sus de François Mitterrand se pressait à la tribune officielle, le 10 avril 1994, tout ce que la Haute-Savoie, la région Rhône-Alpes et la 27e division alpine comptaient en officiels. Les rescapés et leurs familles étaient placés de part et d'autre de l'estrade, mais un rang au-dessous : ce n'était pas les rescapés de Glières que l'on honorait, mais la République des personnalités. Les journalistes, situés juste en face de l'estrade présidentielle, étaient mieux placés que les vétérans, qui ne pouvaient pas voir le président… et ne purent l'entendre. Dès le début de son discours, une panne de courant le rendit totalement inaudible. Impavide, le président continua, sans peut-être même s'apercevoir de l'incident. Il fut longuement applaudi…

Le traitement inéquitable réservé aux participants était frappant. On aurait pu penser que les anciens de Glières allaient se trouver associés à celui qui avait été, à quelques centaines de kilomètres de là, leur compagnon d'armes : il n'en fut rien. Ils ne furent que les spectateurs d'un spectacle qui se jouait sans eux, ne bénéficiant qui plus est que de places au rabais. Mais les propos de François Mitterrand resteront parmi les plus honnêtes qui furent prononcés au sujet de Glières. Les faiblesses que l'on peut y relever, comme la connaissance instantanée que les maquisards auraient eue de la décision de Winston Churchill d'armer les maquis, ou la reprise immédiate du combat par les maquisards après le départ précipité du Plateau, n'étaient que l'écho du déficit de la connaissance historique.

Le « retour en grâce » de Glières favorisa également l'émergence de mémoires concurrentes, de spectacles dont les anciens de Glières se seraient bien passés. Ainsi, le 29 novembre 1997, Jean-Marie Le Pen tenta de se rendre à Morette afin d'y déposer une gerbe. L'annonce de sa venue était remontée jusqu'au préfet qui prit un arrêté interdisant toute manifestation partisane dans ce lieu de mémoire. Le 29 novembre au matin, Jean-Marie Le Pen, accompagné d'une petite délégation comprenant notamment les anciens résistants Jean Vallette d'Osia, l'abbé Maurice Greffier et Rolande Birgy – Juste parmi les nations honorée quelque temps auparavant à Thonon –, se rendit à Morette où les attendait un fort détachement de policiers... et de journalistes. Voulant se rendre au monument, Jean-Marie Le Pen s'en vit interdire l'accès et quitta les lieux en éructant... mais en laissant des images que les chaînes de télévision s'empressèrent de diffuser.

Nicolas Sarkozy : Solutré-les-Glières ?

Le vendredi 4 mai 2007, avant-veille du second tour des élections présidentielles, Nicolas Sarkozy, vainqueur probable, vint à Glières. Il se rendit sur le Plateau, mais non à Morette – il se serait sans doute trouvé sous le coup de l'arrêté préfectoral de 1997 interdisant toute manifestation partisane dans le cimetière. L'initiative de cette visite relevait des parlementaires locaux, la plupart membres de l'UMP, son parti.

Dans le contexte des élections présidentielles, ce geste ne pouvait être perçu que comme un signe lancé aux anciens résistants, aux anciens combattants et aux gaullistes (ou du moins ce qu'il en subsistait), Glières faisant l'unanimité au sein des différentes mémoires. Un faste particulier entoura la manifestation, bien que Nicolas Sarkozy ne fût alors que député de la circonscription de Neuilly-sur-Seine. Dès cette première venue, il fut affirmé qu'il reviendrait, ce que les journalistes simplifièrent en affirmant que Glières allait devenir son Solutré, pèlerinage annuel que François Mitterrand réalisait en escaladant cette célèbre roche bourguignonne, en souvenir de la Seconde Guerre mondiale.

La venue du candidat, puis du président n'a rien d'un rite lié à son histoire personnelle. Elle se fonde sur l'idée qu'il se forge de Glières et sur sa détestation de la repentance. Glières fut à Sarkozy ce que le mont Valérien fut pour Charles de Gaulle, un lieu symbolique. Le site présente aussi l'avantage d'avoir jusqu'alors échappé à toute appropriation partisane, à la différence de l'île de Sein ou du mont Valérien, immédiatement assimilés au gaullisme de guerre[99].

La visite fut mise en scène pour que les clichés pris sur le Plateau suggèrent qu'il était seul, alors qu'élus et journalistes l'entouraient. La visite de ce printemps 2007 rappelait l'entrée de François Mitterrand au Panthéon en 1981 alors que, tout juste élu, il était allé se recueillir sur plusieurs tombes. Différence avec le pèlerinage mitterrandien en Bourgogne, il ne procéda pas à l'ascension sur le Plateau, comme Thorez l'avait fait en 1945. Le transport s'effectua en voiture et Nicolas Sarkozy ne franchit à pied que les quelques centaines de mètres qui séparent le parking du monument de Gilioli. Sa tenue rappelait que ce n'était pas un homme entouré d'amis qui accomplissaient une ascension pédestre, mais bel et bien un président de la République en devenir. L'hôte de l'Élysée revint le 18 mars 2008, annonçant au dernier moment sa venue, ce qui obligea, à quelques jours seulement de la commémoration annuelle de Glières (le dernier dimanche de mars), à improviser une cérémonie. Puis il se rendit à nouveau sur le site chaque année entre 2009 et 2011, mais fit faux bond en 2012.

Ces visites offrirent à une mouvance de gauche l'occasion de se mobiliser, pour créer une forme de contre-pèlerinage.

Le réveil d'une mémoire de gauche

La venue de Maurice Thorez le 7 juillet 1945 ne fut pas suivie par la visite d'autres dignitaires communistes. La Haute-Savoie en général et la région de Thônes en particulier étaient, il est vrai, assez peu réceptives aux idéaux de gauche, *a fortiori* communistes. Pour autant, Glières ne signifiait-il rien pour les formations de gauche ? Ce serait aller vite en besogne. Mais les franges communisantes ou extrémistes avaient toujours gardé un vif sentiment antimilitariste qui ne pouvait se satisfaire des manifestations officielles et militarisées de Morette. Cette gauche conserva donc ses distances vis-à-vis de cette forme commémorative et préféra privilégier une vision moins guerrière, plus sociale et humaniste : lutte contre le racisme, l'antisémitisme, les inégalités et l'exclusion. Le surgissement de l'extrême droite en Haute-Savoie, les scores élevés atteints par son champion Jean-Marie Le Pen lors des élections nationales et régionales suscitèrent une exaspération des militants locaux qui brandirent alors l'étendard de Glières. Sans qu'il soit possible d'indiquer si cette instrumentalisation était la première du genre, on repère en 1990 l'existence d'un collectif « Pour le respect de tous les hommes ». Regroupant essentiellement des organisations de gauche, il organisa le 26 mai de cette année-là une soirée sur le thème des droits de l'homme, en présence notamment de Stéphane Hessel. Il s'agissait de répondre à la venue le même jour du leader frontiste à Cluses, l'un des fiefs de l'extrême droite en Haute-Savoie.

La visite de Nicolas Sarkozy le 4 mai 2007, à portée électoraliste autant que symbolique, ne laissa pas de marbre ceux qui, à gauche, lui contestaient son appropriation à des fins non dénuées d'arrière-pensées de la mémoire de Glières. Trois figures de la Résistance de Haute-Savoie parrainèrent donc un mouvement de contestation à la venue de Nicolas Sarkozy, le 13 mai 2007. Walter Bassan, qui avait été déporté à Dachau, Robert Lacroix, ancien résistant, et Constant Paisant, ancien de Glières, signèrent un manifeste intitulé : *Non, M. Sarkozy, les combattants des Glières ne sont pas récupérables*[100]. La manifestation s'acheva par « un repas tiré du sac et fraternellement partagé ». Elle rappelait le pique-nique organisé en 1945 lors de l'ascension de Thorez et se déroula sans pancarte ni banderole, comme il était explicitement demandé, afin de conserver au site sa vocation sacrée.

Les mêmes causes produisant les mêmes effets, la visite du président Sarkozy le 18 mars 2008 fut suivie du rassemblement du dimanche 4 mai 2008. Depuis, cette célébration se perpétue chaque année et l'absence de Nicolas Sarkozy en 2012 n'a pas refroidi les ardeurs de ces militants. Si ces derniers critiquaient en 2007 la récupération d'un symbole, ils cherchèrent en 2008 à s'opposer au démantèlement des acquis sociaux. Stéphane Hessel, dont c'était la première venue à Glières, prononça un discours, suivi par Walter Bassan. C'est d'ailleurs à cette occasion que l'ancien ambassadeur lança son « indignez-vous », appelé au succès que l'on sait. C'était aussi la première fois qu'un discours à teneur politique et non patriotique était délivré en ce lieu. L'Association des Glières, qui se revendique comme la gardienne de la mémoire du maquis, se désespère de ces rassemblements insuffisamment martiaux, trop peu patriotiques et au contenu politique par trop évident.

Conclusion

Les habitants de la Haute-Savoie, surtout ceux qui résidaient sur le pourtour de la frontière suisse, s'étaient montrés hostiles aux mesures limitant les libertés individuelles, avant même que la guerre n'ait commencé. Opposés aux tracasseries des fonctionnaires vichystes, perçues comme une radicalisation des contrôles opérés sous la IIIe République, ils furent vite irrités par le régime du maréchal Pétain. Les nouvelles autorités, dont on avait tant attendu (à commencer par une protection vis-à-vis des exigences – fantasmées – de l'Italie mussolinienne), suscitèrent une défiance croissante. Les paysans redoutaient l'immixtion de plus en plus fréquente de l'administration dans leurs affaires ; les citadins renâclaient devant les restrictions. L'instauration de la relève, puis l'occupation italienne, suivies de la création du STO provoquèrent un rejet de moins en moins voilé du régime, qui éclata lors de l'épisode dit du « soulèvement savoyard » de mars 1943. Des centaines, puis des milliers de jeunes se réfugièrent soit dans les fermes, soit dans des maisons d'altitude où les paysans du cru les nourrirent spontanément.

La Résistance alla à la rencontre de ces jeunes, tout comme elle démarcha les officiers du défunt 27e BCA d'armistice afin qu'ils encadrent les réfractaires au STO. En acceptant cette mission, certains militaires, aidés par les fonds américains, favorisèrent la militarisation des maquis. Néanmoins ceux-ci subirent la dure loi de l'occupant italien, alors que les forces de l'ordre françaises, timorées, montraient peu d'enthousiasme à réprimer des nationaux dont le principal tort était de refuser l'exil outre-Rhin. L'absence de zèle des autorités préfectorales de Haute-Savoie à contrer les regroupements de jeunes contribua à renforcer le maquis savoyard.

Sous la pression des autorités gaullistes, les Alliés virent dans les maquis une force sur laquelle ils pourraient potentiellement s'appuyer dans l'hypothèse d'un débarquement. Dans l'automne 1943, une première mission interalliée, suivie rapidement d'une deuxième, composée notamment de Jean Rosenthal, mit en relation la Haute-Savoie avec les services du BCRA à Londres : le maquis savoyard allait enfin être ravitaillé en armes. Alors même que Winston Churchill décidait que les maquis du sud-est de la France seraient armés, les autorités de Vichy choisirent, à la faveur d'un remaniement ministériel, de prendre des moyens radicaux pour venir à bout des « bandes » qui sévissaient en Haute-Savoie : la présence de milliers de jeunes fuyant le STO provoqua le développement de troubles qui culminèrent en décembre 1943/janvier 1944 avec l'assassinat de civils, mais aussi de miliciens et de membres des forces de l'ordre. Sous la pression de l'occupant, qui craignait pour la sécurité de ses hommes, Vichy fut alors sommé de faire régner l'ordre dans le département. L'arrivée des ultras de la collaboration, notamment Joseph Darnand, désormais secrétaire d'État au Maintien de l'ordre, marqua un tournant dans la lutte contre le maquis. Darnand dépêcha vers la Haute-Savoie plusieurs milliers d'hommes destinés à réduire les troubles qui s'y produisaient. Bien que les Allemands aient douté des chances de sa réussite, ils laissèrent faire.

Afin de fuir la traque des forces de l'ordre, puis de recueillir les armes promises et tant attendues, plusieurs camps de maquisards rejoignirent le plateau de Glières, situé au centre du département, dès le 31 janvier 1944. D'autres camps ou des maquisards isolés les suivirent, au point d'atteindre, après le 12 mars, un effectif compris entre 400 et 500 hommes.

Les conditions hivernales ainsi que des lunaisons troublées par le mauvais temps les obligèrent à cantonner plus longuement sur le Plateau que ce qui avait été initialement prévu. Sous les ordres du lieutenant Théodose Morel, les maquisards s'organisèrent alors en bataillon. Ils mirent à profit le temps dont ils disposaient pour suivre l'« école du soldat » et acquérir les rudiments leur permettant de devenir des combattants.

Les tentatives d'incursion sur le Plateau conduites par les forces du maintien de l'ordre échouèrent, policiers et gardes n'ayant ni l'équipement ni la motivation pour venir à bout du rassemblement de Glières. L'arrestation par les GMR de maquisards tentant de rejoindre le Plateau entraîna l'enlèvement d'une soixantaine de ces policiers, peu après le meurtre de Théodose Morel, tué par leur commandant, dans la nuit du 9 au 10 mars. L'élimination d'un chef de grande valeur, suivie d'un parachutage d'environ 90 tonnes d'armes et d'équipements divers, dans la nuit du 10 au 11 mars, amenèrent à la décision funeste de rester sur le site. Mais c'est surtout la promesse (fallacieuse) d'un contingent parachuté qui convainquit les résistants retranchés de tenir leurs positions.

L'échec de toutes les forces de l'ordre françaises, Milice incluse, aboutit à les remplacer par des éléments de la 157e division de réserve allemande, équipée pour le combat en montagne. L'attaque allemande, planifiée pour le 28 mars 1944, devait être menée par trois bataillons soutenus par l'artillerie et l'aviation. Pourtant, elle n'eut pas lieu. Conduits par le capitaine Maurice Anjot, successeur de *Tom*, les maquisards quittèrent Glières après que les Allemands eurent mené, le 26 mars en fin d'après-midi, une reconnaissance offensive qui mobilisa une section. Ce bref engagement provoqua deux morts et un blessé du côté du maquis. Les combattants placés sur cet avant-poste rendirent alors compte au capitaine Anjot. Jugeant toute résistance vaine, ce dernier ordonna un repli qui déjouait les plans ennemis. Les maquisards tentèrent alors, dans une totale improvisation, de s'extraire du Plateau.

C'est en constatant, le 27 mars au matin, que des maquisards se trouvaient sur les flancs du Plateau, que le général allemand Pflaum ordonna d'attaquer. L'attaque échoua, nombre de maquisards étant déjà bien loin de Glières. Une chasse à l'homme s'engagea, à laquelle participèrent principalement les policiers nazis, aidés par les plus convaincus des miliciens. Plusieurs dizaines d'hommes furent arrêtés, battus puis fusillés, dans ce qui est le plus grand crime de guerre commis en Haute-Savoie et dont l'occupant était à l'origine.

La réduction du rassemblement de Glières, présentée comme une victoire par le régime vichyste, fut en fait un échec pour l'État français, incapable d'aligner des troupes dûment équipées et motivées, peu enclines à faire le travail de l'occupant à un moment où ce dernier affrontait bien des difficultés sur tous les fronts où il combattait.

L'échec des forces de l'ordre à Glières fut masqué. Philippe Henriot s'employa notamment à transformer la fin de Glières en un succès milicien. Pour répliquer à ce mensonge, Jean Rosenthal dépêcha à Londres des bilans de pertes allemandes hautement improbables auxquels la BBC, par la voix de Maurice Schumann, offrit un large écho. Le rejet par la population de la Milice et des affirmations mensongères du ministre milicien Henriot favorisa, en réplique, la croyance en la véracité des propos de la radio anglaise.

Dans le premier après-guerre, les premiers écrits traitant de cet événement, repris au moins partiellement par l'Association des rescapés, comme l'absence d'archives disponibles contribuèrent à obscurcir la réalité alors que les tombes des maquisards témoignaient de la « bataille des Glières, première bataille de la Résistance ». L'Association des rescapés déploya des efforts importants et fructueux pour populariser les événements de mars 1944. Depuis soixante-dix ans maintenant, par le biais des représentations, la croyance dans l'existence d'une bataille à Glières se perpétue. Après avoir succédé à l'Association des rescapés de Glières, l'Association des Glières, par un verrouillage efficace, parvint à entraver les efforts pour que l'événement Glières se rapproche des rives de l'histoire, en décidant notamment de qui disposait de la légitimité pour en parler[1]. D'une certaine manière, la « bataille » du 26 mars constitue le noyau dur contre lequel les tentatives des historiens ont buté jusqu'ici. Ceux qui ont écrit jusque-là sont devenus, par crainte de la réalité qu'ils révéleraient ou au contraire par aveuglement, les propagateurs de l'idée selon laquelle une bataille se produisit réellement à Glières le 26 mars 1944.

Les visites précoces des plus hautes personnalités de la IVe puis de la Ve République perpétuèrent la légende et firent écran à une vision plus historique de la réalité, jugée illégitime[2]. La visite annuelle de Nicolas Sarkozy à Glières (entre 2007 et 2011) et le rassemblement de plusieurs milliers de personnes par des organisations de gauche (depuis 2007) n'ont guère favorisé le renouvellement de la recherche. Au contraire, les stéréotypes ont perduré. Lorsque le président de la République évoqua, lors de son pèlerinage annuel, le patriotisme et le sacrifice, la gauche lui répondit récupération et remise en cause du programme du Conseil national de la Résistance. Au final, les uns et les autres sont restés fort éloignés de l'événement tel que nous pouvons aujourd'hui le reconstituer.

Les tenants de la mémoire ont craint jusqu'à présent qu'une recherche historique rigoureuse ne désagrège le symbole de Glières. Ils se sont contentés de travaux masquant la réalité des faits tels qu'ils survinrent dans le massif des Bornes dans l'hiver et les premiers jours du printemps 1944[3]. Cette crainte paraît cependant excessive. Car les télégrammes de Jean Rosenthal, les propos enflammés de Maurice Schumann, les invraisemblances de Michael Bird ou de François Musard, les hyperboles d'André Malraux ou de Max Gallo et les non-dits des auteurs de *Glières, première bataille de la Résistance*, dans la fausseté de leurs énoncés, traduisent une vérité, selon les critères que définit l'historien Paul Veyne :

« Critiquer les mythes n'était pas en démontrer leur fausseté, mais plutôt retrouver leur fond de vérité. Car cette vérité a été recouverte de mensonges. [...] Mais d'où viennent ces mensonges et à quoi servent-ils[4] ? »

> Pour les modernes [...] le mythe sera plutôt la relation d'un grand événement, d'où son aspect légendaire. Cet événement est moins altéré par des éléments adventices qu'il n'est épiquement grossi ; car l'âme populaire agrandit les grands faits nationaux ; la légende a pour origine le génie des peuples, qui fabulent pour dire ce qui est vraiment vrai ; ce qui est le plus vrai dans les légendes, c'est précisément le merveilleux : là se traduit l'émotion de l'âme nationale[5].

Tous ceux qui ont écrit jusqu'alors sur Glières soulignent, à juste titre, que ce furent des hommes démunis qui surent s'opposer, sous la houlette d'une poignée d'officiers, à leur envoi en Allemagne, ou à la politique de collaboration des autorités de Vichy. Montés à Glières pour se cacher puis recevoir des armes, ils mirent leur vie en jeu pour s'opposer à l'exil que leur promettait le gouvernement de Vichy, un État qui aurait dû, au contraire, les en protéger. Comme l'écrit fort justement Jean-Louis Crémieux-Brilhac :

> L'épisode des Glières est mémorable comme l'affirmation collective d'une révolte[6].

D'une certaine manière ces maquisards, sans qu'il soit nécessaire d'en faire des héros – qualité à laquelle la plupart des rescapés n'ont jamais prétendu –, sont allés jusqu'au bout de ce que « vivre libre ou mourir » pouvait signifier. Ces hommes, comme ceux et celles qui dans les vallées les soutenaient, appartenaient à la communauté des citoyens de Savoie, de ce petit bout d'une France que le général de Gaulle voyait en *résistance*. Au travers des événements de Glières, le mythe gaullien de la France en résistance trouva en Haute-Savoie une forme de réalité – si l'on oublie le vieux fond antifrançais qui les sous-tendait. « Derrière le nuage si lourd de nos larmes, voici que reparaît le soleil de notre grandeur[7] », affirma de Gaulle en juin 1944, une vision que partageaient sans doute ses officiers, dont Jean Rosenthal. Les sacrifices consentis par les Français permettaient au pays de retrouver le rang qui était le sien avant la guerre.

« À quoi sert le mensonge ? » demandait Paul Veyne. Écartons d'emblée une réponse : à la gloire individuelle des rescapés. Ces hommes sont restés modestes et l'on ne peut affirmer que Glières leur ait servi, à l'exception peut-être de Jean Rosenthal, adoubé compagnon de la Libération par le général de Gaulle, alors que les faits dont il avait été le démiurge auraient dû pour le moins l'obliger à préciser son rôle réel.

Malgré les manipulations et les mensonges, Glières administrait aux Français ainsi qu'aux yeux de l'étranger la preuve locale que la défaite de 1940 n'avait pas été admise, que la collaboration restait le vœu d'une infime minorité et que des hommes de courage refusaient le régime de Vichy et ses orientations. Par leur sacrifice, ces combattants et leurs soutiens offraient à la France un magnifique symbole dont l'histoire méritait toutefois d'être racontée. Nous espérons que cet objectif a été atteint.

Le mot de la fin revient à André Malraux :

> Dans la Résistance, la France reconnaissait ce qu'elle aurait voulu être, plus que ce qu'elle avait été[8].

Cette affirmation ne résume-t-elle pas, à sa manière, le drame de Glières ?

ANNEXES

1

Biographies succinctes des officiers français sur le plateau de Glières (sauf Théodose Morel et Maurice Anjot)

Un seul des officiers présents à Glières a un parcours se rapprochant de celui de Théodose Morel ou de Maurice Anjot. Il s'agit de **Jacques Lalande**. Saint-cyrien comme eux, il est né le 23 décembre 1919 à Paris dans une famille qui comptait de nombreux officiers ; il entre à Saint-Cyr en 1938 et en sort un an plus tard alors que la guerre contre l'Allemagne vient d'être déclarée. Affecté avec le grade de sous-lieutenant au 74ᵉ régiment d'infanterie le 3 septembre 1939, il est blessé dans les combats de juin 1940 dans les Ardennes. Fait prisonnier le 23 juin, il parvient à s'évader le 22 août. Il est affecté alors au 27ᵉ BCA qu'il rejoint le 30 septembre. Il est fait lieutenant le 22 août 1941. Vallette d'Osia, son chef de bataillon, en laissa l'appréciation suivante :

> Jeune officier, plein d'allant, ayant de gros moyens dans tous les domaines. Excellente éducation, bonne formation antérieure. Caractère vif et enjoué, bel athlète, figure agréable, attire toutes les sympathies, ce qui lui vaut trop de préoccupations extérieures au service. Intelligent, sportif, brillant, s'est enthousiasmé pour la montagne et s'y lance avec passion. Scout confirmé, aime ses hommes et le commandement.
>
> Malheureusement gâche un peu ses splendides qualités par légèreté et paresse, et n'a pas tout à fait le rendement qui s'impose à un officier aussi bien doué.
>
> A fait ses preuves au feu, mais a encore besoin de perfectionner ses connaissances militaires.
>
> Officier sur qui, en cas de coup dur, on pourrait absolument compter[1].

Son rôle au sein de la Résistance en Haute-Savoie est moins connu que celui de Morel et Anjot. Démobilisé le 27 novembre 1942, il bénéficia d'une permission jusqu'au 28 février 1943 et fut placé en congé d'armistice à compter du 1ᵉʳ mars 1943. Selon ses états de services, il devint instructeur des cadres du maquis du 1ᵉʳ février 1943 – ce qui est peu probable à cette date-là – au 30 septembre 1943. Après l'arrestation du capitaine Clair, il devint d'octobre 1943 au mois de mars 1944 chef du secteur AS de Bonneville, avec un effectif de 500 hommes au maquis et de 800 sédentaires. Le 12 mars il gagnait le Plateau[2].

Le parcours des autres officiers était différent.

Louis Jourdan, né le 15 février 1915 à Poissy (Seine-et-Oise), avait devancé l'appel et s'engageait au 7e BCA le 15 octobre 1935. Il suivit le peloton des élèves caporaux en 1935-1936. En Alsace entre août et septembre 1939, il fait partie du peloton d'élèves aspirants en février 1940 et est nommé à ce grade au 1er mai, puis affecté au bataillon d'instruction d'Annecy. Inscrit à l'automne 1942 pour suivre la formation d'officier à Saint-Maixent repliée à Aix-en-Provence, la dissolution de l'armée d'armistice met un terme au déroulement du cours. Jourdan est pourtant nommé sous-lieutenant d'active le 25 novembre 1942. La dissolution de l'armée l'amène à exercer diverses activités. Nommé le 5 avril 1943 à Thônes par le capitaine Clair aux fonctions de chef de secteur, il encadre une centaine de maquisards et environ 800 sédentaires. Le capitaine Petit le promeut chef de l'école des cadres des maquis de Haute-Savoie à compter du 1er décembre 1943. Il assure la direction de deux stages successifs, en décembre 1943 et janvier 1944, regroupant « tous les chefs de camp du département ». Le 1er février il est nommé, selon son dossier, chef des maquis de Thônes. Selon la même source, il rejoint le plateau de Glières avec ses hommes[3].

Pierre Bastian est né le 16 janvier 1907 à Bazoilles-sur-Meuse, dans les Vosges. Il semble avoir été clerc de notaire quelques temps avant d'être incorporé le 10 mai 1927. Sous-officier de carrière, il poursuit une formation de chef de section. Il est nommé aspirant le 1er juin 1939 puis sous-lieutenant à titre temporaire, le 1er juin 1940. Il fait partie du 27e BCA d'armistice à compter de juillet 1940. Il rejoint les rangs de l'AS au début de l'année 1943 et devient chef du secteur AS de Thônes en juin 1943, succédant ainsi à Jean Lamy, arrêté[4]. Il aurait eu, selon ses états de services, 400 sédentaires sous ses ordres ainsi que 200 maquisards.

Ces deux officiers qui n'étaient pas saint-cyriens, d'un rang inférieur à Théodose Morel, agirent en subordonnés de celui-ci, chacun ayant une responsabilité bien définie dans l'organisation du dispositif militaire. Bastian (37 ans), Jourdan (29 ans), Lalande (25 ans, qui n'arrive à Glières que le 12 mars), étaient bien jeunes, soit en âge, soit en expérience, soit dans leur grade pour succéder à Théodose Morel, malgré leur aptitude au commandement.

Deux officiers, Jacques de Griffolet d'Aurimont et Pierre Barillot, eurent un rôle de second plan sur le plateau ; ils n'ont pas eu de compagnie sous leurs ordres.

Jacques de Griffolet d'Aurimont est né en 1913 à Boulogne. Après des études chez les jésuites, il s'engagea au 7e BCA, à Albertville, à l'âge de 18 ans, où il gravit les échelons de la hiérarchie. Nommé au 189e BAF à l'entrée de la guerre en qualité d'adjudant-chef, il intègre le 27e BCA d'armistice avec le grade d'aspirant, prend le commandement d'une section d'éclaireurs-skieurs et participa à l'entreprise de camouflage d'armes et d'équipement. On ignore ce qu'il fit entre la dissolution du 27e BCA et la création des maquis. On le retrouve dans l'été 1943 dans la région de Chamonix, où il encadre des camps du maquis. Il semble prendre la tête du secteur AS du Chablais vers la fin du mois d'octobre 1943. Il quitte Thonon le 8 février 1944 pour se rendre à Vailly, où il rejoint le maquis. Sans que l'on ne sache rien à ce sujet, ce sont peut-être les mesures liées à l'état de siège qui le poussent sur les hauteurs chablaisiennes. Le 10 mars, il reçut l'ordre de rejoindre ses camarades sur le plateau de Glières. On ignore quelles furent ses responsabilités à Glières entre son arrivée et celle du capitaine Anjot. À la venue de ce dernier, Griffolet d'Aurimont fut nommé adjoint tactique. Son activité consistait à vérifier l'état des défenses du plateau, « de crainte d'une défaillance ou d'une surprise à l'un des points d'accès du plateau[5] ».

Pierre Barillot n'est habituellement pas mentionné parmi les officiers présents sur le plateau de Glières. Il est vrai qu'il n'a pas exercé le commandement d'une compagnie ou tenu de poste d'adjoint aux côtés d'Anjot. Il était pourtant placé sur un secteur stratégique, à Monthiévret, du côté du Petit-Bornand, près du village de L'Essert où était arrivé l'essentiel du ravitaillement (à dos de mulet ou à dos d'homme) et par lequel une attaque ennemie avait le plus de probabilités de se produire. Il était le seul officier à occuper un commandement correspondant effectivement à son grade de sous-lieutenant : cela montre l'importance qui fut apportée à ce secteur de Monthiévret, alors que tous les autres chefs de section étaient soit des sous-officiers, soit des hommes du rang.

Deux raisons expliquent la part d'ombre qui entoure Barillot : d'abord qu'il ne faisait pas partie des officiers du 27e BCA d'armistice mais, plus encore, son attitude supposée lors de la tentative d'incursion allemande le 26 mars au soir, où il aurait quitté le Plateau sans ordre une fois le coup de feu fait. Pierre Barillot est né le 25 janvier 1919 à Saint-Lathain dans le Jura. Titulaire du baccalauréat, il s'engage comme volontaire au 22e BCA au 1er décembre 1937. On le retrouve avec le grade de sergent au 6e BCA, le 1er juin 1941[6]. Admis à l'école de Saint-Maixent, repliée à Aix-en-Provence le 1er octobre 1942, il quitte cette école à la dissolution de l'armée avec le grade de sous-lieutenant : il se trouve dans la même position que Louis Jourdan[7]. Entré dans la Résistance active le 1er janvier 1943 comme chef du secteur de la vallée du Giffre, il organise plusieurs compagnies de résistants sédentaires à Saint-Jeoire, Viuz-en-Sallaz et Taninges. Il organise, arme et entraîne trois camps de maquisards aux Gets, à Taninges et à Mieussy, ainsi que le corps franc du Giffre. Il participe à plusieurs opérations, attentats, embuscades dans son secteur, y compris l'enlèvement d'agents allemands. Il est chef du secteur de la vallée du Giffre à compter du 1er décembre 1943. Ce qu'il fit avant et après Glières témoigne de son courage.

Enfin, deux chefs de compagnie prirent le rang d'officier, bien que n'ayant été que sous-officiers dans l'armée d'armistice. Il s'agit de Louis Morel et d'Henri Onimus, chefs de compagnie à Glières.

Louis Morel est né le 15 avril 1911 à Jallerange dans le Doubs. Sans que l'on sache quel est son parcours, on le retrouve au 27e BCA dès le 31 août 1940. À la dissolution de l'armée d'armistice, il était adjudant-chef au sein de cette unité. Selon son dossier de résistant, il se serait mis immédiatement à la disposition de Jean Vallette d'Osia, devenu commandant de l'AS. Louis Morel se reclassa comme fonctionnaire du service des Eaux et Forêts à Thorens : c'est sans doute de cette activité qu'il tira son surnom : *Forestier*. Il enrôla un grand nombre d'hommes au sein de l'AS. Sa réussite, qui est manifeste, lui permit de détacher le secteur de Thorens du secteur d'Annecy, auquel il était subordonné, et il en reçut le commandement. Il entretenait de bonnes relations avec les FTP avant Glières et ces derniers ne firent aucune difficulté à l'admettre comme commandant de compagnie sur le plateau de Glières[8].

Henri Onimus, né le 11 février 1910 à Bantzenheim, en Alsace, effectua son service militaire en 1931 et s'engagea dans l'armée où il devint sergent, grade qu'il tint entre 1935 et 1939. Fait prisonnier le 17 juin 1940, il trouva le moyen de s'évader et rejoignit alors le 159e RIA (régiment d'infanterie alpine) jusqu'à la dissolution de l'armée d'armistice. Il avait alors le grade de sergent-chef. On ignore ce qu'il fit jusqu'à son entrée au maquis, le 16 mars 1943. Dans la clandestinité il prit la fonction d'instructeur au camp de Manigod.

2

Rapport du lieutenant de GMR Gabriel T., Archives départementales de la Haute-Garonne, 2546 W 27

(Syntaxe et césures ont été conservées. Seul le nom de l'auteur du rapport ainsi que les mots manquants du fait de déchirures sont absents.)

RAPPORT
Thorens le 30 mars 1944

L'OFFICIER DE PAIX T., Gabriel
du G.M.R. d'Aquitaine déclare sur l'honneur
ce qui suit :

Ayant été prisonnier du « maquis » sur le plateau des Glières du
10 au 28 mars 1944 j'ai pu recueillir ou constater divers rensei-
gnements sur quelques uns des chefs du « maquis » tant au point de vue
action personnelle, qu'emploi tenu. Ainsi que sur les effectifs, dé-
pôts d'armes, vivres et munitions, et sur le système de défense du
plateau.

1° EFFECTIF : Réparti en totalité aux avants postes :
Section Wolf, au col du Fren avec un groupe FTP Une section
au col de Spee (section dépendant de la Compagnie Humbert).-
Une section de mortiers à Hautan.- Deux sections d'Espagnols aux
avants postes commandant l'accès au plateau vers les Esserts.-
Au même endroit la section BARATIER.- Au col des Auges deux sec-
tions (Compagnie Leclerc).- À Notre Dame des Neiges, une section.-
À la Commanderie une section.- À Champ-Laitier une section.
Sur le plateau le poste de commandement, la section d'Eclai-
reurs skieurs, les P.C. des Compagnies HUMBERT et LECLERC.
Chaque section était à l'effectif de 30 à 40 hommes, le total
des « Maquisards » est de 500 à 550 hommes.
2° COMMANDEMENT ET OFFICIER OU CHEFS DE SECTION :
Lieutenant MAUREL dit Tom, le commandement du plateau fut exercé
à la mort de MAUREL par le lieutenant JOUBERT, puis de façon définitive
par le Capitaine PIERROT, dit « BAYARD ».
Le lieutenant JEROME exerçait les fonctions d'adjoint au Capi-
taine commandant le plateau des Glières.

Le sous-lieutenant BARRA, (de l'ex-27e B.C.A.) exerçait les fonctions d'officier de détail. Il était le successeur désigné du Capitaine commandant le plateau. C'est lui qui exerçait depuis la mort du Lieutenant MAUREL, le commandement réel du plateau. Il pourrait donner s'il est capturer des indications très utiles sur la provenance du ravitaillement en vivres du plateau, sur la provenance de l'argent destiné tant aux achats de denrées, qu'au paiement du prêt sur les complicités qu'il s'était acquis dans le pays pour acheminer les vivres sur le plateau des Glières.
Le Lieutenant JOUBERT de l'ex-27e B.C.A. commandant la compagnie « LECLERC ».
Le sergent-chef HUMBERT commandait la Compagnie Humbert.Etaient Chefs de Section : le Sous-lieutenant JOUGLA Ro-
bert, les Lieutenants BARATIER et LAMOTHE, de l'ex 27e BCA, l'adjudant-chef PETIT, les sergents-chefs WOLF, l'adjudant-chef X. Tous du 27e B.C.A. Le sous-lieutenant de réserve DUPART dit BANTET Raymond, commandait la section d'Eclaireurs.

3° PERSONNAGE A RECHERCHER PARTICULIREREMENT
Capitaine PIERROT dit « Bayard » de l'ex-27e B.C.A. - Son action sur le plateau qu'il commandait, fut assez effacée. Son commandement fut de peu de durée ; il peut cependant fournir tous les renseignements sur l'organisation du P.C. départemental de l'Armée Secrète et du mouvement Gaulliste.

Le sous-lieutenant BARRAT de l'ex-27e B.C.A. (signalement : taille moyenne, corpulence assez forte, blond, vêtu d'une canadienne grise). Organisateur du mouvement de résistance sur le plateau des Glières. Peut fournir tous les renseignements sur : provenance des vivres, tabac, argent. Système de liaison et transmission tant entre le plateau des Glières et la Vallée du Borne et de Thônes, qu'entre le plateau et Londres ou Alger. C'est l'agent le plus influent et le plus actif du mouvement de résistance sur le plateau des Glières

Le sous-lieutenant DUPART sous lieutenant de réserve au 27e B.C.A. domicilié à Annecy, où il exerçait la profession de couturier ; ex-champion de ski. Est détenteur de 2 fausses cartes d'identité au nom de BANTET Raymond, l'un portant comme profession « Moniteur de ski » avec lieu de naissance à Chambéry ; l'autre portant comme lieu de naissance Bonneville.

A été le chef au 2e bureau du P.C. Départemental du mouvement de résistance ; connait toute l'organisation régionale et départementale de ce mouvement. À participé à divers actes terroristes. (Signalement : taille moyenne, maigre, cheveux bruns en brosse, moustache, vêtu d'une canadienne marron ou survêtement blanc.)

SIEUR LACOMBE : sous-chef de gare à Annecy. Aurait pris le maquis pour échapper à la police Française. Militant Cégétiste et communiste ; complice d'actes de terrorisme.

DUJOURD'HUI Jean dit « Jeannot » – PAHAUT – PIERROT -
Les seuls trois survivants du Corps franc « SIMON ».
Auteurs et complices de tous les actes de terrorisme commis par le corps franc « SIMON ».
PAHAUT ex-sous-officier de la Légion étrangère. (taille 1 m 78 environ) âgé de 42 ans environ, nez busqué. Vêtu d'un blouson en simili-cuir marron et d'un pantalon C.J.F. vert.
PIERROT : (taille 1 m 77 environ, vêtu d'un blouson de cuir.)

JEANNOT déjà arrêté.
CURE DU PETIT-BORNAND (agent de liaison le plus [feuille déchirée]
CURE DU BOUCHET, MONT CHARVIN (agent de laison pour [feuille déchirée]
Un garde des Eaux et Forêt de Thônes (grand blond) qui pourrait désigner l'agent de liaison pour le secteur de Thônes, qu'il connaît particulièrement et qui l'accompagnait sur le plateau.
DEPOTS D'ARMES au pied du rocher sis à l'Ouest du P.C. du Capitaine commandant le plateau des Glières, sur le plateau même.
Dans une cabanne au sud du P.C. et à 30 mètres de ce-dernier.
Au chalet dit « La Scierie », sur le plateau même et dans le lit du ruisseau sis à l'Est de ce chalet.
DEPOT DE VIVRES (au chalet dit « la Scierie »), d'autres dépôts de vivres (farine et pommes de terres, d'essence, et de véhicules existent dans la vallée. Le sous lieutenant BARRA, les nommés PAHAUT, PIERROT et JEANNOT pourraient donner des indications à ce sujet ; le sous-lieutenant BARRA pour le dépôt de vivres et essence, les nommés PAHAUT, PIERROT et JEANNOT, pour les lieux où se trouvent des véhicules de l'armée secrète et ceux dérobés par le corps-franc « SIMON ».
OBSERVATIONS : il faut faire indiquer aux nommés PAHAUT, PIERROT et JEANNOT, non seulement les actes de terrorisme commis par eux avec le lieutenant SIMON, mais encore leur faire préciser un certain ravin où ils assassinaient (disaient-ils) ; les victimes qu'ils avaient arrêtées.

SIGNE

T.

3

Interrogatoire de Serge Thelen (archives Poirson)

MINISTÈRE ÉTAT FRANÇAIS
DE L'INTÉRIEUR
PROCÈS-VERBAL

L'an mil neuf cent quarante quatre
le seize avril
Nous, Jacob de CORDEMOY, Camille,
Commissaire de police, en mission en Hte-Savoie
officier de police judiciaire, auxiliaire de Monsieur le Procureur
de la République
Affaire Thelen Serge, 21 ans
Vu les instructions de Monsieur l'Intendant de
police, Directeur des Opérations du Maintien de
Audition du nommé : l'Ordre en Haute-Savoie, entendons le nommé :
THELEN Serge, âgé
THELEN Serge, âgé de vingt et un ans, actuellement
de 21 ans, électricien
détenu à la caserne Dessaix à Annecy, qui nous
domicilié à MEYZIEU
déclare :
(Isère)
Je me nomme THELEN Serge, Robert. Je suis né le 28 mai 1922, à St Rémy, (Saone et Loire) de Julien et de Scapp Elisa. Célibataire, j'étais domicilié chez mes parents à Meyzieu (Isère) quartier du Carreau et j'exerçais la profession d'électricien à Lyon. Je suis titulaire du C.E.P. Je suis de religion catholique. J'appartiens à la classe 1942 ; appelé le 18 juillet 1942, j'ai accompli huit mois de chantiers de jeunesse, puis je suis resté en qualité d'ouvrier auxiliaire, au Chantier de Cormatin (Saone et Loire) jusqu'au 10 mars 1943.
Je n'ai jamais été condamné et ne suis ni dé-

Coré, ni pensionné.
Appartenant à la classe 1942, recensé pour
partir en Allemangne, alors que je travaillais chez
ROCHET-SCHNEIDER à Lyon, j'ai décidé de me soustraire
À mes obligations. Sur les conseils de mon beau-
Frère, M. BLETTERIE domicilié à Lyon, je projetais de me rendre au
Grand-Bornand (Hte-Savoie). Au cours
du voyage ayant appris qu'un camp de réfractaires
existait au Petit Bornand, je suis descendu dans
cette dernière localité. Ne connaissant pas l'em-
placement exact du camp, je n'ai pu m'y rendre et
me suis fait embaucher par M. DUC Cultivateur. C'était au mois de
juin 1943.
Par la suite je suis entré en rapports avec
le lieutenant RENARD, qui commandait le camp situé
au lieu-dit « Dompta ». Il m'a conduit au camp qui servait de
« centre de triage ». J'y suis resté quinze jours, puis ai été
dirigé au camp de Servoz, près de Chamonix en compagnie de
cinq autres. Ce camp qui comptait une vingtaine de membres était
commandé par un nommé DOMANGE Roger, d'origine alsacienne. À la
suite d'une action de troupes italiennes contre un camp voisin
le chef décida de nous replier sur les Auches. Il est vrai que
nous n'avions pour tout armement qu'un pistolet 7,65 qui
appartenait au Chef. Là, pour assurer notre nourriture, nous
travaillions à tour de rôle chez des paysans. Je dois dire que nous
percevions des tickets d'alimentation qui étaient remis à
DOMANGE par le lieutenant DENAND qui venait à Chamonix à cet
effet. Je précise que par la suite, ce dernier s'est fait appe-
ler, lieutenant JEROME.
Vers la fin Septembre 43, sur l'ordre du lieutenant et
sous le commandement de DOMANGE, nous sommes allés rejoindre le
camp de MEGEVETTE où se trouvaient déjà sept camarades commandés
par un nommé GAILLARD. Le camp des Ouches avait été dissous en
raison des nombreux départs de jeunes originaires de la Savoie,
qui avaient rejoint des camps créés dans ce département. EN
effet, nous n'étions plus que dix à nous rendre à MEGEVETTE. Là
aussi, nous avons travaillé chez divers cultivateurs de l'endroit
Nous n'avions comme armement qu'une mitrailleuse allemande ne
fonctionnant pas et un fusil Mauzer appartenant à GAILLARD.
Le onze Novembre 1943, nous sommes allés déposer une gerbe
au Monument au Morts de MEGEVETTE. Le corps franc sta-
tionné à Mieussy et commandé par Henri PLANTAZ, ayant agi de
même à St-JEOIRE, les troupes allemandes ont attaqué notre camp
le seize novembre : huit d'entre eux ont été faits prisonniers.

Nous restions une dizaine, avec DOMANGE, réfugiés en Hte montagne. Deux jours après nous avons gagné le camp de Tanninges, commandé par un prénommé « Pierrot », qui n'a pas voulu nous garder avec lui. Notre groupe a été dissous. Domange est parti pour Bonneville, comme adjoint au lieutenant LOMBARD, chargé de l'administration des camps. D'autres se sont placés dans les fermes de la région de TANNINGES. Quant à moi je suis allé me présenter chez Monsieur CHAPPELLIER, électricien à Cluses. Je connaissais cette adresse par l'intermédiaire de Mme BOUVARD, tenancière du café de la Grenette dans cette même localité. J'y ai travaillé une quinzaine de jours, puis vers la mi-Décembre pour raison de santé je suis parti dans ma famille, avec l'intention d'y rester ; mais me sentant surveillé par la gendarmerie de MEYZIEU, je regagnai la Hte-Savoie. De retour à Cluses, d'anciens camarades m'invitèrent à rejoindre le camp de Tanning où l'on procédait à un regroupement, sous les ordres de « PIERROT » à la fin Janvier 1944 je rejoignis donc le camp où je fus employé à diverses corvées. Je ne pris part à aucune expédition, car seul le corps franc y participait. Ils étaient cinq commandés par le sous-lieutenant « Jean-Jean » et que je ne connaissais que par leurs surnoms, à savoir : Titi le Mataff, Chochoda, Milou, le Matelot et le chef de camp « Pierrot ». Ils avaient pour armement : un fusil-mitrailleur, cinq mitraillettes, deux mousquetons, et une dizaine de fusils Mauser. Il y avait aussi des grenades de fabrication italienne et anglaise.
Vers le 13 mars, notre chef « Pierrot » nous a envoyés aux Glières, mais ni le corps franc, ni lui ne nous ont suivi. Nous sommes arrivés dix, puis un autre nous a rejoints deux jours plus tard. J'ai été affecté au P.C. JOUBERT. À mon départ de TANNINGES j'étais armé d'un fusil MAUSER. Nous avions également emporté le fusil mitrailleur. à notre arrivée on nous équipa d'autres armes de fabrication anglaise. En même temps que nous est arrivé au Plateau le groupe des Charmettes commandé par les lieutenants Jérôme, BARATTIER et LAMOTTE.
Deux jours avant l'attaque du Plateau des Glières, j'ai quitté le P.C. du lieutenant JOUBERT et nous sommes partis une dizaine pour la section LECLERC, sous le commandement du lieutenant JOUGLAS, au col des Auges, où se trouvait cette unité. Sur place, nous avons procédé à des travaux de fortifications, mais n'avons pas été attaqués. Après une liaison avec le P.C. Marcel le Parisien, le dimanche soir, nous a donné l'ordre de nous replier sur Champ Laitier, mais nous n'avons pu le faire, les Allemands se trouvant sur le Plateau.
Nous nous somme dirigés sur ENTREMONT et avons passé le col

du Bufflaz au petit jour. Ensuite notre groupe s'est dispersé
et au nombre de trois, nous avons gagné le village du Sapey, où
mon camarade DUFRESNE avait une tante. À l'entrée du village,
nous avons été faits prisonniers par la Milice. Je n'avais plus
d'arme, car je l'avais abandonnée en cours de route.
C'est tout ce que je puis vous dire sur mon activité
dans le maquis.
Je n'ai jamais participé à des expéditions ou sabotages.

Lecture faite persiste et signe : Le Commissaire de police

THELEN DE CORDEMOY

Notes

Introduction

1. On trouve les noms des batailles suivantes sur cet emblème : Isly 1844, Sidi Brahim 1845, Sébastopol 1854-1855, Solferino 1859, Extrême-Orient 1855-1888, Madagascar 1895, Maroc 1912-1914, Grande Guerre 1914-1918, Norvège 1940, Blaregnies 1940, Les Glières 1944, Indochine 1950-1952.

2. Ce livre est un résumé de ma thèse de doctorat, *Des « événements de Haute-Savoie » à Glières, mars 1943-mai 1944, action et répression du maquis savoyard*, soutenue en Sorbonne le 16 novembre 2011.

3. Raul Hilberg, *La Destruction des Juifs d'Europe*, Paris, Gallimard, 2006, 3 vol., 2402 p.

4. Robert Paxton, *La France de Vichy*, Paris, Seuil, 1973, 375 p.

5. Les noms des communes de Haute-Savoie seront indiqués comme suit : Thonon en lieu et place de Thonon-les-Bains, Saint-Julien pour Saint-Julien-en-Genevois, Évian pour Évian-les-Bains, La Roche pour La Roche-sur-Foron.

1. De la guerre de Thônes aux « événements de Haute-Savoie »

1. Émile-François Callot, *Géographie et sociologie électorale de la Haute-Savoie de 1956 à 1968*, Mémoire de diplôme supérieur de recherches et d'études politiques, Fondation nationale des sciences politiques, 1969.

2. Justinien Raymond, *La Haute-Savoie sous la IIIe République*, Seyssel, Champ Vallon, 1983, t. 1, p. 372.

3. Michel Aguettaz, *Francs-tireurs et partisans français dans la Résistance savoyarde*, Grenoble, PUG, 1995, p. 12.

4. Paul Guichonnet, « L'indocile Haute-Savoie », *Le Messager*, n° 1057, 16 août 1998.

5. Pierre Soudan, *En Haute-Savoie au tournant de l'autre siècle*, Annecy, Académie salésienne, Mémoires et documents, 1997, p. 38.

6. Jacques Lovie, *La Savoie dans la vie française de 1860 à 1875*, Paris, PUF, 1963, p. 542.

7. Laurent Neury, *Entre les mailles du filet, vivre et survivre sur le versant*

français de la frontière franco-genevoise de 1922 à 1947, Genève, Université de Genève, thèse de doctorat, 2008, p. 80.

8. *Ibid.*, p. 142.

9. Rapport mensuel d'informations de l'agent administratif des cantons de Reignier et Annemasse, période du 19 janvier au 20 février 1943, Archives départementales de la Haute-Savoie (désormais ADHS), 8 W 12. Ce même fonctionnaire indique qu'« une grosse partie de la population frontière [*sic*] [...] ne demande qu'à devenir suisse, le maire de Gaillard en premier », 21 septembre 1942, ADHS 8 W 12.

10. André Palluel-Guillard, Christian Sorrel, Guido Ratti, Antoine Fleury, Jean Loup, *La Savoie de la Révolution à nos jours, XIXe-XXe siècle*, Rennes, Ouest-France, 1986, p. 24.

11. Georges Chapier, *Une Jeanne Hachette Savoyarde, Marguerite Frichelet*, Annecy, Gardet & Garin, 1948, p. 9. Sur la « Guerre de Thônes » : Jacques Carron, *La Savoie d'autrefois, insurrection de la vallée de Thônes en 1793*, Annecy, Imprimerie commerciale, 1911, 251 p.

12. Le doyen Paul Guichonnet a montré depuis ce qu'il en était des prétendues visées mussoliniennes sur l'ancien duché : Paul Guichonnet, « Mussolini voulait-il reprendre la Savoie à la France ? », *Mémoires et documents*, Thonon, Académie chablaisienne, t. LXVII, 1994, p. 1-80.

13. Rapport du préfet, 5 novembre 1940, ADHS 8 W 10.

14. Rapport du sous-préfet de Saint-Julien, 18 décembre 1940, ADHS 8 W 10.

15. François Boulet, *Montagnes françaises 1940-1944 : des montagnes-refuges aux montagnes-maquis*, Lille, Atelier national de reproduction des thèses, 2000, t. 1, p. 235.

16. Au printemps 1941, quelque 150 000 numéros, notamment du *Journal de Genève* et de la *Gazette de Lausanne*, pénétraient quotidiennement sur le sol français : Claude Bellanger (dir.), *Histoire générale de la presse française de 1940 à 1958*, Paris, PUF, t. 4, 1975, p. 80-90.

17. Laurent Demouzon, *Savoie : juin 1940, l'ultime victoire*, s.l., auto-édition, 2000, p. 153.

18. Laurent Neury, *op. cit.*, p. 130.

19. Édouard Falletti, *L'encerclement de la Suisse*, Yens-sur-Morges, Cabédita, 2007, 157 p.

20. Rapport du sous-préfet de Thonon, 24 septembre 1940, ADHS 8 W 10.

21. Rapport spécial du contrôle postal d'Annecy, 1er octobre 1941, ADHS 8 W 16. Paul Abrahams, *La Haute-Savoie contre elle-même : 1939-1945, Les Hauts-Savoyards vus par l'administration de Vichy*, Saint-Julien-en-Genevois, Thonon-les-Bains, La Salévienne, Académie Chablaisienne, 2006, p. 60, n. 20.

22. Jean-Paul Cointet, *La Légion française des combattants, 1940-1944, la tentation du fascisme*, Paris, Albin Michel, 1995, p. 76.

23. *Le Légionnaire, organe officiel de la Légion française des combattants*, 1er mars 1941. Il y en avait presque autant – 18 500 – dans le département de la Savoie.

24. Jean-Paul Cointet, *op. cit.*, p. 176.

25. Rapport du préfet, 2 novembre 1941, ADHS 8 W 10.

26. Rapport du préfet, 8 septembre 1941, ADHS 8 W 10.

27. Rapport du sous-préfet de Thonon, daté par erreur du 27 mai 1942 (27 avril 1942), ADHS 8 W 11.

28. Rapport du préfet, 30 novembre 1942, Archives nationales (désormais AN), F1 C^III^ 1187.

29. Olivier Wieviorka, « À la recherche de l'engagement », *Vingtième siècle, Revue d'histoire*, n° 60, octobre-décembre 1998, p. 61.

30. Pierre Mouthon, *Haute-Savoie 1940-1945, Résistance, Occupation, Collaboration*, Épinal, Éditions du Sapin d'Or, 1993, p. 11. Les tracts ont été découverts à Annecy dans la nuit du 10 au 11 août 1940.

31. Laurent Ducerf, *François de Menthon, un catholique au service de la République (1900-1984)*, Paris, Les Éditions du Cerf, 2006, p. 114.

32. Olivier Wieviorka, « À la recherche de l'engagement », art. cité, p. 62.

33. Laurent Douzou, *La Désobéissance, Histoire du mouvement Libération-Sud*, Paris, Odile Jacob, 1995, p. 44.

34. Félix Plottier cite les noms de deux dignitaires francs-maçons qui rejoignent la Résistance, Claudius Montessuit, qui fut maire d'Annemasse, et René Blanc, qui sera le chef départemental de Combat. Félix Plottier, *Guerres et montagnes de 1915 à 1945*, autoédition, 1998, p. 112-113.

35. André Devigny, *Je fus ce condamné*, Paris, Presses de la Cité, 1978, p. 97. André Devigny (1916-1999), natif de la Haute-Savoie, appartint au réseau « Gilbert » du colonel Groussard. Compagnon de la Libération, il s'est aussi fait connaître par son ouvrage : *Un condamné à mort s'est échappé*, adapté au cinéma par Robert Bresson, qui relate son évasion du fort Montluc. Ordre de la Libération, dossier André Devigny.

36. Pierre Mouthon, *op. cit.*, p. 24.

37. Jean Vallette d'Osia, *Quarante-deux ans de vie militaire*, Lyon, Éditions lyonnaises d'art et d'histoire, 1988, t. 2, p. 55. Jean Vallette d'Osia n'a jamais varié au sujet de ce qu'il considérait comme une mission qu'il avait reçue du général Weygand.

38. Rapport de l'inspecteur principal de police judiciaire Hurtaud, Annecy, 8 octobre 1942, dans le dossier du capitaine Maurice Anjot, Service historique de la Défense (désormais SHD), section Terre, 8 Y[e] 4213. Pour une description plus complète de cette affaire : Claude Antoine, *Capitaine Maurice Anjot, le chef méconnu des Glières*, Rumilly, Éditions Lapeyronie, 2009, p. 81-84.

39. *Ibid.*

40. Rapport du lieutenant-colonel Boiseaux, commandant la 4e Légion bis de Gendarmerie sur les services rendus à la cause de la Libération par le personnel de la 14e Légion de Gendarmerie, Grenoble, 13 février 1945, SHD, section Gendarmerie, 030325.

41. Jean Vallette d'Osia, *op. cit.*, t. 2, p. 84-85.

42. Jean Vallette d'Osia n'est pas plus précis. Il est fort probable que derrière le « service de camouflage » se cache le service secret de camouflage du matériel (CDM) du commandant Émile Mollard.

43. Jean Vallette d'Osia, *op. cit.*, t. 2, p. 85.

44. Pierre Mouthon, *op. cit.*, p. 39 et Jean Vallette d'Osia, *op. cit.*, t. 2, p. 86.

45. Jean Monnet raconte ses premiers (faux) pas dans la clandestinité. Jean Monnet, *Dans le maquis de la Haute-Savoie*, Annecy, Gardet & Garin, 1946, p. 25-30.

46. Compte rendu de l'activité de la 14e région de juin 1940 à septembre 1944, 6 décembre 1944, SHD, section Terre, 13 P 47.

47. Félix Plottier, *op. cit.*, p. 113 et 119.

48. Jean-Claude Croquet, *Les Chemins de passage*, s.l., La Salévienne, 1996, 128 p.

49. Seuls ont été honorés de la médaille des Justes ceux qui firent ce travail à titre bénévole : Israël Gutman (dir.), Lucien Lazare (éd.), *Dictionnaire des Justes de France*, Jérusalem, Yad Vashem, Paris, Fayard, 2003, 596 p.

50. Claude Chatelain, *Carnets d'un curé de montagne*, Les Marches, La Fontaine de Siloé, 1994, p. 24.

51. René Dépollier, *Journal*, manuscrit, 6 septembre 1942, ADHS 149 J 249.

52. Félix Plottier, *op. cit.*, p. 124.

53. *Ibid.*, p. 123 et Jean Vallette d'Osia, *op. cit.*, t. 2, p. 87.

54. Bulletin officiel des armées (BOEM), vol 367, « Unités combattantes », p. 296.

55. Pierre Mouthon, *op. cit.*, p. 55.

56. Paul Abrahams, *op. cit.*, p. 109.

57. Le marché noir concernait la vente d'articles et de denrées à des tiers, souvent très au-delà du prix officiel. Les marchés gris, rose ou amical consistaient à vendre à des prix inférieurs à ceux du marché noir. Sur le marché noir : Fabrice Grenard, *La France du marché noir (1940-1949)*, Paris, Payot, 2008, 351 p.

58. Paul Abrahams, *op. cit.*, p. 126-127.

59. Rapport des Renseignements généraux, 9 juin 1943, ADHS 8 W 12.

60. Rapport du préfet, 1er septembre 1942, AN F1 CIII 1187.

61. Danièle Calloud, *La Haute-Savoie sous le régime de Vichy, Économie et vie quotidienne, juillet 1940-novembre 1942*, TER, Chambéry, Université de Savoie, 1992, p. 83.

62. Témoignages de Jean et Maurice Barbier.

63. Rapport du contrôle postal d'Annecy, août 1942, ADHS 14 W 13.

64. Lettre du Syndicat général des entrepreneurs de la Haute-Savoie, 6 juin 1942, ADHS 14 W 17.

65. Rapport du contrôle postal d'Annecy, 29 janvier 1942, ADHS 8 W 16.

66. Rapport du sous-préfet de Saint-Julien, 27 juin 1942, ADHS 8 W 11.

67. Rapport spécial du commissariat des Renseignements généraux d'Annemasse, 25 juin 1942, ADHS 8 W 11.

68. Paul Abrahams, *op. cit.*, p. 296.

69. Jacques Delperrié de Bayac, *Histoire de la Milice*, Paris, Fayard, 1969, p. 104.

70. Paul Abrahams, *op. cit.*, p. 93.

71. Jean-Paul Cointet, *La Légion française des combattants, op. cit.*, p. 175.

72. Pierre Mouthon, *op. cit.*, p. 300-301 et Jacques Delperrié de Bayac, *op. cit.*, p. 142.

73. *Ibid.*

74. Jean-Paul Cointet, *La Légion française des combattants, op. cit.*, p. 228-235.

75. Le document porte aussi la mention manuscrite : « Remis par l'inspecteur Matringes le 15-5-42 à 18 h », 14 ou 15 septembre 1942 : ADHS 15 W 5.

76. *La Vallée de Thônes et Glières pendant la 2e Guerre mondiale*, Thônes, Les Amis du Val de Thônes, n° 9-10, vol. 1, p. 32 (plus loin *La Vallée de Thônes et Glières*).

77. Rapport du préfet, 4 juillet 1942, ADHS 8 W 11.

78. *Ibid.*

79. Paul Abrahams, *op. cit.*, p. 95.

80. Rapport du préfet, 4 juillet 1942, ADHS 8 W 11.

81. *Ibid.*

82. L'abbé Jean Truffy écrit : « Lorsqu'il fut question de la création des SOL, le curé et l'instituteur, monsieur Pinget, s'entendirent pour déconseiller aux jeunes d'en faire partie » : Jean Truffy, *Mémoires du curé du maquis de Glières*, Paris, Éditions Atra, 1979, p. 20. Voir aussi *La Vallée de Thônes et Glières, op. cit.*, vol. 1, p. 96.

83. Rapport du préfet, 4 janvier 1942, ADHS 8 W 10.

84. Pierre Mouthon, *op. cit.*, p. 32.

85. Rapport de l'inspecteur de police nationale Paget-Blanc au commissaire principal chef de service des Renseignements généraux de la Haute-Savoie, 15 novembre 1942, ADHS 14 W 17.

86. Wilfred D. Halls, *Les Jeunes et la politique de Vichy*, Paris, Syros Alternatives, 1988, p. 365.

87. Paul Abrahams, *op. cit.*, p. 170.

88. Rapport du chef d'escadron Calvayrac commandant la compagnie de gendarmerie de Haute-Savoie, 23 novembre 1942, ADHS 8 W 12.

89. On ne peut néanmoins parler d'échec total, puisque 123 personnes, 78 Français, 2 Nord-Africains et 43 étrangers, partirent pour l'Allemagne en novembre 1942 contre 88 le mois précédent : Rapport du chef d'escadron Calvayrac commandant la compagnie de gendarmerie de Haute-Savoie, s.d., Annecy, novembre 1942, ADHS 8 W 12.

90. Alban Vistel, *La Nuit sans ombre*, Paris, Fayard, 1970, p. 318.

91. Félix Plottier, *op. cit.*, p. 121.

92. Rapport des Renseignements généraux, 11 janvier 1943, ADHS 8 W 12.

93. Début juin 1943, le STO est étendu aux hommes nés dans le quatrième trimestre 1919 qui n'avaient pas été mobilisés lors du conflit 1939-1940.

94. Paul Abrahams, *op. cit.*, p. 180.

95. C'est ce qu'indiquent les Renseignements généraux, 6 mars 1943, ADHS 8 W 12.

96. Lettre, sans doute au préfet, du chef départemental de la Milice, Gaston Jacquemin, 5 mars 1943, ADHS 15 W 6.

97. Wilfred D. Halls, *op. cit.*, p. 373.

98. Rapport du préfet, 25 mars 1943, ADHS 8 W 12.

99. Rapport du capitaine Vallet, commandant la section de gendarmerie d'Annecy, 4 mai 1943, ADHS 15 W 6.

100. Rapport du préfet, 4 mars 1943, AN F1C^{III} 1187. Voir aussi Laurent Neury, *op. cit.*, t. 2, p. 483.

101. Rapport du préfet, 4 avril 1943, ADHS 8 W 12.

102. Rapport du chef d'escadron Calvayrac, 10 avril 1943, SHD, section Gendarmerie, 74 E 15, fol 246 et fol 308.

103. « Département de la Haute-Savoie, Milice », document sans date, archives Poirson.

104. Rapport du chef d'escadron Calvayrac, 25 février 1943, ADHS 8 W 12.

105. Rapport des Renseignements généraux, 25 mars 1943, ADHS 8 W 12 et rapport du préfet, 3 mai 1943, AN F_1C^{III}1187.

106. Le Parti communiste suisse (PCS) avait été interdit en 1937 et ses membres vivaient dans la clandestinité. De ce fait, le PCS n'a pas laissé d'archives connues nous permettant de mieux cerner la réalité et l'ampleur de son soutien à la Résistance savoyarde. Sur le PCS, voir André Rauber, *Histoire du mouvement communiste suisse*, Genève, Éditions Slatkine, 1997, 2 vol.

107. *R.1.3*, *Francs-tireurs et partisans de la Haute-Savoie*, Paris, Éditions France d'abord, 1946, p. 25 (plus loin *R.1.3*).

108. *Ibid.* Voir également une lettre, sans doute au préfet, de Gaston Jacquemin, chef départemental de la Milice, 5 mars 1943, ADHS 15 W 6.

109. Rapport du commissaire principal, chef du service départemental des Renseignements généraux de la

Haute-Savoie, 6 mars 1943, ADHS 8 W 12.

110. *Ibid.*

111. Rapport du chef d'escadron Calvayrac, 22 mars 1943, ADHS 8 W 12.

112. Document du commissaire divisionnaire, intendance de police de Lyon, 20 mars 1943, ADHS 8 W 12.

113. Rapport du chef d'escadron Calvayrac, commandant la compagnie de Haute-Savoie, 22 mars 1943, ADHS 8 W 12.

114. *Le Journal de Genève*, n° 62, lundi 15 mars 1943.

115. *Le Journal de Genève* en mentionne 250 : *ibid.*

116. Lettre du préfet de la région de Lyon au chef du gouvernement, 19 mars 1943. Dossier de procédure instruite par la cour de justice de la Seine contre Alexandre Angeli, préfet régional de Lyon, AN Z6/170 et 171, dossier 2263.

117. *R.1.3, op. cit.*, p. 26-27.

118. Rapport des Renseignements généraux, 13 mars 1943, ADHS 8 W 12.

119. Pierre Limagne, *Éphémérides de quatre années tragiques, 1940-1944*, La Villedieu, Éditions du Candide, 1987, t. 2, p. 1084.

120. *Le Journal de Genève*, n° 60, vendredi 12 mars 1943.

121. *Le Journal de Genève*, n° 62, lundi 15 mars 1943.

122. *Le Journal de Genève*, n° 67, samedi-dimanche 20-21 mars 1943, dernière page, rubrique « Dernières nouvelles ». Voir également *Le Petit Parisien*, 20 mars 1943.

123. Jean-Louis Crémieux-Brilhac, *Les Voix de la liberté, Ici Londres, 1940-1944*, Paris, La Documentation française, 1975-1976, t. 3, p. 115. La source d'information provient sans doute également de la presse helvétique.

124. *Le Petit Dauphinois*, samedi 20 mars 1943.

125. Câble n° 90 de Max [Moulin] à FFC. Alain [Cordier] à Max [Moulin], 12 mars 1943. AN 3 AG 2/Liasse 400. Daniel Cordier, *Jean Moulin, La République des catacombes*, Paris, Gallimard, 1999, p. 323.

126. Télégramme de *Rex* (Jean Moulin) du 16 mars 1943, AN 3 AG2/Liasse 410. Voir également Jean-Louis Crémieux-Brilhac, *La France libre, de l'appel du 18 juin à la Libération*, Paris, Gallimard, 1996, p. 521.

127. Lettre de Robin Brook au capitaine R. Bienvenüe, 22 mars 1943, AN 3 AG2/Liasse 478/dossier 12/pièce n° 4. Selon Vallette d'Osia, il est dû à différents messages envoyés à Londres par l'intermédiaire du radio du réseau Carte établi dans le Midi et qui, après son démantèlement, avait trouvé refuge en Haute-Savoie, à Viuz-en-Sallaz : Jean Vallette d'Osia, *op. cit.*, t. 2, p. 107 ; Thomas Rabino, *Le Réseau Carte, Histoire d'un réseau de la Résistance antiallemand, antigaulliste, anticommuniste et anticollaborationniste*, Paris, Perrin, 2008, p. 297 et 302. Trente containers, près de deux tonnes de vivres, de cigarettes, d'armes et de munitions arrivaient sur la Haute-Savoie, mais trop peu pour armer un nombre important de maquisards : Félix Plottier, *op. cit.*, p. 172. Un largage fut également effectué dans la même nuit, sur le plateau du Parmelan près d'Annecy, par le même groupe composé de quatre avions : Jean Monnet, *op. cit.*, p. 31-35. Un rapport de gendarmerie mentionne la nuit du 29 au 30 mars 1943 pour ce parachutage : 6 avril 1943, SHD, section Gendarmerie, 74 E 15, fol. 234.

128. Lettre de Robin Brook au colonel Billotte, 23 mars 1943, AN 3 AG2/Liasse 478/dossier 12/pièce n° 5.

2.
Le maquis jusqu'à Glières

1. François Boulet, *op. cit.*, p. 442.

2. François Marcot (dir.), *La Résistance et les Français. Lutte armée et maquis*, Actes du colloque international de Besançon, Besançon, Annales littéraires de l'Université de Franche-Comté, 1996, 549 p.

3. Note rédigée après guerre par Félix Plottier, archives Plottier.

4. L'état-major FTP est homologué au 15 février 1943. SHD, BOEM, vol. 367, « Unités combattantes », p. 296.

5. Interrogatoire d'André Catel, 16 avril 1944, archives Poirson.

6. Interrogatoire d'Antonin Védrenne [*sic*], sans date, archives Poirson.

7. Interrogatoire de Paul Herman, 17 avril 1944, archives Poirson.

8. Interrogatoire de Michel Lazzarotto, 17 avril 1944, archives Poirson.

9. Interrogatoire de Pierre Pelletier, 17 avril 1944, archives Poirson.

10. Interrogatoire de Félix Perrier, 17 avril 1944, archives Poirson.

11. Témoignage de Madame Lamouille, 1946, AN 72 AJ 189, A-III-2.

12. Rapport des Renseignements généraux, 22 mars 1943, ADHS 8 W 12.

13. Interrogatoire de Robert Berthelot, 16 avril 1944, archives Poirson.

14. Interrogatoire de Marcel Joliot, 16 avril 1944, archives Poirson.

15. Roger Racloz, *Souvenirs de maquisards de la moyenne Vallée de l'Arve*, Les Marches, La Fontaine de Siloé, 1994, p. 17.

16. Interrogatoire d'Eugène Genoud, 2 avril 1944, ADHS 1915 W 1-V, N° 188/3.

17. Interrogatoire d'André Vignon, 16 avril 1944, archives Poirson.

18. Interrogatoire de Georges Taisseire, 17 avril 1944, archives Poirson.

19. Interrogatoire de Jean Portalie, 17 avril 1944, archives Poirson.

20. Marcel Prous, *Merci de m'avoir aidé*, Annecy, Gardet, 1978, p. 31.

21. Interrogatoire de Lucien Midenet, 17 avril 1944, archives Poirson.

22. Interrogatoire de Michel Lazzarotto, 17 avril 1944, archives Poirson.

23. Serge Thelen évoque le cas d'un milicien qui fut exécuté lorsque sa carte de membre de la Milice, glissée dans la doublure de sa veste, fut découverte : Serge Thelen, *Du plateau des Glières à Dresde*, Lyon, Éditions Bellier, 2005, p. 179-180.

24. Lieutenant Charles, alias Jean Pierre et Louis André, *Historique de la Résistance dans le secteur de Saint-Julien*, Bonneville, Imprimerie Plancher, s.d., p. 8 (ouvrage rédigé par Pierre Ruche).

25. Robert Amoudruz, *La BRI du commandant Amiot. Histoire de la Brigade rouge internationale de Savoie, 1944*, Lyon, Éditions Bellier, 2007, p. 84-85.

26. Interrogatoire de Claude L., par le capitaine Prunet, commandant la section de gendarmerie de Thonon, 6 juin 1943, ADHS 3 U4 705.

27. Jean-Pierre Azéma, Olivier Wieviorka, *Vichy, 1940-1944*, Paris, Perrin, 2004, p. 256.

28. Rapports du commissaire de police, chef de la circonscription de Thonon au préfet, ADHS 23 W 16.

29. Rapport du chef d'escadron Calvayrac, 22 mars 1943, ADHS 8 W 12.

30. Félix Plottier, *op. cit.*, p. 125.

31. Serge Thelen, *op. cit.*, p. 249.

32. Robert Amoudruz, *La BRI…*, *op. cit.*, p. 106.

33. Interrogatoires de Roland Pichon et d'Henri Duchêne, archives Poirson.

34. Estimation du nombre de maquisards en France, 26 janvier 1944, National Archives (désormais NA), FO 371/ 41861 Z 1460.

35. Charles Rickard, *La Savoie dans la Résistance*, Rennes, Éditions Ouest-France, 1986, p. 117.

36. Rapport des Renseignements généraux, 21 mai 1944, ADHS 12 W 11.

37. Rapport de la Chambre du commerce d'Annecy et de la Haute-Savoie, Archives départementales du Rhône 182 W 10 (désormais ADR).

38. Interrogatoire d'Yves Jeudy, 17 avril 1944, archives Poirson.

39. Claude Barbier, Claude Mégevand, Donald Stampfli, *Viry, vie et coutumes d'un village de Savoie*, Viry, La Salévienne, 1985, p. 96-99.

40. Interrogatoire d'André Descouts, 17 avril 1944, archives Poirson.

41. Interrogatoire d'Antoine Lazzarotto, 17 avril 1944, archives Poirson. Lazzarotto cherche peut-être à apitoyer. La critique de cette source policière est traitée dans le chap. 6 de ce travail.

42. Interrogatoires d'André Catel (16 avril 1944) et d'Yves Jeudy (17 avril 1944), archives Poirson.

43. Marcel Prous, *op. cit.*, p. 31.

44. Témoignage écrit de Raymond Millet, archives du Conseil général de la Haute-Savoie, Fonds de l'Association des rescapés de Glières (désormais FARG).

45. Interrogatoire de Robert Berthelot, 16 avril 1944, archives Poirson.

46. Interrogatoire de René Bachelard, 16 avril 1944, archives Poirson.

47. Interrogatoire de Jacques Misery, 17 avril 1944, archives Poirson.

48. Maurice Lévy, *Le Maquis des pauvres diables. Histoire du maquis de Taninges (Haute-Savoie) au printemps 1943*, s.l., s.d. (vers 1985), 28 p.

49. Serge Thelen, *op. cit.*, p. 177 et 184.

50. *Ibid.*, p. 178.

51. *Ibid.*, p. 161 et 245.

52. Pierre Dupraz, *Bientôt la liberté, une chronique de la Seconde Guerre mondiale à Passy, Saint-Gervais, Les Contamines et Servoz*, s.l., Pierre Dupraz, 1997, p. 58.

53. Racloz Roger, *op. cit.*, p. 17.

54. Serge Thelen, *op. cit.*, p. 206 et 228.

55. Rapport de l'inspecteur de police Édouard Fuchs au commissaire principal, chef de la 19e Brigade régionale de police de sûreté, 7 juin 1944, ADHS 15 W 22.

56. Témoignage d'André Gaillard, août 2006.

57. Marcel Prous, *op. cit.*, p. 33.

58. Serge Thelen évoque le cas de l'hôpital de Sallanches : Serge Thelen, *op. cit.*, p. 179.

59. Interrogatoire de Claude L., par le capitaine Prunet, commandant la section de gendarmerie de Thonon, 6 juin 1943, ADHS 3 U4 705.

60. *R.1.3*, *op. cit.*, p. 72.

61. Serge Thelen, *op. cit.*, p. 262.

62. Les bals publics avaient été interdits par arrêté préfectoral du 16 novembre 1940. Les bals chez les particuliers le furent le 1er juillet 1941.

63. Témoignage écrit de Benoît Gervasoni, s.d., FARG. Ce témoignage est présenté comme un journal écrit pendant les événements.

64. Jean Vallette d'Osia, *op. cit.*, t. 2, p. 115.

65. Étienne Chipier, *Souffrances et gloires du maquis chablaisien*, Société d'édition savoyarde, Thonon-les-Bains, 1946, p. 17.

66. Archives Jean-Claude Carrier, cahier 2, document 1, page 1. Félix Plottier, *op. cit.*, p. 145.

67. Jean-Claude Carrier est né en 1897 à Mieussy en Haute-Savoie. Il est un des pionniers de Libération et de l'organisation de la Résistance en Haute-Savoie. Il décède le 28 janvier 1944 dans l'assaut de sa maison incendiée par les Allemands. Il sera fait compagnon de la Libération à titre posthume. Ordre de la Libération, dossier Jean-Claude Carrier.

68. Félix Plottier, *op. cit.*, p. 144.

69. Interrogatoire de Louis-Charles Chatelain, 1er avril 1944, archives Poirson.

70. Pierre Mouthon, *op. cit.*, p. 66.

71. Jean Vallette d'Osia, *op. cit.*, t. 2, p. 96-97, p. 100.

72. Félix Plottier, *op. cit.*, p. 126.

73. Robert Belot, Gilbert Karpman, *L'Affaire suisse, la Résistance a-t-elle trahi de Gaulle ?*, Paris, Armand Colin, 2009, p. 73.

74. Jean Vallette d'Osia, *op. cit.*, t. 2, p. 87-88.

75. Legge, accompagné du général de la Laurencie, en compétition avec le général de Gaulle pour prendre la tête de la Résistance, avait rencontré Henri Frenay en octobre 1941 dans le but de financer la Résistance française. Frenay qui avait compris qu'avec ce soutien américain il prenait le risque de diviser la Résistance, avait alors écarté l'offre : Marie Granet, Henri Michel, *Combat*, Paris, PUF, 1957, p. 56-57. Voir aussi Daniel Cordier, *Jean Moulin, La République...*, *op. cit.*, p. 164-165.

76. Jacques Baynac, *Présumé Jean Moulin*, Paris, Grasset, 2007, p. 669.

77. *Ibid.* et NARA, RG 226, B 165, câbles 92-93 du 16 mars 1943.

78. Jean Vallette d'Osia, *op. cit.*, t. 2, p. 99.

79. Sébastien Albertelli, *Les Services secrets de la France libre : le Bureau central de renseignement et d'action (BCRA), 1940-1944*, thèse dirigée par J.-P. Azéma, Institut d'études politiques de Paris, 2006, vol. 3, p. 767.

80. Jean Vallette d'Osia, *op. cit.*, t. 2, p. 109.

81. Lettre de Jean Vallette d'Osia à Robert Poirson, 10 octobre 1978, AN 172 AJ 189.

82. Daniel Cordier, *Jean Moulin, La République...*, *op. cit.*, p. 355.

83. Vallette d'Osia était membre de l'ORA (Organisation de Résistance de l'armée) depuis le début de l'année 1943. Jean Vallette d'Osia, *op. cit.*, t. 2, p. 94-95 et 131. Selon Bernard Comte, c'est en septembre 1943 que les deux AS, celle de l'ORA et celle des MUR, fusionnent dans la région R1 (Lyon et Alpes). Il fallut attendre l'arrestation de Vallette d'Osia et son remplacement par *Romans*-Petit pour que la fusion soit effective en Haute-Savoie, sous la direction de Chambonnet et de Descour. Bernard Comte, *Une utopie combattante, l'école des cadres d'Uriage, 1940-1942*, Paris, Fayard, 1991, p. 531-532.

84. Lettre au général Delestraint, 20 mai 1943. Jean Vallette d'Osia, *op. cit.*, t. 3, p. 115. Comme l'écrit John Sweets, « les dirigeants locaux, qui avaient recruté, formé et organisé leurs partisans, exigeaient et gardaient une grande liberté d'action » : John F. Sweets, *Clermont-Ferrand à l'heure allemande*, Paris, Plon, 1996, p. 221.

85. Rapport du chef d'escadron Calvayrac, 22 mars 1943, ADHS 8 W 12.

86. Interrogatoire de Robert Taisseire, 17 avril 1944, archives Poirson.

87. Jean Vallette d'Osia, *op. cit.*, t. 2, p. 107.

88. *Ibid.*, p. 106 et p. 119-120.

89. Pierre Mouthon, *op. cit.*, p. 68-69.

90. « Matériel envoyé en France, 1943 », AN 3AG 2/Liasse 196/Dossier 6/pièce 12 (verso).

91. 4 octobre 1943, AN 3AG 2/Liasse 197/Dossier 9/pièce 41.

92. AN 3AG 2/Liasse 197/Dossier 11/pièce 37.

93. AN 3AG 2/Liasse 198 /Dossier 1/pièce 118.

94. Jean Vallette d'Osia, *op. cit.*, t. 3, p. 127. L'auteur indique tirer cette minute des archives de Robert Poirson.

95. Cour de justice de la Haute-Savoie, dossier de Pierre B., Archives départementales de la Savoie 1404 W 21 (désormais ADS).

96. Pour finir, Vallette d'Osia rejoignit Londres, puis Alger, avant de participer aux combats de la Libération. Jean Vallette d'Osia, *op. cit.*, t. 2, p. 172, *passim.*

97. Évoquant la situation dans le Lot, Harry Kedward écrit que « de nombreux maquisards ne découvrent qu'à la Libération qu'ils étaient classés comme FTP, et sont stupéfaits de se voir décrits communistes » : Harry R. Kedward, *À la recherche du maquis*, Paris, Éditions du Cerf, 1999, p. 192.

98. Michael R.D. Foot, *Des Anglais dans la Résistance, Le Service secret britannique d'action SOE en France*, Paris, Tallandier, 2008, p. 70.

99. *Ibid.*, p. 244-246.

100. Sébastien Albertelli, *Les Services secrets de la France libre..., op. cit.*, vol. 3, p. 735.

101. Michael R.D. Foot, *op. cit.*, p. 145.

102. Daniel Cordier, *Jean Moulin, L'inconnu du Panthéon, Une ambition pour la République*, Paris, Jean-Claude Lattès, 1989, t. 1, p. 58.

103. *Ibid.*, p. 59.

104. *Ibid.*, p. 65.

105. Sébastien Albertelli, *Les Services secrets de la France libre..., op. cit.*, vol. 3, p. 695.

106. Jean-Louis Crémieux-Brilhac, *La France libre..., op. cit.*, p. 519.

107. Daniel Cordier, *Jean Moulin, La République..., op. cit.*, p. 323. Michael Foot évoque la « préparation en une seule nuit de quatre-vingt-dix conteneurs et soixante paquets qui devaient être livrés en Savoie dans les vingt-quatre heures. Dans ce cas particulier, aucun des six avions qui décollèrent dans la nuit du 14 au 15 mars 1943 ne réussit à larguer son chargement, et une bonne moitié de ce qu'on avait préparé dans une telle hâte ne fut finalement livrée qu'une semaine plus tard » : Michael R.D. Foot, *op. cit.*, p. 153.

108. Câbles n° 87 à 89, 16 mars 1943, AN 3 AG 2/Liasse 401.

109. Jean-Louis Crémieux-Brilhac, *La France libre..., op. cit.*, p. 522, note 4.

110. *Ibid.*

111. Sébastien Albertelli, *Les Services secrets de la France libre..., op. cit.*, vol. 3, p. 827.

112. *Ibid.*, p. 888. *Passy* (p.o. Manuel) à Saint-Jacques, n° 3301D/ BCRA, 7 juillet 1943, AN 3 AG 2/ Liasse 169/pièce 105.

113. Pour une synthèse – partielle – des nombreuses théories sur l'usage des maquis, voir Jean Delmas, « Les maquis : action immédiate ou action à terme », *Colloque sur les maquis*, Direction des statuts de l'information historique, Institut d'Histoire des conflits contemporains, 1984, p. 49-57.

114. Sébastien Albertelli, *Les Services secrets de la France libre..., op. cit.*, p. 1020-1021.

115. Il n'est pas simple de savoir le nom exact de la mission. Dans les archives de la Défense, il n'est pas indiqué de nom pour la mission débutant le 17 septembre 1943. Aux Archives nationales, le dossier concernant cette (ces) mission(s) porte les intitulés suivants : « Musc, mission Xavier-Cantinier *(Apothème)* (Ain-Jura-Haute-Savoie) », qui ne nous éclairent

guère. Il est possible que la mission ait eu un nom pour les Anglais, *Xavier*, un autre pour les Français, *Cantinier*. *Musc* désigne avec certitude la mission démarrant en juin 1944. AN 3 AG2/Liasse 460 /dossier 19.

116. Sébastien Albertelli, *Les Services secrets du général de Gaulle*, Paris, Perrin, 2009, p. 364.

117. *Ibid.*, p. 365.

118. Rapport du commandant Lejeune sur la mission d'Apothème, Londres, 31 décembre 1943, AN 3 AG 2/Liasse 460/doc. 13. Voir aussi : Office of Strategic Service Reports – OP 156-2, p. 64-66.

119. Jean Rosenthal restera dans les trois départements de l'Ain, du Jura et de la Haute-Savoie – en grande partie en Haute-Savoie en fait – jusqu'au 3 mai 1944. Après un passage d'un mois environ à Londres, il est parachuté en R1 dans la nuit du 7 au 8 juin 1944, en tant que chef de la mission interalliée *Musc*, mission qui se termine au 30 septembre 1944. Il est donc faux d'appeler *Musc* les missions auxquelles prirent part Heslop et Rosenthal dans le courant de l'année 1943 : SHD, fonds du BCRA, dossier Jean Rosenthal.

120. Il est décédé à Canterbury le 22 janvier 1973, et fut inhumé au pied du monument de la prairie d'Échallon (Ain) : Patrick Veyret, *Histoire de la Résistance armée dans l'Ain*, Châtillon-sur-Chalaronne, La Taillanderie, 1999, p. 36.

121. Dossier Jean Rosenthal, Ordre de la Libération.

122. Dossier Jean Rosenthal, SHD, fonds du BCRA.

123. Alban Vistel, *op. cit.*, p. 329. Rapport de Rocher (Carey) à Mazda, daté du 3 octobre 1943.

124. Richard Heslop, *Xavier the Famous British Agent's, Dramatic Account of his Work in the French Resistance*, Londres, Ruppert Hart-Davis, 1970, p. 154. Crémieux-Brilhac indique le nombre de 2 350 : Jean-Louis Crémieux-Brilhac, *La France libre...*, *op. cit.*, p. 800.

125. Richard Heslop, *op. cit.*, p. 179 et p. 189.

126. Ils s'envolent dans la nuit du 16 au 17 octobre, près de Manziat, dans la Saône-et-Loire. Ils voyagent notamment avec le général de Lattre de Tassigny et Claudius Petit : Hugh Verity, *Nous atterrissions de nuit*, Paris, France Empire, 1982, p. 332.

127. Alban Vistel, *op. cit.*, p. 330.

128. Rapport daté du 19 octobre 1943 : Alban Vistel, *op. cit.*, p. 329.

129. Richard Heslop, *op. cit.*, p. 150.

130. Alban Vistel, *op. cit.*, p. 329.

131. *Ibid.*, p. 613. « Rapport du 31 octobre 1943 sur l'organisation du maquis. »

132. *Ibid.*

133. Hugh Verity, *op. cit.*, p. 333.

134. Dossier Jean Rosenthal, Ordre de la Libération.

135. Document sans date, mais après le 30 novembre 1943, AN 3 AG 2/Liasse 460/dossier 19/doc. 11.

136. Dossier Jean Rosenthal, Ordre de la Libération.

137. Alban Vistel, *op. cit.*, p. 328.

138. Sébastien Albertelli, *Les Services secrets du général de Gaulle*, *op. cit.*, p. 365.

139. Alban Vistel, *op. cit.*, p. 331.

140. *Ibid.*

141. « Rapport du commandant Lejeune sur la mission Apothème », 31 décembre 1943, AN 3 AG 2/Liasse 460/dossier 19/doc. 13.

142. *Ibid.*

143. Comité d'action en France, courrier signé du commandant Lejeune destiné au Major Dismore, 27 janvier 1944, SOE, NA HS 6/367, doc 52.

144. « Cantinier au commandant Manuel, BCRA », sans date, mais avec l'indication « arrivé le 9 février 1944 », AN 3 AG 2/Liasse 460/dossier 19/doc. 19.

145. Rapport du 6 janvier 1944, AN 3 AG 2/Liasse 460/dossier 19/doc. 23.

146. Louis Jourdan, « Une école de cadres dans le maquis », *L'Épaulette*, Amicale des anciens EOA, 2e trimestre 1985, n° 79.

147. Henri *Romans*-Petit, *Les Obstinés*, Lille, Janicot, 1945, p. 54-55.

148. Richard Heslop, *op. cit.*, p. 172.

149. Henri *Romans*-Petit (colonel), *Les Maquis de l'Ain*, Paris, Hachette, 1974, p. 43.

150. Richard Heslop, *op. cit.*, p. 156.

151. *Ibid.*, p. 163.

152. *Ibid.*, p. 211.

153. *Ibid.*, p. 156-157 et 183-184.

154. Henri *Romans*-Petit (colonel), *Les Maquis de l'Ain*, *op. cit.*, p. 45.

155. Patrick Veyret, *op. cit.*, p. 36.

156. Richard Heslop, *op. cit.*, p. 191. Il indique également être allé dans la région de Frangy, p. 213.

157. *Ibid.*, p. 210.

158. Jean-Louis Crémieux-Brilhac, *La France libre...*, *op. cit.*, p. 773.

159. Pierre Mouthon, *op. cit.*, p. 329-331.

160. Michael R.D. Foot, *op. cit.*, p. 479.

161. Le total se monterait à 41 400 maquisards dans toute la France, 26 janvier 1944, NA FO 371/41861 Z 1460.

162. Sébastien Albertelli, *Les Services secrets de la France libre...*, *op. cit.*, p. 1031.

163. *Ibid.*

164. Emmanuel d'Astier de la Vigerie, *Les Dieux et les Hommes, 1943-1944,* Paris, Julliard, 1952, p. 78. Voir aussi AN 3 AG 1/Carton 263/Pièce 61, 27 janvier 1944.

165. Sébastien Albertelli, *Les Services secrets de la France libre...*, *op. cit.*, p. 1033.

166. Compte rendu de l'entretien de M. Emmanuel d'Astier avec M. Winston Churchill le mercredi 2 février 1944, 3 février 1944, AN 3 AG 1/Carton 263/doc. 65.

167. *Ibid.*

168. Paul Abrahams, *op. cit.*, p. 217, n. 6.

169. Témoignage d'Auguste Mugnier dit *Mayol,* 27 décembre 1945, AN 72 AJ 188.

170. Pierre Mouthon, *op. cit.*, p. 74.

171. « Rapport du capitaine Vallet, commandant la section de gendarmerie d'Annecy sur un cambriolage du chalet de la Louvatière par un groupe de réfractaires armés », 7 septembre 1943, SHD, section Gendarmerie, 74 E 62, fol. 194.

172. Pierre Mouthon, *op. cit.*, p. 127.

173. *Ibid.*, p. 145-146.

174. Guy Pégatoquet, Michel Folliet, Joseph Tilliet, *La Tragédie de Saint-Eustache, Mémoire du dernier jour*, Saint-Eustache, Association des familles des déportés de Saint-Eustache, 2003, 95 p.

175. Paul Abrahams, *op. cit.*, p. 245.

3.
Avant Glières : une répression en trompe l'œil ?

1. Rapport sur les incidents de la Haute-Savoie, anonyme, s.d. (après le 23 mars 1943), Archives départementales du Rhône (désormais ADR) 182 W 20.

2. Marc Olivier Baruch, *Servir l'État français. L'administration en France de 1940 à 1944*, Paris, Fayard, 1997, p. 227 et 228.

3. Alain Pinel, *Une police de Vichy. Les groupes mobiles de réserve, 1941-1944*, Paris, L'Harmattan, 2004, p. 57.

4. Georges Carrot, *Histoire de la police française*, Paris, Tallandier, 1992, p. 162.

5. Marc Olivier Baruch, *op. cit.*, p. 241.

6. Alain Pinel, *op. cit.*, p. 56-57.

7. Télégramme n° 08635 (6 juillet 43) destiné au préfet régional de Lyon, ainsi qu'aux préfets d'Annecy, de Chambéry et de Grenoble. AN 3 W 92, Procédure formée contre René Bousquet, secrétaire général de la police, fol. 426.

8. Christian Villermet, *A noi Savoia. Histoire de l'occupation italienne en Savoie*, Les Marches, La Fontaine de Siloé, 1991, p. 59.

9. SHD, Bureau Résistance, Certificat n° 23.094, dossier Henri Trémeaud. Henri Trémeaud naquit à Cessy, dans le pays de Gex (Ain), à proximité de la Haute-Savoie, le 25 septembre 1901. Il est inscrit aux Forces françaises combattantes à la date du 1er avril 1943. Il avait été avant guerre secrétaire général de la délégation française à la Commission permanente franco-suisse des zones franches : de ce fait il avait déjà une bonne connaissance de la Haute-Savoie, du moins d'une partie du département. Nommé préfet de la Haute-Savoie le 26 avril 1943, il occupe son poste dès le 6 mai. Il est arrêté par les Allemands le 22 novembre 1943. Emprisonné, il s'évade le 4 janvier 1944. Voir René Bargeton, *Dictionnaire biographique des préfets, septembre 1870-mai 1982*, Paris, Archives nationales, 1994.

10. Un « mémento des questions à traiter avec le général de Castiglione », daté du 19 juin 1943, est en tout cas rédigé. ADHS 12 W 8.

11. Lettre du préfet Trémeaud au général de Castiglioni, commandant la 5e division Pusteria à Grenoble, 16 août 1943, ADHS 22 W 8.

12. Rapport du chef d'escadron Besson, commandant le groupe de la garde de Haute-Savoie sur la situation en Haute-Savoie, 1er septembre 1943, ADHS 44 W 12.

13. Lettre du commandement de la 5e division alpine italienne Pusteria, à Grenoble, au préfet de la Haute-Savoie, 16 août 1943, ADHS 22 W 10.

14. Jacques Sémelin, *Sans armes face à Hitler. La résistance civile en Europe, 1939-1945*, Paris, Payot, 1998, p. 62.

15. Rapport faisant connaître le nombre global des évasions et le nom des individus évadés, 19 mai 1943, SHD, section Gendarmerie, 74 E 15, fol 381.

16. Tableau récapitulatif des opérations de police effectuées depuis le 1er mars 1943 dans la région de Lyon, sans date (mi-décembre 1943), ADR, 182 W 264, dossier 289.

17. Procédure formée contre René Bousquet, secrétaire général de la police, déposition de Frédéric Bran-

chard, 9 juin 1945, AN 3 W 88, pce 106.

18. Lettre du sous-préfet de Bonneville au préfet, 3 septembre 1943, ADHS 44 W 8.

19. Le général Lenclud dénonçait déjà en 1941 le manque de coordination entre la police et la gendarmerie. Rapport du 11 février 41, ADHS 26 W 36.

20. Jean-Marie Muller, *Désobéir à Vichy. La résistance civile de fonctionnaires de police*, Nancy, Presses universitaires de Nancy, 1994, p. 46.

21. Lettre du préfet de la Haute-Savoie au préfet régional de Lyon, 6 novembre 1943, ADR 182 W 20.

22. Rapport du chef d'escadron Besson, 1er septembre 1943, ADHS 44 W 12.

23. Lettre du préfet de région à Monsieur le chef du gouvernement, ministre secrétaire d'État à l'Intérieur, secrétariat général pour la police, 22 novembre 1943, ADR 182 W 20.

24. Rapport du lieutenant-colonel Bretegnier, commandant le groupement des Alpes de la garde, sur les opérations de rétablissement de l'ordre en Haute-Savoie, 19 novembre 1943, ADR 182 W 20.

25. Lettre du préfet au chef de l'état-major allemand de liaison à Annecy, 13 novembre 1943, ADHS 22 W 7.

26. Pierre Mouthon, *op. cit.*, p. 151-152.

27. Note de renseignement sur l'arrestation du préfet, 22 novembre 1943, ADHS 22 W 8, pce 499.

28. Claude Cazals, *La Garde sous Vichy*, Paris, Éditions La Musse, 1997, p. 55, p. 132.

29. Lettre du préfet de région à Monsieur le chef du gouvernement, ministre secrétaire d'État à l'Intérieur, secrétariat général pour la police, 22 novembre 1943, ADR 182 W 20.

30. *Ibid.*

31. *Ibid.*

32. Télégramme, 6 décembre 1943, ADR 182 W 20, n° 16227.

33. AN Z6 NL 15128.

34. Lettre du commandant de la police de l'ordre au préfet de région, 3 janvier 1944, ADR 182 W 265 dossier 309.

35. Procès-verbal de la conférence du 22 décembre en vue de l'organisation des opérations à exécuter en Haute-Savoie, Vichy, 23 décembre 1943, ADHS 1915 W 6.

36. La Roche, Cluses, Sallanches, Le Fayet, deux postes à Annecy (renfort du service des Renseignements généraux à Annecy et réserve de la brigade de sûreté), un encore à Annemasse et enfin un à Thonon.

37. Lettre du contrôleur général Delgay en mission en Haute-Savoie à Monsieur le directeur général de la police nationale à Vichy, 3 janvier 1944, ADHS, Fonds de la 19e BRPS, série continue (désormais SC), 38114, doc. 176.

38. *Ibid.*

39. *Ibid.*

40. Jean-Marc Berlière, Franck Liaigre, *Le Sang des communistes*, Paris, Fayard, 2004, p. 138.

41. Marcel Delgay fit partie de ces fonctionnaires de police qui firent preuve à la fois d'opportunisme en profitant des promotions qu'offrait le régime de Vichy, et d'une grande prudence dans l'usage de la répression. Il quitte la police à la Libération et se reconvertit – ce qui n'était guère une promotion – comme représentant en champagnes. Dossier en cour de justice de Marcel Delgay, AN Z6 NL 15128.

42. Lettre du contrôleur général Delgay en mission en Haute-Savoie à Monsieur le directeur général de la police nationale à Vichy, 3 janvier

1944, ADHS, Fonds de la 19e BRPS, SC, 38114, doc. 176.

43. Rappelons que c'est l'enquête menée par le même Hurtaud qui avait révélé la mobilisation clandestine organisée par les cadres du 27e BCA d'armistice en 1941-1942.

44. Rapport de l'Inspection générale des services et écoles de police, 4 juin 1947, AN Z6 NL 15128, n° 43 SN/IGS.

45. Exposé du ministère public contre Delgay Marcel, ex-commissaire divisionnaire, 28 août 1947, AN Z6 NL 15128.

46. Né le 14 janvier 1887 à Saint-Germain-en-Laye, Charles Marion est saint-cyrien, colonel de cavalerie, professeur à l'École de guerre. À la tête d'un groupement en Lorraine en 1939, il est par la suite chargé de mission à Londres et en Norvège. Détaché à la commission d'armistice, il devient préfet de l'Aveyron de septembre 1940 à décembre 1943. Il arrive en Haute-Savoie à la fin de décembre 1943 où il occupe la fonction de préfet jusqu'à son arrestation le 19 août 1944 : voir René Bargeton, *op. cit.* Sans doute suspect aux yeux des Allemands, ceux-ci demandent son éloignement en mai 1944. Il ne s'enfuit pas lors de la Libération et il est arrêté à la préfecture. Emprisonné, il est inculpé d'intelligence avec l'ennemi et de participation d'entreprise de démoralisation de la nation ; il partage le sort de Georges Lelong et est exécuté le 16 novembre 1944 à la carrière de La Puya, sur la commune de Sevrier. Pierre Mouthon, *op. cit.*, p. 177. Cf. chapitre 6, « Répressions » p. 267.

47. Lettre du préfet de la Haute-Savoie au préfet régional, 3 janvier 1944, ADHS 1915 W 6.

48. Lettre du préfet de la Haute-Savoie au préfet régional, 3 janvier 1944, ADR 182 W 20.

49. Rapport du commissaire des Renseignements généraux Camille de Cordemoy au contrôleur général chargé de la direction des opérations en Haute-Savoie, 9 janvier 1944, ADHS 1915 W 6.

50. Trois seront libérés. Les autres seront exécutés. Sur cet épisode : Robert Amoudruz, *La Mémoire interdite de François Merlin, maire de Petit-Bornand-Les Glières*, Yens-sur-Morges, Cabédita, 2002, p. 111-128 (plus loin *La Mémoire interdite*).

51. Fred Kupferman, *Laval, 1883-1945*, Paris, Balland, 1987, p. 420.

52. Robert Paxton, *La France de Vichy*, *op. cit.*, p. 303.

53. DCAJM, TPFA Paris, 9 octobre 1954, affaire Oberg-Knochen, 1145, Acte d'accusation, carton 16/21, pce 6559/XVI, p. 78.

54. Déposition de Joseph Darnand, 3 juillet 1945, AN 3 W 140.

55. Statistique émanant du secrétariat général des services administratifs de la Milice, Sous-dossier « Milice divers », 13 avril 1944, AN F7 14900.

56. Procès en Haute Cour de Joseph Darnand, Procès-verbal d'interrogatoire, 6 août 1945, AN 3 W 140.

57. Il est présenté en Haute-Savoie comme un ancien « garçon de courses d'un grand magasin parisien » (!). *Haute-Savoie, Résistance et déportation, dictionnaire*, s.l., Conseil général de la Haute-Savoie, Direction des affaires culturelles, 2005, p. 120.

58. Dossier de Georges Lelong, SHD, Département Terre, 8 Ye 70228.

59. Procès en Haute Cour de Joseph Darnand, déposition de Jean Séliade, 28 octobre 1944, PV 121/7, AN 3 W 140.

60. Affaire de Glières, extraits de la déposition de Lucien Fromes, 26 octobre 1944, DCAJM, TPFA

Lyon, 25 novembre 1954, 370/3, Carton 800/2 pce 54.

61. René Dépollier, *Journal*, manuscrit, 29 septembre 1944, ADHS 149 J 249.

62. Note écrite du *Kommandant des Heeresgebietes Südfrankreich*, 31 janvier 1944, SHD, section Terre, 7 P 133.

63. *Ibid.*

64. Cette affiche est régulièrement reproduite dans les parutions consacrées à la Haute-Savoie durant la guerre.

65. Arrêtés de l'intendant de police, 2 et 7 février 1944, ADHS 44 W 8.

66. Télégramme n° 17, 13 février 1944, 21 h 46, Greko Annecy, signé Dr Jeewe au commandant de la police de sûreté et du SD à Lyon, à l'attention du SS *Hauptsturmführer* Hollert et au chef de la police de sûreté et SD à Paris au SS Obersturmbannführer Dr Knab. DCAJM, TPFA Lyon, 25 novembre 1954, 370/3, Carton 800/2 Affaire de Glières, pce 51.

67. *Ibid.*

68. Rapport de l'inspecteur Durand du SRMAN, 4 février 1944, ADHS 1915 W 2 XIX/1.

69. Arrestation de fonctionnaires de police à Annecy par la brigade spéciale antiterroriste placée sous l'autorité de l'intendant Detmar, 8 février 1944, ADHS 1915 W 6.

70. L'incertitude quant au nombre exact est due au fait que la liste qui tient sur deux pages (au moins) est tronquée.

71. Dans la région de Bonneville, qui pouvait théoriquement compter sur 54 fonctionnaires de police, seuls 35 étaient encore en service au 12 février, ADHS 1915 W 4 XXXVII.

72. *Ibid.*, 9 février 1944.

73. Instructions pour le personnel de la police nationale, le contrôleur général en mission, 7 février 1944, ADHS 1915 W 4 XXXVII.

74. Procès en Haute Cour de Joseph Darnand, déposition de Jean Séliade, 28 octobre 1944, AN 3 W 140, PV 121/6.

75. Rapport des commissaires Camps et de Cordemoy, 22 février 44, ADHS 1915 W 4 XXXVII.

76. Faverges, Thorens, La Clusaz, Cluses, Thonon et Megève.

77. Rapport n° 2, 16 février 1944. L'auteur en est le « 1er lieutenant et officier de liaison auprès de l'état-major du colonel Lelong ». Il pourrait s'agir du dénommé Rüdiger Bock, policier de la Sipo-SD et officier SS. DCAJM, TPFA Lyon 800/2 ; 25 novembre 1954, 370/6, Liasse III, pièce 50.

78. *Ibid.*

79. *Ibid.*

80. Télégramme n° 8, 11 février 1944, 22 h 25, Greko Annecy, signé Dr Jeewe au commandant de la police de sûreté et du SD à Lyon, à l'attention du SS *Hauptsturmführer* Hollert. Jean Truffy, *op. cit.*, p. 76.

81. Rapport de l'intendant de police sur l'emploi du temps de la journée du 3 février 1944, 4 février 1944, ADHS 1915 W 4 XLIX.

82. Procès en Haute Cour de Joseph Darnand, Procès-verbal d'interrogatoire, 24 juillet 1945, AN 3 W 140.

83. Pierre Mouthon, *op. cit.*, p. 457.

84. Christian Villermet, *op. cit.*, p. 30.

85. Elles font toutes deux partie du groupe d'armées G dont l'état-major se trouve à Rouffiac, près de Toulouse. Joachim Ludewig, *Der deutsche Rückzug aus Frankreich 1944*, Fribourg-en-Brisgau, Verlag Rombach Freiburg, 1995, p. 48-49.

86. Ahlrich Meyer, *L'Occupation allemande en France*, Toulouse, Privat, 2002, p. 145.

87. Pierre Mouthon, *op. cit.*, p. 138.

88. *Ibid.*, p. 138-139.

89. Rapport mensuel sur les relations avec les troupes d'opérations, 25 octobre 1943, ADHS 22 W 11.

90. Alhrich Meyer, *op. cit.*, p. 162. Il faut nuancer ce terme de « masse ». La Résistance n'a jamais concerné qu'une minorité.

91. *Ibid.*, p. 163. Alhrich Meyer cite un document allemand du 23 septembre 1943, BA-MA, RW 35/1281.

92. Jean Vallette d'Osia, *op. cit.*, t. 2, p. 133-162.

93. ADHS 22 W 8, dossier 2. Pierre Mouthon, sans donner sa source, évoque le nombre de 65 personnes arrêtées du 13 au 15 septembre 1943 : Pierre Mouthon, *op. cit.*, p. 143.

94. Un tableau récapitulatif des opérations de police effectuées depuis le 1er mars 1943 indique que 73 arrestations ont été effectuées à la date du 15 décembre. ADR 182 W 264, dossier n° 289.

95. Lettre du commissaire divisionnaire au directeur des Renseignements généraux à Vichy, 5 novembre 1943, ADHS 22 W 8, dossier 2, document n° 483.

96. Pierre Mouthon, *op. cit.*, p. 147.

97. *Ibid.*, p. 149-150.

98. *Ibid.*, p. 150-151.

99. *Ibid.*, p. 156.

100. *Ibid.*, p. 157.

101. Les gendarmes enquêtèrent sur ces faits et livrèrent leurs conclusions. SHD, section Gendarmerie, 12 février 1946, 74 E 109, fol 391 et 22 février 1946, 74 E 149, fol 407 et 408.

102. Lettre de l'état-major de liaison 988 au préfet, 9 septembre 1943, ADHS 22 W 1.

103. *Ibid.*, 17 novembre 1943.

104. Circulaire n° 477 du secrétaire général à la police, 12 novembre 1943, ADHS 22 W 1.

105. Lettre de l'état-major de liaison 988 (Annecy) au préfet, 11 décembre 1943, ADHS 22 W 1.

106. Lettre du préfet de la Haute-Savoie au chef de l'état-major allemand de liaison, 14 décembre 1943, ADHS 22 W 1.

107. Lettre du général de brigade Hahn de l'état-major principal de liaison 590 au préfet régional à Lyon, 14 décembre 1943, ADHS 22 W 1.

108. Lettre du préfet de région au préfet de la Haute-Savoie, 20 décembre 1943, n° 5404 CAB/R, ADHS 22 W 1.

109. Lettre de l'état-major de liaison 988 (Annecy) au préfet, 17 décembre 1943, ADHS 22 W 1.

110. Lettre du préfet de la Haute-Savoie au chef de l'état-major allemand de liaison, 22 décembre 1943, ADHS 22 W 1, n° 1663/TO.

111. Pierre Mouthon, *op. cit.*, p. 161.

112. On ne sait pas combien ont été maintenues.

113. Pierre Mouthon évoque un dispositif tenant dans trois ou quatre camions : Pierre Mouthon, *op. cit.*, p. 174.

114. *Ibid.*, p. 173-174.

4.
Glières

1. En réalité, il semble que l'on emploie le singulier (à Glière) sur le territoire de la commune de Thorens, et le pluriel au Petit-Bornand (les Glières). Le village de Glière(s) est détaché de Thorens en 1866 et rattaché au Petit-Bornand. Les deux communes rajoutèrent le nom de Glières en 1947, l'une devenant Thorens-Glières, l'autre Petit-Bornand-les Glières.

2. Louis Jourdan, Julien Helfgott, Pierre Golliet, *Glières, première bataille de la Résistance*, Annecy, Association des rescapés de Glières, 1946, p. 9 (plus loin, *Glières, 1946*).

3. Jean Truffy, *op. cit.*, p. 11. Témoignage d'Alexis Rey, 18 août 2009.

4. Archives Clair, « Glières ». Ce document a été rédigé entre 1960 et 1985.

5. Interview d'Henri Petit, 24 mars 1945, INA, PHD85007695.

6. Henri *Romans*-Petit, « La vérité sur la bataille des Glières », *Histoire Magazine*, n° 3, avril-mai 1980.

7. Henri *Romans*-Petit, *Les Obstinés*, *op. cit.*, p. 77.

8. Il s'agit de Gilbert Martin, Félix Perrier, Fernand Roman et Henri Mison. Pour les trois premiers : ADHS 1915 W VII.

9. Interrogatoire d'Henri Mison, 19 avril 1944, archives Poirson.

10. *Glières, 1946*, *op. cit.*, p. 45.

11. Témoignage de Benoît Gervasoni, FARG.

12. Lettre du contrôleur général Delgay en mission en Haute-Savoie à Monsieur le directeur général de la police nationale à Vichy, Fonds de la 19e BRPS, 3 janvier 1944, ADHS SC, 38114, doc. 176.

13. C'est ce que dit André Malraux dans son discours du 2 septembre 1973 : « Bon augure : les avions approchent. Mauvais augure : ils sont repérés. »

14. Lettre du 31 décembre 1979. Pierre Mouthon, *op. cit.*, p. 192.

15. Ils ne sont qu'une centaine.

16. Mission *Musc Cantinier*, télégramme n° 31 à BCRA, 10 février 1944, AN 3 AG 2/Liasse 523/dossier 1.

17. NA, 9/701/1 et SHD 10R1402, dossier 9940. Aucun télégramme ne figure dans ces dossiers.

18. Le Comité d'action en France (Comidac), créé à Alger le 4 octobre 1943, était chargé de la conduite des opérations en territoires occupés et décidait de l'emploi et de la répartition des crédits affectés à cet effet. François Marcot (dir.), *Dictionnaire historique de la Résistance*, Paris, Robert Laffont, 2006, p. 233.

19. Le fait qu'une réunion ait eu lieu le jour même où pour la première fois Jean Rosenthal évoque Glières dans un télégramme confirme que des informations avaient déjà été envoyées à Londres par un autre canal que celui de *Cantinier*.

20. Manuel, compte rendu de la réunion du 7 février 1944, AN 3 AG 2/Liasse 175/dossier 3(B), pièce 14. Voir également Sébastien Albertelli, *Les Services secrets du général de Gaulle*, *op. cit.*, p. 448.

21. Jean-Louis Crémieux-Brilhac, « La bataille des Glières et la guerre psychologique », *Revue d'histoire de la Deuxième Guerre mondiale*, n° 99, juillet 1975, tiré à part, p. 11.

22. *Ibid.*, p. 14-15.

23. Jean Vallette d'Osia, *op. cit.*, t. 2., p. 176.

24. Jean-Louis Crémieux-Brilhac, « La bataille des Glières... », art. cité, p. 15-16.

25. Pierre Limagne, *op. cit.*, t. 3, p. 1748.

26. *Glières, 1946, op. cit.*, p. 45.

27. *Ibid.*, p. 93.

28. *Ibid.*, p. 48.

29. Constant Paisant, *Combattant des Glières*, Entremont-Le-Vieux, Le Temps traversé, 1995, p. 119.

30. *Glières, 1946, op. cit.*, p. 94.

31. *Ibid.*, p. 93.

32. Constant Paisant, *op. cit.*, p. 118.

33. *Glières, 1946, op. cit.*, p. 95 et 97.

34. Interrogatoire de Michel Fournier, 16 mars 1944, ADS 1718 W 15.

35. *Glières, 1946, op. cit.*, p. 97.

36. En fait les tournées étaient réalisées par Michel Fournier. Voir le témoignage de Jean-Isaac Tresca dans *Glières, 1946, op. cit.*, p. 100.

37. *Ibid.*, p. 97.

38. *Ibid.*, p. 98. Les maquisards étaient équipés de chaussons à neige qui, recouvrant les chaussures, les isolaient de la neige et de l'humidité. Sans eux, les hommes n'auraient sans doute pas pu tenir deux mois sur le plateau enneigé.

39. Interrogatoire de Michel Fournier, doc. cité.

40. *Glières, 1946, op. cit.*, p. 98.

41. *Ibid.*

42. Interrogatoire de Joseph Bozon, 18 avril 1944, archives Poirson.

43. Constant Paisant, *op. cit.*, p. 118.

44. Témoignage d'Alexis Rey, 18 août 2009.

45. Interrogatoire de Fernand Roman, 18 avril 1944, archives Poirson.

46. Jean Truffy, *op. cit.*, p. 58.

47. *Glières, 1946, op. cit.*, p. 48-52.

48. Constant Paisant, *op. cit.*, p. 119.

49. *Glières, 1946, op. cit.*, p. 48.

50. Journal de marche d'une campagne [*sic*] allemande engagée contre le maquis en Savoie (extraits) (désormais Journal de marche), SHD, section Terre, 13 P 47, R I/4 Ain, dossier 33. Il s'agit en fait de la traduction d'un journal de marche dont l'original se trouve aux Archives nationales : Journal d'une unité allemande engagée contre le maquis, AN 3 AG 2, liasse 478.

51. Il semble en revanche qu'un panneau « Attention – zone militaire – terrain miné » ait été posé à La Verrerie... Constant Paisant, *op. cit.*, p. 113.

52. *Ibid.*, p. 115.

53. Télégramme n° 205, 19 mars 1944, 18 h, signé Jeewe, Greko Annecy, signé SS *Hauptsturmführer* Bock, lieutenant et commandant de compagnie, destiné au BDS Paris à l'attention de SS Standartenführer et colonel de la police Dr Knochen et au commandant de la police de sûreté et du SD de Lyon, à l'attention du SS Obersturmbannführer Dr Knab. Jean Truffy, *op. cit.*, p. 86-87.

54. Des skis furent dérobés dans les stations de Haute-Savoie. *Glières, 1946, op. cit.*, p. 52.

55. Cet unique poste de campagne semble avoir été pris sur les lignes de chemin de fer. Une photographie montre un groupe de maquisards arriver sur le Plateau avec un câble téléphonique. *Ibid.*, p. 49. Julien Maffioletti occupait la fonction de téléphoniste au sein de la section *Ebro*. Interrogatoire de Julien Maffioletti, 17 avril 1944, archives Poirson.

56. *Glières, 1946, op. cit.*, p. 58.

57. *Ibid.*, p. 52.

58. Marcel Houot évoque une « nuit bruineuse [...] et une brume qui nous enveloppait ». Témoignage écrit de Marcel Houot, fol. 14, FARG.

59. *Glières, 1946, op. cit.*, p. 60.

60. *Ibid.*, p. 120.

61. *Ibid.*, p. 67.

62. *Ibid.*, p. 65.

63. *Ibid.*, p. 45.

64. Plusieurs auteurs présentent un organigramme. Claude Antoine, *Un village dans la bataille des Glières, Capitaine Anjot, l'honneur d'un chasseur alpin*, s.l., Claude Antoine, s.d., p. 92.

65. *Glières, 1946*, *op. cit.*, p. 52.

66. *Ibid.*, p. 90.

67. Témoignage écrit de Marcel Houot, fol. 5, FARG.

68. Robert Amoudruz, Jean-Claude Carrier, *Dimanche fatal aux Glières*, Bière, Cabédita, 2011, p. 77.

69. Entretien, 25 juin 2009.

70. *Glières, 1946*, *op. cit.*, p. 65-66.

71. *Ibid.*, p. 92.

72. Robert Amoudruz, *La BRI...*, *op. cit.*, p. 126.

73. Marcel Gaudin, *La Section Hoche aux Glières*, tapuscrit, 2e version, FARG.

74. Lors de son interrogatoire, Pierre Gavel déclara que « André Gay d'Éteaux a quitté sans autorisation le Plateau et est rentré chez lui ». Interrogatoire de Pierre Gavel, 29 avril 1944, ADHS 1915 W 1, liasse X.

75. *Ibid.*

76. Témoignage de Roland Pichon, 15 août 2009.

77. Alain Dalotel, *Le Maquis des Glières*, Paris, Plon, 1992, p. 157.

78. Interrogatoire de Pierre Touzard, 17 avril 1944, archives Poirson.

79. *Glières, 1946*, *op. cit.*, p. 68.

80. *Ibid.*, p. 68.

81. Curieusement, ceux qui ont écrit sur cet épisode s'apitoient plus sur le rôle du lieutenant Morel, conduit à condamner à mort un gamin, que sur le sort du jeune homme fusillé, âgé de seulement 18 ans, convaincu d'avoir volé des victuailles et qui selon Louis Jourdan « avait l'intention de foutre le camp, enfin de trahir » : Alain Dalotel, *op. cit.*, p. 153. La mère de ce jeune, nommé Marcel Clévenot, le fit rechercher après la guerre. Elle obtint de la Croix-Rouge l'information selon laquelle son fils « est mort au maquis le 3 mars 1944 ». Lettre au préfet, 28 mai 1945, ADHS 16 W 22.

82. Interrogatoire d'Hugo Schmidt, 17 avril 1944, archives Poirson.

83. Alain Dalotel, *op. cit.*, p. 157.

84. Témoignage écrit d'André Vignon, fol. 9, FARG.

85. Interrogatoire de Serge Aubert, 16 avril 1944, ADHS 1915 W 6/2.

86. *Glières, 1946*, *op. cit.*, p. 65.

87. *Ibid.*

88. *Ibid.*, p. 59.

89. La Résistance appliquait le précepte de Clausewitz selon lequel le meilleur moyen pour s'approvisionner est de faire naître la crainte de représailles parmi la population. Carl von Clausewitz, *De la guerre*, Paris, Éditions de Minuit, 1955, p. 371.

90. Ainsi, Louis B. se vengea d'avoir dû remettre deux vaches au maquis en indiquant aux miliciens le chemin pour rejoindre Glières. ADHS SC 38123, 77/E/8 Affaire époux B.

91. Procès-verbal de renseignements sur l'appropriation de 120 kilos de beurre au préjudice de M. Savoy, 7 mars 1944, ADHS SC 38223, dossier 2585/6.

92. *Glières, 1946*, *op. cit.*, p. 59.

93. Interrogatoire de Joseph Bozon, 18 avril 1944, archives Poirson.

94. *Glières, 1946*, *op. cit.*, p. 59.

95. Témoignage de Roger Vidal, ancien GMR prisonnier sur le Plateau, mars 1993. Les maquisards indiquent que les GMR eurent les mêmes rations qu'eux. Les situations furent sans doute contrastées d'une section ou d'un chalet à l'autre.

96. Constant Paisant, *op. cit.*, p. 125.

97. Serge Thelen, *op. cit.*, p. 286. Marcel Houot confirme ce point.

Témoignage écrit de Marcel Houot, fol. 10-11, FARG.

98. Témoignage. *Glières, 1946*, *op. cit.*, p. 66.

99. Témoignage d'Alphonse Métral, qui fut secrétaire au PC, 11 juin 2009.

100. *Messages*, n° 11, novembre-décembre 1946. FARG, B7H-P26.

101. Dossier Antonio Jurado-Reyes, SHD, section Résistance, 16 P 315107.

102. Dossier Pierre Chanteur, SHD, section Résistance, 16 P 119158.

103. André Ravier, *Lieutenant Tom Morel*, Paris, Fayard, 1990, p. 236-237.

104. André Ravier, *op. cit.* ; Patrick de Gmeline, *Tom Morel, héros des Glières*, Paris, Presses de la Cité, 2008 ; Jean-François Vidal, *Catholique, saint-cyrien et résistant, l'itinéraire du lieutenant Morel*, Mémoire de maîtrise d'histoire contemporaine, Toulouse, Université Toulouse Le Mirail, 1996.

105. André Ravier, *op. cit.*, p. 14, *passim.*

106. État des services de Théodose Morel, SHD, dossier 41/23711.

107. André Ravier, *op. cit.*, p. 90.

108. Lettre de Théodose Morel, 23 juin 1939. André Ravier, *op. cit.*, p. 118.

109. État des services de Théodose Morel, doc. cité.

110. En mai 1942 l'épouse de Théodose Morel se trouve en Ardèche auprès de sa famille.

111. Jean Vallette d'Osia, *op. cit.*, t. 2, p. 91-92. André Ravier, *op. cit.*, p. 218. Thomas Rabino, *op. cit.*, p. 132.

112. Jean Monnet écrit que Théodose Morel et Maurice Anjot restèrent dans leurs fonctions officielles à la Légion jusque « vers la fin de septembre 1943 », moment où « les délégués de la Gestapo se présentèrent à leur bureau pour les arrêter ». Jean Monnet, *op. cit.*, p. 58.

113. *Le Légionnaire Haut-Savoyard*, n° 15, avril 1943.

114. Autorisation signée par René Bousquet et datée du 8 juin 1943 ; retirée le 21 février 1944, ADHS 16 W 17.

115. Courrier qui semble daté du 28 juillet 1943. André Ravier, *op. cit.*, p. 229.

116. *Ibid.*, p. 225.

117. État des services de Théodose Morel, doc. cité, Annecy, 20 septembre 1941.

118. Ce mot revient souvent dans sa correspondance.

119. Sa nomination à la tête des maquis, officielle au 31 janvier, n'avait pas non plus fait l'unanimité au sein de la Résistance. Alain Dalotel, qui cite un courrier du 24 juin 1980 qu'Henri *Romans*-Petit fit parvenir à Henri Noguères, écrit : « Lorsqu'il [Henri Petit] prit par exemple l'initiative de désigner Morel comme chef des maquis [...], il s'est heurté à la Résistance locale. Il rappelle une réunion à Annecy, en décembre 1943, avec le Comité de libération, où il avait fait venir *Didier* Chambonnet et qui fut particulièrement houleuse : "Mon choix de *Tom* Morel était l'objet de vifs reproches car, selon ces responsables d'un organisme important, c'était un suppôt de l'évêché." Chambonnet le prit très mal, fustigeant les accusateurs : "Moi franc-maçon, oui franc-maçon, je vous dis mon mépris. Et c'est pour ces sornettes que vous m'avez fait déplacer, moi le chef régional ? Allez, Romans, nous n'avons pas de temps à perdre, partons" » : Alain Dalotel, *op. cit.*, p. 86. Dalotel indique que cette rencontre ne put avoir lieu avant décembre 1943, Chambonnet n'ayant pris ses fonctions qu'en décembre

1943, succédant à Robert Ducasse-*Vergaville*. *Ibid.*, p. 350, n. 8 et 18.

120. Félix Plottier, *op. cit.*, p. 126.

121. André Ravier, *op. cit.*, p. 95. Lettre du 11 novembre 1937.

122. Albert Démolis nous a indiqué qu'il le tutoyait. Entretien, 15 juin 2009.

123. Témoignage d'Alphonse Métral, 21 septembre 2007.

124. *Glières, 1946*, *op. cit.*, p. 77.

125. Claude Antoine, *Capitaine Maurice Anjot*, *op. cit.*

126. État de services de Maurice Anjot, SHD, dossier n° 4213/41.

127. *Glières, 1946*, *op. cit.*, p. 81.

128. On ignore les raisons qui expliquent la transformation de l'orthographe de *Bayard*. On notera que le nom de guerre d'Humbert Clair-*Navant* ou *Navand* subit la même inflexion.

129. État de services de Maurice Anjot, doc. cité.

130. *Ibid.*

131. *Le Légionnaire Haut-Savoyard*, n° 16, mai 1943.

132. Leur biographie se trouve en annexe.

133. Louis Loiseau, dit *Loulou de Faverges*, sera remplacé par Robert Jouglas au début du mois de mars.

134. Témoignage écrit d'André Vignon, fol. 7, FARG.

135. Les autres provenaient de : Pologne (3), Suisse (3), Belgique (1), Canada (1), Hollande (1), Roumanie (1), Autriche (1), URSS (1), sans doute 2.

136. Témoignage écrit de José Caballero, FARG, B5 P44.

137. « Le 27 décembre 1940, le gouvernement de Vichy crée, dans le prolongement direct des CTE, des structures destinées aux étrangers de 18 à 55 ans "en surnombre dans l'économie nationale". Aux CTE succèdent les GTE, Groupements de travailleurs étrangers » : Geneviève Dreyfus-Armand, *L'Exil des républicains espagnols en France*, Paris, Albin Michel, 1999, p. 127. En août 1943, sur un total de 37 000 travailleurs, 31 000 sont espagnols.

138. Robert Amoudruz, « Espagnols et Juifs du camp de Savigny (1940-1942) », *Échos saléviens*, n° 11, s.l., La Salévienne, 2002, p. 16.

139. Interrogatoire de Francisco Perrea-Gallant, 19 avril 1944, ADHS 1915 W 1, liasse VIII.

140. Lettre du commissaire principal, chef du service départemental des Renseignements généraux au préfet, 15 avril 1943, ADHS 41 W 35. Les deux autres sont Manuel Corps Moraleda et Jorge Navarro Sanchez.

141. 40 000 Espagnols des deux zones ont été envoyés en Allemagne pendant la guerre et plus de 8 000 expédiés dans les camps de concentrations nazis, à Mauthausen en particulier : Javier Rubio, « La politique française d'accueil : les camps d'internement », dans Pierre Milza, Denis Peschanski (dir.), *Exils et migration. Italiens et Espagnols en France, 1938-1946*, Paris, L'Harmattan, 1994, p. 155.

142. « Les Espagnols dans la Résistance », *La Résistance savoisienne*, n° 33, 16 et 23 août 1945.

143. *Ibid.*

144. *Ibid.* Véronique Olivares Salou, Michel Reynaud, *Le Roman des Glières. La résistance des républicains espagnols au plateau des Glières*, Paris, Éditions Tirésias, 2007, p. 96-97. Témoignage écrit de Julien Maffioletti, fol. 1, FARG.

145. *Glières, 1946*, *op. cit.*, p. 10.

146. *R.1.3.*, *op. cit.*, p. 89.

147. « L'ordre de rassemblement fut adressé à tous les maquisards de l'AS et proposé à titre d'invitation aux

camarades FTP. » *Glières, 1946, op. cit.*, p. 45.

148. *Ibid.*, p. 92.

149. *Ibid.* Mais Botzum essaie peut-être d'apitoyer celui qui l'interroge. Interrogatoire de Marcel Botzum, 17 avril 1944, ADHS 1915 W 6/14.

150. *R.1.3.*, *op. cit.*, p. 95.

151. Robert Amoudruz, *La Mémoire interdite…*, *op. cit.*, p. 139.

152. *Ibid.*, p. 141.

153. Michael R.D. Foot, *op. cit.*, p. 145 et p. 152.

154. *Ibid.*, p. 147-148.

155. Amicale des réseaux action de la France combattante, *Les Réseaux action de la France combattante*, auto-édition, 1986, p. 135-136. Une deuxième tentative d'équiper la Haute-Savoie de telles balises Eurêka aurait été tentée « au printemps 1944 ». Deux « postes émetteurs » parachutés en Saône-et-Loire sont transportés par la résistante Denise Jacob, à destination de la Haute-Savoie. Arrêtée sur son chemin, elle ne put achever sa mission. Denise Jacob, sœur de Simone Veil, a été déportée en juillet 1944 à Ravensbrück. « Ancienne déportée et résistante, Denise Vernay », *Le Monde*, 13 mars 2013, p. 24.

156. Dossier de Richard Andrès, SHD, bureau Résistance, 16 P 13003.

157. *Glières*, *1946*, *op. cit.*, p. 61.

158. *Ibid.*, p. 61-62.

159. Jean Truffy, *op. cit.*, p. 53.

160. Mission *Musc Cantinier*, télégramme n° 34 à BCRA, 15 février 1944, AN 3 AG 2/Liasse 523/dossier 1.

161. On ne s'explique pas la différence du nombre d'avions, trois ou quatre, selon les versions.

162. Mission *Musc Cantinier*, télégramme n° 35 à BCRA, 16 février 1944, AN 3 AG 2/Liasse 523/dossier 1.

163. *Ibid.*

164. *Ibid.*, télégramme n° 33 à BCRA, 15 février 1944, AN 3 AG2/Liasse 523/dossier 3/pièce 5.

165. Operations during the night of March 4/5th, AN 3 AG2/Liasse 206/pièce 83. Le nom de code de Glières était *Hippopotame*.

166. Mission *Musc Cantinier*, télégramme n° 44 à BCRA, 10 mars 1944, AN 3 AG 2/Liasse 523/dossier 1.

167. *Ibid.*, télégramme n° 179 à *Apothème*, 14 mars 1944, AN 3 AG 2/Liasse 523/dossier 1.

168. Témoignage écrit de Joseph Favre-Petit-Mermet, FARG.

169. « Operational instructions for night of 4th/5th March » du Wing Commander J.A. de Lazlo au Wing Commander Kinoch, H.Q. Bomber Command, 4 mars 1944, NA Air 14/1668.

170. « Large scale operations to the Maquis "A" area » from Headquarters Bomber Command to Headquarters, n° 3 group, 11 mars 1944, NA Air 14/1668.

171. Maquis, NA HS 6/597, *fol.* 169. État des sorties de la lune de mars 1944.

172. « Operations during the night of march 10/11 1944 », AN 3 AG 2/Liasse 206/fol. 87. Dans le détail, il est compté 68 conteneurs ainsi que 17 accumulateurs. En fait ce document dénombre vingt appareils, dont trois ne purent livrer leur cargaison.

173. Jean-Louis Crémieux-Brilhac, « La bataille des Glières… », art. cité, p. 22 et Alain Dalotel, *op. cit.*, p. 364-365, n. 60.

174. Rapports de gendarmerie, mars 1944, ADHS 26 W 11.

175. Mission *Musc Cantinier*, télégramme n° 45 à BCRA, 12 mars 1944, AN 3 AG 2/Liasse 523/dossier 1. Aussi tard que le 22 mars, Rosenthal admet qu'« aucun renseignement sérieux n'a pu vous être donné sur opération du

10 mars, vous câblerai lorsque inventaire sera fait ». *Ibid.*, télégramme n° 53 à BCRA, 24 mars 1944, AN 3 AG 2/ Liasse 523/dossier 1.

176. Alain Dalotel, *op. cit.*, p. 181.

177. Entretien avec Alexis Rey, 18 août 2009. Selon Jacques Golliet, la descente du Plateau aurait été envisagée par Théodose Morel le 8 mars. Le survol le même jour par un avion allemand, la mort de Morel dans la nuit du 9 au 10 mars, le parachutage de près de 600 conteneurs dans la nuit du 10 au 11 mirent un terme à ce projet, pour peu qu'il ait eu une quelconque réalité. Jacques Golliet, « Les militaires dans la Résistance : le bataillon des Glières », dans Jean-William Dereymez (dir.), *Les Militaires dans la Résistance. Ain-Dauphiné-Savoie, 1940-1944*, Avon-les-Roches, Anovi, 2010, p. 332.

178. Mission *Musc Cantinier*, télégramme n° 179 à Apothème, 14 mars 1944, AN 3 AG 2/Liasse 523/dossier 1.

179. *Ibid.*, et n° 183 à Apothème, 21 mars 1944. *Versoir*, dont le véritable nom est Émile Loison, sera effectivement parachuté après les événements de Glières. *Ibid.*, télégramme n° 187 à Apothème, 27 mars 1944.

180. *Ibid.*, télégramme n° 186 à Apothème, 21 mars 1944.

181. *Ibid.*, télégramme n° 59 à BCRA, 27 mars 1944.

182. *Ibid.*, télégramme n° 66 à BCRA, 1er avril 1944.

183. Dossier en Haute Cour de justice de Joseph Darnand, Déclaration à la presse du 11 février 1944, AN 3 W 141, fol. 35.

184. Direction des opérations du maintient [*sic*] de l'ordre en Haute-Savoie, 6 février 1944, ADHS 1915 W 4.

185. Contrôleur général Delgay, « Instructions pour le personnel de la police nationale », 6 février 1944, ADHS 1915 W 4.

186. *Ibid.*

187. Contrôleur général Delgay, « Note, a/s de l'opération effectuée le 7 février courant à Petit-Bornand [*sic*] », 8 février 1944, ADHS 1915 W 4.

188. *Ibid.*

189. Jean Truffy, *op. cit.*, p. 48.

190. Contrôleur général Delgay, « Note, a/s de l'opération effectuée le 7 février courant à Petit-Bornand [*sic*] », doc. cité.

191. *Ibid.*

192. Jean Truffy, *op. cit.*, p. 48.

193. Note de l'intendant de police Lelong au contrôleur général Delgay, ADHS 1915 W 4, 10 février 1944.

194. Procès en cour de justice de Charles Marion, ADS 1404 W 63.

195. Télégramme n° 8, 11 février 1944, 22 h 25, doc. cité, p. 76-77.

196. *Ibid.*

197. Colonel André Raulet, *Alfred de Vigny a-t-il menti ? La garde au plateau des Glières*, Toulouse, s.d. (1952), p. 22-33.

198. Rapport du lieutenant-colonel Bretegnier, 17 février 1944, ADHS 12 W 142.

199. Colonel André Raulet, *op. cit.*, p. 48-49.

200. Jean Truffy, *op. cit.*, p. 50. Voir aussi Colonel André Raulet, *op. cit.*, p. 28.

201. Rapports quotidiens de M. le Directeur des opérations, Rapport n° 74/0, 14 février 1944, ADHS 1915 W 4.

202. Jean Truffy, *op. cit.*, p. 51. Le bûcheron en question, Ferdinand Pfünd, a été arrêté par la gendarmerie le 20 avril et interrogé par la police le lendemain : ADHS 1915 W 1/VIII n° 303. La littérature sur Glières en fait un alcoolique oublieux des missions qu'on lui confie.

203. *Glières, 1946*, *op. cit.*, p. 99.

204. Colonel André Raulet, *op. cit.*, p. 45-46.

205. Jean Truffy, *op. cit.*, p. 50.

206. *Ibid.*, p. 54.

207. *Ibid.*, p. 53.

208. *Ibid.*, p. 54.

209. *Ibid.*, p. 55.

210. Colonel André Raulet, *op. cit.*, p. 65.

211. Rapport du capitaine Clair, ex-commandant de l'AS de la Haute-Savoie au sujet de l'activité de Lelong dans ce département, 23 octobre 1944, DCAJM, TMP Lyon, 2 novembre 1944, pce 66.

212. Colonel André Raulet, *op. cit.*, p. 68.

213. *Ibid.*, p. 70-71.

214. *Ibid.*, p. 75.

215. Rapport du capitaine Rabaseda, 20 février 1944. Colonel André Raulet, *op. cit.*, p. 75.

216. Extrait du rapport d'ensemble n° 1 /4 C, 20 février 1944. Colonel André Raulet, *op. cit.*, p. 76.

217. *Ibid.*, p. 91.

218. Télégramme n° 14, 12 février 1944, 22 h 15, signé Dr Jeewe, Greko Annecy, au commandant de la police de sûreté et du SD à Lyon, à l'attention du Dr Knab Obertsturmbannführer. Jean Truffy, *op. cit.*, p. 77-78.

219. Télégramme n° 8, 11 février 1944, 22 h 25, doc. cité.

220. Rapport n° 2, 16 février 1944. L'auteur en est le « 1er lieutenant et officier de liaison auprès de l'état-major du colonel Lelong ». DCAJM, TPFA Lyon 800/2 ; 25/11/1954, 370/6, Liasse III, pièce 50.

221. Télégramme n° 26, 15 février 1944, 19 h 42, signé Dr Jeewe, Greko Annecy, au commandant de la police de sûreté et du SD à Lyon, à l'attention du SS Obertsturmbannführer Dr Knab. Jean Truffy, *op. cit.*, p. 78.

222. Il semble que Lelong n'ait pas connu la qualité de ses deux visiteurs. Le courrier qu'il rédige le 18 février indique seulement qu'ils étaient des militaires.

223. Procès-verbal constatant l'audition de Camille Benoît, 29 octobre 1944. DCAJM, TMP Lyon, Dossier Georges Lelong, pce 62.

224. Télégramme n° 56, 21 février 1944, 16 h 45, signé Dr Jeewe, Greko Annecy, au chef de la police de sûreté et du SD à Lyon à l'attention du SS Obertsturmbannführer Dr Knab. Jean Truffy, *op. cit.*, p. 80-81.

225. Si Rosenthal avait servi sous les ordres de Leclerc en Afrique, il n'en avait jamais été chef d'état-major.

226. Lorsqu'il rentra à Londres en mai 1944, Rosenthal évoqua sa présence dans l'entourage de Leclerc. Il existe ainsi dans les papiers de Churchill une lettre que lui destine son secrétaire, Desmond Morton, selon laquelle le frère du Premier ministre aurait rencontré Rosenthal. Ce courrier affirme que Rosenthal « *is attached to the Divisional Staff of General Leclerc* ». Lettre de Desmond Norton à Winston Churchill, 11 mai 44, NA PREM 3/185/1.

227. Télégramme n° 55, 21 février 1944, 15 h 42, signé Dr Jeewe, Greko Annecy, au chef de police et SD Lyon, à l'attention du SS Obertsturmbannführer Dr Knab. Jean Truffy, *op. cit.*, p. 80.

228. *Ibid.*

229. Télégramme n° 86, 27 février 1944, 17 h 42, signé SS *Hauptsturmführer* Jeewe, Greko Annecy, au commandeur de la police de sûreté (Sipo) et du SD Lyon, à l'attention du SS Obersturmbannführer Dr Knab. Jean Truffy, *op. cit.*, p. 80-81.

230. *Ibid.*, p. 82

231. Extrait de l'interrogatoire de Raymond L., 24 février 1945, procès

en cour de justice de Marcel P., ADIV 313 W 42, fol 62.

232. *Ibid.*, Procès-verbal de première comparution de Marcel P., 13 septembre 1944, fol 13.

233. Extrait de l'interrogatoire de Raymond L., 24 février 1945, doc. cité. L'arrestation des GMR est corroborée par Robert Buttin qui affirme lors de son interrogatoire : « Le 10 mars des camarades de mon groupe se trouvaient aux avant-postes de Notre-Dame-des-Neiges. Le groupe a été averti vers 11 heures qu'une soixantaine de GMR venaient occuper un chalet à proximité du nôtre. Je n'ai entendu aucun coup de feu mais j'ai vu deux camarades encadrant dix GMR. » Interrogatoire de Robert Buttin, 17 avril 1944, ADHS SC 38117, dossier 43/2.

234. Télégramme n° 156, 14 mars 1944, 17 h 42, signé Jeewe, Greko Annecy destiné au BDS Paris à l'attention de SS Standartenführer et colonel de la police Dr Knochen et pour information au chef de la police de sûreté et du SD de Lyon, à l'attention du SS Obersturmbannführer Dr Knab. Jean Truffy, *op. cit.*, p. 83.

235. Télégramme n° 183 du 17 mars 1944, 20 h 11, signé Jeewe, Greko Annecy destiné au BDS Paris à l'attention de SS Standartenführer et colonel de la police Dr Knochen et au commandant de la police de sûreté et du SD de Lyon, à l'attention du SS Obersturmbannführer Dr Knab. Jean Truffy, *op. cit.*, p. 85.

236. Télégramme n° 167, 14 mars 1944, 19 h, signé Dr Jeewe, Greko Annecy, au BDS Paris à l'attention du SS Standartenführer et colonel de la police Dr Knochen. Jean Truffy, *op. cit.*, p. 84.

237. Lettre du délégué du secrétaire général au maintien de l'Ordre à monsieur le commandant supérieur des SS et de la police de sûreté, 17 février 1944, AN F7 14894.

238. Grégoire Lefèbvre est né le 19 novembre 1892 en Corse. Il participe à la Première Guerre mondiale dans un escadron du train puis dans l'artillerie lourde. Démobilisé en août 1919 avec le grade de maréchal des logis-chef, il est promu sous-lieutenant de réserve le 1er juin 1921. Des périodes d'instruction qui lui ouvrent l'accès au grade de lieutenant en 1926, puis de capitaine en 1938. Rappelé à l'activité le 25 août 1939, il reçoit le commandement d'une compagnie de transport. À la signature de l'armistice il est démobilisé. Il saisit l'opportunité de poursuivre sa carrière dans la police, en quête d'officiers de l'armée en vue de former les cadres des futurs GMR. D'abord affecté au GMR Auvergne, il est ensuite nommé à Toulouse pour prendre le commandement du GMR Aquitaine en cours de constitution. Yves Mathieu, *Policiers perdus. Les GMR dans la Seconde Guerre mondiale*, autoédition, Toulouse, 2009, p. 267-269.

239. *Ibid.*, p. 277.

240. Qui étaient donc ces « deux officiers » ? Très vraisemblablement il s'agit de Pierre Bastian, en charge des questions d'approvisionnement, soucieux de pouvoir convoyer des vivres en direction de Glières. Quant au second, il pourrait s'agir aussi bien de Théodose Morel que d'Henri Onimus.

241. Yves Mathieu, *op. cit.*, p. 269.

242. *Ibid.*

243. ADS, 1218 W 15.

244. *Glières, 1946*, *op. cit.*, p. 100.

245. *Ibid.*, et Yves Mathieu, *op. cit.*, p. 140.

246. Yves Mathieu, *op. cit.*, p. 280-281.

247. Interrogatoire de Paul Sérignat, 16 avril 1944, ADHS 1915 W 6, n° 88.

248. Interrogatoire de Georges Perazzi, 13 mars 1944, ADHS 1915 W1, II, n° 272. Voir aussi *Glières, 1946*, p. 105.

249. Ce que Paul Sérignat, qui fit le lien entre le GMR déserteur et Bastian-*Barat*, raconta ainsi au policier qui l'interrogeait : « C'est moi qui ai fait les démarches auprès du lieutenant Barat, qui se trouvait au café du Courrier, à Entremont, pour que le GMR Fedieu entre à l'Armée secrète. Je connaissais le lieutenant Barat comme client de mon commerce, il savait que j'étais sympathisant à l'égard du mouvement de résistance et je savais moi-même qu'il faisait partie de ce mouvement. Le 9 mars j'ai accompagné Fedieu jusqu'à Montessuit où je l'ai remis entre les mains du lieutenant Barat, et je suis redescendu après. J'ai indiqué au lieutenant Barat que mon hôtel était au complet, c'est-à-dire qu'il devait s'y trouver environ trente à trente-cinq GMR. Il m'avait demandé ce renseignement la veille du coup d'Entremont, le jour où je lui ai conduit Fedieu. Je n'ai participé d'aucune façon au coup de main contre les GMR. » Interrogatoire de Paul Sérignat, 16 avril 1944, ADHS 1915 W 6, n° 88.

250. *Glières, 1946*, *op. cit.*, p. 105-107.

251. Yves Mathieu, *op. cit.*, p. 282. Yves Mathieu s'appuie sur le témoignage de deux policiers, Maurice Marlin et Georges Mazars.

252. *Glières, 1946*, *op. cit.*, p. 107.

253. Yves Mathieu, *op. cit.*, p. 283.

254. Interrogatoire de Michel Castelain, 17 avril 1944, archives Poirson.

255. Yves Mathieu, *op. cit.*, p. 284-286.

256. C'est peut-être pour cacher ce fait, tout à fait vraisemblable, que diverses versions sont apparues, dès la fin des échanges de coups de feu, visant autant à incriminer les GMR qu'à disculper, par camaraderie, le tireur du fusil-mitrailleur.

5.
Les derniers jours de Glières

1. Frizon, grièvement blessé, mourra quelques jours plus tard à l'hôpital de Bonneville.

2. Jean Truffy, *op. cit.*, p. 63.

3. *Glières, 1946*, *op. cit.*, p. 109.

4. Serge Thelen indique que les hommes qui montaient à Glières avaient eu connaissance par le lieutenant Lalande du parachutage de la nuit du 10 au 11 mars. Serge Thelen, *op. cit.*, p. 279.

5. Alain Dalotel, *op. cit.*, p. 177. Archive privée qui ne peut provenir que de Jean Rosenthal lui-même.

6. Télégramme n° 43 d'Apothème au BCRA, 8 mars 1944, AN 3AG2/ Liasse 523/dossier 1.

7. Il écrit dans un de ses télégrammes : « Vous prie me faire confiance, porterez jugement sur mon activité lorsque vous aurez éléments pour l'apprécier » : *ibid.*, télégramme n° 51 d'Apothème à BCRA, 21 mars 1944, AN 3 AG 2/Liasse 523/dossier 1.

8. Georges Guidollet, *Contribution à l'histoire de la Résistance*, s.l., s.d., 24 p.

9. Alain Dalotel, *op. cit.*, p. 181.

10. Télégramme n° 33 du BCRA à Apothème, 8 février 1944, AN 3 AG 2/Liasse 523/dossier 1.

11. *Ibid.*, télégramme n° 175 du BCRA à Apothème, 28 février 1944.

12. *Ibid.*, télégramme n° 45 de *Croate* à BCRA, 2 mars 1944.

13. Claude Antoine détaille son périple dans Claude Antoine, *Le Bataillon des Glières*, Yens-sur-Morges, Cabédita, 1998, p. 84-87 ; *Capitaine Maurice Anjot*, *op. cit.*, p. 194-195.

14. Robert Buttin, lors de son interrogatoire, déclara ne l'avoir vu qu'une fois. Interrogatoire de Robert Buttin, 17 avril 1944, ADHS SC 38115.

15. Pierre Mouthon, *op. cit.*, p. 206.

16. Claude Antoine, *Un village dans la bataille des Glières*, *op. cit.*, p. 35.

17. Guy Serbat évoque même des forces désorganisées : Guy Serbat, *Le PCF et la lutte armée*, Paris, L'Harmattan, 2001, p. 46.

18. Robert Amoudruz écrit : « Un ordre de l'inter-région de Lyon leur avait commandé [aux sections *Liberté chérie* et *Coulon*] ou tout au moins les avait incités à rejoindre les hommes de Tom Morel. » Robert Amoudruz, *La BRI...*, *op. cit.*, p. 125.

19. Note d'Augagneur-*Grand* destinée à Clair-*Navand*, 27 mars 1944, archives Poirson.

20. Lettre du capitaine Augagneur, commandant la compagnie de passage II 99° RI à Monsieur le général Colignon, 29 janvier 1946, SHD, bureau Résistance, dossier Marcel Lamouille, 16 P 334554.

21. *Ibid.* Lettre de Julien Helfgott, secrétaire général de l'Association des rescapés du plateau des Glières à Monsieur le capitaine Augagneur, 26 janvier 1946.

22. *R.1.3*, *op. cit.*, p. 93.

23. Guy Serbat, *op. cit.*, p. 48-51. Guy Serbat (1918-2001) deviendra après guerre un latiniste réputé, professeur à la Sorbonne. Il était connu également sous le pseudonyme de *commandant Raymond Cayrol.*

24. Lettre du chef de bataillon Clair, 7 décembre 1945, SHD, bureau Résistance, dossier Marcel Lamouille, 16 P 334554.

25. Entretien avec Gilbert Gaillard, 13 juillet 2009.

26. Jean Monnet, *op. cit.*, p. 76-77. Il aurait alors été chercher de nouvelles consignes à Annecy et se serait dirigé sur Thônes, où il fut arrêté puis libéré.

27. *Unfinished Final Volume*, January-March 1944. Sans date, mais avant le 11 août 1946, NA, HS 7/252, France (RF Section).

28. Thackthwaite, *alias Procureur*, officier britannique du SOE, appartenait à la mission *Union* parachutée dans la nuit du 6 au 7 janvier 1944 afin de réorganiser le district composé des départements de la Savoie, de l'Isère et de la Drôme. Sébastien Albertelli, *Les Services secrets du général de Gaulle*, *op. cit.*, p. 436.

29. Il semblerait que Louis Finet, aveugle de guerre, natif de Bellegarde, dans l'Ain, soit venu relever le dispositif allemand. Ordre de la Libération, dossier de Louis Finet.

30. Thackthwaite indique : *« On 26th March Apothème succeeded in reaching Geneva during a very short visit across the border, and stressed the gravity of the situation in Haute-Savoie. » Unfinished Final Volume*, January-March 1944, doc. cité.

31. En cela ils se distinguaient nettement des gardes et GMR. De fait les heurts entre ces différentes forces étaient inévitables. À Thorens, GMR et miliciens échangèrent des coups de feu. Serge-Henri Moreau, *Thorens, berceau du maquis*, Thorens, 1945, p. 82-83.

32. Pierre Mouthon, *op. cit.*, p. 180.

33. *Ibid.*, p. 183.

34. *Ibid.*, p. 187.

35. Télégramme n° 86 du 27 février 1944, 17 h 42, doc. cité.

36. Télégramme n° 201, 18 mars 1944, 23 h 43, signé Dr Jeewe, Greko Annecy, au BDS Paris à l'attention du SS Standartenführer et colonel de la police, Dr Knochen et au commandant de la police de sûreté et SD à Lyon à l'attention du SS Obersturmbannführer Dr Knab. Jean Truffy, *op. cit.*, p. 85.

37. Jacques Delperrié de Bayac, *op. cit.*, p. 324.

38. Télégramme n° 91, 4 mars 1944, 19 h 44, signé du Sturmscharführer Becker au commandeur de la police de sûreté (Sipo) et du SD Vichy à l'attention du SS *Hauptsturmführer* Geissler. Jean Truffy, *op. cit.*, p. 82.

39. « La répression du terrorisme, une tournée d'inspection de M. Joseph Darnand en Haute-Savoie », *L'Œuvre*, 21 février 1944.

40. Télégramme n° 156, 14 mars 1944, 17 h 42, signé Jeewe, Greko Annecy destiné au BDS Paris à l'attention de SS Standartenführer et colonel de la police Dr Knochen et pour information au chef de la police de sûreté et du SD de Lyon, à l'attention du SS Obersturmbannführer Dr Knab. Jean Truffy, *op. cit.*, p. 83.

41. Pierre Mouthon, *op. cit.*, p. 235.

42. Né en 1892 à Reims, Max Knipping, officier aviateur, se fait remarquer lors de la Première Guerre mondiale. Après la guerre, il est pilote de ligne et remporte deux records du monde. Mobilisé dans l'aviation en 1939, il est démobilisé en 1940, à Istres, avec le grade de colonel. Il adhère à la Légion, puis au SOL dont il devient le chef dans le Vaucluse. Devenu chef régional de la Milice à Marseille, il noue d'excellentes relations avec l'occupant allemand. Il participe à l'implantation de la Milice en zone nord dont il prendra la tête. Interrogatoire de Max Knipping, 14 juillet 1945, AN 3 W 140, fol. 16-17.

43. *Ibid.*

44. Télégramme n° 156 du 14 mars 1944, 17 h 42, doc. cité.

45. L'abbé Truffy rencontre l'intendant de police le 25 mars. Le clerc reproche au policier « d'avoir laissé venir les Allemands et de ne pas avoir fait évacuer [ses] paroissiens ». Selon Jean Truffy, Georges Lelong « lui répond en pleurant qu'il ne peut plus rien et il [lui] conseille de fuir » : Jean Truffy, *op. cit.*, p. 65-66.

46. Télégramme n° 183 du 17 mars 1944, 20 h 11, doc. cité.

47. *Ibid.*

48. Procès de Joseph Darnand, audition de Max Knipping, 14 juillet 1945, AN 3 W 140.

49. Procès en cour de justice de Max Knipping, déclarations d'Humbert Clair, 30 novembre 1945 et 8 mars 1946, AN Z6/398 bis.

50. Procès en cour de justice de Charles Marion. Audition de Georges Lelong, 7 novembre 1944, ADS 1404 W 63.

51. Audition de Max Knipping, 7 novembre 1945, AN Z6/398 bis.

52. Procès-verbal d'interrogatoire de Carl Oberg, 18 février 1949, Procès Oberg/Knochen, DCAJM, TPFA Paris, 9 octobre 1954, 1/V/B/b.

53. Lettre du milicien Thary, 29 mars 1944, AN F7/15301.

54. Télégramme n° 86 du 27 février 1944, 17 h 42, doc. cité.

55. *Ibid.*

56. Pierre Mouthon, *op. cit.*, p. 200. Le franc-garde décédera à l'hôpital d'Annecy.

57. Télégramme n° 211 du 20 mars 1944, 23 h 45, signé Dr Jeewe, signé SS *Hauptsturmführer* Lt Bock, Greko Annecy destiné au BDS Paris (délégué de la Sûreté) à l'attention de SS Standartenführer et colonel de la

police Dr Knochen et au commandeur de la police de sûreté (Sipo) et du SD de Lyon, à l'attention du SS Obersturmbannführer Dr Knab. Jean Truffy, *op. cit.*, p. 87.

58. Télégramme n° 211 du 20 mars 1944, 23 h 45, doc. cité.

59. Voici la teneur du message qu'Anjot fit parvenir à Clair le 22 mars : « Bayart à Navand – Excellent moral au bat^on^. Nous avons été accrochés les 20 et 21 mars en 3 endroits par la Milice [...]. » Claude Antoine, *Un village dans la bataille des Glières, op. cit.*, p. 37.

60. Lettre du milicien Jacques Michal à son père, 28 mars 1943 [*sic*], archives Poirson. La lettre est datée par erreur du 28 mars 1943. Il s'agit bien évidemment de l'année 1944.

61. Ce policier, Richard Puchet, fut fait prisonnier par les miliciens. Blessé à la jambe, il fut opéré par un médecin allemand qui le sauva de l'amputation. Son chef, le commandant du GMR Bretagne, indiqua aux miliciens que Puchet faisait bien toujours partie de son unité, ce qui le sauva. Cour de justice d'Ille-et-Vilaine, Archives départementales d'Ille-et-Vilaine, 213 W 42, n° 135.

62. Télégramme n° 212, 21 mars 1944, 13 h 22, signé Dr Jeewe SS *Hauptsturmführer*, Greko Annecy au BDS Paris à l'attention du SS Standartenführer et colonel de la police Dr Knochen et au commandant de la police de sûreté et du SD Lyon, à l'attention du SS Obersturmbannführer Dr Knab. Jean Truffy, *op. cit.*, p. 88-90.

63. Compte rendu des obsèques du chef de centaine Maillard, tombé en Haute-Savoie en service commandé, le vendredi 24 mars 1944, s.d., document signé René Hoareau, chef départemental de la Milice de l'Hérault, AN F7/15301, fol 21-24. Référence communiquée par François Le Goarant de Tromelin.

64. *Ibid.* Il n'est guère aisé de savoir où fut portée la tentative d'investissement du Plateau.

65. Claude Antoine, *Le Bataillon des Glières, op. cit.*, p. 104.

66. Cf. *infra*, 7e partie.

67. Télégramme n° 201, 18 mars 1944, 23 h 43, doc. cité.

68. Télégramme n° 211, 20 mars 1944, 23 h 45, doc. cité.

69. *Ibid.*

70. *Ibid.*

71. Télégramme n° 241, 25 mars 1944, 2 h 26, doc. cité.

72. *Ibid.*

73. Télégramme n° 250, 25 mars 1944, non signé (fin manquante), secret, à présenter à 22 heures, au commandant de la police de sûreté et du SD Lyon, à l'attention du SS Obersturmbannführer Dr Knab. Jean Truffy, *op. cit.*, p. 95.

74. *Combats*, 18 mars 1944.

75. Procès-verbal d'audition de Joseph Darnand, 3 juillet 1945, AN 3 W 140, doc. 202.

76. Ce terme, utilisé à différentes reprises, se retrouve par exemple dans une demande à insérer parvenue au journal *Combats*, organe des francs-gardes de la Milice, 4 avril 1944, AN F7/15301, doc 49.

77. Cette phrase aurait été entendue par le témoin Antonietti, interrogé alors par les policiers du SRMAN, Procès Oberg/Knochen, DCAJM, TPFA Paris, 9 octobre 1954, 1145, 7/21, pce 67/V/B/d.

78. Télégramme n° 250, 25 mars 1944, doc. cité.

79. Lettre du franc-garde Jacques Michal, doc. cité.

80. *Glières, 1946, op. cit.*, p. 145.

81. *Ibid.*, p. 119.

82. Chanoine H. Pasquier, « Une dernière liaison avec Glières », dans

Glières, 1946, *op. cit.*, p. 101-102. Dans le dernier courrier qu'il envoya à Humbert Clair, Anjot écrivit : « Le chef milicien de la région de Thônes a demandé à avoir un contact avec moi : j'ai refusé » : Claude Antoine, *Le Bataillon des Glières*, *op. cit.*, p. 105.

83. Alhrich Meyer, *op. cit.*, p. 162.

84. Interrogatoire de Carl Oberg, 3 juillet 1950, première comparution le 1er juin 1948, Procès Oberg/Knochen, DCJAM, TPFA Paris, 9 octobre 1954, 1145 – 7/21, Pce 78/V/B.

85. Christian Wyler, *La Longue Marche de la division 157*, Paris, Grancher, 2004, 368 p.

86. *Ibid.*, p. 21-25 et 37-38. Selon Stefan Ritter qui fut officier dans cette division, la 157e division de réserve a été créée à Besançon dans le courant d'octobre 1942. Service de recherche des criminels de guerre, Procès-verbal, affaire Stefan Ritter, 11 avril 1947, DCAJM, TPFA Lyon, 25 novembre 1954, carton 370/6, Liasse III.

87. Christian Wyler, *op. cit.*, p. 38.

88. Déposition du docteur Lorenz Bayerl, Affaire du Vercors (SD de Lyon), DCAJM, Carton 800/3 TPFA Lyon, 25.11.1954, 370/Liasse IV-Affaire du Vercors (SD de Lyon), pce 46, 2 juin 1948.

89. Peter Lieb indique que l'opération *Korporal* s'étendit du 5 au 13 février 1944 : Peter Lieb, *Konventioneller Krieg oder NS-Weltanschauungs-Krieg ?*, Munich, Oldenburg, 2007, p. 286.

90. Patrick Veyret, *op. cit.*, p. 53.

91. Alhrich Meyer, *op. cit.*, p. 164.

92. Bericht über die Tätigkeit der eingestzten Wehrmachtteile bei der Aktion « Korporal » gegen Terroristen vom 5.-13.2.1944, AN AJ 40/983, dr 6, 17 février 1944. Alhrich Meyer, *op. cit.*, p. 164. Patrick Veyret, *op. cit.*, p. 55.

93. Patrick Veyret, *op. cit.*, p. 54.

94. Alhrich Meyer, *op. cit.*, p. 165.

95. Télégramme n° 8, 11 février 1944, 22 h 25, doc. cité.

96. Télégramme n° 14, 12 février 1944, 22 h 15, doc. cité.

97. Télégramme n° 26, 15 février 1944, 19 h 42, doc. cité.

98. Procès-verbal d'interrogatoire, 18 février 1949, DCAJM, TFPA Paris, 9 octobre 1954, Procès Oberg/Knochen, 1/V/B/b.

99. Télégramme n° 55, 21 février 1944, 15 h 42, doc. cité.

100. Télégramme n° 14, 12 février 1944, 22 h 15, doc. cité.

101. Télégramme n° 183, 17 mars 1944, 20 h 11, doc. cité.

102. *Ibid.*

103. *Ibid.* et télégramme n° 183 du 17 mars 1944, 20 h 11, doc. cité.

104. Il est de nouveau question de l'emploi de l'aviation le 21 mars lors d'une rencontre réunissant le capitaine aviateur Borchers et vraisemblablement Jeewe. Télégramme n° 212, 21 mars 1944, 13 h 22, doc. cité.

105. Télégramme n° 205, 19 mars 1944, 18 h, doc. cité.

106. Télégramme n° 226, 23 mars 1944, 22 h 10, signé SS *Hauptsturmführer* Jeewe, Greko Annecy, au BDS à l'attention du SS Standartenführer et colonel de la police Dr Knochen et au chef de la police de sûreté (Sipo) et du SD Lyon, à l'attention du SS Obersturmbannführer Dr Knab. Jean Truffy, *op. cit.*, p. 91.

107. Pierre Mouthon, *op. cit.*, p. 205.

108. Télégramme n° 167, 14 mars, 19 h, doc. cité.

109. Peter Lieb, *Konventioneller Krieg oder NS-Weltanschauungs-krieg ?*, *op. cit.*, p. 286.

110. Télégramme n° 201, 18 mars 1944, 23 h 43, doc. cité.

111. Télégramme n° 211 du 20 mars 1944, 23 h 45, doc. cité.

112. Télégramme n° 167, 14 mars, 19 h, doc. cité.

113. Télégramme n° 211 du 20 mars 1944, 23 h 45, doc. cité.

114. *Ibid.*

115. Télégramme n° 226, doc. cité.

116. Journal de marche, doc. cité.

117. Le 18 mars la Milice et les GMR relèvent la garde. Télégramme n° 201, 18 mars 1944, 23 h 43, doc. cité. Voir également le télégramme n° 212, 21 mars 1944, 13 h 22, doc. cité.

118. *Glières, 1946, op. cit.*, p. 74.

119. Journal de marche, doc. cité.

120. Capitaine (Hauptmann) Rudolf Geyer, né le 30 mai 1917. Cet officier est affecté au Gebirgsjager Bataillon II/98 depuis le 1er avril 1943. Stellenbesekung – Führerreserve, 157e Reserve-Division, daté du 1er juillet 1944, Bundesarchiv-Militärarchiv, RH 28-8.

121. Journal de marche, doc. cité.

122. Télégramme n° 226, 23 mars 1944, 22 h 10, doc. cité.

123. Journal de marche, doc. cité.

124. Télégramme n° 251, 25 mars 1944, signé Dr Jeewe, Greko Annecy, au BDS de Paris et au commandant de la police de Sécurité et de SD à Lyon, à l'attention du SS Obersturmbannführer Dr Knab, Jean Truffy, *op. cit.*, p. 96.

125. *Glières, 1946, op. cit.*, couverture.

126. Jean-Louis Crémieux-Brilhac, « La bataille des Glières… », art. cité, p. 3, repris par Louis Jourdan dans sa préface à Michel Germain, *Glières, mars 1944*, Les Marches, La Fontaine de Siloé, 1994, p. 9.

127. *Glières, 1946, op. cit.*, p. 125.

128. « Les Allemands montèrent contre le Plateau en plusieurs points à la fois, tout le long de la vallée du Borne. La section *Liberté chérie*, qui défendait l'aile gauche […] entra la première en action : "Vers 10 heures, écrit le sergent-chef Becker, une colonne allemande d'environ quarante hommes cherche à monter vers nos positions ; aussitôt avec mon FM, j'ouvre le feu […]." Mais ce n'était qu'une reconnaissance destinée à faire diversion à l'opposé du point choisi pour le coup de force » : *Glières, 1946, op. cit.*, p. 127.

129. Ce témoignage, tiré des archives Poirson, existe sous forme de photocopie d'un original vraisemblablement dactylographié sur du papier pelure. L'original, plié en quatre, a été très certainement fortement abîmé. Il a été réparé par du scotch au niveau des plis, ce qui a rendu les lignes recouvertes de cette pellicule plastifiée difficiles, voire impossibles à lire.

130. Le chef de la section *Carrier*, présente à Monthièvret.

131. Cet extrait traduit de l'allemand est tiré du Journal d'une unité allemande engagée contre le maquis, doc. cité. Il ne figure pas dans le Journal de marche, doc. cité.

132. Télégramme n° 260, 26 mars 1944, signé Jeewe au Commandant supérieur des SS et de la police SS Obergruppen Oberg, au BDS et SD Standartenführer Dr Knochen, Paris, Jean Truffy, *op. cit.*, p. 99.

133. Télégramme n° 255 du Greko Annecy, signé Jeewe au Commandant de la police de Sécurité et du SD Lyon à l'attention du SS Obersturmführer Dr Knab, 26 mars 1944, Jean Truffy, *op. cit.*, p. 98. Un fac-similé de ce tract se trouve dans l'ouvrage de Charles Rickard : Charles Rickard, *op. cit.*, p. 272.

134. Télégramme n° 260, 26 mars 1944, doc. cité.

135. Interrogatoire de Robert Halgrin, 17 avril 1944, archives Poirson.

136. Interrogatoire d'Edmond Degrave, 17 avril 1944, archives Poirson.

137. Interrogatoire d'Henri Duchêne, 16 avril 1944, archives Poirson.

138. Voir dans le chapitre suivant la critique de cette source, p. 289.

139. Interrogatoire de Fernand Guillemenet, 16 avril 1944, archives Poirson.

140. Télégramme n° 268, 27 mars 1944, signé le chef de la police de sûreté et du SD Lyon actuellement à Annecy, Dr Knab, SS Obersturmbannführer au chef de groupe Oberg, à BDS et SD Standartenführer Dr Knochen, Paris, Jean Truffy, *op. cit.*, p. 101-102. À noter que le télégramme n° 268 aurait été envoyé avant le n° 267. Une erreur de date, de transcription, de traduction est sans doute survenue.

141. Journal de marche, doc. cité.

142. *Le Journal de Genève* précise dans son édition du 29 mars que « lundi toute la journée [le 27 mars] on a entendu de la Roche-sur-Foron le bruit de la fusillade ».

143. Télégramme allemand n° 273, 28 mars 1944, 1 h 43, signé Knab, chef de la police de sûreté et du SD Lyon, actuellement à Annecy au chef de groupe Oberg et BDS et SD Standartenführer Dr Knochen, Paris : Jean Truffy, *op. cit.*, p. 101.

144. Il s'agit bien évidemment d'une allusion à la pièce de Jean Giraudoux *La guerre de Troie n'aura pas lieu.*

145. Vraisemblablement des tirs de réglage.

146. Télégramme allemand n° 273, 28 mars 1944, 1 h 43, doc. cité.

147. Journal de marche, doc. cité.

148. *Ibid.*

149. *Ibid.*

150. Vraisemblablement le sommet du col de Glières.

151. Journal de marche, doc. cité.

152. Le nom de code du centre du Plateau.

153. Journal de marche, doc. cité.

154. Il est en revanche plus dubitatif sur son adversaire : « S'il avait été occupé par des hommes courageux, il y eut été presque impossible d'y pénétrer », *ibid.*

155. Télégramme n° 294, 29 mars 1944, « À Commandant territoire militaire France Sud ». Le télégramme est signé Ressegnier Capitaine. Jean Truffy, *op. cit.*, p. 93-94. Il s'agit en fait du capitaine comte Clemens de Rességuier de Miremont, né le 15 mai 1915. Bundesarchiv-Militärarchiv, RH 28-8.

156. Le butin pour cette compagnie : quatre pistolets-mitrailleurs anglais, deux mitrailleuses françaises, deux mitrailleuses anglaises, trois fusils automatiques, mille coups. Elle avait également fait sauter quinze postes de combat et cinq chalets, et mis le feu à quinze barrages : Journal de marche, doc. cité.

157. Télégramme allemand n° 285, 28 mars 1944, 20 h 02 du lieutenant-général Pflaum au commandant territoire des armées France Sud. Jean Truffy, *op. cit.*, p. 103. Le 29 mars, le capitaine Rességuier, de la 157e division de réserve, ne mentionne aucune perte. Télégramme allemand n° 294 du 29 mars 1944, 21 h 29, doc. cité.

158. Rapport du préfet, 9 mai 1944, ADHS 14 W 6.

159. Wehrmachtsauskunftstelle für Kriegerverluste und Kriegsgefangene (*WASt*).

160. Dans le détail (informations communiquées par Peter Lieb) :

I./Res.Geb.Jäg.Btl. 98.

— 1 tué près de Notre-Dame-des-Neiges le 27 mars

— 2 blessés par accident près de La Balme-de-Thuy le 28 mars

— 1 blessé près de l'usine du Giffre le 1er avril

II./Res.Geb.Jäg.Btl. 98.

— 1 blessé par accident près de Favre le 28 mars

— 1 blessé par accident près de Favre le 30 mars

— 1 tué par balle le 30 mars près du Petit-Bornand

— 1 tué par balle le 31 mars près du Petit-Bornand

Res.Geb.Jäg.Btl. 100.

— 1 blessé par balle, « tir ami d'une sentinelle » le 28 mars près de Thônes

Res.Geb.Art.Abt. 79.

— 1 blessé près du Petit-Bornand le 24 mars

— 1 blessé grave sur le plateau de Glières le 30 mars, mort à l'hôpital le 3 avril.

161. Télégramme allemand n° 344 du 2 avril 1944, du Greko Annecy, Dr Jeewe au commandant de la police de sûreté et du SD à Lyon, à l'attention du Dr Knab. Jean Truffy, *op. cit.*, p. 113.

162. Télégramme n° 183 du 17 mars 1944, 20 h 11, doc. cité.

163. C'est le 20 mars que celui qui est considéré comme étant un traître, le garde Siegel, qui avait déjà déserté son unité en février, quitte le Plateau, sans que l'on sache s'il s'agit d'une arrestation ou d'une défection. Télégramme n° 212, 21 mars 1944, 13 h 22, doc. cité.

164. Stephen A. Ambrose écrit : « Au front la discipline se relâche. On peut ignorer un ordre. La surveillance est moins stricte lorsqu'il y a danger de mort » : Stephen A. Ambrose, *Frères d'armes*, Paris, Albin Michel, 2002, p. 181.

165. Interrogatoire d'Edmond Boscono, 17 avril 1944, archives Poirson.

166. Interrogatoire de Pierre Touzard, 17 avril 1944, archives Poirson.

167. Interrogatoire d'Hugo Schmidt, 18 avril 1944, archives Poirson.

168. Au dos de la fiche remplie par André Catel se trouvent les noms des treize « déserteurs » de la section *Savoie-Lorraine*. Archives Buttin.

169. Interrogatoire de Marcel Contassot, 16 avril 1944, archives Poirson.

170. Interrogatoire de Maurice Dupont, 19 avril 1944, ADHS 1915 W 1, liasse VIII.

171. Knab écrit : « Un matériel d'adresses important et des photos ont été saisis. » Télégramme allemand n° 287 du 29 mars 1944 signé Dr Knab, chef de la police de sûreté et du SD Lyon, actuellement Greko Annecy, destiné au chef de groupe Oberg et BDS et SD, SS Dr Knochen. Jean Truffy, *op. cit.*, p. 104.

172. Interrogatoire d'Henri Duchêne, 16 avril 1944, archives Poirson.

173. Claude Antoine, *Un village dans la bataille des Glières*, *op. cit.*, p. 50.

174. Le fac-similé de ce billet est reproduit dans plusieurs ouvrages, par exemple Claude Antoine, *Un village dans la bataille des Glières, op. cit.*, p. 53.

175. Interrogatoire de Jean Brun, 17 avril 1944, archives Poirson. Voir aussi *Glières, 1946*, *op. cit.*, p. 129.

176. Interrogatoire de Georges Chapuis, 16 avril 1944, archives Poirson.

177. Interrogatoire de Georges Vauconsant, 16 avril 1944, ADHS 1915 W 6/98.

178. « Ceux qui sont morts pour nous, Pierre Bastian », *Résistance savoisienne*, n° 7, 4 janvier 1945.

179. Marcel Houot écrit : « Je me demande comment nous avons pu supporter tout cela, comment nous avons pu tenir six jours sans manger, sans boire si ce n'est sucer la neige et mâcher des bourgeons de sapin. » Témoignage écrit de Marcel Houot, fol. 17, FARG.

180. Interrogatoire de Fernand Roman, 18 avril 1944, archives Poirson.

181. Témoignage de Laurent Boffat, archives Buttin.

182. Témoignage de Louis Morel, archives Buttin.

183. Claude Antoine, *Capitaine Maurice Anjot, op. cit.*, p. 267-268.

184. Témoignages tirés des archives Buttin.

185. Cour de justice de Rennes, Marcel P. Audition de François L.B., 20 décembre 1944. ADIV 313 W 42, Fol 76.

186. « Compte rendu relatif à l'attaque contre le plateau des Glières, en date du 26 mars 1944, de Paul Paccini et de André Michaud », DCAJM, TMP Lyon constitué en cour martiale à Annecy, Dossier Georges Lelong, pce 77.

187. Interrogatoire de Bernard Zelkovitch, 19 avril 1944, ADHS 1915 W 1, liasse VIII.

188. Interrogatoire d'André Vairon, 16 avril 1944, archives Poirson.

189. *Glières, 1946, op. cit.*, p. 98.

190. Il existe deux versions de sa mort. La plus répandue est celle que l'on retrouve dans toute la littérature consacrée à Glières. Il aurait été achevé de deux balles au cœur par les Allemands. Son dossier personnel conservé au bureau des Archives des victimes des conflits contemporains à Caen précise qu'il aurait été blessé à la face le 24 mars et blessé mortellement lors d'une attaque aérienne le 26 mars, des « suites d'une blessure par balle explosive ». Dossier Édouard Crédoz, sans cote, Bureau des archives des victimes des conflits contemporains (désormais BAVCC) et SHD, bureau Résistance, 16 P 149957.

191. Daniel J. Grange, *Du môle au maquis des Glières, vie et mort d'un jeune résistant savoyard, Paul Lespine (1926-1944)*, Paris, L'Harmattan, 2007, p. 48-50.

192. Télégramme n° 347, 2 avril 1944, 2 h 40, signé Bock lieutenant au BDS de Paris. Jean Truffy, *op. cit.*, p. 114.

193. Interrogatoire de François Guerrier, 18 avril 1944, archives Poirson.

194. Interrogatoire d'André Châtelard, 17 avril 1944, archives Poirson.

195. Interrogatoire de Louis Conte, 17 avril 1944, archives Poirson.

196. Charles Rickard, *op. cit.*, p. 272.

197. Interrogatoire de Pierre Legrand, 6 mai 1944, ADHS SC 38117, liasse 37.

198. *Ibid.*

6.
Répressions

1. Alhrich Meyer, *op. cit.* ; Peter Lieb, « Répression et massacres, l'occupant allemand face à la Résistance française, 1943-1944 », dans Gaël Eismann et Stefan Martens (dir.), *Occupation et répression militaires allemandes, 1939-1945*, Paris, Éditions Autrement, Institut historique allemand, 2007, p. 175-176.

2. Ordre Sperrle, Procès Oberg/Knochen, DCAJM, TPFA Paris, 9 octobre 1954, liasse Glières, 1408, carton 6/21, 36/V/Z.

3. *Ibid.*, 311/IV-C.

4. On sait, par Hans Hofmann, policier de la Sipo-SD à Annecy, que les policiers nazis Jeewe, Abt, Fromes et Kampf se sont livrés à l'exécution « trois par trois » de six patriotes à Sacconges, près d'Annecy, courant juillet 1944. Procès-verbal d'interro-

gatoire de Hans Hofmann, 16 octobre 1944, SHD, P 096204.

5. Jean-Luc Leleu, *La Waffen-SS, soldats politiques en guerre*, Paris, Perrin, 2007, p. 570, 576 et 598.

6. Interrogatoire de Helmut Knochen, 6 avril 1950, Procès Oberg/Knochen, DCAJM, TPFA Paris, 9 octobre 1954, 1145, 7/21, pce 77/V/B.

7. Procès-verbal d'interrogatoire ou de confrontation, Karl Pflaum, 29 juin 1949, DCAJM, TPFA Lyon, 25 novembre 1953, Affaire Knab-Barbie, Carton 800/2.

8. Télégrammes n° 248 du 25 mars 1944 signé Dr Jeewe, 17 h 05, Greko Annecy destiné au BDS Paris (délégué de la Sûreté) à l'attention de SS Standartenführer Dr Knochen et au commandeur de la police de sûreté et du SD Lyon, à l'attention du SS Obersturmbannführer Dr Knab. Jean Truffy, *op. cit.*, p. 93. Télégramme n° 250 du 25 mars 1944, doc. cité.

9. Télégramme allemand n° 336 du 31 mars 1944, 23 h, signé Dr Knab, Greko Annecy destiné au commandant supérieur des SS et de la police SS Gruppenführer Oberg et au BDS (délégué de la sûreté) et SD SS Standartenführer Dr Knochen. Jean Truffy, *op. cit.*, p. 111.

10. Télégramme allemand n° 273 du 28 mars 1944, 1 h 43, doc. cité.

11. Télégramme allemand n° 226 du 23 mars 1944, 22 h 10, doc. cité.

12. Télégramme allemand n° 287 du 29 mars 1944, doc. cité.

13. Carl Oberg était tenu informé par Werner Knab du sort des prisonniers faits à Glières. Procès-verbal d'interrogatoire de Carl Oberg, 18 février 1949, Procès Oberg/Knochen, DCAJM, TPFA Paris, 9 octobre 1954, 1/V/B/b.

14. Télégramme allemand n° 309, 31 mars 1944, 2 h 40, signé Dr Knab, Greko Annecy destiné au commandant supérieur des SS et de la police SS Gruppenführer Oberg et au BDS (délégué de la Sûreté) et SD SS Standartenführer Dr Knochen. Jean Truffy, *op. cit.*, p. 107-109.

15. Télégramme allemand n° 336, 31 mars 1944, doc. cité, p. 111.

16. Traduction approximative : réglementation des peines particulières en temps de guerre. Jan Volker Schlunk a découvert ce texte. Courrier à l'auteur du 6 novembre 2009.

17. Télégramme n° 248 du 25 mars 1944, doc. cité.

18. Christian Ingrao, « Chasse, sauvagerie, cruauté, la *Sondereinheit Dirlewanger* en Biélorussie », dans Bernard Garnier, Jean-Luc Leleu, Jean Quellien, *La Répression en France, 1940-1945*, Caen, Centre de recherche d'histoire quantitative, collection « Seconde Guerre mondiale », 2007, p. 41-55.

19. Télégramme allemand n° 250 du 25 mars 1944 doc. cité.

20. Télégramme allemand n° 260 du 26 mars 1944, doc. cité.

21. Télégramme allemand n° 273 du 28 mars 1944, 1 h 43, doc. cité. Journal de marche d'une campagne allemande, doc. cité.

22. Télégramme allemand n° 273, 28 mars 1944, doc. cité.

23. Le télégramme n° 260 donne la composition des commandos de chasse. Jean Truffy, *op. cit.*, p. 99.

24. Nous ne pouvons que faire part de notre incapacité à expliquer pourquoi Knab avoue 35 tués le 28 mars alors que les enquêtes menées dès avril 1944 et reprises en 1949 en indiquent trois fois moins. Voulait-il montrer son efficacité à sa hiérarchie ?

25. Claude Antoine, *Capitaine Maurice Anjot*, *op. cit.*, p. 249.

26. Procès-verbal relatant la découverte de sept cadavres de sexe masculin, à nous inconnus au lieu-dit

Navoty, commune d'Alex, n° 423, 3 avril 1944, archives Poirson.

27. Procès-verbal de découverte de cadavres de réfractaires sur les territoires des communes de Thônes et La Balme-de-Thuy, n° 141, 30 mars 1944, archives Poirson.

28. Audition de l'abbé Greffier, 23 avril 1949, ADR 3490 W 5, dossier 505 400, Crimes de guerre commis sur le plateau des Glières.

29. Procès-verbal de renseignements sur une procédure intentée contre X nationaux allemands, inculpés de meurtres, 9 juin 1945, ADHS 1915 W 6.

30. Procès-verbal de renseignements sur les crimes de guerre commis par les troupes d'occupation allemandes dans la région d'Annecy (Haute-Savoie) en vue de l'identification de leurs auteurs, n° 1388, 5 juillet 1945, archives Poirson.

31. Procès-verbal de renseignements sur une procédure intentée contre X nationaux allemands, inculpés de meurtres, 9 juin 1945, ADHS 1915 W 6.

32. Audition de l'abbé Jean Truffy, 25 mars 1949, doc. cité.

33. Procès-verbal relatant la découverte de six cadavres du sexe masculin, dont trois inconnus et trois identifiés, désignés au présent, 17 avril 1944, ADHS 15 W 21.

34. Claude Antoine, *Un village dans la bataille des Glières*, *op. cit.*, p. 9-22.

35. La mention du lieu de sa mort figure sur son acte de naissance à Strasbourg.

36. Patrick Veyret, *op. cit.*, p. 118.

37. Télégramme allemand n° 330, 31 mars 1944, 19 h, Greko Annecy, signé Dr Jeewe, destiné au détachement de Saint-Étienne police et SD, Jean Truffy, *op. cit.*, p. 109.

38. Télégramme allemand n° 338, 1er avril 1944 signé Dr Knab commandant de la police de sûreté et du SA à Lyon actuellement à Annecy au commandant supérieur des SS et de la police Oberg et au BDS et Standartenführer Dr Knochen, Paris. Jean Truffy, *op. cit.*, p. 112.

39. Audition de Mme Échasson, 25 mai 1949, DCAJM, TPFA Paris, 9 octobre 1954, affaire Oberg/Knochen, liasse Glières, carton 7/21, Pce 50/V/B/d.

40. Audition de Mme K. épouse J., 25 mai 1949, DCAJM, TPFA Paris, 9 octobre 1954, affaire Oberg/Knochen, liasse Glières, *Ibid.*, Pce 51/V/B/d.

41. Télégramme allemand n° 441 du 19 avril 1944 signé Dr Jeewe, 17 h 55, au commandeur de la police de sûreté (Sipo) et du SD Lyon, à l'attention du SS Obersturmbannführer Dr Knab. Jean Truffy, *op. cit.*, p. 117-118 et télégramme allemand n° 450 du 21 avril 1944 signé Dr Jeewe, 22 h 39, au commandeur de la police de sûreté (Sipo) et du SD Lyon. Jean Truffy, *op. cit.*, p. 118.

42. Déclaration de Steinbacher Gustav, Zugwachtmeister à la 4e Cie du Polizeiregiment 19, 28 août 1944, ADR 3808 W 1350.

43. « Ceux qui sont morts pour nous, Pierre Bastian », art. cité.

44. Télégramme allemand n° 297 du 30 mars 1944 signé Dr Knab, 10 h 25, Greko Annecy destiné au SS chef de groupe Oberg et à BDS Standartenführer Dr Knochen. Jean Truffy, *op. cit.*, p. 105.

45. Télégramme allemand n° 309, 31 mars 1944, 2 h 40, doc. cité.

46. Procès-verbal d'audition de témoin, Abbé Greffier, 24 juin 1949, DCAJM, TPFA Paris, 9 octobre 1954, affaire Oberg/ Knochen, liasse Glières, carton 7/21, pce 59/V/B/d.

47. Procès-verbal de déposition de témoin, Maydieu Jean, 29 septembre 1949, DCAJM, TPFA Paris, 9 octo-

bre 1954, affaire Oberg/ Knochen, 63/V/B/d.

48. Audition de Pierre Dubarle, 1er octobre 1949, DCAJM, TPFA Paris, 9 octobre 1954, affaire Oberg/ Knochen, 64/V/B/d.

49. Télégramme allemand n° 441, 19 avril 1944, doc. cité.

50. Procès-verbal d'audition de témoin, Abbé Greffier, doc. cité.

51. Procès-verbal de renseignements sur la découverte à Alex dans le bois des Ferrières des corps du lieutenant Jacques Lalande et de l'aspirant Pierre Bastian, 3 mai 1944, archives Poirson.

52. Télégramme allemand n° 287, 29 mars 1944, doc. cité.

53. Rapport sur les crimes de guerre commis par les Allemands dans l'arrondissement de Bonneville, Subdivision militaire d'Annecy, sd, DCAJM, TPFA Paris, 9 octobre 1954, affaire Oberg/Knochen, liasse Glières, 1408, carton 6/21, pce 34.

54. Liste chronologique des crimes de guerre commis par les Allemands en Haute-Savoie (arrondissements d'Annecy, St. Julien et Thonon), s.d., ADR 3808 W 1336.

55. Campagne du prisonnier Menhart Kaspar, M[atricu]le 409.959, pendant son temps de service en France, du 10 juillet 1943 au 23 mai 1944, 17 octobre 1945, ADR 3808 W 1348.

56. Rapport sur les crimes de guerre commis par les Allemands dans l'arrondissement de Bonneville, doc. cité.

57. Serge-Henri Moreau évoque des « fortins improvisés derrière lesquels les miliciens guettaient leurs proies » : *op. cit.*, p. 101.

58. *Ibid.* On ne peut exclure que des batteries de l'artillerie allemande aient été installées dans le secteur dévolu à la Milice pour faire sortir du bois les maquisards. Un témoignage oral nous a indiqué la présence d'artillerie allemande à La Luaz. Témoignage de Mme Paulme, 30 août 2008. André Vignon écrit : « Dans la vallée des batteries de projecteurs fouillent la montagne où nous sommes. » Témoignage écrit d'André Vignon, fol. 7, FARG. Témoignage écrit d'Henri Mison, fol. 4, FARG.

59. Serge Thelen, *op. cit.*, p. 293.

60. Procès-verbal d'interrogatoire de François Levet, 4 septembre 1944, ADHS 26 W 15.

61. Dossier personnel de Robert Jouglas, SHD 16 P 312481.

62. En cela il désobéit à l'ordre donné par Anjot qui prescrivait de retourner dans les maquis d'origine. Procédant ainsi, il ne pouvait que donner l'impression de se désintéresser du sort des hommes qu'il commandait.

63. Déposition Gilbert Jacob, 17 novembre 1944, ADHS SC 38119, 25/E/5.

64. Entretien avec Pierre V., 18 août 2011.

65. Entretien avec Jean Diot, 18 juin 2009.

66. Interrogatoire de Pierre Legrand, 6 mai 1944, ADHS, SC 38117, 37. La date du 5 avril est celle qui est communément admise. Pour Jean Diot qui fut à la tête du détachement dans lequel se trouvait Pierre Legrand, ce serait plutôt le 7 avril. Entretien avec Jean Diot, 18 juin 2009.

67. Arrestation de huit individus arrêtés au plateau de Cenise (Mt-Saxonnex) alors qu'ils voulaient se rendre à Glières, procès-verbal du 27 mars 1944, ADHS SC 38115/18c.

68. Rapport du lieutenant T., 30 mars 1944, Archives départementales de la Haute-Garonne, 2546 W 27. Voir les annexes.

69. Interrogatoire de Roger Petit, 17 avril 1944, ADHS 1915 W 6/68.

70. Télégramme allemand n° 355 du 5 avril 1944 signé Dr Jeewe, Greko Annecy destiné au commandant de la police de sûreté et du SD de Lyon, à l'attention du Dr Knab. DCAJM, TFPA, Lyon, 25 novembre 1953, Procès de Werner Knab, carton 370/4, doc 37.

71. Télégramme allemand n° 488 du 28 avril 1944 signé Dr Jeewe, Greko Annecy destiné au commandant de la police de sûreté et SD à Lyon, à l'attention du SS Oberstürmbannführer Dr Knab, DCAJM, TFPA, Lyon 25 novembre 1954, Procès de Werner Knab, carton 370/4, doc 34.

72. La torture la plus courante était celle dite de la « table » qui consistait à attacher la victime sur une table à plat ventre, les mains et les pieds liés aux pieds de celle-ci et à frapper sur les reins et les fesses jusqu'à évanouissement.

73. Rapport du 4 février 1944, ADHS 1915 W 2/XIX/1.

74. Rapport du commissaire de police, 8 février 1944, 1915 W 2/XIX/2.

75. Témoignage écrit de Raymond Millet, fol. 3, FARG.

76. L'inspecteur Camille Jacob de Cordemoy interrogea à lui seul pas moins de 69 maquisards entre le 16 et le 18 avril. 33 maquisards auraient été interrogés le 16 avril, 36 le lendemain. Ceci nous laisse penser que les procès-verbaux ont été antidatés, les dates semblant être celles de la date de rédaction du document.

77. Note de services de l'intendant Lelong, 13 avril 1944, ADHS, 1915 W 4 XLIX.

78. Assignation à résidence, Friedrich Gabriel, ex-commissaire principal de la police nationale et copie d'attestation, 10 octobre 1944, ADHS 26 W 11. Michel Fournier avait été interrogé par le commissaire Friedrich le 16 mars 1944.

79. Interrogatoire de « René dit Titin », 18 avril 1944, ADHS 1915 W 6/78.

80. Dossier de Raymond Delord, SHD, bureau Résistance, dossier sans cote.

81. Serge Thelen, *op. cit.*, p. 302-303.

82. Attestation de Louis Lacombe en faveur de Louis Lacour, 28 novembre 1944, ADHS 26 W 15.

83. Virginie Sansico, *La Justice du pire. Les cours martiales sous Vichy*, Paris, Payot, 2003, p. 104-106.

84. Les 21 février, 7 et 19 mars, 7 avril, 4 et 10 mai pour Annecy, le 27 février pour Thonon. Selon les déclarations des trois « juges », une septième cour martiale siégea à Annecy et aurait condamné une personne.

85. Malgré ce prénom, il s'agit bien d'un homme.

86. Son dossier n'a pas été retrouvé.

87. Louis Conte et Roger Petit.

88. Julien Helfgott, Robert Schlick, Hugo Schmidt, Florence Valsesia et Bernard Zelkovitch.

89. Fernand Decor et André Fédieu.

90. Pierre Giolitto, *Volontaires français sous l'uniforme allemand*, Paris, Perrin, 1999, p. 257 et 266.

91. Furent fusillés : Louis Conte, Florence Valsesia, Fernand Decor, Bernard Zelkovitch et Hugo Schmidt. Parmi les six autres, un, Robert Comte, semble avoir été déféré devant une autre cour (Section spéciale ?), Julien Helfgott, Maurice Dupont, Roger Petit, André Fédieu et Robert Schlick furent maintenus en vie et restèrent emprisonnés.

92. Il semble avoir commandé un ou plusieurs pelotons d'exécution désignés pour fusiller les condamnés des cours martiales.

93. Serge Thelen, *op. cit.*, p. 300.

94. Henri Onimus, André Wolff, Raymond Millet et Marcel Marchand parvinrent à s'enfuir. Le cinquième serait Gaston André.

95. Serge Thelen, *op. cit.*, p. 299.

96. Liste des « Combattants du plateau des Glières détenus à la Caserne Dessaix à Annecy transférés à Lyon, à la date du 17 mai 1944 », archives Poirson.

97. Deux d'entre eux sont remis aux Allemands le 19 juillet, Edmond Boscono et Yves Philippe de Kerarmel, et fusillés le même jour dans la tuerie de Châtillon-d'Azergues. BAVCC, dossiers individuels.

98. Témoignage écrit d'André Vignon, fol. 10, FARG.

99. Serge Thelen, *op. cit.*, p. 327.

100. Vraisemblablement les deux frères Dehan qui rejoignirent les maquis de Bourgogne.

101. *Ibid.*, p. 328.

102. Seul Michel Germain fait des anciens de Glières partis travailler en Allemagne des déportés, les assimilant aux déportés raciaux et politiques... Michel Germain, *Haute-Savoie 1940/1945, Mémorial de la déportation*, Les Marches, La Fontaine de Siloé, 1999, 350 p.

103. René Joly, Serge Aubert et Roland Pichon, mais ce dernier fut repris.

104. Serge Thelen, *op. cit.*, p. 329.

105. Témoignage écrit de René Daillefer, vers 1986, FARG.

106. Dossier individuel, SHD, Bureau Résistance, 16 P 111034.

107. *Ibid.*, 16 P 275493.

108. On exclut de ces décomptes Pierre Laruaz et André Rollin, membres du corps-franc de Thônes, arrêtés le 5 février et dont le rôle dans les événements de Glières n'est pas clairement établi.

109. *Livre-mémorial des déportés de France arrêtés par mesure de répression et dans certains cas par mesure de persécution, 1940-1945*, Fondation pour la mémoire de la déportation, Paris, Tirésias, 2004, t. 2, p. 1026-1055.

110. *Ibid.*, t. 3, p. 541-628. Il s'agit de Blaise Gavard, Noël Granger, Alphonse Portay et Claude Levet.

111. Assignation à résidence, Friedrich Gabriel, copie d'attestation, 12 octobre 1944, ADHS 26 W 11.

112. Archives d'État de Genève (désormais AEG), Ef/2, dossiers 6980 et 6881.

113. AEG, Ef/2, dossiers 3081 et entretien 28 août 2009.

114. Claude Antoine, *Un village dans la bataille des Glières*, *op. cit.*, p. 15.

115. « Historique de la compagnie Morel, du secteur de Thorens », Dossier personnel de Louis Morel, 11 octobre 1944, SHD, bureau Résistance, 16 P 430329.

116. Audition de Reiser Walter, prisonnier de guerre allemand. Affaire Carl Oberg, 13 juin 1945, Procès Oberg/Knochen, DCAJM, TPFA Paris, 9 octobre 1954, liasse Glières, 1145 7/21.

117. Audition de Suzanne V., 4 septembre 1944, ADHS, SC 38119, 26/6.

118. Pierre Mouthon, *op. cit.*, p. 419.

119. Procès en Haute Cour de Joseph Darnand. Déposition du brigadier Jean Séliade, 27 octobre 1944, AN 3 W 140, PV 121/6.

120. Notes d'audience, DCAJM, TMP Lyon, Procès de Georges Lelong, 2 novembre 1944, pce 83.

121. *Ibid.*

122. Christian Boudant, *Policiers et gendarmes devant les cours de justice, Savoie, Haute-Savoie, 1944-1946*, mémoire de DEA sous la dir. de Jean-Marc Berlière, Dijon, Université de Dijon, 1998, p. 81.

123. Procès de Gabriel T., 8 septembre 1944, Archives départementales de Haute-Garonne, 2546 W 27, pce 4.

124. Ce fut le cas de Roger Vidal. Témoignage, 1993.

125. Il s'agit des gardiens Marcel D., Adalbert G., Roland L. et Joseph P. : Christian Boudant, *op. cit.*, p. 83.

126. *Ibid.*, p. 87.

127. *Ibid.*, p. 88-89.

128. *Ibid.*, p. 90.

129. *Ibid.*, p. 91-92.

130. *Glières, 1946, op. cit.*, p. 139.

131. Dossier Maud Champetier de Ribes, ADR 394 W 2.

132. Archives départementales de la Haute-Vienne, 184 W 139.

133. Dossier de cour de justice de Marc Montgour, ADR 394 W 205, dossier 1008.

134. Jacques Delperrié de Bayac, *op. cit.*, p. 340-341.

135. Pierre Mouthon, *op. cit.*, p. 419.

136. DCAJM, 370/Liasse V-1, carton 800/5, pce 2, 10 mai 1951.

137. Lettre du général Collignon, commandant la subdivision de Chambéry, à monsieur Haase, maire de Thônes, courrier du 18 janvier 1949, Procès Oberg/Knochen, DCAJM, TPFA Lyon, 25 novembre 1954, carton 798, pce 72.

138. Affaire du Vercors (SD de Lyon), Procès Oberg/Knochem, DCAJM, TPFA Lyon, 25 novembre 1954, carton 800/5, 370/Liasse V-1, pce 12.

139. Jacques Delarue, *Histoire de la Gestapo*, Paris, Fayard, 1987 [1962], p. 420.

140. *Ibid.*, p. 423.

141. *Ibid.*, p. 445.

142. DCAJM, Procès de Werner Knab, 25 novembre 1954, carton 370/4.

143. *Ibid.* Direction générale de la police nationale, direction centrale de la police judiciaire, 3e section, DCJP/3/n° 779 094, 19 février 1982.

144. Rapport n° 327/2 du lieutenant Jacquet, commandant la section de gendarmerie d'Annecy, 13 avril 1945, archives Poirson. Ce rapport ne permet de comptabiliser que 68 noms.

145. Procès-verbal de gendarmerie constatant l'identification de Dufrène (Raoul) fusillé par les troupes allemandes à La Balme-de-Thuy et enseveli le 1er mars [*sic*] au cimetière de Morette comme non identifié, 6 mai 1944, archives Poirson.

146. BAVVC, dossier personnel de Roger Le Grand.

147. Pierre Mouthon, *op. cit.*, p. 457.

148. Rapport du sous-préfet de Bonneville au préfet, 6 avril 1944, ADHS 44 W 9.

149. Patrick Veyret, *op. cit.*, p. 55.

7.
Souvenirs et mémoires

1. *Le Matin*, 11 février 1944.

2. *Ibid.*, 15 février 1944.

3. Cette affiche est reproduite dans *Glières, 1946, op. cit.*, p. 147.

4. Philippe Henriot, *Éditoriaux*, Secrétariat d'État à l'Information et à la Propagande, s.l., n° 5, 1944, p. 1-4.

5. « Une trentaine de la Franc-Garde encerclée par des terroristes se dégage et tue cinq bandits », *L'Œuvre*, 23 mars 1944.

6. Philippe Henriot, *op. cit.*, n° 7, p. 22-25.

7. *Ibid.*, p. 26-29 et Jean-Louis Crémieux-Brilhac, « La bataille des Glières... », art. cité, p. 24.

8. Pierre Pucheu avait été fusillé le 20 mars 1944.

9. Jean-Louis Crémieux-Brilhac, « La bataille des Glières... », art. cité, p. 20-21.

10. Télégramme n° 190 à Apothème, 29 mars 1944, mission *Musc Cantinier*, AN 3 AG 2/Liasse 523/dossier 1.

11. Télégramme n° 193 à Apothème, 3 avril 1944, mission *Musc Cantinier*, AN 3 AG 2/Liasse 523/dossier 1.

12. Télégramme n° 62 à BCRA, 29 mars 1944, mission *Musc Cantinier*, AN 3 AG 2/Liasse 523/dossier 1.

13. Télégramme n° 64 à BCRA, 29 mars 1944, mission *Musc Cantinier*, AN 3 AG 2/Liasse 523/dossier 1.

14. *Unfinished Final Volume*, January-March 1944, France (RF Section), NA, HS 7/252.

15. Télégramme n° 54 à BCRA, 25 mars 1944, mission *Musc Cantinier*, AN 3 AG 2/Liasse 523/dossier 1.

16. Télégramme n° 66 à BCRA, 1er avril 1944, mission *Musc Cantinier*, AN 3 AG 2/Liasse 523/dossier 1.

17. Télégramme n° 69 à BCRA, 2 avril 1944, mission *Musc Cantinier*, AN 3 AG 2/Liasse 523/dossier 1.

18. Télégramme n° 70 à BCRA, 2 avril 1944, mission *Musc Cantinier*, AN 3 AG 2/Liasse 523/dossier 1.

19. Schumann fait allusion aux propos de Philippe Henriot du 11 février qui déclarait que seules des forces françaises menaient les opérations de maintien de l'ordre.

20. Jean-Louis Crémieux-Brilhac, « La bataille des Glières... », art. cité, p. 27.

21. *Ibid.*, p. 28. Selon Jean-Louis Crémieux-Brilhac, il s'agit du texte diffusé lors de l'émission du 8 avril 1944.

22. « Cantinier à Didier en communication puis à Charles Henri pour Schumann BCRA », arrivé le 4 mai 1944, AN 3 AG 2/Liasse 460/dossier 19/doc 28.

23. RF Section History in OSS/London : Special Operations Branch and Secret Intelligence Branch War Diaries, microfilm collection published by University Publications of America, Frederick Maryland, vol 3. OSS Reports, OP 156-2, p. 83-90.

24. Télégramme n° 196 à Apothème, 9 avril 1944, mission *Musc Cantinier*, AN 3 AG 2/Liasse 523/dossier 1.

25. *Ibid.*

26. Rapport des Renseignements généraux, 19 mars 1944, ADHS 14 W 6.

27. *Ibid.*

28. *Ibid.*, 2 avril 1944.

29. *Ibid.*

30. Rapport du préfet, 11 avril 1944, ADHS 14 W 6.

31. *Ibid.*, 4 mai 1944.

32. Rapport des Renseignements généraux, 7 mai 1944, ADHS 14 W 6.

33. *La Marseillaise*, *Le Progrès*, *Les Cahiers du Témoignage chrétien*, *Franc-Tireur*, *La Gazette de Lausanne* ; *Messages*, n° 1, juillet 1945, FARG, B7H-P17.

34. Antoine Prost, *Les Anciens Combattants et la société française*, Paris, Presses de la fondation nationale des sciences politiques, 1977, vol. 2, p. 52-63.

35. *La Vallée de Thônes et Glières*, *op. cit.*, vol. 2, p. 25-26.

36. Les actes de décès des combattants de Glières sont rédigés pour les premiers à la date du 5 avril (hormis celui de Gaston Bocquet, rédigé le

4 avril, décès le 30 mars). Registre des décès de Thônes.

37. Rapport du sous-préfet de Bonneville au préfet de la Haute-Savoie, 6 avril 1944, ADHS 44 W 9.

38. État-civil du Petit-Bornand. Deux corps sont retrouvés, celui d'André Guy et celui de Jaccard.

39. Les circonstances de la mort de Reynes ne sont pas claires. Il serait mort le 6 avril sur le Plateau, alors qu'il n'y a en principe plus d'Allemands dans les parages. A-t-il été tué accidentellement par des munitions qui se trouvaient sur le Plateau ?

40. *Le Dauphiné libéré*, 30 mars 1953.

41. Michel Germain, *Glières...*, *op. cit.*, p. 298.

42. *Ibid.*, p. 307.

43. Décrets du 20 novembre 1944. Ordre de la Libération, dossier Théodose Morel, dossier Jean Rosenthal.

44. *Aux armes*, « Le drame héroïque du plateau des Glières », Bulletin de liaison des Forces françaises de l'intérieur de la 14e région, n° 3, décembre 1944.

45. *Ibid.*

46. Pierre Golliet était né en 1917 à Thônes. Ancien élève de l'École normale supérieure, agrégé de philosophie, licencié ès sciences, et depuis 1947 prêtre de l'Oratoire. Il devint professeur de littérature française à l'Université de Nimègue, aux Pays-Bas.

47. *Glières, 1946*, *op. cit.*, p. 18.

48. *Ibid.*

49. *Ibid.*, p. 11.

50. *Ibid.*, p. 17.

51. *Ibid.*, p. 17-18.

52. *Ibid.*, p. 18.

53. *Ibid.*

54. Laurent Douzou, *La Résistance française : une histoire périlleuse. Essai d'historiographie*, Paris, Seuil, 2005, p. 47.

55. Dans leur ouvrage, les rescapés mentionnent l'un des télégrammes « de l'abbé Truffy ». Il leur était donc possible, dès la Libération, d'écrire un récit plus en phase avec la réalité. *Glières, 1946*, *op. cit.*, p. 125.

56. *Ibid.*, p. 118. Cependant, à la fin de l'ouvrage, les auteurs évoquent le nombre de « 15 000 ». *Ibid.*, p. 149.

57. *Ibid.*, p. 128.

58. *Ibid.*, p. 44.

59. *R.1.3*, *op. cit.*, p. 89.

60. *Ibid.*

61. *Ibid.*, p. 91.

62. Un des trois, le colonel Raulet, n'est probablement jamais monté sur le Plateau.

63. Jean Truffy, *Les Mémoires du curé du maquis de Glières*, Annecy, Imprimerie Abry, 1950, 110 p.

64. Colonel André Raulet, *op. cit.*

65. Chef de corps de la Milice [Émile Raybaud], *Pour la Milice justice !*, Paris, Éditions Etheel, 1955, 149 p.

66. Jean-Pierre Azéma, *De Munich à la Libération*, Paris, Seuil, 1979, p. 169.

67. Peter Churchill, *By Moonlight*, Londres, Brown Watson Ltd, 1958, 155 p.

68. Michael J. Bird, *The Secret Battalion*, New York, Holt, Reinhart & Winston, 1964, 189 pages ; *idem*, *Le Bataillon des Glières*, Paris, Éditions France-Empire, 1967, 253 p.

69. François Musard, *Les Glières*, Paris, Robert Laffont (coll. « Ce jour-là »), 1965.

70. *Ibid.*, p. 166.

71. La première fois dans la collection « J'ai lu », en 1968, puis aux éditions Crémille et Famot à Genève, en 1982. Il faisait alors partie d'une collection intitulée « Histoire de la Résistance », comptant une vingtaine de titres, vendus par correspondance et où le meilleur côtoyait le pire...

72. Jean-Louis Crémieux-Brilhac, « La bataille des Glières... », art. cité, p. 45-72.

73. *Ibid.*, p. 28. Curieusement, Jean-Louis Crémieux-Brilhac fait de Jean Rosenthal un agent de l'Armée secrète.

74. Décédé le 5 août 2007. « Henri Amouroux », *Le Monde*, 7 août 2007.

75. Henri Amouroux, *La Grande Histoire des Français sous l'Occupation*, vol. 7, *Un printemps de mort et d'espoir*, Paris, Robert Laffont, 1985, p. 253-304. Le volume précédent portait le titre : *L'Impitoyable Guerre civile*.

76. Témoignage d'Humbert Clair à Henri Amouroux. Henri Amouroux, *op. cit.*, p. 270-271.

77. *Ibid.*, p. 293-294.

78. Alain Dalotel, *Le Maquis des Glières*, *op. cit.*, 402 p.

79. *Ibid.*, p. 237.

80. Pierre Vial, *Le Sang des Glières, été 1944*, Paris, Presses de la Cité, 1993, 244 p.

81. Michel Germain, *Glières, mars 1944*, Les Marches, La Fontaine de Siloé, 1994, 358 p.

82. Denis Chegaray, *Glières, les feux de la nuit*, France 3/VF Films Production, 1994, 52 mn.

83. Robert Amoudruz, Jean-Claude Carrier, *op. cit.*

84. Claude Antoine, *Un village dans la bataille des Glières, Capitaine Anjot, l'honneur d'un chasseur alpin*, s.l., Claude Antoine, s.d., 200 p.

85. Patrick de Gmeline, *Tom Morel, héros des Glières*, *op. cit.*

86. Patrick de Gmeline, *Tom Morel et les résistants des Glières, 1944*, Paris, Presses de la Cité, 2008.

87. *Le Dauphiné libéré*, 20 juin 1960.

88. *Messages*, n° 1, juillet 1945, FARG, B7H-P17.

89. « Vers un aménagement rationnel du plateau des Glières », *Le Messager*, n° 8, 21 février 1964.

90. Pierre Golliet, « Monument aux Glières. La Haute-Savoie du pétainisme à la Résistance », *Cahiers des amis du val de Thônes*, n° 1, 1994, p. 103-104. Chef-d'œuvre de l'art sacré contemporain, Notre-Dame-de-Toute-Grâce, à Passy, fut dessinée par l'architecte Novarina et comprend des œuvres de Bonnard, Braque, Chagall, Léger, Lurçat, Matisse, Rouault, etc.

91. *Ibid.*, p. 109.

92. *Ibid.*, p. 122.

93. Morette, Glières, le musée départemental de la Résistance à Bonneville et le Centre de ressources documentaires situé au Conservatoire d'art et d'histoire d'Annecy.

94. *La Savoie combattante*, n° 64, janv.-fév.-mars 1964.

95. André Malraux, *Le Miroir des limbes*, Paris, Gallimard, 1976, p. 3.

96. André Malraux, *Antimémoires*, Paris, Gallimard, 1967, p. 293 et 571.

97. Le discours de Malraux a été publié sous le titre suivant : « Inauguration à la mémoire des martyrs de la Résistance », dans *Le Miroir des limbes*, *op. cit.*, p. 998-1005.

98. *La Savoie combattante*, n° 77, janv.-fév.-mars 1967.

99. Olivier Wieviorka, *La Mémoire désunie. Le souvenir politique des années sombres, de la Libération à nos jours*, Paris, Seuil, 2010, p. 270-272.

100. Tract, collection personnelle.

Conclusion

1. Le général Bachelet, président de l'Association des Glières, sans l'avoir lu et avant parution, a décidé que l'ouvrage de Robert Amoudruz et

de Jean-Claude Carrier, *Dimanche fatal aux Glières*, ne sera pas mis en vente sur les sites de Morette et de Glières... Entretien avec Robert Amoudruz, 16 mai 2011.

2. Comme me l'a dit le général Bachelet alors que je lui annonçais que j'étais inscrit en thèse et que ma recherche allait avoir pour thème Glières : « Je vous en dissuade. » On ne pouvait être plus clair !

3. « Les peuples ont besoin de mythes ! » assène Jean-René Bachelet (propos tenus à Annemasse lors d'une conférence de l'auteur, le 3 décembre 2011) à qui veut bien l'entendre : seul lui et deux ou trois autres personnes auraient le droit de savoir ce qui s'est réellement passé à Glières, quitte à livrer aux béotiens une version falsifiée des événements.

4. Paul Veyne, *Les Grecs ont-ils cru à leurs mythes ?*, Paris, Seuil, 1983, p. 69.

5. *Ibid.*, p. 72.

6. Jean-Louis Crémieux-Brilhac, *La France libre...*, *op. cit.*, p. 797.

7. Charles de Gaulle, *Mémoires de guerre. L'Unité*, Paris, Plon, 1979 [1962], p. 242.

8. André Malraux, *Le Miroir des limbes*, *op. cit.*, p. 107.

Annexes

1. SHD, État de services de Jacques Lalande, Maurice Anjot, dossier n° 1060/41, Annecy, 7 novembre 1941.

2. SHD, bureau Résistance, dossier n° 5816. Son dossier indique du 1er octobre 1943 au 28 février 1944. Ces deux dates sont peu probables : Clair se fait arrêter le 2 octobre ; Lalande exerça son commandement après l'arrestation de Clair, pas un jour avant. Il rejoint Glières le 12 mars, pas le 28 février.

3. Dossier individuel, bureau Résistance, SHD, dossier n° 5454.

4. Dossier individuel, bureau Résistance, SHD, dossier n° 16 P 37192.

5. Toutes les informations citées ci-dessus sont tirées d'un article de *La Résistance savoisienne* qui lui est consacré. *La Résistance savoisienne*, n° 29, 19 juillet 1945. Son dossier au SHD, peut-être égaré, n'a pu nous être communiqué.

6. Il s'agit peut-être d'une erreur, puisqu'une photographie le montre portant sur sa « tarte » (le béret des chasseurs alpins) et sur le col de sa vareuse un 7, ce qui nous laisse penser qu'il était – en tout cas au moment où le cliché a été pris – au 7e BCA.

7. Dossier individuel, bureau Résistance, SHD, dossier n° 16 P 33356.

8. Dossier individuel, bureau Résistance, SHD, dossier n° 16 P 430329.

Sources et bibliographie

I. Archives publiques

	FRANCE	
	ARCHIVES NATIONALES (PARIS)	
	Archives du ministère de l'Intérieur	
F 1 C^{III} 1187	Rapports des préfets de la Haute-Savoie, 1940-1944	
F 1^{a} 3747	La Milice, 1943-1944	
F 1^{a} 3891	Rhône, Administration politique	
F7/14894-15724	GMR, Milice, surveillance du Parti communiste	1936-1948
	Fonds du Comité d'histoire de la Deuxième Guerre mondiale	
72 AJ 188-624	Dossier Haute-Savoie, Dresde, Papiers Gemaeling, documents des MUR	
	Fonds du Bureau central de renseignements et d'action	
3 AG 2/1-524	Documents en lien avec les opérations du BCRA, notamment en direction de la Haute-Savoie, mission *Xavier-Cantinier*	
	Fonds des commandants militaires régionaux allemands en zone occupée	
AJ 40/983	Réquisition de véhicules, Opération *Korporal* (Ain), 1944	
	Haute Cour de justice	
3 W	Procédure en Haute Cour de justice de Joseph Darnand et de René Bousquet	
	Cour de justice de la Seine	

Z6 NL/ dossier	Marcel D., Hector B., SRMAN, Henry C., Alexandre A, Max K.	1944-1948
	Fonds Henri Noguères	
HR 12	Dossier Glières	
	SERVICE HISTORIQUE DE LA DÉFENSE (Vincennes)	
	Section Terre	
1 P 78 à 13 P 123	Dossiers relatifs à la Haute-Savoie, rapport des officiers de liaison auprès des troupes d'occupation, organisation armée allemande, opérations allemandes contre le maquis	
	Fonds du BCRA	
	Dossier de Jean Rosenthal et de Richard Heslop	
	Fonds privés	
SHD 1 K 375	Fonds Bourgès-Maunoury	
	ORDRE DE LA LIBÉRATION (Paris)	
	Dossier de Claude Bouchinet-Serreulles, Maurice Bourgès-Mounoury, Michel Brault, Jean Carrier, André Devigny, Henri Jaboulay, Louis Finet, François de Menthon, Théodose Morel, Henri Petit, Jean Rosenthal	
DCAJM	Dépôt central des archives de la justice militaire (Le Blanc), Procédures contre Georges Lelong, Louis Durand, Carl Oberg/Helmut Knochen, Werner Knab/ Klaus Barbie	
	BIBLIOTHÈQUE DE DOCUMENTATION INTERNATIONALE CONTEMPORAINE (Nanterre)	
F Δ 1832	Fonds Robert Aron	
	INSTITUT NATIONAL DE L'AUDIOVISUEL (Lyon)	
	Divers films liés soit aux événements de 1944, soit aux commémorations	1944-1965
	GRANDE-BRETAGNE	
	PUBLIC RECORD OFFICE (London)	
	Air Ministry, the Royal Air Force and related bodies	
AIR 8, 14, 20, 29, 40	Opérations en France, livraisons	1942-1945
	Records of Special Operations Executive	
HS 6/324 à HS 9/701/1	Opérations du SOE en France, maquis, mission *Cantinier*	1942-1944
	Foreign Affairs	

FO 371/41861 à 41905	Reports from France, Special Operations in France, maquis	1944
	Records of the Prime Minister's Office	
PREM 3/185/1	Supplies to and use of Maquis	jan-juil. 1944
	War Office	
WO/219/2442	Maquis, organisation and equipment	1944
	UNIVERSITY OF CAMBRIDGE	
OP 156-2, 3	OSS reports (microfilms)	1944
	RÉPUBLIQUE FÉDÉRALE D'ALLEMAGNE	
	DEUTSCHE DIENSTSELLE (WASt) Berlin	
	Pertes allemandes en Haute-Savoie (16 février-25 avril 1944)	
	CIMETIÈRE MILITAIRE ALLEMAND (Dagneux) Ain	
	Registres des soldats allemands tués dans le sud-est de la France	1940-1944
	BUNDESARCHIV-MILITÄRACHIV (Freiburg im Brisgau)	
RH 19 à RH 34/27, RW 34-35	Archives de la 157e division de réserve ou en lien avec l'occupation allemande de la Haute-Savoie	
	SUISSE	
	ARCHIVES D'ÉTAT (Genève)	
	Fonds de l'arrondissement territorial de Genève (Justice et Police)	
	Dossiers de réfractaires, maquisards et autres ayant franchi la frontière avec le canton de Genève	
	SAVOIE	
	ARCHIVES DÉPARTEMENTALES DE LA HAUTE-SAVOIE (Annecy)	
	Fonds du cabinet du préfet de la Haute-Savoie	
1 M 54	Relations avec les pays étrangers	1940
2 W 11 à 49 W 6	Fonds du cabinet du préfet	1938-1947
	Fonds du tribunal de première instance de Thonon-les-Bains	

3 U 4/703-705	Greffe correctionnel, dossiers clos en 1942 et en 1943	1942-1943
	Fonds de la cour de justice et la chambre civique de Haute-Savoie	
1788 W 1-4	Répertoire…	1944-1945
1788 W 1-4	Répertoire des arrêts rendus par la cour de justice et la chambre civique	1944-1945
	Fonds de la 19e brigade de police de sûreté	
1915 W 1-8	19e brigade régionale de police de sûreté. Mission en Haute-Savoie. Contrôle général : dossiers du centre de criblage d'Annecy, opérations de police	1942-1944
	Fonds du service de police judiciaire du commissariat d'Annecy	
SC 38113-38237	Forces du maintien de l'ordre en Haute-Savoie	1942-1944
	Fonds Poirson	
149 J 249	Journal de René Dépollier	1942-1945
	Compagnie de gendarmerie départementale de la Haute-Savoie 1940-1946 (au SHD, à Vincennes)	
74 E	Registre de correspondance, archives des sections et brigades de gendarmerie de la Haute-Savoie	1940-1946 novembre 1946
	SERVICE MÉMOIRE ET CITOYENNETÉ (Conseil général de la Haute-Savoie, Annecy)	
B7H	Journal *Messages*	1944-1946
	Témoignages écrits dans les années 1980 de maquisards présents à Glières	
	COMMUNE DU PETIT-BORNAND-LES-GLIÈRES	
	Registres de l'état civil, décès	1944
	COMMUNE DE THÔNES	
	Registres de l'état civil, décès	1944
	COMMUNE DE THORENS-GLIÈRES	
	Registres de l'état civil, décès	1944
	ARCHIVES DÉPARTEMENTALES DE LA SAVOIE (Chambéry)	
	Cour de justice de la Savoie	
1404 W	Pierre B., B., Pierrette C.-P., René N, Gaston G., Hans G., André H., Charles M., Francis P., Jean-Pierre S., Antonin V., François V.	

	Autres départements	
	ARCHIVES DÉPARTEMENTALES DE L'ILLE-ET-VILAINE (Rennes)	
213 W	Cour de justice d'Ille-et-Vilaine, Marcel D., Marcel P.	
	ARCHIVES DÉPARTEMENTALES DE LA HAUTE-VIENNE (Limoges)	
184 W	Cour de justice de la Haute-Vienne, Émile R. et Jean V.	
	ARCHIVES DÉPARTEMENTALES DE LA HAUTE-GARONNE (Toulouse)	
2546 W 27	Cour de justice de Haute-Garonne, Gabriel T.	
	ARCHIVES DÉPARTEMENTALES DU LOT-ET-GARONNE (Agen)	
1438 W 85, dossier 859	Cour de justice du Lot-et-Garonne, Jean-Baptiste G.	
	ARCHIVES DÉPARTEMENTALES DU RHÔNE (Lyon)	
	Archives du préfet régional de Lyon (Seconde Guerre mondiale)	
182 W	Dossier du département de la Haute-Savoie, internements, correspondances avec les autorités allemandes	1940-1944
3678 W	Registre d'écrou des prisons	
	Mémorial de l'oppression	1944
3808 W	Renseignements sur les forces d'occupation, crimes de guerre	
	Fonds du Service régional de police judiciaire	1944-1945
3490 W 5	Crimes de guerre commis sur le plateau des Glières	
	Cour de justice du Rhône	
394 W	Maud Champetier de Ribes, René Cussonac, Charles-Raoul Dagostini, Marc Montgour, Joseph Boiron, Jean Poisson, Joseph Lécussan, Carl Oberg	

II. Archives privées

Fonds Buttin, arrondissement d'Annecy
Fonds Poirson chez Robert Poirson, Annecy (désormais aux Archives départementales de la Haute-Savoie)
Papiers Humbert Clair, Annecy
Papiers Félix Plottier, Bonneville

III. Sources imprimées

Presse

Almanach de la Légion française des combattants, 1941
Combats, 1943-1944
Combat, 1944-1946
Cultivateur savoyard (Le), 1940-1944
Dauphiné libéré (Le), sondages, 1944-2010
Du maquis au 27, 1945
Gazette de Lausanne (La), sondages, 1939-1944
Je suis partout, 1943-1944
Journal de Genève (Le), sondages, 1939-1944
Légionnaire de la Haute-Savoie (Le), 1941
Légionnaire Haut-Savoyard (Le), 1942-1944
Messager (Le), sondages, 1944-2010
Messages, 1944-1946
Patriote savoyard (Le), 1944-1947
Résistance savoisienne (La), 1944-1945
Réveil (Le), 1944-1945
Républicain savoyard (Le), sondages, 1944-1985
Savoie combattante (La), 1944-1970
Savoyard de Paris (Le), 1944-1945
Suisse (La), sondages, 1939-1944
Temps (Le), 1944
Tribune de Genève (La), sondages, 1939-1944

Ouvrages ou essais publiés par des témoins de l'époque

Aron Raymond, *Chroniques de guerre*, Paris, Gallimard, 1990, 1016 p.
Astier de la Vigerie Emmanuel d', *Les Dieux et les Hommes, 1943-1944*, Paris, Julliard, 1952, 190 p.
Barthélémy Joseph, *Ministre de la Justice. Vichy 1941-1943*, Paris, Pygmalion, 1989, 643 p.
Bénouville Pierre, *Guillain de Bénouville, Le sacrifice du matin*, La Palatine, 1945, 605 p.
Blanc Aimé, *Français, n'oubliez jamais !*, Annecy, Conseil général de la Haute-Savoie, 2004 (1947), 150 p.
Bloch Marc, *L'Étrange Défaite*, Paris, Albin Michel, 262 p.
Bloch-Lainé François, Gruson Claude, *Hauts fonctionnaires sous l'Occupation*, Paris, Odile Jacob, 1996, 283 p.
Bourdet Claude, *L'Aventure incertaine*, Paris, Stock, 1975, 478 p.
Charbonneau Henry, *Les Mémoires de Porthos*, s.l., Éditions du Clan, 1967, 2 vol.
Charles lieutenant, *alias* Jean Pierre et Louis André, *Historique de la Résistance dans le secteur de Saint-Julien*, Bonneville, Imprimerie Plancher, s.d., 30 pages, ouvrage rédigé par Pierre Ruche.
Chef de corps de la Milice [Raybaud Émile], *Pour la Milice justice !*, Paris, Éditions Etheel, 1955, 149 p.

Chef de corps de la Milice [Raybaud Émile], *Pour l'honneur de la Milice*, s.l., Éditions du Lore, 2007, 160 p.
Chipier Étienne, abbé, *Souffrances et gloires du maquis chablaisien*, Thonon-les-Bains, Société d'édition savoyarde, 1946, 71 p.
Chipier Étienne, abbé, *Les Saints sans autel*, Couvet, Éditions de la Roulotte, 1947, 213 p.
Churchill Peter, *By Moonlight*, Londres, Brown, Watson LTD, 1958, 155 p.
Churchill Peter, *Missions secrètes en France, 1941-1943*, Paris, Presses de la Cité, 1967, 316 p.
Churchill Winston Spencer, *La Deuxième Guerre mondiale*, Genève, Édito-Service, 1971, 12 vol.
Conversy Marcel, *Quinze mois à Buchenwald*, Genève, Éditions du Milieu du monde, 1945, 213 p.
Cordier Daniel, *Alias Caracalla*, Paris, Gallimard, 2009, 931 p.
Crémieux-Brilhac Jean-Louis, *Les Français de l'an 40*, t. 2, *Ouvriers et soldats*, Paris, Gallimard, 1990, 740 p.
Devigny André, *Je fus ce condamné*, Paris, Presses de la Cité, 1978, 329 p.
Dulles Allen W., *L'Allemagne souterraine*, Genève / Paris, Les Trois Collines, 1947, 161 p.
Dupuis-Bouchet Serge, *La Paille au cul*, autoédition, s.l., 1994, 430 p.
Eisenhower Dwight D., *Croisade en Europe*, Paris, Robert Laffont, 1949, 593 p.
Frenay Henri, *La nuit finira*, Paris, Robert Laffont, 1973, 607 p.
Frison-Roche Roger, *Le Versant du soleil*, Paris, Flammarion, 1981, 689 p.
Gaulle Charles de, *Discours et messages*, t. 1, *Pendant la guerre, juin 1940-janvier 1946*, Paris, Plon, 1970, 677 p.
Gaulle Charles de, *Lettres, notes et carnets, juillet 1941-mai 1943*, Paris, Plon, 1982, 652 p.
Gaulle Charles de, *Lettres, notes et carnets, juin 1943-mai 1945*, Paris, Plon, 1983, 496 p.
Gaulle Charles de, *Mémoires de guerre*, Paris, Plon, 1984, 3 vol.
Gimel Georges, *Gimel. Le calvaire de la Résistance*, Grenoble, Didier Richard, 1944, s.p.
Granet Marie, Michel Henri, *Combat*, Paris, PUF, 1957, 330 p.
Griffiths Franck, *Winged Hours*, Wm Kimber, Londres, 1981, 1992 p.
Groussard Georges, *Service secret*, Paris, La Table ronde, 1964, 606 p.
Henriot Philippe, *Éditoriaux*, Secrétariat d'État à l'Information et à la Propagande, s.l., 1944, n° 1 à 9.
Heslop Richard, *Xavier the Famous British Agent's, Dramatic Account of his Work in the French Resistance*, Londres, Ruppert Hart-Davis, 1970, 272 p.
Jourdan Louis, Helfgott Julien, Golliet Pierre, *Glières, première bataille de la Résistance*, Annecy, Association des rescapés de Glières, 1946, 157 p.
La Picirella Joseph, *Le Martyre de Vassieux-en-Vercors*, Lyon, Imprimerie Rivet, 1994, 150 p.
Lazare Cyril, *Un aviateur au maquis*, s.l., Amicale de la Compagnie FTPF 93-21, 1994.
Lecornu Bernard, *Un préfet sous l'occupation allemande, Châteaubriant, Saint-Nazaire, Tulle*, Paris, France-Empire, 1984, 332 p.
Malraux André, *Antimémoires*, Paris, Gallimard, 1967, 604 p.
Malraux André, *Le Miroir des limbes*, Paris, Gallimard, 1976, 1014 p.
Martin du Gard Maurice, *La Chronique de Vichy (1940-1944)*, Paris, Flammarion, 1948, 539 p.
Mas Lucien, *Les Chevaliers de la lune*, Narbonne, autoédition, 2001, 657 p.
Michel Henri, *La Défaite de la France*, Paris, PUF, 1980, 128 p.

Monnet Jean, *Dans les maquis de la Haute-Savoie*, Éditions Gardet et Garin, Annecy, 1946, 106 p.
Moreau Serge-Henri, *Thorens, Berceau du maquis*, Saint-Martin-Bellevue, Alp-Impression, 1983 [1945], 135 p.
Paisant Constant, *Combattant des Glières*, Entremont-Le-Vieux, Le Temps traversé, 1995, 339 p.
Passy, colonel André Dewavrin, dit, *Souvenirs*, vol. 1, *2e Bureau Londres*, vol. 2, *10, Duke Street Londres (Le BCRA)*, Monaco, Éditions Solar, 1947, 2 vol.
Passy, colonel André Dewavrin, dit, *Missions secrètes en France (novembre 1942-juin 1943)*, Paris, Plon, 1951, 439 p.
Ploton Romain, abbé, *Quatre années de Résistance à Albertville*, Albertville, Imprimerie Ch. Bonneau, 1946, 253 p.
Plottier Félix, *Guerres et montagnes de 1915 à 1945*, Bonneville, autoédition, 1998, 379 p.
Prenant Marcel, *Francs-tireurs et partisans de Haute-Savoie*, s.l., Éditions du Bastion, 2002, 188 p.
Prous Marcel, *Merci de m'avoir aidé*, Annecy, Gardet, 1978, 118 p.
Racloz Roger, *Souvenirs de maquisards de la moyenne Vallée de l'Arve*, Les Marches, La Fontaine de Siloé, 1994, 78 p.
Raulet André, colonel, *Alfred de Vigny a-t-il menti ? La garde au plateau des Glières*, Toulouse, s.d. (1952), 106 p.
Rémy, colonel, *Mémoires d'un agent de la France Libre. La délivrance*, Paris, France-Empire, 1998, 473 p.
Romans-Petit Henri, *Les Obstinés*, Lille, Janicot, 1945, 264 p.
Romans-Petit Henri, colonel, *Les Maquis de l'Ain*, Paris, Hachette, 1974, 166 p.
R.1.3 Francs-tireurs et partisans de la Haute-Savoie, Annecy, Comité départemental de l'Association nationale de la Résistance de Haute-Savoie, 1977 (1946), 189 p.
Sanglerat Guy, *Parcours d'un étudiant savoyard dans la Résistance*, Craponne, Éditions les Passionnés de bouquins, 2011, 160 p.
Speer Albert, *Au cœur du Troisième Reich*, Paris, Fayard, 1971, 816 p.
Thelen Serge, *Du plateau des Glières à Dresde*, Lyon, Éditions Bellier, 2005, 398 p.
Tillon Charles, *On chantait rouge*, Paris, Robert Laffont, 1977, 581 p.
Tillon Charles, *Soldats sans uniforme. Les FTP*, Rennes, Éditions Ouest-France, 1991, 323 p.
Trouillé Pierre, *Journal d'un préfet pendant l'Occupation (Corrèze 1944)*, Paris, Gallimard, 1964, 240 p.
Truffy Jean, *Les Mémoires du curé du maquis de Glières*, Annecy, Imprimerie Abry, 1950, 110 p.
Truffy Jean, *Mémoires du curé du maquis de Glières*, Paris, Éditions Atra, 1979, 124 p.
Vallette d'Osia Jean, *Quarante-deux ans de vie militaire*, Lyon, Éditions lyonnaises d'art et d'histoire, 1988, t. 2, 319 pages ; 1994, t. 3, 152 p.
Verity Hugh, *Nous atterrissions de nuit*, Paris, France Empire, 1982, 396 p.
Vistel Alban, *La Nuit sans ombre*, Paris, Fayard, 1970, 637 p.
Vittoz Jean, *Sur la Grand'Route… de ma vie*, La Roche-sur-Foron, Chevallier Imprimeurs, 1993, 263 p.

IV. Témoignages écrits non publiés

Berr Jacques, *Cet être si nu*, s.l., s.d., 584 p.
Guidollet Georges, *Contribution à l'histoire de la Résistance*, s.l., s.d., 24 p.
Lévy Maurice, *Le Maquis des pauvres diables. Histoire du maquis de Taninges (Haute-Savoie) au printemps 1943*, s.l., s.d. (vers 1985), 28 p.
Poirson Robert, *Histoire de la Légion et de la Milice en Haute-Savoie*, s.l., s.d., non paginé.

V. Sources orales

Témoins de l'époque

La fonction indiquée est celle qu'occupait le témoin au moment des événements de Glières.

Claude Anjot, collégien, fils du capitaine Maurice Anjot †
Jean-Paul Bancel, garde du corps de Joseph Darnand, milicien
Jean Barbier, écolier
Maurice Barbier, collégien
Jean Bedet, maquisard à Glières
Charles « Lolo » Benoît, agriculteur à Vulbens †
Marius « Mayu » Benoît, agriculteur à Vulbens †
Aimé Blanc, résistant, déporté
Jean Boimond, maire de Saint-Julien-en-Genevois, milicien †
Charles Bosson, avocat, résistant †
Roger Branchard, fils du commissaire divisionnaire Frédéric Branchard
Alexis Calvayrac, lycéen, fils du commandant de la compagnie de gendarmerie de Haute-Savoie
Gilbert Ceffa, résistant, agent de liaison du père Favre
Simone Chaudoin, résistante
Henry Chevalier, témoin de l'époque
Humbert Clair, chef départemental de l'AS †
Daniel Cordier, agent du BCRA
Bruno D'Alagnol, maquisard à Glières †
Francis Degenève, écolier
Albert Démolis, maquisard à Glières
Claudius Détraz, milicien
Joseph Diot, résistant †
Robert Dorier, maquisard à Glières †
Marc Ducrey, maquisard †
Eugène Ducrez, écolier
Paul Fieux, milicien, présent à Foges et à Glières †
Marcel Fivel-Demoret, résistant †
Henri Freydig, réfractaire au STO †
André Fumex, maquisard à Glières †
Jeannette Gasc, agent de liaison de Jean Rosenthal, agent du BCRA †
André Gaillard, maquisard à Glières †
Gilbert Gaillard, maquisard à Glières
Félix Gavel, maquisard à Glières
Maurice Greffier, prêtre et enseignant à Thônes, résistant †
Georges Guidollet, résistant †
Robert Halgrin, maquisard à Glières
Julien Helfgott, maquisard à Glières
Marc Jacob de Cordemoy, fils du commissaire Camille Jacob de Cordemoy
Louis Jourdan, adjoint du lieutenant Théodose Morel †
Fernand L'Abade, garde du corps de Joseph Darnand, milicien
Général Lalande, frère du lieutenant Jacques Lalande †
Pierre Lespine, frère de Paul Lespine, maquisard à Glières
Fernand Levet, milicien †
Armand Magnin, membre du Parti suisse du travail

Yves Manuel, fils d'André Manuel, n° 2 du BCRA
Lucien Mas, douanier résistant †
Jean Mathevon, maquisard à Glières
Claude Maubourguet, journaliste à *Je suis partout*, milicien †
François Mégevand, réfractaire au STO
Stéphane Mériguet, collégien, fils de Gaston Mériguet, résistant
Alphonse Métral, maquisard à Glières †
Raymond Milliet, maquisard à Glières †
Henri Moncozet, milicien †
Marie-Germaine Morel, épouse puis veuve de Théodose Morel †
Philippe Morel, fils de Théodose Morel †
Roland Pichon, maquisard à Glières
Émile Raybaud, adjoint de Jean Vincent de Vaugelas, chef des unités miliciennes à Glières †
Alexis Rey, ravitailleur à Glières †
René Ribelles, gardien au GMR Aquitaine
Jean Rosay, agriculteur, résistant †
Jean Rosenthal, agent du BCRA †
Edmond Rosset, maquisard à Glières
Pierre Rubin, fils du docteur Rubin, résistant
Yves Sautier, étudiant en médecine
Pierre Schœndœrffer, lycéen à Annecy †
Maurice Schumann, speaker à Radio Londres †
Robert Soucaret, milicien
Joseph Soudan, maquisard
Lucien Tagand, résistant †
Jean Vallette d'Osia, chef de l'AS de Haute-Savoie puis officier à Londres †
Roger Vidal, GMR du groupe Aquitaine †
Pierre Vittet, lycéen
Louis Vuichard, maire de Savigny †
Hyacinthe Vulliez, seminariste, réfractaire au STO
André Wolff, maquisard à Glières, à la tête de la section *Liberté chérie* †

Entretiens avec des chercheurs, responsables d'associations, membres d'organismes de recherche, etc.

Paul Abrahams
Sébastien Albertelli
Robert Amoudruz
Henri Amouroux †
Claude Antoine
Vincent Auzas
Jean-Pierre Azéma
Jacques Baynac
Jean-René Bachelet
Jean-Marc Berlière
Corinne Bonafoux
Daniel Bourgeois
Tal Bruttmann
Olivier Büttner
Jean-Claude Carrier
Claude Cazals
Alain Cerri
Denis Chegaray †
Jean-Louis Crémieux-Brilhac
Alain Dalotel
Benoît Deleuze
Esther Deloche
Jean-William Dereymez
Didier Dutailly
Ruth Fivaz-Silbermann
Pierre Fluckiger
Olivier Frutiger
Jacques Golliet
Marina Guichard-Croset
Guy Labédan
Christine Lauener
Éric Lefèvre
Pierre Levet
Peter Lieb
François Le Goarant de Tromelin
Yves Mathieu
Bernard Mouraz
Laurent Neury
Jean-Paul Pallud
André Palluel-Guillard
Aurélia Prévost
Christian Rossé
Marlène Sage
Virginie Sansico
Volker Schlunk
Christian Sorrel
Luc Van Dongen
Gilles Vergnon
Patrick Veyret

VI. Bibliographie

Sauf mention contraire, les ouvrages cités sont édités à Paris.

Outils de recherche

Andreoni Myriam, Andrey Frédéric, Marini Gabrielle, Rabut Élisabeth (dir.), *La Presse en Haute-Savoie*, Annecy, Archives de la Haute-Savoie, 1991, 2 vol.

Bargeton René, *Dictionnaire biographique des préfets, septembre 1870-mai 1982*, Archives nationales, 1995, 554 p.

Bulletin officiel de l'édition méthodique (BOEM), *Unités combattantes*, vol. 367.

Cointet Jean-Paul, Cointet Michèle (dir.), *Dictionnaire historique de la France sous l'Occupation*, Tallandier, 2000, 729 p.

Guide des archives judiciaires et pénitentiaires, 1800-1958, CNRS éditions, 1992, 1175 p.

Gutman Israël (dir.), Lazare Lucien (éd.), *Dictionnaire des Justes de France*, Jérusalem, Yad Vashem, Fayard, 2003, 596 p.

Limagne Pierre, *Éphémérides de quatre années tragiques, 1940-1944*, La Villedieu, Éditions du Candide, 1987 [1947], 3 vol.

Livre-mémorial des déportés de France arrêtés par mesure de répression et dans certains cas par mesure de persécution, 1940-1945, Fondation pour la mémoire de la déportation, Tirésias, 2004, 4 vol.

Maitron Jean, Pennetier Claude (dir.), *Dictionnaire biographique du mouvement ouvrier français*, 4e partie : *1914-1939. De la Première à la Seconde Guerre mondiale*, Éditions ouvrières, 1982-1997, t. 17 à 44.

Marcot François (dir.), *Dictionnaire historique de la Résistance*, Robert Laffont, 2006, 1187 p.

Miannay Patrice, *Dictionnaire des agents doubles dans la Résistance*, Cherche-Midi, 2005, 352 p.

Michel Henri, *Bibliographie critique de la Résistance*, Institut pédagogique national, 1964, 223 p.

Moure Michel, *Dictionnaire encyclopédique d'histoire*, Larousse, 1997, 5 vol.

Notin Jean-Christophe, *1061 compagnons, histoire des Compagnons de la Libération*, Perrin, 2000, 822 p.

Roux-Fouillet Paul, Roux-Fouillet Renée, *Catalogue des périodiques clandestins conservés à la Bibliothèque nationale (1939-1945)*, Bibliothèque nationale, 1954, 282 p.

Wetzel Éliane, *Bibliographie de la presse française, 1865-1944, Savoie*, Bibliothèque nationale, Département des périodiques, 1973, 72 p.

Généralités (France)

Bellanger Claude (dir.), *Histoire générale de la presse française de 1940 à 1958*, PUF, t. 4, 1975, 490 p.

Callot Émile-François, *Le Mouvement républicain populaire*, Marcel Rivière et cie, 1978, 443 p.

Courtois Stéphane, Lazar Marc, *Histoire du Parti communiste français*, PUF, 1995, 416 p.

Deschodt Pierre-Jean, Huguenin François, *La République xénophobe*, Jean-Claude Lattès, 2001, 450 p.

Duby Georges, Wallon Armand (dir.), *Histoire de la France rurale*, Seuil, 1975-1976, 4 tomes.
Goetschel Pascale, Loyer Emmanuelle, *Histoire culturelle de la France, de la Belle Époque à nos jours*, Armand Colin, 2005, 268 p.
Hoffmann Stanley, Kindleberger Charles P., Wylie Laurence, Pitts Jess R., Duroselle Jean-Baptiste, Goguel François, *À la recherche de la France*, Seuil, 1963, 459 p.
Lestocquoy Jean, *Histoire du patriotisme en France*, Albin Michel, 1968, 250 p.
Miquel Pierre, *La Troisième République*, Fayard, 1989, 739 p.
Ory Pascal, Sirinelli Jean-François, *Les Intellectuels en France, de l'affaire Dreyfus à nos jours*, Armand Colin, 1987, 263 p.
Ory Pascal, *L'Histoire culturelle*, PUF, 2004, 127 p.
Rémond René, *Notre siècle. 1918-1988, Histoire de France*, Fayard, 1988, 1012 pages
Weber Eugen, *La Fin des terroirs*, Fayard, 1984, 939 p.
Winock Michel (éd.), *La Droite depuis 1789*, Seuil, 1995, 414 p.

Polémologie, sociologie

Arendt Hannah, *Les Origines du totalitarisme, le système totalitaire*, Seuil, 1972, 313 p.
Clausewitz Carl von, *De la guerre*, Paris, Éditions de Minuit, 1955, 755 p.
Foot Michael R.D., *Resistance*, Londres, Eyre Tethuen, 1976, 346 p.
Foucault Michel, *Surveiller et punir*, Gallimard, 1975, 318 p.
Hobsbawm Eric J., *Les Bandits*, François Maspero, 1972, 147 p.
Léon Marie-Hélène, *Les Chasseurs alpins, mythe et réalités des troupes de montagne*, L'Harmattan, 1997, 112 p.
Poitau Étienne, « Guérilla en montagne », *Revue d'histoire de la Deuxième Guerre mondiale*, t. 49, janvier 1963, pages 29-39.

Seconde Guerre mondiale

Ambrose Stephen A., *Frères d'armes*, Albin Michel, 2002, 364 p.
Jelen Christian, *Hitler ou Staline, le prix de la paix*, Flammarion, 1988, 289 p.
Kaspi André, *La Deuxième Guerre mondiale*, Perrin, 1990, 577 p.
Miquel Pierre, *La Seconde Guerre mondiale*, Fayard, 1986, 645 p.
Wieviorka Olivier, *Histoire du débarquement en Normandie*, Seuil, 2007, 441 p.

Défaite de 1940, Vichy

Amouroux Henri, *La Grande Histoire des Français sous l'Occupation*, Robert Laffont, 1976-1993, 10 vol.
Aron Robert, *Histoire de Vichy*, Fayard, 1954, 766 p.
Association française pour l'histoire de la justice, *La Justice des années sombres 1940-1944, Actes du colloque*, La Documentation française, 2001, 335 p.
Azéma Jean-Pierre, *La Collaboration, 1940-1944*, PUF, 1975, 149 p.
Azéma Jean-Pierre, *De Munich à la Libération*, Seuil, 1979, 412 p.
Azéma Jean-Pierre, Bédarida François, *Vichy et les Français*, Fayard, 1992, 788 p.
Azéma Jean-Pierre, Wieviorka Olivier, *Vichy, 1940-1944*, Perrin, 2004, 374 p.
Baruch Marc Olivier, *Le Régime de Vichy*, La Découverte, 1996, 123 p.

Baruch Marc Olivier, *Servir l'État français, l'administration en France de 1940 à 1944*, Fayard, 1997, 737 p.
Bitoun Pierre, *Les Hommes d'Uriage*, La Découverte, 1988, 293 p.
Burrin Philippe, *La Dérive fasciste. Doriot, Déat, Bergery*, Seuil, 1986, 530 p.
Burrin Philippe, « Vichy », dans Pierre Nora (dir.), *Les Lieux de mémoire*, t. 3 : *Les France*, vol. 1, Gallimard, 1992, p. 320-345.
Burrin Philippe, *La France à l'heure allemande*, Seuil, 1995, 564 p.
Cardon-Hamet Claudine, *Mille otages pour Auschwitz. Le convoi du 6 juillet 1942*, Éditions Graphein, Fondation pour la mémoire de la Résistance, 1997, 557 p.
Cépède Michel, *Agriculture et alimentation en France durant la IIe Guerre mondiale*, Genin, 1961, 509 p.
Cointet Jean-Paul, *La Légion française des combattants 1940-1944, la tentation du fascisme*, Albin Michel, 1995, 458 p.
Cointet Jean-Paul, Cointet Michèle (dir.), *Dictionnaire historique de la France sous l'Occupation*, Tallandier, 2000, 729 p.
Comte Bernard, *Une utopie combattante, l'école des cadres d'Uriage, 1940-1942*, Fayard, 1991, 632 p.
Conan Éric, Rousso Henry, *Vichy, un passé qui ne passe pas*, Fayard, 1994, 324 p.
Debû-Bridel Jacques, *Histoire du marché noir (1939-1947)*, La Jeune Parque, 1947, 219 p.
Dreyfus François-Georges (dossier établi par), *Le Patriotisme des Français sous l'Occupation*, Éditions de Paris, 2000, 357 p.
Durand Bernard, Le Grom Jean-Pierre, Somma Alessandro (dir.), *Le Droit sous Vichy, Das Europa der Diktatur 13*, Francfort-sur-le-Main, Vittorio Klostermann, 2002, 498 p.
Durand Yves, *Vichy, 1940-1944*, Bordas, 1972, 175 p.
Durand Yves, *La France dans la 2e Guerre mondiale*, Armand Colin, 1989, 190 p.
Duroselle Jean-Baptiste, *L'Abîme, 1939-1944*, Imprimerie nationale, 1986, 611 p.
Faure Christian, *Le Projet Culturel de Vichy : folklore et révolution nationale, 1940-1944*, Éditions du CNRS, 1989, 333 p.
Froment Pascale, *René Bousquet*, Stock, 1994, 622 p.
Garnier Bernard, Quellien Jean (éd.), *La Main-d'œuvre française exploitée par le III e Reich*, Actes du colloque international, Caen, Centre de Recherche d'histoire quantitative, 2003, 704 p.
Gildea Robert, *Marianne in Chains*, New York, Henry Holt and Company, 2003, 507 p.
Giolitto Pierre, *Histoire de la jeunesse sous Vichy*, Perrin, 1991, 698 p.
Guillon Jean-Marie, « 1940, le Var rouge dans la vague blanche », *Vingtième siècle, Revue d'histoire*, n° 28, 1990, p. 57-64.
Harbulot Jean-Pierre, *Le Service du travail obligatoire. La région de Nancy face aux exigences allemandes*, Nancy, Presses universitaires de Nancy, 2003, 727 p.
Halls Wilfred D., *Les Jeunes et la politique de Vichy*, Syros Alternatives, 1988, 502 p.
Hoop Jean-Marie d', « La main-d'œuvre française au service de l'Allemagne », *Revue d'histoire de la Deuxième Guerre mondiale*, n° 81, janvier 1971, p. 73-88.
Institut Hoover, *La Vie de la France sous l'Occupation*, Plon, 1957, 3 vol., 1797 p.
Kupferman Fred, *Laval, 1883-1945*, Balland, 1987, 570 p.
Martres Eugène, *L'Auvergne dans la tourmente, 1939-1945*, Clermont-Ferrand, De Borée, 2000, 504 p.
Michel Henri, *Pétain et le régime de Vichy*, PUF, 1980, 128 p.

Mysyrowicz Ladislas, *Autopsie d'une défaite. Origines de l'effondrement militaire français en 1940*, Lausanne, L'Âge d'Homme, 1973, 385 p.
Noiriel Gérard, *Les Origines républicaines de Vichy*, Hachette, 1999, 335 p.
Ory Pascal, *Les Collaborateurs, 1940-1945*, Seuil, 1976, 317 p.
Ory Pascal, *La France allemande. Paroles du collaborationnisme français (1933-1945)*, Gallimard-Julliard, 1977, 276 p.
Paxton Robert, *Parade and Politics at Vichy : the French Officer Corps under Marshal Pétain*, Princeton, Princeton University Press, 1966, 472 p.
Paxton Robert, *La France de Vichy, 1940-1944*, Seuil, 1973, 375 p.
Peschanski Denis, *La France des camps : l'internement 1938-1946*, Gallimard, 2002, 456 p.
Rousso Henry, *La Collaboration. Les noms, les thèmes, les lieux*, MA Éditions, 203 p.
Sainclivier Jacqueline, « La résistance et le STO », dans Bernard Garnier, Jean Quellien (éd.), *La Main-d'œuvre française exploitée par le IIIe Reich*, Actes du colloque international, Caen, Centre de Recherche d'histoire quantitative, 2003, p. 517-534.
Sansico Virginie, *La Justice du pire. Les cours martiales sous Vichy*, Payot, 2003, 258 p.
Sweets John F., *Clermont-Ferrand à l'heure allemande*, Plon, 1996, 285 p.
Thalmann Rita, *La Mise au pas, idéologie et stratégie sécuritaire dans la France occupée*, Fayard, 1991, 394 p.
Vingtième siècle, Revue d'histoire, n° 28, octobre-décembre 1990, *Vichy, propagande et répression*, p. 57-144.

Résistance

Albertelli Sébastien, *Les Officiers du BCRA, Londres, 1940-1944. Essai d'étude prosopographique*, mémoire de DEA, Institut d'Études politiques de Paris, 1999, 278 p.
Albertelli Sébastien, *Les Services secrets de la France libre : le Bureau central de renseignement et d'action (BCRA), 1940-1944*, thèse dirigée par J.-P. Azéma, Institut d'études politiques de Paris, 2006, 4 vol.
Albertelli Sébastien, *Les Services secrets du général de Gaulle*, Perrin, 2009, 617 p.
Amicale des réseaux action de la France combattante, *Les Réseaux action de la France combattante*, autoédition, 1986, 296 p.
Azéma Jean-Pierre (dir.), *Jean Moulin face à l'histoire*, Flammarion, 2000, 417 p.
Azéma Jean-Pierre, Bédarida François, Frank Robert (dir.), *Jean Moulin et la Résistance en 1943*, Cahiers de l'IHTP, n° 27, juin 1994, 172 p.
Baynac Jacques, *Présumé Jean Moulin*, Grasset, 2007, 921 p.
Bédarida François, Azéma Jean-Pierre (dir.), *Jean Moulin et le Conseil national de la Résistance*, Institut d'Histoire du temps présent, CNRS, 1983, 192 p.
Belot Robert, *Henri Frenay. De la Résistance à l'Europe*, Seuil, 2003, 749 p.
Belot Robert, *La Résistance sans De Gaulle : politique et gaullisme de guerre*, Fayard, 2006, 668 p.
Belot Robert (dir.), *Les Résistants : l'histoire de ceux qui refusèrent*, Larousse, 2006, 319 p.
Belot Robert, Karpman Gilbert, *L'Affaire suisse, la Résistance a-t-elle trahi de Gaulle ?*, Armand Colin, 2009, 430 p.
Boisfleury Bernard de, *L'Armée en résistance, France, 1940-1944*, Fontenay-aux-Roses, L'esprit du livre, 2005, 718 p.

Bolle Pierre (dir.), *Grenoble et le Vercors*, Lyon, La Manufacture, 1985, 338 p.
Boursier Yves (dir.), *Résistants et Résistance*, L'Harmattan, 1997, 408 p.
Broué Pierre, Vacheron Raymond, *Meurtres au maquis*, Grasset, 1997, 262 p.
Chauvy Gérard, *Aubrac, Lyon 1943*, Albin Michel, 1997, 456 p.
Colloque sur les maquis, Direction des statuts de l'information historique, Institut d'Histoire des conflits contemporains, 1984, 147 p.
Cordier Daniel, *Jean Moulin, l'inconnu du Panthéon*, Jean-Claude Lattès, 1989, 3 vol.
Cordier Daniel, *Jean Moulin, La République des catacombes*, Gallimard, 1999, 999 p.
Courtois Stéphane, *Le PCF dans la guerre : de Gaulle, la Résistance, Staline...*, Ramsay, 1980, 585 p.
Courtois Stéphane, Peschanski Denis, Rayski Adam, *Le Sang de l'étranger*, Fayard, 1994, 470 p.
Crémieux-Brilhac Jean-Louis, *Les Français de l'an 40*, t. 2 : *Ouvriers et soldats*, Gallimard, 1990, 740 p.
Crémieux-Brilhac Jean-Louis, *La France libre. De l'appel du 18 juin à la Libération*, Gallimard, 1996, 969 p.
Dainville colonel A. de, *L'ORA*, Lavauzelle, 1974, 344 p.
Douzou Laurent, *La Désobéissance. Histoire du mouvement Libération-Sud*, Odile Jacob, 1995, 480 p.
Douzou Laurent, Peschanski Denis, « La Résistance française face à l'hypothèque Vichy », dans David Bidussa et Denis Peschanski, *La France de Vichy. Archives inédites d'Angelo Tasca*, Milan, Feltrinelli, 1996, p. 3-42.
Douzou Laurent, Frank Robert, Peschanski Denis, Veillon Dominique (dir.), La Résistance et les Français : villes, centres et logiques de décision, Actes du colloque de Cachan, 16-18 novembre 1995, CNRS-IHTP, 1995, 547 p.
Dreyfus François-Georges, *Histoire de la Résistance*, Éditions de Fallois, 1995, 653 p.
Faligot Roger, Kauffer Rémi, *Les Résistants, de la guerre de l'ombre aux allées du pouvoir*, Fayard, 1989, 668 p.
Griotteray Alain, *La droite était au rendez-vous. Qui furent les premiers résistants*, Laffont, 1985, 260 p.
Guillin François-Yves, *Le Général Delestraint, premier chef de l'Armée secrète*, Plon, 1995, 400 p.
Guillon Jean-Marie, *La Résistance dans le Var. Essai d'histoire politique*, thèse d'État, É. Témime dir., Aix-Marseille, Université de Provence, 1989, 1199 p.
Guillon Jean-Marie, « La Résistance au village », dans Jacqueline Sainclivier, Christian Bougeard (dir.), *La Résistance et les Français. Enjeux stratégiques et environnement social*, Rennes, Presses universitaires de Rennes, 1995, p. 233-243.
Guillon Jean-Marie, « Sociabilité et rumeurs en temps de guerre. Bruits et contestations en Provence dans les années quarante », *Provence historique*, tome XLVII, fasc. 187, janvier-février-mars 1997, p. 245-258.
Kedward H. Roderik, *Naissance de la Résistance dans la France de Vichy*, Seyssel, Champ Vallon, 1989, 350 p.
Klarsfeld Serge, *Vichy-Auschwitz, la « solution finale » de la question juive en France*, Fayard, 2001, 391 p.
Lacouture Jean, *De Gaulle*, t. 1 : *Le Rebelle, 1890-1944*, Seuil, 1984, 869 p.
Lorain Pierre, *Armement clandestin en France, 1941-1944*, autoédition, 1972, 179 p.
Levisse-Touzé Christine, Martens Stefan (dir.), *Des Allemands contre le nazisme, oppositions et résistances, 1933-1945*, Albin Michel, 1997, 382 p.

Luirard Monique, *La Région stéphanoise dans la guerre et dans la paix (1936, 1951)*, Saint-Étienne, Centre d'études foréziennes, Centre interdisciplinaire d'études et de recherches sur les structures régionales, 1980, 1024 p.

Marcot François, *La Résistance dans le Jura*, Besançon, Cêtre, 1985, 332 p.

Marcot François, « Pour une sociologie de la résistance : intentionnalité et fonctionnalité », dans Antoine Prost (dir.), *La Résistance, une histoire sociale*, Les Éditions de l'Atelier/Les Éditions ouvrières, 1997, p. 21-41.

Marcot François (dir.), *Dictionnaire historique de la Résistance*, Robert Laffont, 2006, 1187 p.

Marcus Paul, *Bourgès-Maunoury, Républicain indivisible*, Biarritz, Atlantica, 1997, 459 p.

Martin Yves, *La Formation des maquis de l'Ain, décembre 1942-février 1944*, Bourg-en-Bresse, Association des anciens maquis de l'Ain et du Haut-Jura, 1987, 254 p.

Michel Henri, *Les Courants de pensée de la Résistance*, PUF, 1962, 842 p.

Michel Henri, *La Guerre de l'ombre, la Résistance en Europe*, Grasset, 1970, 410 p.

Michel Henri, *Histoire de la France libre*, PUF, 1980, 128 p.

Michel Henri, *Histoire de la Résistance*, PUF, 1987, 128 p.

Michel Henri, Mirkine-Guetzevitch Boris, *Les Idées politiques et sociales de la Résistance*, PUF, 1954, 410 p.

Montclos Xavier de, Luirard Monique, Delpech François, Bolle Pierre (dir.), *Églises et chrétiens dans la IIe Guerre mondiale*, Actes du colloque de Lyon, Lyon, Presses universitaires de Lyon, 1982, 635 p.

Noguères Henri, Degliame-Fouché Marcel, Vigier Jean-Louis, *Histoire de la Résistance en France de 1940 à 1945*, Robert Laffont, 1967-1981, 5 tomes.

Péan Pierre, *Vies et morts de Jean Moulin*, Fayard, 1998, 715 p.

Permezel Bruno, *Résistants à Lyon. 1 221 noms*, Lyon, Éditions BGA Permezel, 1995, 655 p.

Rabino Thomas, *Le Réseau Carte, Histoire d'un réseau de la Résistance anti-allemand, antigaulliste, anticommuniste et anticollaborationniste*, Perrin, 2008, 398 p.

Ruby Marcel, *La Résistance à Lyon*, Lyon, L'Hermès, 1979, 2 tomes, 1 054 p.

Ruffin Raymond, *Les chefs de maquis qui gênaient*, Presses de la Cité, 1980, 286 p.

Sainclivier Jacqueline, Bougeard Christian (dir.), *La Résistance et les Français, enjeux stratégiques et environnement social*, Rennes, Presses universitaires de Rennes, 1995, 368 p.

Sémelin Jacques, *Sans armes face à Hitler. La résistance civile en Europe, 1939-1945*, Payot, 1998 (1989), 274 p.

Serbat Guy, *Le PCF et la lutte armée*, L'Harmattan, 2001, 250 p.

Sidoti Antoine, *Partisans et tchetniks en Yougoslavie durant la Seconde Guerre mondiale*, CNRS Éditions, 2004, 339 p.

Veillon Dominique, *Le Franc-tireur, un journal clandestin, un mouvement de résistance, 1940-1944*, Flammarion, 1977, 428 p.

Vergnon Gilles, *Le Vercors. Histoire et mémoire d'un maquis*, Éditions de l'Atelier, 2002, 256 p.

Veyret Patrick, *Histoire de la Résistance armée dans l'Ain*, Châtillon-sur-Chalaronne, La Taillanderie, 1999, 196 p.

Wieviorka Olivier, *Une certaine idée de la France. Défense de la France, 1940-1949*, Seuil, 1995, 407 p.

Wieviorka Olivier, « À la recherche de l'engagement », *Vingtième siècle, Revue d'histoire*, n° 60, octobre-décembre 1998, p. 58-70.

Wieviorka Olivier, *Histoire de la Résistance*, Perrin, 2013, 574 p.

Média, opinion publique

Crémieux-Brilhac Jean-Louis, *Les Voix de la liberté, Ici Londres, 1940-1944*, La Documentation française, 1975-1976, 5 vol.

Crémieux-Brilhac Jean-Louis, « Radio et information au maquis », *Colloque sur les maquis*, Direction des statuts de l'information historique, Institut d'Histoire des conflits contemporains, 1984, p. 123-133.

Eck Hélène (dir.), *La Guerre des ondes. Histoire des radios de langue française pendant la Deuxième Guerre mondiale*, Armand Colin, Lausanne, Payot, Bruxelles, Complexe, Montréal, Hurtubise HMH, 1985, 382 p.

Laborie Pierre, *L'Opinion publique dans le département du Lot pendant la Seconde Guerre mondiale*, premier volume, thèse de troisième cycle, Toulouse, Université de Toulouse-Le Mirail, 1978, 212 p.

Laborie Pierre, *Résistants, Vichyssois et autres. L'évolution de l'opinion et des comportements dans le Lot de 1939 à 1944*, Toulouse, Éditions du CNRS, 1980, 395 p.

Laborie Pierre, *L'Opinion publique sous Vichy*, Seuil, 1990, 405 p.

Lefébure Antoine, *Les Conversations secrètes des Français sous l'Occupation*, Plon, 1993, 444 p.

Rimbaud Christiane, *Maurice Schumann, sa voix, son visage*, Odile Jacob, 2000, 288 p.

Tyl Claire, *La France vue par le Journal de Genève durant la Seconde Guerre mondiale (1939-1944)*, TER, Chambéry, Université de Savoie, 1986, 166 p.

Maquis – Corps francs – Groupes francs

Baudoin Madeleine, *Histoire des groupes francs (MUR) des Bouches-du-Rhône de septembre 1943 à la Libération*, Presses universitaires de France, 1962, 283 p.

Bernier Jean-Pierre, *Maquis Rhône-Alpes*, Limoges, Lavauzelle, 1987, 126 p.

Boulet François, *Montagnes françaises 1940-1944 : des montagnes-refuges aux montagnes-maquis*, Lille, Atelier national de reproduction des thèses, 2000, 715 p.

Delmas Jean, « Les maquis : action immédiate ou action à terme », *Colloque sur les maquis*, Direction des statuts de l'information historique, Institut d'Histoire des conflits contemporains, 1984, p. 49-58.

Dreyfus Paul, *Vercors, citadelle de liberté*, Genève, Crémille, 1971, 2 tomes.

Dreyfus Paul, *Histoire de la résistance en Vercors*, Arthaud, 1984, 288 p.

Guillon Jean-Marie, « Le maquis, une résurgence du banditisme social ? », *Provence historique*, t. XXXVII, fascicule 147, janvier-février-mars 1987, p. 57-67.

Kedward Harry R., *À la recherche du maquis*, Éditions du Cerf, 1999, 472 p.

Marcot François, « Les maquis dans la Résistance », *Colloque sur les maquis*, Direction des statuts de l'information historique, Institut d'Histoire des conflits contemporains, 1984, p. 13-31.

Marcot François (dir.), *La Résistance et les Français. Lutte armée et maquis*, Actes du colloque international de Besançon, Besançon, Annales littéraires de l'Université de Franche-Comté, 1996, 549 p.

Mermet Pierre, « Du Service du travail obligatoire (STO) au maquis », *Colloque sur les maquis*, Direction des statuts de l'information historique, Institut d'Histoire des conflits contemporains, 1984, p. 59-64.

Michel Henri, « Maquis et maquis », *Revue d'histoire de la Deuxième Guerre mondiale*, t. 49, janvier 1963, pages 3-10.

Silvestre Paul, « STO, maquis et guérilla dans l'Isère », *Revue d'histoire de la Deuxième Guerre mondiale*, n° 130, 1983, p. 1-50.
Silvestre Paul, Silvestre Suzanne, *Chronique des maquis de l'Isère*, Grenoble, Presses universitaires de Grenoble, 1995, 507 p.
Vergnon Gilles, « La construction de la mémoire du maquis du Vercors : commémoration et historiographie », *Vingtième siècle. Revue d'histoire*, n° 49, janvier-mars 1949, p. 82-97.
Vergnon Gilles, « L'évolution des représentations du maquis du Vercors », dans Jean-Yves Boursier (dir.), *Résistants et résistance*, L'Harmattan, 1997, p. 253-268.

Justice, polices, forces du maintien de l'ordre, répression

Berlière Jean-Marc, Chambrun Laurent, *Les Policiers français sous l'Occupation*, Perrin, 2001, 388 p.
Berlière Jean-Marc, Liaigre Franck, *Le Sang des communistes*, Fayard, 2004, 415 p.
Berlière Jean-Marc, Liaigre Franck, *Liquider les traîtres. La face cachée du PCF, 1941-1943*, Robert Laffont, 2007, 510 p.
Berlière Jean-Marc, Peschanski Denis (dir.), *La Police française (1930-1950). Entre bouleversements et permanence*, La Documentation française, 2000, 324 p.
Boudant Christian, *Être policier sous Vichy. Exemple du département de la Savoie, 1940-1944*, Mémoire de maîtrise, Chambéry, Université de Savoie, 1997, 209 p.
Boudant Christian, *Policiers et gendarmes devant les cours de justice, Savoie, Haute-Savoie, 1944-1946*, mémoire de DEA sous la dir. de Jean-Marc Berlière, Dijon, Université de Dijon, 1998, 117 p.
Brunet Jean-Paul, *La Police de l'ombre, indicateurs et provocateurs dans la France contemporaine*, Seuil, 1990, 347 p.
Carrot Georges, *Histoire de la police française*, Tallandier, 1992, 252 p.
Cazals Claude, *La Gendarmerie sous l'Occupation*, Éditions La Musse, 1994, 318 p.
Cazals Claude, *La Garde sous Vichy*, Éditions La Musse, 1997, 286 p.
Couderc Frédéric, *Les RG sous l'Occupation*, Olivier Orban, 1992, 185 p. + annexes.
Delperrié de Bayac Jacques, *Histoire de la Milice*, Fayard, 1969, 699 p.
Germain Michel, *Histoire de la Milice et des forces du maintien de l'ordre en Haute-Savoie, 1940-1945*, Les Marches, La Fontaine de Siloé, 1997, 507 p.
Giolitto Pierre, *Histoire de la Milice*, Perrin, 1997, 574 p.
Giolitto Pierre, *Volontaires français sous l'uniforme allemand*, Perrin, 1999, 459 p.
Gordon Bertram, « Un soldat du fascisme : L'évolution politique de Joseph Darnand », *Revue d'histoire de la Deuxième Guerre mondiale*, n° 108, octobre 1977, p. 43-70.
Goueffon Jean, « La cour de justice d'Orléans (1944-1945) », *Revue d'histoire de la Deuxième Guerre mondiale*, n° 130, 1983, p. 51-64.
Guillon Jean-Marie, « Le Var », dans Jean-Marc Berlière, Denis Peschanski (dir.), *La Police française (1930-1950). Entre bouleversements et permanence*, La Documentation française, 2000, p. 200-215.
Labédan Guy, « La répression dans la région de Toulouse », *Revue d'histoire de la Deuxième Guerre mondiale*, n° 130, 1983, p. 105-112.
Le Bail Sylvain, *Les Forces de l'ordre sous Vichy. Le GMR du Périgord*, s.l., Éditions Le Chêne Vert, 2003, 453 p.
Longuechaud Henri, *Conformément à l'ordre de nos chefs*, Plon, 1985, 226 p.
Mari Éric de, « Mesurer le pouvoir du juge : les justices spéciales dans les départements de l'Hérault et du Gard sous Vichy », dans Bernard Durand,

Jean-Pierre Le Grom, Alessandro Somma (dir.), *Le Droit sous Vichy. Das Europa der Kiktatur 13*, Francfort-sur-le-Main, Vittorio Klostermann, 2002, p. 359-373.

Mathieu Yves, *Policiers perdus. Les GMR dans la Seconde Guerre mondiale*, Toulouse, autoédition, 2009, 443 p.

Maysounave Pascal, « La répression dans le Limousin : une affaire trop sérieuse pour l'abandonner à la seule police française ? », dans Jean-Marc Berlière, Denis Peschanski (dir.), *La Police française (1930-1950). Entre bouleversements et permanence*, La Documentation française, 2000, p. 137-144.

« La Milice, la collaboration en uniforme », *Historia*, hors-série n° 40, 1975, 160 p.

Moisel Claudia, « Les procès pour crimes de guerre allemands en France après la Seconde Guerre mondiale », *Bulletin de l'Institut d'histoire du temps présent*, n° 80, 2002, p. 90-101.

Mouraz Bernard, « Les brigades de Gendarmerie-frontière de la section de Gendarmerie de Saint-Julien-en-Genevois de 1939 à 1944 », dans *Espaces savoyards : « frontières et découpages »*, Actes du XXXIXe congrès des sociétés savantes de Savoie, Archamps, 14 et 15 septembre 2002, s.l., La Salévienne, 2004, p. 159-169.

Muller Jean-Marie, *Désobéir à Vichy. La résistance civile de fonctionnaires de police*, Nancy, Presses universitaires de Nancy, 1994, 144 p.

Pinel Alain, *Une police de Vichy, les groupes mobiles de réserve, 1941-1944*, L'Harmattan, 2004, 400 p.

Prost Élodie, *Édouard Bonnefoy, un haut fonctionnaire sous l'occupation (juin 1940-mai 1945). Le devoir de désobéissance*, MER, Institut d'études politiques, Université Lumière Lyon II, 1999.

Rajsfus Maurice, *La Police de Vichy. Les forces de l'ordre françaises au service de la Gestapo, 1940-1944*, Le Cherche Midi, 1995, 284 p.

Rousso Henry, *Pétain et la fin de la collaboration : Sigmaringen, 1944-1945*, Bruxelles, Éditions Complexes, 1984, 441 p.

Royer Jean-Pierre, « La pratique judiciaire sous Vichy », dans Bernard Durand, Jean-Pierre Le Grom, Alessandro Somma (dir.), *Le Droit sous Vichy. Das Europa der Kiktatur 13*, Francfort-sur-le-Main, Vittorio Klostermann, 2002, p. 403-435.

Italie, armée italienne, occupation italienne, Résistance italienne, Espagne, réfugiés espagnols, Résistance espagnole

Dreyfus-Armand Geneviève, Peschanski Denis, « Les Espagnols dans la Résistance », dans Pierre Milza, Denis Peschanski (dir.), *Exils et migration. Italiens et Espagnols en France, 1938-1946*, L'Harmattan, 1994, p. 593-626.

Dreyfus-Armand Geneviève, *L'Exil des républicains espagnols en France*, Albin Michel, 1999, 475 p.

Dreyfus-Armand Geneviève, « Les Espagnols dans la Résistance : incertitudes et spécificités », dans Jean-Marie Guillon, Pierre Laborie (dir.), *Mémoire et Histoire : la Résistance*, Toulouse, Privat, 1995, p. 217-226.

Emprin Gil, *L'Occupation italienne en Haute-Tarentaise*, Turin, S.G.S., 1985, 135 p.

Milza Pierre, *Histoire de l'Italie : des origines à nos jours*, Fayard, 2006, 1098 p.

Panicacci Jean-Louis, *L'Occupation italienne*, Rennes, Presses universitaires de Rennes, 2010, 439 p.

Riccarand Elio, *Fascismo e antifascismo in Valle d'Aosta, 1919-1936*, Aoste, Istutito Storico della Resistenza in Valle d'Aosta, 1978, 206 p.

Rolland Denis, « Extradition ou réémigration ? Les vases communicants de la gestion xénophobe des réfugiés espagnols en France », dans Pierre Milza, Denis Peschanski (dir.), *Exils et migration, Italiens et Espagnols en France, 1938-1946*, L'Harmattan, 1994, p. 47-69.

Rubio Javier, « La politique française d'accueil : les camps d'internement », dans Pierre Milza, Denis Peschanski (dir.), *Exils et migration, Italiens et Espagnols en France, 1938-1946*, Paris, L'Harmattan, 1994, p. 111-138.

Villermet Christian, *A noi Savoia, histoire de l'occupation italienne en Savoie*, Les Marches, La Fontaine de Siloé, 1991, 221 p.

Allemagne, armée allemande, services de police allemands, occupation allemande

Balzarro Anna, *Le Vercors et la zone libre de l'Alto Tortenese, récits, mémoire, histoire*, L'Harmattan, 2002, 447 p.

Böhler Jochen, « Mythe du franc-tireur et atrocités de guerre : une constante de la conduite allemande de la guerre lors des deux conflits mondiaux ? », dans Bernard Garnier, Jean-Luc Leleu, Jean Quellien (éd.), *La Répression en France, 1940-1945*, Caen, Centre de recherche d'histoire quantitative, Collection « Seconde Guerre mondiale », 2007, p. 31-40.

Böhler Jochen, « L'adversaire imaginaire : guerre des francs-tireurs de l'armée allemande en Belgique en 1914 et de la Wehrmacht en Pologne en 1939. Considérations comparatives », dans Gaël Eismann et Stefan Martens (dir.), *Occupation et répression militaires allemandes, 1939-1945*, Éditions Autrement, Institut historique allemand, 2007, p. 17-40.

Broszat Martin, *L'État hitlérien*, Fayard, 1985, 625 p.

Delarue Jacques, *Histoire de la Gestapo*, Fayard, 1987 [1962], 472 p.

Eismann Gaël, Martens Stefan (dir.), *Occupation et répression militaires allemandes*, Éditions Autrement, Institut historique allemand, 2007, 256 p.

Garnier Bernard, Leleu Jean-Luc, Quellien Jean (éd.), *La Répression en France, 1940-1945*, Caen, Centre de recherche d'histoire quantitative, Collection « Seconde Guerre mondiale », 2007, 384 p.

Ingrao Christian, « Chasse, sauvagerie, cruauté, la *Sondereinheit Dirlewanger* en Biélorussie », dans Bernard Garnier, Jean-Luc Leleu, Jean Quellien (éd.), *La Répression en France, 1940-1945*, Caen, Centre de recherche d'histoire quantitative, collection « Seconde Guerre mondiale », 2007, p. 41-55.

Ingrao Christian, *Croire et détruire, les intellectuels dans la machine de guerre SS*, Fayard, 2010, 521 p.

Jäckel Eberhard, *La France dans l'Europe de Hitler*, Fayard, 1968, 554 p.

Kaltenegger Roland, *Kampf des Gebirgsjäger im Westalpen und Semmering*, Éditions Léopold Staker, Stuttgart, 1987, 512 p.

Kaltenegger Roland, *Die deutsche Gebirgstruppe, 1935-1945*, Munich, Universitas Verlag, 1989, 571 p.

Kriegstagesbuch, des Oberkommandos der Wehrmacht, Erster Halbband, Francfort-sur-le-Main, Bernard und Graefer Verlag für Wehrwesen, 1961, 971 p.

Leleu Jean-Luc, *La Waffen-SS, soldats politiques en guerre*, Perrin, 2007, 1237 p.

Liddell Hart B. H., *Les généraux allemands parlent*, Stock, 1949, 323 p.

Lieb Peter, « Répression et massacres. L'occupant allemand face à la Résistance française, 1943-1944 », dans Gaël Eismann et Stefan Martens (dir.), *Occupation et répression militaires allemandes, 1939-1945*, Éditions Autrement, Institut historique allemand, 2007, p. 169-186.

Lieb Peter, « La 157e division de réserve et la lutte contre le maquis dans le Jura et les Alpes françaises », dans Bernard Garnier, Jean-Luc Leleu, Jean

Quellien (éd.), *La Répression en France, 1940-1945*, Caen, Centre de recherche d'histoire quantitative, Collection « Seconde Guerre mondiale », 2007, p. 289-301.
Lieb Peter, *Konventioneller Krieg oder NS-Weltanschauungs-Krieg ?*, Oldenbourg, Munich, 2007, 631 p.
Ludewig Joachim, *Der deutsche Rückzug aus Frankreich 1944*, Fribourg-en-Brisgau, Verlag Rombach Freiburg, 1995, 368 p.
Meyer Ahlrich, *L'Occupation allemande en France*, Toulouse, Privat, 2002, 238 p.
Quellien Jean (éd.), *La Répression en France, 1940-1945*, Caen, Centre de recherche d'histoire quantitative, Collection « Seconde Guerre mondiale », 2007, p. 31-40.
Wyler Christian, *La Longue Marche de la Division 157 contre les maquis et les partisans, 1942-1945*, Grancher, 2004, 368 p.

Services secrets anglais et américains

Calvi Fabrizio, *OSS, la guerre secrète en France*, Hachette, 1990, 635 p.
Dulles Allen, *La Technique du renseignement*, Robert Laffont, 1964, 349 p.
Foot Michael R.D., *SOE in France*, Londres, Her Majesty's Stationery Office, 1966, 550 p.
Foot Michael R.D., *Des Anglais dans la Résistance. Le Service secret britannique d'action SOE en France*, Tallandier, 2008, 799 p.
Petersen Neal H., *From Hitler's Doorstep*, University Park, The Pennsylvania State University Press, 1996, 684 p.

Épuration

Baruch Marc Olivier (dir.), *Une poignée de misérables, l'épuration de la société française après la Seconde Guerre mondiale*, Fayard, 2003, 612 p.
Berlière Jean-Marc, « L'épuration de la police parisienne en 1944-1945 », *Vingtième siècle, Revue d'histoire*, n° 49, janvier-mars 1996, p. 63-81.
Bourdrel Philippe, *L'Épuration sauvage, 1944-1945*, Perrin, 1991, 2 tomes.
Buttin Paul, *Le Procès Pucheu*, Amiot-Dumont, 1947, 340 p.
Cointet Jean-Paul, *Expier Vichy. L'épuration en France, 1943-1958*, Perrin, 2008, 522 p.
Lottman Herbert, *L'Épuration*, Fayard, 1986, 532 p.
Vergez-Chaignon Bénédicte, *Histoire de l'épuration*, Larousse, 2010, 608 p.
Virgili Fabrice, *La France virile, des femmes tondues à la Libération*, Petite bibliothèque Payot, 2004, 421 p.

Généralités (Savoie)

Barbier Claude, Bro Benoît, *Région Savoie, pourquoi, comment*, Yens-sur-Morges, 1998, 127 p.
Barbier Claude, Mégevand Claude, Stampfli Donald, *Viry, vie et coutumes d'un village de Savoie*, Viry, La Salévienne, 1985, 143 p.
Baud Henri (dir.), *Le Diocèse de Genève-Annecy*, Beauchesne, 1985, 331 p.
Boulard, *Album de sociologie religieuse*, Annecy, Diocèse d'Annecy, 1957, 52 p.
Buord Jean-Philippe, *Les Grandes Affaires criminelles de Haute-Savoie*, Romagnat, De Borée Éditions, 2007, 302 p.
Chapier Georges, *Une Jeanne Hachette savoyarde, Marguerite Frichelet*, Annecy, Gardet & Garin, 1948, 56 p.

Deloche Esther, *Le Diocèse d'Annecy de la Séparation à Vatican II (1905-1962)*, thèse de doctorat, Université Lumière Lyon 2, 2009, 813 p.

Dutailly Didier, *La Haute-Savoie et la guerre de 1870-1871*, Thonon, Académie chablaisienne, 2008, 349 p.

Duvaut François, « L'histoire de l'Académie chablaisienne de 1886 à 1966, deuxième partie », *Mémoires et documents*, Thonon, Académie chablaisienne, t. LXX, 2005, p. 1-196.

Faïta Mino, *La Vie rêvée des Italiens ? Un siècle de présence italienne dans les deux Savoie, 1860-1960*, Cervens, Éditions de l'Astronome, 2007, 255 p.

Guichonnet Paul (dir.), *Histoire de la Savoie*, Toulouse, Édouard Privat, 1973, 484 p.

Guichonnet Paul, *Histoire de l'Annexion de la Savoie à la France*, Roanne, Horvath, s.d., 354 p.

Guichonnet Paul, « Mussolini voulait-il reprendre la Savoie à la France ? », *Mémoires et documents*, Thonon, Académie chablaisienne, t. LXVII, 1994, p. 3-79.

Lovie Jacques, *La Savoie dans la vie française de 1860 à 1875*, PUF, 1963, 632 p.

Palluel-Guillard André, Sorrel Christian, Ratti Guido, Fleury Antoine, Loup Jean, *La Savoie de la Révolution à nos jours, XIXe-XXe siècle*, Nantes, Ouest-France, 1986, 509 p.

Parent Nicolas, *République et paysans. Avec une dédicace aux paysans de Savoie*, A. Le Chevalier, Chambéry, Ménard et Hivert, 1873, 94 p.

Raymond Justinien, *La Haute-Savoie sous la Troisième République, 1875-1940*, Seyssel, Champ Vallon, 1983, 2 volumes.

Soudan Pierre, *En Haute-Savoie au tournant de l'autre siècle*, Annecy, Académie salésienne, *Mémoires et documents*, 1997, 331 p.

Vulliez Hyacinthe, *La JAC. Des Savoyards racontent*, Annecy, Éditions le Vieil Annecy, 2004, 215 pages.

Suisse, frontière sabaudo-genevoise

Ceffa Gilbert, *Louis-Adrien Favre, prêtre et patriote-résistant : dix-huit messages de captivité*, Saint-Julien-en-Genevois, La Salévienne, 2009, 176 p.

Croquet Jean-Claude, *Chemins de passage*, s.l., La Salévienne, 1996, 128 p.

Falletti Édouard, *L'Encerclement de la Suisse*, Yens-sur-Morges, Cabédita, 2007, 157 p.

Flückiger Pierre, Bagnoud Gérard, *Les Réfugiés civils et la frontière genevoise durant la Deuxième Guerre mondiale*, Genève, Archives d'État de Genève, 2000, 170 p.

Mossu René, *Les Secrets d'une frontière*, Thonon, Imprimerie du Messager, 3e édition, 1972, 263 p.

Munos-Du Peloux Odile, *Passer en Suisse, les passages clandestins entre la Haute-Savoie et la Suisse 1940-1944*, Grenoble, Presses universitaires de Grenoble, 2002, 135 p.

Neury Laurent, *Entre les mailles du filet, vivre et survivre sur le versant français de la frontière franco-genevoise de 1922 à 1947*, thèse de doctorat, Genève, Université de Genève, 2008, 775 p.

Pierrier Jean-François, *Chronique des années brunes à la frontière genevoise*, Genève, Le Courrier, 1984, 84 p.

Rauber André, *Histoire du mouvement communiste suisse*, Genève, Éditions Slatkine, 1997, 2 vol.

Regard Fabienne, *La Suisse paradis de l'enfer*, Yens-sur-Morges, Cabédita, 2002, 228 p.
Santschi Catherine, *Les Réfugiés civils et la frontière genevoise durant la Deuxième Guerre mondiale. Fichiers et archives*, Genève, État de Genève, 2000, 175 p.
Van Dongen Luc, *La Suisse face à la Seconde Guerre mondiale 1943-1948. Émergence et construction d'une mémoire publique*, Société d'histoire et d'archéologie de Genève, 1998, 297 p.
Van Dongen Luc, *Un purgatoire très discret : la transition « helvétique » d'anciens nazis, fascistes et collaborateurs après 1945*, Perrin, 2008, 649 p.

Haute-Savoie, Savoie, Seconde Guerre mondiale, Résistance, collaboration

Abrahams Paul, *Revolution, Reaction and Resistance in Vichy France, Haute-Savoie at War*, thèse de doctorat, Université de Cambridge, 1991, 327 p.
Abrahams Paul, *La Haute-Savoie contre elle-même : 1939-1945. Les Hauts-Savoyards vus par l'administration de Vichy*, Saint-Julien-en-Genevois, Thonon-les-Bains, La Salévienne, Académie Chablaisienne, 2006, 372 p.
Aguettaz Michel, *Francs-tireurs et partisans français dans la Résistance savoyarde*, Grenoble, Presses universitaires de Grenoble, 1995, 246 p.
Amoudruz Robert, « Espagnols et juifs du camp de Savigny », *Échos saléviens*, n° 11, s.l., 2002, p. 7-100.
Amoudruz Robert, *La Mémoire interdite de François Merlin, maire de Petit-Bornand-Les Glières*, Yens-sur-Morges, Cabédita, 2002, 270 p.
Amoudruz Robert, *Brûlement de villages au pays du Vuache*, Saint-Julien-en-Genevois, La Salévienne, 2004, 314 p.
Amoudruz Robert, *La BRI du commandant Amiot, Histoire de la Brigade Rouge internationale de Savoie, 1944*, Lyon, Éditions Bellier, 2007, 319 p.
Anonyme, *Le Grand-Bornand, 19-24 août 1944*, Albens, F. Levet, 1989.
Antoine Claude, *De la Mandallaz à la libération d'Annecy. Un maquis dans la guerre*, Meythet, Imprimerie municipale de Meythet, 1992, 79 p.
Antoine Claude, *Crash à Meythet, 15 août 1943. Un bombardier britannique s'écrase au pont de Tasset*, Cran-Gevrier, Société Concept Press, 1994, 231 p.
Arbaumont Jean d', *Entre Glières et Vercors, vie et mort du capitaine Bulle*, Gardet, Annecy, 1972, 340 p.
Barbier Claude, « Pour une historiographie de la Seconde Guerre mondiale en Haute-Savoie », Actes du XXXVIe congrès des Sociétés savantes de Savoie, Chambéry, Société savoisienne d'histoire et d'archéologie, Mémoires et documents, t. C, 1998, p. 343-351.
Bastie, capitaine de la, *Sous la tenue bleue du 27e BCA*, Lyon, Paul Besacier, 1951, 158 p.
Bernier Jean-Pierre, *Maquis Rhône-Alpes*, Lavauzelle, 1987, 126 p.
Boulet François, « L'opinion en Haute-Savoie devant le refuge des réfractaires du STO et le maquis des Glières (1943-1944) », Annecy, *Revue Savoisienne*, 2000, p. 164-199.
Bravard Yves, Bottolier-Curtet Nathalie, Calloud Danielle, Colliat Florence, Sadoux Laurence, « La Savoie 1940-1944. La vie quotidienne au temps de Vichy », *L'Histoire en Savoie*, n° 110, Chambéry, Société savoisienne d'histoire et d'archéologie, 1993, 63 p.
Calloud Danièle, *La Haute-Savoie sous le régime de Vichy, Économie et vie quotidienne, juillet 1940-novembre 1942*, TER, Chambéry, Université de Savoie, 1992, 195 p. + annexes.

Chatelain Claude, *Carnets d'un curé de montagne*, Les Marches, La Fontaine de Siloé, 1994, 239 p.

Comité de pilotage du cd-rom sur la Résistance en Haute-Savoie, *Haute-Savoie, Résistance et déportation. Dictionnaire*, Annecy, Conseil général de la Haute-Savoie, 2005, 196 p.

Demouzon Laurent, *Savoie : juin 1940, l'ultime victoire*, s.l., Laurent Demouzon, 2000, 159 p.

Dereymez Jean-William (dir.), *Les Militaires dans la Résistance, Ain-Dauphiné-Savoie, 1940-1944*, Avon-les-Roches, Anovi, 2010, 670 p.

Ducerf Laurent, *François de Menthon, un catholique au service de la République (1900-1984)*, Les Éditions du Cerf, 2006, 508 p.

Dupraz Pierre, *Bientôt la liberté, une chronique de la Seconde Guerre mondiale à Passy, Saint-Gervais, Les Contamines et Servoz*, s.l., Pierre Dupraz, 1997, 255 p.

Emprin Gil, *Les Carnets du capitaine Bulle*, Les Marches, La Fontaine de Siloé, 2002, 188 p.

Étiévent Michel (témoignages recueillis par), *Paroles de FTPF, Savoie*, Chambéry, Librairie Jean-Jacques Rousseau, 1994, 111 p.

Germain Michel, *La liberté est au bout du chemin*, Les Sables-d'Olonne, Le Cercle d'or, 1985, 407 p.

Germain Michel, *La nuit sera longue*, Les Sables-d'Olonne, Le Cercle d'or, 1988, 517 p.

Germain Michel, *Les Maquis de l'espoir*, Les Marches, La Fontaine de Siloé, 1993, 295 p.

Germain Michel, *Le Sang de la barbarie*, Les Marches, La Fontaine de Siloé, 1995, 335 p.

Germain Michel, *Le Prix de la liberté*, Les Marches, La Fontaine de Siloé, 1998, 388 p.

Germain Michel, *Haute-Savoie 1940/1945. Mémorial de la déportation*, Les Marches, La Fontaine de Siloé, 1999, 350 p.

Gilbert Charles, *La Montagne héroïque*, Les Sables-d'Olonne, Le Cercle d'or, 1980, 267 p.

Gilbert Charles, *La Montagne libérée*, Les Sables-d'Olonne, Le Cercle d'or, 1981, 358 p.

Jourdan Louis, « Une école de cadres dans le maquis », *L'Épaulette*, Amicale des anciens EOA, 2e trimestre 1985, n° 79, p. 17-21.

Mazaud, lieutenant-colonel, *Les Diables bleus du 27e BCA dans la Campagne de France, 1939-1940*, Hérisson frères, Annecy, s.d., 142 p.

Mémorial de la Résistance en Haute-Savoie, Annecy, Comité de Haute-Savoie de l'Association nationale des anciens combattants de la Résistance, 1971, 181 p.

Mériguet Gaston, Mériguet Stéphane, *1940-1944, Résistance en Chablais*, Thonon, autoédition, 1998, 101 p.

Mériguet Stéphane, *Les Six Mois de la libération du Chablais*, Thonon, autoédition, s.d., 171 p.

Mouthon Pierre, *Haute-Savoie 1940-1945, Résistance, occupation, collaboration*, Épinal, Éditions du Sapin d'or, 1993, 493 p.

Pégatoquet Guy, Folliet Michel, Tilliet Joseph, *La Tragédie de Saint-Eustache, Mémoire du dernier jour*, Saint-Eustache, Association des familles des déportés de Saint-Eustache, 2003, 95 p.

Pornon Francis, *Le Beau Frank, la vie aventureuse d'un homme de l'Internationale*, Le Temps des Cerises, 1997, 292 p.

Rémy, colonel (éd.), *La Résistance en Dauphiné et Savoie*, Genève, Famot, 1975, 2 vol.

Rickard Charles, *La Savoie sous l'Occupation*, Rennes, Éditions Ouest-France, 1984, 125 p.

Rickard Charles, *La Savoie dans la Résistance*, Rennes, Éditions Ouest-France, 1986, 436 p.

Rösler Claire, *Walter, une vie de résistances*, Neva éditions, Magland, 2012, 112 p.

Vailly Jean, *La Cour martiale du Grand-Bornand*, Annecy, autoédition, 2005, 23 p.

La Vallée de Thônes et Glières pendant la Deuxième Guerre mondiale (1939-1945), Les Amis du Val de Thônes, Thônes, n° 9/10, juin 1984, 2 vol.

Viret Paul, *L'Affaire François de Menthon*, Annecy, Gardet et Garin, 1945, 48 p.

Viret Paul, *Pierre Lamy, un héros de la Résistance savoyarde*, Éditions Port-Royal, 1948, 94 p.

Vulliez Hyacinthe, *Camille Folliet, prêtre et résistant*, Annecy, Éditions Le Vieil Annecy, Les éditions de l'Atelier, 2001, 185 p.

Zenoni André, *Entre lac et montagne... Haut lieu de la Résistance française, Saint-Gingolph et sa région frontière dans la Résistance*, Saint-Gingolph, autoédition, 1994, 247 p.

Glières, histoire, mémoire

Amoudruz Robert, Carrier Jean-Claude, *Dimanche fatal aux Glières*, Bière, Cabédita, 2011, 325 p.

Antoine Claude, *Un village dans la bataille des Glières, Capitaine Anjot, l'honneur d'un chasseur alpin*, s.l., Claude Antoine, s.d., 200 p.

Antoine Claude, *Au pied du plateau des Glières – Nâves-Parmelan – Un village dans la guerre*, s.l., Rapid Copy, 1992, 83 p.

Antoine Claude, *Le Bataillon des Glières*, Yens-sur-Morges, Cabédita, 1998, 158 p.

Antoine Claude, *Capitaine Maurice Anjot, le chef méconnu des Glières*, Rumilly, Éditions Lapeyronie, 2009, 285 p.

Bachelet Jean-René, *L'Esprit des Glières, actualité d'un héritage*, Annecy, Montmélian, Association des Glières, La Fontaine de Siloé, 2012, 295 p.

Barde Yves, *Glières 1944. Histoire des combats de février & mars 1944*, Annecy-le-Vieux, Historic'one, 2004, 151 p.

Bird Michael J., *The Secret Battalion*, New York, Holt, Rinehart, and Winston, 1964, 189 p.

Bird Michael J., *Le Bataillon des Glières*, Éditions France-Empire, 1967, 253 p.

Challamel Jean-Bernard, « Le lieutenant Bastian, grand résistant des vallées de Thônes », *Les Cahiers du musée du pays de Thônes*, n° 2, 2005, 48 p.

Cluzel Pierre, *Le Drame héroïque de Glières*, Fernand Nathan, 1945, 31 p.

Crémieux-Brilhac Jean-Louis, « La bataille des Glières et la guerre psychologique », *Revue d'histoire de la Deuxième Guerre mondiale*, n° 99, juillet 1975, p. 45-72.

Crémieux-Brilhac Jean-Louis, « Les Glières », *Vingtième siècle, Revue d'histoire*, n° 45, 1995, p. 54-66.

Dalotel Alain, *Le Maquis des Glières*, Plon, 1992, 402 p.

Fernandez Alberto, « Españoles en el maquis de Glières », *Historia y vida*, Barcelone, Año VI, n° 58, 1973, p. 112-121.

Germain Michel, *Glières, mars 1944*, Les Marches, La Fontaine de Siloé, 1994, 358 p.

Gmeline Patrick de, *Tom Morel, héros des Glières*, Presses de la Cité, 2008, 333 p.

Gmeline Patrick de, *Tom Morel et les résistants des Glières, 1944*, Presses de la Cité, 2008, 160 p.
Golliet Jacques, « Les militaires dans la Résistance : le bataillon des Glières », dans Jean-William Dereymez (dir.), *Les Militaires dans la Résistance, Ain-Dauphiné-Savoie, 1940-1944*, Avon-les-Roches, Anovi, 2010, p. 317-349.
Golliet Pierre, *Pour un monument sur le plateau des Glières*, Association des rescapés des Glières, Annecy, 1973.
Golliet Pierre, « Monument aux Glières. La Haute-Savoie du pétainisme à la Résistance », *Cahiers des amis du val de Thônes*, n° 1, 1994, 174 p.
Grange Daniel J., *Du môle au maquis des Glières, vie et mort d'un jeune résistant savoyard, Paul Lespine (1926-1944)*, L'Harmattan, 2007, 70 p.
Guichard-Croset Marina, *La Mémoire paradoxale de la résistance (Les Glières) et de la naissance de l'éducation populaire en Haute-Savoie de 1944 à 1951*, Lille, Université de Lille 1, Faculté des sciences économiques et sociales, DEA changement social, 2003, 131 p.
Guichard-Croset Marina, « Les trois temps de la construction de la mémoire de Glières », *Cahiers du Centre d'études d'histoire de la défense*, n° 28, CEHD, 2006, p. 19-28.
Guichard-Croset Marina, *La Construction d'une mémoire collective de la Résistance en Haute-Savoie : Les Glières,* thèse de doctorat, Sociologie et anthropologie politique, Université de Saint-Étienne, 2011, 553 p.
Heft für Information und Dokumentation, Revue d'information et de documentation [Reichel Daniel], « Recherche fondamentale : la Résistance – Étude d'un cas : la défense du Plateau des Glières (Haute-Savoie) février-mars 1944 », s.l. [Berne], Gruppe für Generalstabsdienste, Groupement de l'état-major général, n° 9-10, 1968, 79 p.
Musard François, *Les Glières, 26 mars 1944*, Robert Laffont, 1965, 243 p.
Musard François, *Les Glières,* Flammarion, J'ai lu, 1968, 252 p.
Musard François, *Les Glières, 26 mars 1944*, Genève, Crémille et Famot, 1982, 308 p.
Olivares Salou Véronique, Reynaud Michel, *Le Roman des Glières, La résistance des républicains espagnols en Haute-Savoie, 1941-1944*, Éditions Tirésias, 2007, 211 p.
Paul Robert, *Le Plateau des Glières*, Éditions Rouff, 1945, 24 p.
Prevost Aurélia, *L'Historiographie des Glières, entre mémoire et histoire*, mémoire de maîtrise, Sylvain Milbach (dir.), Université de Chambéry, 2007, 123 p.
Ravier André, *Lieutenant Tom Morel*, Fayard, 1990, 274 p.
Romans-Petit Henri, « La vérité sur la bataille des Glières », *Histoire Magazine*, avril-mai 1980, p. 110-113.
Sylvestre Raoul, *Les Petits Montagnards de 39-45*, Annecy, Gardet, 1965, 97 p.
Vidal Jean-François, *Catholique, saint-cyrien et résistant, l'itinéraire du lieutenant Morel*, mémoire de maîtrise d'histoire contemporaine, Toulouse, Université Toulouse Le Mirail, 1996, 172 p.
Vial Pierre, *Le Sang des Glières, été 1944*, Presses de la Cité, 1993, 244 p.

Historiographie, mémoire

Andrieu Claire, Lavabre Marie-Claire, Tartakowsky Danielle (dir.), *Politiques du passé. Usages politiques du passé dans la France contemporaine*, Aix-en-Provence, Presses universitaires de Provence, 2006, 264 p.
Barcellini Serge, Wieviorka Annette, *Passant souviens-toi ! Les lieux du souvenir de la Seconde Guerre mondiale en France*, Graphein, 1999, 523 p.
Certeau Michel de, *L'Absent de l'histoire*, Mame, 1973, 185 p.

Certeau Michel de, *L'Écriture de l'histoire*, Gallimard, 1975, 358 p.
De Cock Laurence, Madeline Fanny, Offenstadt Nicolas, Wahnich Sophie, *Comment Nicolas Sarkozy écrit l'histoire de France*, Agone, 2008, 199 p.
Douzou Laurent, « La constitution du mythe de la Résistance », dans Ch. Franck (dir.), *La France de 1945. Résistances. Retours. Renaissances*, Actes du colloque de Caen (17-19 mai 1995), Caen, Presses universitaires de Caen, 1996, p. 73-83.
Douzou Laurent, « La Résistance et le monde rural : entre histoire et mémoire », *Ruralia*, 1999, n° 4.
Douzou Laurent, « La mémoire de la Résistance dans la société française d'après-guerre », dans S. Hoffman (dir.), *Les Courants politiques et la Résistance : Continuités ou ruptures*, Actes du colloque international d'Esch-sur-Alzette, avril 2002, Luxembourg, Archives nationales, 2003, p. 490-503.
Douzou Laurent, *La Résistance française : une histoire périlleuse. Essai d'historiographie*, Seuil, 2005, 365 p.
Duby Georges, *Le Dimanche de Bouvines*, Gallimard, 1985, 373 p.
Guillon Jean-Marie, « La Résistance, 50 ans et 2 000 titres après », dans Jean-Marie Guillon, Pierre Laborie (dir.), *Mémoire et Histoire : la Résistance*, Toulouse, Privat, 1995, p. 27-50.
Guillon Jean-Marie, Laborie Pierre (dir.), *Mémoire et Histoire : la Résistance*, Toulouse, Privat, 1995, 352 p.
Halbwachs Maurice, *Les Cadres sociaux de la mémoire*, Albin Michel, 1994 (1925), 168 p.
Institut d'histoire du temps présent, *La Mémoire des Français. Quarante ans de commémoration de la Seconde Guerre mondiale*, Éditions du CNRS, 1986, 400 p.
Laborie Pierre, « L'image de la Résistance », « Opinion et représentations : la Libération et l'image de la Résistance », *Revue d'histoire de la Deuxième Guerre mondiale*, n° 131, 1983, p. 65-91.
Laborie Pierre, « Opinions et représentations : la Libération et la construction de l'image de la Résistance », dans *Les Français des années troubles. De la guerre d'Espagne à la Libération*, Points Histoire, 2003, p. 245-267.
Lagrou Pieter, *Mémoires patriotiques et occupation nazie*, Bruxelles, Éditions Complexe, Institut d'histoire du temps présent, 2003, 358 p.
Le Goff Jacques, *Histoire et mémoire*, Gallimard, 1988, 406 p.
Le Goff Jacques, Nora Pierre, *Faire de l'Histoire*, Gallimard, NRF, 1974, 3 t.
Nora Pierre (dir.), *Les Lieux de mémoire*, Gallimard, 1984-1992, 3 t. en 7 vol.
Nora Pierre, Chandernagor Françoise, *Liberté pour l'histoire*, CNRS éditions, 2008, 58 p.
Norton Cru Jean, *Du témoignage*, Jean-Jacques Pauvert éditeur, 1967 (1930), 189 p.
Norton Cru Jean, *Témoins*, Nancy, Presses universitaires de Nancy, 1993 (1929), 727 p.
Prost Antoine, *Les Anciens Combattants et la société française*, Presses de la Fondation nationale des sciences politiques, 1977, 3 vol.
Prost Antoine, « Verdun », dans Pierre Nora (dir.), *Les Lieux de mémoire*, t. 2 : *La Nation*, Gallimard, 1986, p. 111-141.
Rosset Clément, *Le Réel et son double*, Gallimard, 1993, 130 p.
Rousso Henry, *Le Syndrome de Vichy de 1944 à nos jours*, Seuil, 1990 (1987), 416 p.
Rousso Henry, *Vichy. L'événement, la mémoire, l'histoire*, Gallimard, 2001, 748 p.
Sage Marlène, *Les Associations de Résistance en Haute-Savoie (1944-1998)*, Aix-en-Provence, Université de Provence, 1998-1999, 179 p.

Travers Alice, *Politique et représentations de la montagne sous Vichy. La montagne éducatrice, 1940-1944*, L'Harmattan, 2001, 284 p.
Vergnon Gilles, « La construction de la mémoire du maquis du Vercors, commémorations et historiographie », *Vingtième siècle, Revue d'histoire*, n° 49, janvier-mars 1996, p. 63-81.
Veyne Paul, *Comment on écrit l'histoire*, Seuil, 1979, 242 p.
Veyne Paul, *Les Grecs ont-ils cru à leurs mythes ?*, Seuil, 1983, 161 p.
Wieviorka Olivier, *La Mémoire désunie. Le souvenir politique des années sombres, de la Libération à nos jours*, Seuil, 2010, 303 p.

VII. Filmographie

Documentaires

Chegaray Denis, *L'Épuration (Haute-Savoie 1944)*, La Sept, Vidéo 50, 1992, 52 mn.
Chegaray Denis, *Glières, les feux de la nuit*, France 3, VF Films Production, 1993, 52 mn.
Chegaray Denis, *Haute-Savoie, février-mars 1944. Vivre libre ou mourir*, Élan productions, 2004, 52 mn.
Morel Patrice, Blanchard François, *Glières 44, le cortège des ombres*, France 3 Rhône-Alpes-Auvergne, 2004, 52 mn.
Perret Gilles, *Walter, retour en résistance*, Production La Waka, 2008, 83 mn.

Fictions

Berri Claude, *Uranus*, Claude Berri, 1990, 100 mn.
Malle Louis, *Lacombe Lucien*, Louis Malle, Claude Nedjar, 1974, 140 mn.
Schoendoerffer Pierre, *L'Honneur d'un capitaine*, Béla Productions, TF1 films productions, 1982, 117 mn.
Siri Florent Emilio, *L'Ennemi intime*, Les Films du kiosque, 2007, 111 mn.

VIII. Sites internet

Association des Glières, *Pour la mémoire de la Résistance*, www.glieres-resistance.org, page consultée la dernière fois le 11 janvier 2011.
Cerri Alain, *Le maquis des Glières*, http://fr.wikipedia.org/wiki/Maquis_des_Glières, page consultée la dernière fois le 1er mars 2011.
Glières, *Haute-Savoie, 1944*, http://beaucoudray.free.fr/glieres2b.htm, page consultée la dernière fois le 11 janvier 2011.
Ministère de la Défense, *Chemin de mémoire, les hommes des Glières*, www.cheminsdememoire.gouv.fr, page consultée la dernière fois le 11 janvier 2011.

Index

Abetz Otto : 120
Abrahams Paul : 16
Abt Arnold : 303, 412-413
Amoudruz Robert : 160, 186, 348, 406, 422
Amouroux Henri : 344-346, 422
Andrès Richard : 188, 401
Andujar Florian : 279
Angeli Alexandre : 54-55, 112-114, 118, 384
Anjot Maurice, *Bayart, Bayard, capitaine Pierrot* : 38, 97, 140, 155, 159, 163, 166, 168, 170, 175-177, 199, 204-205, 207, 218-219, 221-222, 224, 229-232, 235-236, 249-250, 252, 254, 256, 258-261, 263-264, 274, 278-279, 281, 287-288, 293, 302, 317, 330, 332-334, 336, 348, 361, 367, 369, 376, 381, 398-400, 406, 408-409, 413-414, 416, 423
Antoine Claude : 175, 348, 398, 406
Arnold, policier : 303
Astier de la Vigerie (d') Emmanuel : 98, 146
Aubert Serge : 162, 398, 418
Augagneur André, *Grand* : 222-223, 304, 406
Auriol Vincent : 310, 334, 351
Avrillon (époux) : 263, 281, 303
Azéma Jean-Pierre : 343, 387
Bachelard René : 386
Bachelet Jean-René, général : 16-17, 422-423
Balderelli Louis : 299
Baldeweg, policier : 278
Barba Jaime : 263
Barbie Klaus : 282
Barillot Pierre, *lieutenant Baratier* : 170-171, 177, 246, 249-250, 300, 368-369, 372
Bassan Walter : 357
Bastian Pierre, *lieutenant Barrat* : 151, 159, 164-165, 170, 177, 204, 213-214, 217, 221, 258, 260-262, 274, 282-284, 293, 303, 331, 334, 368, 404-405, 412, 415-416
Bedet Jean : 293
Benoît Camille, abbé : 152, 207, 217
Bénouville (de) Pierre : 97
Berthelot Robert : 64, 66, 74, 385-386
Bertheux Maurice : 173
Besson, commandant : 107, 112, 391-392
Besson André, *Jim* : 177
Bienvenüe, capitaine (soit Lagier Raymond) : 384
Bigaud Roger : 290
Billotte Pierre : 384
Bingen Jacques, *Baudet* : 147
Bird Michael J. : 344, 347, 353, 363

Birgy Rolande : 355
Blanc René : 381
Blatier François : 299
Boccagny Albert : 25, 110
Bock, lieutenant : 125, 128, 201, 241, 266, 394, 397, 407, 413
Bocquet Marius : 420
Boffat Laurent : 263, 413
Bogermann, major : 134
Bois de la Villerabel (du) Florent-Michel-Marie : 24
Bombiger Marc : 150-151, 207, 292, 328, 331
Bonnard Abel : 422
Bonzi Ida : 187
Bonzi Raymond : 298
Boris Georges : 146
Boscono Edmond : 257, 281, 412, 418
Botzum Marcel : 185, 401
Bouchinet-Serreulles Claude : 147
Bourgès-Maunoury Maurice, *Polygone* : 95, 147, 321
Bousquet René : 105, 110, 112-113, 116, 119-121, 134, 391, 399
Bouvard Raymond : 198, 345
Bovio Edmond : 300
Bozon Joseph, *Jérôme* : 151-152, 284, 315, 397-398
Branchard Frédéric : 110
Brault Michel, *Jérôme* : 146, 284, 376
Brenod, commandant GMR : 200
Bretegnier, lieutenant : 112-113, 115-116, 392, 402
Broisat Roger : 198
Brook Robin : 384
Brun Jean : 321, 412
Buttin Robert : 299, 404, 406, 412-413

Caballero José : 180, 400
Cado Henry : 116
Calvayrac Robert : 51-52, 54, 69, 109, 116, 383-385, 387
Carquex Jean, *Millau* : 304
Carrara Louis : 198
Carrier Charles : 77
Carrier Jean-Claude : 79, 137, 386-387, 423
Castelain Michel : 215, 298, 405
Castiglioni (de) Maurizio Lazzaro, général : 107, 391
Catel André : 64, 74, 385-386, 412
Chambaz Jacques : 46, 291, 303
Champetier de Ribes Maud : 307, 419
Chanteur Pierre : 169-170, 399
Chapuis Georges : 260, 293, 299, 412
Charles Joseph, *Jo* : 55, 80
Chatelain Claude : 70
Châtelard André : 266, 413
Chegaray Denis : 347
Chipier Étienne, abbé : 79
Churchill Peter : 343
Churchill Winston : 89, 98, 192, 208, 332, 354, 360, 390, 403
Clair Humbert, *Navant, Navand, Lachenal* : 41, 97, 140, 142, 146, 193, 204-205, 207, 219, 222, 224, 229, 283, 302, 367-368, 396, 400, 403, 406-409, 422-423
Clévenot Marcel : 331, 398
Cochat François : 29
Cochet Marius, *Franquis* : 184-186, 224
Cointet Jean-Paul : 34
Collignon, général : 309, 419
Collomb, commandant : 128, 200-201
Comte Robert : 295, 417
Contassot Marcel : 258, 412
Conte Louis : 178, 258, 266, 293, 295, 331, 413, 417
Copeau Pascal : 82
Cordier Daniel : 58, 88, 384
Corps Emmanuel : 281
Cotterlaz-Rannard Lucien : 178
Coty René : 310
Coumes, capitaine : 197-199

Couret Robert : 212-213, 215-216
Coutenceau, commissaire : 113
Crédoz Édouard : 266, 334, 413
Crémieux-Brilhac Jean-Louis : 147, 245, 324, 344-346, 363, 389, 420, 422
Cristofini Pierre Simon : 296
Cursat Jean : 287, 303
Cussonac René : 116, 118

Dagostini Charles-Raoul : 236, 307
Daillefer René : 298, 418
Dalotel Alain : 346, 399
Dancet Lambert : 178, 279
Darnand Joseph : 18, 45-47, 118, 120-124, 129, 143, 195-196, 207-209, 211, 220, 225-226, 228-230, 232-235, 241, 272-276, 286, 308, 342, 360, 393-394, 402, 407-408, 418, 433
Dauliac Édouard : 106
Dautry Raoul : 147
David, lieutenant : 215-216
Déat Marcel : 45, 120
Decor Fernand : 295, 417
Decour Georges : 211, 216-218, 331
Decourioux Raymond, *Marie-Louise* : 179
Degrave Edmond : 249, 410
Dehan (frères) : 418
Deléan César : 137
Delestraint Charles, général : 82, 87-88, 387
Deleuze Benoît : 16
Delgay Marcel : 118-119, 121, 124, 143, 197-198, 392-393, 396, 402
Delhinger Albert : 287, 303
Delord Raymond, *René dit Titin* : 292, 417
Delperrié de Bayac Jacques : 308
Démolis Albert : 160, 400
Denarié Henri : 110
Dépollier René : 41
Derrien Edmond, amiral : 296
Descouts André : 386
Desgranges René : 300
Desplanches, docteur : 126
Detmar Charles : 125, 290, 394
Devigny André : 36, 381
Dewavrin André, *Passy* : 88
Di Constanzo : 206, 235
Dismore (SOE) : 389
Domange Roger : 376
Doriot Jacques : 45
Douzou Laurent : 338
Dubarle, père : 283, 416
Dubouloz Ferdinand : 26
Duchêne Henri : 249, 259, 386, 411-412
Dufrène Raoul : 312
Dujourd'hui Henri : 300
Dujourd'hui Jean, *Jeannot* : 290
Dulles Allen : 81, 97
Dupont Lucien : 300
Dupont Maurice : 258, 412, 417
Dupraz Pierre : 77, 386
Durand Louis, commissaire : 290

Échasson Roger : 154, 179, 274, 282-284, 303

Favre-Petit-Mermet Joseph : 401
Fay Charles : 300
Fédieu André : 305, 417
Fernandez (les trois frères) : 263
Fillion, minotier : 79
Fischer Karl : 346
Floreck Ernst : 271
Föhring, commandant-major : 133
Foot Michael R. D. : 388
Forman Pierre : 87
Fournier Michel : 67, 150-151, 207, 212-214, 287, 292, 295, 397, 417
Franc Roger : 113
Frenay Henri : 82, 387
Frichelet Marguerite : 29, 380
Friedrich Gabriel : 199, 291-292, 417-418

Frizon Jean : 211, 216
Fromes Lucien : 123, 288, 308, 393, 413
Fumaz Louis : 263
Fumex André : 190, 260, 328

Gaillard André : 386
Gallo Max : 348, 363
Gambetta Léon : 26
Garcia Fernando : 169
Garnier, capitaine : 123
Gaston André : 418
Gaudin Marcel : 161
Gaulle (de) Charles : 33, 35, 38, 41, 82-83, 87-88, 173, 295, 310, 325, 332-333, 336, 345, 352-353, 355, 364, 387, 389, 396, 406
Gavard Blaise : 418
Gavel, abbé : 236, 398
Gay Francisque : 334
Geisler, capitaine : 110
Genoud Eugène : 385
Genoud Michel : 80
Germain Michel : 347-348, 350, 410, 418
Gervasoni Benoît : 386, 396
Geyer, capitaine : 243, 245, 253, 278, 410
Gilioli Émile : 217, 349-352, 356
Giraud Henri-Honoré, général : 82, 97, 173
Giscard d'Estaing Valéry : 353
Gmeline (de) Patrick : 348
Golliet Pierre : 139, 336-338, 421
Gomez Angel : 279
Got, lieutenant : 296, 299
Granger Noël : 418
Greffier Maurice, abbé : 279, 283, 355, 415-416
Griffolet d'Aurimont (de) Jacques : 159, 170, 177, 221, 260, 286, 293, 368
Groussard Georges, colonel : 381
Guerrier François : 266, 298, 413
Guibal, contrôleur général : 115, 118
Guichonnet Paul, doyen : 380
Guidollet Georges, *Ostier* : 219
Guillaume, sous-préfet : 135
Guillemenet Fernand : 245, 248, 250, 252, 338, 353, 411
Guillodot Georges : 127, 298
Guy Amédée : 24-25
Guy André, *Chocolat* : 421

Hahn, général : 135, 395
Haïm Roland, *Croate* : 94
Halgrin Robert : 248, 410
Halls Wilfred : 50
Heinson, SS *Hauptsturmführer* : 130
Helfgott Julien : 159, 305, 328-329, 336, 406, 417
Henri Henriette : 64
Henriot Philippe : 120, 195, 317, 320, 322-323, 325-327, 342, 345, 362, 420
Herman Paul : 64, 385
Hernu Charles : 353
Heslop Richard, *Xavier* : 90-98, 140, 145-146, 388-389
Hessel Stéphane : 357
Hilberg Raul : 17
Himmler Heinrich : 120, 272, 309
Hitler Adolf : 27, 31, 120, 309, 391
Hofmann Hans : 413
Hollert Fritz : 394
Hotz Karl : 118
Hurtaud, inspecteur : 118, 381, 393

Jacob Gilbert : 416
Jacob de Cordemoy Camille : 292, 393-394, 417
Jacquard : 249
Jacquemin Gaston : 46, 113, 383
Jacquet, lieutenant de gendarmerie : 116, 311, 419
Jeewe (Paul ?), *Hauptsturmführer* : 128, 130, 200, 206-208, 211, 232-233, 235, 240-243, 247, 252, 255-

256, 273-277, 282-284, 303, 394, 397, 403-404, 407-410, 412-417
Jeudy Yves : 72, 386
Johnson Denis O., *Paul* : 94
Joliot Marcel : 66, 385
Joly René : 418
Jouglas Robert : 170, 178, 286-287, 400, 416
Jourdan Louis, *Joubert* : 96, 142-143, 145, 149, 158-159, 161, 163, 169-170, 175, 177, 217, 245, 260-262, 300, 302, 328, 336, 347, 368-369, 398, 410
Jourdan Marcel : 311
Jurado-Reyes Antonio : 186

Kaltenbrunner : 310
Kampf : 303, 413
Kellermann François Étienne, maréchal : 29
Killian, lieutenant-colonel : 240
Knab Werner, lieutenant-colonel : 209, 239, 251-252, 256, 272-273, 275, 277-278, 280, 282-283, 285, 310, 397, 403-404, 407-412, 414-415, 417, 419
Knipping Max : 211, 228-230, 233, 235, 304, 308, 407
Knochen Helmuth : 248, 272-274, 309-310, 397, 404, 407-416, 418-419
Kuhn : 278

La Flèche : 311
Lacombe Gilbert : 278, 300, 305
Lacombe Jean : 293
Lacour Louis : 118, 293, 417
Lacroix Robert : 357
Laffray Henri : 263
Lajonchère Auguste : 40
Lalande Jacques, *Lamotte, (Lamothe)* : 170, 177, 222, 260-261, 284, 287, 293, 306, 331, 334, 367-368, 405, 416, 423
Lamberti, *Doudou* : 78
Lambroschini Joseph, *Nizier* : 303
Lamouille (madame) : 65, 385
Lamouille Marcel : 177, 342, 406
Lamy Jean : 368
Lamy Marie-Germaine : 172
Lan Paul : 154, 166
Lanternier Jean et Charles : 263, 300
Laruaz André : 418
Laval Pierre : 45, 49, 55, 57, 120, 123, 234, 308, 393
Lazzarotto Antoine : 73, 386
Lazzarotto Michel : 64, 68, 385
Le Grand Roger, *Kharkov* : 312, 419
Le Pen Jean-Marie : 354, 356
Lefèbvre Grégoire, commandant : 165, 212-213, 215-216, 313, 404
Leflaive Jacques : 300
Legge, général : 81, 387
Legrand Pierre : 267, 413, 416
Lejeune, commandant : 95, 389
Lelong Georges : 119, 122-127, 129, 147, 184, 195-197, 199-210, 213, 218, 220, 225-229, 240, 275-276, 283, 288-289, 291, 294, 303-304, 323, 327, 393-394, 402-403, 407, 413, 417-418
Lenclud, général : 392
Lespine Paul : 266, 413
Levet Claude : 298, 418
Lieb Peter : 409, 412
Limagne Pierre : 148
Loiseau Louis, *Loulou de Faverges* : 158, 178, 400
Lombard Roger : 74
Lottoz Raymond : 79
Luetgens, policier : 303

Maffioletti Julien : 397, 400
Malraux André : 344, 347, 350, 352-353, 363-364, 396, 422
Mangin Louis-Eugène, *Triangle* : 147, 225

Manuel André : 88, 146, 220, 388, 390, 396, 400
Marchand Marcel : 418
Marion Charles : 118-119, 123, 136, 254-255, 305, 327, 393, 402, 407
Marlin Maurice : 215, 405
Martin Gilbert : 396
Martin Léopold : 161
Martin, colonel : 304
Marty André : 105
Mathieu Yves : 212, 215-216, 405
Mazars Georges : 215, 405
Ménabé : 311
Menthon (de) François : 24, 35, 40, 46-47, 332-333, 381
Merlin François : 393
Métral Alphonse : 150, 166, 175, 260, 328, 399-400, 434
Métral Francis : 301
Meyer Alhrich : 395
Michal Jacques : 46, 236, 303, 408
Michaux André : 300
Midenet Lucien : 68, 385
Millet Raymond : 74, 291, 386, 417-418
Misery Jacques : 74, 386
Mison Henri : 396, 416
Mitterrand François : 354-356
Monnet Jean : 224, 381, 399
Montgour Marc : 307, 419
Moreau Serge-Henri : 406, 416
Morel Louis, *Forestier* : 158, 170, 177, 184, 256, 260-261, 300-302, 369, 413, 418
Morel Théodose, *Tom* : 16, 38, 81, 96-97, 140, 142-143, 145, 153, 155-159, 161-163, 165, 168-171, 173-179, 182-184, 186, 203-205, 207-208, 210-211, 213-214, 216-219, 221, 257, 264, 275, 293, 321-322, 325-326, 328, 330-331, 333-334, 336, 342, 344, 348-349, 360-361, 367-369, 371, 398-399, 404, 406, 421-422
Morton Desmond : 403
Moulin Jean, *Max* : 58, 82, 87-88, 352, 384, 387-388
Mouthon Pierre : 97, 315, 395
Mugnier Auguste, *Mayol* : 390
Musard François : 344, 347, 352, 363
Mussolini Benito, *Duce* : 27, 31-32, 120, 380

Napoléon III : 26
Nay, capitaine : 200
Neyrinck Ernest : 41
Nicolin, passeur : 155
Niehoff, général : 130, 239, 248, 254
Noguères Henri : 399
Nora Pierre : 19
Nowak Walter : 278

Oberg Carl : 120, 208-209, 229-230, 235, 237, 248, 272-274, 309-310, 407-416, 418-419
Onimus Henri, *Humbert* : 158, 170, 177, 184, 213, 260, 293, 300, 305, 369-370, 404, 418

Paccini Paul : 178-179, 265, 300, 413
Paclet Gérard : 160-161
Paget-Blanc Félix : 383
Paisant Constant : 153, 166, 184-185, 357
Pasquier, chanoine : 236
Paxton Robert : 17
Payot René : 54
Pelletier Pierre : 64, 385
Pelloux Louis : 303
Perazzi Georges : 405
Perennes Maurice : 263
Perez Antonio : 279
Périès, préfet : 219
Perrea-Gallant Francisco : 181, 400
Perrier Félix : 64, 299, 385, 396
Perrillat Raymond : 336

Pétain Philippe, maréchal : 18, 33, 35-36, 38, 41, 44, 46, 48, 82, 120, 173, 359
Petit Henri, *Romans* : 96-97, 142, 145-146, 156, 316, 368, 387, 396, 399
Petit Roger, *Chevrier* : 417
Pflaum Karl, général : 233-234, 238, 241-243, 247, 251, 254, 273-275, 277, 279, 309, 342, 361, 411, 414
Philippe de Kerarmel (de) Yves : 281, 418
Pichon Roland : 386, 398, 418
Piler Kurt : 346
Plantaz Henri : 79, 256, 267, 282
Plottier Félix : 40, 62, 69, 71, 81, 174, 381, 385
Pochat Édouard : 47
Pointurier Bernard : 185
Poirson Robert, dit *Roby* : 16, 374, 383, 385-388, 396-398, 405-406, 408, 410-413, 415-416, 418-419
Ponard, capitaine : 283, 302
Portalie Jean : 67, 385
Portay Alphonse : 255, 282, 418
Pourchot, officier : 81
Pratx, colonel : 115, 128
Prous Marcel : 67, 74, 78
Prunet, capitaine de gendarmerie : 54, 83, 385-386
Puchet Richard : 408
Pucheu Pierre : 122, 290, 295, 322, 420

Rachex Gaby : 198
Racloz Roger : 66, 77
Ramos Braulio : 263
Raulet André, colonel : 200-202, 204-206, 341-342, 421
Ravier, père : 171
Raybaud Émile : 231, 242, 274, 341-343, 421
Rey Alexis : 194, 396-397, 402
Reynes Gabriel : 331, 421
Reynolds Élisabeth : 94
Ribbentrop (von) Joachim : 120, 310
Rickard Charles : 71, 410
Ritter Stefan : 409
Rivaud Jean, *Gaby* : 178
Roch : 79
Roffino Léon : 295
Rollin André : 418
Roman Fernand : 396-397, 413
Roosevelt Franklin Delano : 81
Rosenthal Jean, *Cantinier, Apothème* : 16, 90-97, 140, 145-146, 175, 190-192, 194, 199, 208, 218-221, 225, 227, 229-230, 236, 259, 321-325, 333, 340, 345, 347, 360, 362-364, 388-390, 396, 401-403, 405-406, 420-422
Rosenthal Micheline, *Michette* : 94
Rosset, sous-lieutenant : 41
Roussy de Sales : 110
Ruche Pierre, *lieutenant Charles* : 385

Salvador José : 181
Sarkozy Nicolas : 171, 348, 355-357, 362
Savoy (M.) : 398
Schlick Robert : 417
Schmidt Hugo : 162, 258, 295, 398, 412, 417
Schneider, capitaine : 247
Schumann Maurice : 16, 54, 57-58, 147-149, 220, 256, 321-322, 324-325, 327, 333, 338, 340, 345, 362-363, 420
Schwer, colonel : 233, 241-242, 251
Selborne, lord : 98
Séliade Jean : 122, 127, 303, 393-394, 418
Serbat Guy, *Rivière* : 222-223, 406
Sérignat Paul : 213, 404-405
Servant François, *lieutenant Simon* : 101, 331
Siegel Paul : 281-282, 412
Silvestre Paul : 69

Sinclair Archibald : 98
Sperrle Hugo, général : 237, 239, 271, 413
Stockl, capitaine : 285
Stoeckel, capitaine : 247
Stülpnagel (von) Carl-Heinrich : 237, 272

Taisseire Georges : 67, 385, 387
Teitgen Pierre-Henri : 147
Thackthwaite, *Procureur* : 225, 406
Thary, milicien : 407
Thelen Serge : 70, 76, 78, 166, 293, 296, 374, 385-386, 405
Thorez Maurice : 333, 356-357
Toulze, lieutenant : 212
Touzard Pierre : 161, 258, 398, 412
Trémeaud Henri : 106, 112-113, 118, 391
Tresca Jean-Isaac, *Pasquier* : 203
Truffy Jean, abbé : 198-200, 202-204, 217, 280-281, 298, 315, 341-342, 382, 407, 415, 421

Utrilla Galo : 179

Vairon André : 413
Valazza Pierre : 178
Vallet Paul, capitaine : 383, 390
Vallette d'Osia Jean, *Commandant Faure* : 37-39, 41, 62-63, 79, 81-86, 96, 131, 146, 148, 170, 172-174, 176-177, 182, 321, 355, 367, 369, 381, 384, 387-388
Valsesia Florence : 295, 303, 417
Vanier Nicolas : 350
Vauconsant Georges : 260, 412
Vaugelas (de) Jean Vincent : 125, 206, 227-228, 232-233, 235, 240, 242, 274-275, 307, 341
Védrène Antonin : 64, 291
Verdel, fonctionnaire de la préfecture : 127
Vergain Antonin : 173
Vernay, lieutenant : 111
Vial Pierre : 347
Viénot Pierre : 89
Vignol Louis : 280
Vignon André : 67, 162, 179, 297, 385, 398, 400, 416, 418
Vigny Francis : 77
Vilches-Agueyo Gabriel, *Capitan Antonio* : 169, 186
Vistel Alban : 92-93
Vitipon Louis : 279

Weygand Maxime, général : 37, 381
Wolff André : 160-161, 177-178, 186, 224, 260, 371, 418

Yung, capitaine : 202

Zelkovitch Bernard : 265, 295, 413, 417

Remerciements

Ce livre n'aurait pu voir le jour sans le soutien, les conseils, mais aussi les remarques et corrections d'Olivier Wieviorka, directeur de thèse avisé et généreux de son temps : c'est à lui que sont adressés ma reconnaissance et mes premiers remerciements.

Quoi qu'il en pense, je sais ce que je dois à Jean-René Bachelet qui est à l'origine de cette recherche, alors qu'il était chef de corps du 27e BCA et moi simple appelé du contingent.

Mon épouse Christina, mes enfants, Stephan et Savoya, ont dû subir mes fréquents déplacements. Je leur dois autant des excuses que des remerciements. Mes parents, Jean et Liliane Barbier, m'auront permis de dégager un temps considérable : je leur en sais gré.

Je remercie tous les membres de la Salévienne qui ont œuvré d'une manière ou d'une autre à l'aboutissement de ce travail : Dominique Miffon, Maurice Baudrion, Claude Mégevand, François et Marielle Déprez, Robert Amoudruz, Gilbert Ceffa, Esther Deloche, Manfred Schmidt, Gérard Place, Jean-Yves Bot, Michel Depraz.

Je fais part de ma gratitude à tous ceux qui m'ont apporté leur éclairage ou leur aide, particulièrement Paul Abrahams, Sébastien Albertelli, Claude Antoine, Jacques Baynac, Annie Blanc, Christian Boudant, Jean-Claude Carrier, Claude Cazals (†), Jean-Louis Crémieux-Brilhac, Sébastien « Garde » Horner, François Le Goarant de Tromelin, Peter Lieb, Yves Mathieu, Bernard Mouraz, Jean-Paul Pallud, Robert Poirson (†), Christian Rossé, Verner Schlunk et Christian Wyler.

Je remercie Yves Kinossian et Évelyne Collomb-Patton ainsi que les autres collaborateurs des Archives départementales de la Haute-Savoie, à Annecy ; Jean Luquet et Emmanuelle Combet à Chambéry, Joëlle Chemarin et Agnès de Zolt à Lyon.

Toutes mes demandes de dérogations présentées aux Archives nationales ont été acceptées et je remercie Martine de Boisdeffre, tout comme les collaborateurs des Archives départementales d'Ille-et-Vilaine, de Haute-Garonne, du Lot-et-Garonne, de la Haute-Vienne ainsi que

Béatrice Lyard et Céline Reymond, du service Mémoire et citoyenneté, à Annecy ; le personnel des Archives nationales de Londres (Kew Gardens), des Archives militaires à Fribourg-en-Brisgau, les Archives d'État de Genève et notamment Pierre Fluckiger et Roger Rosset, le personnel de la Bibliothèque de Genève (BGE).

Remerciements pour leur dévouement également au personnel du ministère de la Défense : Pascal Hureau du bureau des Archives des victimes des conflits contemporains à Caen, colonel Benoît Deleuze, Nathalie Genet-Rouffiac, Claude Tallaire, adjudant-chef Éric Dumartin et son équipe à Vincennes, commandant Lionel Perpezat et les greffiers du Dépôt central des archives de la justice militaire au Blanc, Wladimir Trouplin, à l'Ordre de la Libération (Paris).

En souvenir d'une journée particulière de novembre 2011, je fais part de ma gratitude à Jean-Pierre Azéma, Jean-Marc Berlière, Stefan Martens, Pascal Ory et Gilles Vergnon.

Enfin, je remercie tous ceux qui, acteurs ou non de ces événements, ont accepté de me rencontrer, quel que soit le camp dans lequel ils se trouvaient il y a soixante-dix ans.

Je prie ceux qui, par inadvertance, auraient été oubliés de m'excuser.

Table

Avertissement 10
Sigles et abréviations 11
Introduction 15

1. De la guerre de Thônes
aux « événements de Haute-Savoie » 21

Une terre d'élection ? 21
L'indocile Haute-Savoie 26
La Haute-Savoie et la défaite de 1940 31
Les premières contestations 35
Vers la radicalisation 45
La relève et le Service du travail obligatoire (STO) 48
Les « événements de Haute-Savoie »
ou le « soulèvement savoyard » (mars 1943) 53
Le BCRA, les Britanniques et les « événements de Haute-Savoie » .. 57
Épilogue 58

2. Le maquis jusqu'à Glières 61

L'AS et les FTP avant l'afflux des réfractaires au STO 63
Des réfractaires et des maquisards 63
Cristallisation 65
Se faire accepter dans un camp 68
Estimations 69
Paysans et réfractaires : les liens du travail 71
Au quotidien 75
La Résistance entre en scène 79
Les fonds américains 81
Des maquisards pauvrement armés 83
AS et FTP 85
La France combattante, les Alliés et les maquis de Haute-Savoie ... 86

La mission *Xavier-Cantinier*, du 22 septembre au 16 octobre 1943 . 90
L'action de Jean Rosenthal du 19 octobre 1943 à Glières 94
Le capitaine Petit et le lieutenant-colonel Heslop en Haute-Savoie . 96
Pourparlers au sommet 97
L'action du maquis savoyard 99

3. Avant Glières : une répression en trompe l'œil ? 103

Le rôle de l'administration 104
Vers le durcissement de la répression ? Juin-juillet 1943 109
Automne-hiver 1943-1944 111
Joseph Darnand entre en scène 120
État de siège 122
Face au maquis : la stratégie de l'occupant allemand 129

4. Glières 139

Glière et Glières 139
Pourquoi monter sur le plateau de Glières (fin janvier 1944) ? 140
Du rôle de Radio Londres 147
L'installation sur le Plateau 149
La militarisation du site 152
Des maquis au bataillon de Glières 155
Le chalet 159
Discipline 160
Le ravitaillement du Plateau 164
La question des effectifs 166
Les officiers 169
Les cadres 177
Les hommes de Glières 179
Les Espagnols à Glières 180
Les FTP 183
Les agents de liaison et les ravitailleurs 187
Les parachutages 187
Les communications 188
Les forces du maintien de l'ordre et Glières 195
Joseph Darnand et la répression en Haute-Savoie 195
La découverte du dispositif sur le Plateau 197
Tractations 199
Les maquisards tirent et tuent 202
Pourparlers avant l'attaque 206
Les GMR à Notre-Dame-des-Neiges 210
La mort de Théodose Morel 211

5. Les derniers jours de Glières 217

La montée des maquis du Giffre et du secteur de Bonneville 218
Faux et usage de faux ? Du rôle de Jean Rosenthal 218
L'heure de Maurice Anjot 221

Le dilemme des FTP 222
Un renfort de l'AS sur les arrières,
un bombardement allié sur les abords ? 224
La Milice monte en ligne 225
Lelong s'efface 226
Tentative de négociations à Annecy ? 229
L'intervention de la Milice à Glières 230
Le rôle de la Milice dans le dispositif militaire allemand 232
Glières et la Milice : un cas de conscience ? 234
Ultimes négociations 235
Les Allemands interviennent 237
La 157e division de réserve 238
L'opération *Korporal* 239
Du rôle de l'aviation 240
Préparatifs 241
Le long feu (26-27 mars) 245
Fernand Guillemenet témoigne 245
La journée du 26 mars, vue du côté allemand 247
L'attaque du 26 mars dans les interrogatoires des maquisards 248
La journée du 27 mars, vue du côté allemand 251
« La bataille de Glières n'a pas eu lieu » 252
La 157e division de réserve investit le Plateau 252
Les pertes allemandes 254
Le repli 256
Partir sans ordre : une désertion ? 256
Un repli dans la confusion ? 259
Abandons 264

6. Réspressions 269

Les logiques de la répression allemande 270
Partage des prisonniers ? 273
La répression allemande, le rôle des policiers nazis 276
Les cas Échasson et Bastian 282
Récupérations, vols, pillages et incendies 285
La Milice dans la répression 285
Les GMR 287
Gendarmes et policiers 288
Le Service de répression des menées antinationales (SRMAN) 290
Des interrogatoires bâclés ? 291
Destinées des maquisards arrêtés 294
Les chemins de la liberté 299
Réprimer les réprimants 302
Bilans 310

7. Souvenirs et mémoires 319

Aux origines de la légende (1944-1947) 319
Raconter Glières par le livre 341
Morette et le plateau de Glières :
entre aménagements et sanctuarisation 349
Les commémorations 351

Conclusion 359
Annexes 365
Notes 379
Sources et bibliographie 425
Index 453
Remerciements 461

CARTES

Le département de la Haute-Savoie 23
L'emprise approximative du dispositif
militaire de Glières 141
Les itinéraires aériens (approximatifs)
pour rejoindre la Haute-Savoie depuis
Tempsford 189
Les parachutages de la nuit du 10 au 11 mars 1944 193
Le 26 mars 1944 244

Cet ouvrage a été composé et mis en pages par Nord Compo.
Achevé d'imprimer sur Roto-Page en janvier 2014
par l'Imprimerie Floch – 53100 Mayenne.
Dépôt légal : février 2014. N° d'imprimeur : 86291.
Imprimé en France